近代江南农村经济研究

李学昌 董建波 著

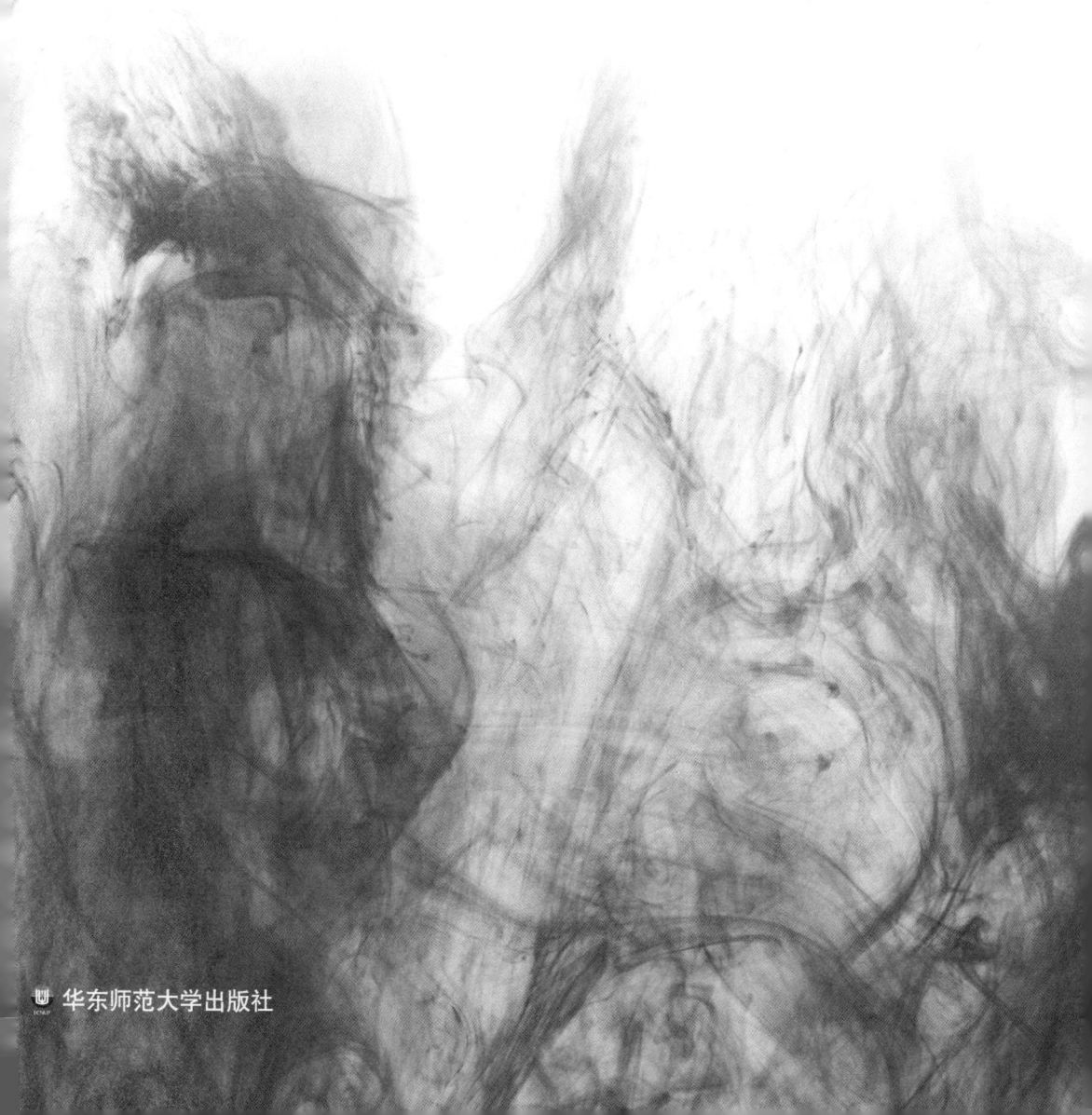

华东师范大学出版社

目　录

导论 ………………………………………………………………… 1

第一章　人口、耕地及人地关系 ……………………………… 13
　一、人口数量与人口构成 ………………………………………… 13
　二、人口—耕地关系 ……………………………………………… 45
　三、劳动力与农地利用 …………………………………………… 76
　四、小结 …………………………………………………………… 103

第二章　农业产量与生产效益 ………………………………… 108
　一、农业生产量 …………………………………………………… 108
　二、土地生产力 …………………………………………………… 135
　三、小结 …………………………………………………………… 174

第三章　手工业生产与生产效率 ……………………………… 181
　一、手工业的发展与衰退 ………………………………………… 181
　二、手工业生产效率 ……………………………………………… 212
　三、小结 …………………………………………………………… 236

第四章　市场结构与市场整合 ………………………………… 242
　一、农村市场商品量 ……………………………………………… 243
　二、区域市场的整合 ……………………………………………… 271
　三、区域交通与市场整合 ………………………………………… 313
　四、小结 …………………………………………………………… 341

第五章　市镇与农村经济 ……………………………… 343
一、市镇经济与区域市场 ……………………………… 343
二、市镇的工业生产 …………………………………… 384
三、小结 ………………………………………………… 403

结论 ……………………………………………………… 406
参考文献 ………………………………………………… 413
后跋 ……………………………………………… 王家范 427

表目录

表1-1	1932年江苏各县人口数量	15
表1-2	1912—1948年杭县人口数量	17
表1-3	20世纪上半期江南若干年份人口数量	21
表1-4	20世纪上半期江南17县若干年份劳动人口比重	29
表1-5	20世纪上半期江南若干县在业人口数量及比重	32
表1-6	20世纪上半期江南劳动力就业数量结构	34
表1-7	20世纪上半期江南劳动人口就业结构表	37
表1-8	20世纪上半期若干县份在业人口中农业人口比重变动	40
表1-9	20世纪上半期若干县份统计在业人口中工业人口比重	41
表1-10	常熟沙洲人口职业统计表	42
表1-11	安吉东区三社乡人口职业结构	42
表1-12	近代中国农村人口职业结构	44
表1-13	杭县土地利用状况	48
表1-14	1933年浙江省6县耕地面积	49
表1-15	20世纪上半期江南若干县份耕地面积	49
表1-16	20世纪30年代江南耕地面积	56
表1-17	20世纪40年代江南耕地面积	58
表1-18	20世纪上半期江南若干县份耕地面积	60
表1-19	20世纪上半期江南户均耕地数量	62
表1-20	20世纪上半期江南49县户数	64
表1-21	20世纪上半期江南人均耕地数量	71
表1-22	20世纪上半期江南劳动力、劳动人口数量	74
表1-23	1920年余杭县物产简况	78
表1-24	杭县农作物耕种面积与产值	79

表 1-25	杭州农作物耕种面积与产值	80
表 1-26	海宁县农作物耕种面积与产值	81
表 1-27	江南农产物情况表	81
表 1-28	1919 年宜兴县主要农产物产量、产值	86
表 1-29	崇德县农作物种植面积及产值	87
表 1-30	安吉东区三社乡全年生产收入	91
表 1-31	安吉东区三社乡土地统计表	94
表 1-32	1940 年安吉县主要特产产量估计表	96
表 1-33	常熟沙洲农家副业	97
表 1-34	江苏省使用 500 人以上的厂矿及分布	102
表 2-1	20 世纪上半期江南粮食产量	110
表 2-2	20 世纪上半期江南若干县份粮食总产量	114
表 2-3	1940 年安吉县主要夏季作物产量	118
表 2-4	20 世纪上半期江南粮食种植面积	121
表 2-5	20 世纪上半期江南棉花产量	123
表 2-6	奉贤县农作物面积与产量	126
表 2-7	嘉善蚕茧产量及单价	128
表 2-8	20 世纪上半期江南若干县份蚕茧产量	129
表 2-9	20 世纪上半期江南蚕茧产量变化	131
表 2-10	20 世纪上半期江南水稻亩产量	136
表 2-11	1931 年若干县份水稻种植面积及产量	139
表 2-12	1923 年沪海道属各县水稻每亩收获量	139
表 2-13	20 世纪上半期江南若干县水稻亩产量	141
表 2-14	常熟县粮食平均亩产量	142
表 2-15	20 世纪上半期江南三麦亩产量	143
表 2-16	南汇县棉产调查表	147
表 2-17	川沙县棉产调查表	147
表 2-18	奉贤县棉产调查表	148

表 2-19	20 世纪上半期江南棉花亩产量	149
表 2-20	20 世纪上半期江南 8 县棉花亩均产量	151
表 2-21	吴江县农产品生产费统计表	153
表 2-22	武进县农产品生产费统计表	154
表 2-23	丹阳县农产品生产费统计表	155
表 2-24	高淳县农产品生产费统计表	156
表 2-25	江南四县主要农作物亩均收益与投入比率表	157
表 2-26	20 世纪上半期江南种植业亩均收益	157
表 2-27	杭县第六、七、八堡每亩棉田所用肥料	160
表 2-28	杭县第六、七、八堡棉农生产费用	161
表 2-29	杭县第六、七、八堡棉田中所种作物及收获数量	161
表 2-30	1921—1925 年江宁、武进农业资本结构	170
表 2-31	20 世纪上半期江南种植业成本	170
表 2-32	1925—1926 年无锡稻作亩均收支比较	172
表 2-33	1925—1926 年无锡麦作亩均收支比较	173
表 3-1	江南若干县份工业(手工业)状况	182
表 3-2	20 世纪上半期江南农村缫丝业、丝织业年产量、年产值	202
表 3-3	1931—1936 年崇德县售茧与缫丝比较表	203
表 3-4	1934—1936 年崇德县产丝量及丝行数表	204
表 3-5	20 世纪上半期江南农村棉织业年产量表	206
表 3-6	20 世纪上半期江南农村针织手工业产量、产值表	209
表 3-7	1930 年无锡织袜业生产效率表	216
表 3-8	20 世纪上半期江南手工业人均工资数量	222
表 3-9	1912—1922 年上海工厂与手工业工人日工资数量	225
表 3-10	1930 年无锡布厂职工工资数量	226
表 3-11	20 世纪 20 年代初无锡工业工人工资	228
表 4-1	1908 年江南部分县份稻米外销比重和地点	244
表 4-2	1908 年江南若干县份小麦产量及外销数量	245

表4-3	1908年江南若干县份大麦产量及外销数量	247
表4-4	20世纪上半期江南若干县份年平均粮食输出、输入数量	247
表4-5	20世纪上半期江南若干县份粮食自给率	254
表4-6	20世纪上半期江南若干县份粮食商品率	255
表4-7	20世纪上半期江南各县蚕茧市场销售数量	259
表4-8	20世纪上半期若干县份土布商品量	267
表4-9	20世纪上半期江南棉花运销数量和地点	282
表4-10	1941年安吉农产品运销路线	286
表4-11	川沙土布产量销售情况表	287
表4-12	江南若干县份金融概况表	292
表4-13	若干县份1929年通用货币情况	301
表4-14	20世纪20年代末30年代初江南若干县份交通概况	313
表4-15	江南公路交通表	319
表4-16	江南铁路与公路联运状况表	324
表4-17	1934年湖州主要轮船航线表	325
表4-18	1933年无锡主要轮船航班表	329
表4-19	20世纪20—30年代江南各县轮船、航船航线表	331
表4-20	崇德县航船开驶一览表	333
表4-21	南汇轮船航线概况	338
表4-22	南汇公路概况	340
表5-1	海宁州米麦杂粮数目价值统计表	344
表5-2	海宁州牧畜种类数目价值统计表	345
表5-3	海宁州竹木果品各种数目价值统计表	346
表5-4	崇德县农作物种植面积及产值表	347
表5-5	20世纪上半期江南棉区市镇主要商业行业	348
表5-6	江南若干县份市镇状况	354
表5-7	1929年浙西20县市镇简况	357
表5-8	海宁纺织纱布绸绢产量及价值	359

表 5-9	海宁油、酱、酒产量及价值	360
表 5-10	20世纪20年代宝山县市镇、村集	365
表 5-11	20世纪上半期嘉定县市镇每日集市次数	368
表 5-12	安吉东区三社乡全年消费统计表	370
表 5-13	1936年长兴县市镇主要商业行业	371
表 5-14	20世纪上半期江南市镇贸易范围	374
表 5-15	杭县主要农产物统计表	376
表 5-16	临平主要农产物统计表	377
表 5-17	德清县手工业品销售情况	382
表 5-18	1931年江南若干县份工业概况	390
表 5-19	20世纪上半期江南市镇主要工业行业	391
表 5-20	1929年杭县工厂数量	401

图目录

图1-1　崇德县粮食作物与经济作物产值比重图 …………………… 88
图1-2　安吉东区三社乡耕地利用状况 …………………………… 95
图2-1　1927—1934年嘉善县蚕茧价格变化图 …………………… 133
图2-2　20世纪上半期江南棉花单产变化图 ……………………… 152
图3-1　1928—1932年杭州丝织业生货包工机户资本、产量…… 189
图3-2　1912—1928年杭州手织机数变化 ………………………… 205
图3-3　江南手工业日工资变化图 ………………………………… 255
图4-1　城市与市镇金融关系图 …………………………………… 303
图5-1　海宁县农家养殖业产值比重 ……………………………… 346

导　论

本书所研究的江南是一个东到大海,南抵钱塘江,北达长江南岸[1],西至太湖西岸的区域。从自然地理上看,这是一个以太湖为中心,以太湖西北、西南地区为两翼,太湖东岸为头腹,顶端朝向东海的犁形区域。从行政区划上看,包括清代江宁、镇江两府之11县1厅,松江府和太仓直隶州之12县,苏州、常州两府之16县2厅,杭州、嘉兴、湖州三府之23县。上述八府一州所辖各县(州),经民国初年区划调整后,分别为隶属于金陵道的江宁(江宁、上元)[2]、句容、溧水、高淳、江浦、六合、丹徒(镇江)[3]、丹阳、金坛、溧阳、太平(扬中),合计11县;隶属于沪海道的上海、松江(华亭和娄)[4]、南汇、青浦、奉贤、金山、川沙、太仓(太仓和镇洋)[5]、嘉定、宝山,合计10县;隶属于苏常道的吴县(长洲、吴、元和三县及太湖、靖湖两厅)[6]、常熟(常熟、昭文)、昆山(昆山、新阳)、吴江(吴江、震泽)、武进(武进、阳湖)、无锡(无锡、金匮)、宜兴(宜兴、荆溪)[7]、江阴,合计8县;隶属于钱塘道的杭县(仁和、钱塘)、海宁、富阳、余

---

[1] 仅包括江浦、六合等江北岸小部分区域。
[2] 江宁县为清江宁府附廓江宁、上元两首县,1912年1月,改江宁府为南京府,废江宁、上元两县,1913年,撤销南京府,置江宁县。郑宝恒:《民国时期政区沿革》,湖北教育出版社2000年版,第61页。
[3] 丹徒为清镇江府附廓首县,1928年7月改名镇江县。郑宝恒:《民国时期政区沿革》,湖北教育出版社2000年版,第61页。
[4] 清代松江府附廓华亭、娄两首县,1912年1月裁府并县,娄县并入华亭县。1914年更名为华亭县。县治为松江镇。郑宝恒:《民国时期政区沿革》,湖北教育出版社2000年版,第62页。
[5] 清代太仓直隶州及镇洋县,1912年初废州改县,镇洋县并入。县治为城厢镇。郑宝恒:《民国时期政区沿革》,湖北教育出版社2000年版,第62页。
[6] 本苏州府附廓长洲、吴、元和三首县,1912年1月,长洲、元和并入吴县,4月,太湖、靖湖两厅并入。治所为苏州城。郑宝恒:《民国时期政区沿革》,湖北教育出版社2000年版,第63页。
[7] 1912年1月,昭文县并入常熟县,新阳县并入昆山县,震泽县并入吴江县,阳湖县并入武进县,金匮县并入无锡县,荆溪县并入宜兴县。郑宝恒:《民国时期政区沿革》,湖北教育出版社2000年版,第63页。

杭、临安、于潜、新城(新登)、昌化、嘉禾(嘉兴和秀水)[①]、嘉善、海盐、石门(崇德)[②]、平湖、桐乡、吴兴(乌程和归安)[③]、长兴、德清、武康、安吉、孝丰[④]，合计20县。共计49个县。

由这49个县所构成的区域与清代江宁、镇江、苏州、常州、松江、杭州、嘉兴、湖州府和太仓州的所辖地区大致重合，这也是一些学者所界定的明清时代江南的空间范围。我们对江南的研究集中在上述49个县，在统计上可与明清时期的江南数据比较，使我们有关区域经济变迁的判断得到统计数据的支撑。鉴于明清江南农村经济的研究已经具有丰富成果，将研究范围限定在一个与明清江南大致相同的区域，也便于利用学者们已经做出的相关论断，比较该区域近代经济变迁的动力机制与明清时期的异同。

在研究中，我们利用方志资料，对49县中有关农业和农村经济的记载予以系统梳理，形成包括人口、农业、手工业、商业、工业、市镇等专题的资料长编。方志中缺略的资料，个别县份利用地方文史资料予以弥补；一些县份则用20世纪上半期学者所做的实地调查资料加以充实；另外，常熟、南汇、桐乡、杭县、余杭等县份，则补充利用部分未刊档案资料。对超过100种地方志和100余份调查资料的搜集利用，使我们对江南农村经济的主要方面有了基本把握。通过对这些资料的整理，我们对49个县的户口、耕地、农业生产、手工业生产、主要商品的贸易等农村经济的若干方面，尽可能做出数量统计。这使我们对近代江南农村经济的讨论，在某种程度上可从计量研究的角度切入，从而增强了研究的实证基础。

当选择江南作为研究区域时，我们已经注意到区域内部农村经济的内在一致性。这种一致性正是在区域比较中观察得出的。同样，对该区域农村经济的评估还

[①] 清嘉兴府附廓嘉兴、秀水两县，1912年1月裁府并县，改名嘉禾县，1914年再改名为嘉兴县，县治为嘉兴城。郑宝恒：《民国时期政区沿革》，湖北教育出版社2000年版，第83页。

[②] 清末及民初为石门县，1914年，更名为崇德县，县治为石门镇。郑宝恒：《民国时期政区沿革》，湖北教育出版社2000年版，第84页。

[③] 清湖州府附廓乌程、归安两首县，1912年2月裁府并县，改名为吴兴县，县治为湖州城。郑宝恒：《民国时期政区沿革》，湖北教育出版社2000年版，第84页。

[④] 清末民初为新城县，1914年1月，更名为新登县，治新城。郑宝恒：《民国时期政区沿革》，湖北教育出版社2000年版，第83页。

需涉及区域之间的比较。原因在于江南并非孤立的区域，它与中国其他区域乃至世界其他地区经济联系密切。我们将其置于全国乃至全球经济演变的整体中加以辨别，以明了其区域经济现象的特质，并对其所经历的经济变迁所具有的普遍意义予以判定。在具体的比较中，我们利用了学者们对其他区域的研究成果，特别是对那些涉及江南的区域比较的论述做了一些回应。

20世纪前半期，盛行于明清时代的传统的生产形式延续下来，小规模农业耕作和农村手工业展现出顽强的生命力，并适应了不同类型的经济变化。这一经济特征，难以用西方经济变迁的普遍原则给予解释，需结合特定的社会经济条件来加以认识，更要回溯明清时代江南经济的历史传统，从时间、空间等多维视野中加以考察。由此，需要摆脱用近代—传统二分法对江南农村经济进行定性分析的研究局限，对江南农村经济做出恰如其分的评估。本项研究尝试将20世纪上半期江南区域经济的状况，放在明清以降历史变迁的时间背景上予以考察。将20世纪上半期江南农村经济变迁的特征与明清时代农村经济的特征进行比较，明确近代以来农村经济数量变化背后的质性意蕴，由此讨论近代江南农村经济在成长方式方面与明清时代相比所具有的延续性与转折性。通过与以往时代经济状况的纵向比较，考察区域经济变迁的时代契机及其应对机制。

为了便于比较，我们把20世纪上半期看作是具有共同特征的时期，但无意于将原本复杂的历史过程作简单化处理。把近代的江南与此前的历史时期加以比较，并不意味着忽略江南农村经济在20世纪上半期的变化。我们的研究同样重视20世纪上半期江南农村经济的变迁，对这一时期农村经济变化的不同阶段分别加以研究，并分不同专题对农村经济的特征做出分析。

关于近代中国人口变动的基本趋势，学者之间仍存分歧。一些学者将这一时期人口变化的特征描述为停滞乃至萎缩，另一些学者则认为近代中国人口过程是增长型的。19世纪末和20世纪初，江南经历了19世纪中期人口遽减之后的人口恢复时期，但在20世纪30—40年代，人口恢复的过程再遭中断。人口波动的结果是直到20世纪40年代末，江南人口仍未恢复到19世纪初的数量。显然，江南的人口过程不是增长型的；但以半个世纪的首尾比较，江南的人口数量又有微弱增加，可算是人口相对停滞而略有增长。因此，那种认为近代人口减少的一般论断，不适用于江南；

而认为近代人口上升的增长论,也不符合江南人口过程的实际状况。

一些认为近代人口停滞或减少的学者,因此估计近代农业和农村经济所承受的人口压力有缓和的趋势。但在江南,这一时期人口的相对停滞并不意味着人口压力的缓解。20世纪最初30余年,江南地区耕地面积持续有恢复和增加,但人口增长的幅度是耕地增长幅度的3倍;之后的十余年,人口总量减少虽有利于此前人口资源紧张关系的缓和,但因为耕地抛荒导致的耕地面积大幅下降,反使人口对耕地的压力更趋加重。人口职业结构的变化也不利于人口耕地关系的缓和。在20世纪上半期的江南,农村劳动力在农业之外就业机会增加的时期,同时也是农村劳动力占人口比重上升的时期,有更多的劳动力进入农业生产部门;而劳动力相对减少的时期,又恰恰是农村人口非农就业比重下降的时期,20世纪40年代末农业生产部门劳动力比重较30年代中期增加5%。人口、劳动力、经济结构等都处在变化的过程中,所有这些动态因素共同作用的结果,就是近代江南农业部门所承受的人口压力趋于增强。

布兰德(Loren Brandt)估计20世纪上半期包括江南在内的长江中下游地区人均收入和劳动生产率提高,是以农村非农业人口增加作为前提的。[①] 依据我们上述估计,布兰德关于非农业人口增加的假设,至少在江南尚未得到印证。他根据农业人口减少所估计的农村人均收入提高程度可能因此被夸大,并由此进一步导致关于农业劳动生产率提高的错误判断。[②]

一些学者认为近代农业过密化的原因在于人口持续增长加重了人口对资源(特别是土地)的压力。可是,相对于19世纪上半期的人口高峰时期,19世纪后半期江南农村人口数量急剧减少,20世纪上半期的江南仍处于太平天国战后的人口恢复时期。即使在这一时期的人口数量峰值年份,人口总数也未达到19世纪上半期的水平。简言之,20世纪上半期农业所面对的人口—资源状况要比一个世纪之前更为有利。人口压力缓和对农业投资及生产技术变化的可能作用,是分析江南农业发展与

---

① 王国斌曾对布兰德的观点有详细讨论,参见[美]王国斌著,李伯重、连玲玲译:《转变的中国——历史变迁与欧洲经验的局限》,江苏人民出版社1998年版,第15—18页。
② [美]王国斌著,李伯重、连玲玲译:《转变的中国——历史变迁与欧洲经验的局限》,江苏人民出版社1998年版,第15、17页。

不发展时,需要考虑的因素之一。

对于近代中国农业经济变迁的基本趋势,学者们的判断存在明显分歧。主要的分歧可大致归类为发展论和衰退论。发展论者将近代中国农业经济的主要特征归纳为人均产量增加、农业商品化程度提高、劳动力人均收入增长、劳动生产率提升等。还有学者发现,虽然太平天国时期粮食单位面积产量下降,但到1895年即恢复至战前水平,近代末期更呈上升趋势。汪敬虞认为,尽管近代农业的增长率较低,但农产品总产量仍然是增加的。《剑桥中华民国史》也持同一论点,认为直到抗日战争前,并未发生持续不断的农业衰退。珀金斯(Dwight H. Perkins)虽然承认近代农业在生产技术上停滞不前,但却认为近代中国粮食产量不仅没有减退,反而不断上升。近代中国耕地面积扩大,农业中的资本和劳动投入都有增长,因而造成了农业产量增加以及总收入提高的结果。只是由于人口总数的变化,才使人均产量保持不变。[①] 与这些看法截然相反,近代中国农业衰退论者认为,中国农业生产的历史顶峰是清代前期。与清代前期相比,近代中国农业劳动生产率、单位面积产量、人均粮食占有量、耕地面积都呈现下降趋势。即使农业总产量有所增加,也只是过密化增长,本质上是陷于停滞乃至发生倒退。其最明显的后果,就是到20世纪30年代中期,农村经济全面破产。有学者指出,这一时期农村资源贫乏、农家生活水平低下、农村金融枯竭,即是农业衰退的表征。麦迪森(Angus Maddison)则以中国在世界经济中的地位相应下降为例,认为自1820年以后的一百多年时间,中国农业经济持续衰落。

对于如何评价近代中国农业的人均收入与劳动生产率,学者之间就存在明显分歧。布兰德以1890年至1930年间长江中下游沿岸诸省农业商品化的增进为基础,认为中国市场与世界市场整合的结果,是人均收入增长了44%、劳动生产率提高了40%。罗斯基(Thomas Rawski)甚至认为,在20世纪上半期,人均产量的持续增加已经成为中国经济生活的一个正常特征。王国斌(Roy Bin Wong)对这种农业生产发展的论断持谨慎态度,认为即使商品化发展和贸易条件改善提高了农业产量,还

[①] 珀金斯估计,在20世纪上半期,中国人口增加了50%—60%,农业产量跟上了人口增加的步伐。[美]德怀特·希尔德·珀金斯著,宋海文等译:《中国农业的发展(1368—1968年)》,上海译文出版社1984年版,第34页。

需要其他因素同时发生作用的确凿证据,才可证明近代农村经济规模扩大。①

上述有关近代中国农业经济走势的基本判断,并不能完全反映区域农业经济变迁的特征。江南农业生产在20世纪上半期是趋于停滞的。农业总产量先升后降,整体呈现萎缩,由主要粮食作物和经济作物分析农业的生产效益,可见农业单位面积产量减少,劳动生产效率降低。尽管20世纪30年代以前,农业总产量有所上升,但农业生产效率的下降却是持续的。依据江南农业经济的实际状况,我们判断长江中下游农业的发展决不会像前述布兰德估计的那么高。农业总产量从未达到依据布兰德的估计推算所得的增长率。从单位面积和劳动力平均来判断,江南农业生产力甚至还发生了一定程度的衰退。

较之清代中叶,20世纪上半期农业生产在资本增加和技术改进方面都遇到未能克服的困难。清代新作物推广和耕作技术进步推动了土地生产力和劳动生产率提高,20世纪上半期农民的赋役负担(部分转嫁为地租)明显高于此前任何时期,农业资金短缺使得生产技术无法改进。农业生产的决定因素是耕地和劳动投入,与清代相比,生产要素构成不仅未能改善,还发生逆向变动。这一时期,江南农业生产延续了清代农业专业化、商品化的趋势,甚至在个别的条件上还有所超越,但决定农业生产的耕地减少,制约着农业总产量的提升。而农村人口压力下剩余劳动力的大量存在,也使江南农业更倾向于劳动集约而不是资本集约。通过对劳动、资金、技术等不同配置方式的比较,还可以发现,如果增加资本投入,在既有的人口—土地状况和经营方式之下,农业生产仍有增长的潜力,土地和劳动生产效益仍可提高。那种认为"传统"农业的生产效益至近代已经达至极限的看法值得反思。

欧洲和美国农业通过使用矿物能源而得以实现变革,其近代农业是以资本密集为特征的。江南农业因缺乏资本投入,却在劳动密集上寻求农业生产的出路,通过提高复种指数在单位面积土地上获取最大产量。劳动集约正是江南农业适应人口—耕地关系的合理选择。在资本匮乏而劳动力富余的情况下,高度依赖劳动投入的农业是合理的出路。这一选择并不必然阻滞生产技术的改进,因为劳动集约并不

---

① 比如农业部门中的技术改良或大量资本投入等,但布兰德本人没有陈述确切证据,以说明导致近代农村生产发展的其他原因。参[美]王国斌著,李伯重、连玲玲译:《转变的中国——历史变迁与欧洲经验的局限》,江苏人民出版社1998年版,第15、17页。

排斥劳动效率,密集的劳动投入配以必需的机具、肥料,仍可增加劳动生产率。资金、技术、土地等农业生产要素都有赖于劳动投入才可产生效用,然而,近代江南农业的困局恰在于资金与技术投入的严重不足,因而劳动投入未能产生更佳的效益。

关于原始工业化与工业化的关系,孟德尔斯(Franklin Mendels)认为正是原始工业化为工业化准备了条件。罗斯基认为近代工业部门与传统手工业部门的成长具有互补性。勒旺(David Levine)则认为工业化恰是摆脱原始工业化的过程。[1] 近代江南农村工业与手工业并行发展的历史经验,显示孟德尔斯和勒旺归纳的两种情况在江南都可以找到。棉织业等传统行业的技术改进,由国外引进效率较高的新的手工业工具,促进了手工业生产力的进步,但却与棉织工业形成竞争关系。这似乎是勒旺所说的手工业与大工业的关系。而江南棉纺业、缫丝业之脱离家庭经营,实现生产技术的近代化,说明孟德尔斯所提出的家庭工业与近代工业之间的关系,在近代江南也同样存在。

20世纪初,江南一些传统手工业因受到工业排挤而衰落,但近代工业也促使一些传统手工业发展和新兴手工业的产生。适应与世界市场联系强化的趋势,江南手工业生产增长,内部分工发展,由包括工业品在内的市场扩展所导致的手工业专业化发展,成为这一时期区域农村经济的主要发展动力。这看起来与明清时代手工业发展动力相似,也似乎与农业的商品化专业生产一致,均具有斯密型动力的特征。但与农业部门相比,两者也存在根本的不同,即除了专业化的生产分工,技术改进是手工业发展的另一重要因素。不论是传统手工业还是新兴手工业,都曾经历由技术改进推动的生产效率提高。而在江南农业中,这些技术变化相对微弱得多。不过,受到各种因素制约,手工业生产技术改进和效率增加都至为缓慢,手工业中的投资增加和技术改进因素并未成为手工业主要的发展动力,更未导致原始工业化向工业化的转变。

其中,重要的制约因素是江南手工业的家庭经营形式。在普遍存在的手工业家庭生产中,农户增加投资改进机具都不脱劳动密集的藩篱。同样,农家在手工业不

---

[1] [美]王国斌著,李伯重、连玲玲译:《转变的中国——历史变迁与欧洲经验的局限》,江苏人民出版社1998年版,第42—43页。

同行业之间的转换也是以劳动密集型产业为核心的。在农村存在充裕的廉价劳动力的情况下,农家手工业经营自然会考虑充分利用家庭劳动力;而在手工业产品所处的市场竞争中,农家手工业经营也无必要增加技术改进或雇用劳动的投入。降低资金投入与增加劳动投入是避免风险同时又增加产量的理性选择。手工业与大工业相较在劳动生产效率方面的劣势,因为其低成本而得到部分弥补。家庭手工业有其自身优势,由农民家庭分散生产的手工业产品在市场竞争中并非完全处于不利地位。值得一提的是,这一现象并非江南所特具,也曾经出现在欧洲原始工业化的过程中。

不过,江南20世纪上半期农村手工业发展,以及与之同时展开的城市工业发展,说明两者之间可能具有的关系远较学者们依据欧洲和亚洲其他国家历史经验所做出的总结要复杂得多。16—18世纪的江南经历了与同时期的欧洲类似的原始工业化过程。到了20世纪上半期,江南农村工业仍然富有活力,并支持着较前更加深化的商品化和生产分工。近代江南延续了此前数个世纪的模式,未能由农村家庭工业进化到城市工厂工业。在欧洲,早在一个多世纪以前,已经走上另一条道路,并在19世纪后期完成了工业革命。新的研究表明,欧洲由农村家庭工业转变为城市工厂工业,只是由新能源的开发、海外扩张等偶然因素决定的突变的结果。近代部门与传统部门中导致成长的原因完全不同。近代部门中出现的成长来源于可观的资本以及可以提高劳动生产率的新技术的运用。而传统部门中所出现的成长,则主要由市场引导。农村家庭工业与城市工厂工业并无因果关系。① 与欧洲类似,近代江南的农村家庭工业与城市工厂工业亦无因果联系。这样,关于江南农村家庭工业的走向,我们应该提出的问题就不是它为何未转变为近代工厂工业,倒是应该问这种农村家庭工业如何适应近代经济的新变化。

近代城乡关系也是学者们分歧的焦点之一。争论的主要问题在于城市发展是否影响农村经济;如果有影响,是有利于农村经济还是不利于农村经济。经济二元论者认为,近代农村经济没有受到城市发展的影响。那些认为城乡之间存在关联的

---

① [美]王国斌著,李伯重、连玲玲译:《转变的中国——历史变迁与欧洲经验的局限》,江苏人民出版社1998年版,第52—53、68页。

学者,则有不同的看法。罗斯基认为城乡经济活动之间没有障碍,还认为有很多种类的传统生产与传统贸易,补充了近代生产与近代贸易的发展,而不是被新形式的生产与贸易所摧毁。其关于抗战前中国经济成长的观点,则假设城乡之间有一组平稳的联系,所以中国城市的进步也引起了农村的进步。[①] 戴鞍钢的研究支持了罗斯基的观点,他认为近代苏南浙北农村经济受到上海城市发展的促动,发生了结构性的深刻变化,并认为这一变化反映了传统农业向近代农业转型的历史进程,体现了近代都市和周边农村互动的双边经济关系。珀金斯认为20世纪上半叶的城乡关系发生了转折性变化。他认为20世纪以前中国农民在经济关系方面,除了其近邻之外,实际上是与世隔绝的。到了20世纪,现代工业和运输开始改变这种局面,到20世纪20—30年代,农产品和农产加工品的国内贸易和对外贸易较前有很大增长。尤其是城乡贸易,无论是农产加工品,还是非农业原料加工的城市工业品的贸易,都大大增加了对于远方农村供应来源的依赖。因此,城乡之间市场整合程度大为增强。[②]

黄宗智认为同时发生的城市发展和农村贫困化,加深了长期存在的城乡之间的鸿沟。因为近代城市工业的发展以及在此基础上形成的工农业关系,不利于农村经济。与沿海城市工业和交通运输业等的近代发展相反,农村经济继续过密化,城市发展和农村贫困化同时发生的事实,使城乡之间长期存在的差距继续扩大。因为中国(包括江南)没有亚当·斯密(Adam Smith)所强调的城乡贸易的双向互利关系,因为小农的主要生活必需品是由其他小农生产的,除了少量的必需品外,小农极少购买城市(工业)产品,城乡贸易不过是由农村剩余向城镇的单向流动构成的。事实上,与这一暗淡的画面不同,在20世纪上半期,新的交通网络在江南建立起来,使区域之间的贸易关系更趋紧密。以城市为中心的近代金融支配着乡村产品市场,城市与乡村经济在深化的专业分工中更趋加强。而区域农业生产专业化的强化、农产品与手工业品的商品化提高,都是在更趋整合的城乡市场中实现的。

农业商品化与经济发展的关系,同样是存在分歧的问题。吴承明认为市场成长

[①] [美]王国斌著,李伯重、连玲玲译:《转变的中国——历史变迁与欧洲经验的局限》,江苏人民出版社1998年版,第65页。

[②] [美]德怀特·希尔德·珀金斯著,宋海文等译:《中国农业的发展(1368—1968)》,上海译文出版社1984年版,第183页。

和经济发展之间有必然联系。布兰德在肯定近代农村经济增长时,认为其主要因素是中国市场与世界市场的整合。另一些学者则有不同看法。他们认为,尽管农村被卷入商品经济体系,但农产品商品化和农村市场扩大的速度落后于资本主义工业发展速度。因此,农产商品化非但未能推动农村经济的发展,反而成为农村贫困的根源之一。黄宗智认为不能假定所有形式的商品化和所有类型的市场都必然引起经济发展。[①] 争论的焦点可以概括为近代农业的专业化发展和商品化生产究竟是农村经济发展的动力还是农村贫困的根源。

20世纪上半期江南市场整合扩大了专业化分工和商业化,促进了经济发展,而且因为交通运输、通讯等技术的改进,市场整合的程度较前更趋深化,对推动经济发展具有关键作用。专业化与商品化正是长期影响江南农村经济的动力之一。黄宗智因为低估了江南土地、劳动力、信贷市场整合的程度,因而也低估了市场整合对区域经济发展的积极作用。20世纪上半期,农村的手工棉织业、丝织业、针织业等主要行业,也都是为市场需求而生产的。实际上,所有这些行业也都在扩大的市场中获得发展。在江南农村,小农在市场上交易的除了生活必需品,还有用于家庭手工业生产的各种原料以及家庭手工业产品,我们不能无视江南农村经济活动的商业化与专业化性质。事实上,近代江南农村经济最为困难的时期,也正是其农产品与手工业产品市场萎缩的时期。

产品和要素市场的紧密关系,还促使了江南区域与外部市场的整合,促进了江南区域与国内市场的整合。这种关系使得江南农村经济的起伏与国内其他区域的市场需求建立起紧密联系。此时的江南还是一个世界性的区域,它还是整合的国际市场的一部分。至于在市场整合过程中,国际市场对中国农村经济的影响,一些学者倾向于认为西方国家对华商品和资本输出扭曲了中国的发展道路,并且堵塞了中国走欧洲道路的可能性;另一些学者则认为西方国家为近代中国经济转变开创了机会,并提供了技能与技术。李国祁认为国际市场的冲击主要在贸易方面,并认为对外贸易的作用是积极还是消极,要视具体的情况而定。我们认为,虽然与国际市场的整合未能使江南农村经济发生近代转变,但新的商业机会毕竟扩大了专业分工,

---

① [美]黄宗智:《长江三角洲小农家庭与乡村发展》,中华书局2000年版,第115页。

增加了传统经济发展动力运作的空间。不能因为近代农村经济受国际市场波动所遇到的困境,就否认市场整合对江南农村经济的积极作用。

学者们对近代江南市镇发展状况的评价存在较大分歧。主要的分歧在于,相对于明清时期市镇勃兴时期而言,近代市镇是发展的还是停滞的。刘石吉等人肯定近代市镇的发展,认为近代江南许多市镇的市场范围扩大至全国,还逐渐与国外市场相联系。在近代商业势力的冲击中,传统市镇没有衰落沉沦,而是以高度韧性继续发展。彭安玉的研究支持了刘石吉的观点,他发现20世纪初叶市镇数量增加、人口增长以及商况继续兴盛等,都显示出发展的特征,认为这些发展已经在江浙地区形成了一个以江南为中心的城镇群。包伟民等学者的研究结论却不同。他们发现19世纪末到20世纪上半期,江南市镇基本保持在传统格局的发展之中,认为近代以后以农村专业经济为基础的市镇发展已经趋于饱和,从总体上看,近代江南农村市镇变迁的步伐,相比于它们在前近代发展比较迅速的时期,反倒呈现出一种迟滞的状态。

我们的研究显示,20世纪上半期江南市镇经历了又一个明显发展时期,这一明显发展始于19世纪后期,一直持续到20世纪30年代中期。在农村经济商品化发展和对外贸易扩大的情况下,作为市场交易中心的城镇是不可能衰落的。农业和手工业专业化生产、城市工业发展、产品与要素市场整合等多种因素,都倾向于促进市镇的市场网络节点作用。何况,近代水陆交通运输、近代工业也为市镇发展(及新的市镇的兴起)提供了契机。当然,也有少部分市镇因交通运输线路的变更等因素而衰落,另外,对近代市镇的发展也不宜过高估计,乃至上升到城市(镇)化的高度。有如明清时期的市镇,江南近代市镇亦未成为近代部门的生产中心。虽然工业企业和手工工场在个别市镇的发展中担当重要角色,但以生产功能作为主要推进力量的市镇极少,在整体上近代江南市镇更缺乏近代工业的促动。维系近代市镇发展的主要因素仍是商品集散,市镇既是其辐射范围内乡村基层市场的农副产品和日常生活用品的交易地点,也是区域市场网络中具有重要作用的结点,江南地区进入远距离贸易的大宗农产品与手工业品,无不是以市镇作为其起点的。这说明近代市镇发展延续了明清时期的动力,这与维持近代江南整个农村经济的动力在特征上也是相符的。

制约农村经济的因素同样也局限着市镇发展。人口和劳动力充裕而资本匮乏、劳动生产效率有待提升而技术改进滞缓,市镇成长受制于由农业和手工业生产的历史延续性所决定的经济结构特征,最终无法摆脱农业和手工业生产的区域性的束缚,未能从所处农业区域之外获得更为充分的成长动力。这种成长机制使绝大部分市镇受到其所在区域经济的限制,未能在商业功能之外找到更多的经济支撑点,因而在成长的动力机制更新上始终未获突破。这种根本的改变所需的大量资本投入和近代技术革新只是给个别市镇成长注入了新的活力,正是这些以近代工业为核心动力而实现发展的个别市镇,凸显出江南市镇在整体上尚缺乏"近代经济转型"。

近代江南农村经济在性质上延续了传统机制,城乡之间的产品和要素市场,以及区域与外部市场和国际贸易广泛整合,农村经济专业化和商业化的程度也更加深化。尽管受到劳动、技术和资本的限制,江南农村经济的以上变化未能导致现代性的质变过程,但依赖资本投入和技术改进的现代性经济发展机制仍对个别部门具有推动作用,斯密型机制虽然仍是推动经济发展的主要动力,新的机制也已经启动,并开始影响区域农村经济的现代"转轨"。

第一章　人口、耕地及人地关系

一定数量的人口是区域社会经济发生和发展的前提,而繁衍增殖人口以及改善人们生活质量又是社会经济发展的动力,无论从因果源流的哪一端来观察,人口都是区域经济变迁研究中不可忽略的因素,而其中尤以人口数量的变动最为学者们所关注。江南地区人口数量、构成及其在20世纪上半期的变动,是我们在探讨这一地区农村经济和城镇状况时,不能不首先面对的问题。厘清人口数量、农业人口数量、农业劳动力数量等基本数据,有助于我们评估区域农村经济的人口条件,还有助于我们思考学界早已提出的近代农村"人口压力"问题。[①]

一、人口数量与人口构成

人口数量的增减、人口结构的变化,都与区域经济的变动息息相关。人口数量和人口构成是深入探讨一个区域人口与资源状况的基础。对江南人口数量和人口构成的估算,是评估农村经济与城镇状况变动过程的前提。

(一) 人口总量变动

本文通过检索清末及民国江南各县县志中的人口数据,并将之与20世纪上半期

[①] 有学者认为,所谓人口压力,简单地说就是人口与资源的比例状况。由于不同的时代资源的内涵是不同的,因此,分析不同时代的人口压力,涉及的指标体系和评价标准也是完全不同的。有学者认为,分析处于前工业化时代的清代中叶的人口压力,至少应包括人口数量、人口增长率、人口密度、人口结构、人均耕地、人均产值等一系列指标。而在对清中叶人口压力强度作判断时,既要有纵向的比较,即与中国历史时期的比较;更要有横向的比较,即与世界其他地区的比较,尤其是与工业化前后的西欧的比较。参见黄长义:《人口压力与清代经济社会的病变》,《江汉论坛》2000年第12期。

不同时期的统计及调查数据对比,以观察20世纪上半期这一区域的人口变化。从现有的资料看,人口数据主要是以县为单位加以统计的。方志记载人口以行政管辖的地域为空间单位,见于报刊的调查数据也多以县为单位统计人口。因此,本文有关江南人口总量及其变化的评估,以县域人口数量的统计为基础,并对各县的数据加以综合,以观察江南区域的人口总量。出于考察人口长期变动的目的,我们收集的数据并不限于20世纪上半期,而是在时间上稍微往前追溯,上延至19世纪后半期,希望从更长的时段上了解人口变化的情形。经过前后对比,可以发现已有的人口统计数据存在着一些问题。

首先是统计口径不一。清末的方志中对人口数量的记载,往往只记载丁数,而忽略人口总数。民国时期的方志则多明确记载完整的人口数量。如光绪三十年《常昭合志稿》:"光绪十五年,常熟县234591丁,昭文县201504丁。光绪二十九年,常熟县291586丁,昭文县244505丁"。① 只记"丁"数,未载人口性别、年龄等人口结构信息。再如清光绪五年《丹徒县志》称,"咸丰八年,丹徒县人丁331624丁。九年,331713丁……同治六年,丹徒县人丁107611丁,七年,109156丁,八年150943丁,九年,112218丁,十二年,119182丁。十三年,122229丁。光绪元年丹徒县人丁123653丁。二年,127553丁。三年,130176丁。"②两县方志中虽然有逐年的人口数据,但只载"丁"数,而未明确全部人口数量。

民国时期的方志多详细记录户数与口数,甚至包括不同性别、不同年龄段的人口数量,提供的人口数据较诸清代方志更加详实。如民国十七年(1928年)《续丹徒县志》完整地记录了人口统计数据,称丹徒县"宣统三年,统计三市十五乡共92592户,522592口"。③ 另如《分省地志·江苏》,其中所载1932年各县的人口统计数字,是各县公安局报告之数,是当年8至11月间的调查数据。以下为这次调查的江苏省若干县份的人口统计数据。

---

① 清光绪三十年《常昭合志稿》卷七户口志。
② 清光绪五年《丹徒县志》卷十二户口。
③ 民国17年《续丹徒县志》卷五食货志·户口。

表1-1 1932年江苏各县人口数量

县别	男	女	人口	平均每平方公里人口数量
南汇	239814	242293	482107	482.00
奉贤	99114	101257	200371	341.64
松江	204400	185319	389719	448.60
川沙	67333	62939	130272	249.61
上海	57414	57336	114750	751.86
青浦	125972	123332	249304	356.71
金山	79275	75150	154425	409.34
吴江	229688	202684	432372	374.34
吴县	483591	423999	907590	358.91
昆山	120453	114934	235387	296.08
嘉定	124452	120099	244551	530.48
宝山	83077	78929	162006	202.51
太仓	149368	140529	289897	324.81
常熟	444748	414490	859238	429.89
无锡	472074	427217	899291	686.87
江阴	380906	336049	716955	530.10
武进	450486	392283	842769	342.69
宜兴	265600	230831	496431	264.41
溧阳	185117	136824	321941	212.96
高淳	123268	95951	219219	281.95
溧水	96714	73482	170196	172.74
江宁	264453	225769	490222	215.39
句容	131183	113587	244770	165.95
江浦	66018	57830	123848	150.03
六合	182336	174885	357221	224.18
镇江	282940	240360	523300	500.05
金坛	131892	111948	243840	236.39
丹阳	243752	216250	460002	442.52
扬中	81005	73511	154516	536.98

资料来源:《分省地志·江苏》,中华书局1936年版,第91页。

《分省地志·江苏》所载人口数据,包括男性、女性人口,据此可以计算人口性别比例。此外,还统计了平均每平方公里人口数量,显示出各县的人口密度。

与清代方志倾向于只记"丁"数的习惯相比,民国时期统计与调查的人口数据提供了更加完整的人口信息。据倪冠亚《常熟的小统计》,1935年常熟人口总数为875953人。并明确记载其中男性与女性、成年人与未成年人等数据,诸如明确记载当年常熟县男性463381人,女性425479人,壮丁155010人,学龄童122682人,识字者115120人等。①

可见,在我们关注的这段时期内,文献中记载的人口数据,统计口径前后多有不一致。即使同一时代的人口数据,在详实程度上也多有不同。因此,这些数据呈现的人口状况往往是零星且简略的,很难依据这些数据判断较长时期内人口的连续变化。

其次,自晚清至民国,一些县份的行政区划调整,致使其区划调整前后人口统计数据差异较大。如,光绪十年(1884年),钱塘县12704户,67630口;仁和县83240户,186160口。宣统三年(1911年),钱塘县77224户,377559口;仁和县61918户,302728口。②民国成立后,钱塘、仁和两县合并为杭县,故"杭县人口,民元至民六,大约沿袭清季仁、钱两县表册,保持六十九万相近人数。七年而后,竟增至一百万以外,殆署所、学校之扩建,商场、工场之新兴,使杭县骤然繁荣。然就今之(杭州)市、(杭)县人口并计,亦仅八十万(杭市人口增减不定)。似当时编查户口,犹仍清季之非疏即滥,故本县户口调查准确当自民国十六年市、县分立为始。"③1927年,杭州市从杭县析出,"杭县总面积,本为1744915亩,自城区等六区划归杭市,面积减341809亩,而人口尚保持三十五万至四十万之间,比之前代,惟清乾隆间,仁、钱两县合计,有此盛况,盖农业人口比率为高,增加亦速,而安居乐业之生聚久矣。"④因为行政区域的变动,杭县人口总量有剧烈的增减变化。如下表所示:

---

① 倪冠亚:《常熟的小统计》,《励学》,1936年第2卷第1、2期。1935年该县人口总数与1936年人口总数相近。
② 民国37年《杭县志稿》卷五人口。
③ 民国37年《杭县志稿》卷五人口。
④ 民国37年《杭县志稿》卷五人口。

表 1-2　1912—1948 年杭县人口数量

年份	合计	男	女
1912	680287	363354	316933
1913	683284	365369	317915
1914	683984	365820	318164
1915	684691	366423	318268
1916	684137	366221	317916
1917	689195	368516	320679
1918	1028500	465000	563500
1919	1054281	490240	564041
1924	1014678	566578	448100
1928	390351	214425	175926
1931	390372	215800	174572
1932	393401	216194	177207
1935	399934	219041	180893
1936	402643	221314	181329
1944	372594	205019	167575
1945	333721	179185	154536
1946	350836	188679	162157
1947	357347	191048	166299

资料来源：民国 37 年《杭县志稿》卷五人口。

表中数据显示，1928 年成立杭州特别市之后，杭县人口统计中即不包括由杭县划归杭州市的人口。故 1928 年统计之杭县人口数量尚不及 1924 年的 40%。又据《杭县经济概况调查》，杭县全县户口数共有 86365 家，395720 人，内中男为 216135 人，女 179585 人。①

其三，江南各县都程度不同地存在流动人口，即在人口统计中有"本籍"与"客籍"之别。大部分的人口统计数据并未明确是否包括"客籍"人口。但在那些"客籍"

---

① 《杭县经济概况调查》，《浙江经济情报》1936 年第 1 卷第 1 至 5 各期合刊。

人口在县域人口中占有一定比重的县份,是否统计"客籍"人口数量,会影响到人口统计的准确性。宝山县,"(民国)五年县署续报内务统计人口数全县凡55105户,325462口,惟本邑接近沪渎,交通利便,人事较繁,土客杂处,难详碻数,而尤以闸北、吴淞二处为尤甚"。民国十五年(1926年),宝山县人口总数为468391人。其中,本籍341097人,外籍127294人。① 其中,外籍人口占宝山县人口总数的四分之一,超过本籍人口的三分之一。

其四,因为户口册籍散失,导致人口数据的不完整与不连续。六合县,"自嘉、道后至咸、同间,中经兵燹,户口册籍散失无存,无从登载"。② 其间,咸丰十年(1860年)至同治五年(1866年)人口统计中断,盖因"咸丰十年春,金陵营溃,省城及江以南诸城俱陷于寇,所未陷者,丹徒及上海两城而已。迨同治三年,金陵克复,丹徒城乡户口大半流亡在外,寇平后,渐次回里。至同治六年,始能编次户口"。③

其五,人口数据严重不实。再如六合县,"光绪八年,册报丁口……共61366户,115155口,其中,男82936口,女32219口……按光绪志,载户六万一千有奇,口仅十一万五千有奇,则是每户两口且不敷,有是事乎?疑'六万'之六字误。光绪三十四年,册报户三万九千有余,口243096,其中,男129343,女113753。民国元年,调查户口,计户44220,口243645,其中,男129210,女114435"。④ 据《海宁州志稿》载光绪二十一年(1895年),"海宁户为32700户,实在丁口65843人"。⑤ 又据该志,海宁州"宣统二年,实行地方自治划分州属为八区,调查人口实数计共78874户,男173086丁,女133133口,实在丁口306219。虽或不免疏漏,然较之有司官脨,虚实悬殊矣"。⑥ 又据20世纪30年代的调查,海宁全县户口数,共有84261户,359231人。内中男193890人,女165341人。⑦ 将前后人口数据对比,可见19世纪末的人口数据确有不实。

---

① 民国10年《宝山县再续志》卷一舆地志·户口。
② 民国9年《六合县续志稿》卷四赋税志上·户口。
③ 清光绪五年《丹徒县志》卷十二户口。
④ 民国9年《六合县续志稿》卷四赋税志上·户口。
⑤ 清光绪二十二年《海宁州志稿》卷九食货志·户口。
⑥ 清光绪二十二年《海宁州志稿》卷九食货志·户口。
⑦ 其中,识字男女总数56746人,六岁至十二岁之儿童为59364人。参见《海宁县经济概况调查》,《浙江经济情报》1936年第1卷第1至5各期合刊。海宁"元、明两朝皆为县,清为州,属旧杭州府,民国成立后复为县,直隶省府。现属第二行政督察区。全境划分五自治区,辖乡六镇十六"。

即使是 20 世纪初的调查数据，亦未必可靠。例如，德清县的人口"调查"数据即被怀疑不实。据民国 21 年《德清县新志》卷四食货志·户口："民国六年册报，普通男十万一千六百七十六丁，女七万三千九百五十四口……船户……寺庙……合计丁口十八万一千八百五十七人。按乾隆二十一年迄嘉庆十一年，相距不过五十年，而嘉庆人口六倍于乾隆所云。盛世蕃生，原谀词耳。然敢定嘉庆之人口数实非实，岂敢率报乎？乾隆之人口数虚，因推想当时纵规定照粮起丁，而人民慑于照丁起粮，未敢实报。当事者亦无非照例编审而已。咸同兵燹而后，死亡流离，前无确计，迄于今兹，户口之数半于嘉庆，虽自调查所得，疑信犹在参半，以意度之，当不止此数也。"①

其六，各个时期人口统计的完整性差异颇大。以杭县为例。"清康熙五十一年，诏以五十年丁册定为常额，其新增者称为盛世滋生人丁，永不加赋。乾嘉而后，户口遂臻极盛。咸同被兵，数乃大耗。光绪初，浙抚杨昌浚疏云：杭省未失守以前，城厢内外丁口约八十余万。自肃清以后至今，已逾十年，清查户口，仅十三万余人，不过从前十分之二。省城如此，外属可知。杭城兵燹之劫，未有甚于此者(故老相传，乱后城中住籍仁、钱者颇少)。光绪中，休养生长，稍繁昌矣。宣统初，选举调查法行，各县报册，骤增倍蓰。"②可见，赋役政策变化、社会安定程度、人口调查的目的与方式都会影响到人口数据的完整性。各种资料中的人口数据多有缺漏与不确，但在缺乏其他更可靠的人口数据文献的情况下，只能从这些不完整的资料中找寻那些相对较为可靠的数据。③

就本文统计人口总量所依据的方志资料而论，其人口数据多以官方统计数据为来源。而官方统计数据又是以人口普查数据为基础的。1909—1911 年人口普查的结果不确，此后民国初期的人口数据亦然。④ 江苏省 1912 年普查的人口数据被认为

---

① 民国 21 年《德清县新志》卷四食货志·户口。又据《续修德清县志·序》："辛未秋十月，任化奉省府令，权篆是邑，沈灾初淡，满目疮痍，田庐之淹没既多，茧稻之收成均少，力图救济，筹款为难，朝夕营营，志期小补……德清立县，肇自唐天授中，密迩省会，声名文物在有清康乾间冠盖满京华矣。其后代有达人，泊同光朝，南埭俞氏经学词章为全国所倾仰，且远及东瀛，故其县在浙西著名者也……居民十八万三千余丁耳，老弱不能生产者居五之二焉。"参见民国 21 年《德清县新志》王任化序。
② 民国 37 年《杭县志稿》卷五人口。
③ 许道夫对人口数据的缺失与偏漏有过解释。参见许道夫编：《中国近代农业生产及贸易统计资料》，上海人民出版社 1983 年版，第 1—2 页。
④ 何炳棣：《明初以降人口及其相关问题》，葛剑雄译，三联书店 2000 年版，第 92 页。

可能偏高,相比之下,统计时间稍早的宣统人口普查倒是相对可靠。①浙江省的人口数据存在同样的问题,1912年人口普查结果明显偏高,1912年至1918年的人口数据更多错误。②可是,相对较为可靠的宣统年间人口数据,方志中往往缺焉不详,颇难对江南各县作整体估算。相较之下,1912年的人口数据较为齐全。我们选取1912年作为20世纪上半期人口统计数据的"起点"。个别县份缺乏1912年数据,则以宣统年间的人口数据代之。由于1932、1936年以及1946—1948年的人口数据虽然存在问题,仍有较好的统计质量。③故而,我们选取1932、1936、1946、1948等几个年份的人口统计数据。④此外,1928年、1949年的统计数据较全,也一并录入,作为对照。1953年的人口统计,虽然超出了我们研究的20世纪上半期的时间范围,但因为它们比"以往任何人口数字都更接近真实",⑤也有必要列出来,作为参照。这样,我们得到1912、1928、1932、1936、1946、1948、1949、1953年江南49个县的人口统计数据,列为表1-3。

---

① 侯杨方:《中国人口史》第六卷,复旦大学出版社2001年版,第160页。
② 侯杨方:《中国人口史》第六卷,复旦大学出版社2001年版,第183页。
③ 侯杨方:《中国人口史》第六卷,复旦大学出版社2001年版,第183页。黄宗智也认为1932年的人口资料较为可靠。参见黄宗智《长江三角洲小农家庭与乡村发展》,中华书局2000年版,第337页。但事实上,这些统计数据也有问题。1933年所作的浙江省农村调查就发现了人口统计的问题,并胪列了不同的数据:

县份	杭县	海宁	德清	吴兴	桐乡	崇德	备注
户数	84639	84176	—	—	—	44382	县政府所报数字
	167062	77454	41509	169237	35013	43793	《浙江经济纪略》
	91700	81600	41500	169200	35000	43500	统计局
口数	391500	356452	—	—	—	203012	县政府所报
	346576	162040	77988	308041	72038	91100	《浙江经济纪略》

资料来源:行政院农村复兴委员会编《浙江省农村调查》(1933年),第155页。

④ 20世纪上半期中国人口普查共有4次:1909—1910年10月,清政府的调查,结果于1911年7月发表;1928年7月—1930年底,国民政府内政部的调查;1936年由各省、市政府进行的调查;1947年7月公布的全国户口清查结果。文洁、高山:《二十世纪上半叶中国的粮食生产效率和水平》,中国农村发展问题研究组:《农村·经济·社会》第一卷,知识出版社1985年版。
⑤ 何炳棣:《明初以降人口及其相关问题》,葛剑雄译,三联书店2000年版,第109页。

表 1-3　20世纪上半期江南若干年份人口数量①

县份②	1912	1928	1932	1936	1946	1948	1949	1953
江宁	552762	562063	562063	562063	436227	437120	437120	534979
句容	197790	244770	244770	315624	299869	305895	304663	328226
溧水	165825	171475	192926	192926	195205	195021	206831	222582
高淳③	175807	227592	227792	252485	252011	252011	259390	276994
江浦	143597	139581	123848	139921	159141	164417	132780	143756
六合	243645	361265	361265	402230	399983	399983	405598	436383
丹徒	445803	483790	523300	607430	521612	336219	336219	339822
丹阳	424540	464011	537163	537163	493441	464897	485839	512743
溧阳	258442	330553	337110	380340	348710	349652	362813	403486
扬中	162561	150527	150527	181391	176934	192685	179900	182525
常熟	832810	806350	859238	888764	941644	950716	681358	698525
江阴④	598697	746655	716955	798343	786555	760820	793032	836539
无锡	829265	941375	894657	1218577	1103002	1110806	708037	728559
吴县	1025657	874434	907590	957636	1099717	1089170	686569	747120
吴江	432372	466944	432372	423483	485796	468631	468631	497154
太仓	265793	295751	289897	316193⑤	306967	305222	302106	319825

① 中国近代人口统计缺乏可靠性,已成共识。但学者们也认为,一些缺乏准确性的人口数据,仍可作为考察人口变动基本趋势的依据。另外,某些地区、某些年份的人口统计数据相对可信,可作为估算人口数量的基础资料。本表中所用数据来源于地方志,可作为人口变动基本趋势的一项参考。
② 1.松江县在1914年1月以前为华亭县,再之前为华亭县、娄县。2.太仓为原太仓州和镇洋县。3.吴县为清代苏州府附廓之长洲、吴县、元和,1912年裁府并县,长洲、元和并入吴县,另有太湖厅、靖湖厅也并入吴县。4.常熟县为原常熟、昭文两县。5.吴江县即清末之吴江、震泽两县。6.清末常州府附廓之武进、阳湖两县,阳湖县并入武进县。7.无锡县本旧同城治无锡、金匮两县。8.宜兴县本旧同城治宜兴、荆溪两县,1912年1月荆溪并入宜兴。9.杭县为清末之仁和、钱塘两县合并。10.海宁清末为海宁州。11.新登县即新城县,1914年更名为新登县。12.嘉禾1914年更名为嘉兴。13.石门县1914年更名为崇德县。14.吴兴本清末湖州府属之乌程、归安两县。
③ 1915年高淳县人口数量为20余万。太平天国前后,高淳人口数量有一个起伏过程:经过太平天国时期,"民遭荼毒,十亡七八。同治八年,稽查子遗,仅存男女丁口八万九千四百余人。光绪六年,增为十二万九千六百余人。及民国四年其数乃至二十万以外"。蒋汝正:《金陵道区高淳县实业视察报告书》,《江苏实业月志》1919年第1期。
④ 民国9年《江阴县续志》民赋·户口。清宣统三年江阴县户口编查,全县共计124634户,623487人。
⑤ 太仓县1935年人口数据。

续 表

县份	1912	1928	1932	1936	1946	1948	1949	1953
金坛	135980	245822	290324	290324	274733①	284814	284814	309534
武进	771715	840424	842769	874339	1019724	1027172	844514	887639
宜兴	469414	514492	496431	590146	570923	610491	619412	665590
昆山	222470	239510	235438	262701	242833	297312	304813	357854
川沙	104976	124273	142651	142651	135147	135147	139818	264855
嘉定	220632	246006	246006	275302	256175	265668	264974	308943
南汇	406674	482107	482107	528751	527940	519270	372189	379162
青浦	283725	266892	249304	249304	275175	270832	242051	271621
上海	114049	114049	113239	114750	113661	118765	118752	187385
松江	389719	389719	389719	389719	380739	395354	395354	425953
宝山②	273037	468391	162006	142492	140836	122230	122230	135736
奉贤	265793	295751	289897	316193	306967	305222	242937	281099
金山	164855	164855	166762	166762	171616	179469	179469	189049
安吉、孝丰	162172	164955	186020	186020	161615	182067	187195	209875
海宁	306219	355737	348498	367050	306261	310144	318531	347309
海盐	219816	212588	209903	206292	185879	186449	182700	195100
嘉善	226572	220911	204973	193313	214551	220103	199500	249595
嘉兴	403741	449302	493319	447519	422754	401632	395231	439821
临安	50875	86124	82416	89924	81107	84437	227100	256400
于潜	28153	59646	63885	68349	62892	63208		
昌化	79862	78068	75907	78305	73015	73015		

---

① 据《金坛县志》，1948年人口数量与1947年完全相同。此处将1947年数据作为1946年数据，而将1949年数据作1948年数据。

② 1916年统计，宝山县户数为55105户，人口数为325462人。1926年统计，宝山县本籍人口为341097人，客籍人口为127294人。人口总数为468391人。与1916年相比，户数增加49585户，口数增加142929人。参见民国20年《宝山县再续志》舆地志·户口。1930年，据《宝山县清查户口统计表》，总计全县36475户，人口162006人。这次统计中，未包括客籍人口。参见民国20年《宝山县新志备稿》舆地志·户口。

续　表

县份	1912	1928	1932	1936	1946	1948	1949	1953
桐乡	157094	164598	164211	161805	145914	147778	360789	373719
崇德	197609	207050	200336	200327	183615	188994		
德清	170587	178314	178314	178314	156109	148559	194301	211109
武康	71632	63518	63518	63518	50952	55087		
长兴	174103	240970	240970	225190	229046	230043	230800	269500
平湖	281876	274521	269343	247996	259771	261848	277049	290771
余杭	126147	126147	135184	137577	114044	114888	439900	460800
杭县	390351	390351	393401	402643	350836	325012		
富阳	149062	205676	206507	223625	198230	178208	262353	286784
新登	42639	60160	60387	62629	89539	65078		
吴兴	916007	809162	809162	702318	513868	652420	652420	645744
合计	14732922	16007225	15854380	16760967	16223281	16203981	14810082	16110165

说明：

1. 江宁县1912年人口数据缺，以1919年人口数据(821762人)减去1912年南京市区人口(269000人)推算而得。1928、1932、1936年数据缺，以1934年数据代之，1948年用1949年数据。另参《南京简志》(江苏古籍出版社1986年版)第92页。
2. 丹阳县1912、1928、1936、1946、1948年数据，分别为1918、1929、1935、1937、1947年统计数据。
  丹徒县1932、1936、1948年数据，分别取1931、1935、1949年数据。
3. 六合县1928、1932年数据，均用1931年数据；1936年数据用1934年数据，1946、1948年数据均用1947年数据。
4. 句容县1928年数字缺，以1932年数字代替。
5. 溧阳县1932、1945、1947年数据分别为1931、1945、1947年数据。
6. 高淳县缺乏1912、1932、1936、1946四年数据，表中所录这几年的数据分别为1918、1934、1937、1948年数据。另"据十八年(1929年)三月调查，(高淳)全县共计45639户，人数为224947口，男125393口，女99514口，学龄儿童28523口中，农民户约占总数百分之八十"。参见夏琼声：《高淳县农村经济调查》，《苏农》1931年第2卷第5期。
7. 扬中县1912年人口数据为1913年数据，1928、1932年数据均为1931年数据，1936年数据为1943年数据，1948年数据为1947年数据。
8. 溧水县缺1932、1936年数据，均取1935年统计数据。
9. 常熟县1928年人口数据缺，此处为1926年数据。常熟县1949年统计比1948年骤然下降，一个可能的原因是1949年原常熟县市县分治，1949年统计数据只包含常熟市，常熟县分治后，常熟县的人口数据。
10. 金坛县1932年人口数不详，暂填1935年人口数。1936年人口数也不详，也暂填1935年人口数。
11. 无锡县1949年人口数量骤减，不知何因。
12. 吴江县1928年人口数据缺，此处系依据1930、1934、1947年三年户均人口数，再乘以1928年该县总户数116242户所得。另外，吴江县1932、1936年数据缺，表中所填为1930、1934年数据，1948年一栏所填为1949年人口数。
13. 武进县1936年数据缺，填1934年数据。
14. 川沙县缺人口统计记载1912年取1910年统计数，1928、1932年取1926年统计数，1936年取1935年统计数,1946、1948 年均取 1947 年统计数。
15. 昆山县 1946 年数据缺,所填为 1941 年数据。
16. 青浦县缺 1936 年人口数字,以 1932 年数据代之。
17. 南汇县 1932 年数据为 1931 年人口数。1936 年人口数据未详,暂填 1944 年数据。
18. 上海县 1928 年原数据包括上海市区(不含租界)人数,此处录入数字不包括市区人口,约为 1928 年市县分治前上海县人口 2641220 的 4.32%。分治后的上海县辖区 1912 年的人口数也暂定为这一数值。
19. 宝山县 1928 年 7 月,县境南部之闸北市、彭浦乡、高桥乡、真如乡、江湾乡、殷行乡、吴淞乡划入上海特别市。因而,1932 年人口骤减。这些地区因为移民增加迅速,人口增长很大。此处只统计宝山县辖区内的人口数量。
20. 金山县无 1912、1932 年数据,暂以 1928、1935 年数据代之。
21. 嘉善县无 1912 年人口数据,据《嘉善县志》第 152 页称,民国初嘉善人口数量与清末相近,故采 1887 年人口数据。1931 年调查显示,嘉善县人口为 22 万余人,可与方志中记载相印证。参见叶钦可:《从商业立场嘉善县概况之述略》,《钱业月报》1931 年第 11 卷第 6 号。
22.《浙江省农村调查》(1933 年)崇德县人口数量为 203012 人,户数为 44382 户。
23. 安吉县 1928 年数据依据推算。《安吉县志》第 65 页载该年安吉、孝丰两县 20 岁以下人口 65982 人,占总人口 40%。由此推算总人口数。1932 年数据缺,取 1936 年人口数。1946 年数据缺,取 1943 年人口数。
24. 1928、1936 年德清、武康两县的人口数据均取 1932 年人口数据。
25. 桐乡县 1912 年数字缺,但有 1928 年数字。依 1928 年崇德、桐乡两县人口的比例关系,推算 1912 年桐乡县人口数。
26. 余杭县 1912 年人口数缺,杭县 1928 年以前有两个人口数据,均偏高。暂填 1928 年数据。据《余杭市志》第 202 页,1949 年余杭、杭县人口合计为 43.99 万人,又据《余杭县志》(浙江人民出版社 1990 年版)第 768 页,1948 年余杭县人口为 114888 人。由此推算杭县 1949 年人口数。
27. 吴兴县系由乌程、归安两县于 1912 年合并而成,1981 年转而归湖州市区,县建制撤销。这里有关吴兴县 1912 年、1936 年(实为 1935 年)、1948 年的数据,见于《湖州市志》第 298 页。其他各个年份人口数量由吴兴、长兴、德清、武康、安吉、孝丰合计数据及各县人口数据推算得来。
28. 宝山县 1928 年人口数据较之 1912 年畸高,主要原因概在于 20 世纪 10—20 年代宝山县南部毗邻上海城市的地区,人口增加迅速。参见《宝山县志》第 132 页。
29. 嘉兴县除 1928 年人口数据,其他年份均为估算。1912 年人口数量(含嘉兴、秀水两县)依据 1873—1928 年均人口增长数量和 1928 年人口数据估算;其他年份人口数量分别由《嘉兴市志》提供的 1933、1935、1946、1947、1949、1953 年嘉兴、海盐、海宁、嘉善、桐乡、崇德、平湖人口总数估算。
30. 杭县、海宁、德清等县 1932 年人口有多种统计数据,且有时有较大差异。《浙江省农村调查》(国民政府行政院农村复兴委员会,1933 年版)即称,各县户口与面积无精确统计。关于 1932 年前后一些县份的人口数量,该书第 155 页曾列一表:

县份	杭县	海宁	德清	吴兴	桐乡	崇德
户数	84639	84176	—	—	—	44382
	167062	77454	41509	169237	35013	43793
	91700	81600	41500	169200	35000	43500
口数	391500	356452	—	—	—	203012
	346576	162040	77988	308041	72038	91100

31. 据《浙江昌化县政瞰视》:"全县人口据最近精确统计,有 81129 人。"此项数据与表中所列该县 1946 数据有较大差距。参见何鹤南:《浙江昌化县政瞰视》,《地方行政》1942 年第 3 期。
32. 太仓州"光绪二十年,户 31024,口 140160。光绪三十三年,户 25541,口 130127。宣统二年,户 27167,口 134886"。①

---

① 民国 8 年《太仓州志》卷七赋役。

33. 石门县"光绪三年,户42649,大小丁口162214"。①
34. 丹阳县"宣统二年,举办城镇乡地方自治,调查户口,合计全县187931户,733067口"。②
35. 桐乡县"同治十二年,50557户,大小丁68564,大小口45709"。③
川沙县的另一人口统计数据:"人口:131319人,男61999人,女69320人"。④
36. 奉贤县1946年的另一人口统计数据:"全县人口238678人。面积1907平方公里"。⑤
37. 据光绪四年《江阴县志》,江阴县"光绪二年编审滋生人丁实在共309441口,男176603丁,妇女132838口"。⑥

资料来源:《江宁县志》第121页;《溧阳县志》第158页;《句容县志》第128—129页;《高淳县志》第156—158页;《溧水县志》第90页;《丹阳县志》第153—154页;《丹徒县志》第135页;《江浦县志》第96页;《扬中县志》第580页;《常熟市志》第1028—1029页;《江阴县志》第165页;《无锡县志》第174页;《吴县志》第243页;《吴江县志》第150页;《太仓县志》第147页;《金坛县志》第152页;《武进县志》第197页;《宜兴县志》第92页;《昆山县志》第133页;《川沙县志》第123页;《嘉定县志》第971页;《南汇县志》第114页;《上海县志》第154页;《松江县志》第153页;《宝山县志》第134页;《青浦县志》第145页;《安吉县志》第57页。《海宁市志》第139页;《海盐县志》第133页;《嘉善县志》第151页;《桐乡县志》第198页;《德清县志》第118页;《平湖县志》第132页;《富阳县志》第164页;《余杭县志》第768页;《奉贤县志》第162页;《临安县志》第737页;《长兴县志》第117页;《金山县志》第165页;《湖州市志》第298页;《嘉兴市志》第335页;何鹤南:《浙江昌化县政暨视》,《地方行政》1942年第3期;倪冠亚:《常熟的小统计》,《励学》1936年第2卷第1,2期;谢承烜:《江苏省农民银行二十周年纪念征文:川沙县金融经济概况》,《苏农通讯》1948年第7期;陈维藩:《江苏农村经济调查纪录:奉贤县金融经济概况》,《苏农通讯》1947年第5期;夏琼声:《高淳县农村经济调查》,《苏农》1931年第2卷第5期;叶钦山:《从商业立场嘉善县概况之述略》,《钱业月报》1931年第11卷第6号;民国《海宁州志稿》卷九食货志·户口。

由表1-3可知,1912年,江南49县人口总量约为1473万人;1928年,增至约1601万人;1932年,下降为1585万人;1936年,恢复并回升至1676万人。与1936年相比,1946年,人口总量再度下降,为1622万人;1948年,继续下降,为1620人;1949年,再降至1481万人;之后几年有所恢复,1953年,人口总量达1611万人,但仍未恢复至1936年人口水平。

将20世纪上半期作为一个整体时段来看。若以1912年和1949年为两端的截点,可以看到20世纪上半期数十年间江南农村人口仅有少量增加,由1473万人增至1481万人,人口总量仅增加约8万人,增加了0.5%。年均增加2085人,年均增长率为0.14‰。这样的人口总量增幅和年均增长率,只能说是微弱增长。考虑到1949年社会巨变可能造成的统计不确(主要是偏低),而如前所述1912年统计数据则是明显偏高,还可从人口统计相对较为准确的1932年和1953年数据来矫正。自1932年

---

① 清光绪五年《石门县志》卷三食货志·户口。
② 民国16年《丹阳县续志》卷五赋役·户口。
③ 清光绪十三年《桐乡县志》卷六食货志上·户口。
④ 谢承烜:《江苏省农民银行二十周年纪念征文:川沙县金融经济概况》,《苏农通讯》1948年第7期。
⑤ 陈维藩:《江苏农村经济调查纪录:奉贤县金融经济概况》,《苏农通讯》1947年第5期。
⑥ 清光绪四年《江阴县志》卷四民赋·户口。

至1953年,江南人口增加约26万人,增加了1.61%;年均增加12180人,人口的年均增长率为0.77‰。这样的增幅和增长率虽较前一组统计数据提高,但总量增幅远低于19世纪上半期和20世纪后半期,年均增长率尚不到1‰,仍可视之为微弱增长。从两个不同时段的统计可见,20世纪上半期江南人口虽有增加,但增长滞缓。

从几个统计时段观察,还可见这一滞缓的增长过程包含两个起伏不同的阶段。1912—1936年,人口数量是增长的,至1936年,达到20世纪上半期的最高值1676万人。与1912年相比,1936年人口增加了203万人,增加了13.77%;年均增加8万人,年均增长率为5.74‰。1936年以后,人口减少。与1936年相比,1949年人口减少195万人,减少了11.63%;年均减少15万人,年均增长率为−8.95‰。从年平均来看,减少的幅度和比率都大于1912—1936年的增长,至1949年江南人口总量降至与1912年大致相同的水平。

从表1-3我们可以看出1936年以前人口是波动增长的。1928年与1912年相比,人口增加约127万人,增长了8.65%;年均增加约8万人,年均增长率为5.4‰。1932年与1928年相比,人口减少15万人,减少了0.93%;年均减少3.8万人,年均增长率为−2.33‰。将1936年与1932年相比,人口增加约91万人,增加了5.72%;年均增加约23万人,年均增长率为14.3‰。

1937年以后人口减少的时期,人口总量持续下降。1946年与1936年相比,人口减少54万人,减少了3.21%;年均减少约5万人,年均增长率为−3.21‰。1948年较之1946年,人口总量减少约2万人。1949年人口数量较之1948年,骤然减少139万人,减少幅度达到8.6%。如果人口统计数据没有大的偏差,当是因为社会动荡造成区域内农村人口锐减,也可能与乡村人口向城市流亡有关。因为这里统计的江南人口,是各县域内部包括市镇人口在内的乡村人口,不包括南京、上海、杭州等城市人口。战后一些流亡他地的民众络绎返乡,至1953年,人口总量较诸1949年回升。值得注意的是,1953年的人口数量虽然高于1912年,甚至高于人口逐步增加之后的1928年,但尚未恢复到1936年的水平,仅相当于1936年人口总量的96%。

一些县份的描述性资料,佐证了上述统计数据所反映出来的人口变动趋势。清代嘉兴府属的海盐、桐乡等州县,1838年人口合计为2933764人,太平天国时期人口减少,战争结束近十年以后的1873年,全府人口为952053人。1935年回升至

1824302人,抗日战争结束后的1946年,仅有1718745人,比1935年人口减少约6‰。① 其中,平湖县经过19世纪50—60年代的社会动荡,至1864年,全县仅存50750人。1908年增至24万余人。1911年,再增至278381人。20世纪30年代中期,由于血吸虫病蔓延,人口死亡率增高,一些农户举家外迁谋生,人口减少,1936年为247996人。接踵而至的又是日军侵华战争,抗战胜利后,人口有所增加,1948年重建保甲时,统计全县总人口为266281人,虽较1936年有所恢复和增长,但仍低于1911年的人口数量。从两个时间点的比较来看,人口不仅没有增加,反而略有减少。② 宜兴县1912年总人口为469414人,1931年比1912年增加29258人,年平均增长3.28‰。1936年590146人,较1931年增加91474人,年平均增长31‰。八年沦陷期内,宜兴人口共减少58666人,平均每年减少12.6‰。战后有所恢复,在随后的内战时期,人口再度减少,1949年3月又比1947年减少20164人。自1912年至1949年,37年间,全县人口徘徊起伏,仅仅略有增加。③ 在常熟县,1937年县境沦陷于日军之手。以沦陷后的1939年与沦陷前的1935年相比,全县人口剧减了175000余人。④ 安吉县,1940年的统计显示,自"征兵实施后,壮丁离县约占30%"。⑤ 可见,战争造成的人口伤亡和人口流失是20世纪上半期江南人口增长的主要制约因素。

  一些判断近代人口数量增加的学者,认为近代人口发展的原因之一是人口增长的模式发生了变化。他们提出,20世纪上半期中国人口变化方式转变,中国人口摆脱明清时代高出生率—高死亡率的阴影。那么,在江南这样既存在人口增加过程、又存在人口萎缩过程的地区,人口增长方式是否摆脱传统的模式呢?不要说20世纪上半期持续不断的战争、社会动荡和频繁发展的自然灾害,即使就整个时期来看,江南人口过程仍然受到高出生率—高死亡率的困扰。20世纪上半期,安吉、孝丰两县人口即呈现高出生率和高死亡率特点。1943年,孝丰县总人口93613人,出生2001

---

① 《嘉兴市志》,第334页。
② 《平湖县志》,第132页。
③ 《宜兴县志》,第90页。光绪三年,"宜兴户四万七千二百六十有八,口十七万八千九十有一;荆溪户二万二千四百七十有七,口十万九千八百二十有一"。合计为287912口。清光绪八年《宜兴荆溪县新志》卷三赋役、户口。
④ 《常熟市志》,第1029页。
⑤ 庄茂长:《安吉农业概况》,《乡建通讯》1941年第3卷第7、8期。

人,出生率为21.4‰;死亡1914人,死亡率为20.4‰;自然增加仅87人,自然增长率不足1‰。居高不下的死亡率以及由此导致的低自然增长率正是安吉、孝丰一带人口增长缓慢的本因。① 太仓县人口出生率和死亡率都很高,有时甚至死亡率高于出生率。据1919年统计,太仓县当年出生14460人,出生率为53.62‰;死亡14542人,死亡率为53.92‰;净减少82人。1944年,出生3367人,出生率为11.63‰,死亡4839人,死亡16.72‰;净减少1472人。② 人口变化方式转变的时期,应当是1953—1957年出现的生育高峰时期。在这一时期,江南各县才通过医疗卫生条件的改善,摆脱了高死亡率的制约,大幅度提高了人口自然增长率。如此,才可以解释江南20世纪上半期人口相对停滞和50年代以后"人口爆炸"的反差。

人口变动趋势是与人口压力息息相关的问题。江南人口总量变化的大致趋势,似乎表明近代江南人口压力趋于减弱。至少是在20世纪初和20世纪40年代后期,从人口数量的角度看,江南所面临的人口压力不会更加严重。不过,"人口压力"是否增加不能仅就人口数量来做出判断,还要结合人口结构来加以考虑。

(二) 劳动力与劳动人口

估算劳动人口数量应首先确定劳动力的划分标准。由于统计的目的不同,划分劳动力的口径也有差别。按照当今国际人口统计的口径,界定劳动力的年龄范围是15—64岁。③ 中国国内的统计口径,又将性别加以区分,以两种不同的标准划分:男性16—59岁,女性16—54岁。在中国历史上,清代延续以往朝代的惯例,将虚岁16岁以上、60岁以

---

① 《安吉县志》,第61页。
② 《太仓县志》,第150页。
③ 在户口统计中,有将全体人口折合成同一单位的方法。Atwater的等成年男子单位即是。他的折算方法如下表:

年龄		2岁以下	2—5岁	6—9岁	10—11岁	12岁	13—14岁	15—16岁	16岁以上
等成年男子单位数	男	0.3	0.4	0.5	0.6	0.7	0.8	0.9	1.0
	女	0.3	0.4	0.5	0.6	0.6	0.7	0.8	0.8

资料来源:蒋杰:《京郊农村社会调查》,中华农学会许叔玑先生纪念奖学金第一届征文号(第一五九期)抽印本,1937年版,第95页。

下的男子称为丁,凡属这一年龄段的人口,身体健康,都必须承担政府的劳役差派,或缴纳代役银和丁银,国家征集、召募兵丁,也从这一年龄段的人口中挑选。① 将16—60岁作为丁的年龄界限,是符合中国农村经济的实际的。但也应考虑到随着年龄增长,劳动人口劳动能力下降。因此,又将15—49周岁即16—50岁的成年男子作为全劳动力。②

我们参照上述各种口径,避开劳动力的概念,改用劳动人口的概念。农村经济因其家庭经营的性质,凡力所能及,都需参加农业、副业或家庭手工业生产活动。如在常熟、南汇等地的调查显示,十几岁的女孩,有的已经参加农业劳动;而70岁之老翁,犹有离村赴外打工就食者。③ 这些个案说明在农村经济中,劳动力是一个外延相当宽泛的概念,用劳动人口可以更加真实地反映农村经济劳动投入情况。此处以两种标准计算,分别获得15—49岁的劳动力、15—59岁的劳动人口占总人口的比重。参见表1-4。

表1-4 20世纪上半期江南17县若干年份劳动人口比重

县份	劳动力比重%(15—49岁)	劳动年龄人口比重%(15—59岁)	统计年份
江宁	50.29	57.90	1934
句容	47.63	55.07	1933

---

① 郭松义:《清代劳动力状况和各从业人口数的大体匡测》,《庆祝杨向奎先生教研六十年论文集》,河北教育出版社1998年版。
② 郭松义对清代劳动力数量有一个估测,康熙末雍正初,为0.3715亿—0.3805亿和0.3978—0.4075亿;乾隆中,0.5305亿—0.5435亿;乾隆末,0.795亿—0.815亿;道光中后期,1.0716—1.0978。郭松义计算上述男性劳动力数量的方法,是首先认定各个时期全国人口的总数,然后以桑德巴人口结构类型中增加型人口类型中,各年龄段人口的比例,再乘以全国人口,得出各年龄段的人口数,再依据清代男女113—119∶100的性别比例,计算出其中男性整劳动力的人数。然后,再以女性劳动力相当于1/2或1/4男性劳动力的比例,计算出成年男子劳动力的数量。郭松义认为,在15—49岁这个年龄段中的女性中,假设半劳动力和1/4劳动力各占一半,清代女性折合为全劳动力的数量为:康熙末雍正初:0.2464亿—0.2396亿和0.2641亿—0.2569亿之间,乾隆中0.3521亿—0.3424亿,乾隆末0.528亿—0.5137亿,道光中期以后为0.7113亿—0.6916亿。这样,男女整劳动力加在一起,清代各个时期大致提供的劳动力数量为:康熙末雍正初0.6179亿—0.6201亿和0.6619亿—0.6671亿,乾隆中0.8826亿—0.8859亿;乾隆末1.324亿—1.3287亿;道光中期后1.7829亿—1.7894亿。以道光年间中国人口总量4亿计,则总人口与男性劳动力的比值为4∶1,总人口与两性劳动力的比值为4∶1.8。郭松义:《清代劳动力状况和各从业人口数的大体匡测》,《庆祝杨向奎先生教研六十年论文集》,河北教育出版社1998年版。
③ 访谈记录:杜阿苟,男,61岁,合作化时任生产队长,1998年4月30日下午1∶00—3∶50,常熟市唐市镇河西村村委会会议室。

续　表

县份	劳动力比重%(15—49岁)	劳动年龄人口比重%(15—59岁)	统计年份
常熟	49.96	59.33	1948
江阴	61.27	69.18	1948
无锡	49.60		1928
	49.70		1948
川沙		58.70	1947
嘉定	50.59		1947
	49.33		1949
南汇		61.05	1947
上海	53.58	59.80	1948
金山	61.44		1947
海宁		60.19	1948
海盐	46.28	60.86	1948
临安	50.68	66.55	1944
桐乡		62.87	1946
德清		69.99	1947
武康			
平湖	60.90	61.00	1936
	52.90	58.84	1948
余杭	36.82		1949
杭县	76.53		1946

说明：

1. 常熟劳动力、劳动人口数量原载于常熟《县政概况》1948年1月。参见《常熟市志》第1033页。
2. 江阴劳动力的年龄段系16—49岁。
3. 川沙劳动年龄人口系15—64岁人口。
4. 海宁劳动年龄人口男16—59岁，女16—54岁人口。
5. 临安县劳动力是12—59岁人口，因而其劳动年龄人口比重偏高。
6. 平湖县劳动力比重是农业人口劳动力比重。
7. 有些县份，分年龄段人口统计口径与其他县份不同。如安吉、孝丰两县，1928年，两县20岁以下65982人，占总人口40%；21—40岁57082人，占总人口35%；41岁以上40466人，占总人口25%。民国30年，两县17岁以下75256人，占总人口41%；18—44岁64490人，占总人口36%；45岁以上41860人，占总人口23%。这类数据，该表中未录。参见《安吉县志》第65页。

资料来源：《江宁县志》第121页；《句容县志》第140页；《常熟市志》第1033页；《江阴县志》第173页；《无锡县志》第181页；《川沙县志》第133页；《嘉定县志》第974页；《南汇县志》第116页；《上海县志》第159页；《金山县志》第165页；《海宁市志》第148页；《海盐县志》第139页；《临安县志》第742页；《桐乡县志》第207页；《德清县志》第122页；《平湖县志》第196页；《余杭县志》第768页。

受到统计资料限制,只收录到19个县的人口年龄结构数据。其中,仅无锡、嘉定、平湖等县有不同年份的劳动力比重数据。从这些数据来看,劳动力比重占总人口的比重呈略微下降的趋势。在无锡县,1948年与1928年相比,15—49岁劳动力比重占总人口的比重上升0.1%;平湖县,1948年与1936年相比,15—49岁劳动力比重总人口的比重减少了8%。因为20世纪40年代以前的数据缺乏,这里只能估算20世纪40年代后期的劳动力、劳动人口比重。选取劳动力比重数据,得到11个县①20世纪40年代后期劳动力人口占总人口的平均比重为53.50%。采用同样的方法,得到12个县②劳动人口占总人口的平均比重为62.48%。上列统计可由个案调查数据印证。1948年上海县以及上海特别市新泾区、龙华区的分年龄段人口调查可为一例。1948年,15—49岁人口占总人口的比重,上海县、新泾区、龙华区分别为53.58%、56.38%、56.66%。三地平均,15—49岁的劳动力占总人口的比重为55.54%,与前述之江南11县劳动力比重接近。15—59岁的劳动人口占总人口的比重,三地分别为59.80%、64.40%、64.36%,平均为62.85%,与江南12县劳动人口比重几乎相同。③

大致估计,20世纪40年代后期,江南劳动力的比重为55%,而劳动人口比重为62%。20世纪40年代后期是人口恢复时期,劳动力和劳动人口比重应高于抗日战争时期。再考虑到战争时期造成的青壮年人口的流失,20世纪40年代后期劳动力、劳动人口的比重似应略低于20世纪20—30年代的劳动力、劳动人口比重。

"在业人口"是以往文献中习用的一个统计概念,主要用于衡量各个县域内的就业状况。它与劳动力、劳动人口等统计指标并不相同,就业人口数量一般应低于劳动人口数量,其占总人口的比重也应低于劳动人口占总人口的比重。因为"在业人口"主要是劳动力、劳动人口,因此,在业人口的变动又与劳动力、劳动人口数量有内在联系。我们再梳理出江南一些县份在业人口的统计数据,见表1-5。

---

① 这11个县为:常熟、江阴、无锡、嘉定、上海、金山、海盐、临安、平湖、余杭、杭县。
② 这12个县为:常熟、江阴、川沙、南汇、上海、海宁、海盐、临安、桐乡、德清、武康、平湖。
③ 《上海县志》,第159页。原表中数据已经过计算。

表 1-5　20世纪上半期江南若干县在业人口数量及比重

县份	在业人口数量(人)	在业人口占总人口的比重(%)	统计时间	备注
无锡	324143	35.38	1919	
太仓	163032	61.34	1919	
宜兴	313209	57.50	1919	
无锡	718485	76.21	1928	
海宁	124120	35.62	1932	
富阳	78914	38.21	1932	
新登	29502	48.85	1932	
江阴	420669	52.69	1935	以1936年总人口数计
临安	62165	75.43	1939	以1936年总人口计
于潜	47727	69.83	1939	以1936年总人口计
昌化	49538	63.26	1939	以1936年总人口计
武进	817647	80.19	1946	
嘉善	97428	45.41	1946	
长兴	160870	61.93	1946	
昆山	219516	73.83	1947	以1948年总人口计
金山	135948	75.75	1947	
安吉孝丰	61028	33.34	1947	
桐乡	58464	40.07	1947	
崇德	76804	41.82	1947	
德清	64943	41.60	1947	
武康	30867	60.58	1947	
常熟	481264	68.42	1948	
海盐	106443	57.09	1948	
平湖	97435	36.59	1948	
金坛	126245	45.95	1949	

资料来源:《常熟市志》第1035页;《江阴县志》第176页;《无锡县志》第183页;《太仓县志》第159页;《金坛县志》第154页;《宜兴县志》第101页;《昆山县志》第146页;《川沙县志》第133页;《嘉定县志》第976页;《南汇县志》第117页;《宝山县志》第142页;《青浦县志》第145页;《安吉县志》第168页;《海宁市志》第150页;《海盐县志》第142页;《嘉善县志》第159页;《桐乡县志》第209页;《德清县志》第124页;《平湖县志》第140页;《富阳县志》第178页;《余杭市志》第204页;《临安县志》第747页;《长兴县志》第125页;《金山县志》第165页。

各县在业人口畸高畸低，由在业人口比重清晰显示出来。1919年，无锡、太仓、宜兴三县，太仓在业人口比重高达61.34%，无锡在业人口比重却少至35.38%。这种剧烈反差，当与统计口径的差异有关，不能完全反映在业人口的相对状况。20世纪30—40年代，在业人口比重数据也有同样的问题。无锡、昆山、金山、临安等县在业人口占总人口的比重高达75%左右，武进县的数据最为极端，高达80%。而崇德、德清、桐乡三县在业人口比重分别为41.82%、41.60%、40.07%，安吉、孝丰两县，在业人口比重更低至33.34%，似不可信。另外，在业人口数量缺乏各县可资比较的连续数据，因此无法就各县的在业人口变动做纵向比较，只能就不同时代各县平均在业人口比重的变化，显示在业人口在20世纪上半期变动的大致趋势。

将有20世纪20—30年代统计资料的10个县[①]数据加以平均，可以大致估算得20世纪20—30年代各县在业人口占总人口的平均比重为57.89%。这一比重数据与前文推算的劳动人口比重（约62%），相差4个百分点，较为可信。再将有20世纪40年代统计资料的14个县[②]（武进县除外）数据加以平均，估算得20世纪40年代后期各县在业人口占总人口的平均比重为52.49%，高于前文江南劳动力比重（50%）两个百分点，低于劳动人口比重近10个百分点。假如将20世纪40年代后期与20—30年代比较，可见20世纪上半期就业人口比重趋于下降。

（三）人口的职业结构

农村人口的职业构成，尤其是农业人口在总人口中的比重，是评估农业生产条件和农村经济状况的基础。对此，学者们做出了一些估计。郭松义认为清代从事农业的人口占全部人口的90%。[③] 姜涛运用包世臣《安吴四种》的记述以及金陵大学农经系民国初年抽样调查的结果，估计近代人口中，农业人口应在80%—85%。[④] 1936年，20个省657个县的统计显示，农民占总人口数的比重为76.79%。江苏、浙江两

[①] 10个县为：太仓、宜兴、无锡、海宁、富阳、新登、江阴、临安、於潜、昌化。其中，无锡县取1928年数据。
[②] 14个县为：嘉善、长兴、昆山、金山、安吉、孝丰、桐乡、崇德、德清、武康、常熟、海盐、平湖、金坛。
[③] 郭松义：《清代劳动力状况和各从业人口数的大体匡测》，《庆祝杨向奎先生教研六十年论文集》，河北教育出版社1998年版。
[④] 姜涛：《中国近代人口变迁及城乡人口结构的现代启示》，《战略与管理》1994年第4期。

省均低于全国水平。江苏省农民占总人口的比重为 74.33%，浙江省农民占总人口的比重为 70.07%。仅安徽、山东、陕西、甘肃、贵州农民占总人口的比重超过 80%。① 我们利用已有的统计数据，估算江南在业人口数量以及农业、工业和商业等行业劳动力数量。参见表 1-6。

表 1-6　20 世纪上半期江南劳动力就业数量结构

县域	农业	工业②	商业	其他③	统计在业人口	统计年份
常熟④	355053	39554	45493	31788	481264	1948
江宁	153376	30209	29082	51537	264204	1934
溧阳⑤	158053	22908	42730	44642	268333	1919
江阴	233990	12583	23219	36857	306649	1919
江阴	291955	68838	40731	19145	420669	1935
江阴	311563	63369	47527	93626	516085	1948
无锡	322641	90239	69469	143019	625368	1948
吴县	445857	76775	216837	99760	839229	1919
吴县	463530	83792	66855	29416	643593⑥	1930
太仓	115958	9434	31254	6386	163032	1919
太仓	215415	26297	41716	68105	351533⑦	1922
太仓	147529	12209	38190	7792	205720	1948
金坛	101831	7066	7532	9816	126245	1948
武进	536408	34272	75963	246468	893111⑧	1930

---

① 中国第二历史档案馆编：《中华民国史档案资料汇编》第五辑第一编财政经济（七），江苏古籍出版社 1994 年版，第 532 页。
② 工业包括原资料中职业分类里的工业和矿业两项就业人数。
③ 所谓其他，各县包括的职业种类略有差异。主要有教师、医生、公务员、交通运输业者、渔民、僧侣等。
④ 统计时间为 1948 年 1 月。这里统计基数是 12 岁以上的全部男女人口，不是在业人口。12 岁以上人口为 703397 人，其中无业人口 222133，在业人口 481264。参见《常熟市志》，第 1035 页。
⑤ 1919 年溧阳全县人口为 295522 人，另有 25989 人不详。《溧阳县志》，第 164 页。
⑥ 总人口中包括 247811 人的无业人员，主要为家庭妇女、儿童等。从总人口中减去这些所谓的无业人口，在业人口总数应为 643593 人。因为原来资料中计算农业人口比重时，总人口中包括无业人员，因此所得农业人口比重较低，为 52%。
⑦ 太仓全县总人口为 535565 人，统计职业时，不详者为 184032 人，此处按在业人口计算。
⑧ 此数据系武进县人口总数，非在业人口数。

续 表

县域	农业	工业	商业	其他	统计在业人口	统计年份
宜兴	187358	32799	41018	52034	313209	1919
昆山	206178	21717	45741	12140	285776	1944
昆山	171508	9247	16624	22137	219516	1947
嘉定	48783	15345	12829	48307	125264①	1919
嘉定	208816	7543	17510	6553	240422	1937
嘉定	160378	28391	16505	4366	209512	1939
嘉定②	118806	3730	5249	10361	138146	1948
上海③	44628	3776	3012	8689	60105	1947
宝山④	97203	16201	32401	16201	162006	1927
宝山⑤	23737	1369	3975	2022	31103	1938
金山	91385	5426	5498	3576	105885	1947
安吉孝丰	48786	2996	3666	5580	61028	1947
海宁	96326	6664	15626	5504	124120	1946
海盐	95072	2628	5361	3382	106443	1948
嘉善	71497	8649	11972	5310	97428	1946
临安	53853	4369	1951	1992	62165	1939
于潜	40344	2904	1634	2845	47727	1939
昌化	42824	2713	963	3038	49538	1939
崇德	67516	2038	4625	2625	76804	1947
桐乡	48739	1903	5488	2334	58464	1947
德清	51566	2073	7075	4229	64943	1947

① 1919年职业调查以235835人为基数,但又称职业不详者为110571人。在本表中,计算总人数时,职业不详者未经计入。
② 以在业人口占总人口52%推算在业人口数量。
③ 此数据系上海县人口总数(浦东地区),非在业人口数。
④ 宝山县1928年有7市乡划归上海特别市,原有人口大为减少。此处引用1930年清查人口数,非统计在业人口数。
⑤ 以在业人口占总人口52%推算在业人口数量。

续　表

县域	农业	工业	商业	其他	统计在业人口	统计年份
武康	27721	561	1492	1093	30867	1947
长兴①	75896	4348	7231	4662	92421	1946
平湖	75538	4802	10857	6238	97435	1948
余杭②	33104	—	—	—	43200	1949
杭县③	123080	—	—	—	268500	1946
富阳	53750	16894	5467	2503	78914	1932
新登	22016	2859	1660	2967	29502	1932

资料来源：《江宁县志》第124页；《溧阳县志》第164页；《常熟市志》第1035页；《江阴县志》第176页；《无锡县志》第183页；《吴县志》第73页；《太仓县志》第159页；《金坛县志》第154页；《武进县志》第215页；《宜兴县志》第101页；《昆山县志》第146页；《嘉定县志》第976页；《宝山县志》第142页；《金山县志》第165页；《安吉县志》第168页；《海宁市志》第150页；《海盐县志》第142页；《嘉善县志》第159页；《桐乡县志》第209页；《德清县志》第124页；《平湖县志》第140页；《富阳县志》第178页；《余杭市志》第204页；《临安县志》第747页；《长兴县志》第125页。

个别县份统计在业人口时，将一些原本属于农业的人口视为无业，但这只是个别县份，其中的偏误已经依据相关资料予以矫正。从表中数据可以看出，各业人口数量变动的一些端倪。首先，随着在业人口数量的增加，个别县份农业、工业、商业等部门就业人口数量同时增加，其中，尤其以工业部门就业人口数量的增长最为显著。由个案来看，江阴县农业部门就业人口由1919年的233900人，增至1935年的291955人，再增至1948年的311563人，1948年较1919年增加33.2%；工业部门就业人数，1919年为12583人，1935年达到68838人，1948年虽回落至63369人，但仍较1919年增加4倍。同时，商业部门就业人数也增加1.05倍。④ 吴县，农业部门就业人数，1919年为445857人，1930年增至463530人，增长3.96%；工业部门就业人数，1919年为76775人，1930年达到83792人，增加9.14%。⑤ 太仓县，农业部门就业人数，1919年为115958人，1948年增至147529人，增长27.23%；工业部门就业

---

① 原统计在业人口数量包括从事家务的妇女68449人，此处不包括这部分人口。
② 统计在业人数为劳动力数量。
③ 统计在业人数为劳动力数量。
④ 《江阴县志》，第176页。
⑤ 《吴县志》，第73页。

人数,1919年为9434人,1948年为12209人,增长29.41%。① 嘉定县,工业部门就业人数起伏较大,1939年为28391人,为1919年就业人数的1.85倍。② 其次,在就业人口数量下降的县份,农业、工业、商业等各业就业人数也趋减少,其中,工商业部门劳动就业人数的波动幅度明显大于农业部门。如嘉定县,1948年与1939年相比,就业人口数量下降12.86%,同时,农业、工业、商业诸部门劳动就业人数分别下降25.93%、86.86%、68.20%。③ 再如昆山县,1947年与1944年相比,就业人口数量减少23.19%,同一时期,农业、工业和商业诸部门就业人数分别减少16.82%、57.42%和22.83%。④ 除了上述就业人口的数量变动,我们还可以各业人口占总人口的比重的变化,来考察江南农村人口就业状况。依据表1-6,可得到表1-7。

表1-7　20世纪上半期江南劳动人口就业结构表(%)

县域	农业	工业	商业	其他	合计	统计年份
常熟	47.24	11.36	20.83	20.57	100	1939
常熟	73.78	8.22	9.45	8.55	100	1948
江阴	76.31	4.10	7.57	12.02	100	1919
江阴	69.40	16.36	9.68	4.56	100	1935
江阴	60.37	12.28	9.21	18.14	100	1948
无锡	51.00	12.00	21.00	16.00⑤	100	1933
无锡	51.59	14.43	11.11	22.87	100	1948
吴县	53.13	9.15	25.84	11.88	100	1919
吴县	72.02	13.02	10.39	4.57	100	1930
太仓	71.13	5.79	19.17	3.91	100	1919
太仓	61.28	7.48	11.87	19.37	100	1922
太仓	71.71	5.93	18.56	3.80	100	1947
金坛	80.66	5.60	5.97	7.77	100	1948

① 《太仓县志》,第159页。
② 《嘉定县志》,第976页。
③ 《嘉定县志》,第976页。
④ 《昆山县志》,第146页。
⑤ 其他16%中又包括无业者8%。概这一年的调查是对全县居民的职业所作的估计;而不是对已有职业者所作的估计。

续 表

县域	农业	工业	商业	其他	合计	统计年份
武进	60.00	3.80	8.50	27.70	100	1930
宜兴	59.82	10.47	13.10	16.61	100	1919
昆山	72.15	7.59	16.00	4.26	100	1944
昆山	78.13	4.21	7.57	10.09	100	1947
嘉定	38.95	12.25	10.24	38.56	100	1919
嘉定	86.85	3.14	7.28	2.73	100	1937
嘉定	76.55	13.55	7.88	2.08	100	1939
嘉定	86.00	2.70	3.80	7.50	100	1948
上海①	74.22	6.28	5.01	14.45	100	1947
宝山	60.00	10.00	20.00	10.00	100	1927
宝山	76.32	4.40	12.78	6.50	100	1938
金山	86.31	5.12	5.19	3.38	100	1947
安吉孝丰	79.94	4.91	6.01	9.14	100	1947
海宁	77.61	5.37	12.59	4.43	100	1946
海盐	89.32	2.47	5.03	3.18	100	1948
嘉善	73.38	8.88	12.29	5.45	100	1946
临安	86.63	7.03	3.14	3.20	100	1939
于潜	84.53	6.08	3.42	5.97	100	1939
昌化	86.45	5.48	1.94	6.13	100	1939
崇德	87.91	2.65	6.02	3.42	100	1947
桐乡	83.37	3.25	9.39	3.99	100	1947
德清	79.40	3.19	10.89	6.52	100	1947
武康	89.81	1.82	4.83	3.54	100	1947
长兴	82.12	4.70	7.82	5.04	100	1946

① 靠近上海城市的农村,从事农业者所占比重较低。如新泾区,1946年,12岁以上人口中,务农者占22.5%,从事工业者占21.9%,从事商业者占9.9%;同样为上海城市郊区的龙华区,1946年,务农者占44.8%,从事工业者占8.7%,从事商业者占6.1%。参见《上海县志》,第160页。

续 表

县域	农业	工业	商业	其他	合计	统计年份
平湖	77.53	4.93	11.14	6.40	100	1948
余杭	76.63				100	1949
杭县	45.84				100	1946
富阳	68.37	21.49	6.96	3.18	100	1932
新登	74.60	9.70	5.60	10.10	100	1932

资料来源:《常熟市志》第1035页;《江阴县志》第176页;《无锡县志》第183页;《吴县志》第73页;《太仓县志》第159页;《金坛县志》第154页;《武进县志》第215页;《宜兴县志》第101页;《昆山县志》第146页;《嘉定县志》第976页;《宝山县志》第142页;《金山县志》第165页;《安吉县志》第168页;《海宁市志》第150页;《海盐县志》第142页;《嘉善县志》第159页;《桐乡县志》第209页;《德清县志》第124页;《平湖县志》第140页;《富阳县志》第178页;《余杭市志》第204页;《临安县志》第747页;《长兴县志》第125页。

由表1-7可知各业就业人口比重在20世纪上半期互有起伏。如江阴县农业人口比重由1919年的76.31%,下降至1935年的69.40%,再降至1948年的60.37%,但工业和商业部门的就业人口比重却呈现为上升又下降的过程。[①] 嘉定县,工业部门就业人口比重由1919年的12.25%,下跌至1937年的3.14%,1939年的统计显示有大幅回升,1948年又跌至2.70%。商业部门就业人口比重则由1919年的10.24%,下降至1939年的7.88%,再下跌至1948年的3.80%。[②]

若按照年代顺序排列,从江阴、吴县、太仓、昆山、嘉定、宝山等有数个年份各业人口数据的县域,可更清晰地观察农业、工业和商业劳动人口比重在20世纪上半期的变动。

表1-8显示,常熟、江阴、无锡、吴县、太仓、嘉定、宝山农业人口比重,20世纪20年代为57.93%,30年代后期升至67.14%,40年代后期增至68.69%。7个县20世纪40年代农业人口平均比重比20年代高约10%,比20世纪30年代也有所增长。这一趋势还可透过各个年代江南若干县份农业人口比重的平均值加以验证。由江阴、常熟等13个县[③]的农业人口比重估算,20世纪20—30年代江南农业人口占统计

---

① 《江阴县志》,第176页。
② 《嘉定县志》,第976页。
③ 13县为:江阴、吴县、太仓、宜兴、嘉定、宝山、武进、富阳、新登、无锡、临安、於潜、昌化。

在业人口的平均比重为67.69%。而20世纪40年代后期江阴、常熟等22县[①]农业人口平均比重估算值则为76.26%,较二三十年代约上升了8%。

表1-8 20世纪上半期若干县份在业人口中农业人口比重变动(%)

年代	1920	1930	1940
常熟		47.24	73.78
江阴	76.31	69.40	60.37
无锡		51.00	51.59
吴县	53.13	72.02	
太仓	61.28		71.71
嘉定	38.95	86.85	86.00
宝山	60.00	76.32	
平均	57.93	67.14	68.69

资料来源:《常熟市志》第1035页;《江阴县志》第176页;《无锡县志》第183页;《吴县志》第73页;《太仓县志》第159页;《嘉定县志》第976页;《宝山县志》第142页。

与农业部门就业人口比重的变化不同,工业(含矿业,但不含交通运输业)人口在统计在业人口中的比重经历先升后降的过程,20世纪40年代后期与20年代相比,基本上处于停滞状态。

由表1-9所列7县平均数据来看,30年代与20年代相比,工业人口比重上升3.18%;40年代与30年代相比,工业人口比重下降3.07%。20世纪40年代与20年代相比,工业人口比重仅增长0.11%,几乎没有增加。由江南各县的统计数据加以考察,我们会看到工业人口比重不升反降。由18个县的工业人口比重统计,20世纪20—30年代(包括4个县1919年的数据)江南工业人口占统计在业人口比重为9.54%;20世纪40年代后期江南工业人口占统计在业人口比重为5.81%。与7县统计相比,工业人口下降幅度更加明显。

---

① 22县为:昆山、海宁、嘉善、长兴、杭县、太仓、上海、金山、安吉、孝丰、崇德、桐乡、德清、武康、常熟、江阴、无锡、金坛、嘉定、海盐、平湖、余杭。

表1-9 20世纪上半期若干县份统计在业人口中工业人口比重(%)

年代	1920	1930	1940
常熟		11.36	8.22
江阴	4.10	16.36	12.28
无锡		12.00	14.43
吴县	9.15	13.02	
太仓	7.48		5.93
嘉定	12.25	13.55	2.70
宝山	10.00	4.40	
平均	8.60	11.78	8.71

资料来源:《常熟市志》第1035页;《江阴县志》第176页;《无锡县志》第183页;《吴县志》第73页;《太仓县志》第159页;《嘉定县志》第976页;《宝山县志》第142页。

商业部门就业人口比重的变化趋势,既不同于农业部门,也不同于工业部门,而是经历了一个下降的过程,由20世纪20年代初的17%,下降为30年代后期的14.43%,20世纪40年代后期,更降至11.04%。

微观层面的个案资料,为以上江南若干县份各业人口数量及比重的分析结果提供佐证。如太仓县,从统计资料来看,虽然该县农业人口保持在71%,但据1928年《太仓县政概况》记载:"本县农民占全体民众十分之八九。"1932年,全县有农户42643户,约为全县总农户数的61.63%。又据1941年的调查,太仓全县从事纯农业的人口有22.85万人,占全县总人口的76.47%。1948年统计,从事农业的人口为27.63万人,占总人口的90.52%,[①]呈现递增趋势。金坛县亦是如此。若从全部人口来看,1949年全县农业人口265756人,占总人口的93.3%;非农业人口19058人,占总人口的6.7%。[②]民国二十一年(1932年),常熟沙洲农教馆职业调查显示,当地居民共计39606人,其职业分为工、商、苦力(车伕、挑伕)、学、其他等六项。列表如下:

---

① 《太仓县志》,第178页。
② 《金坛县志》,第154页。

表1-10 常熟沙洲人口职业统计表

职业	男	女	总数	百分比(%)
农	20173	16692	36865	93.08
工	983	147	1130	2.85
商	674	167	841	2.12
苦力	331	113	444	1.12
学	170	8	178	0.45
其他	148		148	0.38

资料来源:李炘延:《常熟常阴沙农村经济概观》,《农行月刊》1934年第1卷第5期。

可见,常熟沙洲居民中,农业人口占90%以上。另如安吉县乡村调查显示,20世纪30年代中期安吉东区三社乡人口职业结构如下。

表1-11 安吉东区三社乡人口职业结构

职业	人口	比重
农	325	89.78
工	14	3.87
商	7	1.93
军	1	0.28
政	2	0.55
教育界	9	2.49
服务农林界	4	1.10
合计	362	100.00

说明:全乡户数228户,人口总数1015人。
资料来源:林逸人:《安吉乐区三社乡农村概况》,《农林新报》1936年第13卷第32期。

安吉东区三社乡人口中,农业人口接近90%。1937年,崇德县农户占该县总户数的比重也在90%以上。[1] 同样,20世纪30年代,嘉善"全县户口……农约十之七,商约十之二,工约二十分之一,学界二十分之一"[2],德清"农人数……占全县人口百

---

[1] 吴元良、张锡炎:《崇德经济调查》,《浙江经济情报》1937年第2卷第7期。
[2] 陈渭川:《嘉善县经济状况及利率》,《国光周报》1933年第1卷第22号。

分之八十弱"。① 这些见于方志及当时调查中的估计,印证了上述统计数据反映的农业人口比重。

值得注意的是,统计资料中所区分的各业人口,其界线并非截然分明。所谓农业劳动者多兼营他业,而其他各业劳动力,也多兼营农业者。20世纪初,六合县"东南乡农民勤于耕作,虽农隙之时,犹务为佣工,以积资增产"。② 黄炎培所调查的1928年川沙县61户农家,无副业或不详者19户,有副业者42户。男子的副业有木匠、泥水匠、芦匠、裁缝、鞋匠、捕鱼等;女子的副业有制花边、织毛巾等。③ 相对于他们从事的农业来说,这些都不过是兼营性的"副业"。对无锡1933年人口调查估计,从事农业者占总户口的51%,从事工业的占12%,从事商业的占21%,这些比例数据不过是为了职业划分便利而做的区分,其中"工商业者大都兼农"。④ 若包括兼业者在内,则农业人口比重达84%。上海县,一些农户虽兼业从事泥工、木工、裁缝等散工或做摊贩,但其本业仍是务农,很少脱离农业的家庭,多数人家世代以务农为本业。若以或多或少从事农业的人口而论,亦应占人口总数的90%以上。⑤ 句容县,20世纪上半期,成年男子绝大多数专一务农,或兼务农业,成年女子从事家务劳动和协助男子务农。1933年统计,全县专一务农和兼务农业的男子占男子总数的44.99%。⑥ 江宁县,1934年稻、麦等农产品是当地重要收入,每家平均为244.14元,兼营各种副业(织缎是当地副业收入最大来源)者,占总农户数的57.5%。全体农家平均从副业所得的收入是28.71元,有副业者从副业所得平均收入为49.91元。每家平均总收入为272.85元,其中主业占9/10,副业占1/10。⑦ 在丹阳县,1949年的国民收入约5000万元,比1929年国民收入2050万元几乎增加一倍,年人均国民收入也由1929年的45元左右增加到1949年的100元,但国民收入中各业的比重,却显示出逆向变

---

① 民国21年《德清县新志》卷四食货志·农桑。
② 民国9年《六合县续志稿》卷三地理下·风俗。
③ 民国25年《川沙县志》卷五实业志·农业·赘录。
④ 《无锡县志》,第183页。
⑤ 《上海县志》,第160页。
⑥ 《句容县志》,第143页。
⑦ 蒋杰:《京郊农村社会调查》,中华农学会许叔玑先生纪念奖学金第一届征文号(第一五九期)抽印本,1937年版,第110页。

化。1929年,国民收入中,农业约占74.7%,商业占19.46%,工业和手工业占5.84%,到1949年,国民收入中,农业约占80—82%,商业约占9—10%,工业和手工业约占9—11%。① 农业的比重上升和工业(手工业)比重上升,而商业比重下降。

近代各种职业人口比重较清代发生变化。据学者们的研究,清代从事农业的人口高达90%,非农业人口仅占10%。近代专事农业的人口比重有所下降,浙江、江苏等地农村16岁以上男子从事农业与非农职业的百分比显示出这一趋势。

表1-12 近代中国农村人口职业结构

地点	从事农业	兼事一部分他种职业	专门从事他种职业
浙江鄞县	75.7	1.8	22.5
江苏	87.4	8.7	3.9
安徽宿县	58.3	17.3	24.4
山东沾化县	97.2	1.3	1.5
河北	91.0	3.5	5.5
平均	81.92	6.52	11.56

资料来源:田中忠夫:《中国农村实况》,《农村经济》第2卷第10期。

表中显示,浙江、江苏等地从事农业的人口比重为81.92%,较清代有较大幅度下降,但若包括兼事一部分他种职业者(即兼业者),农业人口比重虽仍低于清代,但下降幅度尚不及1%。而专门从事农业以外的其他职业者占总人口的11.56%,较清代有所上升,但升幅不大。从整体上来看,近代中国非农就业的机会并不比清代有更多增加。

约而言之,20世纪上半期江南工业、商业等二、三次产业部门的就业人口比重下降了10%左右,农业部门就业人口的比重却上升了10%左右。也就是说,在江南人口总量停滞、劳动力与劳动人口比重下降的情况下,农业部门所面临的人口压力反而可能更加沉重。②

---

① 《丹阳县志》,第183页。
② 一些学者认为,人口职业结构在数十年间的起伏波动,实际上反映了中国社会结构的特征。他们指出,在中国农村,"从事农村工业的家庭通常也继续从事农业,因为中国的地方社会结构很少引起欧洲那种日益鲜明的农夫与农村工人之间的区别。因此,在中国从事农村工业的人们不像欧洲的农村工人一样,可以轻易招募进城工作。"那些部分出卖劳力而且普遍从事农村工业或手工业生产的人们,无疑是一个不稳定的群体。因而,乡村人口职业结构也存在较大的弹性空间。[美]王国斌著,李伯重、连玲玲译:《转变的中国——历史变迁与欧洲经验的局限》,江苏人民出版社1998年版,第46页。

二、人口—耕地关系

农业所承受的人口压力是否更加沉重,不仅仅取决于人口数量和人口构成,还需要考察人口与耕地关系。首先是考察江南人均耕地数量的变化,因为人均耕地数量可以大致反映人地比例关系。但这样的考察没有考虑到近代城镇发展过程中,农村人口向城市的转移。舍去了这一因素,对人口压力问题的考察,就会失之不确。为此,还要进一步考察农业人口人均耕地数量的变化。人均耕地以农业人口为计算基础,就包含了农村和农业人口向城市和非农产业转移的过程,是一种相对于单独关注人均耕地面积而言更为动态的考察。但这还不够,尚需再进一步考虑到人口结构的因素。农业人口的年龄结构制约着实际参与农业生产的人口数量,因而,需要再从农业劳动年龄人口的角度,考察人口面临的压力。这就要求再提出一个指标,那就是农业劳动人口人均耕地数。如果考虑到农业家庭经营的特征,还需要考察户均耕地数量。由上述几个层次逐步分析,可以大致判断近代江南农村人口—耕地关系的实际状况。

(一) 耕地总量的变动

人口与耕地的关系是评估人口压力问题的关键指标,在解决了人口数量变动问题之后,需要探讨耕地数量。然而,在讨论耕地面积时,同样面临着准确估算土地面积等困难。

其一,在耕地面积数据中,存在着税亩与实亩之间的差别。晚清地方志沿袭之前地方志的惯例,记载的耕地数量往往是税亩,其亩数实际上是纳税单位。故相关的土地面积数据常见于与赋役相关的部分。税亩所显示的土地面积往往与耕地的实际面积不符。桐乡县,"清初,不分官民,一例编征原额田四千三百顷七十三亩,又加告升田六顷七十七亩六分,实征田四千三百七顷五十亩八分九厘"。[①] 乾隆四十四

---

① 清光绪十三年《桐乡县志》卷六食货志上·地亩。

年,丹徒县,"田地山塘荡滩通共一万五百五十五顷六十九亩五分"。① 同治四年,该县田、地、山、塘、荡通共原额一万四百七十顷一十三亩五分四厘。② 六合县"民田顷亩科则之数,前史莫考……道光二十七年,册载原额民、卫田、地八千一百六十五顷五十五亩。至宣统三年,次第垦熟六千六百八十六顷二十五亩"。③ "光绪二十五年,江苏省办理清赋,常熟县原额田地滩荡九千二百七十五顷六亩六分八毫,内除真荒坍废各项七百十六顷二十九亩一分二厘五毫,实该现额八千五百五十八顷七十七亩四分八厘三毫。"④江阴县,光绪初年"通共折实平田一百一万二千五百五十一亩九分七厘三毫五丝三忽一纤七沙"。⑤ 孝丰县,光绪二年,勘实熟田七百四十七顷一十二亩九分七厘。⑥ 句容县,道光二十七年,奏销册内开载民赋项下除坍江各则不等,原额田地一万四千四百四十二顷九十亩。⑦ 吴江县,"同治四年,今订除蠲缺田若干外,实共田荡六千四百四十六顷七十八亩四分七厘"。⑧ 很显然,这些数字都是税亩,并非实际测量之亩数。

至近代,因社会动荡,一些县份地籍散佚,土地数字更为混乱。以海盐县为例。《海盐清丈田亩近况》一文称,"海盐为浙省地政最形紊乱之县,举凡粮不跟土,户不同名,寄粮、飞粮、空粮、失粮等等,情弊百出,复杂异常。据陆军测量局图根测量结果,全县土地面积,计有784000市亩,而现征粮额不足54万旧亩,而实征数又不过35万旧亩,尚不及粮额65%,是全县失粮面积,几近五十万旧亩"。⑨

其二,即使是不能准确反映实际耕地面积的税亩数量,在方志的记载中也缺乏连续性,很难依据零星的数据显示耕地面积的前后变化。高淳县"咸丰三年,遭粤逆之乱,贼踪不时蹂躏,迨十年三月窜入后,盘踞四载,至同治二年冬,县境恢复。

---

① 清光绪五年《丹徒县志》卷十三田赋。
② 民国17年《续丹徒县志》卷五食货志·田赋。
③ 民国9年《六合县续志稿》卷四赋税志中·田赋。
④ 清光绪三十年《常昭合志稿》卷十田赋志。
⑤ 清光绪四年《江阴县志》卷四民赋·田壤。
⑥ 清光绪五年《孝丰县志》卷四食货志·田地。
⑦ 清光绪三十年《续纂句容县志》卷五田赋。
⑧ 清光绪《吴江县续志》卷九赋役。
⑨ 《海盐清丈田亩近况》,《地方自治专刊》1937年第1卷第1期。

检查旧籍,不独官册被毁,即民间簿书契据,悉为灰烬。以前荒熟坍涨增减升除无从稽核。光绪元年,开办大征,详情咨部颁发,道光二十七年奏销册奉为准则"。① 自道光二十七年(1847年)至光绪元年(1875年),28年间的地亩变化无法查证。

其三,统计口径不一。近代各县土地面积的统计数据中,有土地面积与耕地面积之别,在耕地面积中,有的包括荒地在内,有的则不包括荒地在内;在土地面积中,有的包括水荡面积,有的则不包括水荡。另外,林地、山地是否计入,也会导致耕地面积的统计数据存在差异。如镇洋县"县境共存田四十一万六千七十八亩六厘一毫。(按此据光绪十年印委会报之册,扣除光绪二十三年详豁者得数。如此尚有光绪十年以前豁除之数未能分图注明。县册无稽,姑付阙如。其十年以前所豁之总数,幸尚有各则坍废之数)除此,实共存田四十一万三千二百八十亩二分七厘六毫。(按此数核与田赋类宣统二年田荡涂总数多七千三百六十四亩七分二厘二毫,盖彼系熟田征粮之数,此则并荒田而计之,故多少相悬有如此。)"②

江南水乡河流纵横,湖泊星罗棋布,在计算土地面积时,方志中往往单独记载河流水荡面积。此外,在耕地中,又有田地之别,而田地的亩制往往相差悬殊,也使统计数据中记载的土地面积与实测面积产生差异。如杭县土地面积,20世纪30年代初,浙江省民政厅测丈队实测结果,共计1404321.59亩(3744.85方里)。③除公有使用之道路、河川、沟渠以及住宅等所占土地外,杭县其余土地使用情形如下表所示:

---

① 民国7年《高淳县志》卷七赋役志·土田。道光二十七年,高淳县"七乡原额田地山塘柳墩草场等项七千三百九十顷二亩七分六厘。内田四五百二十五顷八十九亩,地七百五十九顷八十七亩,湖熟地十三顷,草场二百四十四顷六十一亩,山塘柳墩一千七百八十八顷二十亩。溧水划归高淳田五十六顷三十亩,地一顷十一亩,荒地二亩,山塘八十三亩,沟墩十二亩。因癸丑迄癸亥十数年间,干戈扰攘,民难安堵,流离失所,相率抛荒。克复后……民稍复业……自同治四年至光绪六年春止,报丈各乡不等,共计熟田地山塘等项四千一百五十一顷八十七亩四分七厘五毫八忽。内田三千五百五十三顷五十九亩,地四百二十三顷二十三亩,塘一百七顷四顷三十七亩,草场六十四亩,山二亩。又未经垦熟荒废田地山塘等项三千二百三十八顷十五亩"。
② 民国8年《镇洋县志》卷四赋役。
③ 叶风虎:《杭县之物产及农村状况》,《浙江省建设月刊》1934年第7卷第12期。

表1-13 杭县土地利用状况

项目	面积(亩)
稻田	540710.174
桑地	173102.765
果树地	17851.409
菜地	4870.051
茶地	29703.241
药材地	299.736
其他作物地	10253.040
其他森林地	82574.649
鱼荡	51182.821
竹林地	31846.013
菱荡	1708.935
莲荡	4095.404
水荡	10430.940
合计	958629.178

资料来源:叶风虎:《杭县之物产及农村状况》,《浙江省建设月刊》1934年第7卷第12期。

对比上表杭县1933年的土地数据,可知土地面积数据的差异部分原因在于统计口径的歧异。土地面积包括田、地、荡在内,而耕地面积不包括荡,只包括田、地面积。调查者也承认:"上表数字,除稻田外,因测丈队测丈时,业户报丈殊少依照法定手续办理,间有未曾精确之处,须待全县登照事业完竣,再作统计。上列所述,不过举其梗概耳。"[1]

其四,因行政区划变更而导致的耕地面积变化。宝山县,"全境凡一千八十八方里,又沙洲三十八方里强,自市县分划后,最近各区面积并计为704方里。亩数为380393亩"。[2]"自民国十七年起,江湾、吴淞、高桥、殷行、彭浦、闸北、真如七市乡,划

---

[1] 叶风虎:《杭县之物产及农村状况》,《浙江省建设月刊》1934年第7卷第12期。
[2] 民国20年《宝山县新志备稿》卷一舆地志·面积。

归上海特别市管辖后,现在仅存城区,为刘行、杨行、月浦、盛桥、广福、罗店、大场等八市乡,实行区制时,又改划为五区,版图更形缩小,全县面积,约尚三十四万余亩"。① 因行政区划调整,宝山县面积缩小 4 万余亩。

其五,其他原因导致的统计差异。1933 年所作浙江省农村调查,统计了几个县份的耕地数量,惟几个数据有较大出入,如下表所示:

表 1-14　1933 年浙江省 6 县耕地面积　　　　　　　　　　（单位:亩）

杭县	海宁	德清	吴兴	桐乡	崇德	备注
1157381	854026	544956	1576167	517353	502522	浙江省财务审查委员会
1450867	916260	543824	1410018	520924	502559	各县报厅数
1206000	899000	549000	2089000	597000	603000	统计局

资料来源:行政院农村复兴委员会编《浙江省农村调查》(1933 年),第 155 页。

上表中的耕地统计数据虽都由政府部门在同一时间提供,但差异却很大。

此处将各县方志及其他文献中收集的统计数据加以汇集,列为下表。

表 1-15　20 世纪上半期江南若干县份耕地面积　　　　　　（单位:亩）

县份	耕地面积	统计年份	备注
安吉、孝丰	361631	1929	
安吉、孝丰	314600	1936	
安吉、孝丰	205028	1946	
安吉、孝丰	369300	1949	新政权建立后,以往未利用土地开垦。
宝山	346587	1928	7 市乡划归上海特别市后赋田亩数。
宝山	341200	1930	《江苏六十一县志》数据。
宝山	290360	1940	赋田亩数。
宝山	345453	1946	赋田亩数。
宝山	322921	1948	赋田亩数。
常熟	1555024	1912	另有未垦芦滩地 113873 亩。

---

① 宝山县县政府:《宝山县土地概况调查报告》,《江苏地政》1935 年第 1 卷第 3 期。

续 表

县份	耕地面积	统计年份	备注
常熟	1735600	1930	《江苏六十一县志》数据。
常熟	1746625	1931	围垦沙田,耕地增加。仍有抛荒田133870亩。
常熟	2366810	1935	
常熟	1752017	1948	
崇德	502735	1933	含未开垦之土地。
崇德	571774	1937	1933—1937年所做土地测量。
崇德	477550	1946	
川沙	150286	1912	另有盐田78336亩。
川沙	172500	1913	据《江苏内务行政报告书》。
川沙	210000	1919	
川沙	156000	1930	
川沙	190000	1930	《江苏六十一县志》数据。
川沙	190000	1931	
川沙	210000	1949	川沙县政府档案。
德清、武康	485163	1915	其中有弃耕荒田9.81万亩。
德清	419300	1947	
奉贤	700000	1930	《江苏六十一县志》数据。
奉贤	724984	1949	纳税土地面积。
富阳	478500	1899	为富阳县清代最高耕地数字。
富阳	407200	1928	
富阳	350000	1941	
富阳	295100	1949	随着荒地复垦,1951年回升至43.37万亩。
高淳	480000	1912	这一耕地数量大致保持到20世纪30年代初。
高淳	433188	1930	
高淳	466300	1949	
海宁	875334	1897	

续　表

县份	耕地面积	统计年份	备注
海宁	815928	1932	
海宁	722033	1946	
海宁	742524	1949	采用土地改革统计数字。
海盐	433000	1949	土地改革时农会统计数字为506333亩。
嘉定	691500	1930	《江苏六十一县志》数据为646549亩。
嘉定	711000	1935	丈量数据。
嘉善	577377	1894	
嘉善	672569	1936	
嘉善	686776	1948	此为土地测量数据。
嘉善	573900	1949	
嘉兴	1330624	1928	
嘉兴	1842531	1949	土地改革数据，与1928年相差悬殊，可疑。
江宁	1073472	1946	
江宁	978500	1949	
江阴	1122554	1876	
江阴	1366193	1935	漕田、沙田、荒地、山地合计。
江阴	1242141	1935	土地陈报数据。
江阴	1218659	1949	
金山	362089	1930	《江苏六十一县志》数据。
金山	394607	1949	依该年棉田面积估算。
金坛	812275	1930	《江苏六十一县志》数据。
金坛	759300	1949	
昆山	1069675	1930	《江苏六十一县志》数据。
昆山	910598	1949	土地改革前调查数据，另一数据为976300亩。
溧水	381520	1927	
溧水	435488	1935	
溧水	539000	1949	

续 表

县份	耕地面积	统计年份	备注
溧阳	1126892	1932	原载《统计月报》。
溧阳	1326112	1946	
溧阳	1097300	1949	
临安、于潜、昌化	322000	1932	三县合计,人均为1.47亩。
临安、于潜、昌化	329100	1936	三县合计,人均为1.35亩。
临安、于潜、昌化	372000	1949	三县合计。
六合	672224	1911	民田840顷86亩,卫田5542顷3亩,民马地126顷98亩,沙压地212顷37亩。
六合	926600	1932	
六合	931988	1949	
南汇	1222118	1930	《江苏六十一县志》数据。
南汇	790247	1949	土地改革时的调查数据。
平湖	609679	1936	按现行辖区计算。
平湖	604600	1949	
青浦	670000	1919	
青浦	722781	1930	《江苏六十一县志》数据。
青浦	650000	1947	
上海	247375	1930	《江苏六十一县志》数据。
上海	247375	1931	计税面积。
上海	145000	1932	
上海	214699	1944	计税面积。
上海	319349	1949	
松江	863793	1902	

续 表

县份	耕地面积	统计年份	备注
松江	969732	1922	
松江	972438	1930	
松江	928803	1935	
松江	932799	1950	1949年,新政权向旧权府接收全县耕地赋册为885292为亩,1950年经过复查,全县查出"黑田"47537亩,耕田合计932799亩。
太仓	879069	1913	由棉田面积推算。
太仓	833422	1930	《江苏六十一县志》数据。
太仓	685223	1941	由棉田面积推算。
桐乡	520924	1912	浙江省各县历代田赋额征统计表。
桐乡	564862	1930	1924年起,以简易测量所得数据。
桐乡	483836	1946	
吴江	1240894	1916	计赋面积。
吴江	1274380	1930	《江苏六十一县志》数据。
吴江	1283237	1936	计赋面积。
吴江	1282800	1946	计赋面积。
无锡	1255000	1930	《江苏六十一县志》所载数据为1259501亩。
无锡	1228000	1942	
吴县	1811400	1914	
吴县	1822900	1924	
吴县	1635500	1930	不包括苏州城区。《江苏六十一县志》数据为1814628亩。
吴县	1265300	1949	邑境变更。
吴兴	1410018	1933	该县陈报数据。
吴兴	1515469	1935	
武进	1728671	1930	
武进	1576700	1949	
新登	84300	1900	为新登县清代最高耕地数字。

续 表

县份	耕地面积	统计年份	备注
新登	99900	1928	
新登	87200	1941	
宜兴	1267873	1930	
宜兴	1296533	1935	土地陈报数据。
宜兴	998196	1949	由贫雇农占有耕地面积推算。
杭县	899700	1932	
余杭	254200	1932	
杭县、余杭	743200	1949	两县合计。
长兴	547889	1936	据粮食作物种植面积和复种指数（109%）推算。
长兴	724859	1949	土地改革调查田、地数据合计。
江宁	1073472	1946	
江宁	978500	1949	
句容	729400	1932	
句容	723500	1934	
句容	741700	1949	
江浦	436600	1869	
江浦	433900	1914	
江浦	426600	1934	
江浦	409000	1949	
丹阳	1121100	1936	据1936年粮食播种面积推算。
丹阳	1149000	1949	
丹徒	721600	1932	即镇江县。
丹徒	761900	1949	按1982年区划范围计算。

续　表

县份	耕地面积	统计年份	备注
扬中	254681	1932	据1932年水稻种植面积20.3万亩推算。
扬中	232600	1949	

资料来源:《丹阳县志》第208、211页;《江浦县志》第134页;《江宁县志》第133、134页;《句容县志》第185、186页;《六合县志》第131页;《高淳县志》第176页;《溧水县志》第104页;《溧阳县志》第133、134页;《丹徒县志》第187、188页;《扬中县志》第122、123页;《常熟市志》第208页;《江阴县志》第148页;《无锡县志》第207页;《吴县志》第286页;《吴江县志》第150页;《太仓县志》第183页;《金坛县志》第132页;《宜兴县志》第129页;《昆山县志》第193、195页;《武进县志》第170页。《川沙县志》第157页;《嘉定县志》第155页;《南汇县志》第259页;《上海县志》第499页;《松江县志》第301页;《宝山县志》第557页;《青浦县志》第202页;《海宁市志》第256页;《海盐县志》第190页;《嘉善县志》第132页;《桐乡县志》第151页;《德清县志》第171、176页;《平湖县志》第197页;《富阳县志》第239页;《奉贤县志》第698页;《临安县志》第136页;《长兴县志》第143、149页;《余杭县志》第159页;《金山县志》第246页;《安吉县志》第103—104页;《嘉兴市志》第920、1171页;殷惟龢:《江苏六十一县志》,商务印书馆1936年10月版,第25、31、38、45、89、94、101、105、115、123、165、168、176、180、184、188、191、195页。章有义:《中国近代农业史资料》第三辑,三联书店1957年版,第624—625页;何炳棣:《明初以降人口及其相关问题》,三联书店2000年版,第150页。行政院农村复兴委员会:《浙江省农村调查》(1933年),第125页;倪冠亚:《常熟的小统计》,《励学》1936年第2卷第1、2期;纪蕴玉:《沪海道区川沙县实业视察报告书》,《江苏实业月志》1919年第4期;夏琼声:《高淳县农村经济调查》,《苏农》1931年第2卷第5期;黄宗智:《长江三角洲小农家庭与乡村发展》,中华书局2000年版,第339—340页。

表中数据虽多采自政府统计资料,但仍可看到其来源颇为驳杂。既有自清末继承下来的赋田面积,也有民国政府用于征税的计税面积,还有实地丈量的土地面积。20世纪40年代后期的耕地数据中,尚有个别是土地改革前调查所得数据。[①] 不管是清末的赋田面积,还是民国年间的计税面积,都明显低于实际耕地面积。只有实地丈量的土地面积较为接近实际。因为技术条件局限,实地丈量的耕地数量有限,此类数据贫乏。[②] 比较集中的是土地改革前的调查数据,但这类数据多为典型调查,并非普查。在经过实际调查的乡村,其耕地数字较为准确;未经实地调查的乡村,其耕地数据的可靠性则值得怀疑。其中最为关键的问题是耕地统计数据与实际耕地面积的不一致。人口学者对明清以及近代纳税亩与耕作亩的误差已多有讨论,揭示了其中的奥秘所在。但相关研究也同时强调以往土地统计数据的研究价值。在缺乏

---

① 如吴江县,20世纪上半期几个年份的耕地数目均为计赋面积。1912年,吴江、震泽两县合并为吴江县,全县合计原额田荡账面数为132.81万亩,但实际成熟田荡计赋面积为122.51万亩。因为历年芦荡、官产田升科以及荒、熟田的变动,计赋面积年有变动。1936年,全县计赋面积为128.32万亩(含芦荡)。抗日战争胜利后,核定全县计赋面积为128.28万亩。参见《吴江县志》,第150页。
② 1935年,浙江省政府定平湖为土地政策实验县,1936年4月改用航空测量,摄底片1300余张,并完成大部分土地登记工作。1937年平湖沦陷,土地册籍大多毁损。参见《平湖县志》,第197页。

可供采择的其他资料的情况下,有关耕地数量的研究,仍不得不以方志中所收集的政府统计数据作为讨论的基础。

为了大致了解江南20世纪上半期耕地面积,我们将表1-15中有明确耕地数据的各县耕地数量合计,得到两个耕地数据。

其一是20世纪20—30年代江南各县的耕地数量。这一数据以各县20世纪30年代的耕地数据为主,缺乏者暂以20年代数据加以补充,20世纪20、30年均缺乏数据的个别县份,采用20世纪40年代数据。有如下表。

表1-16　20世纪30年代江南耕地面积

县份	耕地面积(亩)	统计年份
安吉、孝丰	361631	1929
宝山	341200	1930
常熟	1735600	1930
崇德	502735	1933
川沙	156000	1930
丹徒	721600	1932
丹阳	1121100	1936
德清、武康	543824	1933
奉贤	700000	1930
富阳	407200	1928
高淳	480000	1912
海宁	815928	1932
海盐	433000	1949
杭县、余杭	1153900	1932
嘉定	691500	1930
嘉善	672569	1936
嘉兴	1330624	1928
江宁	1073472	1946
江浦	426600	1934
江阴	1242141	1935

续　表

县份	耕地面积(亩)	统计年份
金山	362089	1930
金坛	812275	1930
句容	729400	1932
昆山	1069675	1930
溧水	381520	1927
溧阳	1126892	1932
临安、昌化、于潜	322000	1932
六合	926600	1932
南汇	1222118	1930
平湖	609679	1936
青浦	722781	1930
上海	247375	1930
松江	972438	1930
太仓	833422	1930
桐乡	564862	1930
吴江	1274380	1930
无锡	1255000	1930
吴县	1635500	1930
吴兴	1410018	1933
武进	1728671	1930
新登	99900	1928
扬中	254681	1932
宜兴	1267873	1930
长兴	547889	1936
合计	35287662	—

说明：个别县份有同一年份或相近年份，有若干个差距较大的统计数据。如常熟县，朱章洤：《常熟农村经济状况》(《苏农》1930 年第 1 卷第 3 期)称该县"有熟田一百五十六万余亩"。倪冠亚：《常熟的小统计》(《励学》1936 年第 2 卷第 1、2 期)称该县有田 2366810 亩，两者相较，相差 80 余万亩，显有不确。另，殷惟龢《江苏六十一县志》(商务印书馆 1936 年 10 月版)称常熟 1930 年有田 1735600 亩。比较其他前后多个年份的统计数据，表中选择《江苏六十一县志》数据。这里遵循的原则是，在有多个相差悬殊的数据时，参照前后多个年份的统计，数量相差较小的数据。在有多个文献来源的数据可供选择时，优先选用地方志所载数据。

资料来源：同表 1-8。

表中,7个县的耕地数据是1930年以前的,2个县的数据是20世纪40年代后期的,其余均为20世纪30年代的数据,而以1930、1932两个年份的数据为最多。由于未找到海盐县20世纪30年代的耕地数据,暂以1949年的数据代之。经过估算,我们估计1930年前后江南49个县耕地总量为35287662亩。

其二是20世纪40年代的耕地数据,其中除崇德、嘉定、吴兴3县外,余均采用20世纪40年代的耕地面积数据,其中主要是1949年的数据。

表1-17　20世纪40年代江南耕地面积

县份	耕地面积(亩)	统计年份
安吉、孝丰①	205028	1946
宝山	322921	1948
常熟	1752017	1948
崇德	571774	1937
川沙	210000	1949
丹徒	761900	1949
丹阳	1149000	1949
德清、武康	419300	1947
奉贤	724984	1949
富阳	350000	1941
高淳	466300	1949
海宁	742524	1949
海盐	433000	1949
嘉定	711000	1935

① 安吉县1940年耕地面积为201000亩。据《安吉农业概况》,"安吉现系三等县份,全县总面积不上三千方里,耕地总面积据县政府二十九年统计达201000亩,其中以:水田占约164000亩,旱地占约37000亩,山地占约113380亩,可资开垦荒山荒地占55000亩。人口仅81000余人,于太平天国运动后,安吉本地人民残留甚少,故住居民成分十分复杂,计本地籍者约十分之二三,客民约占十分之七八。在客民中,尤以河南、安徽、山东、江苏、福建诸省人民为最多,故语言习俗生活亦稍有不同,然均多以农桑是赖。全县人口八万一千余人中,仍以农民为最多,约占百分之八十五以上。兹就县府(民国)二十九年统计如左:全县人口总共17504户,81992人,全县农户共9138户,占全县数百分之八十五。每农户种田最多达1200亩,最少2亩,普通自10—20亩"。庄茂长:《安吉农业概况》,《乡建通讯》1941年第3卷第7、8期。

58

续 表

县份	耕地面积(亩)	统计年份
嘉善	686776	1948
嘉兴	1842531	1949
江宁	978500	1949
江浦	409000	1949
江阴	1218659	1949
金山	394607	1949
金坛	759300	1949
句容	741700	1949
昆山	910598	1949
溧水	539000	1949
溧阳	1097300	1949
临安、昌化、于潜	372000	1949
六合	931988	1949
南汇	790247	1949
平湖	604600	1949
青浦	650000	1947
上海	214699	1944
松江	932799	1950
太仓	685223	1941
桐乡	483836	1946
吴江	1282800	1946
无锡	1228000	1942
吴县	1265300	1949
武进	1576700	1949
新登	87200	1941
扬中	232600	1949
宜兴	998196	1949
杭县、余杭	743200	1949

续 表

县份	耕地面积(亩)	统计年份
长兴	724859	1949
吴兴	1515469	1935
合计	33717435	—

说明:"崇德全县面积,据浙江陆地测量局实测结果,为1150方里,内平地1116方里,道路5方里,沙涂29方里,其只合田293924亩,地205985亩,荡2654亩,已耕地约408440市亩,荒地约1960市亩。又据立法院统计处之调查,全县水田355552亩,平原旱地247078亩,可垦未垦地56895亩。田地价格最高百元,最低二三十元。"参见吴元良、张锡炎:《崇德经济调查》,《浙江经济情报》,1937年第2卷第7期。

资料来源:同表1-8。

20世纪40年代后期,江南49个县耕地总量为33717435亩。也就是说,20世纪40年代末与30年代初相比,江南耕地面积减少了1570227亩,即减少了4.45%。

全部49县的数据,只是显示出20世纪40年代后期与30年代初相比耕地总量变化的趋势。未能显示出20世纪30年代之前耕地总量变动的情况。由于数据相对较为齐全的20世纪30、40年代以外,个别县份还有20世纪10年代或者19世纪末的数据。依据这些数据,我们计算了20个县20世纪10、30、40三个年代的平均耕地数量,以观察整个20世纪上半期耕地数量变化的一般情况。

表1-18　20世纪上半期江南若干县份耕地面积　　　　　　（单位:亩）

县份	10年代	30年代初	40年代末
常熟	1555024	1746625	1752017
宜兴	1267873	1296553	998196
吴县	1811400	1635500	1265300
太仓	879069	833422	685223
川沙	172500	190000	210000
宝山	346587	341200	345453
青浦	670000	722781	650000
松江	863793	928803	932799
桐乡	520924	564862	483836
吴江	1240894	1274380	1282800
富阳	478500	407200	295100

续　表

县份	10年代	30年代初	40年代末
新登	84300	99900	87200
安吉、孝丰	361631	314600	205028
海宁	875334	815928	742524
嘉善	577377	672569	573900
江浦	433900	426600	409000
江阴	1122554	1366193	1218659
六合	672224	926600	931988
平均	774105	809095	726057

资料来源：《常熟市志》第208页；《无锡县志》第207页；《吴县志》第286页；《吴江县志》第150页；《太仓县志》第183页；《昆山县志》第193、195页；《川沙县志》第157页；《上海县志》第499页；《松江县志》第301页；《宝山县志》第557页；《青浦县志》第202页；《桐乡县志》第151页；《平湖县志》第197页；《富阳县志》第240页；《安吉县志》第103—104页。

对江南19个县耕地面积变动的统计显示，20世纪10年代，各县平均耕地面积约为774105亩，20世纪30年代增至809095亩，增加了4.52%；20世纪40年代，各县平均耕地面积约为726057亩，比20世纪30年代减少83038亩，减少10.26%。所反映出来的耕地缩减的趋势，与49县耕地总面积变动所显示的趋势可以相互印证。

当然，正如表1-15中所列数据表明的，并不是在所有的县份，耕地面积都是下降的。如在常熟、南汇、川沙等濒临长江或东海的县份，因为海滩淤积造成的沙地增长，以及芦田转变为耕地，数十年间，耕地数量有所增加。另有一些县份通过开垦山地或围湖造田，也使耕地数量有小幅增加。如新登县耕地面积由1910年的8.43万亩增至1928年的9.99万亩。但这些县份耕地数量的增加，并不能掩盖其他县域内耕地面积减少的事实。与新登相邻的富阳县，1928年耕地数量较诸1899年，就减少了7.43万亩。据国民政府浙西行署《施政报告》和《浙西日报》所述，1941年，富阳耕地面积为35万亩，新登8.72万亩，两县合计43.72万亩，比1928年减少6.99万亩。[①] 1912年至1946年，桐乡县田地面积有较大变动，其中田减少211216亩，地增

[①]《富阳县志》，第240页。

加175763亩,总计田地面积减少35453亩。① 实际上,因为相当数量的土地抛荒,耕作面积大幅下降,耕地面积的减少还不止此,其幅度可能更加明显。1940年,安吉县"可资开垦荒山荒地占55000亩",约相当于全县耕地总面积(201000亩)的四分之一。当时的调查者称,"该县地广人稀,境内可资开垦之荒山、荒地约近五六万亩,但以农民无力利用,任其荒芜,殊深可惜"。② 丹徒县"荒地零星者多,荒山则弥望皆是"。③ 据1948年出版的《浙江财粮通讯》载:"富阳抗战时受敌伪影响,荒田占全部面积十分之四。"④富阳、安吉等县并非特例,经过长期战争和社会动荡,土地抛荒和耕地面积下降,实为江南的一般情形。如果像有些学者所说,20世纪初的耕地面积数字明显低于实际耕地数据,而1949年前后的耕地数据相对比较可靠的话,那么,实际耕地数量减少的幅度可能更大。

(二) 户均耕地面积

户均耕地数量有助于我们观察农村经济所面临的情境,因为虽然20世纪上半期农村经济发生了诸多变化,小农家庭经营仍为农业经济活动的基本单元。

江南若干县份户均耕地数量有如表1-19所示。

表1-19 20世纪上半期江南户均耕地数量

县份	户均耕地(亩)	统计年份	备注
常熟	6.97	1912	
吴县	10.63	1930	
常熟	11.36	1931	围垦沙田,耕地增加。
上海	13.80	1931	
太仓	19.41	1932	农户平均
昆山	45.93	1932	
奉贤	19.05	1932	

---

① 《桐乡县志》,第152页。
② 庄茂长:《安吉农业概况》,《乡建通讯》1941年第3卷第7、8期。
③ 蒋汝正:《金陵道区丹徒县实业视察报告书》,《江苏实业月志》1919年第5期。
④ 《富阳县志》,第240页。

续　表

县份	户均耕地(亩)	统计年份	备注
平湖	12.75	1937	
常熟	8.69	1948	
嘉善	11.00	1949	
桐乡	9.12	1950	

资料来源：《常熟市志》第 208 页；《吴县志》第 286 页；《吴江县志》第 150 页；《太仓县志》第 183 页；《金坛县志》第 132 页；《宜兴县志》第 129 页；《昆山县志》第 193 页；《武进县志》第 197 页；《上海县志》第 499 页；《嘉善县志》第 190 页；《桐乡县志》第 151 页。

由表中所列的 9 个县份的数据来看，20 世纪上半期户均耕地面积最低值是 1912 年的常熟县，最高值是 1932 年的昆山县。这一年昆山县户均耕地达 45.93 亩，远远超出其他各县的水平，是 1931 年常熟户均耕地面积的 4 倍，似不可信。由 20 世纪 20—30 年代的其他各县统计数据，可知户均耕地面积大于 10 亩当较接近事实。这大约也是江南各县的常态。据全国土地委员会 1937 年公布的调查显示，每户所有耕地面积各省颇不一致，浙江省为 15.42 亩，江苏省为 9.13 亩。[①] 前者远高于 10 亩，后者也接近 10 亩。一些个案调查的材料，可为上列几个县份的统计资料的佐证。1927 年，川沙 61 个农户共有耕地 971 亩，平均每户 15.91 亩。[②] 1931 年，上海县平均每户有耕地 13.80 亩。[③] 1932 年，太仓县平均每户耕种土地 19.41 亩。[④] 据 1936 年嘉兴县对 4312 户的调查，农户户均耕地 11.2 亩。据平湖全县的调查显示，1937 年，全县 39764 户，经营土地 507027 亩，户均面积 12.75 亩。[⑤] 1933 年浙江省农村调查，依据各县陈报之农户数量和耕地数据，计算杭县、海宁、德清、吴兴、桐乡、崇德 6 县户均耕地面积分别为 15.8 亩、11.2 亩、13 亩、8.3 亩、15 亩、11.5 亩，6 县平均每户耕地数量为 12.47 亩。又，这次农村调查统计了杭县新关村、海宁湖濮南漳联合乡、

[①] 中国第二历史档案馆编：《中华民国史档案资料汇编》，第五辑第一编财政经济(七)，江苏古籍出版社，第 2 页。

[②] 章有义：《中国近代农业史资料》第二辑，三联书店 1957 年版，第 412 页。当时的调查者指出，每户种田(15.91 亩)过少，全靠副业维持生活。

[③] 《上海县志》，第 499 页。

[④] 《太仓县志》，第 178 页。

[⑤] 《嘉兴市志》，第 1158 页。

吴县恭一村和辑里村,平均每户耕地数量为10.89亩。[①]

但上述只是反映静态的数据,尚未反映户均耕地动态变化的过程。表1-19中可资作纵向比较的,只有常熟、昆山等县户均耕地数据。1913年,常熟按户平均耕地6.97亩;之后因为芦田和沙田垦熟,耕地面积增加,1931年,每户平均耕地面积增至11.36亩;1937年以后,因为一些耕地荒芜,1946年,每户平均耕地面积下降为8.69亩。若以20世纪40年代后期与30年代中期比,户均耕地面积减少2.67亩。昆山县,1905年,户均耕地面积为23.7亩;1914年户均耕地面积为19.77亩;1924年户均耕地面积为16.5亩。经过20年,户均耕地面积减少7.2亩。[②] 说明就户均耕地而言,20世纪40年代后期与30年代中期相比,人口对耕地的压力相对加重。

当然,常熟、昆山均为个例,所反映的可能为极端的情况。为明了江南户均耕地数量变化的基本趋势,我们对所研究区域20世纪上半期一些年份的户数数据进行收集、统计、估算,得到表1-20。

表1-20　20世纪上半期江南49县户数

县份	1912	1928	1932	1936	1946	1948	1949	1953
江宁	110552	117204	117204	117204	91677	91958	91958	131123
丹阳	94024	103692	107432	107432	116451	117246	117246	130492
丹徒	89334	109291	109845	131410	116602	89082	89082	92051
江浦	28719	28183	24769	27984	32372	33173	32067	35110
扬中	32512	31939	31939	40418	39678	44074	49100	49375
六合	44220	72253	71444	80446	79971	79971	80961	96858
句容	39558	48954	56524	63367	59974	66995	85711	85764
溧阳	47547	66110	59540	83593	73036	72714	90758	105316
溧水	27692	34734	39876	39876	35000	42566	51708	56116
高淳	40415	52320	52366	58043	57934	57934	59630	63677
常熟	181237	202600	215889	223250	201718	214040	170130	180257

---

① 行政院农村复兴委员会:《浙江省农村调查》(1933年),第156页。
② 当然,这是就整体而言,不排除某一个时期、某一地区户均耕地减少的情况。参见章有义:《中国近代农业史资料》第二辑,三联书店1957年版,第385页。

续　表

县份	1912	1928	1932	1936	1946	1948	1949	1953
江阴	100657	149312	142348	172345	171083	170400	186750	202261
无锡	164213	194682	184630	252988	233730	337983	97793	107684
吴县	256416	212833	199141	253048	256918	256918	173776	179949
吴江	114330	116242	110337	112802	110854	110854	93726	133255
太仓	52586	70584	69187	75400	69447	70488	78000	81968
金坛	31995	57840	68311	68311	64643	64641	70113	80773
武进	124213	178093	168482	170527	237510	236536	197315	216956
宜兴	87423	102643	101009	126950	121788	132104	157632	165423
昆山	47153	54639	52936	58941	55672	64817	76202	87797
川沙	23483	24961	30618	30618	28754	28754	24303	66741
嘉定	46964	53166	53166	60762	55458	59430	57134	69494
南汇	91467	71795	71795	71795	118139	121862	89325	94723
青浦	64926	61073	57048	57048	62969	61975	55331	68368
上海	25631	25631	25437	25437	25964	28446	25454	43092
松江	82046	82046	82046	82046	66791	94582	94582	101836
宝山	54561	104690	36475	30924	23030	28546	28546	32828
奉贤	52586	70584	69187	75400	69447	70488	54665	65279
金山	35201	35201	37949	37949	36467	38701	38701	43894
安吉、孝丰	27462	33664	37886	37886	36395	37886	43030	55161
海宁	71874	77454	83745	85177	73242	75339	85462	91291
海盐	52337	50715	49924	51429	44320	44319	47246	51221
嘉善	46900	46900	46596	44175	47503	48096	52300	64714
嘉兴	90120	100217	110115	99893	94365	89650	88221	98174
临安	9614	17639	18109	19775	17661	17062	63880	71900
于潜	5990	12719	13525	14748	10090	11917		
昌化	16992	17906	16659	18663	13790	13996		
桐乡	35013	35013	34939	34570	36438	36615	90080	94836
崇德	42014	43793	42354	42352	45318	46990		

65

续 表

县份	1912	1928	1932	1936	1946	1948	1949	1953
德清	40615	42296	42296	42296	39119	38751	55650	56900
武康	17055	15257	15257	15257	12116	12714		
长兴	41751	57849	57849	54728	54927	54378	54500	71400
平湖	56375	55276	55669	54622	59001	59160	61411	72194
余杭	28032	28032	30040	30572	25343	25530	106100	120200
杭县	86744	86744	87422	89476	77963	80670		
富阳	31054	42239	43956	45033	46513	40432	61821	74748
新登	8976	12346	12922	12966	14294	13586		
吴兴	229001	202290	202290	175580	135928	166615	1716842	169932
合计	3131492	3513572	3450415	3707448	3599349	3802932	5046191	3963084

说明：

1. 江宁县1912年人口数据缺，以1919年人口数据（821762人）减去1912年南京市区人口（269000人），并以户均人口5人推算而得。另参《南京简志》（江苏古籍出版社1986年版）第92页。

2. 句容县无1912、1928、1936、1946年户数，表中1912年户数系依据总人口197790人和户均5人推算所得，方志中1932年户数为24402，总人口为244770人，户均人口高达10人，不可信，故取1933年户数为1932年户数。1936年户数缺，取1935年户数为1936年户数。1946年户数以总人口299869人、户均5人推算。

3. 溧阳县缺1928年户数，以该年户均人口5人和已知总人口330553人推算；1946、1948年户数分别为1945、1947年户数。

4. 扬中县1912年户数据1913年人口数推算；扬中县1928、1932两年户数均取1931年户数。

5. 溧水县缺1932、1936年数据，均取1935年统计数据。

6. 丹阳县1912年数据为1918年数据；1928年数据为1929数据；1932、1936年数据缺，均取1935年数据，1948年数据缺，取1949年数据

7. 丹徒县1932、1936、1948年数据，分别取1931、1935、1949年数据。

8. 六合县1928年户数由1931年人口数据按户均5人推算；1932年户数由1933年人口数据按户均5人推算、1936年户数由1934年人口数据按户均5人推算。1946、1948年户数均按1947年数据推算。

9. 常熟县1928、1932两年户数，系推算所得。以1935年户均人口3.98人为依据，以1926数据806350人代替，获得1928年户数。1932年户数以该年人口数量、1935年户均人口数量求得。

10. 太仓县1928、1932年户数，系推算所得。以1935年户均人口4.19人为依据，分别以这两年的总人口数估算。

11. 金坛县除1948年户数外，余均为推算所得。1948年该县户均人口为4.25人，假定各年户均人口不变，推算户数。

12. 吴县1932年、1936年的数据缺，前者用1931年数据，后者用1934年数据，1948年数据缺，用1946年数据。

13. 吴江县1912、1932、1936、1946、1948年数据缺，分别代之以1913、1930、1934、1947、1947年数据。

14. 昆山县系合计数据，1932、1936、1946三年数据缺，分别取1931、1937、1941年数据。

15. 嘉定县1932年户数不详，以1928年数据代之。

16. 川沙县仅有1910、1926、1935年户数，除之代1912、1928、1932、1936年数据外，其他两个年份数据系依据户均人口数据估算所得。所依户均人口数为4.70，系1910、1926、1935三年户均人口的平均值4.70人。

17. 南汇县1912、1916、1928、1931年数据系依据户均人口估算所得。

18. 上海县原统计数据含上海市区，此处原上海市区人口不计在内。

19. 宝山县1928年划出县境南部7市乡，全县尚存8市乡，户口数量因而减少。1930年清查户口，户数、口

数比划界前减少65.16%、65.41%。其后行政区划屡有变更,一些统计数据将发展为上海市区的江湾、吴淞、大场等区户数一并计入,统计口径与1932年、1936年不同。此处,仅取行政变更后属宝山之户数,变为上海市区的地区的户数未计入内。

20. 青浦县缺乏户数资料,《青浦县志》仅记载20世纪上半期若干年份口数,只有1949年的数据,既有户数55331户,也有口数242051人。该年户均人口4.37人。以此推算各年户数。

21. 奉贤县1928、1932年户数,系根据1935年户均人口推算。

22. 松江县1912、1928、1936年数据均采1932年数据;1932年户数依户均人口估得。

23. 海宁县缺1912、1916年数据,前者为1910年数据,后者为估算所得。

24. 海盐县缺1912、1916年户数资料。系依据户均人口推算。1936年数据缺,此处为1925年户数。

25. 嘉善县1912、1916两年户数,系依据户均人口的估算数。

26. 余杭县、杭县依推算而得。1911年,钱塘县(后并为余杭县)、仁和县、余杭县三县户均人口数量为4.5人。假定户均人口数量不变,除各年人口数,得出表列户数。但这只是大致户数,谈不上精确。余杭、杭县1912年户数不详,暂填1928年数据;长兴县1928年数据暂填1932年数据。杭县1948年户数系计算所得。1948年杭县户数乃推算所得。据《余杭市志》第202页,1949年余杭、杭县共10.62万户,而余杭县该年户数为25530户。

27. 桐乡县1912年数据缺,暂填1928年数据。1948年数据缺,此处为1949年户数。1932、1936年的户数缺,依几个已知年份户均人口4.75人推算这两个年份的总户数。

28. 德清县1946年数据,系1944年数据。

29. 平湖县1912年户数为推算,以该年总人口数和1928年户均人口推算。

30. 富阳、新登两县1912年户数系依据总人口数量推算所得。

31. 长兴县仅有1932、1937、1948年的户数统计。由此得出三个年份的户均人口值4.17人、4.11人、4.23人,平均为4.17。以此推算1912年户数,及其他年份户数。

32. 吴兴县1936年户数缺,但人数为702318人。以户均人口4人(假定等于1948年户均人口数)估算户数。1949年、1953年户数,以1949年吴兴、长兴、德清、武康、安吉、孝丰6县户均人口的平均值3.8人和实际统计的人口数推算。1928、1932两年数据缺,暂以1912、1936两年平均值代之。

33. 崇德县1912年户数缺,以1910年数代之。1932、1936年户数以1928年户均人口4.73人推算。

34. 嘉兴县户数由各年人口数量按户均4.48人(1928年统计数据)推算。

资料来源:《江宁县志》第121页;《丹阳县志》第153—154页;《丹徒县志》第135页;《溧阳县志》第158—159页;《句容县志》第128—129页;《六合县志》第98页;《江浦县志》第96页;《扬中县志》第580页;《溧水县志》第90页;《常熟市志》第1028—1029页;《江阴县志》第165页;《无锡县志》第174页;《吴县志》第243页;《吴江县志》第150页;《太仓县志》第147页;《金坛县志》第152页;《武进县志》第197页;《宜兴县志》第92页;《昆山县志》第133页;《川沙县志》第123页;《嘉定县志》第971页;《南汇县志》第114页;《上海县志》第154页;《松江县志》第153页;《宝山县志》第134页;《青浦县志》第145页;《海宁市志》第139页;《海盐县志》第133页;《嘉善县志》第151页;《桐乡县志》第198页;《德清县志》第118页;《平湖县志》第132页;《富阳县志》第164页;《余杭县志》第768页;《奉贤县志》第162页;《临安县志》第737页;《安吉县志》第57页;《长兴县志》第117页;《金山县志》第165页;《嘉兴市志》第335页。

据表中估算的数据,1912年江南49县总户数约为313万户,1928年增至351万户,1932年略有减少,约为345万户,至1936年,恢复并增加到约371万户,此后经过十年时间,至1946年,户数未有增加,反而减少到约360万户。抗日战争后户数有所恢复和增加,至1948年,达到380万户,1949年更达约505万户(疑有不确),1953年公布的人口普查数据,49县户数约为396万户。

我们没有全部这些年份的江南耕地数据。只能以20世纪30年代初、40年代后期两个耕地数据,对各个年份户均耕地数量做出大致的估计。以前文所估计的1930

年耕地面积 35287662 亩和 1932 年总户数(3450415 户),推算得 20 世纪 30 年代初江南户均耕地面积为 10.23 亩。1949 年户数畸高,较之 1948 年高约 125 万户,较诸其后的 1953 年户数,也多出近 105 万户,极不可信。因而,以 1948 年户数(3802932 户)和前文所估算的耕地总面积(33717435 亩),推算得 20 世纪 40 年代末江南户均耕地面积 8.86 亩。与 20 世纪 30 年代初相比,户均耕地面积下降 1 亩多。

这些统计可与全国对比。金陵大学农业经济系 1921—1925 年调查 7 省 2866 户农家,得知中国北部每家平均有作物面积 55 亩,中东部每家平均为 32.2 亩。1929—1933 年在 22 省 154 县的调查显示,全国每家平均土地面积为 27.5 亩,其中小麦地带为 37.1 亩,水稻地带为 20.3 亩。在水稻地带中,扬子水稻小麦区计 25.4 亩。两个时期比较,尽管样本选择不同,但也可估计户均耕地数量下降。另一份调查显示 1870 年至 1930 年户均耕地数量的变化,以指数计,1870 年为 100,1890 年下降至 99,1910 年减少为 77,1930 年只有 67。足见其间户均耕地面积减少。① 1932 年,国民政府主计处统计局发表数字,江苏省农家平均有土地 18 亩。此外,1921—1925 年调查的江宁县淳化镇,户均耕地面积 34.3 亩,太平门户均耕地面积 34.7 亩。1934 年,江宁县秣陵镇等 113 户调查,户均耕地面积 17.17 亩。②

实际上,江南还大量存在耕地抛荒的现象,户均耕地萎缩并不完全缘于实际耕地面积的减少。1934 年的调查显示,江苏省被调查的 48 个县中,有荒田 97067480 公亩;浙江省被调查的 55 个县中,有荒田 150066156 公亩。③ 在昆山县,由于劳力不足或天灾人祸,1932 年,有抛荒地 66517 亩,至 1949 年,仍有大量的抛荒田。④ 一些学者注意到一个矛盾的现象。一方面户口增加,土地承受的压力增强;另一方面,却是人们弃耕迁移,土地荒芜。按照常理,在人口压力增加的情况下,理性的选择应该是寸土必耕,壤无隙地。这样的情景,在描述清代中叶以后人口增殖、土地难以负荷

---

① 蒋杰:《京郊农村社会调查》,中华农学会许叔玑先生纪念奖学金第一届征文号(第一五九期)抽印本,1937 年版,第 79 页。
② 蒋杰:《京郊农村社会调查》,中华农学会许叔玑先生纪念奖学金第一届征文号(第一五九期)抽印本,1937 年版,第 78 页。
③ 1864—1911 年间,中国纯进口粮食 3578 万担,存在沉重的粮食不足问题。参见刘彦威《中国近代人口与耕地状况》,《农业考古》1999 年第 3 期。
④ 《昆山县志》,第 193 页。

人口压力的地方文献中比比皆是。① 如果近代乡村面临沉重的人口压力,也应出现同样的耕地密集垦殖,而不应是大量土地荒芜。

这些现象,使我们联想到有关清代中叶以后人口—耕地关系问题的一些分歧。有学者对清代中叶以降存在人口过剩和人口危机的观点提出质疑。② 若单纯从耕地面积数量来看,江南核心地区并不如江浙两省平均数据所显示的这么有利。由于耕地抛荒的缘故,20 世纪 30 年代中叶,江南户均耕地数量已经下降到近 10 亩(10.23亩),20 世纪 40 年代后期再下降至 8.86 亩。较之江苏、浙江两省的平均状况,江南的人口—耕地关系更为紧张。不过,迄今为止,我们讨论的都是耕地面积,而不是实际耕种面积,也就是说,没有考虑到各地复种指数的差异。有学者认为,人口危机不单单是用人口与土地比率衡量的,还与当地无霜期、复种指数、谋生机会多寡等诸多因素相关。在考察江南人均耕地数量时,不是实际耕地面积,而应以耕种面积作为基础,即要以耕地面积乘以复种指数。这里我们考察耕种面积,还要考虑耕地利用率这一因素。若考虑到耕作亩数与耕地数量的差异,则人均耕种面积远远大于人均耕地亩数。如川沙县耕地"有团田、图田之别,团田较优,图田次之。其耕种,向行两年三熟制,麦为小熟,棉稻为大熟,谷雨种稻,秋分、白露间收获。寒露种麦,次年芒种收获,随即种棉,秋分立冬间收获。经数月之荒芜,使地力得稍休息,至明年谷雨,再种稻,周而复始。间有贫农,棉花收尽,立即种麦,谓之花田麦。麦收获后,再种棉花,称叠地花。因田无休息,缺乏滋养,不易丰收。亦有麦未收获,先种棉花,称攒

---

① 清光绪五年《孝丰县志》卷二水利志引《浙西水利备考》云:"于潜、临安、余杭三县棚民租山垦种,阡陌相连。"又称"今闲田尚多,种山者少"。可知在人口压力下,山地渐次开垦,至同治、光绪年间,此地又曾出现大量荒田。
② 吴承明、方行等都对人口危机说持有不同看法,认为直至近代,所谓的人口与土地的矛盾,并不如人们所宣扬的那么严重。方行认为,清代的人口与土地矛盾并未达到不可收拾的地步,并未出现所谓的人口爆炸。"随着城市和市镇经济以及手工业的发展,非农业人口增加,平均每个农户耕地下降的程度,并不如平均每人耕地下降程度那么大。江苏、浙江两省,是人口密度最大、耕地最紧张的地区,就是到1946 年统计,平均每个农户还能有耕地 16.9 亩和 13.2 亩,仍大大超过在集约耕作方式下每个农户力能耕种的规模(10 亩)。同时,由于多熟复种制度的推广,复种指数提高,播种面积实际上超过了耕地面积,这就会大大缓和人口与耕地的矛盾。从整个清代来说,当时的耕地面积与种植面积,与传统农业的需要基本上还是相适应的。人口与土地的矛盾并不如人们所宣扬的那么大。直到近代还是如此。"方行:《正确评价清代的农业经济》,《中国经济史研究》1993 年第 3 期。

花。此棉早种早获，不受深秋风雨之害，但麦须条播方可。"①

我们依据嘉兴、无锡、南汇、宜兴、德清等几个县的复种指数，假定江南耕地复种指数为150%。②则人均和户均实际耕种面积较前述之人均耕地数量、户均耕地数量都高。假设复种指数不变，20世纪30年代户均耕作面积约为15.34亩，20世纪40年代下降之后的耕作面积也达到13.29亩。可以推测，由于江南农业在耕作技术上的优势，土地利用充分，由户均耕作面积所反映的人口—耕地关系，较之户均耕地数量所反映的更为缓和。③

（三）人均耕地面积

20世纪上半期江南耕地数量是一个动态的过程，基本的趋势是耕地总量趋于减少。这一基本趋势为我们判断人口—土地关系提供了一个前提，结合人口数量的变动，可以得到探讨人口压力的另一项重要指标——人均耕地的变化。

据黄宗智的统计，1932年，松江、上海、奉贤、南汇、川沙、金山、青浦7县人均耕地为2.5亩，比1816年人均耕地1.6亩，增加0.9亩。清代苏州府属各县人均耕地2.4亩，也多于1816年的1.1亩。江阴县人均耕地由1816年的1.1亩增至1932年的1.4亩，同样是这两个年份，无锡县人均耕地不变，为1.4亩。大体可以判断，20世纪初叶与19世纪初叶相比，江南人均耕地数量不仅没有减少，反而略有增加。单从这一指标来看，与其说单位耕地面积所承受的人口压力比清代中叶加重，还不如说是减轻了。那么，在20世纪上半期这个较为短暂的时间段内，人均耕地数量是否减少呢？黄宗智统计江南17个县④1932年耕地总量为1508万亩，人口总数为687.3万人，计得17个县人均耕地数量为2.19亩，此外，他又估计1949年江南人均

---

① 谢承烜：《江苏省农民银行二十周年纪念征文：川沙县金融经济概况》，《苏农通讯》1948年第7期。
② 黄宗智估计的长江三角洲17个县的复种指数达159。[美]黄宗智：《长江三角洲小农家庭与乡村发展》，中华书局2000年版，第39页。
③ 实际上，农村经济生活中，不仅农家需求存在弹性，在经营层面上，包括耕作制度、作物选择等方面，农家也有很大的回旋空间。适应家庭经济状况，对土地的合理利用，有助于弥补耕地不足。因此，维持农家生活的最低耕地数量，也应因时因地具体分析。
④ 17个县为松江、上海、奉贤、南汇、川沙、金山、青浦、太仓、嘉定、宝山、崇明、吴县、昆山、常熟、吴江、无锡、江阴。

耕地数量为2.10亩。① 两相比较,江南人均耕地数量仅只有微弱减少。

我们以江南49县人口和耕地数量计算出的人均耕地面积,呈现出相同的变化趋势。前文述及,20世纪20—30年代江南49县耕地总量为35287662亩,以统计较为准确的1932年49县人口数量(15854380人)估算,人均耕地为2.23亩;以49县统计人口数量较低的1928年人口数量(16007225人)估算,人均耕地为2.2亩;以人口数量较高的1936年人口数量(16760967人)估算,人均耕地为1.79亩。大体而言,20世纪20—30年代,江南人均耕地数量约为1.8—2.2亩。前文还述及,20世纪40年代后期统计的江南49县耕地总量为33717435亩。仍以49县人口总数估算。若以战后恢复之初的1946年计(16223281人),人均耕地数量为2.08亩;若以人口数量最低的1949年计(14810082人),人均耕地数量为2.28亩。20世纪40年代后期人均耕地最高估算值与20世纪20—30年代的最高估算值相当。

我们从方志中收集的人均耕地数据,虽然县份不完全重叠,可为上述统计计算结果,提供更多的佐证。在常熟、新登、青浦等县,人均耕地数量或多或少有所增加,而在吴县、富阳、平湖、上海等县,人均耕地却趋于减少。兹将各县人均耕地数据列为表1-21。

表1-21 20世纪上半期江南人均耕地数量

县份	人均耕地(亩)	统计年份	备注
常熟	1.87	1912	
常熟	2.03	1931	围垦沙田,耕地增加。
常熟	2.03	1948	
吴县	2.55	1930	
金坛	2.82	1949	按农业人口26.58万人平均
富阳	1.99	1928	
富阳	1.59	1949	

---

① [美]黄宗智:《长江三角洲小农家庭与乡村发展》,中华书局2000年版,第39、339—340页。黄宗智估计20世纪初叶长江三角洲人均耕地数量较19世纪初有增加,但他没有说明这种变化对人口—资源压力导致的过密化趋势有何影响。

续　表

县份	人均耕地（亩）	统计年份	备注
新登	1.66	1928	
新登	1.68	1949	
平湖	2.20	1936	
平湖	2.18	1949	
松江	2.88	1949	
昆山	3.53	1950	
青浦	1.54		全县人均占有
青浦	2.26		农村人口人均占有
上海	1.77	1950	
上海	1.66	1955	
吴县	1.22	1951	
句容	2.59	1934	

资料来源：《常熟市志》第 208 页；《吴县志》第 286 页；《金坛县志》第 132 页；《昆山县志》第 195 页；《上海县志》第 499 页；《松江县志》第 301 页；《青浦县志》第 202 页；《平湖县志》第 197 页；《富阳县志》第 239 页；《句容县志》第 186 页。

据表 1-21，常熟县人均耕地数量由 1912 年的 1.87 亩，增至 1948 年的 2.03 亩；[①]新登县，人均耕地数量由 1928 年的 1.66 亩，略增至 1.68 亩。[②]溧水县，1928 年人均耕地 2.22 亩，1935 年人均耕地 2.26 亩，1949 年人均耕地 2.6 亩。[③] 人均耕地面积略有增加。镇江县（丹徒县），1932 年，人均耕地为 1.38 亩；1949 年，全县人均耕地 2.25 亩。[④] 人均耕地面积增加较为明显。另一些县份人均耕地数量趋于减少，但下降幅度微小。如富阳县，1949 年与 1928 年相比，人均耕地面积减少 0.4 亩；[⑤]自 20 世纪 30 年代中期至 1949 年，平湖县人均耕地面积仅减少 0.02 亩。[⑥]

[①]《常熟市志》，第 208 页。
[②]《富阳县志》，第 239 页。
[③]《溧水县志》，第 104 页。1928 年耕地数系由 1928 年人口数和 1927 年耕地数推算。
[④]《丹徒县志》，第 187 页。1928 年改丹徒县为镇江县，1949 年，分镇江县为镇江市、丹徒县。1949 年数据是区划调整之后的数据。
[⑤]《富阳县志》，第 239 页。
[⑥]《平湖县志》，第 197 页。

虽然20世纪上半期江南耕地数量减少了157万亩,由于人口总量停滞,20世纪40年代后期江南的人均耕地数量几乎与20世纪20—30年代持平,甚至还可能有微弱上升。① 一些学者的研究表明,自19世纪初期至20世纪中期,一个半世纪之间,中国耕地虽有所增加,但未能赶上人口的增长,导致人均耕地数量下降,劳动力和土地面积比例严重失调。② 相关研究成果在提及20世纪上半期的人口压力时,都注意到半个世纪期间人均耕地数量的变动。③ 通过江南人均耕地数量的估算,可以发现,20世纪上半期江南的人口—耕地关系,经历了与全国整体统计显示的情况不同的过程,即人口总量和耕地总量双双下降,因为下降幅度大致相同,人均耕地数量不仅没有减少,反而微有上升。在20世纪上半期,江南的人口压力并未继续恶化。④

以往人们的印象是,江南这样的地区在近代承受了空前的人口压力,以至于人均耕地数量较诸清代中叶更趋减少,人口过剩成为此一时期农村经济发展的沉重负担。⑤ 而且,这一负担比之清代并未改善。如果从人均耕地数量来看,近代江南人口

---

① 本文估算的长江三角洲人均耕地面积低于全国平均水平(2.4亩)。虽然长江三角洲有高于全国平均水平的人口密度,但这里也是全国耕地面积占土地面积比重最高的地区之一。参见刘彦威《中国近代人口与耕地状况》,《农业考古》1999年第3期。

② 吴承明估计,近代中国人口增长平均为6.7‰,而耕地面积的增长只有3.4‰,他认为这必然发生人多地少、人口压力日重的问题。参见吴承明:《中国近代农业生产力的考察》,《中国经济史研究》1989年第2期。

③ 据学者们估计,全国人均耕地数量,1753年为3.9亩,1873年为2.7亩,民国年间为2.4亩。一些学者据此认为人均耕地面积减少所形成的人口压力对中国社会经济发展产生了严重的阻滞作用。参见刘彦威《中国近代人口与耕地状况》,《农业考古》1999年第3期。章有义通过对耕地和人口的研究,发现1887—1914年27年间,全国耕地面积扩大11.84%,而大体同一时期的1887—1912年,人口却增加了21.03%,这一时期人口压力加重了。但在1912—1932年的20年间,人口增加12.2%,耕地面积却增加了12.52%,耕地和人口大致同步增长,人口压力反而有所下降。1932—1949年17年间,人口增加6.86%,耕地仅增加1.94%。从整体上看,1812—1949年,人口增加约50%,而耕地扩大不到40%;20世纪上半期耕地增加的幅度也低于人口增长幅度。章有义认为,在人口和耕地变动的过程中,虽然人均耕地由1812年的2.87亩下降至1949年的2.65亩,但20世纪上半期人口—耕地关系反而较人口压力较重19世纪上半期更为宽松。章有义:《近代中国人口和耕地的再估计》,《中国经济史研究》1991年第1期。

④ 章有义指出,1912—1932年,中国耕地和人口大致同步增长,这意味着这一时期人口压力并不像某些人想象的那么严重。他还从纵向比较的角度着眼,认为不能过于夸大近代中国人口压力的严重性。章有义:《近代中国人口和耕地的再估计》,《中国经济史研究》1991年第1期。

⑤ 包括当时的调查者在内,大都有这样的看法。如1919年的高淳县,"人民勤于耕作,所有土田均已开垦成熟,并无大段荒地……若不亟为设法开源,则一般人之生活,必将日趋于恐慌之境,此可断言者也"。蒋汝正:《金陵道区高淳县实业视察报告书》,《江苏实业月志》1919年第1期。

压力并不像此前学者们所论的那样急剧恶化,以至于农村经济不堪重负。相反,此一时期,尽管江南耕地面积有所减少,但由于人口总量同样发生波动,耕地所承受的人口压力未必较清代中期更加沉重。

在分析人口—耕地关系时,除了人均耕地数量外,还需考虑农业人口特别是农业劳动力和劳动人口人均耕地面积。前文对江南若干县份统计结果显示,20世纪上半期总人口中劳动力的平均比重约为54％,劳动人口平均比重为62％。因缺乏劳动力比重变化的具体数据,我们忽略劳动力比重的历时性变动。这样,估算各个年份劳动力、劳动人口数量的变化,得到表1-22。

表1-22　20世纪上半期江南劳动力、劳动人口数量

年份	1912	1928	1932	1936	1946	1948	1949	1953
劳动力	7955778	8643902	8561365	9050922	8760572	8750150	7997444	8699489
劳动人口	9134412	9924480	9829716	10391800	10058434	10046468	9182251	9988302

资料来源:同表1-3。

依上述估算,江南49县1912年的劳动力数量为796万人,1928年增至864万人,1932年略降至856万人,1936年又加升至905万人,经过抗日战争,1946年下降至876万人,1948年再降为875万人,1949年骤减至780万人,1953年的统计数据显示劳动力数量约为869万人。各个统计年份纵向比较,劳动力数量起伏波动,但仍有一个基本趋势,即经历了上升与下降两个大的过程,以1936年为界。1912—1936年为前一个阶段,劳动力数量经历上升过程;1936—1949年为后一个阶段,劳动力数量趋于减少。1949年江南49县的劳动力数量仅较1912年略有增加。劳动人口与劳动力变化趋势相同。

依据前面已经估算的江南耕地数量,估计劳动力及劳动人口人均耕地面积。[①]

[①] 1934年在江宁县的调查,认为秣陵镇、孝陵乡、仁陵乡、信陵乡、爱陵乡共188农户,存在劳动力缺乏的问题。而妇女有工作能力而终年不下田的户数占37.8％,终年全体下田者占19.7％,介于这两种极端情况之间的占42.5％。同时,儿童除上学、学习手艺或在外学习经商者外,长年在家者都在家帮助工作。6—10岁的儿童,担任牧牛、割草、送茶、送饭等轻易工作,11—15岁者,除从事上述工作外,又加入锄草、施肥、戽水、收割等,自16—20岁,则完全担任农业工作。参见蒋杰《京郊农村社会调查》,中华农学会许叔玑先生纪念奖学金第一届征文号(第一五九期)抽印本,1937年版,第39页。卜凯在《中国农家经济》中,将农业人口中的非劳动力折合为"劳动力单位"计算。这里因缺乏各县人口年龄结构的资料,未能将其他人口折合为劳动力计算。

20世纪30年代初,劳动力人均耕地面积4.12亩,劳动人口人均耕地面积3.59亩;20世纪40年代末,劳动力人均耕地面积3.85亩,劳动人口人均耕地面积3.36亩。前后相较,劳动力人均耕地减少6.55%;劳动人口人均耕地减少6.41%。

这只是就全部劳动力比重所做的估算,我们在估算劳动力人均耕地面积时,还应考虑农业劳动力人均耕地面积。前文已经做出估计,20世纪20—30年代,江南农业人口占统计在业人口的比重为68%,20世纪40年代后期,这一比重大幅回升,农业人口的比重为76%。一些计入兼事农业人口的研究显示农业人口比重高于这一估算。假定主要从事农业、兼事其他行业的人口占在业人口的比重为6%,[①]可将20世纪20—30年代农业人口比重调整为74%,20世纪40年代农业人口比重调整为82%。假定总人口中的农业人口比重与统计人口中农业劳动力、劳动人口的比重大致相同。以调整后的比重估算各个年份农业劳动力、劳动人口数量,20世纪30年代初,农业劳动力数量为7273990人,农业劳动人口数量为8060367人。20世纪40年代末,农业劳动力数量为7434386人,农业劳动数量为8238104人。相应地,20世纪30年代初,农业劳动力人均耕地数量为4.85亩,20世纪40年代为4.54亩,[②]劳动力人均耕地减少0.31亩。同一时期,农业劳动人口平均耕地数量由4.38亩下降为20世纪40年代末的4.09亩,减少了0.29亩。

曹幸穗利用满铁调查资料对劳动力的耕作能力进行了估算,认为在单季水稻加冬作物的一年两熟地区,每个农业劳动力耕种水田8亩而不需雇工;在棉稻兼作区,每个劳动力可耕种6亩土地而不需雇工。[③]从这些平均数据判断,我们计算的江南农村劳动力平均耕地数量,不论是20世纪30年代初还是20世纪40年代末,都不能满足劳动力的耕作能力。由此显示的劳动力—耕地关系,与前述之人口—耕地关系也具有一致性。以劳动力的平均耕作能力与劳动力平均耕地数量比较,在水稻种植区,20世纪30年代,农业劳动力存在着39%的过剩,到20世纪40年代后期,劳动力过剩上升到

[①] 田中忠夫:《中国农村实况》,《农村经济》1935年第2卷第10期。
[②] 各个县份的数据有丹徒县,1949年农业劳动力人均耕地5.82亩。(《丹徒县志》,第188页)溧阳县,1949年全县耕地面积53.9万亩,共有劳动力76860人,每个劳动力平均种田7亩。(《溧水县志》,第104页)
[③] 曹幸穗:《旧中国苏南农家经济研究》,中央编译出版社1996年版,第111页。

43%。在棉稻兼作区,20世纪30年代初的农业劳动力存在着19%的过剩,20世纪40年代后期,农业劳动力过剩增加到24%。如果将两类不同的农业区域加以平均,则20世纪30年代初江南农业劳动力过剩29%,20世纪40年代末上升到34%。曹幸穗的研究显示,在实际耕作面积不变的情况下,苏南地区必须有约63%的劳动力从土地上转移出去。① 我们对江南两个时期的估计,都比曹幸穗对20世纪30年代苏南农村劳动力过剩程度的估计要低。值得说明的是,我们的估计是以平均值的计算为基础,实际上由于地权分配的差异、农家经营耕地面积的差别,劳动力与耕地之间的关系远较这些数据所显示的复杂。如果再考虑到其他的影响因素,农业劳动力与耕地之间的关系更是显示出多样性。如安吉,"全县土地面积有1131280亩,可耕地在百分之六十以上,而全县人口不过81063人,虽80%以上是农民,但耕地并不是不敷支配。全县拥有十亩以上田地的大地主,只有两三家,其余大多是半佃半自耕的农民,在岁收丰盛时很可自耕自给,未垦的荒山荒地很多"。② 抗日战争期间,"安吉农村经济,未甚活跃,盖以年来壮丁之出生与逃亡,敌我之扫荡与出击,遂致劳力缺乏,从事农业生产者日益减少"。③ 可见,江南区域内部不同地区(以及不同时期)劳动力与耕地的关系存在差异,在整体上劳动力相对耕地面积过剩的大趋势下,农业劳动力缺乏的情况也时有发生。

三、劳动力与农地利用

江南的耕地数量及其结构与劳动力的数量和结构形成相互影响、相互制约的关系。而且,人口与土地之间的关系随着它们的数量、结构的变化而不断地变动。这种变动的关系由土地利用和劳动利用的变化呈现出来。考虑到20世纪上半期农业用地在耕地中所占的比重,以及农业人口在总人口中所占的比重,我们在这里主要讨论农业生产中的土地利用和农村劳动力的利用情况。

---

① 曹幸穗:《旧中国苏南农家经济研究》,中央编译出版社1996年版,第111页。
② 《在安吉——湖行杂拾之一》,《晨光(杭州)》,1932年第1卷第1期。
③ 庄茂长:《安吉农业概况》,《乡建通讯》1941年第3卷第7、8期。

(一) 农地的利用

和其他地区一样,江南的农业经营受到土地状况的限制。我们所研究的江南是一个在地理上具有内部差异的区域。其西部为山区,东部为平原区。平原区又因地势等自然地理特征的差异而形成不同的农作区域。环太湖地区为蚕桑区;自长江口至杭州湾的沿江、沿海地区,形成了一个以棉花种植为农业特征的"植棉带"。而且,不论是在山区还是在平原区,都存在着内部的区域,而且,这些区域都不绝对是受到自然地理制约的,因应人口数量、结构(以及其他因素)的变化,局部地区的地貌、地势和水利条件都受到过人工改造,从而形成了以多种经营为特征的农业结构。

在苏南的一些县份,存在圩田与山田的区别。圩田与山田的利用方式也略有不同。以经营的农作物而言,即因两类地区气候以及农地土壤、灌溉等条件的差异,而具有不同的主要农作物。高淳县"东、北、南三面为山区,(第)五、六、七区位于其间,称为山乡。三面之山,一绕固城湖,面积约十万八千亩,湖西为县治,地势渐低,河流纷歧,(第)一、二、三、四区,位置其间,称为圩乡,所以有上三下四之分焉"。[1] 又据《第二年之江苏省农民银行》记载,高淳县内地区因"地势高下,肥瘠迥异,所以又有圩乡、山乡之分,圩乡田多膏沃,而农民多土著,山乡民少贫瘠,且有湖南、湖北、河南等省之客民,杂居各处"。[2] 农业经营虽有稻、麦、豆、棉、桑蚕等差异[3],"每年主要生产之收入,全恃稻、麦两项为大宗,豆及棉花、杂谷副之"。[4] 江浦县"农作物因山田、圩田而不同,圩田产米、棉,山田产小麦、大豆、落花生、米、玉蜀黍等。乌江之棉花谓之卫花,颇著名,也略有蚕桑之利,山陵产药材及茶,药材有明党参、何首乌、桔梗等"。[5] 丹徒"县境平壤甚少,田分潮、山二种。而山田实占全额之七八,峰峦起伏,坡陀上下,远望塍堤,如梯如釜,未雨则高者忧旱,既雨则低者患潦,灾歉连年,民

---

[1] 夏琼声:《高淳县农村经济调查》,《苏农》1931 年第 2 卷第 5 期。
[2] 江苏省农民银行总行编:《第二年之江苏省农民银行》(1930 年),张研、孙燕京主编《民国史料丛刊》第 475 册,大象出版社 2009 年版,第 113 页。
[3] 蒋汝正:《金陵道区高淳县实业视察报告书》,《江苏实业月志》1919 年第 1 期。
[4] 江苏省农民银行总行编:《第二年之江苏省农民银行》(1930 年),张研、孙燕京主编《民国史料丛刊》第 475 册,大象出版社 2009 年版,第 113 页。
[5] 《分省地志:江苏》,中华书局 1936 年版,第 265 页。

鲜乐岁。兼之土质硗瘠，一亩之所入，平均不过二石"。[①] 两类农田种植作物也有较大差别。据另一份调查，镇江县（即丹徒县，1928年改名为镇江县）"农田分二类，沿江平原属圩田，丘陵地属于山田。农产品以稻、小麦、豆为主，山田有栽培杂粮、甘薯、落花生者，略有桃、杏等果品"。[②] 另一种农地利用的普遍分类是水田与旱田。安吉县"农作物之栽培，以水稻为大宗收入，蚕茧、土丝次之。旱地则以茶树、桑树、甘薯为最多。小麦、花生、粟、玉蜀黍、大豆、棉花等次之。果产以桃、梨、梅、李较多"。[③] 临安县"境内耕地极少，高坡多种杂粮，两山之间可耕者名陇田；平坡傍溪，可蓄溪水以资灌溉者名坂田，田多植稻，每年一熟。以全县人口之稀（全县人口八万余），虽耕地仅及全面积十分之一，而食粮供求情形，无虞不足，且有运销邻县者"。[④] 圩田—山田、潮田—山田、陇田—坂田、水田—旱地等不同的划分，显示出各地因应自然环境的差异，利用不同的土地资源发挥其农业生产优势的努力。

从地理上看，余杭县具有上述江南各县农田利用的一般特征。该县西部为山区（天目山脉），东部为平原（杭嘉湖平原），由于显著的地理特征及农业生产的差异，当地有西区（西乡）和东区（东乡）之区别。20世纪20年代初的调查，即以东区、西区分别论述及其农业物产情况。

表1-23　1920年余杭县物产简况

物产	简　况
桑	桑之种类不一，城西两区多剪桑，采时颇早，东区多札桑，采时较迟。
竹	南区有料竹，取以造纸。名小簾纸，销售嘉湖苏松常镇各处。专供迷信鬼神之用。有苦竹，俗称笔管，竹材宜笔管。有稻秆竹，下湿之田，借以支稻。刈稻后，又借以晒稻。北区有毛竹，西区有篾竹、苦竹，销路均广。为用亦多。毛竹销上海，其梢土人取以造纸，篾竹销苏湖各郡，细劈为篾作虾笼之用。苦竹销嘉湖，造屋者取以为篾。此外，凡竹料皆可造纸，桑皮稻草，亦可造纸。春冬笋市极旺，东南两区多春笋，北区多冬笋，自杭沪铁路通，俱输运上海，笋干有早尖、虎爪、笋衣等。
茶	各区山地均产，种之者多瓯人，闲林一镇岁售约可三十万元。

---

① 蒋汝正：《金陵道区丹徒县实业视察报告书》，《江苏实业月志》1919年第5期。该报告称，当地赋税偏重："至赋税征收之则例，漕米每亩七千二勺有奇，较邻境之丹阳不啻一倍。地丁每亩一钱一分七厘有奇，其额乃甲于全省。地同徐海之瘠，而赋有苏松之重，故乡农之疾苦为他邑所罕见。"
② 《分省地志：江苏》，中华书局1936年版，第250页。
③ 庄茂长：《安吉农业概况》，《乡建通讯》1941年第3卷第7、8期。
④ 月华生：《临安的概略》，《礼拜六》1936年第640期。

续 表

物产	简　况
木材	北西南各区均产,然童山甚多,惟余北林牧公司现已拓地万数千亩。
果品	林牧公司划地三人之一,多种果树,近年试酿花果各酒出售,东区之柿产额亦多,销运上海,糖制为饼。山货来自临、新、于、昌各县,贩售他处,水果来自杭县塘栖,及邻郡、邻省。
苎麻	一岁三熟,旧历端阳、中元、重九,刈取其皮,绩以为缕,缕轻细者,夏月可为凉衫。
蚕	东区与城西两区不同。东区多制丝,城西两区多制种,售于嘉湖。远及苏皖。制丝者多迟蚕,制种者多早蚕。
鱼	东区鱼荡甚多。饲养得法,春初畜之,至冬每尾重可三勖,家有十亩荡,可以养八口矣。(谚云：种竹养鱼十倍利。)

资料来源：姚寅恭：《余杭乡土职业调查记》，《钱业月报》1922年第2卷第7号。

上表可见,在余杭县内的不同地区,农业经营项目颇有差异,说明在土地利用方面形成了县域内不同地区的特色。

杭县也是一个地跨平原区与山区的县份。据20世纪30年代初的调查,杭县主要农产有稻、麦、棉、麻、茶等物产。以耕种面积为标准,则稻耕种面积达540710市亩,远超过其他所有农作物的总和。其次为麦类作物,耕种面积16万市亩。再次为棉、麻和茶。棉花耕种面积5万市亩,麻耕种面积25000市亩,茶耕种面积29703市亩。[①] 如下表所示。

表1-24　杭县农作物耕种面积与产值

作物	耕种面积（亩）	每亩收获量（斤）	总产量（斤）	单价（元）	总产值（元）	产值比重（％）
稻	540710	300	162213000	每石4.5	5615065	78.96
麦	160000	120	19200000	每石3.5	463448	6.52
棉	50000	80	4000000	每担11.0	440000	6.19
麻	25000	250	6250000	每担4.5	281250	3.95
茶	29703	30	891090	每担35.0	311882	4.39

说明：原单价为稻每石4.5元,麦每石3.5元,棉每担11元,麻每担4.5元,茶每担35元。表中总产值的计算须先将石、担等换算为市斤。换算方法如下：每石稻为130斤,每石麦为145斤,棉、麻、茶每担均为100市斤。
资料来源：《杭县经济概况调查》，《浙江经济情报》1936年第1卷第1至5各期合刊。

---

① 《杭县经济概况调查》，《浙江经济情报》1936年第1卷第1至5各期合刊。

当时的调查还记载了稻、麦、棉、麻和茶每亩的收获量和单价。依据每亩收获量和单价,上表中还计算出了这些农作物的总产值及各类作物的产值在全部这些农作物总产值中的比重。比较可知,尽管杭县的耕地用于种植多种农作物,但它们在种植业(以主要农作物而论)中所占的比重是不同的。这种差异显示出当地农地利用上的一个重要特征,即农地主要用于种植主要的粮食作物水稻,如果将另一种粮食作物——麦计算在内,则粮食作物的产值占种植业产值的85%以上。

杭州建为特别市时,其农村部分划自杭县。作为城市郊区的杭州农村,其主要农作物有稻、苎麻、棉、蔬菜、茶等,但稻的种植在农地利用中仍居主要地位。稻的耕种面积为36122市亩,仅比居于第一位的蔬菜(耕种面积为38700市亩)种植面积略少。居第三位的是棉花,耕种面积为29500亩。苎麻耕种面积为13340市亩,位列第四。如下表:

表1-25 杭州农作物耕种面积与产值

作物	耕种面积(亩)	每亩收获量(斤)	总产量(斤)	价格	总产值(元)	产值比重(%)
稻	36122	254	9174988	每石米9元	550499	59
蔬菜	38700	500	19350000	每500斤1元	38700	4
棉	29500	105	3097500	每担9.4元	291165	31
麻	13340	93	1240620	每担4.2元	52106	6

说明:原单价为稻每石4.5元,麦每石3.5元,棉每担11元,麻每担4.5元,茶每担35元。表中总产值的计算须先将石、担等换算为市斤。换算方法如下:每石稻为130斤,每石麦为145斤,棉、麻、茶每担均为100市斤。
资料来源:《杭县经济概况调查》,《浙江经济情报》1936年第1卷第1至5各期合刊。

植稻每亩可收获254斤,每石米价洋9元。苎麻每亩收获93市斤,每担价洋4元2角。棉花每亩可收获105市斤,每担价洋9.4元。蔬菜每亩可收获500市斤,价值1元。① 以每石米150斤,每担棉、麻各为100斤计,则稻、蔬菜、棉、麻4种作物年产值分别为550499元、38700元、291165元、52106元,合计为932470元。稻(粮食作物)的年产值占这4种作物总产值的59%,其他3种作物(经济作物)产值合计占总产值的41%。

---

① 《杭县经济概况调查》,《浙江经济情报》1936年第1卷第1至5各期合刊。

海宁县"主要农产有稻、麦、棉、甘蔗等作物,稻耕种面积有 37100 市亩,每亩约可收获 3 石,价值每担 4 元。麦耕种面积有 6900 市亩,每亩约可收获 1 石,价值每担 4 元至 5 元不等;棉耕种面积有 1700 市亩,每亩约可收获皮棉 30 斤,价值每担 30 至 50 元不等"。①

表 1-26 海宁县农作物耕种面积与产值

作物	耕种面积(亩)	每亩收获量	总产量(斤)	单价(元)	总产值(元)
稻	37100	3 石	14469000	每担 4 元	578760
麦	6900	1 石	1000500	每担 4—5 元	40020—50025
棉	1700	皮棉 30 斤	51000	每担 30—50 元	15300—25500

说明:总产量的计算须先将石、担等换算为市斤。换算方法如下:每石稻为 130 斤,每石麦为 145 斤,棉、麦每担均为 100 市斤。
资料来源:《海宁县经济概况调查》,《浙江经济情报》1936 年第 1 卷第 1 至 5 各期合刊。

上表可见,海宁县稻、麦、棉三种农作物的总产值最低为 634080 元,最高达 654285 元。稻在三种主要作物总产值中的比重在 91.28%至 88.46%之间。以产值而论,水稻种植在海宁县农地利用中的重要性与杭县相当,甚至更为重要。

杭县、海宁、杭州郊区农村农地利用的情况,在杭嘉湖平原具有一定的代表性。即农地被用于包括粮食作物和经济作物在内的多种经营。在这种农地利用结构中,粮食作物的种植面积和产值占据重要的地位。即使在杭州市郊区这样靠近中心城市的农村,农地利用有相当一部分用于经营适合城市居民生活需要的蔬菜等农产品,但粮食作物的种植面积仍在农地中占有相当的比重。我们将江南地方文献中有关主要农作物的记载加以汇总,列为下表:

表 1-27 江南农产物情况表

县份	主要农产物	次要农产物	其他农产物
镇江	稻、小麦、豆	杂粮、甘薯、花生	桃、杏
江宁	稻、小麦、大豆	甘薯、玉米	蔬菜
句容	稻、小麦	豆类、杂粮	桑、药材、桃、杏、茶

---

① 《海宁县经济概况调查》,《浙江经济情报》1936 年第 1 卷第 1 至 5 各期合刊。

续　表

县份	主要农产物	次要农产物	其他农产物
溧水	稻、麦	棉、豆、瓜、麻、杂粮	药材、茶、鱼
高淳	稻、麦	棉、麻	药材、茶、鱼
六合	稻、小麦	杂粮、大豆、芝麻、烟草	桑、鱼
丹阳	稻、麦	黄豆	豌豆、蚕豆、甘薯、花生
金坛	稻、麦	芝麻、甘薯	桑、药材、茶
溧阳	稻、麦	竹、竹笋、药材	桑
武进	稻、麦	豆类、棉、茶	果、桑、猪
无锡	稻、麦	桑	茭白、西瓜、黄草、茶
江阴	稻、麦、棉	豆、蔬菜	桑、鱼
宜兴	稻、麦	豆、甘薯	桑、茶
常熟	稻、麦	棉、麻、桑	
昆山	稻、棉	麦、菜子、桑	鱼、蟹
江浦	稻、棉	小麦、大豆、花生、玉米	桑、药材、茶
太仓	稻、棉	桑	薄荷
松江	稻、棉	麦、豆、菜子	畜牧、水产
奉贤	稻、棉	麦、豆、菜子	蔬菜
青浦	稻、棉	豆、瓜、水产	
海宁	稻、麦、棉、甘蔗		
嘉定	棉、稻		
宝山	棉、稻	水产、果品	
金山	棉、稻	豆、麦	水产
上海	棉、稻	菜子	
川沙	棉、稻	豆、菜子	
南汇	棉、稻	杂粮、菜子	水产
吴县	稻、桑	菜子、蔬菜、果类、茶	花木、水产
吴江	稻、桑	鱼、菱藕	
杭县	稻、桑	麦、棉、茶	
安吉	稻、桑	小麦、茶、甘薯、花生	

续　表

县份	主要农产物	次要农产物	其他农产物
昌化	稻、麦、豆、山核桃	笋干、茶、木材	
崇德	稻、桑	蚕豆、黄豆、小麦、烟叶、菜子、菊花	蔬菜、羊皮、羊毛、水产
嘉善	稻、桑	蔬菜、瓜果	

资料来源：《分省地志·江苏》，中华书局 1936 年版，第 256—314 页；庄茂长：《安吉农业概况》，《乡建通讯》1941 年财富第 3 卷第 7、8 期；何鹤南：《浙江昌化县政瞰视》，《地方行政》1942 年第 3 期；新光：《浙江嘉善各业概况》，《钱业月报》1923 年第 3 卷第 10 号。

　　上表可见，不论是在稻作区、棉作区还是蚕桑区，作为主要粮食作物的水稻在农地利用中的重要性均超过其他作物或农业经营品类。这一现象说明，以经济作物的种植为主要标志的农业生产的商业化经营固然是 20 世纪上半期江南农业的主要特征，甚至还是明清以降数个世纪江南农业的一般趋势，但从各种农作物在农业结构中的重要程度的角度看，粮食种植业（也即一般被认为非商业化的部分）仍在江南农业中居于主要地位。然而，这并不意味着江南农业的商业化程度下降。我们还需要注意到，江南各县生产的粮食有一部分是进入市场交易的，因而粮食作物的种植并不能与非商业化的经营等同看待。粮食作物在农业经营中的重要性，不仅在于它提供给农家生活所需的粮食，还在于它具有商业化经营的性质。这一事实提醒我们，对江南农业（特别是种植业）的商业化进程的判断，还要关注到粮食作物的经营。

　　在稻作区，稻和麦类作物是主要的农作物，豆类、甘薯、玉米是次要的农作物，在这类地区，农地主要用于种植粮食作物，桑、麻、茶、林果等经济作物居于次要地位。这种农地利用类型主要集中在太湖北岸及西北岸一带，江宁、句容、溧水、高淳、六合、丹阳、金坛、溧阳、武进等县，都属于这种类型。20 世纪 20 年代初，江宁县"农产品种以籼稻、豆、麦、蚕丝为大宗。稻之数量约三百六十万石，价值六百六十余万元，销路除本境外，兼贩运至无锡等处。麦之数量约二十余万石，价值七十余万元。元麦、大麦出产较少，仅行本境，小麦兼销无锡各县。豆之数量二十八万余石，价值一百三十余万元，除本境外，行销江北各省。蚕豆一项，间有贩运出洋者"。[①] 以产值

[①]《江宁县实业视察报告书》，《江苏省公报》1923 年第 3232 期。

而论,稻所占比重达 73.33%,豆占 14.44%,麦占 7.78%,丝的产值不及 5%。显然,粮食生产在农业中占有超过 95%的比重。20 世纪 30 年代中期,江宁县的这一农业特征持续,粮食作物仍在农地利用中居于主要地位:"农产物以稻、小麦、大豆为大宗。亦种杂粮,甘薯、玉蜀黍等,米不足自供,仰给于芜湖,豆类每年有输出者。"①可见,在江南的产粮区,有相当比重的粮食将供给市场,即使是在当地所产粮食不敷需求的县份,仍有部分粮食输往县外。再如句容县,20 世纪 20 年代初,"农产品以稻、麦为大宗,豆次之,花生、山芋、棉花及丝茧又次之。籼稻岁产一百三十余万元,价值银二百六十余万元。糯稻岁产三十余万石,价值银八十五万余元。麦岁产二十一万余石,价值银七十七万余元。豆岁产七万四千余石,价值银二十九万七千余元……籼稻、豆、麦兼销南京、丹徒,糯稻则兼销浙之绍兴"。② 从产量、产值来看,句容县的农地利用以种植粮食作物为其特征。当地生产的主要粮食,均有部分销往县域之外。同一时期,溧水县"农产品以稻为大宗,麦次之,黄豆与蚕丝又次之。黄稻岁产九十五万余石,价值银一百五十二万余元,除本境外,兼销江宁、溧阳、高淳、无锡等处。羊稻岁产十二万余石,价值银十九万八千余元,其销场与黄稻同。黑稻岁产十万余石,价值银十七万余元,除本境外,兼销江宁。糯稻岁产三万余石,价值银六万余元,除本境外,兼销江宁、溧阳等处,大麦岁产一万二千余石,价值银二万四千余元。小麦岁产八千余石,价值银三万二千余元。黄豆岁产一万余石,价值银四万五千余元,均无外销"。③ 溧水县外销的主要是稻等主粮,麦、豆则销于本地或农家自用。但这两样农产品无外销的原因,主要在于其产量偏少,合计 2 万石,仅相当于全县水稻产量的 1.57%,本就具有自给性生产的性质。20 世纪 30 年代中期,溧水县农产物仍旧以"以稻、麦为大宗,棉、豆、瓜类、麻、杂粮等次之"。④ 显然,溧水仍以粮食种植业作为其农地利用的主要方式。另一个具有类似土地利用特征的地方是丹阳县。丹阳县全县土地面积九成以上用于农业耕作,⑤"农产物以稻、麦为大宗,

---

① 《分省地志:江苏》,中华书局 1936 年版,第 256 页。
② 《句容县实业视察报告书》,《江苏省公报》1923 年第 3233 期。
③ 《溧水县实业视察报告》,《江苏省公报》1923 年第 3235 期。
④ 《分省地志:江苏》,中华书局 1936 年版,第 261 页。
⑤ 刘星全:《丹阳农业现状调查》,《农行月刊》1935 年第 2 卷第 6 期。

黄豆次之,豌豆、蚕豆、甘薯、花生等又次之"。① 可以说,在太湖北部及西北部地区的粮食生产区,粮食耕作是当地农业的主要部门。但与通常意义上粮食作物—经济作物的划分不同,这一地区粮食作物的种植也具有商品经营性质,稻、麦、豆等粮食作物都有相当一部分进入县外市场,供给城市或其他地区,以满足缺粮地区的消费需求。只有种植数量极少的杂粮是用于农家自给,但也因为这类杂粮的种植面积狭小,在种植业中较少受到重视,因此,也不影响我们关于粮食种植业的判断。

稻作区虽以稻、麦为主要农作物,但仍具有在种植业上多种经营的结构。除稻、麦等主要粮食作物,以及杂粮作物(包括豆、花生、甘薯、玉米等)之外,还有棉、茶、麻、烟草、桑、果等非粮食类的农产品经营。金坛县农产物虽以"以稻、麦为主……亦有蚕桑之利,所产之丝称反车丝,茅山山地产药材及茶,药材有太子参、苍术颇著名"。② 该县所产蚕茧,每年约6700余石,价值40余万元,专销上海树艺公司。③ 溧阳县"农产品平地以稻、麦为主,山地则产竹、竹笋、药材等,颇有蚕丝之利"。④ 江宁县除粮食作物的种植外,还植桑养蚕,因此该县20世纪20年代初,每年"丝之数量一百余万两,价值四十余万元,销路本境及丹阳、苏、常等处"。⑤ 此外,"蔬菜类颇多,瓜类甚佳"。⑥ 句容县,20世纪20年代初,"棉花岁产二百余石,价值银五千余元。丝以南乡为最多……岁产六十五万两,价值银十五万元。茧岁产三百余石,价值银一万二千余元……丝专销南京、丹徒,茧则专销上海"。⑦ 至20世纪30年代中期,"山间采药材,居民多采药为副业。果品有桃、杏等,亦稍稍产茶"。⑧ 20世纪20年代初,溧水县除主要经营粮食生产外,"蚕丝以西北为最佳,因地近江宁县境之铜山,故号称铜山丝,专销江宁,供缎织业之用……本境所产之丝当不下二十余万两,价值银八万

---

① 《分省地志:江苏》,中华书局1936年版,第273页。
② 《分省地志:江苏》,中华书局1936年版,第275页。
③ 《金坛县实业视察报告》,《江苏省公报》1923年第3265期。
④ 《分省地志:江苏》,中华书局1936年版,第277页。
⑤ 《江宁县实业视察报告书》,《江苏省公报》1923年第3232期。
⑥ 《分省地志:江苏》,中华书局1936年版,第256页。
⑦ 《句容县实业视察报告书》,《江苏省公报》1923年第3233期。
⑧ 《分省地志:江苏》,中华书局1936年版,第269页。

余元"①，而"山地产药材及茶"。② 显然,在我们所称的稻作区,形成的是以粮食种植业为主,包括粮食作物和经济作物在内的多种作物综合经营的农地利用方式。

此外,在农地利用中,还有一部分土地和水荡用于家禽养殖。普遍发展家禽与水产的养殖或捕捞业。如江宁县"农民多以豢养家禽为副业,其所养鸡、鸭、鹅等,多至百万头,销售于南京"。③ 六合县"鱼类以龙池鲫鱼为特产"。④ 高淳县"石臼湖产鱼,而银鱼最有名。家禽有鹅、鸭等,销售于芜湖"。⑤ 在种植业之外,稻作区还利用其自然条件发展了养殖业,因而形成包括种植业、养殖业等在内的农业结构,而在整个农业结构中,稻、麦等粮食作物的种植仍为重心所在。

在蚕桑区的一些县份中,稻作在农地利用中的比重较诸稻作区有所下降。桑等经济作物和其他粮食作物在农业经营中的重要性上升。江苏和浙江两省的产丝区主要在杭县、吴兴、德清、桐乡、崇德、无锡、吴江、吴县、武进、江阴、宜兴等县,都在本文所研究的江南地区。无锡、江阴等县都是在19世纪60年代以后才逐渐发展起来的蚕桑区。⑥ 地处太湖北岸的宜兴县,"育蚕之户共有三万数千家,本年(引者按:1919年)鲜茧产额甚旺,春蚕、夏蚕共产一万七千八百十一石,值银八十万一千四百九十五元,较诸前数年,产额大有增进。推厥原因,由于境内种桑田地日益加多,凡不便稻、麦之区,无不种桑……收采之叶,供本境养蚕饲料而有余。当蚕市之时,邻县各处远近争来贩叶,甚至预为订购……蚕桑之利可谓大有起色"。⑦ 宜兴县1919年稻、麦、桑、蚕、茶等产值如下表所示:

表1-28 1919年宜兴县主要农产物产量、产值

产物	产量	产值
粳稻	250万石	500万元
糯稻	50万石	125万元

---

① 《溧水县实业视察报告》,《江苏省公报》1923年第3235期。
② 《分省地志:江苏》,中华书局1936年版,第261页。
③ 《分省地志:江苏》,中华书局1936年版,第257页。
④ 《分省地志:江苏》,中华书局1936年版,第268页。
⑤ 《分省地志:江苏》,中华书局1936年版,第263页。
⑥ 许道夫编:《中国近代农业生产及贸易统计资料》,上海人民出版社1983年版,第266页。
⑦ 姚日新:《苏常道区宜兴县实业视察报告书》,《江苏省公报》1919年第2026期。

续　表

产物	产量	产值
大麦	40万石	80万元
小麦	30万石	120万元
大豆(即蚕豆)	20万石	100万元
茧	17811担	801495元
茶	2700担	32400元

资料来源：姚日新：《苏常道区宜兴县实业视察报告书》，《江苏省公报》1919年第2026期。

表中数据显示，茧的产值约为80万元，远少于粮食作物。但若考虑到表中未曾列出的桑叶的产值，蚕桑之利当不止此数。尽管稻等粮食作物仍在农业中占据主要地位，但在这类农业区，蚕桑业在农业中的地位远较在稻作区重要。在一些地方文献中，往往将桑与稻并称，可见蚕桑业在当地农业中的重要位置。据《崇德县经济近况》，"崇德出产以丝、茧为大宗……农产品以米谷为主……农业副产年计蚕豆、黄豆、小麦、烟叶、柏子、菜子、菊花……菜类出产亦复不少"。另据调查，"崇德县农产以稻、桑为主，麦、烟叶、豆等植物，农民亦皆耕种"。[①] 崇德县各种农作物种植面积及产量、产值如下表所示。

表1-29　崇德县农作物种植面积及产值

品名	耕种面积(市亩)	产量(市担)	价值(元)	价值比重(%)
稻	280000	560000	2240000	21.97
麦	120050	204085	1020425	10.01
芸苔	140000	294000	2940000	28.84
马铃薯	3000	15000	15000	0.15
桑叶	160000	960000	1152000	11.30
豆	66200	119160	595800	5.84
蓙菜	12000	144000	1443000	14.15
烟草	16000	24000	480000	4.71

[①] 吴元良、张锡炎：《崇德经济调查》，《浙江经济情报》1937年第2卷第7期。

续 表

品名	耕种面积(市亩)	产量(市担)	价值(元)	价值比重(%)
黄芽菜	21000	210000	250000	2.45
萝卜	29500	59000	59000	0.58

资料来源:吴元良、张锡炎:《崇德经济调查》,《浙江经济情报》1937年第2卷第7期。

在表中所列的主要农作物中,桑叶的产值略高于麦,约为稻产值的一半,大约相当于主要粮食作物产值的三分之一,其在农业生产中的重要性可见一斑。将上表中的稻、麦、马铃薯、豆作为粮食作物,其他作为经济作物,则两类作物的比重如下图所示。

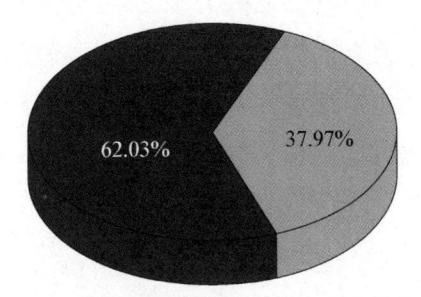

图1-1 崇德县粮食作物与经济作物产值比重图

资料来源:吴元良、张锡炎:《崇德经济调查》,《浙江经济情报》1937年第2卷第7期。

上图显示,崇德县粮食作物产值占农作物产值的37.97%,经济作物占62.03%。经济作物产值超过粮食作物产值24.06%。值得说明的是,桑树的种植一方面固然是为了取得桑叶的收益,另一方面,对于养蚕售茧乃至缫制土丝的农家来说,桑树的种植还使它可以进一步获得农家副业(养蚕)和农家手工业(缫丝)的收益。尽管养蚕的农家可以从市场上购入桑叶,也可以购茧缫丝,但对于资本相对不足的农家副业与手工业经营来说,原料(桑叶或蚕茧)自给更有利可图。

在蚕桑区,桑树种植与育蚕为主要的农业经营。因而,在土地利用中,稻作的地位相对下降。但粮食作物的种植在农地利用中仍居重要地位。因此,在这些地方,往往是稻、桑并重。其中,由于水乡平原的自然地理环境制约以及市场等因素的考量,稻、麦等粮食作物在这一地区的农业中一直居于核心位置。如无锡县"农产发达,东南多高田,西北多圩田,大概稻、麦兼种……桑田殆占全县田亩十分之三,农家十九以育蚕为副业。历年所产春茧,平均达三万五千余石,所值达七百余万元。夏蚕亦有百余万元。园艺作物之茭白、西瓜等,亦输出苏、沪一带,开化乡产黄草,为织席原料。雪浪山之茶,以品质优良著称"。① 单以各种作物占有的土地面积而论,水稻等粮食作物仍占最大比重。

同时,为了发挥不同土地类型的优势,这些地区也如稻作区一样,发展了包括多种农业以及副业经营的复合型的土地利用方式。吴县"农产品以稻、丝为大宗,此外以菜子、蔬菜及果类为主,果类多产于光福、洞庭一带,以枇杷、杨梅为最多,桃、李、柑橘等亦有之,白沙枇杷、水晶杨梅为最优良之品种。茶产于东、西洞庭,而以碧螺春最称名贵。湖荡中产荸荠、席草、灯草、菱藕等。光福、虎丘一带多花木,水产有鱼、虾、蟹,而以阳城之蟹,最为著名"。② 吴江县"农产物以稻米、蚕丝为主,鱼类颇丰,菱藕等出产亦不少"。③ 河、湖等水域面积较大的水乡平原地理特征,市场对丝茧、水果、水产品等的需求,以及对粮食自给的需要,使蚕桑区形成了稻—桑—渔—果复合型的农业结构,实现了对农地的有效利用。

在棉作区的文献记载中,主要的作物往往是棉、稻(或稻、棉)并称,粮食作物稻、经济作物棉在土地利用中都具有重要地位。太仓县"农产品以棉、稻为大宗,蚕桑之利亦有之"。④ 昆山县"农产物以稻、棉为主,麦、菜子、蚕丝等次之"。⑤ 嘉定县"农产物棉、米为大宗,全县田亩棉七而稻三,故食米仰上海输入"。⑥ 宝山县"农产品以棉、稻为大宗,麦、豆、杂粮次之"。⑦

在棉作区,粮食作物(主要是水稻、麦)和经济作物(主要是棉花)的兼营是各县的普遍现象。据地方志记载,地处长江南岸的江阴县"农产物以米、麦、棉为大宗,

---

① 《分省地志:江苏》,中华书局1936年版,第282页。
② 《分省地志:江苏》,中华书局1936年版,第292页。
③ 《分省地志:江苏》,中华书局1936年版,第300页。
④ 《分省地志:江苏》,中华书局1936年版,第301页。
⑤ 《分省地志:江苏》,中华书局1936年版,第296页。
⑥ 《分省地志:江苏》,中华书局1936年版,第305页。
⑦ 沈启照:《沪海道区宝山县实业视察报告书》,《江苏实业月志》1919年第5期。又据记载,宝山县"物产以棉、稻为大宗,水产亦丰,宝山产花红、杨行产梅,均为著名之果品"。参见《分省地志:江苏》,中华书局1936年版,第306页。

豆、蔬菜等次之。常阴沙之石籽棉,称为最良之品种"。① 常熟县"农产以稻、麦为大宗,棉、麻、蚕丝等次之"。② 川沙县"农产品,大别之为麦、稻、豆、棉花等,而以棉、稻为大宗,豆次之,而以黄豆、青豆、绿豆为主要。如芝麻、高粱、珍珠米、芦粟、蚕豆、菜子、豌豆则视为副产物而已。麦有稻地麦、花地麦之分,棉有旱花地、麦花地之别"。③ 南汇县"农产物以棉、稻、杂粮、菜子等为主,沿海一带富鱼、盐之利"。④ 松江县"农产物以稻、棉为大宗,麦、豆、菜子等次之。畜牧以养鸡、养猪为盛,多销往上海。水产亦盛,而松江鲈鱼,称为特产"。⑤ 奉贤县"农产以稻、棉为大宗,其次有豆、麦、菜子等,沿海产盐"⑥,但"产稻总额约十五万石,不敷民食。年须仰给于松、沪、常熟等处,杂粮以豆、麦、菜子为大宗,黄豆产额二十万石,麦有大麦、小麦、玄麦,产额七万石。菜子产额八万担,足供本境应用,兼运销沪上……蔬菜为农田之副产品,年约产三十万担,其种类之著者,如油菜、白菜、芥菜等"。⑦ 金山县"农业物以棉、稻为大宗,而以松隐棉品质最佳。豆、麦等次之。海中富于水产及盐"。⑧ 上海县物产以棉、稻、菜子为大宗。⑨ 青浦县"农产品有稻、棉、豆、瓜、靛青等,水产甚丰"。⑩ 各县种植面积比重中,棉花和水稻或有主次之分,但无一例外,水稻和棉花均为种植业中最重要的两种作物。各县的主要差异,在于除这两种主要农作物之外,麦类、豆类等杂粮作物以及菜子、蔬菜等经济作物比重的差异。不过,考虑到杂粮作物占有耕地面积极小,其他经济作物的重要性远低于棉花,棉作区仍以稻、棉的种植为土地利用的主要方式。尽管在棉作区的个别县份有一些特别发展的农业特产经营,但就这一区域的整体来看,以棉和稻为中心,包括麦类作物、豆类作物、油料作物(主要是油菜)在内的多种

---

① 《分省地志:江苏》,中华书局1936年版,第287页。
② 《分省地志:江苏》,中华书局1936年版,第298页。
③ 谢承烜:《江苏省农民银行二十周年纪念征文:川沙县金融经济概况》,《苏农通讯》1948年第7期。据记载,川沙县"物产以棉、稻、菜子为主,横沙、圆圆沙为新辟之地,多棉田"。参见《分省地志:江苏》,中华书局1936年版,第312页。
④ 《分省地志:江苏》,中华书局1936年版,第313页。
⑤ 《分省地志:江苏》,中华书局1936年版,第307页。
⑥ 《分省地志:江苏》,中华书局1936年版,第309页。
⑦ 纪蕴玉:《沪海道区奉贤县实业视察报告书》,《江苏实业月志》1919年第3期。
⑧ 《分省地志:江苏》,中华书局1936年版,第310页。
⑨ 《分省地志:江苏》,中华书局1936年版,第311页。
⑩ 《分省地志:江苏》,中华书局1936年版,第314页。

经营仍是一般情况。因为各县植棉面积的差异,稻作在农地利用中的比重或有差别,但并不影响棉作和稻作种植在整个区域农地利用中的优势地位。与蚕桑区类似,棉作区的粮食作物种植仍保有一定的比重,尽管与蚕桑区一样,棉作区的粮食作物并非完全用于自给,但却主要用于自给。这说明,即使在被认为是高度商业化经营的江南稻桑农业区和棉作农业区,以自给为主要目的的粮食作物的经营仍然是农业的重心之一。

位于江南西部山区的县份,还发展了具有山区特色的土地利用方式。在这种土地利用方式中,以山地资源开发为特征,与山区经济相关的农业经营在当地的农业经济中居于重要地位。宜兴县"农产物以米、麦为主,豆类、甘薯次之。蚕桑之业亦盛。南部山地则以茶竹为主产,茶以顾渚茶著名"。[①] 昌化县"物产在农产方面以谷、麦、豆、苞萝、桐子、山核桃、萸肉为大宗,笋干、茶叶、木料等次之,山核桃尤为著名"。[②] "安吉东区三社乡,东南高山,处于吴兴交壤,西与晓墅镇相距不及二里。北面毗连长兴县境,土地面积有八千余亩。全乡住民计二百二十八户,出产方面有稻、麦、番薯、茶、花生、竹、木、薪炭、瓜、果、蔬菜等"。[③] 如下表:

表1-30 安吉东区三社乡全年生产收入

名称	产量	总值(元)	比重(%)
稻	3600担	11500	26.04
麦	110担	605	1.37
番薯	8520担	4200	9.51
豆	180担	900	2.04
茶	550担	11000	24.91
花生	155担	665	1.51
藕	150担	300	0.68
木材薪炭	3340担	1030	2.33
竹		1065	2.41

[①]《分省地志:江苏》,中华书局1936年版,第289页。
[②] 何鹤南:《浙江昌化县政瞰视》,《地方行政》1942年第3期。
[③] 林逸人:《安吉东区三社乡农村概况》,《农林新报》1936年第13卷第32期。

续　表

名称	产量	总值(元)	比重(%)
笋		220	0.50
松菌	650斤	65	0.15
瓜果		550	1.25
蔬菜		835	1.89
石头		250	0.57
牛	54头	1800	4.08
羊	109只	90	0.20
猪	154只	2310	5.23
鸡	1071只	527	1.19
苦力工资		2000	4.53
在外务服薪金		3000	6.79
植物种子		150	0.34
其他		1100	2.49
总计		44162	100.00

说明：1.本乡以茶为大宗产品,近年细茶(即旗茶炒青)每担仅售四五十元,至立夏以后粗茶,只值十余元,甚至八九元一担；2.表中牛收入1800元,系指以牛代人耕田收入之工资,及繁殖小牛所得之代价而言。

资料来源：林逸人：《安吉乐区三社乡农村概况》,《农林新报》1936年第13卷第32期。

在农业上,安吉东区显然是一个具有复合型的种植业结构的地区。从上表的统计可知,稻、麦、番薯、豆四项粮食作物的产值占总产值的38.96%(其中,稻、麦两种作物的产值占总产值的27.41%)。茶、木材薪炭、竹、笋、松菌、瓜果、蔬菜等林果蔬业产值占总产值33.44%(其中,茶叶产值占总产值的24.91%)。养殖业产值占总产值的10.7%。1940年的调查显示,安吉当地"小麦多行点播,今凡山腹间或溪旁隙地,莫不辟为农地,其土地之利用情形,于此可睹其一斑"。[①] 可见,当地已经开垦的耕地得到充分利用,且因此形成复合的农业结构。这不仅显示了江南地区西北、西南两翼山区农业"因地制宜"的经营特征,也是整个江南农业复合型土地利用方式的缩影。

从整个江南区域来看,最显著的方面是整个区域普遍的农地复合利用和充分利用。这种利用方式将粮食作物与经济作物相结合、以不同的粮食作物相结合,契合各类作物对农业劳动力的需求,实现了对农地的充分利用。同时,这种多种经营的

---

① 庄茂长：《安吉农业概况》,《乡建通讯》1941年第3卷第7、8期。

土地利用方式也与各地不同的自然地理特征相适应,从而导致区域土地利用的另一个显著方面,就是形成了几个具有不同特色的农业经济区,包括稻作区、蚕桑区、棉作区与山地农业区。这种不同特色农业经济区在土地利用和劳动利用上的季节性差异,促使区域内部劳动力的互补与流动。而各个区域主要农作物的差别,也使不同区域在对农产品的需求方面形成互补关系,从而有助于区域内部农产品的市场整合。

(二) 劳动力的利用

农地利用与劳动力利用密不可分,农地利用的另一面就是劳动力利用,因此,应将两个问题结合起来加以观察。以江南农业劳动力人均耕地面积和劳动力实际耕作能力衡量,在江南农业中的确存在着劳动力过剩。若据每个劳动力劳动天数统计,也显示劳动力有剩余。在嘉兴,按经营规模分类统计农业劳动力出勤天数,经营规模在 20 亩以下者,为 106.2 天;在 20—50 亩者,为 153.1 天,50—100 亩者为 195.8 天,100 亩以上者,为 199.7 天。① 农业劳动力最多出勤天数为 200 天,最低仅 100 余天。尽管相对于农户农地的耕作数量,并不是所有农民都存在劳动过剩。但若考虑到土地分配不均的因素,尤其是经营面积不足 20 亩的农户居于多数,存在着大量无地或少地的乡村民众,对于他们所拥有的耕地面积来说,其劳动力确属过剩。

卜凯(John L. Buck)计算了 1924 年江宁、武进每一整劳动力所耕种的作物面积为 1.81 公顷,折合为北京国民政府 1915 年公布的标准亩数为 29.5 亩,折合为当地的亩积为 26.22 亩。② 卜凯对农业所需劳动力的数量统计还显示,每个劳动力只需

---

① 《嘉兴市志》,第 1163 页。
② [美]卜凯著,张履鸾译:《中国农家经济——中国七省十七县二八六六田场之研究》上册,商务印书馆 1936 年版,第 169 页。面积单位的换算,参该书第 24 页"旧标准制美制与新标准制土地面积单位对照表":

调查地	当地 1 亩等于		
	北京政府 1915 年公布的标准亩数	英亩数(美国制)	公顷数(米达制)
江宁淳安镇	1.21293	0.18415	0.07452
江宁太平门	0.99233	0.15066	0.06097
武进	1.16961	0.17757	0.07186

用全年 1/4 的时间,即可完成农业劳动。① 显然,江南的人口—耕地关系中,除了土地利用之外,还面临着劳动力利用的问题,即农业以及农村的剩余劳动力需要寻找农业和农村之外的就业机会。

首先,江南各个地区的农业与农村劳动力因各地的差异与优势,实现了在种植业及其他农业经营中的流动与合理利用。

江南区域范围内的不同地区存在较大差异。西部山区与东部水乡平原地区因生态环境的差别,使两个不同地区在农业与副业生产中对土地及劳动力的使用上存在差异。即使在东部平原地区,稻作区与棉作区在土地及劳动力的使用上,也会"因地制宜"。前述安吉东区以稻、茶为农业主要收入来源,同时辅以劳务及林果业,正是基于在当地生态环境,尤其是土地结构状况基础上形成的农业经营结构,这种结构有利于较为充分地利用农业劳动力。

表 1-31 安吉东区三社乡土地统计表

土地	面积(亩)	比重(%)
水田	1659	20.12
耕地	1940	23.53
林地	2640	32.02
荒山	1800	21.83
坟地	70	0.85
溪涧	136	1.65
总面积	8245	100.00

说明:1.土地各栏其地权属于市镇商人者:田378亩,耕地250亩,林地1360亩,坟地60亩,荒山200亩,合计2248亩。2.荒山一栏1800亩,多半系岩石,且因习惯上,为民间樵采之区,不易造林。
资料来源:林逸人:《安吉乐区三社乡农村概况》,《农林新报》1936年第13卷第32期。

当地水田面积占土地总面积的 20.12%,而旱地面积则占总面积的 23.53%,这对粮食生产中主粮与杂粮并重的结构形成制约。而高达 32.02% 的林地比重,可以

---

① [美]卜凯著,张履鸾译:《中国农家经济——中国七省十七县二八六六田场之研究》下册,商务印书馆1936年版,第332页。按照卜凯的估算,农业中存在着绝对的劳动力过剩。在用工的时间分布上,他也论证了农忙季节劳动力不足的问题,认为出路在于增加机械的使用、改变耕作方法、改变作物种植结构,而与这些相配合,还需要改进金融、市场、运输等。

说明当地林果业产值仅次于粮食种植业的原因。若以林地、水田、耕地三类的总面积计算,则林地占 42%,耕地占 31%,水田占 27%。如下图。

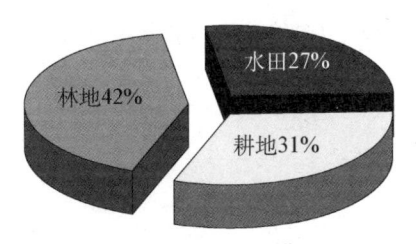

图 1-2 安吉东区三社乡耕地利用状况

资料来源:林逸人:《安吉乐区三社乡农村概况》,《农林新报》1936 年第 13 卷第 32 期。

三社乡耕地利用结构大体上反映出整个安吉县的农业经营特征。1940 年的调查显示,安吉"农作物之栽培,以水稻为大宗收入,蚕茧、土丝次之。旱地则以茶树、桑树、甘薯为最多。小麦、花生、粟、玉蜀黍、大豆、棉花等次之。果产以桃、梨、梅、李较多……森林面积虽颇广袤,然树龄尚幼,生产仅毛竹一项较多"。① 因此,调查称安吉"特产颇称丰富,其中以毛竹为最多,每年可产九万余帖,计值八十余万元"。② 又据当年的调查,"安吉全县农业,率系小农经营,耕地面积,约共二十余万亩,内有果园、茶园、桑树、菜地几万亩,因习惯上,各该园内概盛行间作,殆与普通之作物栽培无异,故其面积包括普通农地在内,对一切农业上之经营颇称集约"。③ 其中,"茶叶年产五六千担,当值廿余万元。林产中除毛竹外,尚有木材,如马尾松、杉、黄檀、榆、株、栎等,及大小木炭数万担"。④ 此外,"蚕丝方面,廿九年春期安吉县……共饲改良种二千九百一十张,平均每张二十八斤,计约产鲜茧八万二千余斤,每担茧价以平均一百三十一元计,共值一千余万元以上(二十九年春茧、夏茧最高价一百三十五元,最低一百二十五元一担);外如秋蚕千余张及土茧、土丝,亦复不少。余如茶、麻、笋干、甘蔗、棉花、烟叶等产量,亦复不少"。⑤ 可见,其农业劳动力的利用并不限于粮食

---

① 庄茂长:《安吉农业概况》,《乡建通讯》1941 年第 3 卷第 7、8 期。
② 庄茂长:《安吉农业概况》,《乡建通讯》1941 年第 3 卷第 7、8 期。
③ 庄茂长:《安吉农业概况》,《乡建通讯》1941 年第 3 卷第 7、8 期。
④ 庄茂长:《安吉农业概况》,《乡建通讯》1941 年第 3 卷第 7、8 期。
⑤ 庄茂长:《安吉农业概况》,《乡建通讯》1941 年第 3 卷第 7、8 期。

作物和经济作物种植业之间的配置,还涉及种植业与林果业、农业与农家副业等经营领域的劳动配置。

表1-32 1940年安吉县主要特产产量估计表

物产名称	估计全县栽培面积(亩)	估计全年收获产量	年值(元)
竹类		95800 帖	813500
茶叶	4500	5400 担	270000
笋干		12000 件	45500
木炭		30000 担	495000
鲜笋(包括冬笋)		2500 担	25000
丝茧		9200 担	500000
棉花	400	1200 担	31100
桑	15000	90000 担	180000
苎麻	20	50 担	8000
绿麻	50	150 担	1500
烟草	50	100 担	800

资料来源:庄茂长:《安吉农业概况》,《乡建通讯》1941年第3卷第7、8期。

在安吉,当地有一部分劳动用于农业以外,而在农业中,又有相当部分的劳动力用于粮食种植业之外,而在粮食种植业内部,又有部分劳动力用于经营杂粮(番薯的产值占总产值的9.51%,约相当于养殖业、劳务的产值)。[①] 在农村经济中,劳动力在主业与副业之间合理分配,而在作为主业的农业中,劳动力也可以在种植业、养殖业以及家务劳动之间合理配置。在种植业内部,粮食作物与经济作物相结合的经营结构也有利于农业劳动力的充分利用。据当时的统计,江苏全省505万户农民中,以蚕桑作正业或副业的约占70%。[②] 而植桑、养蚕恰是具有高强度劳动投入的季节性农业生产。

其次,农业劳动力在农业与副业之间合理利用。从农家经营的微观层次上看,有主业与副业之分。主业通常指种植业,而副业则包括除种植业这一主业之外,其

---

① 庄茂长:《安吉农业概况》,《乡建通讯》1941年第3卷第7、8期。
② 章绥孙:《江苏全省物品展览会记详》,《农村经济》1935年第2卷第2期。

他可以增加农家收入的经营项目。农民可以利用农闲时节从事副业生产经营活动,使剩余劳动得到尽可能充分的利用。

如前文所述,从人均耕地数量及人均耕作能力判断,江南农业有平均高达30%的剩余劳动力。但这一判断是仅就人均耕地数量相对而言的,只能显示农村劳动力与耕地之间统计上的关系,尚不能完全反映出劳动力在种植业之外就业的情况。而在江南的部分地区,与农业(主业)相对的副业为农业劳动力在农业经营之外,提供了一个重要的就业领域。

农业剩余劳动力有机会流向种植业之外的农村(农家)副业。如常熟沙洲的主要副业种类如下表。

表1-33 常熟沙洲农家副业

副业	百分比
织布	20
养鸭	14
养猪	10
养鸡	15
肩荷	10
养蚕	3
推车	15
捕鱼	10
果树	3

资料来源:李炘延:《常熟常阴沙农村经济概观》,《农行月刊》1934年第1卷第5期。

上表中所列副业,包括养殖业、捕鱼业、林果业、养蚕业,还可归入农业的范畴。而织布、肩荷、推车则分属于手工业和运输业。即使将直接利用耕地的林果业除外,沙洲的农民在种植业之外,仍有较多的利用农业剩余劳动、增加收入的机会。正因如此,调查称"沙洲农村经济所以未见十分困厄者,是则端赖民性耐劳,副业普遍,而能实行地尽其利,人尽其力,物尽其用也"。[①] 时人的调查因而称常熟沙洲"农村副业

[①] 李炘延:《常熟常阴沙农村经济概观》,《农行月刊》1934年第1卷第5期。

之价值,影响于农民经济生活者甚巨"。① 高淳县是另一个例子。该县"农民生产的收入,以稻、麦两项为大宗。其余如豆类、棉花、杂谷等收入,为数也不少。倘有靠近湖滨的,则以捕鱼、虾,打山鸭为副业。靠近山旁高地的,则以番芋、花生等为副业。这也是因地势的不同,而副业的生产收入,也就两样了"。② 20 世纪 30 年代,学者对川沙东南乡的 61 户农民家庭的调查表明,有兼业的 42 家农户,占调查户数的 68.85%。其中,最多的兼业为工匠(25 户,比重为 59.52%),其次是小商、小贩(15户,比重为 35.71%),最少的是教师和农业佣工(各 1 户)。③ 江苏省常熟县大义区王堂村,农家经营的副业多达 38 种,④浙江省临安县农民以他种职业作为副业者甚至高达 95% 以上。⑤ 据 20 世纪 20 年代末的调查,吴县 20 个区中除西山、东前山两区妇女间有下田或不下田外,其他各区妇女除下田外,无不从事副业生产。这些副业主要是家庭手工业生产,包括刺绣、编制蒲鞋、酿酒、织布、接苎、糊衬、织席、纺纱、划灯草、做袤衣等等,此外还有妇女通过帮佣、贩卖赚取收入。农家要从这些副业生产活动中获取维持家庭生存所必需的生活资料。当时的调查资料称,浒墅关"农人自田尚可维持,租田有亏无盈,其所恃度日者只赖女工之副业。"⑥可见,农业之外的兼业在江南农村是普遍现象,也是农业剩余劳动力利用的主要形式。

其三,江南地区农村手工业发达,手工业也是吸纳农业剩余劳动力的主要行业。川沙县"可耕之田,计 18 万余亩,所产食粮,仅敷三个月之用。惟以人民多能从事小工业,其生产力复不弱,虽妇孺亦鲜闲散坐食者,更因交通便利,稍有资本,即营贸迁,以博什一,而水木作及中西装裁缝工人,又均卓著信誉于沪市之建筑业与时装公司,其收益颇丰,人数亦众,更有远适他埠,如哈尔滨、海参崴,及南洋等处,而常以其余蓄汇回赡家者,职是之故,其人民之一般经济情形,暨生活状况,若与其邻近各县

---

① 李炘延:《常熟常阴沙农村经济概观》,《农行月刊》1934 年第 1 卷第 5 期。
② 夏皲麟:《高淳农村经济调查》,《苏农》1930 年第 1 卷第 4 期。
③ 民国 25 年《川沙县志》卷五实业志·农业·赘录。
④ 常熟县委工作队调研组:《大义区新义乡王堂村调查材料》(1950 年 3 月 12 日),常熟市档案馆藏件:全宗号 93,目录号 4,卷号 261。
⑤ 《浙江临安县农民从事的他种副业》,《农村经济》1935 年第 2 卷第 10 期。
⑥ 《农民经济状况调查表》上册,吴县县政府社会调查处编印《吴县》,第 27—36 页。调查于民国 18 年 11 月起,至 19 年 6 月止。"近年百物昂贵,奚啻倍蓰? 回顾农田出品较数年增加有限,以致入不敷出。其能维持日常生活者,恃有织席及其他稻草织品。"

相较,并不落后"。① 川沙农业剩余劳动力从事的水木作、缝纫时装、建筑等行业,并不限于川沙本地,而是远及邻近各县,甚至远达南洋等地。不管是从事手工业生产,还是进入工厂,或者是到商业、运输业、建筑业等非农产业中从事生产或服务,农业剩余劳动力可在当地甚至外地找到农业之外的就业机会。在镇江,"工业则有省立第三工场,工人约百余,每人月给三元,另有民立工场,工资亦甚微,又城内有机房三千,机匠万人,匠人工资,以尺计值,约三百文一尺,此吾乡工人生活之状况也……余若轮船码头,沪宁车站,挑夫约数百人,每人约日得六七百文,其新开马路,人力车租自公司,每日租资三角,每车约日得七八角,此下等苦力小民营谋生活之状况也"。②城镇的工业、运输业等劳动密集型的生产,都吸纳了数量较多的农村劳动力。

其四,商业是农业剩余劳动力普遍从事的一项经营活动。因江南商品经济发达,商业活动遍布城乡各地,从农产品的零星销售,到大宗农产品的集散与运输,对劳动力具有巨大的需求。从微观的层次来看,农家的经营活动往往与市场紧密相关,因而农业劳动力常利用农闲时刻从事商业活动。"镇(江)地多山,故皆山田,农业亦不足观。农人被雇耕种,日得钱二百余文,或每早担菜两筐,入市沿街唤卖,若一日得钱六七百文,则大喜过望。"③此类出售零星农产品的商业活动在江南农村是普遍现象,遍及村集与市镇。

在规模较大的经济中心,商业用工需求则要大得多。如丹阳县"人民谋生于苏、常、沪一带,多为面店及竹工,在江北者,多经营烟草及农业"。④ 在杭州市,银行、钱庄、绸庄、布庄、金铺、典当、南货、油烛、颜料、药材、柴米、纸箔、衣帽、鞋袜、五金、洋货等商行与商铺均吸纳农村剩余劳动力前来就业。

大量的兼业性生产活动,缓解了农业劳动力及农业人口对耕地的压力。不论是农业兼非农业,或非农业兼农业,在江南地区都是存在的,而且这是一个近代持续的普遍现象。据地处江南的无锡、常熟、嘉定三县统计,20世纪30年代苏南地区从事

---

① 谢承炬:《江苏省农民银行二十周年纪念征文:川沙县金融经济概况》,《苏农通讯》1948年第7期。
② 法度:《丹徒县地方生活状况说明书》(民国4年6月),《江苏省立第四师范学校校友会杂志》1916的第1期。
③ 法度:《丹徒县地方生活状况说明书》(民国4年6月),《江苏省立第四师范学校校友会杂志》1916的第1期。
④ 《分省地志:江苏》,中华书局1936年版,第273页。

农业、工业、商业和其他各业的人口分别占总人口的54%、7.7%、19.8%、18.5%。①近代农村的职业分化的兼业特征说明,决定身份与经济地位的明确的职业分化是不充分的,农村专业性的职业分化不足,正反映了近代中国农村经济以农副业为重心的结构特征。因近代职业分化主要表现为兼业的形式,其目的不是脱离农村和农业,而是将非农职业作为兼业经营,职业的分化是不完全的,农民通过职业转换而寻求社会流动的余地因此而受到局限。

其五,江南区域内部农业劳动力存在着空间流动。这种空间流动包括不同农村地区之间的农业劳动力流动,即农业劳动力由剩余地区向相对不足地区的流动,其中一部分是季节性的流动,另一部分则是永久性的迁移。农业劳动力的空间流动还包括由农村向城市的流动,即通常所说的"农民离村"。

在面临人口压力的农村地区,农业中的剩余劳动力有机会转向其他农业劳动力相对缺乏的地区从事农业生产。如"杭县六堡、七堡、八堡棉农,大抵皆自钱塘江南迁移而来。以江南土地陷落,生活不能维持,故迁至江北,分住在六、七、八堡,以棉业为主要生产。早者已有十二三年,迟者亦已两三年矣"。② 在这些地区,"棉农大都为佃农……地主大多不住本地,住在(钱塘)江南或绍兴"。③ "高淳全县分为七个区域,因为地势高下肥瘠的不同,所以有的是圩乡,有的是山乡。圩乡的农民多土著,而山乡的农民,则杂有客民(即湖南、湖北及河南等省客居的人),圩乡的田地较肥沃,而人口较繁盛,田少人多,所以不是田主,就是佃农,或雇农。山乡的田地较瘠瘦,人口也不及圩乡的多,所以,农民多半是自耕农,或半自耕农。这是因为地势的不同,而农民分布的状况亦不同。"④ 句容县农业中,"客民以河南人为多,从事垦山"。⑤ 溧水县"外来客农,多湘、皖、豫等省人,多散居南境,以开垦荒地为生"。⑥

另一部分农村劳动力流向城市谋生,其中也包括农业剩余劳动力。近代工业是

---

① 曹幸穗:《旧中国苏南农家经济研究》,中央编译出版社1996年版,第43页。
② 周同文:《杭县六七八堡棉农概况》,《浙江省建设月刊》1936年第9卷第8期。
③ 周同文:《杭县六七八堡棉农概况》,《浙江省建设月刊》1936年第9卷第8期。
④ 夏毓麟:《高淳农村经济调查》,《苏农》1930年第1卷第4期。
⑤ 《分省地志:江苏》,中华书局1936年版,第269页。
⑥ 《分省地志:江苏》,中华书局1936年版,第261页。

农业剩余劳动力流向的部门之一。江阴县"农民赴锡、沪工厂中作工者不少"。①杭县工业,"本完全属于手工,雇工手续概分二种。一,长工,系按年或月数计算工作。二,短工,按日计算,并无书面契约,亦并不受任何拘束。近年工厂发达,雇佣间始渐有具体规约,至于师徒关系,普通以三年为学习期间,在此期间内,一切须听师指挥,极不自由,但如另有付纳学费或饭金情事,则待遇较佳"。②较高的单位劳动收入,是吸引农村剩余劳动力进入城市谋生的主要因素。杭县"农村长工普通每月工资五元,短工普通每日五角,使用机器之工厂,男工每日一元,女工每日四角,作坊工人每日三角五分,木匠每日七角八分,泥水匠每日七角八分,挑夫每日约有八角"。③句容县农民"多从事农耕,间有至苏、沪一带作工者"。④

也有相当数量的农民进入城市后,并不能进入工业企业充当产业工人,尤其是在城市工业经济枯萎的境况下,一些离村农民甚至沦为城市游民。因而,进入城市的农民也在明显分化,虽有相当部分的离村农民到城市做产业工人、手工业者、店员等,也有充当军人、商人的(但为数甚少),还有相当部分充当苦力或沦落为游民。这一群体生活状况并不比在农村有所改善。由乡村到城市的身份变化可能会经历反复,农村在城乡之间的社会流动也是双向的。

一般农民虽选择暂时性离村,但也有平均高达一半以上的农民是永久性离村。因此,在近代快速发展的城市人口中,包含相当数量的离村农民。邻近上海城市各县农村的农民,离村进入上海等城市,有一部分成为产业工人。⑤"近年(上海县)东北各乡机厂林立,女工大半入厂工作。"⑥"江苏川沙,女工本事纺织,今则洋纱洋布盛行,土布因之减销,多有迁至沪地入洋纱厂、洋布局为女工者。"⑦来自江苏、浙江其他农村地区的农民,也成为上海工业企业的劳动力。在20世纪前38年中,上海市人口

---

① 《分省地志:江苏》,中华书局1936年版,第287页。
② 忍先:《浙西各县工商业之一瞥·一杭县》,《商业月报》1929年第9卷第7号。
③ 《杭县经济概况调查》,《浙江经济情报》1936年第1卷第1至5各期合刊。
④ 《分省地志:江苏》,中华书局1936年版,第269页。
⑤ 或到别处农村当雇工、垦荒等。闽、粤等省农民大多投往南洋群岛;山东、河南一带,则以东三省为目的地,1927—1929年间,山东农民移往东三省的达300余万人之多,九一八事变之后又减少下来。
⑥ 民国7年《上海县续志》卷八物产·布之属。
⑦ 民国25年《川沙县志》卷五实业志·农业·赘录。

增加了3.3倍。以上海为首的江苏近代工商城市,人口翻了一番多。人口增加的一个重要来源就是江浙地区流入的农村人口。除上海以外,无锡等沿海沿江近代工业较为发展的城市,也是离村农民选择的主要流向。农民进入这些城市的诱因,主要在于这些城市近代工业发展提供的就业机会。如下表所示:

表1-34 江苏省使用500人以上的厂矿及分布

地区	纱厂	缫丝厂	织布厂	机器局	火柴厂	厂数	工人数
上海	7	19	—	1	1	28	38221
崇明	1	—	—	—	—	1	2100
海门	—	—	1	—	—	1	4500
太仓	1	—	—	—	—	1	750
通州	1	—	—	—	—	1	2500
无锡	2	5	—	—	—	7	6095
苏州	1	3	—	—	—	4	6500
常熟	1	—	—	—	—	1	830
江阴	1	—	—	—	—	1	1200
武进	—	—	1	—	—	1	544
丹徒	—	2	—	—	—	2	1320
总计	15	29	2	1	1	48	66360

说明:此表所列数据只包括华人所办的厂矿;外商在江苏办的厂矿基本上都集中在上海,仍以纺织工业居多,成规模的约12家,另外还有6家其他工业,计工人数36030人。
资料来源:汪敬虞主编:《中国近代工业史资料》下册,科学出版社1957年版,第1184—1185,1190页。

由农民向产业工人的身份变化并不是巩固的,近代农民向城市的社会流动并非单向直线型的,实际上,这些务工的农民一旦受到城市经济萧条和工业衰退的困扰,仍会选择返乡谋生。尤其是在30年代初,因为工商业的不振,有许多人不得不络绎回乡。

可见,近代城市发展确为农业剩余劳动力进入城市提供了职业选择的机会。然而,也不能高估近代城市对农业剩余劳动力的吸纳能力。以江苏来看,离村农民的比率仍低于乡村人口的5%。农民在城市寻求向上社会流动的努力,如同在农村一样,也遭遇重重障碍。城市就业机会有限、城市劳动力市场的起伏变幻,都使农业劳动力的转移面临困局,这也制约着该区域农村劳动力的充分利用。

四、小结

江南人口总量在20世纪上半期并无明显增长。那些认为近代人口趋于减少的论断,不适于评估江南的人口变迁;同时,认为近代人口大幅提升的增长论,也不能准确描述江南的人口变化。在半个世纪的时间里,江南农村人口减少与增加交替,总量上呈现为微弱的缓慢增长,甚至可称之为相对停滞。

20世纪上半期江南人口总量的变化,可与学者们对近代中国人口变化的整体判断加以比较。大致说来,对近代中国人口变动有两种相反的看法。一些学者认为近代中国是人口停滞甚至萎缩的时期,[1]另一些学者认为近代中国人口是增长型的。[2]

---

[1] 他们提出这一看法的主要依据之一是有关近代人口的统计数据。自1834年中国人口突破4亿之后,直到1949年,基本维持在这个水平上。刘彦威:《中国近代人口与耕地状况》,《农业考古》1999年第3期。

[2] 他们也承认近代中国人口有过重大波动。在第一次重大波动时期,即太平天国运动期间,全国人口锐减,但其后而来的是人口恢复时期,到20世纪初,全国人口已经得到恢复,至1930年涨至5亿。第二次重大波动时期是抗日战争期间,人口急剧减少,随后很快恢复,1950年全国人口再增长至5.62亿。因而,近代中国是周期波动过程中的人口增长时期。姜涛的研究显示,19世纪中以后,虽然全国人口总量不断增长,但以江南地区为中心的江苏、浙江、安徽三省的人口却始终徘徊不前。他感叹"中国经济最发达地区的人口,竟然到20世纪50年代还不能恢复1850年太平天国战前的水准。"姜涛:《中国近代人口变迁及城乡人口结构的现代启示》,《战略与管理》1994年第4期。

如据文洁、高山推算,20世纪上半期几个年份的人口总数和指数如下:

年份	人口总数(万人)	指数	年份	人口总数(万人)	指数
1916	42538	100	1936	46136	108
1921	44241	104	1941	46120	108
1926	46011	108	1946	46104	108
1931	47352	111	1951	55138	130

资料来源:文洁、高山:《二十世纪上半叶中国的粮食生产效率与水平》,中国农村发展问题研究组:《农村·经济·社会》第一卷,知识出版社1985年版。

也有研究显示,即使经历20世纪30年代中期至20世纪40年代后期十余年的战争时期,20世纪上半期中国人口依然保持增长,1928—1936年,全国人口较1912年增加12.2%;1949年,全国人口又较1936年增加6.9%。据章有义估计,1812—1949年若干年份中国人口数量如下:

(转下页)

作为整体的一个局部,江南区域人口的变化更接近于哪种类型呢?太平天国运动时期,江南地区经济严重破坏,人口遽减。①之后有所恢复,但抗日战争期间,人口恢复和发展的势头遭到重挫。1820年,苏南宁、镇、常、苏、松、太六属共计2171.1万人,浙西杭、嘉、湖三属及严州府共计1003.1万人,合计3174.1万人。至1910年,上述地区户数共计3496户,若以户均5口计,则1910年苏南、浙西人口合计为1748万人。按此项统计,1910年与1820年相比,苏南、浙西人口总量减少了44.93%。②我们讨论的江南1912年人口数量约为1433万人,不包括上述统计中浙西的严州府。如果计入严州府的人口,可能仍低于该项统计。这说明,进入20世纪10年之后,江南人口尚远未恢复到19世纪初期的水平。施坚雅(G. William Skinner)估计的长江下游地区,1843年人口数量为6700万人,1893年降至4500万人,直到1953年,回升到6100万人。③仍未能达到1840年代的水平。在我们讨论的江南49个县中,没有比较太平天国前后人口数量的变化,但作为江南乃至全国人口最为密集的核心地区,其人口水平徘徊不进,在半个世纪的时间中人口数量停滞的状态,却是与江南地区颇为一致的。根据江南49县的统计结果,20世纪上半期江南人口变动呈现为在

(接上页)

年份	1812	1851	1887	1912	1928—1936	1949
人口(千人)	365447	436299	376144	455243	510789	545831

资料来源:章有义:《近代中国人口和耕地的再估计》,《中国经济史研究》1991年第1期。

吴承明估计,1893年全国人口为3.80亿人,1913年恢复至4.38亿人,1923年增至4.45亿人,1933年升至4.50亿人,1943年再增至4.56亿人,1949年为5.42亿人。他认为1893—1913年人口的高增长率显示了太平天国战后新增人口的生育高峰,而1913—1933年的低增长率则是受到了军阀混战的影响,尽管对1933—1949年战争频繁时期的高增长率质疑,但他仍认为20世纪上半期,中国人口并没有减少,且保持了一定程度的增长率。吴承明:《中国近代农业生产力的考察》,《中国经济史研究》1989年第2期。

① 如昆山、新阳两县户口。嘉庆十九年昆山县39266户,男丁93970口;新阳县户33466户,男丁74434口。光绪三年,昆山县27637户,男性人口共计59151口(女性人口50538口);光绪四年,昆山县共27728户,男性人口57282口,女性人口49281口;新阳县男性人口44233口,女性人口34652口。前后对比可见人口下降之明显。参见清光绪六年《昆新两县续修合志》卷六户口、田赋。
② 姜涛:《中国近代人口变迁及城乡人口结构的现代启示》,《战略与管理》1994年第4期。据姜涛统计,1953年,苏南和浙西地区人口总量为2765.3万人。
③ [美]王国斌著,李伯重、连玲玲译:《转变的中国——历史变迁与欧洲经验的局限》,江苏人民出版社1998年版,第23页。施坚雅的数字中,可能还包括了城市人口。

波动中停滞的特征。这一结论,不支持有关人口回升的看法,是对那些认为江南这一时期人口增长的观点的纠正。

相对停滞的人口过程是否意味着人口—耕地关系的改善,除了人口变动的趋势以外,还取决于耕地变化的趋势。判断人口变动对人口—耕地关系的影响,还要考虑到耕地的变动。一些认为近代人口停滞(或减少)的观点,因人口总量停滞而估计近代农业所承受的人口压力缓和。江南人口—耕地关系却显示出更为复杂的历史过程。20世纪30年代中期与10年代初相比,人口增长的幅度是耕地增长幅度的3倍多。所以,尽管耕地面积增长,农业所承受的人口压力却因人口的更快增长而未得缓解。自20世纪30年代中期至20世纪40年代中期,江南人口总量下降,但因为耕地总量大幅下降,又加部分耕地抛荒,①尤其到抛荒耕地数量增加的20世纪40年代后期,在人口总量减少的过程中,农村人口对资源的压力更趋于增强。人口的职业结构和劳动力比重,也影响人口—耕地关系的变化。20世纪30年代中期以前,江南劳动力数量增长,但农村和农业之外的就业机会也在增加,20世纪40年代末与20世纪30年代初相比,农村人口非农就业比重下降,人口由第二、三产业向农业回流,农业生产部门的劳动力过剩增加了5%。所有这些因子的变动结果,就是20世纪上半期农业部门所承受的人口压力是趋于增强的。所以,江南人口总量变化过程,支持近代人口过程属于停滞型的判断,但并不支持一些学者以人口停滞为前提所得出的人口压力趋于缓和的估计。

布兰德在估计1890—1930年长江中下游农村人均收入和劳动生产率提高时,是以农村中非农业人口的增加这一假设为前提的。从江南49县的估计可知,非农业人口增加的假设是缺乏依据的。20世纪30年代中期与10年代相比,江南人口总量增加约13%,但工业人口就业比重仅增加3%。尽管非农业人口的绝对数量增加,但非农业人口占总人口的比重相对下降,实际上农业人口的数量只可能是增长的。王国

---

① 至于土地荒芜,一些学者的解释是,农民大量离村到城市谋生,因而导致耕地荒芜。但实际的情形是,很少有农民放弃土地,即使那些到城市谋生的农民亦是如此。而是由老弱妇幼留村耕种土地。正是因为他们的经营能力较之农业劳动力降低,因而导致土地荒芜。还有学者认为,土地荒芜的主因在于战争、社会动荡以及自然灾害侵扰下,农业生产条件恶化,比较收益低下,部分劳动力离村。这可能只是局部的现象,与人口—耕地比例无关。

斌认为，农村中非农业人口就不可能迅速增加。他的理由是，由于近代工厂的技术条件较之传统手工业企业更佳，劳动组织更为有效，因此劳动力从手工业转向工厂工业，将会提高工人的生产率和工资。当人们转到报酬较高的工厂工作时，农村中的非农业人口将会保持不变或缩小。① 江南人口变动的事实，支持王国斌所做的估计。

认为近代农业过密化的观点也是以农村人口压力为前提的。自明清迄至近代持续六百余年的有增长而无发展，是因为人口的持续增长及对资源的压力增加。可是，相对于19世纪上半期的人口高峰时期，19世纪后半期江南的人口数量急剧减少，直到20世纪上半期仍未恢复到19世纪初的水平。在这人口压力减轻的数十年中，农村经济却未能摆脱以往过密化的局限。要么需要重新评价人口这一变量在农村经济中的作用，要么需要重新反思关于农村经济过密化的结论。

江南近代农村社会经济面临的困难，不能仅仅归结为人口过剩的危机或人地矛盾的制约。② 江南农村人口因素的作用还要结合其他更多的因素加以认识。黄宗智只是认定江南在六个世纪的长时期中家庭耕作优于雇佣劳动，却未将人口变化作为解释农民生产抉择的一个重要因素。王国斌认为，在短时期内，人口是随着出生率与死亡率波动的，但在长时期内，人口是要与经济情况相适应的。人口的明显变化，会改变工资、地租和地价之间的关系，并影响到农民对种植作物的选择。例如，黄宗智在分析太平天国以后的蚕桑业时，认为是人口压力导致了劳动力密集在耕地上，但事实上，蚕桑业的变化恰恰发生在人口压力处于低点之时。所以，是否是人口压力造成了过密化，还是不确定的。③ 在20世纪上半期这个时间区间，人口—耕地资源关系虽略加重，但与19世纪上半期相比，20世纪上半期江南的人口压力可能是相

---

① [美]王国斌著，李伯重、连玲玲译：《转变的中国——历史变迁与欧洲经验的局限》，江苏人民出版社1998年，第17页。
② 一些学者认为，清代中叶人口的高速增长造成的人口危机，使得资源短缺、物价腾贵、生态恶化、社会动荡、经济停滞，并进而导致近代中国社会转型的举步维艰。参见黄长义：《人口压力与清代经济社会的病变》，《江汉论坛》2000年第12期。至于20世纪上半期，有学者认为耕地不能容纳劳动力，农业劳动力过剩；而城镇、工业没有能力吸纳农业劳动力，农业劳动力无法流出。
③ [美]王国斌著，李伯重、连玲玲译：《转变的中国——历史变迁与欧洲经验局限》，江苏人民出版社1998年版，第22页。

对缓解的。不过,即使这种缓解也不足以使农业生产出现转机。

江南农村人口总量在 20 世纪上半期有一个上升过程,但即使在人口总量的峰值年份,人口总数也未达到 19 世纪上半期的水平。20 世纪上半期的江南仍处于太平天国战后的人口恢复时期,相对于战前江南人口快速增长的年份,人口对耕地的压力不是更加严重,而是相对减轻。单从人口数量来看,20 世纪上半期江南农业所面临的人口—资源状况,要比一个世纪以前更为有利。问题是这种人口—资源紧张关系的缓和,是否足以导致农业投资增加和生产技术更新。在这种耕地面临的人口压力趋向更重的情况下,如果农业投资和耕作技术没有发展,农业劳动生产力可能因此下降。江南农业的困境正在于此。

第二章　农业产量与生产效益

学术界对明清以迄近代的农业生产与生产力多有研究,[①]已有成果通过考察农业总产量、单位面积产量、劳动力平均产量乃至边际产量等,给予近代中国农业以不同判断并引发一些分歧。主要的争论围绕近代中国农业产量是上升还是下降、生产力是发展还是停滞等展开。尤其是具体到区域研究,相关看法仍存在较大歧异。本章以农业总产量、土地生产力和劳动生产率为侧重,从产量和效益两个层次,评估20世纪上半期江南农业状况,以反思有关农业经济的若干论断。

一、农业生产量

农业总产量的估算是判断农业经济状况的基础,学者估计明清时代全国粮食总产量从长期趋势看是增长的,单就清代来看,全国粮食总产量也有明显提高。[②] 至于晚清以降的近代农业总产量,文洁、高山认为,从1916年到1951年,全国粮食总产量的平均增长速度为0.67%,与人口的平均年增长速度(0.74%)基本持平,人均粮食

[①] 包括考察农业生产力的方法,学者们也多有讨论。吴承明指出,农业总产量代表经济实力的总和;单位面积产量代表土地利用的经济效果,劳动力平均产量代表劳动力的生产能力,即劳动生产率。因此,他在研究明清两代的农业生产力时,主要着眼于三个侧面:一是农业总产量;二是单位面积产量;三是劳动力平均产量。另外,还有学者如黄宗智等从土地的边际生产率、劳动的边际生产率考察农业生产力。许涤新、吴承明:《中国资本主义发展史》第一卷《中国资本主义萌芽》,人民出版社1985年版,第7页。

[②] 郭松义认为,正是由于粮食总产量提高,所以在人口成倍增加的条件下,不但保证了全国百姓的粮食需求,而且还能在有限耕地里,不断增加经济作物面积,发展多种经营,增强了农民的生存能力。参见郭松义:《18、19世纪的中国农业生产和农民》,《中国历史上的农民》,馨园文教基金会(台北)1998年版。

占有量稍高于生理最低限度标准。① 吴承明对近代粮食总产量的看法与此相同,②刘克智、黄国枢对1870—1930年农业产量的估计也说明,这一时期农业总产量呈现逐渐增长的趋势。③ 这些估计多侧重于粮食作物产量的变化,且强调稻谷、小麦等主要粮食作物产量的变动。在江南,稻谷等主要粮食作物产量,是农业总产量的重要构成部分,杂粮及经济作物产量的变化,也是衡量农业经济状况时需要顾及的方面。这里从该区域水稻、三麦、棉花等不同作物产量变动观察江南农业总产量的走势。

(一) 粮食作物总产量

有关近代中国粮食总产量变动的研究,多结合人口和耕地数量判断,但江南人口和耕地数量在20世纪上半期的变化趋势,与全国整体趋势不同。如第一章所述,20世纪上半期江南人口数量处于相对停滞状态,以1949年与1912年相比,人口总量仅有微弱增加。还有学者甚至认为,若与晚清相比,江南人口直到1950年代初,尚未恢复到太平天国战前水平。同样,江南耕地数量也未见增长,实际上,1949年江南的耕地总量较20世纪初反而减少。在这种人口、耕地数量均趋减少,其变化趋势恰与全国整体变动趋势相左的情形下,江南粮食总产量是否发生与全国一致的变化过程呢?

我们收集了江南一些县份的粮食产量数据,列为下表。

---

① 文洁、高山:《二十世纪上半叶中国的粮食生产效率和水平》,中国农村发展问题研究组:《农村·经济·社会》第一卷,知识出版社1985年版。当然,其间又分为上升和下降的不同阶段:1916—1936年,平均每年递增1.04%;1936—1946年,平均每年递减0.15%。该文以每人每年用粮450斤(2100大卡)计算全国粮食需求,且认为当时中国的人均粮食占有量居世界中游水平。

② 他认为近代中国农业在19世纪最后30年已恢复到太平天国前的水平,"20世纪以来,粮食的总产量仍是增长的,于1936年达于高峰,其增长速度大体可与人口的增长率相当"。吴承明:《中国近代农业生产力的考察》,《中国经济史研究》1989年第2期。

③ 徐秀丽详尽研究了近代华北平原冀鲁豫三省的粮食生产状况,也持同样的观点。徐秀丽指出:"从华北平原的情况看来,我国近代的粮食亩产已经大致恢复到清盛世的水平,或许还略有提高,但是,人均粮食占有量和劳动生产率却很低。农业经济无疑是落后的,农民生活以及全体人民的生活无疑是十分贫穷的。"徐秀丽:《中国近代粮食亩产的估计——以华北平原为例》,《近代史研究》1996年第1期。

表2-1　20世纪上半期江南粮食产量　　　　　　　　　（单位：万公斤）

县份	产量（折合稻谷）	统计年份	备注
常熟	29514	1917	
常熟	35136	1919	
常熟	21970	1948	
崇德	2652	1929	
崇德	3131	1932	作物以稻、麦为主，其次蚕豆等。
崇德	4545	1936	
崇德	4663	1949	
丹徒	7750	1949	粮食和豆类合计，常年产量为7500万公斤
丹阳	5809	1913	稻、麦合计
丹阳	3302	1934	大旱
丹阳	14911	1936	稻、麦合计
丹阳	14282	1948	粮食总产
丹阳	13617	1949	
德清	7515	1936	粮食总产量包括春粮、薯类、秋杂粮及大豆
德清	4529	1949	粮食总产量包括春粮、薯类、秋杂粮及大豆
富阳新登	4723	1936	两县合计
海宁	5680	1949	不含大豆
嘉定	5370	1932	稻麦
嘉定	2570	1946	稻麦
嘉定	7290	1949	粮豆
江宁	13749	1946	粮食总产
江宁	12767	1949	粮食总产
江浦	4055	1912	水稻、小麦合计
江浦	1625	1925	水稻
江浦	3801	1932	水稻、小麦合计
江浦	970	1934	稻、麦各占粮食总产量的64.77%、17.85%
江浦	2897	1949	稻、麦各占粮食总产量的75.8%、9.99%

续 表

县份	产量(折合稻谷)	统计年份	备注
江阴	2791	1930	三麦
金山	5700	1947	稻谷
金山	7700	1949	稻谷
句容	12000	1918	
句容	13000	1932	
句容	12000	1933	
句容	11000	1946	
句容	7200	1948	
句容	7064	1949	
昆山	29471	1930	稻谷、麦、杂粮合计
昆山	16035	1948	稻谷
溧阳	11050	1919	水稻、三麦合计
溧阳	11012	1936	水稻、三麦合计
溧阳	10837	1949	水稻、三麦合计
高淳	5500	1920	水稻
六合	9400	1932	米麦豆 125 万石折算
六合	11552	1933	稻、麦、大豆、蚕豆、豌豆、芋类合计
六合	8945	1949	
桐乡	4820	1929	
桐乡	7397	1932	作物以稻、麦为主,其次蚕豆等。
无锡	15180	1920	
无锡	16820	1932	
无锡	10000	1939	
无锡	11500	1941	
无锡	14600	1947	
武进	19491	1919	稻麦黄豆杂谷
武进	26059	1926	稻麦
武进	63402	1933	稻谷、三麦合计

续 表

县份	产量(折合稻谷)	统计年份	备注
武进	37800	1947	稻麦
武进①	26111	1928	稻谷、三麦、大豆合计
扬中	1502	1929	原载《明日之江苏》
扬中	3497	1930	原载《中国实业志》
扬中	3726	1949	粮食
宜兴	27100	1920	
宜兴	34000	1932	
宜兴	21000	1936	稻谷、三麦、杂粮
宜兴	40800	1946	

说明：

1. 原容量单位"石"转换为重量单位"市斤"，因衡量的粮食不同而不同，此处采以下标准：1 石米折合 275 斤(137.5 公斤)稻谷；1 石稻谷合市斤数各代不同，明代为 160 斤、清代为 146 斤、现代为 130 斤。此处以 1 石谷折合为 130 斤谷估算。参见[美]珀金斯：《中国农业的发展(1368—1968)》(上海译文出版社 1984 年版，第 421 页)。杂粮、小麦以 1∶0.7 的折合率折合为稻谷计算。

2. "大豆价格，如富阳，每百斤合十元五角。蚕豆价格，如吴兴、富阳，每百斤合七元四角至七元五角。"(章有义：《中国近代农业史资料》第三辑，三联书店 1957 年版，第 156 页。)"江苏各县，豆在原产地价格，亦颇悬殊。例如黄豆，价格最高者如高淳、金坛，每石计十元，而最低者如江宁、砀山、沛县，不过三元。蚕豆亦然，最高者如邳县、阜宁，每石须十一、二元，而奉贤、南汇等县则不过三、四元。其他豆类最高者十元，最小者仅五元。"(章有义：《中国近代农业史资料》第三辑，三联书店 1957 年版，第 157 页。)

3. 另外，可参许道夫综合各种谷物容量与重量换算单位如下：

市石	折合市斤数
大米	156
稻谷	108
玉米、小米、高粱、黍子	150
小麦及其他麦类	115
芝麻	139
豆类	154
稻谷加工大米折算	100∶70
大米还原稻谷折算	100∶143

资料来源：许道夫：《中国近代农业生产及贸易统计资料》，上海人民出版社 1983 年版，第 344 页。

4. 高淳县 1920 年主要粮食产量如下表：

---

① 每石豆以 150 市斤折算。

种类	总产量(担)	种植亩数	每亩平均产量(担)	每担价格(元)	销路
稻	1100000	380000	3.00	2.2	南京、芜湖、苏常
麦	18000	33000	0.55	2.1	芜湖、苏常
黄豆	5000	30000	0.50	3.3	本地

资料来源:叶可长:《高淳县农产统计调查表》,《江苏省农会杂志》1920年第7期。

资料来源:《江宁县志》第133—134页;《溧阳县志》第194、198页;《句容县志》第150页;《丹阳县志》第208页;《六合县志》第132页;《扬中县志》第123页;《江浦县志》第141页;《常熟市志》第231页;《无锡县志》第208页;《武进县志》第254页;《昆山县志》第195页;《嘉定县志》第162—163页;《宜兴县志》第139—140页;《江阴县志》第243页;《富阳县志》第243页;《金山县志》第242页,1949年,小麦仅占全县粮田面积的3.46%;植棉面积占耕地面积的4.08%;《桐乡县志》第320页;《德清县志》第171页;叶可长:《高淳县农产统计调查表》,《江苏省农会杂志》1920年第7期。

由于缺乏49县的全部资料,此处无法加总计算整个江南粮食总产量,我们以若干县份年平均粮食总产量来加以衡量。以折合为稻谷的粮食总产量计,20世纪10—20年代,常熟、无锡、武进、宜兴、崇德、桐乡各县平均粮食年总产量为19924万公斤;1930—1936年,除常熟外,其他几个县粮食年平均总产量为20571万公斤;20世纪40年代后期,以宜兴、常熟、昆山、武进、嘉定、崇德几个县估算,各县平均粮食年总产量为15498万公斤。大致看来,上述各县粮食总产量的变化以20世纪30年代中期为分水岭。20世纪10—30年代,粮食总产量呈上升趋势,但上升幅度不大,升幅仅为3.25%;20世纪40年代后期与30年代前期相比,粮食总产量大幅度下跌,下降幅度达24.66%。从连续的趋势来看,20世纪上半期粮食总产量的变化呈现先升后降的起伏之势。从这一时期的起讫端点对比,20世纪40年代后期与世纪之初相较,粮食总产量下降22.21%。[1]

如果挑出具有若干年份粮食产量数据的县份,可以得到一组可资纵向比较的统计数据。自20世纪10至30年代前期,常熟、无锡、武进、宜兴、崇德、桐乡等县,粮食总产量均表现为上升过程;20世纪30年代至40年代后期,常熟、无锡、武进、昆山、嘉定、德清各县,粮食总产量均呈下降之势,只有宜兴、崇德等县粮食总产量增加。

---

[1] 《常熟市志》,第231页;《无锡县志》,第208页;《武进县志》,第254页;《昆山县志》,第195页;《长兴县志》,第156页;《富阳县志》,第243页;《金山县志》,第242页,1949年,小麦仅占全县粮田面积的3.46%;植棉面积占耕地面积的4.08%;《桐乡县志》,第320页;《德清县志》,第171页。

表2-2　20世纪上半期江南若干县份粮食总产量　　（单位：万公斤）

县份	10年代	20年代	30年代前期	30年代后期	40年代后期
常熟	29514	35136			21970
六合			9400		8945
句容	12000		13000		7064
江浦	4055	1625	3801		2897
丹阳	5809		14911		13617
溧阳		11050		11012	10837
扬中		1502	3497		3726
无锡		15180	16820	10000	14600
武进	19491	26059	63602		37800
昆山			29467		16035
宜兴		27100	34000	21000	40800
嘉定			5370		2570
崇德		2652	3131	4545	4663
桐乡		4820	7397		
德清				7515	4529

说明：
1. 武进县小麦、大麦、元麦8463、1935、13390万公斤以1∶0.7的比率折算为稻谷。
2. 昆山县1930年米15575公斤米按出米率58%折算为稻谷。
3. 昆山县1930年杂粮9.35万公斤以1∶0.2的比率折算为稻谷。

资料来源：《江宁县志》第133—134页；《溧阳县志》第194、198页；《句容县志》第150页；《丹阳县志》第170页；《六合县志》第132页；《扬中县志》第123页；《江浦县志》第141页；《常熟市志》第231页；《无锡县志》第208页；《武进县志》第254页；《昆山县志》第195页；《桐乡县志》第320页；《德清县志》第171页；《宜兴县志》第139—140页。

与全国多个区域农业总产量合计显示的一般趋势对比，上述数据所显示的趋势既有相同点，也有不同点。但就20世纪上半期之末与之初相较，粮食总产量不像全国一般趋势那样，是粮食总产量呈现上升趋势，相反，江南粮食总产量呈现下降趋势。从起伏的趋势来看，20世纪上半叶全国粮食总产量在总的上升趋势中有两个较大的下落点：一个是1937—1945年的抗日战争时期，另一个是1947—1949年的国内战争时期。① 江南粮食总产量的下降过程与全国一致。

当然，所谓趋势只是就粗略的估算而言，仅显示大致情况。具体到各个年代乃至各个年份，粮食总产量的变化在各县的情况颇多差异。如20世纪10年代后期常熟县、20年代后期武进县、30年代前期崇德县，粮食总产量实现较为连续的增长。无锡、嘉定、桐乡等县，粮食总产量在各年代却表现为忽高忽低的较大起伏。大体上看，江南粮食总产量虽曾经历微弱增长，长期却呈现为减少之势，说明20世纪上半期江南粮食作物的生产出现了停滞和萎缩。

如前文所述，20世纪上半期江南耕地总量减少，人口相对停滞，虽然这些可能成为该区域粮食总产量减少的原因。但众所周知，这一区域为发达的农业区，在20世纪上半期人口—耕地关系更趋严峻的情况下，粮食总产量下降未免使人疑惑。故此，我们再通过水稻、三麦、杂粮等不同作物粮食产量的变化，考察20世纪上半期江南粮食产量的变动情况。

水稻产量趋于下降。常熟、无锡、宜兴、太仓、平湖、余杭、德清等县，20世纪40年代后期水稻年产量均低于20世纪20—30年代的水平。如常熟县，1917年，全县产稻谷28122万公斤；1919年，产稻谷34064万公斤。抗日战争时期，粮食产量急剧下降。抗战胜利后，仍未恢复至战前水平。1948年，全县稻谷总产量仅为21970万公斤。② 因为常熟农业生产素以稻谷为大宗，麦类次之，豆薯类极少，全年粮食产量乃至农业总产量的变化，主要取决于水稻产量的变动。因此，稻谷产量减少导致该县粮食产量下降。1920年，无锡全县稻谷总产12330万公斤，1932年稻谷总产增至

---

① 珀金斯估计中国农业总产量指数，由1914—1918年的100，增加到1931—1937年的104。据此，珀金斯认为20世纪10年代至30年代，农业总产量经历上升过程。但他也注意到这个上升过程依然充满波折。1931—1936年，稻、麦等作物净产值指数在6年间经过上升、下降、再上升的起伏。如果说20世纪30年代前期估计产量的时段较短，那么许道夫等对农业总产量的估计时段较长，也反映出同样的特征。据许道夫的估计，以1914—1918年农业总产量指数为100，则1924至1929年为137，1931—1937年为118。以20世纪20年代中期为分界线，自1914至1937年，农业总产量经过上升、下降的起伏。通过对各种观点的分析，汪敬虞认为近代农业总产量虽是上升趋势，但鉴于中国农业抵御自然灾害能力低下，农业生产呈波浪式变动，增长率比较低下。另据文洁、高山：《二十世纪上半叶中国的粮食生产效率和水平》(中国农村发展问题研究组：《农村·经济·社会》第一卷，知识出版社1985年版)。他们认为这种起伏"并不是由于经济原因所致，而是由于战争的摧残"。

② 《常熟市志》，第231页。

13500万公斤。抗日战争时期,农业大幅度减产,1938年稻谷产量仅7730万公斤,至1941年,有所恢复,但包括稻谷在内的全县粮食总产量仅为11500万公斤,相当于战前稻谷产量的85%。抗战胜利后,农业生产恢复缓慢,1947年全县稻谷产量12200万吨,未恢复到1920年的稻谷年产量水平。① 嘉善县"全县稻田(1935年调查)572300余亩。每亩每年产额平均以二石计,全年总产额为一百十四万四千四百石有奇,供给全县民食,绰绰有余。即遇歉收,若不贩运出境,尚可自支。而农民客籍居多,秋收以后,往往运回原籍,故嘉善生产虽富,而土著农民实穷"。②

他如昆山、平湖等县,稻谷年产量均呈下降之势,下降幅度高达50%左右。但我们也注意到,在宜兴、德清、武康、嘉定等县,稻谷年产量却呈现上升趋势,升幅约为20—30%。③ 这些趋势可与全国水稻产量的变动比较。据文洁、高山推算,1946年与1916年相比,水稻产量下降了15%。即使20世纪上半期全国粮食总产量最高的1936年,水稻产量也比1916年减少近10%。④

在粮食作物种植区,多采用稻麦轮作制,被称为"三麦"的小麦、大麦、元麦往往是这些地区次于水稻的粮食作物。植棉在农业经营中占有一定比重的一些县份,主要粮食作物是被称为"小熟"的三麦。麦类在这些地区农业生产中的重要性,较诸稻作区更甚。因此,在考察江南特别是棉作县份的粮食总产量时,三麦生产情况不可忽略。嘉善县"地势东南较西为高,土地平坦而肥沃。于农为宜。出产以干茧及米、砖瓦为大宗……其他豆、麦、胡麻之产量,亦属不少"。⑤ 有20世纪上半期多个年代

---

① 《无锡县志》,第208页。
② 剑濡:《嘉善生产概况》,《申报月刊》1935年第4卷第8期。
③ 其水稻年产量的增加,还在于经济作物种植减少,耕地转向粮食生产的缘故。《常熟市志》,第231页;《无锡县志》,第208页;《太仓县志》,第222页;《宜兴县志》,第139—140页;《平湖县志》,第203—204页;《余杭市志》,第77页;《德清县志》,第171页。
④ 文洁、高山《二十世纪上半叶中国的粮食生产效率和水平》,中国农村发展问题研究组:《农村·经济·社会》第一卷,知识出版社1985年版。该文推算20世纪上半期若干年份中国水稻产量如下表(单位:千市担标准粮):

年份	1916	1921	1926	1931	1936	1941	1946
产量	1159484	969228	887740	985950	1046400	836871	985430

⑤ 陈渭川:《嘉善县经济状况及利率》,《国光周报》1933年第1卷第22号。

统计数据的无锡、昆山、太仓、宜兴、德清、平湖等县,除宜兴外,其他各县三麦产量都呈减少之势,其中尤以20世纪40年代后期与30年代相较减少幅度最为显著。如无锡,1920年,全县小麦总产2080万公斤;1932年,小麦总产3000万公斤。抗日战争时期,农业大幅度减产,小麦产量下降为2250万公斤。抗战胜利后,农业生产恢复缓慢,1947年全县小麦产量1900万公斤。① 再如宜兴县三麦产量,1919年为4100万公斤;1929年增长为4550万公斤;1929年为1130万公斤;1932年为8650万公斤;1936年为2921万公斤;1946年,下降为4100万公斤。② 可见,20世纪上半期江南的三麦产量变动的基本走势是趋于减少的。③

江南粮食作物中,除大宗的稻谷和部分地区的三麦外,还有少量的大豆、蚕豆、玉米、豌豆、番薯等,统称为杂粮。宝山县的农作物生产以棉花为主,1913年,"麦、豆等,虽有产额,仅足供本地之用"。④ 1918年,宝山县"水稻岁产218800石,价值银70余万元。大、小麦岁产646600石,价值银约200万元。黄豆岁产35400余石,价值银10余万元,杂粮岁产21800余石,价值银10余万元"。⑤ 其中,大、小麦"运销上海者占十分之五。其余稻、豆、杂粮均供给境内民食"。⑥ 在一些县份,如德清、平湖等地杂粮种植较多。据有水稻、三麦、杂粮统计面积的武进、昆山、嘉定、德清各县来看,各县杂粮种植面积占全部种植面积的7.63%,而水稻种植面积占53.12%。在其他一些县份,农业生产中豆、薯等杂粮极少。常熟县1917年,全县产大豆、小豆产量为

---

① 《无锡县志》,第208页。
② 《宜兴县志》,第140页。
③ 如果像一些学者所估计的那样,全国小麦、大麦的产量主要是趋于上升的,那么,江南麦类作物产量恰与全国整体趋势相反。文洁、高山:《二十世纪上半叶中国的粮食生产效率和水平》,中国农村发展问题研究组:《农村·经济·社会》第一卷,知识出版社1985年版。据该文估算,1916—1946年小麦、大麦产量如下表(单位:千市担标准粮):

年份	1916	1921	1926	1931	1936	1941	1946
小麦	357391	381026	429880	475750	486850	340980	437650
大麦	105944	97688	123110	154830	156400	115624	116000

④ 《宝山县地理调查表》,《宝山共和杂志》1913年第8期。
⑤ 沈启照:《沪海道区宝山县实业视察报告书》,《江苏实业月志》1919年第5期。
⑥ 沈启照:《沪海道区宝山县实业视察报告书》,《江苏实业月志》1919年第5期。

稻米产量的 2.8%(未经折算为原粮)。① 1935 年,生产稻米 2243632 担,三麦 748006 担,杂粮 750326 担。② 宜兴县 1919 年蚕豆年产量为稻谷年产量的 6.8%,1929 年,豆类、山芋、小米占全年粮食总产量的 0.76%。1946 年,蚕豆、豌豆、山芋、大豆占全年粮食总产量的 12.8%。③ 安吉县"稻以籼稻最多,粳、糯稻较少,估计全县可产三十余万担,计值六百余万元。他如麦类,普通栽培品种有和尚头,有无芒之大小麦,及近年较多栽培者,系前杭州省稻麦场推广之美国白皮小麦,颇合当地风土,生长良好,产量及品质亦佳,故去年冬作扩种时,各地栽培者颇多。他如花生、高粱、玉蜀黍、马铃薯……等等,农家隙地,宅旁田畦,均有栽培"。④

表 2-3 1940 年安吉县主要夏季作物产量

作物种类	估计全县栽培面积(亩)	每亩平均产量(市担)	估计全县总产量(市担)	十足年成每亩产量(市担)	现在每市担价格(元)	备注
早稻	52000	1.2	62400	3.2	谷 32	廿九年早稻收时价格
中稻	80000	1.4	112000	3.5	58	三十年一月价
晚稻	90000	1.6	144000	4.5	58	同上
糯稻	5000	1.6	8000	5.0	65	同上
玉米	1500	3.6	5050	7.0	35—38	同上
甘薯	9500	15.0	142500	23—30	5—5.8	同上
大豆	520	4.5	2340	5.0	60.0	同上
高粱	220	0.8	176	1.2	30	同上
小米	120	0.8	96	1.0	30	同上
花生	450	3.0	130	3.5	45—65 干花生	同上

---

① 《常熟市志》,第 231 页。
② 倪冠亚:《常熟的小统计》,《励学》1936 年第 2 卷第 1、2 期。
③ 《宜兴县志》,第 140 页。文洁、高山从《中国经济年鉴》(1934 年)推算水稻、小麦、大麦、玉米、高粱、谷子、甘薯 7 种作物产量在粮食作物总产量中所占比重为 97.19%。另据巫宝三《中国国民所得》(1933 年)、张心一《中国的粮食问题》,20 世纪 20—30 年代,这 7 种粮食作物占粮食总产量分别估计为 96.21%、96.89%。参见文洁、高山:《二十世纪上半叶中国的粮食生产效率和水平》,中国农村发展问题研究组:《农村·经济·社会》第一卷,知识出版社 1985 年版。
④ 庄茂长:《安吉农业概况》,《乡建通讯》1941 年第 3 卷第 7、8 期。

续表

作物种类	估计全县栽培面积(亩)	每亩平均产量(市担)	估计全县总产量(市担)	十足年成每亩产量(市担)	现在每市担价格(元)	备注
芝麻	250	0.5	125	0.6	160	同上
棉花	400	23—52斤	1200	60—70斤	260	同上
烟草	50	2.0	100	2.5	80	同上
总计	240010		478317			玉蜀黍因栽培荒上坟山田地总面积较大

资料来源：庄茂长：《安吉农业概况》，《乡建通讯》1941年第3卷第7、8期。

安吉县"水地以稻为大宗,旱地则茶树、桑树之类,杂粮中以甘薯、玉蜀黍、花生最多,他如大豆、马铃薯、高粱等。甘薯可供做干,俗之番茹丝,可供人畜食用,但又可利用磨粉(做淀粉)俗称番薯粉,销路甚大,如糖坊、茶食店等均可用之。在番薯粉中更能加工做面,故为用既大,栽培遂广。所栽者有白皮白心,红皮白心与红皮红心三种,粗纤维颇少,品质亦佳,每亩产量达二三千斤,估计全县可产十余万担,当值数万元之谱"。① 从绝对数量上看,安吉杂粮种植或许有一定的重要性。但若与水稻这一主要的粮食作物比较,可知其种植相对次要。以栽培面积论,早、中、晚及糯稻每年栽培面积合计为227000亩,而玉米、甘薯、大豆、高粱、小米等杂粮作物每年栽培面积合计为11860亩,只相当于主要粮食作物(稻)栽培面积的5.22%。以产值论,稻每年的总产值为17364800元,而玉米等五种杂粮作物每年的总产值最低为1037810元,最高为1166960元,相当于稻的年总产值的5.98%至6.72%。② 正如当时的调查者所观察到的,"大率杭、嘉、湖各县的田地,农民每年是只种一季稻的,种麦的不大见到,种杂粮等副产和蔬菜的那更百不得一"。③

因为杂粮作物在江南种植结构中比重较小,还因为杂粮种植虽较普遍,但却相

---

① 庄茂长：《安吉农业概况》，《乡建通讯》1941年第3卷第7、8期。
② 庄茂长：《安吉农业概况》，《乡建通讯》1941年第3卷第7、8期。值得注意的是,安吉的农业结构也存在地区差异。"安吉农业生产之分布区域,大致如左：获铺区：主产米、茶、杂粮之玉蜀黍、甘薯、大豆、蚕茧及山货、萝卜籽。南湖区：主产米为大宗,亦为全县之冠,余为杂粮、茶、茧及山货。梅墅区：主产为米与蚕茧,山货为毛竹、小竹、木材、茶,杂粮以甘薯,果树为桃、梨及蔬菜等。"
③ 《在安吉——湖行杂拾之一》，《晨光(杭州)》，1932年第1卷第1期。

当零散,如嘉定县,20世纪上半期种植的杂粮作物有赤豆、绿豆、芝麻、高粱、花生、山芋、芋艿等,农户几乎家家种植。赤豆、绿豆大都插种在棉田的路边、沟沿及补缺;高粱大多插种在黄豆田的沟沿;芝麻大都插种在棉、豆田靠路边的两头;芋艿一般利用零星十边种植。由于杂粮往往是在隙地种植的作物,其实际耕作面积几乎没有统计。如此零星的种植给统计造成困难,一些县份无杂粮产量的统计数据。这里仅以个别县份来看。德清,20世纪40年代末与30年代中期相比,虽然番薯年产量增加1/3,但蚕豆年产量却减少1/2。平湖,1936年的大豆产量较1933年减少了近一半,1949年的蚕豆产量较1936年有所增加,约增加1/4。大致看来,20世纪30年代中期以前,江南一些县份的杂粮产量可能有所下降,而20世纪40年代后期,这些县份的杂粮产量却有所上升。尽管如此,但因杂粮类作物在粮食种植业结构中比重过低,即使其产量有所增长,也不足以补充稻谷、三麦两类粮食作物产量的减少。因此,在粮食总产量的统计中,显示出的依然是下降的趋势。[①]

  区域粮食作物总产量的变动不仅与粮食作物种植结构有关,还与整个种植业的结构变化有关。我们估计,水稻、三麦总产量的减少,可能与这些粮食作物种植面积的减少相应。表2-4显示粮食作物种植面积变动的情况。

---

① 据一些学者对全国粮食产量变化的研究来看,在水稻产量下降的情况下,20世纪上半期中国粮食总产量的增加,主要得益于麦类、玉米、小米、高粱、甘薯等作物产量的增加。如下表所示(单位:千市担标准粮):

年份	1916	1921	1926	1931	1936	1941	1946
玉米	74840	72628	244430	140970	142800	92896	193000
高粱	165621	148141	119890	231740	234940	81087	238980
小米	77165	98547	123840	201850	207990	67091	248480
甘薯	28812	53513	68983	73602	79225	98645	108330
合计	346438	372829	557143	648162	664955	339719	788790

资料来源:文洁、高山:《二十世纪上半叶中国的粮食生产效率和水平》,中国农村发展问题研究组:《农村·经济·社会》第一卷,知识出版社1985年版。
由于江南粮食作物偏重水稻,江南粮食总产量并未发生与全国一致的变化,可以在种植业结构特征上得到理解。

表2-4　20世纪上半期江南粮食种植面积　　　　　　　　　（单位：万亩）

县份	水稻	三麦	杂粮	统计年份
崇德		2.30		1936
崇德		2.53		1948
德清	40.35	1.07	2.84	1936
德清	33.04	1.58	1.77	1948
富阳			2	1930
富阳、新登			0.95	1936
嘉定	15—20	30—40	7—12	民国时期
嘉定		48.60		1932
嘉定		23.00		1946
嘉定	22.68			1947
嘉定	18.8	28.70	12.88	1949
昆山	106.96	57.40		1930
昆山	99.1	41.60	9.31	1948
平湖			9.81	1936
平湖		4.30		1946
平湖	12—13	6.52	7.43	1949
太仓	75.60			1913
太仓	31			1919
太仓		45.70		1931
太仓	24.65	20.64		1941
无锡	84.10			1930
无锡	81.40	60		1939
武进	106.53	107.62	18.12	1928
武进	99.80	369.40		1933
宜兴	114.92	106.4	5.8	1932
宜兴	100.36	80.56	3.47	1936

续 表

县份	水稻	三麦	杂粮	统计年份
宜兴	114.64	95.83	36	1946
金山	33.58	1.17		1949

说明：
1. 杂粮为水稻、大麦、小麦、元麦以外的其他粮食作物，包括大豆、蚕豆、高粱、玉米、番薯等。
2. 1935年，《浙江省建设月刊》记载："长兴田多地广，种子窳劣，栽培守旧，产量甚为低微，稻则每亩100—150公斤，麦则三四斗。"1947年种稻74.5万亩，总产量10.43万吨，平均亩产140公斤。参见《长兴县志》第156页。
资料来源：《太仓县志》第222页；《武进县志》第254页；《昆山县志》第195页；《宜兴县志》第140页；《平湖县志》第203—204页；《富阳县志》第246—248、260页；《无锡县志》第207页；《嘉定县志》第170页；《富阳县志》第256页；《金山县志》第246页；《德清县志》第171页；殷惟龢：《江苏六十一县志》，商务印书馆1936年10月版，第109页。

如德清县，1948年与1936年相比，水稻种植面积减少7.31万亩，下降18.12%；三麦种植面积增加0.51万亩，上升47.66%；杂粮种植面积减少1.07万亩，下降37.68%。总体来看，主要粮食作物种植面积减少7.87万亩，下降17.78%。正是由于种植面积的减少，包括春粮、薯类、秋杂粮及大豆在内的德清县粮食总产由1936年的7515万公斤，下降为1948年的4529万公斤。①

从整体上看，江南区域粮食总产量在20世纪上半期是趋于下降的。不同作物、不同地区下降的幅度不一，20世纪30年代中期以前及以后，粮食总产量下降的原因也有差异，但粮食总产量减少的主要趋势是一致的，这种基本趋势与全国粮食总产量呈增长的趋势是相反的。

（二）经济作物总产量

江南个别县份有较为发达的经济作物种植，其中尤以植棉、植桑最为突出。19世纪后半期，江南产棉区涵盖常熟、太仓、嘉定、江阴、上海、宝山、川沙、南汇、奉贤、松江、金山、青浦等处。② 松江府沿海地区普遍种植棉花，常州府属各县均产棉花，③

---

① 《德清县志》，第171页。当然，粮食总产的减少还有粮食单位面积产量下降的因素。自1936年至1948年，德清县耕地面积由41.93万亩下降至38.52万亩；同时，粮食单位面积产量也由每亩178公斤减少为124.5公斤。
② 缪荃孙等纂修《江苏省通志稿》第三册，江苏古籍出版社2002年版，第969页。该志于宣统元年初修，1944—1945年第三次纂修，度支、货殖等志所述延至北洋政府时期。
③ 郭蕴静：《清代商业史》，辽宁人民出版社1994年版，第91页。

嘉定、南汇、川沙、上海、宝山、奉贤等县（厅）以及青浦等县的部分地区，甚至出现"棉七稻三"、"棉八稻二"的种植结构。① 江南桑树种植面积在20世纪初有较大扩展，由以往的蚕桑区向外围拓展，位于太湖东北、西北一带的30余个县，都成为植桑养蚕的县份。②太湖南岸各县，则是自明清时代就已发展的蚕桑区，其中一些几乎以养蚕为主业。③ 19和20世纪之交的江南棉花种植区、蚕桑区已经成为世界棉纺业、丝织业的重要原料产地，④因此，在考察江南农业总产量时，经济作物也不可忽视。这里尤其是要注重对棉花、桑蚕等生产状况的估计。

江南棉花种植主要集中于沿长江、东海的江滨、海滨地区，即学者们通常所认为的植棉地带。

下表主要收集位于这个地带的一些县份的棉花产量数据。

表2-5　20世纪上半期江南棉花产量　　　　　　　（单位：万公斤）

县份	产量	统计年份	备注
常熟	423.5	1917	
常熟	822.5	1932	
常熟	393.8	1934	
常熟	274.0	1946	
川沙	125.0	1935	皮棉
丹阳	133.0	1913	
丹阳	155.0	1924	
丹阳	164.0	1936	

---

① 徐新吾：《江南土布史》，上海社会科学院出版社1992年版，第18—21页。另外，20世纪30年代的统计显示，松江、太仓两县植棉面积占耕地面积的比重分别是42.4%、50%。[美]黄宗智《江南小农家庭与乡村发展》，中华书局2000年版，第45页。
② 缪荃孙等纂：《江苏省通志稿》第三册，江苏古籍出版社2002年版，第975页。
③ 直到20世纪30年代初，浙江省蚕丝区域以杭、嘉、湖为最，绍次之，宁又次之。全省直接依赖蚕丝业为生的人口仍达1000万人，占该省总人口的1/3；江苏省直接依赖蚕丝业的县份为39个，其中以太湖地区为最。中国第二历史档案馆编：《中华民国史档案资料汇编》第五辑第一编财政经济（八），江苏古籍出版社1994年版，第988、991页。
④ 戴鞍钢：《港口·城市·腹地——上海与长江流域经济关系的历史考察（1843—1913）》，复旦大学出版社1998年版，第146—151页。

续 表

县份	产量	统计年份	备注
奉贤	523.8	1935	皮棉
六合	32.0	1930	
句容	2.7	1919	
句容	2.8	1932	
句容	1.3	1949	皮棉
溧阳	0.9	1932	皮棉
溧阳	9.0	1949	皮棉
富阳	0.2	1929	
海宁	20.1	1922	
嘉定	525.0	1929	
嘉定	325.5	1946	丰年
嘉兴	440.0	1930	
嘉兴	88.0	1949	
江阴	1400.0	1920	
江阴	1000.0	1930	
江阴	65.7	1949	
金坛	9.4	1932	
金坛	6.6	1949	
昆山	150.6	1930	未详
昆山	600.0	1936	
昆山	77.8	1948	
南汇	663.8	1935	皮棉
平湖	4.2	1930	
平湖	4.2	1949	
太仓	1575.0	1913	籽棉
太仓	1556.0	1919	籽棉
太仓	1755.0	1931	籽棉
太仓	588.5	1941	籽棉

续 表

县份	产量	统计年份	备注
太仓	2213.5	1947	籽棉
太仓	1114.0	1948	籽棉
武进	44.0	1919	未详
新登	0.4	1929	
宝山	122.5	1919	未详
奉贤	950.0	1946	未详

说明:

1. 籽棉与皮棉之折算方法,奉贤县 50 公斤籽棉折 18.5 公斤皮棉,即 100 市斤籽棉折 37 市斤皮棉,折换比例为 0.37。参见《奉贤县志》,第 350 页。
2. 昆山县 1948 年产量原为皮棉 28.8 万公斤,此经折算。
3. 太仓县 1947 年产量原为皮棉 819 万公斤,此经折算。
4. 溧阳县棉花产量数据不可信赖。1据《溧阳县志》(1992 年版)记载,1932 年,全县棉花种植面积 4.2 万亩,皮棉总产 9250 公斤,平均亩产 2.2 公斤;1936 年,种植棉花 9962 亩,总产却出奇地高达 149400 公斤,平均亩产达 15 公斤,1949 年,种植棉花 1.2 万亩,产皮棉 90000 公斤,平均亩产 7.5 公斤。见《溧阳县志》第 201—202 页。
5. 产量数据经处理,均保留一位小数。
6. 宝山县"棉花岁产 245000 余石,价值银 390 余万元"。参见沈启照:《沪海道区宝山县实业视察报告书》,《江苏实业月志》1919 年第 5 期。

资料来源:沈启照:《沪海道区宝山县实业视察报告书》,《江苏实业月志》1919 年第 5 期;《南汇县棉产调查表》,《全国棉花搀水搀杂取缔所通讯》1935 年第 5 期;《川沙县棉产调查表》,《全国棉花搀水搀杂取缔所通讯》1935 年第 5 期;《奉贤县棉产调查表》,《全国棉花搀水搀杂取缔所通讯》1935 年第 5 期;殷惟龢:《江苏六十一县志》,商务印书馆 1936 年 10 月版,第 89(江阴)、101(常熟)、107(昆山)页;《溧阳县志》第 201、《句容县志》第 205、《丹阳县志》第 208、《太仓县志》第 222、《武进县志》第 254、《昆山县志》第 195、《富阳县志》第 260、《常熟市志》第 231、《金坛县志》第 172、《平湖县志》第 203—204、《江阴县志》第 258 页;戴鞍钢、黄苇:《中国地方志经济资料汇编》,汉语大词典出版社 1999 年版,第 97—98 页。

表中提到的嘉定,"南乡地高,较之西乡灌溉稍难,故稻不若西乡之盛,而棉花过之。田中大率一岁种稻,则两岁植棉"。[1] 再以上表中提到的奉贤县为例。该县耕地面积约计 553000 余亩,"农产物以棉、米为大宗,棉花占七成,米三成,副产物以麦、大豆、蔬菜、甘薯为主"。[2] 1946 年,棉花种植面积 380000 亩,约相当于全县耕地面积的 56.89%。各种粮食作物种植面积合计为 287928 亩,约相当于全县耕作面积的 43.11%。如下表:

[1] 《嘉定农人生计》,《江苏(东京)》1903 年第 5 期。
[2] 陈维藩:《江苏农村经济调查纪录:奉贤县金融经济概况》,《苏农通讯》1947 年第 5 期。

表2-6 奉贤县农作物面积与产量

种类	亩数	年产量	亩均产量	产量单位
籼稻	150000	160000	1.07	石
糯稻	5000	5000	1.00	石
小麦	40000	20000	0.50	石
大麦	20000	1000	0.05	石
裸麦	34000	34000	1.00	担
齐麦	2600	3200	1.23	担
大豆	10000	8000	0.80	担
豌豆	1200	144	0.12	担
蚕豆	15000	7000	0.47	担
玉蜀黍	1000	13000	13.00	担
高粱	240	160	0.67	担
花生	888	892	1.00	担
甘薯	8000	20000	2.50	担
棉花	380000	190000	0.50	担
合计	667928	—	—	—

资料来源:陈维藩:《江苏农村经济调查纪录:奉贤县金融经济概况》,《苏农通讯》1947年第5期。

江阴、常熟、嘉定、嘉兴、太仓、昆山、金坛、平湖各县,棉花年产量的最高值均在20世纪30年代前期或中期,常熟1932年棉花产量比1917年几乎增加1倍。相反,除平湖县外,上述各县20世纪40年代后期棉花年产量均远远低于20世纪30年代前中期。两个时代相较,太仓棉花年产量下降约36%,常熟棉花年产量下降约67%,嘉定棉花年产量下降38%,金坛下降29%。而在嘉兴,1949年产量仅相当于1930年的20%。[1]

棉花年产量如此起伏,源于棉花种植面积和单位面积产量的变动。以太仓县为

---

[1] 《太仓县志》,第222页;《武进县志》,第254页;《昆山县志》,第195页;《富阳县志》,第260页;《常熟市志》,第231页;《金坛县志》,第172页;《平湖县志》,第203—204页;《江阴县志》,第258页;殷惟龢:《江苏六十一县志》,商务印书馆1936年版,第89页;戴鞍钢、黄苇:《中国地方志经济资料汇编》,汉语大词典出版社1999年版,第97—98页。

例,正常年景亩产籽棉 30 至 35 公斤左右。1913 年,全县植棉 75.6 万亩,籽棉总产 1575 万公斤;1919 年,植棉 35.5 万亩,籽棉总产 1556 万公斤。1926 年至 1928 年,均为正常年景。1931 年,植棉 56.3 万亩,籽棉总产 1755 万公斤。日伪统治期间,实行粮棉统制,封锁粮食输入,粮贵棉贱,农民扩种粮食作物。棉花种植面积减少,亩均产量也大幅下跌。1941 年,全县棉田减少到 39.9 万亩,籽棉总产 590.2 万公斤。抗日战争胜利后,棉田面积逐步恢复。1947 年,植棉 60 万亩,籽棉总产 862 万公斤。1948 年,植棉 46.5 万亩,籽棉总产 1114 万公斤。[①] 再如江阴县,20 世纪初,现代纺织工业兴起,因市场需求扩大,棉花生产发展。1920 年,全县种棉 18 万亩,产籽棉 28 万担。1933 年,该县农业推广所引进和繁殖优良品种,改进植棉技术。1934 年,设立农民教育馆,讲授种植技术,棉花种植面积续有增加。沦陷期间,日伪统制粮棉,低价统购棉花,棉花种植面积随之减少。抗战胜利后,棉花进口数量增加,严重影响地方棉花生产的发展,棉区大多改种大豆、杂粮,棉花种植面积继续缩减。至 1949 年,全县植棉 5.6 万亩,产皮棉 65.7 万公斤。[②] 由几个县份的棉花产量和太仓县个案材料可见,受气候变化、生产技术、市场需求等因素影响,江南棉花年产量的变动经历先升后降的起伏过程。

蚕茧年产量增减幅度也堪称显著。最繁盛的时期始自 20 世纪 10 年代初,增长的势头维持约 20 余年,至 20 世纪 20 年代后期,各地蚕桑业已转趋衰落。1922—1928 年,养蚕是苏州仅次于种稻的农村副业,大量土地用于种植桑树。十年间,有时一季收成可达全年产量的 85%—90%。由于江苏省政府的鼓励,免除了对丝茧的地方税,并对饲养者免费提供优良蚕种,且在 1929 年试养秋蚕成功,但因受世界性丝绸市场不景气影响,1929—1931 年,市场萎缩引起该行业倒退,结果使生产缩减和价格

---

① 1913 年,太仓植棉多达 75.6 万亩,占总耕地 86% 以上。1926—1933 年的 8 年中,平均年植棉 52.7 万亩。其中 1930 年棉田占 70.5%,稻田占 20%,杂粮田占 9.5%,与清代大致相同。日伪统治期间,倾销外棉,国棉价格锐跌,棉田减少。1941 年全县棉田减少到 39.88 万亩,占总耕地 58.2%。1942 年后,日伪当局实行统制粮食,米价飞涨,迫使农民将棉田改种水稻、杂粮,形成棉四、稻五、杂一的种植格局。抗战胜利后,棉价一度高涨,30 公斤籽棉可换大米 3 石,植棉面积又随之回升。1946 年全县棉田达 71.38 万亩,超过"棉七稻三"的比例。以后因外棉倾销,本地棉品质下降,加上自然灾害影响,植棉利少,棉田大量减少,至 1948 年,稻、棉各半。参见《太仓县志》,第 183、222 页。
②《江阴县志》,第 258 页。

下降。① 上海原有缫丝厂 107 家,1931 年仅有 2 家开车。无锡原有丝厂 49 家,1931 年仅有 1 家开车;浙江原有丝厂 28 家,也仅有杭州、萧山的 2 家丝厂开车。由于缫丝厂纷纷停工歇业,对蚕茧的需求骤减。杭、嘉、湖等地春茧收成仅为 1929 年的 1/3,秋茧有所增加,全年统计蚕茧产量也只相当于 1929 年的 40%。② 1931 至 1932 年衰落持续,产量减少至往年的 10%—20%,往年每担售至 50—60 元的蚕茧,一降而为每担 20 元,甚至低至 10 余元。③ 嘉善县桑地面积 3270 余亩,每年可产干茧 3000 余担,据嘉善县政府 1928 年所作的调查,当年全县干茧产量为 394530 斤,合鲜茧 11835 担 90 斤。又据 1930 年的调查,该县鲜茧年产量为 11170 担 91 斤。④ 不同的调查,数据差异颇大。另据《嘉善县生产概况》的统计,1928、1930 两个年份嘉善县干茧产量分别为 2518 担和 3723 担。自 1927 年至 1934 年各个年份嘉善县蚕茧产量及产值如下表。

表 2-7 嘉善蚕茧产量及单价

年份	产茧量(以干茧计,单位:担)	每担价格(元,司马秤)	产值(元)
1927	1425	192	273600
1928	2518	195	491010
1929	3945	207	816615
1930	3723	195	725985
1931	3612	150	541800
1932	4030	141	568230
1933	900	105	94500
1934	1137	85	96645

资料来源:剑濡:《嘉善生产概况》,《申报月刊》1935 年第 4 卷第 8 期。

---

① 陆允昌编:《苏州洋关史料》,南京大学出版社 1991 年版,第 124 页。这里的苏州指的是苏州关税务司管控的嘉兴以北、丹阳以南、昆山以西的广大区域。另见该书第 29 页。
② 中国第二历史档案馆编:《中华民国史档案资料汇编》第五辑第一编财政经济(八),江苏古籍出版社 1994 年版,第 990—991 页。1929 年,浙江省杭、嘉、湖、宁、绍共产鲜茧 110 万担,计值 4400 万元。内农民自缫土丝约占 40%,另外约 60 万担鲜茧(即 22 万担干茧)供给缫丝厂(可缫制 36000 包生丝),占江、浙丝厂原料 70%。
③ 行政院农村复兴委员会:《浙江省农村调查》(1933 年),第 5 页。生丝每担价格也下降至往年的 30%。1931 年,吴兴有茧行 94 家,至 1932 年,仅有 1 家开门营业。
④ 陈渭川:《嘉善县经济状况及利率》,《国光周报》1933 年第 1 卷第 22 号。

上表可见,蚕茧年产量年际波动明显,产量最低的1933年,仅相当于产量最高的1932年的22.33%,再考虑到蚕茧价格波动的因素,则蚕茧产值的变化更大。1933年(产值最低年份)的蚕茧产值仅相当于1929年(产值最高年份)的11.57%。

再以浙西桐乡、崇德、海盐、海宁、嘉兴以及苏南的武进为例,各县20世纪上半期若干年份蚕茧产量变化如表2-8所示。

表2-8 20世纪上半期江南若干县份蚕茧产量　　　　（单位:万公斤）

县份	产量	统计年份	备注
海盐	209.0	1928	
海盐	56.5	1943	
海盐	24.6	1949	
丹阳	9.6	1913	
丹阳	24.9	1919	
丹阳	150.0	1934	
丹阳	83.9	1936	30家茧行收购数量
丹阳	30.0	1939	
丹阳	37.9	1947	
丹阳	7.8	1949	
溧阳	225.0	1926	
溧阳	330.0	1930	收购量。相当于粮食产量的60%
溧阳	165.0	1933	
溧阳	13.5	1946	
溧阳	7.0	1949	
嘉兴	1595.0	20年代后期	嘉区(含海宁)
嘉兴	2140.0	1929	嘉区(含海宁)
嘉兴	228.2	1935	嘉区(含海宁)
金坛	180.0	1931	
金坛	19.7	1946	
金坛	5.0	1949	
吴县	300.0	1929	

续表

县份	产量	统计年份	备 注
吴县	26.6	1938	
吴县	65.5	1949	
吴江	340.0	1934	
武进	5.5	1927	
武进	2.5	1932	
武进	1.4	1945	
宜兴	159.1	1923	
宜兴	232.5	1927	
宜兴	72.6	1948	
余杭	174.5	1933	
余杭	6.2	1948	
杭县	945.0	1933	
杭县	46.5	1948	
安吉	12.5	1941	
安吉	1.5	1947	
富阳	45.0	1933	
新登	33.0	1933	
富阳、新登	8.4	1949	两县合计
武康	40.0	1931	
武康	35.0	1933	
武康	63.9	1936	
武康	15.0	1942	
武康	8.3	1946	
武康	5.4	1947	
武康	7.0	1948	
德清	400.0	1931	
德清	300.0	1936	
德清	226.5	1940	

续表

县份	产量	统计年份	备注
德清	290.5	1941	
德清	235.7	1942	
德清	169.4	1946	
德清	100.0	1947	
德清	140.0	1948	

说明:嘉兴蚕茧产量为桐乡、崇德、海宁、海盐、嘉兴、平湖、嘉善等县合计数。
资料来源:《溧阳县志》第211页;《丹阳县志》第239页;《德清县志》第182页;《海盐县志》第224页;《吴县志》第257页;《金坛县志》第187页;《余杭市志》第78页;《武进县志》第293页;戴鞍钢、黄苇:《中国地方志经济资料汇编》,汉语大词典出版社1999年版,第115页。

表2-8中数据显示,蚕茧总产量的变动亦呈颓势。在太湖南岸蚕桑区,20世纪40年代末与20世纪30年代初相比,德清县蚕茧年产量减少68%,武康县蚕茧年产量减少75%,富阳、新登两县合计蚕茧年产量减少89%,余杭、杭县蚕茧年产量减少都在95%以上。在太湖北岸,溧阳县产量下降96%,金坛县产量减少达97%。丹阳县,鲜茧产量在1934年达到最高,差不多相当于1913年产量的15倍,之后几个统计年份产量都减少,1949年产量只有1934年总产量的约1/20,约相当于1913年产量的80%。[①]

为方便作相对全面的比较,依据表2-8中数据,将各县20世纪20年代末和30年代初、40年代末的蚕茧产量列为下表:

表2-9 20世纪上半期江南蚕茧产量变化　　（单位:万公斤）

县份	20年代末和30年代初	40年代末
丹阳	150.0	7.8
溧阳	330.0	7.0
金坛	180.0	5.0
吴县	300.0	65.5
武进	2.5	1.4

---

① 《丹阳县志》,第239页。

续　表

县份	20年代末和30年代初	40年代末
宜兴	232.5	72.6
余杭	174.5	6.2
杭县	945.0	46.5
富阳、新登	78.0	8.4
武康	40.0	7.0
德清	400.0	140.0
合计	2832.5	367.4

资料来源：同表2-8。

表中所列12县合计，20世纪30年代初蚕茧产量约为2833万公斤，40年代末减少为367万公斤，减少了87%。因为20世纪20年代后期的蚕茧产量数据缺乏，我们无法比较20世纪30年代初以前蚕茧产量的变化。但依据一些描述资料可知，20世纪30年代初江南蚕茧产量已较20年代回落。地处太湖北岸的武进县，1923—1924年曹家桥300户农家的调查显示，蚕桑业收入是农家收入的重要部分，桑业与蚕茧占农家现金收入的28%。[①] 1932年，武进县蚕茧产量只相当于1927年产量的46%。在太湖南岸的嘉兴、桐乡、崇德（石门）、海宁、海盐等县，从清光绪中期至20世纪20年代后期的50余年中，蚕茧产量成倍增加。嘉兴府属各县，清光绪中期年产茧715万公斤，20世纪20年代后期为1595万公斤，增加1.23倍。1929年，上述各县桑园发展到112万亩，年产茧2140万公斤，占浙江全省茧产量的30.7%。20世纪20年代末至30年代初，茧产量急剧下降。嘉兴等5县1935年蚕茧产量只相当于1929年产量的11%。蚕茧单产、总产比1929年分别下降39%和80%。[②] 其中，海宁，1912—1924年间蚕桑生产逐步上升，1925年开始大发展，至1929年达到历史最高峰。在蚕桑全盛时期，即1925—1929年，海宁耕地总面积为68万亩，桑园面积为35万亩，占51.4%，养蚕户74916户，占总农户89%。鲜茧总产量550万公斤，年产

---

① [美]卜凯著，张履鸾译：《中国农家经济——中国七省十七县二八六六田场之研究》，商务印书馆1936年版，第94页。
② 《嘉兴市志》，第1192页。

丝茧曾达 700 万元，20 世纪 30 年代初，每年仅百万元左右。① 据 1933 年崇德县 280 户的调查，蚕桑业收入由 1928 年的 17057 元，减少为 1933 年的 7448 元，每户平均收入由 61.13 元减少为 26.6 元，每户平均收入指数由 100 降为 43。② 看来，20 世纪 20 年代后期各县的蚕茧产量多高于 30 年代初，如果以 20 世纪 20 年代产量最高时期与 40 年代末相比，蚕桑业由盛到衰的下降幅度当会更大。

市场萎缩和价格下跌是蚕桑生产衰落的主要原因。蚕茧收购价格常随国际、国内丝价高低和蚕茧供需变化而涨落。同治、光绪年间，国际市场丝的需求量激增，丝价不断上涨，刺激蚕农栽桑、育蚕。③《海宁州志稿》载，1911 年当地平均每亩桑地产茧 18 斤多，当时每担茧平均价格银 42 元，1 斤茧的价格相当于 12.7 斤大米的价格。1928—1932 年，茧粮比价为 10∶1 左右，最高年份曾达到 15∶1，有"斤茧斗米"之说。以后比价下降。1934 年茧价下跌 70%。④ 前述嘉善县蚕茧价格在这一时期也有大幅波动。如下图所示：

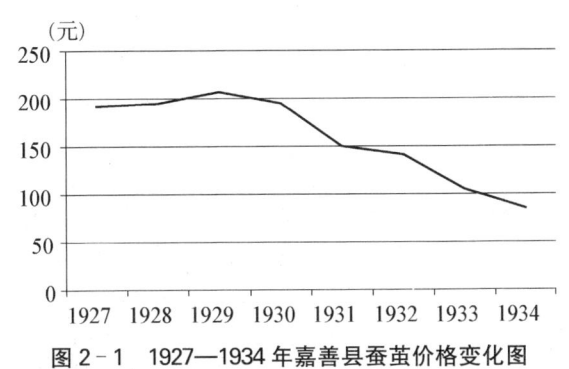

图 2-1 1927—1934 年嘉善县蚕茧价格变化图

资料来源：剑濡：《嘉善生产概况》，《申报月刊》1935 年第 4 卷第 8 期。

20 世纪 40 年代，茧价波动更加剧烈，嘉兴地区"1942—1943 年时，茧粮比价跌至 2∶1。1946 年，规定茧粮比价为 3∶1，茧价 10 元一担，米价按 3 元一担计算，但收茧

---

① 行政院农村复兴委员会编：《浙江省农村调查》(1933 年)，第 229 页。
② 行政院农村复兴委员会编：《浙江省农村调查》(1933 年)，第 125 页。
③《桐乡县志》，第 434 页。该县乡间无不桑之地，无不蚕之家。民国初期，育蚕农户渐有增加，育蚕技术也有改进，赖以此维持生计者甚多。
④《嘉兴市志》，第 1287 页。

开始,米价扶摇直上,转瞬涨至7—8元一担,物价飞涨,茧价独贱,蚕农破产"。① 尽管这一时期浙江省政府为复兴蚕业,曾制订《浙江省蚕业复兴实施计划》,在海宁等29个县筹设蚕业推广区,由中国农民银行贷放桑苗款,建立桑苗生产基地,向日本采办新的蚕品种,低价配发给蚕农。但因蚕丝外销不振,除桑苗生产曾一度得到发展外,蚕桑生产未能恢复,与战前差距甚远。1946年,海宁县桑园面积为25.43万亩,比抗战前减少9.56万亩,至1949年桑园面积只剩16.55万亩,全年产鲜茧116.8万公斤,仅为战前的21.2%。②

油菜种植较为分散,很难说形成专业性的种植区域,但种植地域较棉花等经济作物更为广泛。在考察江南农业产量时,油菜的产量也应考虑在内。20世纪30年代,长兴、德清、武康、富阳、新登、嘉定、昆山、平湖、崇德9县油菜年平均产量为659.82万公斤。40年代后期,这9个县年平均油菜籽产量下降为300.65万公斤,降幅达54%。③ 一些县份的个案材料支持统计结果。富阳、新登两县油菜籽产量较多的1930年,富阳县播种面积3.3万亩,产油菜籽1498.5吨;新登县2.4万亩,产油菜籽1175吨,人均占有食油为4公斤。1946年,富阳、新登两县,栽种面积减为1.8万亩,总产油菜籽847吨。1949年,两县又减为1.28万亩,总产油菜籽443吨,人均食油减少到不足半公斤。④ 此外,茶叶生产变动也以20世纪30年代中期为转折点,由盛转衰。安吉、孝丰、余杭、杭县、富阳、新登等产茶县,20世纪40年代后期的茶叶产量较之于20—30年代,均大幅下降。⑤ 另外,江南尚有林果业、养殖业等,其产量变化的大体趋势,与茶业类似。

总起来看,虽然在20世纪起初的二三十余年中,江南粮食作物和经济作物产量都有不同程度的增长,但在之后的年代中,农业生产总量却经历了持续的下跌。不论是就水稻、三麦等粮食作物,还是就棉花、油菜、蚕茧等经济作物来看,20世纪上半期江南农业生产总的是趋于萎缩停滞的,最为重要的粮食作物和经济作物,如水稻、

---

① 《嘉兴市志》,第1287页。
② 《海宁市志》,第273页。
③ 《常熟市志》,第231页;《嘉定县志》,第170页;《平湖县志》,第205页;《长兴县志》,第156页;《富阳县志》,第256页;《昆山县志》,第195页;《德清县志》,第171页。
④ 《富阳县志》,第256页。
⑤ 《余杭市志》,第78页;《安吉县志》,第120页;《富阳县志》,第251—252页。

棉花、蚕茧等，其总产量实际上经历了缩减的过程。在 20 世纪上半期全国以粮食总产量为主体的农业总产量增加的大趋势中，江南农业生产所经历的衰落与萎缩，无疑是引人深思的。据一些学者估计，20 世纪上半期全国粮食总产量乃至农业总产量的增长，是由于耕地总量的增加。而江南并没有这样的土地资源优势，像我们在第一章中所统计的江南 49 县，20 世纪 40 年代末与 20—30 年代相比，耕地面积减少了 4.45％。耕地面积的减少或许正是农业总产量下降的因素之一。

二、土地生产力

单位面积产量具有极为丰富的内涵，在统计计量和分析论证上都有进一步研究的余地。关于近代中国农作物单位面积产量，学术界依旧存在明显分歧。缘故之一在于学者们所考察的区域本身的差异。在此，我们考察江南区域农业生产力水平。

（一）单位面积产量

单位面积产量是衡量农业生产水平和生产效益的重要指标。[①] 近代中国农业单位面积产量的变化趋势，学者有不同看法。有学者认为，20 世纪 20—30 年代，粮食单位面积产量与清代中叶相较差别不大。[②] 还有学者认为，清代前期中国的农业生产达到历史的顶峰，此后，粮食亩产量逐步降低。[③] 至于江南，有学者认为这一地区

[①] 苑书义、董丛林：《近代中国小农经济的变迁》，人民出版社 2001 年版，第 132 页。
[②] 徐秀丽：《中国近代粮食亩产的估计——以华北平原为例》，《近代史研究》1996 年第 1 期。
[③] 吴承明认为，同清代乾隆、嘉庆时代相比，近代粮食亩产量确实是下降的。吴承明：《中国近代农业生产力的考察》，《中国经济史研究》1989 年第 2 期。吴慧：《中国历代粮食亩产研究》，农业出版社 1985 年版，第 206 页。他认为"近代的原粮亩产不仅低于清中叶，而且有的时候（如解放前夕的 1947 年）也低于汉代的亩产 264 市斤"。据吴慧的估计，20 世纪 30 年代中期，"耕地面积原粮亩产 270.9 斤，比清中叶的 367 斤减少 26.2％"。在许道夫等人的计量研究中，近代土地单位面积产量也呈下降的趋势。章有义也提出，近代中国农田地力枯竭，亩产不再保持增长的势头。有的统计称，在 1924—1944 年间东北地区单位面积产量下降了 35％。学者们指出，进入 20 世纪以后，粮食作物单位面积产量的下降，已经昭显出农业生产本身的危机。除了单位面积产量下降外，学者们提出的农业生产衰退的其他表现还有：耕地面积逐渐缩减，人均粮食占有量逐渐减少等。而这里研究的江南区域耕地总量在 20 世纪上半期的变化，也反映耕地数量减少的趋势。

近代单位面积产量大约比清代为低。[1]

我们采集20世纪上半期若干县份的水稻亩产量数据,列为表2-10。

表2-10　20世纪上半期江南水稻亩产量　　　　　　（单位:公斤）

县份	产量	统计时间	备　注
崇德	287.38	1926	常年。丰年产量约412.5公斤
崇德[2]	257.13	1933	米
常熟	270.00	1929	稻
丹徒	125.00	1930	30—40年代常年产量100—150公斤
德清	178.20	1936	晚稻
德清	130.00	1948	武、德两县
德清	130.00	1948	晚稻
海宁	275.00	1933	由米折算
杭县	343.75	1933	由米折算
嘉定	201.00	1949	
嘉兴	209.77	1949	
江浦	177.45	1932	水稻
江浦	104.35	1949	水稻
高淳	150.00	1920	水稻

---

[1] 许涤新、吴承明:《中国资本主义发展史》第一卷《中国资本主义的萌芽》,北京:人民出版社1985年版,第192页。吴承明认为1932年浙江、江苏、安徽、江西4省的亩产量约合清代的69—71%。他还依据陈恒力对嘉善、吴兴农业产量的考察,指出20世纪初两地亩产量分别合清代的83%、54%,抗日战争前两县亩产量约合清初亩产量的77%。再将目光转向江南,可以发现,已有学者对处于核心的太湖周边地区明清时期水稻亩产量进行了详细研究。陈振汉比较了苏、松、嘉、湖等地每亩耕地的产量记录,认为明末清初江浙各地每亩产米量在1石至3石之间,认为一般的亩产量为2石米。陈振汉:《步履集》,北京大学出版社2005年版,第239页。另外,闵宗殿曾对明清太湖地区的水稻亩产量作过统计,将所收集的数据折算为以公斤为单位计值的亩产量。最高值出现在清初的湖州,每亩地可产稻谷687.5公斤。但这是一个极端的例子,明清时期包括湖州、苏州、松江、嘉兴等地在内的稻谷亩产量,在收成最好时,平均值为410.46公斤;当收成偏低时,平均亩产稻谷为277.97公斤。极端最低值仅为145公斤,为明末苏州的一个稻谷亩产量数据。如果不考虑不同时代、不同地区的差异,明清太湖地区水稻亩产量平均约为275公斤稻谷。这也是清代道光、光绪年间苏州、松江、湖州、嘉兴等地较为经常的稻谷亩产量。闵宗殿:《宋明清时期太湖地区水稻亩产量的探讨》,《中国农史》1984年第3期。

[2] 这个数据来自崇德县甲子埭、陈家村、庵河、杨家庄、姚家浜、五圣堂、桑园7村,这7个村每亩产量分别为米1.7石、2石、1.7石、2.2石、1.8石、2石和1.7石。参见行政院农村复兴委员会编《浙江省农村调查》(1933年),第145页。

续　表

县份	产量	统计时间	备　注
六合	302.50	1949	水稻
江阴	324.50	1930	稻谷
江阴	188.38	1941	稻谷
江阴	155.38	1944	稻谷
江阴	136.00	1946	稻谷
江阴	172.50	1949	稻谷
金山	300.00	1935	丰年,稻谷
金山	200.00	1947	
金山	205.50	1948	稻谷
句容	197.60	1933	早籼稻
句容	180.05	1933	早糯稻
句容	195.00	1933	晚籼粳稻
句容	202.15	1933	晚糯稻
句容	105.50	1949	水稻
昆山	145.70	1930	稻谷
昆山	159.50	1948	稻谷
溧阳	108.00	1919	水稻
溧阳	107.30	1936	水稻
溧阳	115.00	1949	水稻
六合	138.00	1933	粳糯合计
松江	137.00	1934	粮食
太仓	120.30	1919	
太仓	117.00	1941	
太仓	300.00	1947	
桐乡	254.38	1926	常年,丰年约为363公斤
无锡	94.96	1939	稻谷
吴兴	275.00	1933	由米折算
武进	203.00	1928	粳稻谷

137

续 表

县份	产量	统计时间	备 注
武进	204.00	1928	籼稻谷
武进	206.00	1928	糯稻谷
武进	292.50	1929	粳、籼、糯稻平均
武进	255.75	1933	稻谷
扬中	161.85	1930	稻
扬中	163.50	1932	稻
扬中	146.9	1949	水稻
宜兴	172.50	1949	稻谷
余杭	70.00	1933	大约
余杭	150.00	1949年以前	大约
长兴	125.00	1935	田多地广，种子窳劣，栽培守旧
长兴	140.00	1947	

说明：原资料有以石、担、市斤为单位者，统一换算为以公斤为单位；原资料有以米计量者，统一折合为稻谷计算。以1石米重量为75公斤；以1石米折合275市斤稻谷（即1石米折合137.5公斤稻谷），将单位面积产量"石米"折算为"稻谷斤"；以1石稻谷折合65公斤稻谷计。崇德、桐乡两县亩产量原计量单位为石，以1石稻谷折合65公斤稻谷估算。

资料来源：行政院农村复兴委员会：《浙江省农村调查》（1933年），第157页；楼同茂：《六合县的地方经济》，《地理》1949年第6期；叶可长：《高淳县农产统计调查表》，《江苏省农会杂志》1920年第7期；江苏省农民银行总行编：《第二年之江苏省农民银行》（1930年），张研、孙燕京主编：《民国史料丛刊》第475册，大象出版社2009年版，第88、138页；《丹徒县志》第191页；《句容县志》第188、197页；《六合县志》第132页；《江浦县志》第141页；《扬中县志》第122、126页；《无锡县志》第208页；《金坛县志》第170页；《太仓县志》第222页；《武进县志》第254页；《昆山县志》第195页；《宜兴县志》第128页；《江阴县志》第243页；《长兴县志》第156页；《余杭市志》第77页；《金山县志》第246页；《松江县志》第328页；《桐乡县志》第320页。

在该表中，收集了24个县的51个产量数据，时间跨度为自1919年至1949年的30年。经过统计，平均亩产量的最低值为70公斤稻谷，出现在1933年的余杭县。[①] 扬中县常年水稻亩产量为100—200公斤，少数田块亩产量仅50公斤左右。[②] 丰年稻谷产量较高，较为明确的丰年稻谷产量分别为363公斤（桐乡，1926年）、412.5公斤（崇德，1926年）。[③] 川沙县，"稻之收获量，每亩最多可收400斤，普通350余斤，最

---

① 《余杭市志》，第77页。
② 《扬中县志》，第122页。
③ 《桐乡县志》，第320页。

少250余斤"。① 海宁县稻每亩约可收获3石。②

表2-11 1931年若干县份水稻种植面积及产量

县别	全县耕种(亩)	通常产量(石)	本年产量(石)	单位面积产量(石)
吴县	215657	4006729	4155711	18.58
常熟	21000	40593	40593	1.93
丹阳	319584	560867	530829	1.75
昆山	367458	472345	509103	1.29
青浦	31945	51687	72866	1.62
吴江	138638	263412	267571	1.90
江阴	114849	217409	262429	1.89
武进	398400	593042	800583	1.49
江宁	865160	1020888	1176617	1.18
宜兴	675330	1220321	1384426	1.81

说明:表中吴县全县通常产量及当年全县产量原文如此,疑有误。
资料来源:《国内外贸易消息:米产丰收泛讯及贸易》,《国际贸易导报》1932年第4卷第6号。

20世纪20—40年代,上述县域低于200公斤的稻谷亩产量数占近60%,稻谷亩产量高于200公斤的还不到40%。不同时期乃至同一时期不同地区、常年与丰年,稻谷亩产量波动明显,标准差达到79.44公斤。据1923年东南大学农科所做调查,松江、南汇、青浦、金山、太仓、嘉定各县水稻平均亩产量为2.36石米,折合稻谷为324.5公斤。③ 如下表所示。

表2-12 1923年沪海道属各县水稻每亩收获量

县份	地点	亩产量(石米)	亩产量(公斤稻谷)	年成
松江	莘庄	3.60	495.00	丰年
松江	新桥	2.45	336.88	丰年
松江	亭林	2.30	316.25	不

---

① 谢承烜:《江苏省农民银行二十周年纪念征文:川沙县金融经济概况》,《苏农通讯》1948年第7期。
② 《海宁县经济概况调查》,《浙江经济情报》1936年第1卷第1至5各期合刊。
③ 章有义:《中国近代农业史资料》第二辑,三联书店1957年版,第100—101页。

续表

县份	地点	亩产量(石米)	亩产量(公斤稻谷)	年成
松江	枫泾	2.53	347.88	平年
松江	叶榭	2.00	275.00	丰年
松江	张泽	1.92	264.00	丰年
南汇	周浦	3.72	511.50	丰年
青浦	章练塘	3.00	412.50	丰年
青浦	金泽	1.89	259.88	不
青浦	白鹤青村	2.15	295.63	不
金山	东二	2.12	291.50	丰年
金山	金山卫	2.20	302.50	不
金山	西二	4.03	554.13	平
金山	张堰	2.20	302.50	不
金山	千巷	1.80	248.04	丰
太仓	太仓	1.16	159.50	平
嘉定	第一	2.07	284.63	不
嘉定	第七	1.40	192.50	丰
平均		2.36	324.50	

说明：以1石米重量为75公斤；以1石米折合275市斤稻谷(即1石米折合137.5公斤稻谷)，将单位面积产量"石米"折算为"稻谷斤"。

资料来源：章有义《中国近代农业史资料》第二辑，三联书店1957年版，第100—101页。

该表中单位面积产量统计，高于表2-10中所列的大部分数据。其中一个原因在于所统计的18个亩产量数据中，有9个是丰年的平均亩收获量。多取丰年产量数据，是该调查所得数据较高的原因。所以，我们估计20世纪上半期江南稻谷单位面积产量，不像一些个别年份的个案调查所显示的那么高。曹幸穗依据满铁调查，估算20世纪上半期苏南各地农村的水稻亩产在108—304公斤稻谷之间，[①]也可见因收成不同，常年、丰年及灾荒年份，单位面积产量差距颇大，而不同地区之间水稻亩均产量也颇为不同。若以总平均计，我们估算20世纪上半期各县水稻平均亩产量约

---

① 曹幸穗：《旧中国苏南农家经济研究》，中央编译出版社1996年版，第117页。

为185公斤。这个数据与珀金斯的估计数185.5公斤(1931—1937年平均)相当接近,也与曹幸穗研究的5县11村1937—1940年间平均水稻亩产稻谷182公斤接近,但却低于卜凯同期调查报告所得亩产214.5公斤的数字。[①] 曹幸穗认为卜凯数据偏高,因为从调查质量上看,他所依据的满铁调查报告是对村庄全体农户逐户调查的,所选的村庄既有高产的,也有低产的,而且时间跨度有4年之多。卜凯的调查是在村中作抽样调查的,每村所选的样本农户数也不多,这就可能选取了产量较高的样本。如果20世纪上半期水稻亩均产量为185公斤更接近事实,则这一时期水稻亩产量只相当于闵宗殿所估计的明清时期水稻平均亩产量的67%。[②]

除了将20世纪上半期作为一个时段与以往作比较,还可再观察这个时期单位面积产量的变化。表2-10中数据多为1930年前后和1940年代末两个时期所作统计。这样,我们又可以得到两个不同时期的亩均稻谷产量,再作30—40年代亩均产量变动的估计。

表2-13　20世纪上半期江南若干县水稻亩产量　　　　　　（单位:公斤）

县份	30年代初	40年代末	说　　明
德清	178.20	130.00	
江浦	177.45	104.35	
江阴	324.50	172.50	
金山	300.00	205.00	
句容	193.70	105.50	20世纪30年代数据为各品种平均
昆山	145.70	159.50	
溧阳	107.30	115.00	
太仓	120.30	300.00	

[①] 曹幸穗:《旧中国苏南农家经济研究》,中央编译出版社1996年版,第117页。
[②] 有学者研究显示,近代江南土地粮食亩产量不仅没有增长,反较清代有所下降。嘉庆、道光年间,苏州、嘉兴的亩产量分别为米3石、3.7石,至20世纪初两地的亩产量分别下降为米2.5石、2石,大约相当于清代的83%、54%。清代浙江、江苏、安徽、江西的亩产量一般在米1.5—2石间,按1.5石计,合谷3石,即400斤。据1932年出版的《中国农业概况估计》(张心一编),这四省的亩产量分别为谷307斤、278斤、284斤、292斤,也只相当于清代的69%至71%。参见许涤新、吴承明:《中国资本主义发展史》第一卷、《中国资本主义的萌芽》,人民出版社1985年版,第192页。

续 表

县份	30年代初	40年代末	说 明
扬中	163.50	146.90	
余杭	70.00	150.00	
长兴	125.00	140.00	
平均	173.24	157.20	

资料来源:同表2-10。

上表统计了11个县两个不同时期的单位面积产量。各县20世纪30年代初稻谷平均亩产量约为173公斤,40年代末下降为约157公斤。自20世纪30年代初至40年代末,11县水稻单位面积产量约下降9%。

就常熟而言,这样的趋势一直延续到20世纪40年代后期。抗日战争后,常熟农业生产比抗日战争以前更为降低,当时的调查表明,梅李、支塘等地的亩均收获量都有所下降。

表2-14 常熟县粮食平均亩产量

地区		梅李区塘墅乡			塘桥区长寿乡	大义区大义乡	支塘区董滨乡		吴市
产品(每亩)		米	小麦	元麦	米	米	米	小麦	棉花
抗战前(石)	最高	3.0	2.0	1.4	—	—	2.7	2.0	—
	一般	2.2	1.8	1.3	—	—	2.0	1.5	—
	最低	1.5	1.5	1.0	—	—	1.5	1.0	—
抗战后(石)	最高	2.8	1.8	1.4	2.5	3.0	2.0	1.5	—
	一般	2.0	1.5	1.0	2.2	2.5	1.5	1.2	40—50
	最低	1.2	1.0	0.6	1.3	2.0	1.2	0.7	—

说明:表中吴市抗战后棉花产量单位为公斤。
资料来源:《常熟县农村经济概况》(1950年1月调查),华东军政委员会:《江苏省农村调查》,1952年版,第57页。

战后与战前相比,稻米最高产量下降6.67%;最低产量下降20%,一般产量下降9.09%。

以上讨论了在粮食作物中最为重要的水稻,下面再看三麦亩均产量的变化。

表2-15　20世纪上半期江南三麦亩产量　　　　　　　　（单位：公斤）

县份	产量	统计时间	备注
宝山	105.0	1908	三麦
常熟①	86.5	1935	三麦
常熟（昭文）	61.7	1908	三麦
常熟	145.0	1929	麦
川沙	100.0	1908	小麦、大麦
丹徒	43.3	1908	三麦
丹阳	27.0	1908	小麦
德清	44.4	1936	小麦
德清	35.0	1948	小麦
德清	31.5	1949	小麦，县内零星种植
奉贤	64.0	1908	三麦
高淳	45.5	1908	小麦、大麦
华亭	60.0	1908	三麦
嘉定	58.3	1908	三麦
嘉定	60.0	1932	大麦
嘉定	60.0	1932	小麦
嘉定	55.0	1932	元麦
嘉定	46.0	1949	小麦
江都	70.0	1908	三麦

---

① 三麦数据系由推算而来。参见殷云台：《常熟农村土地生产关系及农民生活》，《乡村建设》第5卷第3期，1935年9月。该项调查列出了常熟耕地数量及平时生产量：

耕地种类	面积（亩）	生产物品	产量
稻田	1571501	米	1500000石
棉田	503000	麦	600000石
芦田	43000	棉	135735担
		大豆	80000石
		油菜	400000担

续 表

县份	产量	统计时间	备注
江宁	76.0	1908	三麦
江浦	46.5	1908	小麦、大麦
江浦	63.0	1932	
江浦	32.5	1949	
江阴	90.0	1908	小麦
江阴	43.0	1930	三麦
江阴	45.0	1936	三麦
江阴	62.0	1943	三麦
江阴	50.0	1946	三麦
金山	48.5	1908	小麦、元麦
金坛	27.0	1908	小麦
句容	27.0	1908	小麦、大麦
昆山	65.0	1930	
昆山	55.1	1948	
溧水	38.3	1908	三麦
溧阳	27.0	1908	小麦、大麦
六合	35.5	1908	小麦、大麦
六合	88.2	1949	小麦、大麦
南汇	66.7	1908	三麦
平湖	48.0	1949	大麦
平湖	36.0	1949	小麦
青浦	100.0	1908	小麦、大麦
上海	58.3	1908	三麦
太仓	40.7	1931	麦子
太仓	55.9	1941	麦子
太仓(镇洋)	65.0	1908	三麦
吴江	55.0	1908	小麦、元麦
无锡	90.0	1908	小麦

续 表

县份	产量	统计时间	备注
无锡	37.5	1939	小麦
吴县(长洲、元和)	47.5	1908	小麦、大麦
武进	92.8	1928	大麦
武进	53.6	1928	小麦
武进	56.8	1928	元麦
武进	75.0	1933	大麦
武进	61.5	1933	小麦
武进	65.0	1933	元麦
武进(阳湖)	67.3	1908	三麦
扬中(太平)	100.0	1908	三麦
宜兴	35.5	1949	麦子
宜兴(荆溪)	46.7	1908	三麦

说明：

1. 单位经过换算，以公斤为计量单位。小麦每市石重量145市斤。参见吴慧：《中国历代粮食亩产研究》，农业出版社1985年版，第173页。

2. 表中六合县1949年小麦、大麦产量是两种作物的平均，统计数据分别来自六合县的南圩、竹镇、马集三区。

资料来源：江苏省农民银行总行编：《第二年之江苏省农民银行》(1930年)，张研、孙燕京主编：《民国史料丛刊》第475册，大象出版社2009年版，第88页；缪荃孙等纂修：《江苏省通志稿》第三册，江苏古籍出版社2002年版，第951—952页；《无锡县志》第208页；《太仓县志》第222页；《昆山县志》第195页；《宜兴县志》第128页；《平湖县志》第203—204页；《江阴县志》第243页；《江浦县志》第141页。

麦类单位面积产量受年成丰歉之影响。小麦收获最丰县份，如川沙、青浦、宝山，每亩可收110—115公斤，无锡、金匮、江阴各县可收85—90公斤，上元、江宁、南汇、太仓、崇明各县70—75公斤不等，江浦、上海、华亭、奉贤、金山、嘉定等县，每亩均在50公斤以上。高淳、六合等县，每亩不及50公斤，溧阳、溧水等地每亩仅有25—30公斤。[①] 1908年的统计显示，江阴等37县小麦亩均产量为64公斤，南汇等25县大麦亩均产量为55公斤，上海等18县元麦亩均产量为63公斤。[②] 以35县的单位面积产量数据计算，1908年江南三麦平均每亩产量为60公斤。

以表中所列江阴、无锡、武进、常熟、德清、昆山、太仓、嘉定等8县16个产量数

---

① 缪荃孙等纂修：《江苏省通志稿》第三册，江苏古籍出版社2002年版，第950页。
② 缪荃孙等纂修：《江苏省通志稿》第三册，江苏古籍出版社2002年版，第950—951页。

据,估算20世纪20年代末和30年代初三麦每亩平均产量为59公斤,与1908年调查统计的产量接近。1931—1933年,江苏省小麦亩均产量为63公斤、大麦亩均产量为57公斤。① 小麦、大麦平均,1933年平均每亩产量为60公斤,而1908年小麦和大麦平均每亩产量为59.5公斤,几乎相同。由此,我们估计20世纪30年代初麦类作物的单位面积产量与20世纪10年代相比并无增加。

上表中还包括江阴、太仓、德清、昆山等7个县20世纪40年代后期的10个产量数据(其中7个数据是1948年和1949年的),两个时期比较,德清县小麦平均亩产量下降约29%;嘉定县下降约23%;昆山县下降15%。依据这些数据我们估算20世纪40年代后期三麦每亩平均产量为46公斤,比30年代初下降22%。②

可见,20世纪上半期江南的粮食生产力是停滞和倒退的。这一时期的水稻亩均产量整体上低于明清时期,且越来越低;三麦单位面积产量则由20世纪10—30年代的相对停滞,到40年代转趋下降。即使我们这里未能讨论的杂粮单位面积产量有所增加,仍可判断20世纪上半期粮食亩产量趋于减少。保守估计,这一时期江南粮食单位面积产量的下降幅度可能达到10%。章有义的研究显示,到了清末民初,中国农业生产基本上已恢复到太平天国前夕的水平,并有所超过。③ 赵冈、吴慧等人认为19世纪末20世纪初亩产量上升应该是很可能的。④ 这一观点在一定程度上是对近

---

① 中国第二历史档案馆编:《中华民国史档案资料汇编》第五辑第一编财政经济(七),江苏古籍出版社1994年版,第513页。
② 《无锡县志》,第208页;《太仓县志》,第222页;《昆山县志》,第195页;《宜兴县志》,第128页;《平湖县志》,第203—204页;《江阴县志》,第243页。杂粮作物种类较多,在方志文献中,关于杂粮类作物的单位面积产量,往往语焉不详。正因如此,杂粮平均亩产量的计算也多为估计数据。依据前述20世纪上半期杂粮总产量增长的趋势,我们也很难估算杂粮类作物平均亩产量的变化,因为虽然可以估计20世纪40年代杂粮种植面积较前增加,但还不清楚种植结构中杂粮类作物种植面积变化的幅度,也无法判断杂粮单位面积产量的变化。
③ 章有义:《近代中国人口和耕地的再估计》,《中国经济史研究》1991年第1期。但他仍强调"不能无条件地把耕地面积的扩大归结为农业生产力的增长。只有结合耕地的实际有效利用率和单位面积产量,才能正确估量农业生产力的水平。有时耕地面积未减少,甚至有所增加,而农业生产力实际在下降,这在近代中国是屡见不鲜的。"
④ 赵冈、吴慧:《清代粮食亩产量研究》,中国农业出版社1995年版,第3、第127、128页。但他们仍认为,中国"各地区的粮食亩产量清中叶以后以不同程度下降,是不可否认的事实"。据吴慧的估算,自1870年至1910年,亩均粮食产量由204.7斤递增至223.1斤。参见吴承明:《中国近代农业生产力的考察》,《中国经济史研究》1989年第2期。

代农业停滞论的修正,就全国整体而言,这些估计也是可能的,显然,这一判断不适于江南。

在一些县份的种植业结构中,经济作物的重要性甚至超过粮食作物。因此,在考察农业生产水平的变化时,还需涉及经济作物。这里先以棉花种植业为例加以考察。

表2-16 南汇县棉产调查表

地方名称	棉田面积（亩）	棉品种	每亩籽棉产量（斤）	皮棉总产额（担）	每担籽棉单价（元）
第一区	155000	浦东白籽棉	50	26350	11.00
第二区	133000	浦东白籽棉	50	22610	11.00
第三区	80000	浦东白籽棉	45	12240	10.80
第四区	80000	浦东白籽棉	60	16320	10.80
第五区	82000	浦东白籽棉	45	12546	10.80
第六区	87000	浦东白籽棉	45	13311	10.80
第七区	80000	浦东白籽棉	50	13770	10.80
第八区	102000	浦东白籽棉	45	15606	11.00
总计	799000	浦东白籽棉	（平均）50	132753	（平均）10.88

资料来源:《南汇县棉产调查表》,《全国棉花搀水搀杂取缔所通讯》1935年第5期。

南汇县总计棉田面积为80万亩,亩均籽棉产量为50斤。

表2-17 川沙县棉产调查表

地方名称	棉田面积（亩）	棉品种	每亩籽棉产量（斤）	皮棉总产额（担）	每担籽棉单价（元）
第一区	15000	本地白籽棉	55	2805	10.80
第二区	14500	本地白籽棉	65	3205	10.80
第三区	30500	本地白籽棉	70	7259	10.80
第四区	30500	本地白籽棉	70	7259	11.00
第五区	20000	本地白籽棉	65	4471	11.00
总计	110500	本地白籽棉	（平均）65	24999	（平均）10.88

说明:第五区20000亩棉田,种植美棉约1000亩,每亩籽棉产量80斤,表中每亩籽棉产量为本地白籽棉产量。

资料来源:《川沙县棉产调查表》,《全国棉花搀水搀杂取缔所通讯》1935年第5期。

川沙县植棉面积110500亩,亩均产籽棉65斤。奉贤县亦为产棉区。奉贤"农产以棉、稻为大宗。棉多稻少。向为七与三之比例。近以棉价昂贵,种棉益多……邑中产者曰杜花,杜之为言土也。凡田来年拟种稻者,各种麦。种棉者,勿种。谚云:'歇田当一熟'。言歇息田力,即古代田之义。中稔之年,每亩产棉七八十斤,本年收成特佳,至一百六七十勃者,为近十年所未有。棉产总额约四五十万担,除供本境装制各项用途,年约十五万担外,余三十万担全行销售沪上及东洋各处,实为该邑一大利源。惟美棉邑境试种者绝少"。① 据20世纪20年代后期的调查,奉贤"农作分大熟与小熟。大熟以棉花、稻为主产,以大豆为副产,小熟以大、小麦、油菜、蚕豆为主品,亦有代以绿肥或荒弃,绿肥大多为豌豆及紫云英,二熟之中又以大熟为主熟,小熟为副熟,故一年之丰歉,咸以大熟为断,每亩产量以中等计,棉花可收百五十斤,稻可收石半,至若丰收,则棉花可及四包,约计二百八十斤一亩,稻可三石余,若逢歉收,则棉花每亩只收数十斤,稻只数斗,甚至全无收获者"。② 30年代初,奉贤县"农产仍以棉花为大宗,稻麦次之,其他作物又次之。本邑棉处,系浦东白籽棉,品质不佳,丝头粗短,实为现世棉花恶劣之品种……一般农民皆墨守旧法,且对于棉种之选择,向不注意,以致本邑棉种,日形变劣"。③ 下表为20世纪30年代中期奉贤县棉产情况统计。

表2-18 奉贤县棉产调查表

地方名称	棉田面积（亩）	棉品种	每亩籽棉产量（斤）	皮棉总产额（担）	每担籽棉单价（元）
第一区	91000	浦东白籽棉	67	21340	11.00
第二区	53600	浦东白籽棉	65	12194	11.00
第三区	124600	浦东白籽棉	68	29655	11.00
第四区	95200	浦东白籽棉	66	21991	11.00
第五区	86100	浦东白籽棉	65	19588	11.00
总计	450500	浦东白籽棉	(平均)66	104768	(平均)11.00

说明:第五区20000亩棉田,种植美棉约1000亩,每亩籽棉产量80斤,表中每亩籽棉产量为本地白籽棉产量。
资料来源:《奉贤县棉产调查表》,《全国棉花搀水搀杂取缔所通讯》1935年第5期。

---

① 纪蕴玉:《沪海道区奉贤县实业视察报告书》,《江苏实业月志》1919年第3期。
② 张锦泉:《奉贤农业概况》,《国立中央大学农学院旬刊》1929年第24期。
③ 杨克强:《奉贤县植棉概况》,《农林新报》1931年第8卷第18期。

上表可见,奉贤县棉田面积达450500亩,约占全县50万亩农田的90%,平均亩产为66斤籽棉。

我们还收集了其他主要产棉县的棉花单产统计数据,列为下表。

表2-19 20世纪上半期江南棉花亩产量　　　　　　　　（单位:公斤）

县份	产量	统计时间	备注
海宁	19.0	1909	籽棉
海宁	17.6	1949	籽棉
太仓	20.8	1913	籽棉
太仓	14.8	1941	籽棉
太仓	13.7	1947	籽棉
太仓	23.9	1948	籽棉
昆山	75.8	1948	籽棉
嘉定	15.3	1929	
嘉定	17.4	1946	丰年
江阴	77.8	1920	籽棉
江阴	31.6	1949	籽棉
川沙	36.9	1934	籽棉
川沙	90.0	1948	籽棉
川沙	20.3	1949	籽棉
富阳	8.1	1929	籽棉
杭县	25.4	1932	籽棉
海宁	27.5	1932	籽棉
海盐	20.7	1932	籽棉
丹徒	20.3	1932	籽棉
新登	12.7	1929	籽棉
常熟	40.0	1929	
常熟	47.3	1932	籽棉
常熟	16.5	1946	籽棉
平湖	20.0	1932	籽棉
平湖	18.9	1949	籽棉

续　表

县份	产量	统计时间	备注
上海	36.8	1930	籽棉
上海	50.0	1947	籽棉

说明:籽棉与皮棉之折算方法,奉贤县50公斤籽棉折18.5公斤皮棉,即100市斤籽棉折37市斤皮棉,折换比例为0.37。参见《奉贤县志》,第350页。

资料来源:《太仓县志》第222页;《昆山县志》第195页;《富阳县志》第260页;《常熟市志》第231页;《平湖县志》第203—204页;《江阴县志》第258页;《川沙县志》第165页;《丹徒县志》第191页;《上海县志》第507页;中国第二历史档案馆编:《中华民国史档案资料汇编》第五辑第一编财政经济(七),江苏古籍出版社1994年版,第544页;江苏省农民银行总行编:《第二年之江苏省农民银行》(1930年),张研、孙燕京主编:《民国史料丛刊》第475册,大象出版社2009年版,第88页。

江南主要的植棉区域包括常熟、太仓、嘉定、宝山、川沙、南汇、上海、奉贤、平湖等县。从上表中可见,与奉贤县类似,各县棉花亩产量各年起伏不定。川沙县"棉每亩最多收一百二十余斤,普通一百斤至九十斤,最少六十斤"。[①] 最低产量与最高产量相差一倍。海宁县棉每亩约可收获皮棉30斤。[②] 即使是同一年份,各产棉县份的单位面积产量也有较大差异。如1932年,杭县、海宁、海盐、平湖棉花平均亩产量分别为籽棉25.4公斤、27.5公斤、20.7公斤和20公斤,[③]单位面积产量最低的县份与最高的县份相差近30%。整个产棉区域每年棉花单产亦呈明显波动。据研究,1913—1936年,江苏省棉花单位面积产量跌宕起伏,年际变化至为明显。亩产量最低的1931年,平均只有籽棉13.9公斤;而产量最高的1924年,平均每亩产籽棉达60.9公斤,两者相差3倍有余。24年平均,每亩籽棉产量为38.9公斤,标准差却达11.2公斤。[④]

这些差异给估计20世纪上半期棉花单位面积产量带来困难。我们用江阴、常熟、太仓、嘉定、川沙、上海、海宁、平湖8县的数据来估算20世纪上半期棉花单位面积产量的变化。这8个县都位于江南的植棉带,都是重要的棉花生产区域,可以作为估算江南棉花单产的依据。

---

① 谢承烜:《江苏省农民银行二十周年纪念征文:川沙县金融经济概况》,《苏农通讯》1948年第7期。
② 《海宁县经济概况调查》,《浙江经济情报》1936年第1卷第1至5各期合刊。
③ 中国第二历史档案馆编:《中华民国史档案资料汇编》第五辑第一编财政经济(七),江苏古籍出版社1994年版,第544页。
④ 任旭杰:《江苏省棉产改良与推广研究(1927—1937)》,华东师范大学2007届研究生硕士学位论文,未刊稿,第53页。

表 2-20　20 世纪上半期江南 8 县棉花亩均产量　　　　　（单位：公斤）

县份	20/30 年代	40 年代	说　明
海宁	19.0	17.6	亩均 19.0 公斤为 1909 年数据
太仓	20.8	23.9	亩均 20.8 公斤为 1913 年数据
嘉定	15.3	17.4	
江阴	77.8	31.6	
川沙	36.9	20.3	
常熟	47.3	16.5	
平湖	20.0	18.9	
上海	36.8	50.0	
平均	34.2	24.5	

资料来源：同表 2-10。

从表中可见，虽然太仓、嘉定、上海等几个县棉花单位面积产量提高，但 8 县平均数据显示江南棉花单位面积产量下降。20 世纪 20—30 年代（主要是 20 世纪 20 年代后期和 30 年代初的数据），太仓、嘉定、上海等 8 县棉花亩均产量约为 34.2 公斤籽棉，40 年代后期（主要是 1947—1949 年数据）棉花亩均产量为 24.5 公斤籽棉，下降了 28%。[①] 前文提及，江南主要产棉县份棉花总产量下跌，一个主要原因是抗日战争期间，受日伪统制经济影响，一些棉田不得不转而种植粮食作物。棉花产量的下降是由棉花种植面积缩减所致。至此可知，棉花总产量减少还包含单位面积产量下降这个因素。[②]

[①] 据文献记载，太仓县 20 世纪上半期棉花常年亩产量为籽棉 30—50 公斤，但表中所统计的产量，显然未达到普通的生产水平。《太仓县志》，第 222 页；《昆山县志》，第 195 页；《富阳县志》，第 260 页；《常熟市志》，第 231 页；《平湖县志》，第 203—204 页；《江阴县志》，第 258 页；《川沙县志》，第 165 页。皮棉与籽棉的折算方法，每市斤籽棉折合皮棉 0.37 斤；每市斤皮棉折合籽棉 2.70 市斤。

[②] 20 世纪上半期一些地区的棉产改进努力并非全无效果。上海等县棉花单位面积产量的提升，即是例证。自 1929 年至 1934 年，上海县棉花年平均亩产量经过下降、上升和再下降，由 1929 年的平均每亩产籽棉 36.8 公斤，降至 1931 年的 13.39 公斤，此为 30—40 年代的最低亩产量；此后有所回升，20 世纪 30 年代中期再度下降。其后的 1937 年亩均产量再度上升。抗日战争期间缺乏亩产量的记载，但以战后与战前比较，平均亩产量达至新高。1945 年，亩均籽棉产量达 53.95 公斤，1947 年有所下降，亩均籽棉产量仍有 50 公斤。若以 20 世纪 40 年代后期与 30 年代前期比较，平均亩产量是上升的。20 世纪 40 年代中期上海县棉花亩均产量跃升到 50 公斤以上，原因之一是农林部上海棉产收进处贷给农民试种一批美棉种子，并提价 30% 收购棉花。这是特殊因素，未便普遍化为江南产棉各县的一般情形。《上海县志》，第 507 页。

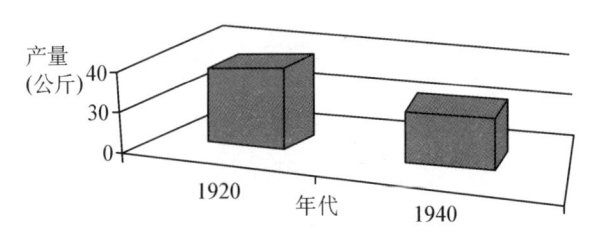

图 2-2　20 世纪上半期江南棉花单产变化图

江南所植油料作物主要有油菜、芝麻、花生,后两项种植面积极少,又加缺乏统计,仅就种植较为普遍的油菜加以考察。由长兴、崇德、德清、昆山这些县份的统计来看,20世纪40年代后期的油菜籽亩均产量均低于30年代中期。长兴、崇德、昆山、德清、嘉定5县平均,30年代菜子亩均年产量为29.6公斤,40年代后期菜子亩均年产量为28公斤,较诸前一时期下降了5.4%。[①]

粮食作物和经济作物平均亩产量减少,说明20世纪上半期江南土地生产力是下降的。20世纪起初30年,部分地区、个别作物亩均产量增加,其中的一些个案主要是由丰年造成的,连续几年亩均产量的上升是罕有的。这一时期,三麦单位面积产量未见提高,后又转趋下降;棉花单位面积产量在30年代以后减少,水稻单位面积产量趋减,都说明土地生产力下降是这一时期江南农业的常态。即使在粮食总产量达到高峰的时期,主要粮食作物水稻的单位面积产量也未能达到清代较高的水平,更说明土地生产力尚未从19世纪后期的战乱中回升到历史上最高的水平。

(二) 土地生产效益

单位面积产量尚不足以反映农业生产力的真实水平,因为这一指标没有直接反映投入与产出的关系。[②] 如果考虑到投入变动的因素,亩均产量的下降是否意味着生产效率的降低,还要视具体情况而定。江南亩均产量的下降,是否意味着土地生产效益的同步下降,需要通过比较每亩地的生产成本与收益之比(或亩均收益率)来

[①] 《昆山县志》,第195页;《宜兴县志》,第128页;《金坛县志》,第172页;《嘉定县志》,第170页;《上海县志》,第509页;《平湖县志》,第205页;《长兴县志》,第156页;《余杭市志》,第79页。

[②] 因为单位面积产量高,也可能成本也高,并不一定意味着较高的净所得。赵冈:《历史上的土地制度与地权分配》,中国农业出版社2003年版,第110页。

估算。

我们先看各县的实例。

表 2-21 吴江县农产品生产费统计表 （单位：元）

每亩		稻	小麦	大麦	豆	芝麻	油菜	桑叶	蔬菜	黄豆
地租		6.00	小熟并无小租	同左	同左	同左				
种子		0.25	0.24	0.24	0.25	0.15	0.02	10.00 完全新种	0.30	0.15
农具		5.00	借用稻作农具不另购	同左	同左	同左				
肥料	天然肥料	0.60	1.00	1.20	不施肥	不施肥	3.00	3.00	3.00	不施肥
	豆饼	1.40			同上	同上				同上
	化肥				同上	同上		1.40		同上
人工	自有工	4.80	3.20	2.00	1.60	1.00	1.00	8.00	4.00	1.00
	雇用工									
畜力		2.00	0.50	0.40						
利息										
赋税		1.50								
合计		21.55	4.94	3.94	1.85	1.15	4.02	22.40	7.30	1.15
每亩产量		2 石	8 斗	8 斗	8 斗	6 斗	1 担	12 担	30 担	1 担
每亩价值		12.00	3.60	4.00	4.00	4.20	5.00	24.00	30.00	4.50

说明：1. 地租一项出入殊大，因有田租、地租之分，且田地又有高低之别，及大租、小租等等，普通约计六元左右。2. 既属租田，则赋税由业主负担。如属自田，大致每亩约一元五角左右。3. 农具估值颇难计算，因农具购置常视农家经济宽紧而定，且备用于稻作，则其余农作均可利用。购置之后，其应用若干年份，亦须视家具品质而异，上列五元不过约计每年每亩负担新添及修理之费。4. 天然肥料有自有及购入之分，大致约如上数。5. 人工一项其自有工与雇用工极难分析，因农家有人口多寡及种田多少之关系，以上所列盖专指人工总值，并未分出何者为自有，何者为雇用。6. 畜力一项亦难确断，因本县北部大部种植面积颇多，类皆利用畜力，而偏南各区，因注重蚕业关系，种植甚少，均以人力为主。以上所列盖仅表示利用畜力则所费如此耳。7. 利息一项亦少确定之法，因农民负债有多寡，且利率不一，期限无定，只得约缺。

资料来源：《调查：江苏省各县农产品生产费之调查：(七)吴江》，《农行月刊》1934 年第 1 卷第 7 期。

从表中数据可知，吴江县农田种植的作物包括稻、小麦、大麦、豆、芝麻、蔬菜、油菜、桑等。全部作物合计支出种子费用为 11.6 元，肥料费用为 14.6 元，人工费用为

26.6元,畜力费用2.9元,农具费用5元,地租费用6元,交纳赋税1.5元,总计68.2元。各项作物总收入为91.3元。平均每亩可获收益为23.1元。

武进县的农地亦种植多种农作物,包括稻、小麦、大麦、豆、棉花、芝麻、红萝卜等。如下表所示。

表2-22 武进县农产品生产费统计表 （单位:元）

每亩		稻	小麦	大麦	豆	棉花	芝麻	红萝卜
地租		5.20	1.10	0.60	2.75	5.20		特产
种子		0.28	0.50	0.24	0.30	0.20	自留种子	0.15
农具		0.80	0.30	0.30	0.20	0.20	0.21	0.20
肥料	天然肥料	1.50	2.00	1.00	1.50	2.00	1.00	3.00
	豆饼	1.2						5.0
	化肥							
人工	自有工	2.50	1.50	1.50	2.00	2.50	1.50	3.00
	雇用工	1.00	0.50			1.00	1.00	
畜力		1.70	0.50	0.50	1.00		0.70	
利息								
赋税		1.00						
合计	自耕农	8.90	5.30	3.54	5.5	6.9	3.56	11.45
	佃农	14.18	6.40	4.14	8.35	12.10		
每亩产量		5.20石	1石	1石	1.5石	130斤	4石	35石
每亩价值(元)		20.80	5.50	3.00	8.25	18.20	2.80	17.50

说明:1.地租数量。稻、小麦、大麦、豆、棉花每亩的地租分别为稻130斤、小麦2斗、大麦2斗、豆5斗、稻130斤。2.种子数量。稻、小麦、大麦、豆每亩种子数量分别为稻7斤、小麦1斗、大麦6升、豆6升。3.每亩稻、小麦、大麦、豆、棉花、芝麻、红萝卜每亩的自有工投入分别为8工、5工、5工、6工、8工、5工、10工。4.稻、小麦、豆、棉花每亩的雇用工投入分别为3工、2工、3工、3工。5.稻、小麦、大麦、豆、棉花、芝麻、红萝卜的单价分别为:稻每石4元、小麦每石5.5元、大麦每石3元、豆每石5.5元、棉花每石14元、芝麻每石7元、红萝卜每石0.5元。6.全县耕作均为一年两熟制。7.全县租田耕作约占20%。8.雇工全县平均占10%,工资普通每三工一元。9.稻作中,因赋税由田主负担,未计入合计栏。
资料来源:《调查:江苏省各县农产品生产费之调查:(六)武进》,《农行月刊》1934年第1卷第6期。

因未知平均每亩地各种农作物的种植比重,假设一亩地种植全部表列中的农作物,则每亩种子费用为1.67元,农具费用2.21元,肥料费用13.7元,人工费用18.5元,畜力费用4.4元,赋税支出1元。自耕田每亩支出合计为45.15元,佃田地租支出 14.85 元，每亩合计费用 45.17 元。每亩收益，不论自耕田还是佃田，每亩收入均为 76.05 元。这样，每亩可获收益，自耕田为 30.9 元，佃田为 30.07 元。这是偏高的估算。

同时调查的丹阳县的生产费用统计未计入地租和赋税支出。统计了稻、小麦、大麦、棉花、豆、荞麦、芝麻等农作物。如下表所示。

表 2-23　丹阳县农产品生产费统计表　　　　　　　（单位：元）

每亩		稻	小麦	大麦	豆	棉花	荞麦	芝麻	莱菔
地租									
种子		0.30	0.60	0.48	0.36	0.20	0.20	0.35	0.50
农具		0.40	0.30	0.30	0.35	0.25	0.20	0.20	0.30
肥料	天然肥料	1.00	0.40	1.40	1.50	0.50			1.00
	豆饼	2.00	1.50	1.50		1.00			4.00
	化肥								
人工	自有工	9.00	3.00	3.00	4.80	6.00	3.00	3.60	7.80
	雇用工								
畜力		0.40	0.40	0.40	0.50	0.40	0.40	0.40	0.40
利息									
赋税									
合计		15.70	5.80	4.50	7.51	8.35	3.80	4.55	14.00
每亩产量		4担	1担2斗	2担	1担2斗	80斤	1担5斗	9斗	10担
每亩价值（元）		12.00	4.00	4.00	9.00	9.00	4.50	6.30	20.00

说明：1. 地租数量为5元。2. 各种作物每亩的种子数量分别为稻6斤、小麦1斗、大麦1斗、豆6升、棉花8斤、荞麦3升5合、芝麻5合、莱菔1升。3. 莱菔每亩施用豆饼2元，菜饼2元，合计4元。4. 每亩需要自有工投入：稻15工、小麦5工、大麦5工、豆8工、棉花10工、荞麦5工、芝麻6工、莱菔18工。每工工食0.60元。5. 施用化肥数量极少。

资料来源：《调查：江苏省各县农产品生产费之调查：（五）丹阳》，《农行月刊》1934年第1卷第6期。

据表中数据，每亩费用，种子、农具、肥料、人工、畜力分别为 2.99 元、2.3 元、10.8 元、40.2 元、3.3 元，合计为 64.21 元。各项农作物收入合计为 68.8 元。亩均可获收益 4.59 元。

高淳县主要农作物包括稻、小麦、大麦、豆、棉花，其种植费用与收入如下表所示。

表 2-24 高淳县农产品生产费统计表　　　　　　　　（单位：元）

每亩		稻	小麦	大麦	豆	棉花
地租	自耕农					
	佃农	4.00	1.00	0.80	0.80	1.00
种子		0.20	0.20	0.15	0.25	0.10
农具		0.50	0.10	0.10	0.10	0.10
肥料	天然肥料	0.40	0.50	0.40	0.40	0.40
	豆饼	0.30				
	化肥	0.30				
人工	自有工	5.00	2.00	1.00	2.00	2.00
	雇用工					
畜力		0.50	0.30	0.30	0.30	
利息						
赋税（自耕农）		0.30	0.30	0.30	0.30	0.30
合计	自耕农	7.50	3.40	2.25	3.35	3.20
	佃农	3.90	11.20	4.10	2.75	3.85
每亩产量		450斤	1石	140斤	1石	80斤
每亩价值（元）		14.4	5.00	3.36	5.00	8.00

说明：田赋由业主自纳，故佃农无赋税。自耕农的田赋分上、下两期完纳，故稻、麦各三角，全年合六角。
资料来源：《调查：江苏省各县农产品生产费之调查：（九）高淳》，《农行月刊》1934年第1卷第8期。

表中数据显示，每亩费用包括种子、农具、肥料、人工等，佃农另需支付地租，自耕农需要负担赋税。种子、农具、肥料、人工等费用支出每亩分别为0.9元、0.9元、2.7元、12元、1.4元。自田另需支付赋税费用1.5元，租田需支付地租7.6元。合计，自田每亩费用为19.7元，佃田每亩费用为25.8元。无论佃田还是自田，收入都是35.76元。平均每亩收益，自田为16.06元，佃田为9.96元。

我们将上表中投入与收益关系加以计算，可得到一组不同县份、不同作物的收益与投入比率关系数据。列为下表：

表2-25 江南四县主要农作物亩均收益与投入比率表

县份	稻	小麦	大麦	豆	棉花
吴江	0.56	0.73	1.02	2.16	—
武进(自耕农)	2.34	1.04	0.85	1.50	2.64
武进(佃农)	1.41	0.86	0.72	0.99	1.50
丹阳	0.76	0.69	0.89	1.20	1.08
高淳(自耕农)	1.92	1.47	1.49	1.49	2.50
高淳(佃农)	1.29	1.22	1.22	1.30	2.05
平均	1.38	1.00	1.03	1.44	1.95

资料来源:《调查:江苏省各县农产品生产费之调查:(七)吴江》,《农行月刊》1934年第1卷第7期;《调查:江苏省各县农产品生产费之调查:(六)武进》,《农行月刊》1934年第1卷第6期;《调查:江苏省各县农产品生产费之调查:(五)丹阳》,《农行月刊》1934年第1卷第6期;《调查:江苏省各县农产品生产费之调查:(九)高淳》,《农行月刊》1934年第1卷第8期。

上表可见,在主要的粮食作物与经济作物中,收益与投入比率最高的是棉花,为1.95;其次为豆,为1.44;稻为1.38。小麦、大麦的收益与投入比率最低。棉花之所以收益与投入比率最高,主要取决种植棉花较高的单位面积收益与较低的单位面积投入。这也是19世纪中期以后,棉花种植面积扩大的原因之一。如华亭县,太平天国运动之后,"民生日蹙,无力买牛、养猪及购备农具,于是改禾种花者比比焉"。[1] 由于种植棉花所需投入相对较低,其较高的收益与投入比率使种植棉花可获得较高的生产效益。

江南其他一些县份亩均收益有如表2-26。

表2-26 20世纪上半期江南种植业亩均收益　　　　　　　　(单位:元)

县份	成本	收益	盈余	地租	赋税	年份	备注
无锡	17.04	26.55	2.51	7.00		1922	
无锡	6.50	22.00	15.50			1926	稻,肥多
无锡	3.50	16.60	13.10			1926	稻,肥少
无锡	2.00	9.50	7.50			1926	麦,有肥

---

[1] 清光绪五年《重修华亭县志》卷二十三杂志上。参见黄苇、夏林根编《近代上海地区方志经济史料选辑》,上海人民出版社1984年版,第35页。

续 表

县份	成本	收益	盈余	地租	赋税	年份	备注
无锡	0.00	6.60	6.60			1926	麦,无肥
无锡	5.50	13.86	8.36	5.04		1933	水稻
太仓	11.60	17.00	5.40		0.60	1926	棉、麦
武进	9.80	33.00	23.20	12.00		1927	
常熟	2.70	19.34	16.64	10.00		1927	棉,中稔
常熟	10.81	21.99	11.18	10.00		1927	稻,中稔
常熟	4.70	11.50	6.80			1927	麦,中稔
宜兴	19.00	27.00	8.00	8.00		1927	修补农舍计入成本
苏州	4.50	12.00	7.50	6.70		1932	
吴县	8.41	17.21	8.80	5.14		1934	

说明:在20世纪上半期各县有关生产成本的零星调查中,多数未将地租或赋税计入生产成本,概因地租支出已经超出农作经营的范畴,其意义也与西方农业中经营式农场的地租支出不同,要更多地从社会关系的角度认识。这里有关种植业成本的数量归纳,也不包括地租支出。同时,在以往调查中,农户自身付出的劳动数量,也往往不作成本统计。

资料来源:章有义:《中国近代农业史资料》第三辑,三联书店1957年版,第269—270、474—475页;龚骏:《各地农民状况调查(征文节录)—武进》,《东方杂志》第二十四卷十六号,1927年8月;《常熟市志》第232页。

农业生产成本包括种子、购买或修理农具、牲畜、肥料、人工等费用。表中数据对成本的计算标准因农户不同而有较大差异。有雇工的农户经营成本中,计入了雇工工资支出;而完全自营的农户,则无此项支出。有的成本支出中计入工具折旧费用,个别的成本统计中则未考虑折旧成本。另外,所有的成本计算中,均未计入家庭劳动力的成本。因此,表2-26的估算只能是一个大概收益。

依据表中数据,20世纪20—30年代,植稻一亩,施肥较多时每亩成本6.5元,施肥较少时每亩成本3.5元。中稔之年的无锡、常熟两县,平均每亩成本6.58元,平均每亩收益18.61元,收支相抵,均有盈余,每亩平均盈余为12.03元。成本—收益之比为35%。种植麦类作物,施肥与不施肥都计算在内,平均每亩成本2.23元,平均每亩收益9.2元,亩均盈余6.97元,成本—收益之比为24%。种植棉花,每亩成本2.7元,平年每亩收益19.34元,亩均盈余16.64元,亩均收益率为20%。植稻、种麦、植棉三者相较,种植水稻的亩均收益率最高,其次是麦类作物,植棉的亩均收益率最低。但比较三者的盈余,可发现植棉可获得比水稻多38%的盈余。可见,种植收益最多的作物,却未能获得最高的单位面积收益率。

在未计入家庭劳动力、地租、修补农舍费用的情况下,种稻成本已占收益的35％。远较学者们所估计的清代每亩成本与产量之比为高。清代农业中,植稻每亩投入约合米0.3—0.5石,若以亩产米2石计,则包括雇工、肥料、饲料、种子等的成本占产量的15—25％,一般而言,生产费用占产量的20％。① 这说明,20世纪20年代后期,种植水稻每亩虽有盈余,但生产效益却较清代下降。

上述是就各种作物平均收益而言,没有区分不同的种植结构。下面分别两种主要的种植结构,再予讨论。

稻麦轮作制下的收益状况。据徐翰青《农村调查》记述,1927年,常熟为中稔之年。种1亩水稻,支出稻种4公斤(0.56元),豆饼2.5大片(6.25元),戽水费4元,共计支出10.81元;收获米1.8石、糠0.12石、粞0.08石、砻糠6挽、柴草450公斤,时值21.99元;收支相抵可盈余11.18元,折合米约93公斤。种1亩小麦,支出麦种1斗(0.7元),菜饼50公斤(4元);收获麦子1.5石,麦草175公斤,时值11.5元。盈余6.8元,折米56.5公斤。稻麦轮作,一年合计收入33.49元,成本15.51元,成本占产量的46％。② 在宜兴,同样是稻麦轮作。1927年,每亩产稻4石,麦1石,稻价每石5元,麦价每石7元,共计27元;肥料、种子、工具、人工等共计19.5元。③ 这里没有将稻、麦之外的其他种植业收入计算在内,若将稻、麦之外的杂粮、柴草、菜蔬等计入,收入数量还可再增加,以蔬菜、丝茧收入每亩10元计入,则宜兴稻麦轮作制的农田每亩总收入为37元,成本占产量的53％。

棉麦轮作制下的收益状况。在常熟,1927年,种1亩棉田,支出棉种5公斤(0.3元),菜饼30公斤(2.4元),合计2.7元;可获籽棉40公斤、黄花1.5公斤、大豆3斗、

---

① 吴承明:《中国近代农业生产力的考察》,《中国经济史研究》1989年第2期。
② 《常熟市志》,第232页。这是未计入地租的盈余数额,可视之为经营所获收益。如果减去平均每亩农田需交地租10元(折米82.5公斤),每亩可以得到7.98元。
③ 原成本计算中,修补农舍农具支出为3元,购买农具支出为2.5元。这里避免重复计算,以农闲修补田舍农具支出3元计,购置锄锹犁耙等2.5元,其他:人工7.5元、肥料种子9元,共计19.5元。另有其他收入,家畜家禽养殖16元,农产制造及蔬菜丝茧20元,其他营业的收入10元,共46元,以5口之家,耕2亩田计,每亩平均23元。全年全家合计收入为100元。参见徐方干、汪茂遂:《宜兴之农民状况》,《东方杂志》第二十四卷十六号,1927年8月。值得说明的是,宜兴每亩地租为稻1.5石,麦0.1石,共计8元。若考虑地租支出,每亩不仅没有盈余,反而亏损0.5元。

秸秆 125 公斤,合计 19.34 元。收支相抵可盈余 16.64 元,折米 138.5 公斤。种 1 亩小麦,支出 4.7 元,收入 11.5 元,可盈余 6.8 元,折米 56.5 公斤。据此计算农田经济效益,一般棉麦两熟田每亩收入 30.84 元,成本为 14.2 元,成本占产量的 46%。① 在太仓县,1926 年,如果一亩田的春收是麦,秋收是棉。那么,普通每亩可获麦 1 石有余,值洋 8 元;棉花 16 斤,棉价每担 15 元,计值洋 9 元,两者共计 17 元。麦每亩生产费约需 3 元;棉花约需人工 5 元,肥料 2 元,农具 0.5 元,种子 0.5 元,共计 11 元。收支相抵,盈余只有 6 元。成本占产量的 65%。②

常熟、宜兴、太仓个案显示,不管是稻麦轮作制,还是棉麦轮作制,每亩平均生产费用占产量的比重均在 45% 以上,收益率均低于植稻、种麦或植棉的收益率,即在轮作制下增加的农业投入,虽然产生了更高的收益,却使资本的效率下降。

以植棉而论,每亩的肥料支出费用如下表。

表 2-27　杭县第六、七、八堡每亩棉田所用肥料

肥料种类	所用数量(斤)	价值估计
油饼	51.0	每担 2.500 元
人粪	400.0	每担 0.265 元
苜蓿	2.5	每斤 0.035 元
堆灰	140.0	6 筐值 1 元

资料来源:周同文:《杭县六七八堡棉农概况》,《浙江省建设月刊》1936 年第 9 卷第 8 期。

据当时调查所得统计数据,当地每亩棉花种子数为 6.7 斤,棉花种子的价值为每斤 0.0266 元,每亩棉田种子费用为 0.18 元。每亩棉田租金为 2.43 元。肥料支出为 1.28 元。上述合计为每亩 3.89 元。不算劳动成本,主要费用在于支付地租和购买肥料。收获物,每亩收获籽花数量为 77.5 斤,棉秆数量为 137 斤,卖出籽花数 77.5 斤,以每担 9.60 元,得 7.44 元,每亩卖出棉秆 140 斤,以 190 斤价值 1 元计算,则棉秆收入为

---

① 《常熟市志》,第 232 页。若纳租 10 元,仍有 13.44 元之收入。
② 周廷栋:《各地农民状况调查(征文节录)——太仓》,《东方杂志》第 24 卷第 16 号(1927 年 8 月)。太仓棉麦轮作收益较之于常熟,有较大差距。原因是在太仓的亩均收益统计中,所有副产品如豆、苞米之类的收入没有算入。

0.74元,合计收入为8.18元。① 收入减去费用支出,每亩棉田的收益为4.29元。

支出费用中,劳动力投入数量未计在内。如下表所示:

表2-28 杭县第六、七、八堡棉农生产费用

工作种类	所费人工数(工)	说明
翻棉地	0.50	
播种	0.50	撒播
锄草及间苗	5.00	自撒播起至收获止
施用肥料	1.00	
收获	5.00	
作畦	0.50	
拔棉花秆	0.50	
拥草	0.25	一工一天
合计	13.25	

资料来源:周同文:《杭县六七八堡棉农概况》,《浙江省建设月刊》1936年第9卷第8期。

而在收入中,棉田间作或轮作的杂粮及其他作物收入未计在内。如下表:

表2-29 杭县第六、七、八堡棉田中所种作物及收获数量

作物名称	亩数	每亩产量
小麦	3.50	3.8斗
大麦	11.10	4.6斗
桑树	1.83	330斤

资料来源:周同文:《杭县六七八堡棉农概况》,《浙江省建设月刊》1936年第9卷第8期。

即使计入这些杂项收入,棉田的总收益增长仍属有限。

种植业成本增加和土地生产效益下降已经使种植业经营者陷入亏损之境。当时对太仓的调查者认为,如果只有上文所述那些盈余,在棉产歉收或价格下跌的情况下,"如果所种的田是自己的,那末尚可度日,若是租种的,那就纳租之外,几无剩余了"。② 因此,即使是自耕农或自耕农而兼佃农者,通常每家约种田十余亩至30

---

① 周同文:《杭县六七八堡棉农概况》,《浙江省建设月刊》1936年第9卷第8期。
② 如果计入纳税支出0.6元(上忙0.12元,下忙0.48元),每亩所得收入只有5.4元。周廷栋:《各地农民状况调查(征文节录)—太仓》,《东方杂志》1927年第24卷第16号。

亩,农家经济仍是非常窘迫,负债的很多。① 由统计表 2-26 中有地租支出项的 8 组数据,可知无锡、武进、常熟等县种植业每亩盈余 10.77 元,地租支出就需要 7.99 元。支付地租后每亩收入为 2.78 元。前述对宜兴的调查也显示同样情况。当时的调查者认为,在包括种植业、副业等所有的家庭收入中,"若除去纳租及一切生活费,则其所得,实不及工厂之工人。"②当然,这些现象所蕴含的因素并不限于农业生产中的成本—收益,有些因素已经超出种植业效益问题。

表 2-26 所列数据,主要反映 20 世纪 20 年代后期的情况。之后种植业效益如何变动,是我们更为关心的问题。因缺乏相关统计,仅以个案资料加以说明。1933 年的调查显示,当时浙西地区田地极少买卖,不是因为有田者不愿出售,而是因为无人购买。原因在于 1 亩田的收入,减去一切开支,只相当于 30 元的利息。种植水稻,最好的收成是每亩收获 2.5 石米,按当时每石 6 元的价格,收入为 15 元,除去肥料、种子、人工、赋税或租米之外,平均类须亏本。③ 有资料称,嘉兴县"田地瘠薄,一亩之收,不过一石五斗,多至二石而止。工本亩需五元,每亩租额自七斗至一石以上,民间纳赋还租之后,已无剩余"。④ 至 20 世纪 30 年代中期,调查显示,不仅小农收不抵支,经营规模较大的农家,虽然辛勤耕作,生产水平较高,终也不免亏损,难以为继。据 1936 年嘉兴调查,4312 农户中竟有 3986 户经营农业亏损,占 92.43%。其中亏损 200 元以上有 1369 户,占 33.34%。佃农中有盈余户 9.43%,半自耕农中有盈余户 7.8%,自耕农中盈余户仅有 5.48%。⑤ 在未计入农业资本利息、家庭劳动工资的情况下,农业成本已占农业总收入的 61.01%。如果考虑家庭劳动工资,农村小经营户的农业经营所得,抵不过家庭劳动应得工资。大中经营户的农业经营所得,除去家庭劳动应得工资后,虽有盈余,但若再减去农业资本的利息,也都是亏损的。若减去农业资本利息(以年利 10% 计算),家庭劳动所应得的工资(以雇佣劳动工资标准

---

① 如果计入纳税支出 0.6 元(上忙 0.12 元,下忙 0.48 元),每亩所得收入只有 5.4 元。周廷栋:《各地农民状况调查(征文节录)—太仓》,《东方杂志》1927 年第 24 卷第 16 号。
② 徐方干、汪茂遂:《宜兴之农民状况》,《东方杂志》1927 年第 24 卷第 16 号。
③ 行政院农村复兴委员会:《浙江省农村调查》(1933 年),第 157 页。
④ 章有义:《中国近代农业史资料》第二辑,三联书店 1957 年版,第 115 页。
⑤ 《嘉兴市志》,第 1164 页。

算),各类农户都有亏损,每亩平均亏损为 2.4 元。① 农业经营亏损的情况,还可由负债户比重增加看出。1933 年,崇德县借债农户占 80%。1936 年,嘉兴农村负债户占 84%,平均每户负债 135 元;平湖县负债农户 76%,每家负债都在百元以上。②

由于农产品价格下跌,田赋税率增加,农业生产的利润下降。业主负担加重,又使地租率上升,这进一步减少佃农和半自耕农的种植业收入,使他们无力增加甚至维持农业投入。③ 安吉全县"自耕农占 15%,半自耕农 20%,佃农 55%,雇农 10%"。④ 在安吉从事实地调查的研究者写道:"去年(引者按:1935 年)一度回乡,担任义教工作。一睹素属安适之家乡,亦已惨遭崩溃。所有桑地,因蚕丝失败,而改为水田。早年粗细茶叶,平均每百斤,售价四十元左右,今则所值尚不及二十元。其余产品价格之跌落,莫不皆然。致日常所需要品,必向市镇商店赊欠,一届年终,无法归偿,只得将土地抵债。故全乡土地,其地权属于商人者,计二千二百余亩。现多数农户,已无产可破,即有三五小康之家,早被多数贫户牵累,同归于尽。日常生活,甚为惨苦,早年用以饲养猪犬之麸皮、豆渣,今则视为食粮之恩物。竟日不能举火者,时有所闻。因疾病而无力治疗,听其丧生者,不知凡几"。⑤ 常熟县"全县农民有七十余万,东北乡多花田,每亩产棉约七十斤;西南乡多稻田,每亩产米约二石。平均每一农民,耕田二亩,衣食本可无忧,但农民自田居十之三,租田居十之七,稻田租额颇重,每亩缴租一石左右,再除肥料人工之费,所余无几。花田每亩年租约四元,因生产率较弱,故租额亦较轻。农民既佃人之田,一年辛苦,强半为人,宜乎田主富而农民贫。加以年来生活日高,生计日迫,不得不出于借债,经一般资本家之高利盘剥,渐至贫无立锥,农村之中,现有拮据枯槁之状况者,十家有九,小康者,百不得十"。⑥

---

① 《嘉兴市志》,第 1169 页。
② 《嘉兴市志》,第 1169 页。
③ 王国斌认为,耕作农户的土地占有的差异,与经济总体变化的关系甚小。作者同意他的看法,故在这里未讨论土地占有方式的变化。参见[美]王国斌著,李伯重、连玲玲译:《转变的中国——历史变迁与欧洲经验的局限》,江苏人民出版社 1998 年版,第 47 页。
④ 庄茂长:《安吉农业概况》,《乡建通讯》1941 年第 3 卷第 7、8 期。
⑤ 林逸人:《安吉东区三社乡农村概况》,《农林新报》1936 年第 13 卷第 32 期。
⑥ 朱章淦:《常熟农村经济状况》,《苏农》1930 年第 1 卷第 3 期。

近代江南农业生产中机械技术的运用主要局限于机械灌溉一项,应用范围也属有限。在农业灌溉机械应用较为广泛的无锡农村,直到20世纪20年代中期,普通五口之家,若种水田5—6亩,桑田1—2亩,耕种水田以及戽水大都用人力,间或有用牛力者。1925—1926年,因为春季亢旱,戽水为难,戽水机开始盛行于乡间。至1927年,戽水用机力者,在无锡乡间已达半数以上。自机器戽水盛行后,夏秋间天旱再无苗枯之患,显示出当地农业灌溉技术的巨大改进。① 至20世纪20、30年代之交,机器戽水在无锡已占优势,畜工戽水则在淘汰之中。据庄前、孙巷两村1928和1932两年的统计。1929年,两村机器戽水占73%,1933年增长到76%。相应的,畜工戽水和人工戽水分别由5%下降为4%、22%下降至20%。无锡县"自近年利用机器灌溉,农业进步"。② 可见,机械动力灌溉推广之后,仍有约1/4的耕地依赖于人力与畜力戽水。武进县"东南部利用机器灌溉,以戚墅堰之震华电器厂为动力。颇著成效"。③ 灌溉导致增产的情况还可见于丹阳。"丹阳沿京沪铁路及运河地区的稻作每亩产量,1940年至1944年五年时间,平均最低为每亩0.55石,最高为0.84石。1943年,丹阳试行电力灌溉,每亩产额最高2.5石以上(引者按:原文为1.5石,疑有误),普通2石左右,最低1.5石以上。"④

即便如此,无锡、丹阳等地的机械灌溉在江南地区也只是特例。由整个江南来看,灌溉机械的使用不可过高估计。至20世纪30年代初,许多县份都出现了新式戽水机具,但使用率都不如无锡那么高。如在南汇、奉贤、常熟等县,使用机械灌溉者就较少。如南汇县,虽有"机器水车,但用者甚少"⑤;吴江县"农民所用农具,旧式居多,惟客民所种湖田,则皆备具车水机……其他各项,仍用旧式"⑥;常熟县"新式农具,有引擎戽水机,但不甚普遍"⑦;奉贤县虽有"新发明之戽水机……等,因购价较

---

① 容盦:《各地农民状况调查(征文节录)——无锡》,《东方杂志》第24卷第16号。
② 《分省地志:江苏》,中华书局1936年版,第282页。
③ 《分省地志:江苏》,中华书局1936年版,第279页。
④ 盛钧:《丹阳灌溉事业》,《新闻月报》1945年第1卷第2期。
⑤ 章有义:《中国近代农业史资料》第三辑,三联书店1957年版,第874页。
⑥ 章有义:《中国近代农业史资料》第三辑,三联书店1957年版,第874页。
⑦ 章有义:《中国近代农业史资料》第三辑,三联书店1957年版,第874页。

贵,农民用之甚少"。① 1922—1931 年,使用水泵的灌溉与排水已经介绍到苏州各地,但"所用的一般耕种方法,仍然是延续了数个世纪的传统方法。"② 丹阳县直到 1926 年,始有来自无锡的戽水机船在运河、鹤溪河、香草河沿岸使用机械排灌,1931 年,全县仅有 3 条机船为农户包田戽水。1946 年,全县河道沿岸戽水机总数为 20 台(合计 420 马力),灌溉农田面积仅 3.6 万亩;1943 年,吕城、陵口等地出现电力排灌,至 1948 年,灌溉面积为 10 万亩。机灌和电灌合计约 14 万亩,还不及全县稻麦种植面积总数 150 万亩的 1/10。全县农田灌溉仍以水车为主。③ 安吉县"水稻栽培多系移植,去年(民国廿九年)因春夏久旱不雨,所有农田不能及时移栽,故水稻多在大暑雨后,重新分苗移栽(俗云补苗)"。④ 镇江(丹徒)县,直到 1949 年,全县共有小型戽水机 9 台,共 91 马力,且局限于世业、高资、姚桥、高桥等个别地方。⑤ 即使在无锡,也不可以机械灌溉普及的情形,将机械在农业生产中的作用夸大。在无锡,农业机械几乎全归商人、地主所有,农民使用机械灌溉,须交纳巨额租金。当时的调查者就指出:"这种农业机械究竟含有多少进步意义,还是一大疑问。"⑥

农业投资匮乏使江南农业受到大型生产工具不足的限制。船在江南农业生产中是关键性的工具之一。据笔者的实地调查,当地老农讲到其时船的用处说:"(用)大船到大河里去挖泥,小船在小河里挖泥。有几句老话:'种田船是真的,屋是假的,牛是马马虎虎的。'来来去去,主要靠船。"⑦20 世纪 40 年代末的调查显示,常熟县王堂村共有船 18.75 只,若不包括渔民张顾氏的 6 只船,则所有农户共有船 12.75 只;若不计离村的 6 户,平均每户有船 0.087 只,也就是说每十户所拥有的船还不到一只。问题是,既然船对于农家生产如此重要,为何王堂村约有 90% 的农户却没有一只船呢?原

---

① 章有义:《中国近代农业史资料》第三辑,三联书店 1957 年版,第 874 页。
② 陆允昌编:《苏州洋关史料》,南京大学出版社 1991 年版,第 124 页。
③ 《丹阳县志》,第 226、289 页。
④ 庄茂长:《安吉农业概况》,《乡建通讯》1941 年第 3 卷第 7、8 期。
⑤ 《丹徒县志》,第 207 页。
⑥ 韦健雄:《无锡三个农村底农业经营调查》,《中国农村》第 1 卷 9 期(1935 年 6 月)。据这份调查称,无锡农村中的壮丁,已有 15% 脱离农业生产,而且农业劳动是有季节性的,就这 85% 的农业劳动者,也不能经常从事农业工作,他们花在农业中的劳动全年只有 152 天,因此很多农业劳动者在农闲时期参加其他职业。
⑦ 李学昌:《20 世纪常熟农村社会变迁》,华东师范大学出版社 1998 年版,第 352 页。

因在于船的成本。当时,常熟农村一般农家使用的船载重2—5吨,其中,载重量较低的二吨船,价格为12石米,折合稻谷约为26—28担①,相当于王堂村农家种植业年平均收入的83.87%—90.32%。若从农户收入数量来看,王堂村大约65.77%的农户,年种植业收入低于一条载重两吨的船的总价。王堂村共有水车20架,如果不包括14户非种植业户,138户种植业经营户平均每户拥有水车0.14架,即约100户拥有水车14架。其中,有12家农户拥有1架水车,有12家农户拥有1/2架水车,还有6家农户拥有1/3架水车,这样,拥有水车的农户合计为30户,仅为种植业户的21.74%。也就是说,大约有4/5的种植业户没有水车。② 水量调节是水稻种植中的重要环节,更因水旱灾害频仍,水车对于缓解轻微的旱涝灾害,保障水稻生产也具关键作用。水车的缺乏将限制水稻种植的生产效率。常熟县王堂村共有牛13只。仍以种植业户138户计算,每十户平均不到一只。与水车类似,除7户分别拥用1只牛外,另有8户各拥有半只牛,有6户各拥有1只牛,合计有牛的户数为21户。该村共有轧稻机12架,拥有这些轧稻机的总户数为35户,占种植业户数的25.36%,约相当于每四户拥有一架轧稻机。

上述显示出大型农具的普遍缺乏,尽管这些农具中,某一种的价格未必超出农家的购买能力。如据实地调查,20世纪40年代后期,人力水车价格为200斤米,折合稻为2.76担;牛水车价格为500斤米,折合稻为6.9担。③ 人力水车较该村种植业亩均收入略低,即使牛水车也不过相当于种植业人均收入的80%。再如,一只小黄牛价格为2石米(300斤),折合稻谷为4.14担;一只黄牛价格为500斤米,折合稻谷为6.9担。④ 但全部这些农具的花费加起来,却不是一般的农家所能负担。⑤

---

① 此处按实地调查数据,每100斤稻谷出米约70—75斤,即出米率为70%—75%。参见李学昌《20世纪常熟农村社会变迁》,华东师范大学出版社1998年版,第426页。
② 常熟县委工作队调研组:《大义区新义乡王堂村调查材料》(1950年3月12日),常熟市档案馆藏件:全宗号93,目录号4,卷号261。
③ 李学昌:《20世纪常熟农村社会变迁》,华东师范大学出版社1998年版,第352页。
④ 李学昌:《20世纪常熟农村社会变迁》,华东师范大学出版社1998年版,第364页。
⑤ 在苏南农村,最为昂贵的农具是运输用的木船,每只40元,其余依次是灌溉用的牛拉水车30元,脚踏水车20元,20元以上的大农具还有打谷机15元。假如一个农户拥有全套农具,共需资本186.14元,相当于当时3.1亩中等水田的地价(每亩60元),或相当于20石糙米的价值(每石9元)。对于一个耕种三五亩地的小农来说,是不堪负担的庞大支出。曹幸穗:《旧中国苏南农家经济研究》,中央编译出版社,1996年,第98页。

整个王堂村仅有两户拥有上述全部4种大型农业生产工具。这两户的户主分别为吴祖生、吴祖兴。吴祖生家拥有1只船、0.5只牛、0.5架水车、0.25架轧机;后者拥有0.5只船、0.5只牛、0.5架水车、0.25架轧机。吴祖生家全年收入为168.5担稻,可用于消费的收入量为155.5担,人均收入42.13担,恩格尔系数为19.35%,是全村生活最富裕的农户。另一户吴祖兴家全年农产品收入90担,全家人均收入30担,恩格尔系数为40%,也属富裕户。[①] 值得注意的是,尽管这两户富甲一村,但它们并不是独自拥用这些农具,而是和其他农户共同拥有。从统计上可以看出,生产工具数量与农家收入数量密切相关。拥有3种生产工具的农户,其年收入多在40担以上;拥有1至2种大型生产工具的农户,其年收入大多在20—40担之间。种植业年收入低于13担的农户(共计22户),几乎没有任何数量的大型生产工具。

由于生产工具尤其是畜力的缺乏,决定一户生产能力的主要因素是投入生产过程的劳动力数量。王堂村户均占有耕地数量为8.61亩,当在一家人能够耕作的范围之内,但也接近一户缺乏耕畜的农家的耕作能力的上限,需要全家人通力协作。我们在常熟的调查也表明,其时不被作为劳动力和半劳动力计算的未成年人,也经常参与田间劳作。据河西村的龚阿凤回忆,她7—8岁即开始割草喂羊,14岁就要夯田(翻地、平整地)、拔秧、耘稻、车水(人力)。在彼时的常熟乡村,"差不多人家的女儿,14岁都要做这些农活。"另一位村民徐桂英"14岁做农活,15岁掼麦、掼稻,其他农活也做,不参加农田劳作时,就积肥、割草"。[②] 她们几乎肩负了除罱泥以外一个劳动力所能承担的所有农业劳作。

缺乏投资不仅使机械化推广艰难,从机具和畜力的应用来看,耕作中还产生技术倒退现象。在无锡梅村镇及其附近的乡村中,除几家富裕农户外,农民大多不再养育耕牛。当地耕田只能借人力来垦锄,资力不足的小农的劳力大部分花在垦耕上面。[③] 最早利用机械灌溉的江苏无锡礼社,全镇所有耕牛最多时亦仅十余头。20世

[①] 常熟县委工作队调研组:《大义区新义乡王堂村调查材料》(1950年3月12日),常熟市档案馆藏件:全宗号93,目录号4,卷号261。
[②] 李学昌:《20世纪常熟农村社会变迁》,华东师范大学出版社1998年版,第363页。
[③] 倪养如:《无锡梅村镇及其附近的农民》,《东方杂志》1935年第32卷第2号。灌溉、收获等生产过程的技术改进,有可能引发某些生产环节的技术退化。无锡农村耕牛日渐减少就与戽水机的流行有关系。

纪30年代初,农民已经无力养牛,耕牛数量年有减少,至1932年完全绝迹。耕田翻土,全用人力。① 不独无锡为然,1934年调查显示,江宁县有水牛者占调查总户数的42.5%,有黄牛者占8.8%,有驴农户占3.5%,总计占调查农户数量的54.8%。平均计之,113户农家平均每家仅有役畜0.6头。原因在于每头役畜的价格,普通水牛约值洋50元,黄牛约40元,驴约30元。有牛者以半自耕农为最多,占57.8%;自耕农次之,佃农最少,占40%。养牛之自耕农平均每户有1.3头,全体平均仅为0.6头。② 据1935年的调查,嘉兴乡村无耕牛户达1951户,占全部被调查总户数4312户的45.25%。其中,经营面积不满20亩的2995户农业生产者,无耕牛户达1766户,占该类型户数的58.97%;经营面积在20—50亩者,无耕牛户也达16.19%,即使经营面积在50亩以上者,也不是都拥有耕牛,仍有4.24%的农户没有耕牛。在拥有耕牛的农户中,还有一部分是与其他农户共同拥有1头或多头耕牛。总计有12.8%的有耕牛户拥有的耕牛数量不到1头,38.61%的农户拥有1头耕牛,而拥有1头以上耕牛的农户,总计不过4.06%。丹阳县,1913年全县有耕牛4万头,1932年有耕牛4.18万头,到1949年,耕牛仅有1.98万头。③ 常熟县王堂村,20世纪40年代末共有牛13头。仍以种植业户138户计算,每十户平均不到一头。与水车类似,除7户分别拥用1头牛外,另有8户各拥有半头牛,有6户各拥有1只牛,合计有牛的户数为21户。④ 农户所拥有的耕牛数量,与经营面积紧密相关。没有耕牛户主要是那些经营面积不超过20亩的农户;经营面积不超过50亩的农户中,无耕牛户占总农户的75.16%。耕牛数量不超过1头的,主要是经营面积50亩以下的农户,他们占所有农户的95.94%。⑤ 耕牛数量偏少、减少乃至绝迹,这样一个重要信息意味着耕地生产工具的退步。在其他可以替代的农业机械缺乏的情况下,畜力的减少致使

---

① 薛暮桥:《江南农村衰落的一个索引》(1932年7月),陈翰笙等编:《解放前的中国农村》第三辑,1989年版。
② 蒋杰:《京郊农村社会调查》,中华农学会许叔玑先生纪念奖学金第一届征文号(第159期)抽印本,1937年版,第84页。
③ 《丹阳县志》,第247页。
④ 常熟县委工作队调研组:《大义区新义乡王堂村调查材料》(1950年3月12日),常熟市档案馆藏件:全宗号93,目录号4,卷号261。
⑤ 章有义:《中国近代农业史资料》第三辑,三联书店1957年版,第865页。

农业劳动强度增加,工作时间延长,劳动生产率下降,说明整个农业生产力水平降低。①

投入不足还导致农业基本耕作机具的缺乏,这是农业生产效益下降的一个重要因素。据1934年江宁调查,有水车的农户为82户,占全部调查农户113户的72.6%,有犁户为68户,占全部户数的60.2%,有耙之农户为59户,占全部户数的52.2%。其中,自耕农平均每户有水车1.4部,半自耕农有1.6部,佃农平均每户有1部。自耕农平均每户有犁1.2件,半自耕农平均有1.3件,佃农有1件。自耕农平均每户有耙1.3件,半自耕农平均有耙1.2件,佃农平均有耙1件。这是以有农具的户而言。就全体农户而言,平均每个自耕农户有水车0.9部,犁0.7部,耙0.9件;平均每个半自耕农户有水车1.4部、犁0.9部、耙0.7部。佃农每户平均有水车0.4部、犁0.3部、耙0.2件。② 这种差异说明,农业生产工具改进的主要限制在于投资不足,而投资状况实取决于小农家庭经济状况。同一份江宁调查还显示,1934年所调查的113户中,不负债者仅19家,占16.8%;负债者计94家,占83.2%。负债农家借贷原因以购买粮食者最多,达60.6%,购买家具者次之,占21.3%,其他均在6%以下。如将这些原因区分为生产与非生产两种用途,可知作为非生产用者达67家,占全体之71.3%;作为生产用者仅27家,占28.7%。③

投入不足造成了不利于农业生产发展的资本结构。卜凯1921—1925年调查的结果显示,中国北部和东南部地区农业每公顷所投入的资本,计土地615元、房屋128元、牲畜27元、农具23元、树木18元、种子与杂项14元。位于江南的江宁、武进两县720户资本配置情况,有如下表。

---

① 曾雄生认为,明清时期农业劳动生产率的下降,耕地畜力减少是一个重要表现。曾雄生:《从江东犁到铁搭:9世纪到19世纪江南的缩影》,《中国经济史研究》2003年第1期。此外,插秧、耘苗、收割等工作仍旧完全依赖人工,没有变更。在个别地区,轧稻、砻米等生产环节也多有使用机械,从而增加技术投入的。到1935年,无锡梅村镇等地,木臼打米、人力掼稻已不多见。不过,除了极个别地区之外,农业机械的应用一般也只限于戽水工作。
② 蒋杰:《京郊农村社会调查》,中华农学会许叔玑先生纪念奖学金第一届征文号(第159期)抽印本,1937年版,第84页。另据该书第81页,佃农户数占总户数的近18%,半自耕农户数约为57%,自耕农户数为25%。
③ 蒋杰:《京郊农村社会调查》,中华农学会许叔玑先生纪念奖学金第一届征文号(第159期)抽印本,1937年版,第99页。

表 2-30　1921—1925年江宁、武进农业资本结构(%)

地点	购进土地	当进土地	房屋	牲畜	树木	杂项	农具	合计
江宁淳化镇	66.5	2.7	22.4	2.9	0.3	1.3	3.9	100
江宁太平门	82.9	1.0	7.3	1.9	3.6	0.9	2.4	100
武进	58.0	0.2	26.6	4.5	3.2	2.9	4.6	100
平均	69.1	1.3	18.8	3.1	2.4	1.7	3.6	100

资料来源:[美]卜凯著,张履鸾译:《中国农家经济——中国七省十七县二八六六田场之研究》,商务印书馆1936年版,第80页。

在每个农户的资本总额中,土地平均达到2/3以上,如果包括附着以其上的房屋、树木(卜凯称之为不动产),则三项合计达90%。在牲畜和农具上所投入的资本仅占所有资本的6.7%,只相当于土地投资比重的1/10。卜凯认为,造成这种资本构成的主要原因是由于人口过密,地价甚高,以致土地在资本中所占比重较高,因而缺乏牲畜和新式农具。[1]

即使不考虑购买或租入土地的成本,其余农业生产投入的资本结构,也对土地生产效益的提高形成制约。表2-31展示江南个别县20世纪上半期若干年份种植业成本数量。

表 2-31　20世纪上半期江南种植业成本　　　　　　(单位:元)

县份	种子	肥料	戽水	人工	农具	其他	统计年份	备注
无锡[1]	0.20	1.30	1.80	3.00	0.20		1933	水稻
太仓[2]	0.50	2.00		5.00	0.50		1936	棉花
无锡[3]	1.12	4.29	1.70	9.22	0.3	0.41	1922	水稻
武进[4]		5			0.83	3.83	1927	水稻
常熟[5]	0.56	6.25		4			1927	水稻
常熟	0.3	2.4					1927	棉花
常熟	0.7	4					1927	小麦

---

[1] [美]卜凯著,张履鸾译:《中国农家经济——中国七省十七县二八六六田场之研究》,商务印书馆1936年版,第78页。

续　表

县份	种子	肥料	戽水	人工	农具	其他	统计年份	备注
无锡		5	1.5				1926	水稻
无锡		2	1.5				1926	水稻
无锡		2	9.5				1926	小麦
无锡		0	6.6				1926	小麦
宜兴①	9			7.5		3	1927	水稻
吴县		3	2	4			1937	水稻
吴县	0.46	3.36		2.59	0.29	1.71	1934	稻麦油菜等

说明：

1. 1933年，无锡，据一个老农估计说："每亩平均二石二斗，多一点说，以八斗还地主，剩余一石四斗，以那时的最高米价每石六元三角计算，则得八元八角二分。"再估计成本，稻（种子）0.20元；肥料1.30元；戽水1.80元；人工（六工）3.00元；农具0.20元，合计5.50元。假使种十亩租田，全家有五口，每亩只多3.32元，合计十亩33.2元。当时的调查者认为，这样的种植业收入水平，实不足以维持一家人的生存。

2. 在太仓县，"农民最普通的是自耕农和自耕农而兼佃户者。通常每家约种田十余亩至三十亩，但他们的经济常是非常窘迫，负债的很多。……以去年（1926年）的情形而论，如果一亩田的春收是麦，秋收是棉，那末普通每亩可获麦一石有余，值洋八元；棉花十六斤，棉价每担十五元，计值洋九元，两者共计十七元。如以生产费为对照，那末麦每亩生产费约需三元，棉花约需人工洋五元，肥料二元，农具五角，种子五角，纳税六角（计上忙一角二分，下忙四角八分）共计八元六角，以收入相抵，那末净余只有五元四角了（但在这里，所有副产品如豆、苞米之类的收入，是不算人的。）所以依去年的情形而谕，棉产歉收，价值又贱，农民实有饥荒之象。如果所种的田是自己的，那末尚可度日，若是租种的，那就纳租之外，几无剩余了。"

3. 原文称，在这份统计中，第一，糙米的收入估得太高，实在每亩平均只14元（2石，每石7元，这已是好的收成和米价了）。第二，农田支出中，农舍费没有计入估计，现假定为一元，这样，总收支应改作：收入共计21.32元；支出共计25.04元。田租占全收入的差不多1/3。现在支出超过收入已达3.72元，利润更不必多说了。

4. 以武进县一户耕种12亩为例，则每年共计收入396元。支出方面：田租144元，牛羊食料36元，肥料60元，农具添补费10元，其他费用10元，共计约262元。收支相抵尚余134元，除柴草用以自给外，净不过121元。每家以4口计算，每日食料约需大洋0.5，计约可支8个月。……若遇凶年，地租照旧缴纳，费用照旧消耗，而进益则反减缩。

5. 1927年，常熟为中稔之年。据徐翰青《农村调查》记述，种1亩棉田可获籽棉40公斤、黄花1.5公斤、大豆3斗，秸秆125公斤，时值大洋19.34元；支出棉种5公斤、0.3元，菜饼30公斤、2.4元，收支相抵可盈16.64元，折米138.5公斤。种1亩水稻，收米1.8石，糠0.12石，粞0.08石，砻糠6挽，柴草450公斤，时值大洋21.99元；支出稻种4公斤、0.56元，豆饼2.5大片、6.25元，戽水费4元，收支相抵可盈11.18元，折米93公斤。种1亩小麦，产1.5石，麦草175公斤，时值11.5元；支出麦种1斗、0.7元，菜饼50公斤、4元，盈6.8元，折米56.5公斤。其时，平均每亩农田需交租10元，折米82.5公斤。据此计算农田经济效益，一般棉麦两熟田，每田收入折米为112.5公斤；稻麦两熟田为67公斤。每一农户必须人均种地2至3亩，方能维持生计。据市农业区划办公室对民国30年前后农田经济效益的典型回顾调查，收益以夏货地（蔬菜、瓜类）为最高，植棉次之，种稻较低。

6. 无锡，1925—1926年，"农民以自己劳力耕种，故工资不列入。若在自作农，种水田6亩，如甲表，则投入资本39元，可得净米12石。五口之家，足以温饱。若在佃农，则尚须纳租6石，仅余6石，已不敷终年所需。况佃农贫者居多，安得资本，以投于施肥者哉？如乙表所列，则所收仅9石，除纳租6石外，净余米仅3石耳。如系

---

① 种子与肥料合计支出9元。

借田农者,则更所余无几矣。此指熟年言也。如遇水旱虫灾,则度日为难矣。所幸尚有小熟,可以稍补耳。""6亩田可收小麦4.2石,除纳租1.2石外,尚可余小麦3石。照如此计算,则农民终年勤劳,尚不足赡5口之家。……此外惟有仰给蚕茧之收入矣。……农民平均每户年可得茧价50元。即一、二亩桑田之所入也。"

7. 吴县,1937年,"农民劳苦一年,每亩田只收到二石糙米,折合市价,不过十五只洋。从这十五只洋里面,完租米要六元六角余,打水和做田的包费二元,肥料三元,其他插秧、耘秧、割稻等,一直把秧变成白米要费去四元的人工,把这几种合算起来,倒要十五元六角;一年伙食、衣服、零用等尚不在内。就是说,耕一年田,每亩要赊去六角。完租米田的人苦不苦?"

资料来源:金履昌:《吴县尹郭区农村的一瞥》,《农村经济》第一卷第七期,民国二十三年五月;龚骏:《各地农民状况调查(征文节录)——武进》,《东方杂志》第二十四卷十六号,1927年8月;容盦:《各地农民状况调查(征文节录)——无锡》,《东方杂志》第二十四卷十六号,1927年8月;徐方干、汪茂遂:《宜兴之农民状况》,《东方杂志》第二十四卷十六号,1927年8月;章有义:《中国近代农业史资料》第三辑,三联书店1957年版,第115—116、269—270页。

该表显示,每亩平均投入,种子为0.55元,肥料投入为3.12元,戽水费用为3.17元,农具费用为0.42元,人工费用为5.21元。不包括每亩耕地的土地租用费,合计投入资本为12.45元。肥料费用占总投入的25.06%。这一投入似乎偏低。实际上,如果肥料投入增加,土地仍有较大的生产潜力。

嘉兴县高照乡孟某租种土地60亩,每年种紫云英36亩作肥料,每亩田罱河泥5船,施牛粪、人粪2—3担,还施菜饼、黄豆、肥田粉,每亩数斤,精耕细作,亩产水稻450斤,比当地资力不足、施肥量少的农户亩产高一成至两成半。[①] 但并非所有的农户都能够支付得起类似孟氏经营所投入的资本、劳动力投资。孟氏经营的耕地中,每年种植绿肥的比重较一般农户超过1倍;每亩耕地中施用的河泥数量也较一般农户超出1倍。[②] 因为投入肥料数量不足,稻谷收入就会减少。

下面比较按施用肥料数量区分的两类农户,考察因肥料投入不同而造成的稻作收入的差异。如下表。

表2-32 1925—1926年无锡稻作亩均收支比较

甲类				乙类			
支出		收入		支出		收入	
基肥	3.00元	米	20.00元(2石)	基肥	2.00元	米	(1.5石)15.00元

---

① 《嘉兴市志》,第1164页。
② 《嘉兴市志》,第1164页。如江苏无锡礼社农民向以猪圈灰泥为主要肥料,每月有苗猪市集6次,附近农民购归饲养者,年达4千余头。1931年6月至1932年7月一年间,农民受水灾影响,无力饲猪,因养猪锐减,而致肥料缺乏。

续　表

甲类				乙类			
支出		收入		支出		收入	
补肥	2.00元	稻草	2.00元	补肥	无	稻草	1.60元
戽水	1.50元	合计 22.00元		戽水	1.50元	合计 16.60元	
合计 6.50元				合计 3.50元			

资料来源：容盦：《各地农民状况调查（征文节录）—无锡》，《东方杂志》第二十四卷十六号，1927年8月。

表 2-32 显示，甲类农户在经营中，平均每亩总支出为 6.5 元，较亩均支出较少的乙类农户多支出 3 元。其中，两类农户每亩戽水费用相等，主要的区别在于甲类农户在生产中的肥料投入高于乙类农户，每亩地肥料支出较乙类农户增加 3 元。即尽管甲类农户在土地经营中多投入了 3 元成本，但收益却较乙类农户每亩增加 5.4 元。合计甲类农户水稻亩均收入高出乙类农户 32.53%。乙类农户亩均收获稻谷较少，原因在于生产支出（肥料）不足。

同样，少投入或未投入肥料，麦子收入亦会相应减少。如表 2-33 所示。

表 2-33　1925—1926 年无锡麦作亩均收支比较

甲类			乙类		
支出	收入		支出	收入	
肥料 2.00元	小麦	8.00元(1石)	肥料　无	小麦	5.60元(7斗)
合计 2.00元	麦秆	1.50元	合计　无	麦秆	1.00元
	合计	9.50元		合计	6.60元

资料来源：容盦：《各地农民状况调查（征文节录）—无锡》，《东方杂志》第二十四卷十六号，1927年8月。

表中甲类农户在种植小麦时较乙类农户多支出 2 元肥料费用，小麦和麦秆收入合计增加 2.9 元，即总收入增加 44%。显然，在种植麦类作物时，如果肥料充足，同样可以增加单位面积收入。[①] 肥料投入情况对其他农作物的收益也有影响。"湖郡蚕丝之利，湖郡与焉，然以瘠地而广植桑，地力不足，故芟培之功，不遗余力，偶一不

[①] 清代亦然。包世臣称："凡治田无论水旱，加粪一遍，则溢谷二斗；加作一工，亦溢谷二斗。"参见吴承明：《中国近代农业生产力的考察》，《中国经济史研究》1989 年第 2 期。

谨,则叶量顿减。"①

增加肥料的施用数量,需要农民投入更多的劳动力用于积肥。如"安吉农民所用之肥料,以人粪尿、厩肥、豆饼、油饼之氮素肥料为最多……普通之钾肥乃以草木灰烧制,俗称'土粪',其烧法以柴及杂草枯叶秽物等等层叠,上盖压相当泥土,放火徐徐焚烧,以土与灰相混,如是连复三四次,即可应用,此种烧法,非熟练技术不为功"。② 可见,肥料的增加不仅需要投入更多的劳动,而且还需要熟练的积肥技术。

三、小结

20世纪上半期江南农业总产量的停滞还伴随着土地生产力的下降,对主要粮食作物水稻、小麦乃至主要经济作物棉花种植业中生产效益的分析显示,江南农业生产之停滞不仅是单位面积产量的减少,同时还伴随着生产效益的降低。与总产量的起伏波动不同的是,这种下降的过程可能是持续的。因此,不管是发展论还是衰退论,都是对这一时期江南农业经济起伏波动的过程简单概括,未能显示这一时期农业变化的复杂过程。从农作物总产量的增加以及商品量的提升可以得出农业发展的结论,由土地生产效益和劳动生产效率的下降,得出的却是相反的结论。

依据江南农业经济状况,我们判断,长江中下游农业的发展决不会像布兰德估计那么高,即1890年至1930年间,农业劳动生产率提高了40%,农业年增长率达到1.2%—1.5%,以至于人均收入增加了44%。正如王国斌所质疑的,这样的增长率意味着1935年的农业总产量比1895年增加60—80%。事实上,单看江南,农业总产量未达到这样的增长数量,而农业劳动生产率不仅没有提高,反而出现了下降;因此,我们支持王国斌的看法,即布兰德估计的农业增长率对于个别几个年份是可能的,对于20世纪上半期则是不可能的。理由是,尽管商品化发展和贸易条件改善有利于提高农业产量,但仅仅是这些条件还不够,还需要大量资本投入和农业技术改进。③

---

① 民国21年《德清县新志》卷四食货志·户口。
② 庄茂长:《安吉农业概况》,《乡建通讯》1941年第3卷第7、8期。
③ [美]王国斌著,李伯重、连玲玲译:《转变的中国——历史变迁与欧洲经验的局限》,江苏人民出版社1998年版,第17页。

从单位面积产量来判断,江南农业生产力还发生了持续衰退。遗憾的是,江南农业中,用于改善生产的资金投入不足,技术虽有改进却局限于个别的生产环节和个别地区,所产生的成效都极有限。决定农业生产总量的因素主要是耕地面积和劳动力数量,即主要取决于土地和劳动力这两个生产要素。因此,亩均耕地的劳动投入过高,缺乏技术和资金因素的投入增长,农业资金短缺,生产技术难以改进。

如果像李伯重指出的那样,明清以降江南稻田耕作的集约化主要不是投入更多的劳动力,而是投入了更多资本,尤其是投入更多的肥料(吴承明将传统农业的这一特征归纳为是以人力为主,但并不是纯粹的劳动密集生产)。那么,20世纪上半期江南农业生产更倾向于劳动集约而不是资本集约。与清代中叶相比,畜力—人力关系、成本—收益关系等关键因素发生逆向性变化,说明江南土地生产力的继续发展在资本投入方面面临着难以克服的困难。①

明清时代,新作物的推广种植和耕作技术的进步,推动了土地生产率和劳动生产率的提高。在20世纪上半期,建立的农业技术推广机构,致力于推广作物新品种和新的耕作技术。然而,这些有助于提高生产技术水平的条件,都因难以推广而在江南农业发展中未起到扭转作用。江南农业技术改进的标志,主要限于机械戽水、良种引进,在其他生产环节,均缺乏新技术的应用。整体上看,20世纪上半期江南农业缺乏技术改进。实际上,农业生产技术还有停滞和倒退的问题。耕作动力中畜力消退、人力增加等现象,就是这一问题的表征。因此,本文支持近代农业技术缺乏改进的看法,不认为江南农业耕作方法有所改进,也不认为农业技术投入有所进展。由于技术方面可能的进步对于农业经营来说意味着增加成本,尤其是增加现金支出,而20世纪20—30年代的天灾人祸频仍,赋税徭役负担明显高出此前任何一个历史时期,农民缺乏土地和农业投入的能力,农业技术改进与推广的范围随

---

① 有学者对20世纪上半期全国粮食生产效率的研究显示:"明清以来的几百年,单位面积产量并没有提高。这说明二十世纪上半期,中国粮食生产的能力在传统的农业经济结构和技术水平条件下,已经达到了一个极限点,在未改变这些条件之前,它的进一步提高是十分困难的。"文洁、高山:《二十世纪上半叶中国的粮食生产效率和水平》,中国农村发展问题研究组:《农村·经济·社会》第一卷,知识出版社1985年版。

之受到局限。①

这可以解释20世纪上半期江南农业具有比清代更加广阔的市场,但却未取得相应进展的原因。明清时代,随着贸易发展、市镇成长和农产品向市镇流通的增加,经济作物的种植也扩大了。交通改善、商人组织的形成,以及政府对市场交易控制的放松,都有助于促进农业经济的发展。② 在20世纪上半期农业经济中,上述这些因素也都具备。贸易范围比明清时代还有所扩大,市镇继续成长,农产品向城市和市镇的流通也超出了以往的程度。此外,交通运输条件也超越明清时代。更加密集的金融网络,更加有利的制度条件,都是明清时代所不具备的。尽管有这些优势,但20世纪上半期江南在资本投入、劳动投入以及技术改进这些因素上,制约了农业生产的发展。

这也暗示,在江南既有的人口—土地资源状况和经营方式之下,农业增产的可能性并未完全丧失。如果增加肥料施用数量、增加必需的农业机具以及合理配置劳动力,土地的生产效益还可提高。那种认为种植业的土地生产效益已经达到极限的看法是值得反思的。卜凯对中国2866个农家农业经营的研究显示,如果采用改良种子、增加劳动投入、增加施肥量,仍旧可能将产量推向新高。③ 江南农业的事实则说明,不管是劳动投入,还是资本投入,任何一个生产要素的改进,都可使农作物单位面积产量增加。也就是说,在新的农业机械、化肥以及良种未经采用的情况下,农业生产仍有增进的潜力。

在欧洲,经济摆脱斯密型动力的限制,关键在于矿物能源在农业中变得越来越重要。在没有近代能源投入的情况下,农业中能源投入—产出比例一般在1:

---

① [美]西奥多·W·舒尔茨著,梁小民译:《改造传统农业》,商务印书馆2003年版,第7页。"运用以经济刺激为基础的市场方式,通过农产品和生产要素的价格变动来刺激,不要建立大规模的农场,要通过所有权与经营权合一的、能适应市场变化的家庭农场来改造传统农业,改变农业中低效率的不在所有制形式(即土地的所有者并不住在自己的土地上,也不亲自进行经营),实行居住所有制形式(即土地所有者住在自己的土地上亲自进行经营)。"20世纪上半期,因为缺乏土地产权关系的改革,这一改造传统农业的条件在江南也未具备。
② [美]王国斌著,李伯重、连玲玲译:《转变的中国——历史变迁与欧洲经验的局限》,江苏人民出版社1998年版,第7页。
③ [美]卜凯,张履鸾译:《中国农家经济——中国七省十七县二八六六田场之研究》,商务印书馆1936年版,第292页。

13—1∶65之间,中国农业的投入—产出比例约为1∶41。而在近代农业中,能源投入—产出比例在1∶0.95—1∶4.2之间。"近代农业中土地劳动生产率的提高,是以能源使用效能降低为代价的。因此,近代农业中资本与劳动生产率的增长,与能源的大量使用密不可分"。[1] 卜凯认为,美国农业与中国农业的最大不同在于,相对于劳动力而言,美国农业以新式机器和农具的投入为主要资本。即美国农业的主要投入是资本,而中国农业的主要投入是人力。中国农业中,除土地之外,人工是农业生产的主要投入。这是因为中国人口过密。在人口过密的情况下,中国农业的出路是种植需要密集劳动而又能使产量极大增加的作物。[2] 在江南,农业资本投入不足、同时能源使用又受到局限,提高总产量的出路,只能是劳动密集型的农业生产。

由此不难理解江南农业生产所具有较高的复种指数。德清县,1936年全县耕地41.93万亩,播种面积却达50.38万亩,复种指数为120%。[3] 1936年,嘉兴县耕地种植粮食一般为两年三熟,复种指数达到150%以上。不同类型农户耕地复种指数还有不同,但均高于150%。自耕农耕地复种指数高达179.99%,半自耕农经营土地的复种指数为157.24%,佃农耕作的土地复种指数也达151.36%。如此计算,则各类农户耕作亩数远远超过使用耕地数量。自耕农户平均使用耕地16.7亩,种植面积28.29亩;半自耕农使用耕地18.79亩,种植面积29.55亩;佃农使用耕地21.18亩,种植面积32.06亩。[4] 南汇县1949年全县耕地的复种指数亦达到157%。[5] 无锡1940年代后期的农业复种指数甚至更高,达到180%左右。[6] 在人口对土地资源的压力过大,以至农家农业经营面积过于狭小的情况下,发展农业生产的长期解决办法是限制人口增加,而在短时期内,出路依然在于采用劳动集约方式,在单位面积土

---

[1] [美]王国斌著,李伯重、连玲玲译:《转变的中国——历史变迁与欧洲经验的局限》,江苏人民出版社1998年版,第17页。
[2] [美]卜凯著,张履鸾译:《中国农家经济——中国七省十七县二八六六田场之研究》,商务印书馆1936年版,第424页。
[3] 《德清县志》,第176页。
[4] 《嘉兴市志》,第1163页。
[5] 《南汇县志》,第262页。
[6] 《无锡县志》,第206页。

地上取得尽可能多的产量。①

在劳动力供应充分,而资金、技术等生产要素不足的情况下,农业生产通过增加劳动投入,不必增加甚至降低资金和技术投入,仍能保证一定的产量水平。黄宗智在评估农业生产是发展还是停滞时,认为只有增加单位劳动的资本投入而提高劳动生产率才意味着发展。彭慕兰对此提出质疑。他认为在江南这样的人口密集地区,面临着人口就业的压力,如果寻求到可使劳动力就业的方法,也不失为一种发展的路径。从这个角度看,江南农业走劳动密集的道路,正是适应当地人口—耕地资源关系所作的合理选择,不能以欧洲、美国农业比江南农业资本更为密集,否定江南农业的路径取向。② 在土地和资本短缺而劳动力充足的情况下,依赖密集的劳动投入而不是依赖密集的资本投入,不能说是一种不合理的选择。因为在资本缺乏的情况下,高度依赖劳动力的农业仍有其合理性。③

为了提高农业生产,所要改进的不过是在劳动集约的基础上,降低农业劳动力价格。其出路是通过改良农具、增加役畜数量和肥料投入,提高劳动效率。④ 本章所

---

① [美]卜凯著,张履鸾译:《中国农家经济——中国七省十七县二八六六田场之研究》,商务印书馆1936年版,第563页。
② [美]彭慕兰著,史建云译:《世界经济史中的近世江南:比较与综合观察——回应黄宗智先生》,《历史研究》2003年第1期。
③ [美]卜凯著,张履鸾译:《中国农家经济——中国七省十七县二八六六田场之研究》,商务印书馆1936年版,第427页。"这种选择比多费土地修筑道路、多费资本购买偶尔使用的运输机具,差不多是同样不经济。"
④ [美]卜凯著,张履鸾译:《中国农家经济——中国七省十七县二八六六田场之研究》,商务印书馆1936年版,第427页。卜凯比较了拖动机耕和牛耕的单位面积成本,前者每公顷需10.43元,后者仅需4元。在该书的结论中,卜凯又认为中国农业"就连劳力也不很充足"。他指出:"中国农人不但耕种的土地很少,即资本与器具也不及欧美的农人远甚。实际上的本钱以劳力为主,就连劳力也不很充足。平均每个田场只有两个农人用他们的全部时间耕种田地;同时美国除机器外,每个田场却也平均有一个半人。在很小的土地面积上,所用的人工,比例上并不很多,一部分系由于并未用集约的耕种方法,来充分扩大田场企业的内容。"[美]卜凯著,张履鸾译:《中国农家经济——中国七省十七县二八六六田场之研究》下册,商务印书馆1936年版,第562页。伊懋可认为,近代中国人口迅速增长,土地资源日益短缺,亟需提高土地生产率。但传统生产技术的潜力已经挖掘殆尽,生产技术停滞不前,增产的可能性无法透过生产技术的改进变成现实,因此劳动生产率降低。黄长义:《人口压力与清代经济社会的病变》,《江汉论坛》2000年第12期。由于人口压力和土地分配的不平衡,致使一部分家庭的耕种面积小于自家劳动力的耕种需求,于是这些狭小农场会益加精耕细作,采取高度集约化生产,从而使土地生产率提高,传统农业由此陷入一个高水平均衡的陷阱。再参见曹幸穗:《旧中国苏南农家经济研究》,中央编译出版社1996年版,第119页。

述江南耕牛数量锐减、肥料施用不足、农业生产工具匮乏等现象,正是这种以充分供给的劳动力为主体的生产要素配置模式的体现。但这种取向所导致的资金、技术等供给的缺陷,使劳动效率难以增进,单位劳动增产的实现也遭遇困难。这种围绕劳动集约的生产要素配置,促使农业经济紧密依赖劳动投入数量。因此生产单位农产品所需劳动费用高昂、农忙季节劳动力相对不足和农闲季节劳动力相对过剩,以及耕作面积狭小所造成的劳动力绝对过剩,不仅是农业的主要问题,也同样是江南农村经济所要面对的主要问题。①

好在近代农业生产在资本和劳动力的运用上是富于弹性的。农民在他们以家庭为单位的经营中,衡量收入的眼光当然不会局限于农业内部,而会将农业、手工业和其他副业视为获取收入的多种途径加以综合考虑。家庭劳动力完全可以在多个不同的经营活动中合理调配,以实现增收的目标。由此看来,隐蔽失业理论未必适于江南农业的。按照这种理论,传统农业中有一部分人的边际生产率是零,即尽管这些人在干活,实际上却对生产毫无贡献。江南农业、副业与家庭手工业紧密结合,可以优化生产要素配置,不会在农业中造成这样的"隐蔽失业",因此,农业产量的增减与农业人口的增减之间有着极为密切的关系,农业劳动力的减少必然使农业产量下降。②

从农业生产者的角度看,尽量增加不计成本的家庭劳动力投入以减少技术、工具、肥料等现金支出的经营方式,是最为合理而经济的选择。这种适应农村社会经济现实的农业生产要素配置模式,虽无助于土地生产力和劳动生产力的提高,却有助于总产量的增加。20世纪20—30年代的调查者在农村看到的经济破产、金融枯竭的惨况,一直未达到农村经济崩溃的临界点;经历战争破坏、社会动荡、自然灾害、

---

① [美]卜凯著,张履鸾译:《中国农家经济——中国七省十七县二八六六田场之研究》,商务印书馆1936年版,第427页。
② [美]西奥多·W·舒尔茨:《改造传统农业》,商务印书馆2003年版,第4页。一些学者认为过剩的农业生产力不会聚集在农业生产领域。舒尔茨认为,在传统农业中,生产要素配置低下的情况是比较少见的。传统农业中的农民对市场价格的变动作出迅速而正确的反应,经过长时期的努力,他们使现有的生产要素配置达到了最优化,重新配置这些生产要素并不会使生产增长。吴承明指出:"小农经济是精打细算的经济,它不浪费资本,也不会浪费劳动力……以为人口压力会迫使农民将剩余劳动力无限投入土地的想法是不切实际的。"吴承明:《中国近代农业生产力的考察》,《中国经济史研究》1989年第2期。

市场波动等种种考验,江南仍被认为是中国各个区域中最为活跃和发达的经济体。这一事实固然是由专业化和商品化达成的,但作为其组成部分的农业生产(以及手工业生产)却是以劳动密集为特征的。

第三章 手工业生产与生产效率

明清以降,发达的手工业生产是江南农村经济的重要特征。在农村经济研究中,农家副业、手工业一直为学者们关注。开埠之后,随着近代工业产品对区域经济影响的逐步强化,近代农村手工业的生产、销售、市场诸环节均有所变化,对于包括手工业行业结构、生产力、生产制度和技术条件等有关近代手工业变迁的诸问题,学术界多有争论。① 甚至对手工业变化的基本趋势,也存在发展与衰退等不同判断。具体到各个不同的经济区域,相关看法也存在歧异。② 本章考察江南区域农村手工业不同行业的兴衰演变、产量以及生产力水平,并尝试对农村手工业与区域农村经济的关系做一评估。

一、手工业的发展与衰退

本节将从乡村手工业结构、乡村手工业产量的变化以及工业产品市场的盈缩等角度,对 20 世纪上半期江南的乡村手工业状况做出估计。③

---

① 有关近代中国手工业的变迁趋势,学术界有不同的看,大致可以归纳为衰退论、先兴后衰论、有兴有衰论、发展论等几种主要看法。近代农村工业在经营制度上,表现为家庭手工业、工场手工业等不同形态。学者们对近代手工业的考察也包含这些不同的形态,只是在立论时有所侧重。如果单独考察其中的家庭手工业,就无法全面考察近代乡村工业的变化。相反,如果仅仅关注工场手工业的变化,就会忽略对农村经济影响至巨的,甚至更加重要的家庭手工业。因此,本项研究同时关注到家庭手工业、工场手工业以及乡村中为数不多的机器大工业。
② 史建云对华北农村手工业的研究显示,近代华北农村手工业社会分工和生产力都出现前所未有的发展。史建云:《商品生产、社会分工与生产力进步——近代华北农村手工业的变革》,《中国社会经济史研究》1998 年第 4 期。
③ 据工厂法规定:"凡用发动机器之工厂,平时雇佣工人在 30 人以上者",谓之工厂。彭泽益主编:《中国社会经济变迁》,中国财政经济出版社 1990 年版,第 213 页。另外,长江三角洲农村手工业生产与经营的行业,除了下文将要讨论的缫丝、丝织、棉纺、棉织、针织、草编等外,富阳的土纸业、宜兴的陶瓷业、嘉善的砖瓦业等也形成特色生产。除了这些较有规模者之外,江南农村还有制伞、制衣、制鞋、洗染、竹作、木作等等,其中,有的手工行业虽然在 20 世纪上半期由家庭副业转向手工场生产或机器工业生产,但绝大多数依旧分散于农户,以手工方式生产,以家庭为单位经营。正因这些行业的普遍与分散,往往为时人所忽视,其生产数量难以估算,只能留待以后再作补充。

(一) 手工业产品的兴替

江南农村手工业在近代的变迁呈现出错综复杂的景象,若以发展或衰退简单论之,均无法准确反映历史的真相,因为在不同时期、不同地区、不同行业,我们看到的是颇不一致甚或相左的变化趋势。一些传统行业消失或衰落了,如与纺纱相关的行业、与土布织染相关的行业;[①] 另外一些行业却兴起了,如织袜、毛巾、编织;一些行业生产技术无所改进或略有改进,还有一些行业却经历技术革新,如手工棉织业等。

表 3-1 江南若干县份工业(手工业)状况

县份	概 况
镇江	本县少有大规模之制造,惟织绸、缫丝、火柴、面粉、电器、碾米等厂,营业尚称发达。此外,如电镀、机织、线袜、札带、各种花边、草帽、缝纫以及他种毛织物品,均属小规模之家庭工业而已。
江宁	本县既将繁荣地带划归市有,所余乡间村镇,类皆荒僻冷落,居民大抵务农,不轻改业,故全县实无工业可言。仅龙潭地方,为各工厂设立之所,即为江宁县惟一工业区域。
句容	本县工业不甚发达,惟北乡龙潭镇,有中国水泥厂一家,规模尚大,人工恃以为生计者约数千人。其余城内有平民工厂,但经营小手工业,规模既甚狭小,营业亦不甚发达。
溧水	全县既无工厂,而手工业亦不发达,故工艺出产甚少,惟第二区之洪蓝埠镇因盛产竹木鱼盐,故手工业较他区为发达,其余如第三区之柘塘镇、乌山镇等处及第四区全境人民亦间有从事豆类、纺织及急需品等工艺,但皆规模甚小,不足齿数也。
高淳	本县曾设立有游民习艺所一,以救济游民,兼有提倡工业……除每年出产毛巾约千打及花布约五百匹外,余则无有,且皆用手工作,机器竟无一架……他如人民之家庭手工业,亦多为毛巾、土布、羽扇等,而尤以羽扇为大宗。
江浦	本县工业亦不发达。人民从事工业者,十人中仅一人。大规模之制造,殊不多见。惟民国七八年间,浦镇商人陈义和创设制革场,所出各种皮革,运销各大埠……此殆江浦绝无而仅有之工业也。
丹阳	本县多小机户,织绸之工人最众。其余如木工、竹工、铁工、缝工、泥土工等,亦所在皆有。工资约在每日银币四五角左右。
金坛	全境无一工厂。旧式之手工艺,如木工、金工、泥土工、竹工等,则到处皆有,彼辈缺乏知识,技术率凭师授,不求进步,出品粗陋,无足观者。
溧阳	本县工业向不发达,所有皆手工业,大规模之工厂殊不多见。民国初年,虽曾设有布厂、丝厂、冶坊等数处,然因资本不充,人才缺乏,至今仍无起色。至于工业产品,除少量之生丝而外,当推竹器为稍有名。

---

① 戴鞍钢:《港口·城市·腹地——上海与长江流域经济关系的历史考察(1843—1913)》,复旦大学出版社1998年版,第143页。

续表

县份	概况
扬中	本县无巨大工业,居民多营竹木、手工、缝衣、编芦等业,即微小之织袜厂、毛巾厂、竹木器工场等,亦以缺少资本,无力组成。境内居民既乏巨资,又以地价甚高,人工昂贵,复无原料可采,外埠商人,亦未肯贸然投资,此本邑工业未能发达之主因也。
上海	本县向为农业区域,近年颇趋于工业化,烟突高耸,工厂林立,其出品以砖瓦、丝织品、纱、布为最著,因成本低廉,制作精良,故能畅销全国。
松江	本县无巨大工厂,除各种小手工业外,公立工厂,有县立工场一所,内分木工、漆工、纺织、雕刻等科。私人经营者,有棉织厂九家,袜厂三十余家,钮扣厂一家,资本自数百元至二三万元不等。
南汇	本县工业尚称发达,举凡织袜厂、毛巾厂、织布厂、制帽公司、火柴公司等多有。惟类皆规模狭小,资本短少,不能与海上各厂家相提并论。全县工人,总计约在十万人左右,其中女性占百分之九,每人工资平均日可半元,与男性等。
青浦	工业如碾米、榨油、轧棉、织布、造纸、烧窑等类,原料虽丰,只因运输不便,资本不足,致未能十分发达。
奉贤	县境机器工业以碾米、电气为多,计有碾米厂一家,电气兼碾米厂三家,电气及碾米、轧花厂一家,碾米、轧米厂一家,碾米、榨油厂五家,共有男女工友二百余人,其余概系手工业,制造绺网、花边、土布等品,尤以绺网为最。
金山	本县居民,以农为业,故近世工业,无可言者,有之惟碾米厂耳……至第六区田产木棉,大多运销于沪,而花厂、布厂,则尚未有也。故本县工业,纯为手工业,为家庭工业,最普通者,如裁缝、木匠、泥匠、竹匠等。
川沙	工业以毛织品为大宗,全县计有毛巾厂十六家,每年出品约五十万打,轧花厂十一家,每年出品约四万担,织布厂二家,每年出品约一万匹,此外,沿有花边厂十余家,散处乡间,全县职工约二千人,以女子为多。盖以本县男子,类多远赴外埠,从事建筑业故也。
太仓	工业以纱、布为著,有纺织厂一家,开设于沙溪镇,另有薄荷厂三家,开设于城内,全县因陆路交通尚未便捷,故工业尚属幼稚也。
嘉定	本县无巨大工厂,如木工、竹工、石工、泥水工匠等,大都为农人副业而已,故往往求过于供,不易招雇。近数年来织毛巾,及做黄草提包,销路颇广,尚觉发达。
宝山	本县工业不甚发达,境内并无较大工厂,邑人所创办者,大都为棉织类……毛巾厂营业发达,一般贫民之赖以生活者不少。布厂、肥皂、卷烟、灯泡等厂资本较充,规模亦大。然现均属市区范围。
吴县	全县工业如丝绸、夏布、酿酒、烧窑、织席、制毯、铜器、竹器等,均能驰名遐荒,而尤以女工之刺绣与织席最著声誉,赖此生活者不少。
常熟	工业以棉织为著,约计布厂三十余家,全年制出之纱,约一万件,布约六十万匹,除自用外,皆运销本省及外埠,并有碾米场五六家,纱厂、肥皂厂各一家,毛巾、袜厂各二家。

续 表

县份	概 况
昆山	本县系农产区,工业向不发达,北乡之周墅、石牌等处农民于农隙时,以手工所织之惠安夏布,行销沪庄,每年产额,可达三十余万元。近年张浦、陆家桥各设有砖窑一处,每年所造红砖,销至沪上,尚称发达。
吴江	邑内无巨大工厂,仅盛泽有商办织绸厂一所,城区及湖滨等处有友声、太和、阜丰等制种场各一所,以及各区之电灯厂、碾米厂,范围均小。其他虽盛泽为产绸之区,震泽为产丝之区,所有织绸、缫丝等等,均属家庭工作而已。
武进	本县有申新、大成、福大等纱厂三家,广益布厂等八家,恒丰面粉厂一家,万盛、厚生等铁厂十三家,毛巾厂一家,织袜厂一家,所出棉纱、厂布、面粉、机器毛巾等,行销于本邑各乡及外埠各处。
无锡	本县为新兴工业区域,境内工厂林立,现计纺纱厂六、面粉厂四、缫丝厂四十五、织布厂十五、榨油厂十二,机器翻砂厂六十六,袜厂三十六,碾米厂十四,电厂五,电话局一,皂碱厂七,镇厂纸厂各一,丝织厂一,石灰厂一,砖瓦厂、窑数十处,就中尤以丝厂最为发达,逐年均有增加。机器厂近年增设亦多。
宜兴	工业以手工业之陶器、竹货等类为多,凡用机械之大规模工业,尚付缺如。
江阴	本县有纺厂一处,资本在一百万元以上,有工友一千余人。市(布)厂三十余家,油饼厂九家,皂厂二家。而木机纺织之家庭手工业,则无处无之,惜笃守旧法,未知改进,手工业遂日见衰落。

资料来源:江苏省民政厅:《江苏省各县概况一览》,江苏省民政厅1931年版,第1—256页;朱履仁等:《金山县鉴》,金山县鉴社1936年版,第108页。

表中苏南各县工业状况的资料显示,近代工业在江南地区的发展主要是限于上海、无锡、武进、镇江等城市,农村地区的工业生产主要是手工业,而且以家庭经营为主。故本文将江南农村手工业(尤其是家庭经营的手工业)作为讨论的重点。

蚕桑业的中心在明代中叶以后由浙东向浙西转移,杭嘉湖平原的蚕丝业在清代逐步扩展,并向太湖北岸和东岸传播,无锡、江阴等县的蚕丝业在1864年以后才逐渐发展起来,至19世纪后期,太湖东岸沿江的常熟、地处东海之滨的南汇等地,地方政府仍有提倡蚕桑生产的举措,说明生产区域仍处在动态的扩展过程中。至20世纪初,在江南地区已经形成了一个环太湖的蚕丝业地带。浙江省产丝最多的杭县、吴兴、嘉兴、德清、桐乡,以及江苏省产丝最多的吴江、吴县、金坛、武进、江阴、宜兴等县,[①]都

---

① 许道夫:《中国近代农业生产统计资料》,上海人民出版社1983年版,第266页。

地处这一地区。

19世纪末,嘉兴府属各地尚以丝业收入补充种植业收入之不足,但到20世纪初,丝业之利却较前减少60—70%。① 原属嘉兴府的平湖县夙称蚕桑之乡,在19世纪末,蚕户所产蚕茧,全部自行缫制土丝。20世纪最初10年间,蚕农往往直接出售蚕茧,家庭土丝生产逐年减少,至1910年前后,缫丝者已不及50%。相反,随着丝厂增加,大量的蚕茧转售于丝厂,缫丝者的数量更直趋减少。辛亥革命后,当地家庭手工缫丝者已经百不得一。至1916年前后,虽然平湖的蚕桑业较之清末更加发展,但农家手工缫丝业却归于销声匿迹。原属湖州府的乌程、归安两县②,亦为蚕桑业发达的地区,尤以所产辑里丝最为著名。但自从位于上海等地的丝厂兴起后,吴兴一带辑里丝销售数量逐渐减少,生产因之萎缩。原杭州府属各县情形相同。如杭县塘栖等处,茧行数量连年增加,但乡人缫丝者少,出售蚕茧者多。③ 不独平湖、吴兴、杭县为然,在杭嘉湖地区各个蚕桑业生产县份,手工缫丝业的命运无不相似。

缫丝业是为丝织业提供原料的,曾经是缫丝业中心的江南,也是丝织业中心。在清代中后期,缫丝业与丝织业已经各为独立的生产部门,在濮院、双林等地,一些农家以饲蚕缫丝为副业,另一些农家则以织绢为副业。④ 在蚕桑区植桑、养蚕、缫丝、丝织的经济结构中,丝织业因为资本相对密集、技术难度较大,开始从蚕桑业的家庭经营中分离出来,发展了以城镇为中心的丝织工场手工业。⑤ 19世纪中期,苏州有织机1万数千具,与苏州类似,南京、上海、盛泽、杭州等地,都是丝织品的重要产地。20世纪初,苏州、南京等地都兴起了新式的丝织工场。这些新式丝织工场的开设者,是资本雄厚的绸缎商(称为账房),他们有资力购买新式的铁机、招徕织工,织造新式的丝织品。但直到20世纪10年代,丝织工场仍未有大的发展,而旧式丝织业设有工场的,更是为数寥寥。"在各丝织发达之都市中,只见人民于其家中置木机二具或四

---

① 李文治:《中国近代农业史资料》第一辑,三联书店1957年版,第167—168页。
② 1912年后区划改为吴兴县。
③ 章有义:《中国近代农业史资料》第二辑,三联书店1957年版,第257页。
④ 郑昌淦:《明清农村商品经济》,中国人民大学出版社1989年版,第245—246页。对于那些经营丝织贸易的商户来说,机户并不是专指那些从事丝织业的手工业生产者,还包括少数兼业从事丝织业的农户。
⑤ [美]黄宗智:《长江三角洲小农家庭与乡村发展》,中华书局2000年版,第80页。

具,以从事于织造,无所谓织丝工场也。"① 可以说,不管是专业的机户,还是兼业的农户,多为小经营者。在家庭土丝业衰落的同时,多数位于市镇的手工丝织业却未随之衰落。相反,家庭丝织手工业仍保有一定的活力。

19—20世纪之交,地处太湖南岸的吴兴县缫丝业急遽衰落,但当地丝织业却依旧兴盛,当地所产湖绉蜚声国内,年产20余万匹。在20世纪10年代初,湖绉因日本产品的影响而销售减少,吴兴的丝绸生产者又推出华丝葛等改良绸织品,此后为华丝葛盛行时期,1925年,华丝葛年产30万匹,其产量更超过20世纪之初的湖绉。如果再计入设于县城内的电机织绸数量,则最盛时全县产额多达60万匹。就整个丝织行业的产量来说,其发展持续到20世纪20年代初。地处太湖东岸的吴县唯亭镇,周边农村丝织业直到1930年仍称兴盛,出产的缎子通称苏缎,与京缎、杭缎齐名,销路以东北为最佳,平津地区次之,还有少数外销朝鲜半岛。在唯亭镇周围20里范围内,机户共有1230家,平均每家每年可获纯利200余元。② 丹阳1918年有织绸机2000余台,年产阳绸近8万匹,产值128万元。1930年,全县织绸机增加到4000余台,织绸工2万余人,年产阳绸增至30万匹,产值达六七百万元。③

取得一定发展的丝织手工业,主要是那些作为农户兼业的手工丝织生产,在苏州、杭州等城市中的专业丝织手工业生产,并未出现这样的发展。苏州纱缎业机数的变化,可算是一个佐证。1896年,该行业拥有织机数为0.8万张,1899年增至1.16万张,1900年,尚有1.1—1.2万张,1901年减少至0.75万张,1911年再降至0.7万张,1912年只有0.4万张。④ 从织机数量来看,在缫丝业衰落的19世纪末,苏州丝织业的确有所发展,但在20世纪最初10余年间,织机数量却减少了60%以上。在以织造绸缎为主要手工行业的杭州,20世纪初因为外国绸缎产品的输入,手工丝织业受到冲击。虽然杭州所产杭罗等仍然保有一定的市场需求量,但因为外国输入的产品光泽较好,深受中国女性消费者欢迎,杭州手工丝织品的产量已在减少过程中。据时人估计,1911年左右,杭州的织绸匠已由数年前的5万人减少为2万人,可

---

① 缪荃孙等纂修:《江苏省通志稿》第三册,江苏古籍出版社2002年版,第1001页。
② 章有义:《中国近代农业史资料》第二辑,三联书店1957年版,第655页。
③ 《丹阳县志》,第169—170页。
④ 彭泽益:《中国近代手工业史资料》第二卷,三联书店1957年版,第453页。

见当地丝织业衰退的情形。①

在缫丝业衰落之后,丝织手工业只是取得短暂发展,而且只是个别地区的手工丝织业生产有所发展。所以,整体上来年,多数县份的手工缫丝业和丝织业差不多是相继衰落的。自20世纪20年代后期至30年代初期,手工丝织业衰落更甚。

20世纪30年代初,手工丝织品市场更趋萎缩。经历此前十余年发展的阳绸,1931年之后,在国内外市场上难与外国人造丝绸竞争,因销路不畅日渐衰落。② 一度有所发展的吴县、吴兴等地的丝织业,在20世纪30年代初急遽衰退。原因之一在于东北沦陷,丝织品出口朝鲜的商路中断,吴县苏缎的东北市场和朝鲜市场尽失。此外,因为铁机缎、电光绸等产品相继推入市场,这些丝织品质料轻软,花样新颖,光泽较亮,价格又较手工织造的苏缎低廉,苏缎在产品品质和价格上失去竞争优势,也失去了其他地区的部分市场。由另一个手工丝织业中心濮院绸货的销售也可见市场萎缩的端倪。清代光绪、宣统年间,当地丝织品远销闽、广、两湖,当地经营丝织品销售的商家还在苏州、上海设立分庄,以便与客商接洽。至1927年前后,苏州、上海的分庄已经全部撤销,经营丝织品者不得不四出兜售。③ 手工丝织业遇到的另一个困难是原料短缺。日本商人在吴县等地蚕茧市场上收购蚕茧,又加蚕农绝大多数只出售蚕茧,"缫丝者十不获一",致使手工丝织业原料短缺,至1928年,吴县等地的丝织业已达到衰败的最低点。④ 1934年的调查显示,当地机户已经由1930年的1230家遽减为200余家。⑤ 即使那些曾经从事丝织业生产的吴兴妇女,也都流行穿用人造丝所生产的织物。当地丝茧在盛时每年产值达1700万元,到20世纪30年代初,每年不足300万元。⑥ 吴兴双林镇,20世纪10年代中期,绵绸产量已经下降为19世纪

---

① 彭泽益:《中国近代手工业史资料》第二卷,三联书店1957年版,第599页。杭州等地丝织业的兴衰起伏,宜放在更加长期的时间序列上观察。如杭州丝织业,在太平天国战前,生产兴旺,战时萎缩。战后有所恢复,但因市场需求所限,战争结束20年之后,织机台数也只恢复到战前的30%左右。参见徐新吾:《近代江南丝织工业史》,上海人民出版社1991年版,第86页。
② 《丹阳县志》,第170页。
③ 戴鞍钢、黄苇:《中国地方志经济资料汇编》,汉语大词典出版社1999年版,第292页。
④ 中国第二历史档案馆编:《中华民国史档案资料汇编》第五辑第一编财政经济(八),江苏古籍出版社1994年版,第987页。
⑤ 章有义:《中国近代农业史资料》第三辑,三联书店1957年版,第655页。
⑥ 行政院农村复兴委员会:《浙江省农村调查》(1933年),第231、233页。

后期常年产量的不足30％。嘉兴濮院镇原来"机户自镇及乡，北至陡门，东至泰石桥，南至清泰桥，西至永新港，皆务于织。货物益多，市利益旺，所谓日出万绸，盖不止也"。然而，到1927年前后，"惟泰石桥机户尚多，陡门、永新、清泰桥久无织矣。"①

杭州熟货丝织业生产户数、机数、人数、资本、产量虽在1930—1931年之间有所增加，但1932年与1923年相比，杭州丝织熟货机户数量由1397户减至1038户，织机数量由3321台减少至2467台，工人总数由4857人减少至3606人，资本总额由33.21万元减少至24.67万元，生产总量也由19.93万匹减少至14.94万匹。机户、织机和资本总数均减少25.7％，工人总数减少25.8％，生产总量减少约25.02％。②生货机织业的衰落更甚，杭州城郊"生货机户多散处近郊艮山门外及皋塘区一带。大多数兼营农业，不似熟货机户之纯为一种家庭手工业。其原料多系自己育蚕所缫之丝，其产品系售与本市绸庄"。"在以前的全盛时期，约有3000家。至1927年尚有836家，嗣后逐年减少，至1932年4月，开工者仅250家。"③机数由1000台减至480台，工人总数由5400人减至2800人，资本总数由4.3万元减至1.96万元，年生产数量由8.2万匹减至0.36万匹。两个年份相较，生货机户减少50％，织机数量减少52％，工人总数减少48％，资本总数减少54.42％，生产总数减少47.32％。④

另外，杭州手工丝织业中还有所谓"包工机户。因其原料系从绸庄领出，代为织成绸缎，按货计算工资，与以上两种机户之自织自卖者不同。在民国初年，绸厂不多，此种织户尚有千余家。迨后绸厂林立，绸庄生产部分裁去，机户因之减少"⑤。1928年，包工机户已经减少至675家，以后至1932年，逐年递减至120户；织机数也由1350台，逐年递减为240台；工人总数由1800人骤降至360人，资本总数也由8.1

---

① 戴鞍钢、黄苇：《中国地方志经济资料汇编》，汉语大词典出版社1999年版，第292页。
② 彭泽益：《中国近代手工业史资料》第三卷，三联书店1957年版，第390—391页。所谓熟货织业，"其痛苦或更有甚焉。盖近年绸厂出品以生货为多，机货销场日见狭小，皆不得不迫而改业。生货机户散处乡间，素来兼营农业，如机织业有利可图，则以所产之丝，多分其力以赴之；势一不顺，则售其丝茧，退而专营农业，其得其失，所关者小，不必以血汗之资，作破釜沉舟之计。若熟货机户，多聚处城内，一时无业可改，明知前途危险，但生计所迫，不容自止，惟有悉索敝赋，背城借一，若再失败，则债台高筑，求为一黄包车夫而不可得，故其家数之增减，谓之回光返照可也。"
③ 彭泽益：《中国近代手工业史资料》第三卷，三联书店1957年版，第391页。
④ 彭泽益：《中国近代手工业史资料》第三卷，三联书店1957年版，第390页。
⑤ 彭泽益：《中国近代手工业史资料》第三卷，三联书店1957年版，第391页。

万元减少为1.44万元。①

我们将1928—1932年生货及包工机户的统计数据综合,得到杭州手工丝织业资本总数和生产数量的大体状况。如图3-1所示。

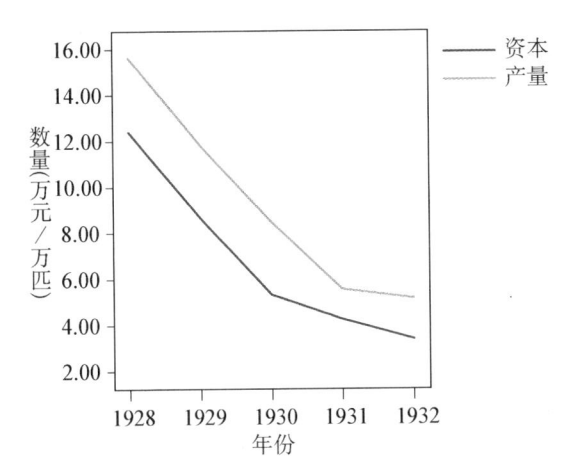

图3-1 1928—1932年杭州丝织业生货包工机户资本、产量

说明:1.生货机户1932年产量由推算所得。依据该年4月份一月之数,以之为月平均数,乘以全年月数。这样的估算可能偏高。2.包工机户1932年产量由1931年每万元资本生产量推算而得。

资料来源:彭泽益:《中国近代手工业史资料》第三卷,三联书店1957年版,第390—391页。

上述资料来自1932年所作的《杭州市经济调查》,反映20世纪20年代末与30年代初的情形。一二八事变之后,机户有相继复工的,但仍然减少了2/3。可见,战争所导致的市场萎缩虽是影响因素之一,但还有其他因素在制约着丝织业的恢复与发展。另外,这项调查主要涉及杭州市的丝织业手工生产情况,虽然有其特殊性,但作为丝织业的中心地之一,杭州丝织业衰落的情形,在江南蚕丝手工业较为重要的各县,仍具有代表性。

从整体上看,尽管江南各传统蚕桑区缫丝业与丝织业兴衰变化的步骤稍有不一,但基本趋势却是同一的。在机制品竞逐市场、国内政局动荡和战争影响以致手工丝织品市场萎缩的情况下,江南丝织业在20世纪初已趋向下落,20世纪20年代后期至30年代初期,已经沦入衰败凋敝的景况。

---

① 彭泽益:《中国近代手工业史资料》第三卷,三联书店1957年版,第391页。

上述为丝绸业的变化过程,下面讨论棉纺与棉织业的变迁。

直到19世纪中期,在江南区域中,江阴、嘉定、太仓、上海、川沙、南汇等州县均为手工纺纱业相对发达的县份。川沙县棉纺业与棉织业曾经盛极一时,直到19世纪中期,当地乡村仍以棉纺织业为普遍的家庭经营副业,①农民家庭中织布所用经纬之纱,均出自于从事于手工棉纺业的农家妇女之手。② 嘉定县农家在农隙之时,纺纱织布,所获收入除供自家衣着外,还到市场出售,补贴家用,弥补农田收入之不足。③

19世纪后半期,洋纱输入数量增长。由咸丰、同治年间每年输入价值不过1000万两,到光绪年间达到每年输入棉纱价值6000余万两。④ 纱厂所出之纱洁白纤匀,远胜手工车纺之纱。上海等地纱厂设立之后,江南各县纺纱之利完全失败。尽管在衰落的先后顺序上,或有迟速之别,19与20世纪之交前后约30年间,江南各地作为商品性的家庭手工纺纱业逐渐衰落。在川沙县,自洋纱盛行之后,以往经纬之纱均出自其手的川沙妇女,对于"轧花、弹花、纺纱等事,弃焉若忘。幼弱女子,亦无有习之者"⑤。在嘉定,机纱盛行后,当地原来兼以出售的手工纺纱,已经完全退化为家人衣着自织的原料生产。⑥ 青浦县,"自洋纱盛行,而蚕业又素未讲习,女红渐衰。"⑦江阴县,自从机器纱进入市场后,当地人力摇车的纱锭仅存1/10—2/10。⑧

在纺织结合的家庭手工业生产中,限制土布生产的关键环节在于纺纱技术落后,棉纱生产不能满足织布需求。机纱销售扩展及其成为手工土布的生产原料有助于土布业的发展。1892年左右,机制纱开始在江阴市场倾销,当地手纺纱受到打击,日趋衰落,手纺纱农民被迫转向手织业,买纱织布,改变了农村家庭手工业中纺织结合的状态,买纱织布与之前的"抱布入市,易棉以归"相比,加深了乡村棉织业对外部

---

① 《川沙县志》,第253页。
② 民国25年《川沙县志》卷十四方俗志·川沙风俗漫谈。
③ 民国《嘉定疁东志》实业·工。《上海乡镇旧志丛书》第1辑,上海社会科学院出版社2004年版。
④ 陈炽:《种棉轧花说》,宜今室主人编《皇朝新经济文编》(史治、学校、农政、蚕桑),沈云龙主编《近代中国史料丛刊》三编第二十九辑,文海出版社印行。
⑤ 民国25年《川沙县志》卷十四方俗志·川沙风俗漫谈。
⑥ 民国《嘉定疁东志》实业·工。《上海乡镇旧志丛书》第1卷,上海社会科学院出版社2004年版。
⑦ 戴鞍钢、黄苇:《中国地方志经济资料汇编》,汉语大词典出版社1999年版,第234页。
⑧ 民国9年《江阴县续志》物产·货之属·纱。"纱向有木锭、铁锭两种,都由人力用摇车摇出,自利用纱厂制机器纱,每年售银约二百数十万两,而锭纱仅存十之一二。"

市场的依赖。同时,土布受洋布打击而日见滞销,掺用机纱的改良土布得到推广。"江苏之土布,纯为农家副业,并无何种工厂。由各地四乡农家妇女织造,每家备有木机一二架,即可工作。在耕种忙时,妇女入田助男丁工作,一有闲暇,则安机织造。"①20 世纪 10 年代以后,江阴土布业由衰而盛。1917 年起,政府实行免税措施,奖励土布生产。1927 年后数年间,棉织手工业迅猛发展,年产土布约 230 万匹、改良土布约 350 万匹。② 同样是 20 世纪 10 年代,川沙乡村妇女普遍从事纺织,"机声轧轧,比户皆是。"③太仓农村农隙之时,妇女无不从事纺织者,直到 20 世纪 20 年代后期,棉织业依然为乡村农家普遍的手工业生产。④ 宝山县"商品以土布为大宗,花衣次之。土布每年出产九十余万匹,价值银二十八万余元"。⑤ 平湖农家织布业的鼎盛时期,也在清末民初,直到 1931 年,尚有开工布机 2 万架,年产土布 120 万匹。⑥ 这一时期,原属苏州府的昆山、吴县、吴江等产棉较少的县份,手工织布业也有新的发展,不仅土布品种花样翻新,织造技术也有提高。⑦ 20 世纪 30 年代初的调查显示,土布在南汇、江阴、宜兴、松江、上海、宝山、太仓、无锡、武进、青浦等县,仍为主要副业之一。⑧

　　手工棉纺业与手工棉织业一兴一衰的对应关系,与前文提及的缫丝—丝织业的兴衰继替类似。可以同样视之为在农村某一项手工业(缫丝或棉纺)受到机器工业制品的冲击而失去市场的情况下,农户为保持收入水平转向新的生产领域的一种替代选择。吴承明肯定近代农村手工业总产值的增长,同时指出,随着 19 世纪后期洋

---

① 缪荃孙等纂修:《江苏省通志稿》第三册,江苏古籍出版社 2002 年版,第 1004 页。
② 《江阴县志》,第 365 页。
③ 章有义:《中国近代农业史资料》第二辑,三联书店 1957 年版,第 420 页。
④ 章有义:《中国近代农业史资料》第三辑,三联书店 1957 年版,第 647 页。
⑤ 沈启照:《沪海道区宝山县实业视察报告书》,《江苏实业月志》1919 年第 5 期。
⑥ 120 万匹土布价值 60 万元。《平湖县志》,第 283 页。
⑦ 徐新吾:《江南土布史》,上海社会科学院出版社 1992 年版,第 584 页。
⑧ 只是在川沙等个别县份,土布的主要副业地位才被花边、毛巾等手工业所取代。另据棉业从业者的回忆,即使在洋布排挤土布的商品市场之后,农村中的土布生产仍旧保持,而且仍有一定数量。农家仍会在农闲和早晚间隙时间从事纺织,以洋纱作经,以土纱作纬,以供家人使用,很少购买机制布。在农村土布业生产中,大量减少的只是商品性生产的部分。徐新吾:《江南土布史》,上海社会科学院出版社 1992 年版,第 135 页。

货的入侵,中国约有 8 个传统手工行业受到严重冲击,其中最为重要的行业就是纺纱业。[①] 以江南而论,遭到摧残的除了纺纱业外,还有手工缫丝业。但个别行业的衰落与农村手工业的发展恰成鲜明对照。对手工缫丝业冲击最著者是近代缫丝工业的兴起,但造成手工缫丝业衰落的厂丝生产却有助于丝织业的一时发展。对手工棉纺业打击最重的是机纱的竞争,但机纱的大量生产与销售却给手工织布业的发展带来了契机。因此,全国的一般趋势是,"机制工业发展最快的时候,也是手工业发展最快的时候,乃至在同一行业中也有这种情况。"[②]江南丝织业、土布业发展的过程,也与当地厂丝业、机纱业发展最快的时期相一致。20 世纪 10—20 年代,纱厂、丝厂等工业企业数量都有较快增加。即使其产品足以与手工丝织业、手工棉织业相竞争的布厂、绸厂数量,[③]也都有所增加。很明显,20 世纪上半期江南的农村手工业与机器工业之间,并非完全是相互排斥的关系,在一定的时期内,两者同样具有互补性。并不是说城乡近代工业的发展就意味着农村手工业的衰落,实际上,近代工业正好为农村手工业的发展提供了有利的条件。

但并非江南所有地区棉织手工业都如此幸运。也有一些县域的家庭手工棉织业因受到厂布的竞争而趋向凋敝。在武进县,土布业于清末达到传统时代的鼎盛时期,农家普遍以织布为副业。但自清末开始使用机纱织布后,西北、西南地区由于交通不便,土布生产日渐衰落。由于日、英等国产品争夺中国布匹市场,1918 年起,武进县土布滞销,被迫大量减产,1918 年至 1924 年,即使对土布实施免税优惠亦无济于事。至 1927 年左右,该地土布生产区域已收缩至县境东半部,即原阳湖县境内,原武进县境仅存卜弋、泰村等地尚继续生产。至 1931 年九一八事变前,经营土布的布庄均转业或倒闭。[④] 在川沙,直到 20 世纪 10 年代后期,当地所织土布品种繁多,行

[①] 吴承明:《近代中国工业化的道路》,《文史哲》1991 年第 6 期。
[②] 吴承明:《近代中国工业化的道路》,《文史哲》1991 年第 6 期。
[③] 常熟的织布厂始于 1903 年。之后逐渐增多,1919 年达 31 家。其中,勤德织布工厂由常熟商人陈勤斋于 1910 年开办。嗣后逐渐推广,由 1 厂增至 4 厂,共有织机 300 余部。上海"手工棉织业原为农村副业,1907 年起上海郊区计有小型工场百余家,主要由安徽安庆、芜湖等地迁来。当时生产工具仅有手拉机及脚踏机二种,而产品方面亦只有米通、条格、大布等"。参见彭泽益《中国近代手工业史资料》第二卷,三联书店 1957 年版,第 366—367 页。
[④] 《武进县志》,第 345 页。

销东北和浙江,每年产量达 60—70 万匹。随着厂布的盛行,至 1920 年,土布生产已开始受到冲击。① 经过对比可发现,江南各县土布业的衰落有一个明显的时间差。嘉定、上海、青浦、金山、吴县、奉贤、太仓等县,手工棉织业衰落的时间稍早,而且也未见在 20 世纪 20 年代复兴之记载。② 如上海县,因为 20 世纪初洋布的市场竞争,营口等原属上海土布的销售市场被日本厂布竞争,厂布税轻价贱,数量更大,以至自 1907—1908 年上海乡村手工土布滞销,纺织之户,十停八九。③ 在苏州,1924 年以后土布业衰落的势头加剧,尤其是当地的土布加工和营销业,衰落更甚。

与上海、苏州等地土布业衰落形成对照的是常熟、江阴、常州等地土布业的发展。这些地区是土布产地,土布业经营成本较低,因而夺取了上海、苏州原有的部分土布销售市场,苏州土布的部分加工工序也转移到常州。假如再往前追溯,可知苏州并非江南最早的土布加工和营销中心。明代末期,松江地区已经成为江南土布生产中心,销售市场远至西北、华北和东南沿海。雍正、乾隆年间,踹染业中心转移苏州。④ 可见,直到 20 世纪上半期,江南手工棉织业生产的区域中心仍在转移之中,尽管从长时期来看,土布业是趋于衰微的,但在整体衰落的过程中仍有局部的发展,呈现为内部不同区域之间的差异。

尽管江南各县在手工棉织业衰落的起始时间上有差异,但各县有一个共同的趋

---

① 章有义:《中国近代农业史资料》第二辑,三联书店 1957 年版,第 420 页。
② 嘉定县"白布种类不一,大别之为浆纱、刷线二种。西北乡多浆纱,东南乡多刷线。自机器纱行,刷线者亦多改为浆纱。曩日比户纺织,每匹售价三角至一元,视广狭、长短、疏密而定。运销各省,为邑人生计大宗。光绪三十年以后,妇女从事毛巾,兼之洋布盛行,出数遂渐减"。参见民国 19 年《嘉定县续志》卷五风土志。1933 年前后,江苏吴县"苏布名重四方,习是业者,阊门外上下塘居多,谓之字号。自漂布、染布及看布、行布,一字号常数十家赖以举火,惟富人乃能办此。近来本重利微,折阅者多,亦外强而中干矣……按自洋布充斥,苏布一业凋零"。参见民国 22 年《吴县志》舆地考·风俗一。"1911 年,金山全县土布年产约 70—80 万匹,远销福建、台湾等地。民国初年,受机制产品影响,土布生产每况愈下,其他手工业有所发展"。参见《金山县志》,第 300 页。奉贤"织布之工,从前比户皆是,纯系女工。土名小布……近自厂布盛行,销路顿滞,贫民生计,大受影响"。参见章有义:《中国近代农业史资料》第二辑,三联书店 1957 年版,第 420 页。太仓"农民衣食两项,多系自给;惟近年来因洋布输入,渐有舍土布而衣洋布的趋势,因之纺纱织布等家庭工业,渐有废止的现象"。周廷栋:《各地农民状况调查(征文节录)——太仓》,《东方杂志》第 24 卷 16 号(1927 年 8 月)。清光绪年间,江苏青浦县"东北乡妇女皆以做布为生,自洋布、洋纱盛行,土布低落"。民国 23 年《青浦县续志》疆域下·土产·服用之属。
③ 民国 7 年《上海县续志》卷七田赋下·厘捐。
④ 徐新吾:《江南土布史》,上海社会科学院出版社 1992 年版,第 71、597 页。

势,就是自20世纪30年代初开始,各县土布生产都转趋衰败。30年代初,常熟土布销路锐减,出现生产过剩。从事棉织业的妇女收入转趋下降。以往每日可得0.4元,至30年代初,每日所得仅为0.1元。① 在20世纪20年代,因家庭手工棉纺织业而一度造成农村"康宁承平"的宝山县,由于土布的市场被洋布占领,织布不仅花费劳动,而且亏本,所以"家家都把布机、纺车停止起来,藏到灰尘堆里去了"②。松江,土布生产减少,销路下降,1930年前后,松江四乡织户除织自用布外,土布的商品性生产几乎全部停顿。1924—1932年,嘉定南翔半数以上的土布店关闭。1927年以后,浦东三林塘土布业在京、津、牛庄等地的生意中断,在浙江等地的销售也受机制布排挤而萎缩。1931年,东北沦陷后,关外的土布市场丧失。三林塘的中小土布庄纷纷关闭,一些规模较大的土布庄也因业务清淡而歇业。③ 土布业衰落不止这几处,江苏省镇江、武进、无锡、吴县、昆山、江阴等盛产土布的地方,土布生产也都衰落。④

抗日战争期间以及战后恢复时期,江南农村手工业出现两种不同的变化。由于日军侵占期间对机制纱实行统制,城镇棉织工场手工业因原料缺乏,再加战争影响下的交通不畅,生产停滞。相反,在货流不畅的情况下,部分农村手工业生产可能因此而有所恢复,并满足小范围的市场需求,从而带来农村手工业的局部发展。如临安、于潜、昌化三县农村,在抗日战争期间,土绸、土布手工业生产兴旺,尤以昌化县可称盛极,从业人员达8000余人,年产量数万匹,昌化呢、昌化绸、昌化哔叽(棉纱、蚕丝合织)甚至已经代替战前的洋布。⑤ 在江阴农村,已经衰落的手工纺纱重又兴起。当地农民将棉花纺成土纱出售,供应农村家庭手织业,价格约高出棉花1倍。⑥ 武进县,在土布业逐渐衰败时,湖塘、马杭地带出现棉织生产合作社,逐步发展到马杭桥、周家巷、鸣凤等地,由合作社发放棉纱供社员加工,集中销售,改革织机,更新产品,

---

① 殷云台:《常熟农村土地生产关系及农民生活》,《乡村建设》1935年第5卷第3期。调查称,常熟"农村手工业,最重要者,共有两种:(一)土布;(二)花边。近年来,各地农村均不景气,销路锐减,已有生产过剩形势;在前织女每日可得工资四角,现在仅获一角。花边一物,专销外洋,现受世界经济恐慌的影响,亦无销路;以前每天工资可得三角者,现在仅得两角"。
② 陈凡:《宝山农村的副业》,《东方杂志》第32卷18号(1935年9月)。
③ 徐新吾:《江南土布史》,上海社会科学院出版社1992年版,第279页。
④ 徐新吾:《江南土布史》,上海社会科学院出版社1992年版,第283页。
⑤ 《临安县志》,第251页。
⑥ 《江阴县志》,第364—365页。

农村织布业一时发展。到抗日战争爆发时,湖塘地区的脚踏机已发展到1.5万台,日产坯布和各类厂布约1万余匹,1944年时,全县脚踏机约有2万台。①

战时的社会动荡虽然给生产和交换带来消极影响,但并未终止市场活动,甚至催生了部分地区的"市场活力",这是农村手工业在一定程度上恢复乃至发展的前提。这种现象往往被称为"战时繁荣",但若从战时诸因素影响下的生产过程来看,一些一度凋敝的农村手工业仍然具有一定的发展空间。即使已经衰落的手工纺纱业也未完全退出家庭手工业生产的领域。因为在尚未衰退的土布业中,手工纺制的棉纱仍有一定的市场需求。1935年前后,上海县西南乡一带尚有手纺纱,供当地土布纺织业之需。因为直到这时,当地所产土布仍在福建、广东、华北等地保有一定的市场。② 而在机纱几乎拥有全部棉纱市场的情况下,直到1948年,嘉定县仍有农家手工纺纱以满足自家手工织布之需者。③ 在一些学者看来,这正是农村家庭手工业顽强生命力的体现,而另一些学者却将之视为手工业落后性的体现。不管如何给这种现象定性,纺纱业的衰而不绝确与农村手工棉织业的延续有一定关联。

家庭手工织布业的衰落,除受到厂布挤占市场的影响以外,还与手纺纱市场萎缩后,部分农家转向草编、织袜、毛巾、花边等新兴手工织品生产有关。在南汇、川沙、上海等县,家庭棉织业衰落时间较诸其他县份较早,这固然表明土布业受到洋布挤占土布销售市场的影响,另外还因为当地农村兴起的市场需求颇为广阔的新兴手工业生产,是当地部分农户自主选择了袜子、毛巾、花边等新兴手工业生产,而放弃了市场正在萎缩的土布生产。从市场需求的角度讲,江南农村手工业的兴衰变化,也是20世纪上半期农村手工业生产与世界市场紧密结合,并随着外部市场的变动而变动的表现。

20世纪10年代,随着洋布盛行,土布市场萎缩,嘉定县棉纺织业生产衰落,农民转而将精力投向市场需求旺盛的草编制品,因此,嘉定东部乡村的黄草种植和编织手工业兴起。1922年以后,蔡永和、张溯桥等开始提倡改进当地传统的草编技术,增添织品种类,迎合世界市场需要,设计花色,编制样本,使编织产品向海外市场销售,

---

① 《武进县志》,第345页。
② 民国25年《上海县志》卷四农工。
③ 民国37年《嘉定疁东志》实业。《上海乡镇志丛书》第1辑,上海社会科学院出版社2004年版。

美、加、英、德、法、意、日、澳、南洋等地都有采买嘉定草编制品者。由于销路广阔，生产发展，当地黄草编织业日渐兴旺，起初只有新泾、澄桥附近有凉鞋编织，后来逐渐推广至徐行，随即又发展至范家、曹王、郎中庙等处，织品也由凉鞋增加了提包、书包、文件、钱袋等品种。原来从事土布纺织业的农户，多改种黄草、改制黄草制品。"老幼编工日得银圆七角至一元以外。"①1930年，从事此项手工业者有3000余人；1935年，从事织草手工业者增至2万余人。② 所产黄草织品运往上海，转销至宁波、福建、广东及南洋群岛等处，③每年输出数量甚巨。"除徐行地区以外之农村，男女老幼农隙之时亦争为之，尤以妇女为多，走遍全区，贫寒人家之家用，半赖于此。"④

而在宝山、川沙、青浦等县，与洋纱之衰落差不多同时而兴的，还有花边生产。花边生产传入各地时间不一，大约在20世纪10年代初传入乡村，成为农家手工业生产。在川沙，1913年由当地人顾某在上海设立美艺花边公司，发起穿网花边，并在乡村设立传习所，免费将织造花边的技术传授给女工。一时间，川沙境内从事花边生产者达1千余人。因为花边产品销路通畅，顾路、高行、新港、合庆等地相继设立公司，传授针织技术。"地方妇女，年在四十岁以下、十岁以上者，咸弃纺织业而习之。全邑出品价值，每年骤增至五六十万元以上。妇女所得工资，达二十万元以上。贫苦之户，赖此宽裕者数千家。"⑤收购花边的公司最多时达40—50家，产品均运销欧美，而川沙全境一年间女工所得工资将近百万元。从事花边生产的13—14岁的女童，每天亦可挣得0.3—0.4元的收入。⑥ 在宝山，农家花边生产的兴盛也在1910年前后，因为"妇女工价低廉，习之亦极适宜。一时大场、江湾首先推行，城厢、罗店、月浦、杨行等处继之，花边公司之名乃大著"⑦。

---

① 民国37年《嘉定疁东志》区域。《上海乡镇旧志丛书》第1辑，上海社会科学院出版社2004年版。"所织少量之布仅供家庭使用，所用之纱线也不再自家纺制，改而购买洋纱。"
② 殷惟龢：《江苏六十一县志》，商务印书馆1936年10月版，第196页。
③ 民国19年《嘉定县续志》卷五风土志。
④ 民国37年《嘉定疁东志》区域。《上海乡镇旧志丛书》第1辑，上海社会科学院出版社2004年版。
⑤ 民国25年《川沙县志》卷五实业志。
⑥ 戴鞍钢、黄苇：《中国地方志经济资料汇编》，汉语大词典出版社1999年版，第326页。
⑦ 民国10年《宝山县续志》卷六实业志。

新兴手工业在江南的兴起与发展具有区域性,即新兴手工业在其传播、发展的过程中,形成了一些区域分工,各县都大致形成了自己的特色行业。前述各县以花边的家庭生产为特色,而在南汇、无锡、平湖等地,则形成了相对较为集中的手工织袜业生产。织袜技术引入进而成为农家手工业生产,在江南各县时间不同,但无一例外都是在原有的棉纺业或缫丝业的衰落时期引入的。[①] 19世纪末20世纪初,正是江南一向发达的手工棉纺业、手工缫丝业受到机纱、厂丝竞争而急剧衰败的时代。如前所述,在这一时期,一些地区的农户学习花边等新兴手工业生产技术,并转向花边生产。而另一些农户则转向同样颇具市场前景的织袜业。江南农村原有袜子生产,但均系土布制作。19世纪80、90年代,德、美、英、日等国洋袜输入中国,备受消费者欢迎。20世纪初,始有个别人购入织袜机制造洋袜。1904年,无锡藕塘盛店桥已经有农户以手摇袜机从事织袜生产,这是江南各县中较早的。织袜业被引入松江县的时间是1910年,引入南汇和平湖的时间同为1912年。自织袜业进入农村手工业生产领域后,差不多20余年的时间,各县织袜业生产虽然发展迟速略有不同,但整体上是趋于发展的。无锡县自1914年产生第一家袜厂,至1933年已经有袜厂37家,从事织袜业者也由藕塘、胡埭扩展至寺头、陈家桥、张舍、新渎等地。[②] 南汇织袜业的成长时期是在其初起的10年间。1920—1930年,厂数增加,营业顺利,算是鼎盛时期。[③] 此时"南汇袜业大有欣欣向荣之象,城厢四郊,袜厂林立,机声相应,盛极一时"[④]。30年代初,全县有大小袜厂48家,资本总额49980元,工人3331人,拥有

[①] "无锡农村妇女,均勤苦耐劳,绝无赌博等嗜好。春夏蚕期,采桑饲蚕,日以继夜,为一年最繁忙之期。每至稻麦登场之候,帮同男子,处理收藏,暇则以纺织为事。在昔日,纺纱织布换棉花,如此循环不已。其后纱厂发达,徒手纺纱无利,于是一般换棉花庄,改变方针,购买厂纱,分发织户,织成土布,行销于江北及安徽一带。织布工资每人每月得仅一二元不等,然农村妇女仍乐此不疲,可谓廉矣。其故,由于妇女兼理家政,不能远离家乡也。民国以来,海外花边畅销,于是年轻妇女改习花边,有月可得工资五六元者。然亦视其手术之巧拙缓速而定。但年长者,以目力不及,仍以织布为事。近二三年来,花边业失利,于是织袜机又盛行于农村之间矣。无锡农村妇女,坐食者甚少。故农田收入虽甚薄,而妇女手工所得,则不无小补。"容盦:《各地农民状况调查征文节录:无锡(江苏省)》,《东方杂志》1927年第24卷第16号。

[②] 《无锡县志》,第343页。尽管之后由于城市中电动袜机业的发展,农村的手工织袜业受到排挤而衰落。但抗日战争期间,城市袜厂因为战乱停产,乡村手工织袜业得以复兴。

[③] 彭泽益:《中国近代手工业史资料》第三卷,三联书店1957年版,第483页。

[④] 《南汇织袜业现状》,《工商半月刊》1933年第5卷第11号。

织机2516架。① 最多时袜厂达150家,从事袜业的女工约11700余人,男工约300余人,合计约12000余人。② 1932年,平湖全县袜厂也达48家,资本14万元,年产袜90万打,产值100余万元。1936年,全县有袜厂83家,开机8500台,工人在万人以上(含外包工)。③

新兴针织业中,毛巾织造业兴起的肇因同样是农村原有棉纺织业遭遇的困境。川沙县地方人士在20世纪初提倡毛巾生产,即是鉴于当地土布之滞销。④ 土布衰落后,毛巾遂取代土布成为嘉定主要的棉制品。嘉定县"女工向以纱布为生计大宗。光绪季年,土布之利被洋布所夺,于是毛巾代兴"⑤。毛巾织造引入后,在川沙、嘉定等县农村发展,并形成这些县份的重要手工行业。随着19世纪后期外国机器织布的倾销,川沙县土布衰而毛巾盛,1900年创设第一家毛巾厂,一时风气大开。数年后,毛巾厂已经开设至10余家。"城市及八、九两团,毛巾场日多一日,妇女藉得工资,以补农产收入之所不逮。"⑥至1920年,不过20年间,全县毛巾厂已经增至75家。⑦ 20世纪30年代前期,嘉定"近城妇女争织毛巾,西南隅除在家置机自织外,间有设厂经营者,徐行、澄桥、东门外且有大规模之工厂,如恒泰、华成、达丰等"⑧。除了毛巾厂,在嘉定、川沙乡村还分散着许多织制毛巾的散户。如在嘉定,这些散户往往拥有"织机一二乘,妇女得暇则织,全属家庭工业"⑨。出品经由行庄远销上海及杭、嘉、湖。而在川沙,从事毛巾生产的"一般工女,皆能自力经营,成为家庭主要工业。二十年来,八团等乡,机户林立,常年产额不少,于妇女生计前途,裨益非浅"⑩。

值得注意的是,20世纪上半期江南农村新兴手工业的市场机遇和生产条件也是

---

① 实业部国际贸易局:《中国实业志(江苏省)》,实业部国际贸易局1933年版,第279—280页。
② 彭泽益:《中国近代手工业史资料》第三卷,三联书店1957年版,第483页。
③ 《平湖县志》,第284页。
④ 民国25年《川沙县志》卷五实业志。
⑤ 民国19年《嘉定县续志》卷五风土志。
⑥ 民国25年《川沙县志》卷十四方俗志。
⑦ 《川沙县志》,第254页。
⑧ 民国37年《嘉定疁东志》物产,《上海乡镇旧志丛书》第1辑,上海社会科学院出版社2004年版。
⑨ 民国19年《嘉定县续志》卷五风土志。
⑩ 民国25年《川沙县志》卷五实业志。

变动不居的,其中包含着对新兴手工业发展不利的因素,对于江南以外向性为主要特征的新兴手工业来说,外部市场条件的变化对生产所造成的影响尤其显著。世界经济危机引发的国际市场波动、日本扩大侵华对区域外部市场的压缩,都对手工业生产的发展带来消极的影响。

江南农村的花边生产持续兴盛不过数年,即因市场萎缩而告衰落。第一次世界大战期间,美国禁止消耗品入口,欧洲市场花边滞销,影响所及,宝山、川沙、青浦等地的花边生产急遽衰退,从事花边生产的农户多半辍业。宝山县大场、江湾、罗店、月浦、杨行等地的花边公司均告歇业,至 1920 年,仅高桥尚存数家。① 川沙的花边公司也由盛时的 40—50 家骤减为 11 家。② 1925 年前后,川沙的细网花边生产已经完全衰落。之后粗网花边生产一度有所起色,至 1930 年左右,因为粗网花边畅销,川沙县全年花边出品总值约有 40 万元,从事花边生产的妇女工资仍可达 12—13 万元。然而,这类手工业生产高度依赖海外市场,花边生产完全随市场需求变动而起伏,当市场需求减少或市场流通的环节出现壅塞,花边业就会产生相应波动。例如,由于洋庄停销,到 1932 年前后,青浦的花边生产已经销声匿迹,③川沙农村的花边生产也转趋衰败。1935 年前后,做花边一天仅可得 0.1 元,尚不及鼎盛时期的 1/5—1/3。即使减少至此的生产,仍属少数,以致当地妇女除农忙时节而外,一入秋冬,即无相当工作。当地"毛巾与花边业皆衰落,而花边尤甚"。④

1930 年以后,江南农村织袜业也转入衰落时期。在南汇,衰落初期呈现为出货过剩,售价下跌。而九一八事变后东北三省沦陷、长江流域水灾、福建事变等,都造成了南汇织袜业市场的萎缩。"时局不靖,金融奇紧,农村经济,愈感凋敝。购买力忽告低落,织袜厂因亏本而宣告停歇者,时有所闻。即幸而存在,亦乏生气。"⑤因此,南汇织袜业销路受阻,厂家因此停闭者甚多,即使残存的厂家,为了压低成本,制品渐趋低劣,整个织袜业也就从根本上受到动摇。⑥ 无锡手工织袜业除受到市场萎缩

---

① 民国 10 年《宝山县续志》卷六实业志。
② 章有义:《中国近代农业史资料》第二辑,三联书店 1957 年版,第 420 页。
③ 章有义:《中国近代农业史资料》第三辑,三联书店 1957 年版,第 646—647 页。
④ 民国 25 年《川沙县志》卷十四方俗志·川沙风俗漫谈。
⑤ 《南汇织袜业现状》,《工商半月刊》1933 年第 5 卷第 11 号。
⑥ 彭泽益:《中国近代手工业史资料》第三卷,三联书店 1957 年版,第 482 页。

的影响外,还受到城市电动机袜的排挤。30年代,城市电动袜机兴起后,各乡镇的手摇袜生产即因受到电动袜厂产品的竞争而衰落。①

当时的调查者乃至以后的研究者,常将花边业、织袜业等新兴手工业失利引发的农村经济衰败归因于市场的拨弄。实则新兴手工业的发展正有赖于市场之推动,可谓成也市场,败也市场。这凸显了农村手工业虽具劳动力低廉之优势,但因其技术、资金等存在缺陷,而在市场竞争中陷于被动的事实。若从江南农村经济在近代所面临的国际和国内市场契机来说,农村手工业的兴衰起伏正是农村经济更深地融入市场的表征。至于其在市场竞争中的劣势,当属另一个层面的问题。有学者以城市消费品价格、销售地价格以及国外市场价格对农家手工业乃至农村全部产品的消极作用,估计农村经济所处的不利地位。但在市场经济中,价格由市场决定当属正常现象,手工业品自然也不会由生产者一厢情愿地确定其价格。因而,在20世纪30年代初普遍的经济萧条中,江南农村新兴手工业也不免其衰败,也就可以在市场本身的运行节律中找到答案了。

花边业、织袜业、毛巾业等的兴衰起伏说明江南手工业面临市场提供的机遇,同时也必须面对市场所带来的风险,若像有些学者所认为的那样,近代中国农村手工业以前所未有的规模和速度发展,②那应该指的是手工业赢得广阔的国外市场时的兴起过程。19世纪末和20世纪初,虽然手工棉纺业急剧衰落,但在一些学者看来,却是农村手工业兴盛的时期,能够得出这样的判断,当然是因为其他手工业生产在这一时期的快速发展。在江南则是土丝、土纺衰落情景下,土布业、黄草业、花边业、织袜业、毛巾业等的兴盛。学者们还注意到,在20世纪20年代,农村手工业尤为繁荣,30年代初期却出现急剧衰退。从上述各县花边生产起伏的过程来看,基本趋势的确相似。但从局部来看,20世纪20—30年代各地的农村手工业生产仍存在短期的波动。不论是较长时期手工业发展的趋势,还是手工业在发展中的顿挫,江南花边、织袜等业的实例说明,江南农村手工业的命运已经与国际市场的风云变幻连接为一体了。也许像一些学者所认定的那样,直到20世纪上半期,中国农村经济仍旧

---

① 《无锡县志》,第343页。
② 史建云:《论近代中国农村手工业的兴衰问题》,《近代史研究》1996年第3期。

是内向型的,生产的运转主要依赖国内市场的需求。中国农村手工业的兴衰起伏,也主要取决于国内市场的需求。但就这些传统手工业和新兴手工业均极发达的县份来看,江南核心地区农村经济至少是农村手工业的取向却有外向型的一面。这说明,在 20 世纪上半期中国农村经济变迁过程中,不同区域可能因应不同的生产基础和市场条件,而选择不同的出路。江南农户不得不舍弃(也不能排除主动舍弃)土丝、土纱,转向织布、织绸、花边、草编,无不是因应国际市场的需求变动,并结合当地手工业生产的历史基础与现实可能性的抉择。

从另一个角度来说,新的手工行业的兴起,不仅是农村劳动力、资本等要素因应市场变化,寻找新的生长机会的体现,还说明江南农村手工业继续保持专业化发展,以及区域内部不同地域专业分工的继续存在。就是说,虽然手工业生产的产品更新了,但手工业生产依旧保有了固有的分工模式,因为新的手工业生产的发展,以往江南手工业商品化生产的经营模式,得到了进一步强化。由此我们可以认定,在近代开埠以后,虽然一些传统手工业生产遭到了机器工业、外国商品的冲击,但也有一些传统手工业、新兴手工业借此时机获得了复兴与发展的机会。从整体上说,农村手工业的市场未必缩小,实际上可能有所扩大,而生产的专业化程度在此过程中也逐步加深了。这些都应视为农村手工业一度有所发展的表现。江南农村手工业的发展并非特例,据学者们的研究,华北农村手工业的商品生产在近代也有发展,在新的生产部门的产生、新的手工产品的增加方面,两个区域具有相似之处。而且,华北农村手工业同样出现了兴衰继替的变化,正如史建云所论,这种手工行业的衰退与发展的交替,应属正常现象。但在这种交替过程中所发生的社会分工的扩大,不管是外部市场的强制使然,还是行业本身的发展使然,都说明生产过程的进步。[①] 这一论断同样适用于江南农村手工业。

(二) 手工业产量的变化

江南农村手工业行业众多,有产量统计的手工业产品不过数种,且缺乏连续性。

[①] 史建云:《商品生产、社会分工与生产力进步——近代华北农村手工业的变革》,《中国社会经济史研究》1998 年第 4 期。

已经统计的手工业产品数据,也往往是经过推算所得。以县域为单位的数据更加缺乏。本项研究将江南新县志中的数据加以整理,并结合学者们已经收集的相关调查数据,但也只能得到个别县域若干年份的数据。因无法估计江南区域全部的手工业产量数据,只作若干行业的统计。主要目的不在于对农村手工业的生产能力提供准确的统计,仅为判断大致趋势提供依据。

以表3-2所列数据为例。

表3-2　20世纪上半期江南农村缫丝业、丝织业年产量、年产值

产品	县域	产量	产值(万元)	统计年份	备注
土丝	富阳	600担		1934	
土丝	新登	470担		1934	
土丝	海宁	7800担		1934	
厂丝	海宁	600担		1934	
白丝	吴兴	3万担	3480	1927	每担1160元
白丝	吴兴			1931	每担700元
丝绵	桐乡	45万两		1936	
丝绵	桐乡	29万两		1940	抗战期间
丝绵	桐乡	44万两		1946	战后
绸纱	吴兴	20万匹	300	光绪年间	
绸纱	吴兴	90万匹	3600—4000	1914—1917	
绸纱	吴兴	60万匹	2000	1925	
绸纱	吴兴	30万匹		1932	
绸纱	吴兴	50万匹		1934	绸厂所产
绸纱	吴兴	24—25万匹	570	1936	包括土绸及厂绸
纱	苏州	50万匹		1900年以前	
纱	苏州	20—30万匹		1900	
阳绸	丹阳	8万匹	128	1918	
阳绸	丹阳	30万匹	600—700	1930	

说明:1.丝绵即将不宜缫丝的蚕茧手工剥制成绵,清代桐乡、石门(崇德)多有农户从事此业。
资料来源:《丹阳县志》第169页;《富阳县志》第349页;《中国地方志经济资料汇编》第292页;《桐乡县志》第455页;彭泽益:《中国近代手工业史资料》第三卷,三联书店1957年版,第392、422、429、452页。

1900年以前,苏州年产纱580万匹,1900年以后,只有20—30万匹。再如吴兴的绉纱产量,光绪年间为20万匹,第一次世界大战期间上升到90万匹,20年代中期产量较20世纪10年代中期减少,但年产仍有60万匹,1932年减少为30万匹,1936年,包括手织和机织的绉纱产量,不过25万匹。1936年,桐乡丝绵产量为45万两,抗日战争期间的1940年,丝绵产量为29万两,只及1936年的64%,1946年,桐乡丝绵产量为44万两,可见战后有所恢复,且恢复较快。①

　　前文探讨手工业行业的更新时已经提及,随着20世纪初缫丝工业的发展,以及相关市场因素的影响,蚕丝区的农户更多地转向专业性的植桑养蚕,出售蚕茧,手工缫丝业因而衰落。虽然个别县份的农家土丝生产一直持续到20世纪40年代后期,但从半个世纪的长期趋势来看,即使是这些保持手工缫丝的县份,其缫丝业依旧是衰退的。在蚕桑业发达的崇德县,1937年以前,年产丝绵最高为45万两,抗日战争期间降至28.67万两,战后虽回升为43.53两,但仍未恢复至抗日战争以前的最高水平。② 再如蚕桑业繁盛的吴兴县,所产白丝(又称湖丝、辑里丝),1927年产量约为3万担,1928年之后产量迅速下跌。产量下降还反应在该地生丝的出口数量变化上。自1928年至1932年,其间虽然在1930年生丝出口有较明显增加,其他几个年份均与1928年持平或下降。1929年生丝出口2.4万包,1931、1932年两年出口数量均为2.1万包,出口总数较1928年减少2000包。③ 当年的一项调查认为,20世纪20年代后期至30年代初,吴兴各个行业大都因为外受经济恐慌,丝业亦未幸免,"销路日疲,产价日抑,江河日下,盖已呈奄奄待毙之势矣。"④崇德县亦然。如下表所示。

表3-3　1931—1936年崇德县售茧与缫丝比较表

年份	售茧占百分数	缫丝占百分数
1931	40	60
1932	40	60

---

① 《桐乡县志》,第455页。
② 《桐乡县志》,第455页。
③ 彭泽益:《中国近代手工业史资料》第三卷,三联书店1957年版,第422页。
④ 彭泽益:《中国近代手工业史资料》第三卷,三联书店1957年版,第422页。

续 表

年份	售茧占百分数	缫丝占百分数
1933	40	60
1934	45	55
1935	50	50
1936	45	55

资料来源：吴元良、张锡炎：《崇德经济调查》，《浙江经济情报》1937年第2卷第7期。

自1931年至1936年，崇德县所产蚕茧的销售比重由40％上升至45％，而自缫的比重由60％下降为55％。其间，1935年，两项比重各为50％。与之相应的是当地丝产量和丝行数的减少。如下表。

表3-4　1934—1936年崇德县产丝量及丝行数表

年份	产丝量(担)	丝行数(家)
1934	1200	9
1935	1100	9
1936	1000	8

资料来源：吴元良、张锡炎：《崇德经济调查》，《浙江经济情报》，1937年第2卷第7期。

1936年与1934年相比，崇德县丝产量下降16.67％，丝行数减少1家。

相关产量数据显示丝织业的变化趋势与缫丝业有所不同。20世纪初丝织业不仅没有像缫丝业那样衰退，反而有所发展。但从数量变化来看，这样的盛况为时不久。在多数较为重要的丝织品产区，丝织业发展的势头大约持续到20世纪20年代中期。之后即转趋衰退。以杭州为例。当地丝绸两业盛极一时的时代是19世纪70年代中期至20世纪20年代中期。这一时期甚至被称为"杭州丝绸业之黄金时代"。其间，自1912年起，手织木机的数量逐年递增，一直持续到1926年，在15年的时间里，手织木机数量增加了75倍，平均每年增加140张，显示出手工丝织业兴旺发展的过程。如图3-2所示。

在手工丝织业发达的时代，杭州织业工人达十余万人，而且生活颇为优裕，全市商业也因此兴旺。此外，吴兴之湖绉、盛泽、濮院之丝绸等的产量，都在20世纪最初的20余年间续有增长。在素以盛产丝绸闻名的吴兴，在丝绸业的全盛时代，城厢内

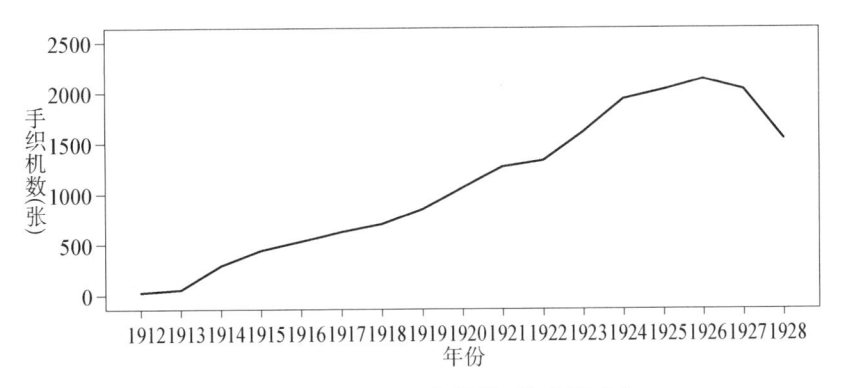

图 3-2　1912—1928 年杭州手织机数变化

资料来源：彭泽益：《中国近代手工业史资料》第三卷，三联书店 1957 年版，第 84 页。

外共有织绸厂 60 余家，机户 6000 余家，零机 13000 余架，人民 80% 以上均依赖丝绸为营生。大约在 1914—1917 年，吴兴所产湖绉产量销路旺盛，产量愈增，每年产量达到 90 万匹，产值高到 3600—4000 万元。素以出产丝绸著名的濮院镇，其丝绸生产也在 1912—1923 年达至繁盛时代，全镇机织盈千，商市兴隆，丝行绸庄，达四、五十家，因有"机杼千户"、"日出万绸"之盛。① 此外，盛泽一带以土丝为原料的盛泽纺、嘉兴王江泾等地所产丝绸，其产量最多的时间均在 20 世纪 20 年代中期以前。

20 世纪 20 年代末至 30 年代初，各地丝绸业产量转趋下降。镇江县"手工业之主要者为丝织业……丝织品有江绸、缣丝、官纱等，其最著名者为江绸，一称宫绸，二十年前，最发达时代，城内有机户千家，出品远销东三省及朝鲜，后因受日货之影响，逐渐衰落，至今几无出品可言矣"。② 杭州绸丝业的兴盛在持续 50 年后，至 20 世纪 30 年代初开始衰落。1932 年，杭州资金薄弱的小机坊已经十停八九，10 余万失业工人或充作小贩，或沦为流民。据 1933 年 5 月份的一份报道，至 5 月底以前，机户所拥有的 6000 余张织机中将有 80% 以上停织，大小织绸厂也将停织 700 余张织机。盛时每尺售价 0.8—0.9 元的丝绸产品，此时每尺售价 0.3—0.4 元亦无人过问。③ 1935 年，2700 余家织户中，停工者达 45%，51 家绸厂也都减少工作时间。以手织木机从事生产的丝织料户，也由以往的 1200 余家骤减为 100 余家。在吴兴，丝织业盛

---

① 彭泽益：《中国近代手工业史资料》第三卷，三联书店 1957 年版，第 423、425 页。
② 《分省地志·江苏》，中华书局 1936 年版，第 250 页。
③ 彭泽益：《中国近代手工业史资料》第三卷，三联书店 1957 年版，第 389 页。

时全年出产各种丝织品约 90 万匹，至 1934 年，全年出产尚不到 50 万匹，产量降幅达 44%。在桐乡濮院镇，丝绸产量也急剧下跌。20 世纪 30 年代初，当地"绸销益为阻滞，存货囤积，以致机织停歇，丝行绸庄亏蚀，相继停闭者过半"。1933 年，濮院丝绸产额仅为从前繁盛时期的 10%。[①] 在苏州，丝绸商品的出口到 1931 年几乎已经停滞。"自从采用外国面料制作西服，以及因价廉而由人造丝绸代替真丝绸之后，本地区的这种优良而闻名的产品已经失去宠爱。由于国外市场上丝绸贸易的不景气，苏州的 4 家丝织厂在 1929—1931 年间逐一关闭。"[②]

各县土布产量也有变化。由常熟、江阴、无锡等主要土布生产县的产量来看，随着手工棉纺业衰落而发展的手工织布业，其发展一直持续到 20 世纪 30 年代初期。如常熟县，直到 1931 年，年产量仍达到 2000 万匹以上。但 20 世纪 30 年代中期以后，当地土布销售不畅，生产过剩，手工织布业衰落，生产随即萎缩。[③] 其他各县土布生产衰退虽有前后差异，但总产量均呈下降趋势。从整个江南来看，土布总产量之减少也无疑问。表 3-5 为江南个别县份土布产量的统计数据。

表 3-5 20 世纪上半期江南农村棉织业年产量表

产品	县域	产量（万匹）	统计年份	备注
土布	川沙	60—70	厂布盛行前	
土布	平湖	120	1931	产值 60 万元
土布（东稀）	上海	30	1870 年代后期	
土布（东稀）	上海	20	1912	
土布（西稀）	上海	100	19 世纪末	
土布（西稀）	上海	40—50	1912	
土布	金山	70—80	1911	
套布	上海	130—140	19 世纪末	
套布	上海	60—70	1912	

[①] 彭泽益：《中国近代手工业史资料》第三卷，三联书店 1957 年版，第 417、425 页。
[②] 陆允昌编：《苏州洋关史料》，南京大学出版社 1991 年版，第 126 页。关闭的 4 家丝厂中包括装备了最新的科学仪表与现代机器的瑞丰丝织厂。
[③] 《常熟市志》，第 262 页。

续 表

产品	县域	产量(万匹)	统计年份	备注
土布	江阴	1300	1920	商品量
土布	江阴	580	1930	1927年后
土布	江阴	1138	1937	销售量
土布	江阴	95	1946—1948	手工工场产
土布	江阴	40	1949	手工工场产
土布	常熟	2000	1931	手工织布
土布	无锡	300	清末	
土布	武进	700—800	1927	产值400万银元

说明:1.清末全国各县土布年产量排名前三位的是常熟、松江、无锡;2.土布产值以1931年平湖县单价计算。

资料来源:民国7年《上海县续志》卷八物产·布之属;《金山县志》第300页;《常熟市志》第262页;《无锡县志》第311页;《江阴县志》第364,367页;《武进县志》第345页;章有义《中国近代农业史资料》第二辑,三联书店1957年版,第420页;徐新吾:《江南土布史》,上海社会科学院出版社1992年版,第472—473页。

表3-5显示,上海的东稀、西稀、套布,20世纪10年代初的产量均较19世纪后期减少,东稀产量减少幅度在30%以上,西稀、套布产量减少幅度均在50%以上。江阴土布可分为小布、大布、改良土布,1920年前后几年中,以投梭机生产的小布、大布产销旺盛,每年商品量达1300万匹,是为江阴土布的鼎盛时期。1925年以后,小布、大布产量减少,由手拉机生产的改良土布开始盛行,一直持续到1937年抗日战争爆发前夕。[①] 1937年抗日战争爆发前与1930年相比,年总产量几乎增长了1倍。可见,尽管以投梭机生产的土布已经衰落,但由于以手拉机生产的改良土布、以铁木机生产的仿机制布数量的增加,[②]江阴土布生产在20世纪30年代上半期有较大发展。在30年代中期以后也大幅下跌,20世纪40年代末的产量尚不及1936年(产量最多的年份)的1/20。这些趋势与全国土布产量的变化是一致的。近代全国土布产量的变化,已有学者作过定量分析。吴承明估计,1860年全国土布产量为60466万匹,至1894年,降至49737万匹。第一次世界大战期间有所回升,1920年为55315万匹。

---

① 徐新吾:《江南土布史》,上海社会科学院出版社1992年版,第473页。
② 1937年抗日战争爆发前夕,江阴棉织业中的手拉机、铁木机总数达43000多台,其中为布厂所有者仅几千台,绝大部分分散在农民家里。徐新吾:《江南土布史》,上海社会科学院出版社1992年版,第474页。

但第一次世界大战结束后不久又转趋下降,至1936年时,土布产量只有35293万匹,与1920年相比,减少了36%。

此外,在江南虽不具普遍性,但在个别县份颇具规模的传统手工业,在20世纪上半期也经历起伏变化,富阳县的土纸业、宜兴的陶瓷业、嘉善县的砖瓦业等手工业的产量均呈现增加与减少交替的过程。

据光绪《富阳县志》,富阳民众"造纸为业,老小勤作,昼夜不休。"1906年,每年土纸产值达100—110万元。自20世纪10年代初至30年代中期,为富阳土纸业鼎盛时期。1912年,富阳土纸产量占全国产量的25%,从事纸业生产者占全县总人口的20%,男性劳动力有1/3从事造纸业。1930年,土纸产值增至867万元。抗日战争爆发后,因为土纸运销困难,产量急剧减少,战后亦未恢复。1949年与1936年相比,土纸产量减少30%;从事土纸生产的槽户数量减少66%。① 宜兴陶瓷业的全盛时代在20世纪20年代中期,每年营业估值为400余万元。1930年以后,陶瓷生产一落千丈,以致无法挽救。1936年,各窑仅开工5个月,全年营业额仅100余万元。② 嘉善的砖瓦业被认为是全县21万民众生计所系,据说嘉善砖瓦业兴盛的20世纪20年代,该县北部、西北部、东北部窑墩达800多座,农民均以此为正业。依赖制坯生活者达11万余人,其他贩坯、运坯、运货等14000余人,年产砖瓦达117800万余块,产值达589万元。至20世纪30年代初,砖瓦产量萎缩,全县窑墩停烧者407座,仅为盛时的50%;年产量仅35530万块,相当于盛时的30%;产值仅119万元,相当于盛时的20%。③

有学者指出,1929—1933年的世界性经济危机导致30年代初中国农村手工业的普遍衰退,在危机期间和危机过后的一两年中,销往国际市场的手工业品,出口量急剧下降;国内市场的需求也大为缩减,从而波及几乎所有农村经济领域,造成农村手工业生产的严重衰退。如前所述,江南各县发达的农村手工业生产发展主要取决于国际市场和国内其他区域市场需求的变动,从区域角度来说,完全是外向型的生产。各种手工业生产数量变动表现出几乎一致的趋势,从一个侧面展示了江南手工

---

① 《富阳县志》,第370页。
② 彭泽益:《中国近代手工业史资料》第三卷,三联书店1957年版,第510页。
③ 彭泽益:《中国近代手工业史资料》第三卷,三联书店1957年版,第508页。

业经济的这一特质。

在19世纪末至20世纪初,随着国外工业和手工业产品的输入,国内各地开始购买机器或手工机械,仿制这些国外产品。其中一些是与传统手工业产品同类的产品,如针织袜子、针织毛巾是对原来传统手工业生产的布袜、布巾的替代;另一些则是新的手工业产品,主要满足国外市场需求,如花边。如前文所述,在传统的手工业生产如棉纺、缫丝等衰落前后,正是这些市场较为广阔的手工业产品兴起之时。因此称之为新兴手工业。由于各地从事传统手工业生产者转向新兴手工业生产,这些新兴手工业替代传统手工业的过程,也是自身产量迅速增长的过程(参见表3-6)。

表3-6 20世纪上半期江南农村针织手工业产量、产值表

产品	县域	产量(万打)	产值(万元)	统计年份	备注
花边	川沙		50—60	1913	
花边	川沙		100		最盛时
袜子	平湖	90	100	1932	
袜子	平湖	23		1949	
袜子	南汇	226.1	271	1933	每打1.2元
毛巾	嘉定	200		1936	
毛巾	川沙	50		1920	
毛巾	川沙	208		1930	
毛巾	川沙	260		1937	
毛巾	川沙	50		1940	沦陷时期
毛巾	川沙	44		1949	
毛巾	南汇	32.1	45	1933	每打1.39元
绣花	常熟		190	1932—1935	年收入
绣花	吴县		21.5	1917	
绣花	吴县		86	1927	
绣花	吴县		32	1938	

说明:1.袜子产值以1932年平湖县单价计算;2.毛巾产值以南汇县1933年单价计算。
资料来源:《平湖县志》第284页;《嘉定县志》第241页;《川沙县志》第254页;《吴县志》第475页;章有义:《中国近代农业史资料》第二辑,三联书店1957年版,第420—421页。彭泽益:《中国近代手工业史资料》第三卷,三联书店1957年版,第483、494页。

自20世纪10年代初至30年代中期,江南花边产量是不断攀升的,常熟农村妇女绣制花边始于1917年。翌年,刺绣花边的妇女增至千余人,由于收入高于其他副业,发展极快。1932—1935年,常熟农村绣花妇女有20万人,年收入达190万银元。① 但20世纪30年代中期以后衰落,常熟花边业产量下降,南汇花边产量也趋减少,只相当于盛时产量的50%。②

毛巾产量可以川沙县为例。1920年全县产量为50万打,经过20年代生产的快速发展,1930年全县产量增至208万打,1937年抗日战争爆发前,又增至260万打。抗日战争期间产量下跌,但仍保持一定的数量,维持在20世纪20年代的生产水平。战后恢复时期,产量不升反降,1949年全县毛巾产量只相当于1920年的80%。

吴县的绣花手工业生产也在20世纪20年代取得较快发展。1917年,全县共有绣庄32家(22家位于乡区市镇),绣工1.63万余人,年营业额为21.5万元。1927年绣商增至74户,年营业额达86万元。1936年有刺绣工商户109家,从业人数达8.1万,拥有资金124万元,生产设备有绷架8万副,缝纫机400台;生产被面3.25万条,戏衣1.95万件,枕套21万对,鞋面52万双,童装1.3万件。日军入侵后,刺绣从业人数减少至2万余人,年营业额跌至32万元左右。抗日胜利后,虽有短暂发展,旋因物价飞涨,丝织厂停工原料中断,刺绣业再度陷入困境。1948年2月城区有顾绣庄64户,至10月只剩下30户;其中28户时断时续。乡区集镇37户承绣商亦经营维艰,店面时开时闭,农村绣女弃绣谋生。③

花边、毛巾生产数量的变化,说明20世纪10—20年代是新兴手工业兴起和发展最快的时期。自30年代初,个别行业如绣花因为受到经济萧条的影响,产量大幅下降。但经济萧条所带来的影响还要做具体分析。一些县份的新兴手工业生产没有因此沉沦。如常熟花边、川沙毛巾,在萧条期间及其后续影响持续期间,其产量不仅没有下降,反而持续上升。因此,在评估20世纪上半期农村手工业的变动趋势时,单纯的发展论或衰落论都不能反映真实的情况。以农村新兴手工业而言,它不是只有发展,没有衰落;也不是只有衰落,没有发展。即使在江南这样一个被认为是具有较

---

① 《常熟市志》,第263页。
② 彭泽益:《中国近代手工业史资料》第三卷,三联书店1957年版,第494页。
③ 《吴县志》,第475页。

多内部一致性的区域里,各种新兴手工业兴衰变化的过程也是纷繁复杂的。产生这一现象的原因,当然不能完全由经济危机和市场萎缩来加以解释。市场需求的变化固然是影响新兴手工业以及传统手工业变动的重要因素,但各县也有各自的特殊之处。就全国而言,虽然近代外国商品进入中国后,中国手工业产品在本国市场上日益受到机制工业品的排挤,但中国手工业生产者对此进行了顽强的抵抗,并利用引进的较先进的生产资料使手工业在某些方面得到发展,使近代手工产品在市场上发生了显著的变动。① 土纱等手工产品市场受洋货冲击极大,使这些手工行业很快衰落,另外一些行业如针织等得到发展,市场反而扩大。江南手工业市场的情况与这些学者描述的状况类似,作为发达的手工业生产区域,②在土纱、土丝等衰退的同时,江南地区却发展了新兴的手工业生产,手工业产品的商品产量也相应增长。如土布业生产居于全国前三位的3个县均位于江南。深厚的农村手工业生产传统为新兴手工业生产的发展创造了历史基础。后者对前者不仅有替代作用,也是对前者的承

---

① 据吴承明考察,中国手工业生产大约在1920年达于顶峰。1920年的国内生产商品值中,手工业产品比工厂的产品高3倍多。1920—1936年间,商品量年增长率降低。吴承明:《中国的现代化:市场与社会》,三联书店2001年版,第298页。
② 下表显示几个县份的手工业概况。

1931年长江三角洲若干县份手工业概况表

县别	手　工　业
武进	工艺品、果品著名。
无锡	纱布面粉产量亦丰,铁器、泥人、糕团、砖瓦等土产极丰富;人民习铁工者甚多,苏沪铁工,大半为无锡人;东南乡民善织席;西乡农民多以制造竹器为业,百里乡镇多取给之。
吴县	绸缎色彩鲜明,价格较杭绸廉;女绣不弱湖南;五色锦巧过蜀锦;生产塘藕、菱角、蜜饯、扇、布、酒、席、石等。
松江	织布业发达,年产150万匹;工艺品制作精良。
江阴	纺织业极发达,布盛销于淮阳一带;羊毛、布、竹汗衫、蒲包等为特产。
常熟	东南各乡民农闲时编竹为笠。
青浦	辰山石运销上海,作铺路之用。
太仓	鹤王镇棉、沙头棉布著名;妇女多制蒲包,除自用外多数外销,补助生计至巨。
南汇	妇女皆纺织,城乡皆然。

资料来源:殷惟龢:《江苏六十一县志》,商务印书馆1936年版。

续。因此,新兴手工业一如传统手工业,在面对市场波动、自然灾害等因素时,自有其非凡的韧性。这也是江南农村经济发展道路保持其特点并得以持续创造成就的因素之一。江南也有其特殊性,其传统手工业生产的发达表明,在长时期的历史演进过程中,这里已经走出了一条区域性的发展道路。

二、手工业生产效率

上述个别产量数据的分析,对于了解江南农村手工业兴衰起伏的脉络虽是必不可少,但尚未涉及区域农村手工业生产效率的变化,而生产效率对于判断江南农村手工业有否发生质变,是一个关键指标。有学者曾指出,应从几个主要的方面考察手工业的生产效率,包括技术水平、劳动生产工具、人均产量,[1]而这些不同的层面,又取决于资本、技术、劳动力等生产要素的组合。我们采纳这些学者已经提出的研究路径,从江南农村手工业的生产技术、劳动力状况、资本投入状况,以及生产制度等方面,考察农村手工业生产效率的变动。

(一) 机具的改进

江南传统手工业和新兴手工业的生产机具都有改进,因此,手工业产品的规格和质量都有适应市场需求的新变化。

土布业生产工具有明显改进。在无锡的布厂中所使用的布机,1900年全部为手拉机,到1917年全部人力织机中,已有1/3发展为脚踏铁木机,2/3仍是手拉机。1920年,全部人力织机都改用脚踏铁木机。这些脚踏铁木机在性能上已经接近动力织布机。到1937年,脚踏铁木机仅占织布机总数的约18%,基本上已被由动力机带动的全铁机取代。与织布设备的改进同时,布厂还需聘请技术人员、自备动力工具。[2] 这种由动力机取代铁木机的机具改进以及相应的技术进步,主要出现在无锡

---

[1] 姜锡东:《中国传统经济的再评价问题》,《中国经济史研究》2003年第1期。
[2] 徐新吾:《江南土布史》,上海社会科学院出版社1992年版,第116、482—483页。

这样的城市手工业中。[1]

与城市手工棉织业中新技术的采用恰成对照,农村手工棉织机具也有改进。江阴、常州、常熟等农民织户,在20世纪初开始放弃沿用的投梭机,改用手拉机。[2] 上海江桥的织布机约在1910年改为手拉机,更因已用洋纱织布,生产效率提高1倍左右。使用手拉机后,当地土布生产一直兴盛。即使在1922—1926年上海其他地区土布生产衰减的时期,江桥土布业生产也未受到多大影响。1931年以后,土布生产和土布商业再度衰落,江桥土布业生产仍能维持。甚至在抗日战争期间转趋旺盛。[3] 手工织布业相对集中的江阴等地,布机由原来的手投梭机改为手拉机的时间,比上海江桥更早,大约在1900年以后。原来江阴土布业使用的投梭机只适于织造门幅狭窄的土布,手拉机是将投梭机的织纬机构加装滑轮、拉绳等机件,劳动生产率因而提高。同时,还可织造阔幅的色布和斜纹等产品。对织造门面较宽的品种而言,劳动生产率比投梭机提高1倍。手拉机在江阴的盛行持续20年左右,之后由脚踏铁木机取代。铁木机利用飞轮、齿轮、杠杆等机械原理,将织布的各种工序形成连续的过程,由足踏板作总的发动机件。每日生产布匹的数量增加到30—40码[4],生产效率较之手拉机又有新的增加,其生产效率比手拉机提高50—100%左右。从投梭机、手拉机到铁木机的手工机具的改进的不同阶段,并不是截然分明的。在相当长的时期内,三种机具在手工土布业中是同时并用的,原因在于经过改进的机具虽然生产效率提高,但每架机具的价格也随之提高。20世纪初,每架投梭机的价格是2元左右,1900年之后盛行的手拉机因复杂程度不同,每具价格在3—8元之间,1930年铁木机每具价格则为40元上下。即手拉机效率较投梭机提高1倍,机具价格则提高0.5—3倍;铁木机效率较手拉机提高0.5—1倍,机具价格则提高4—12倍。[5] 从事土布生

---

[1] 1925年,上海手工棉织工场增至1500余家,并有铁木机的设备,织造技术亦较前进步。彭泽益:《中国近代手工业史资料》第三卷,三联书店1957年版,第96页。
[2] 机具的改进导致产品的更新。手拉机的产品是较投梭机生产的土布门幅较阔的改良土布。徐新吾:《江南土布史》,上海社会科学院出版社1992年版,第6页。
[3] 徐新吾:《江南土布史》,上海社会科学院出版社1992年版,第172页。
[4] 1英码等于0.9144公尺,合2.57海尺。以此折算,30—40码即77.1—102.8海尺。徐新吾:《江南土布史》,上海社会科学院出版社1992年版,第210页。
[5] 徐新吾:《江南土布史》,上海社会科学院出版社1992年版,第116、393、482—483页。此外,该书第408—409页对铁木机的结构和功能有详细介绍,并提到铁木机的售价比手拉机高5—6倍。

产的农家可以依据资本的多寡,选择不同的机具。实际上,限于家庭经营的狭小规模和资本不足,农户从事的土布生产,由投梭机改用手拉机较为普遍,但受到资本短缺的限制,即使在以工厂为组织形式的手工织布企业中,铁木机的使用仍是少数。①在太仓县直塘乡的新太织布厂,内有木机80部,独脚机20部,仍以改良前的手工机具为主。② 在江阴,1924年手工棉织业开始大量采用手拉机,在1918—1923年年产量达到1300万匹的投梭机制土布产量转趋减少。但直到1937年上半年的调查,全县投梭机占织布机总量的比重仍有57%,手拉机的比重为30%,铁木机的比重为13%。由投梭机生产的土布数量虽然减少,但仍有小布430万匹,而包括布厂所织的布匹在内的改良土布和仿机制布,总产量也只350万匹。以小布阔0.95—1尺、长19—20尺,而改良土布阔1.8—2尺、长30—40尺计算,则350万匹改良土布和仿机制布约可折算为小布1050—1400万匹。以投梭机生产的土布数量仍占当年土布总产量的23%—29%。③ 投梭机的优势之一正在于其低廉的价格,土布生产者缺乏改用新工具所需的资本则是手工业机具改进有限的因素之一。

此外,土布业生产效率的提高,还有赖于纱与织的分离。在洋纱还未作为土布原料时,土布用纱需要农家自纺自给。以每天劳动12小时计,纺出一匹稀布(长20尺、阔1.2尺)所需要的土纱,需要4天;织成1匹布,需要1天;此外,纺织前后的拣花、轧花、弹棉和经布、刷布、穿综、上浆等工序,大约需要1天。总计生产1匹布需要6天时间。④ 其中,纺纱所用的时间占66.67%。洋纱输入后,以洋纱作经线、土纱作纬线,织成20尺长的稀布1匹,需要8—9个小时的劳动,仍以每天劳动12个小时计算,余下来的3个小时左右需要摇纡子以供第二天织布时使用。如果经线和纬线都用土纱,则不用摇纡子,每天12—13个小时都用于织布,一般可织20尺长的稀布1.5匹。⑤可知,由于在土布业中采用洋纱,农户土布生产的效率因而提高。由于纺纱

---

① 徐新吾:《江南土布史》,上海社会科学院出版社1992年版,第417页。
② 江苏省长公署第四科:《太仓县实业视察报告书》,《江苏省实业视察报告书(沪海道区)》,上海商务印书馆1919年版。
③ 徐新吾:《江南土布史》,上海社会科学院出版社1992年版,第474页。小布、大布、改良土布的折算,参见该书第474—480页对不同品种土布规格的叙述。
④ 徐新吾:《江南土布史》,上海社会科学院出版社1992年版,第53页。
⑤ 徐新吾:《江南土布史》,上海社会科学院出版社1992年版,第134页。

从纺织业中分离所导致的分工,的确有助于劳动生产率的提高。

纺与织的分离与分工,以及江南手工棉织业工具的改进,有助于棉织业产品更新、效率提高,从而使江南手工土布业仍具市场竞争力。由投梭机改为手拉机之后所生产的改良土布,布幅的宽度不再受手投力的限制,可以加宽至 2 尺左右,因此改良土布的幅宽多在 1.5 尺以上至 2 尺,长度则在 20—30 尺。制造工艺也有改进,利用投梭机所生产的土布基本上是本色布,即使色布也是先织后染。改良土布一般是先染纱或漂白后再加织造。铁木机使用以后,手工棉织业的产品品种除改良土布外,主要还有高中档线呢、哔叽、直贡呢、府绸坯、条绒坯等,这些产品属仿机制布。这些机具、产品、工艺上的改进,正是手工棉织业可与棉织工业抗衡一时的原因。[①] 20 世纪最初 30 年,是江南土布业发展最盛的时期,这也正是包括织布工业在内的棉织业较为发展的时期。在国内机制布生产增加和国外机制布进口数量上升的 20 世纪初,浦东的土布生产遭到冲击。但在 1900—1930 年间,当地的土布生产仍能维持相当的地位。北至东三省、南至南洋群岛,每年销售数量仍达一千数百万元。同一时期,北新泾、真如、江湾等地所生产的土布,大多销往南洋一带。当地正是利用了机制纱价格低廉的优势,织造土布所用的经纱改用机制纱,而使其产品保持了一定的竞争力。[②] 就全国来看,两者在市场上竞争的结果,仍是棉织工业的产品产量和消费量少于家庭和手工业棉织品。[③]

土布生产采用洋纱作为原料之后,劳动生产率提高,但织户的劳动收入并未随之增加。据徐新吾的研究,1885 年,上海地区的土布生产已经掺用机制纱作为原料,其时,每市斤土布和机制纱的差价可以购买 8 升多中白粳。到 1920 年,大部分土布已经采用机织纱作为经线和纬线,而土布与机制纱的差价也下降至 1—3 升米。从土布与棉纱的价格比来看,1890 年,机制棉纱的价格只约相当于土布价格的 42%,1920 年,由日本、印度进口的机制棉纱的价格已经分别达到土布价格的 63% 和 72%,国内机制棉纱的价格与土布的比值更高,达到 83%。由于织造土布所得利润下降,粮食

[①] 徐新吾:《江南土布史》,上海社会科学院出版社 1992 年版,第 397—398 页。
[②] 徐新吾:《江南土布史》,上海社会科学院出版社 1992 年版,第 173 页。
[③] 一项对全国的统计,显示 20 世纪 30 年代中期棉布生产量的 61.3%、消费量的 60.1% 来自手工业。彭泽益主编《中国社会经济变迁》,中国财政经济出版社 1990 年版,第 168 页。

价格又下断上涨,织户的实际收入不仅没有增加,反而逐渐降低。生产效率提高是否导向收入的增加,还需要看价格等市场因素的作用。在生产效率提高情况下的生活日益贫困,使农户不得不放弃土布业的商品性生产。① 这一观点从农家微观经济学的角度,解释了土布业在生产效率提高的情况下,最终反趋萎缩的原因。

织袜业自其引入江南乡村,成为一种农家手工业生产,生产技术也有所改良。如南汇县织袜业初创时仅能生产粗纱男袜,后来逐步改良技术,增加螺纹袜筒的生产。至1919年,又增加了女袜的生产。② 但不管是浙西织袜业最为发达的平湖、嘉兴、嘉善、石门等县,还是苏南的松江、南汇、川沙、无锡等地,农家袜子生产的品种虽有增加,也主要是引进不同机器的结果,织袜机多为手工操作,在技术上几乎没有改进。因此,每架袜机每年的产量并无明显增加。1923年的调查显示,当时织袜业颇为发达的松江县,履和、晋秋、大生、仁和4家袜厂,每架袜机年产量最高者为500打,最低者为357打,平均每架袜机年产量为397打。以产值论,年产值最高者为每架袜机1233元,最低者为每架袜机714元,平均每架袜机年产值为912元。③

上述数据所载是松江所谓针织厂坊的生产水平。但因为这些厂坊的袜子实际上均由散居的织袜工在家中完成,论件计资。因此这些数据可以代表农家织袜业的生产水平。上述数据说明,每架袜机每年产量为397打,每天平均差不多只有1打。每架袜机全年产值约912元,每天不到2.5元。④

如果说松江的生产效率统计只能反映某一年的情形,无法估计生产效率变化的情况,不妨再看1930年无锡县织袜业的状况。如表3-6所示。

表3-7 1930年无锡织袜业生产效率表　　　　　　　　　　　　　　(单位:打)

厂名	出品量	资本每元年产量	每只袜机年产量	每人每年产量
义成	5000	3.3	208.3	208.3
锡沪	12000	6.0	200.0	171.4

---

① 徐新吾:《江南土布史》,上海社会科学院出版社1992年版,第175页。
② 《南汇织袜业现状》,《工商半月刊》,1933年第5卷第11号。
③ 彭泽益:《中国近代手工业史资料》第三卷,三联书店1957年版,第152—153页。
④ 彭泽益:《中国近代手工业史资料》第三卷,三联书店1957年版,第152—153页。

续 表

厂名	出品量	资本每元年产量	每只袜机年产量	每人每年产量
保新永	15000	7.5	178.6	468.8
德兴	12000	4.0	1000.0	750.0
大有	4000	4.0	200.0	200.0
永兴	5000	3.3	208.3	208.3
申兴	5000	3.3	208.3	208.3
兴华	10000	5.0	208.3	208.3
明记	5000	3.3	200.0	200.0
南桥	19000	6.3	190.0	182.7
履成	6000	3.0	100.0	96.8
中南	5000	7.1	208.3	200.0
久益	28000	4.0	212.1	204.4
福兴	14000	3.5	233.3	209.0
豫成	10000	6.7	100.0	100.0
中华	24000	8.0	104.3	114.3
福纶	15000	7.5	187.5	187.5
裕丰	9000	9.0	450.0	409.1
家庭	12000	12.0	428.6	400.0
新兴	6000	6.0	200.0	181.8
瑞记	14000	4.7	175.0	166.7
纬纶	5000	5.0	125.0	125.0
胜利	6000	4.0	120.0	120.0
兴业	14000	7.0	233.3	280.0
福纶	8000	6.7	114.3	114.3
公盛	2000	2.5	166.7	166.7
大兴	4000	4.0	222.2	222.2
营美	5000	3.3	200.0	208.3
平均	9965	5.4	227.9	225.4

资料来源:彭泽益:《中国近代手工业史资料》第三卷,三联书店1957年版,第100页。

该项1930年的调查显示,无锡全县共有37家袜厂。所谓袜厂,投入资本数百元即可营业,有的袜厂购置袜机不过10余只,有的还不到10只。有的袜厂,袜机甚至由工人自备。所谓工人,多在家中从事生产,领料织袜,织成产品后交到工厂,取得工资;工厂主要是发放原料和计收产品。有的虽以工厂命名,实际上仅附设于家庭之内。各厂组织情形,十之八九都是如此。鉴于这些原因,表中所列数据也可视作评估家庭手工织袜业生产水平的依据。

表3-7显示,每只袜机平均每年产量约为228打,又低于1923年松江县每只袜机的产量;而每个织工平均每年产量约为225打。以每人每架织机每日1打的生产能力衡量,均不能算高。以每打袜子价值2.3元估算,则每位织工年产值不过517元。这里实际上还有一个重要的变量需要考虑,即每只袜机并非全年开工生产,织袜者也不是全天或全年从事织袜生产。袜机实际工作日数可能是每只袜机的年产量更为主要的决定因素。如果开工不足,产量就会下降。

由于在经营上将工厂生产、工场生产、家庭生产结合起来,降低管理成本,节约资本,最大利用了劳动力廉价的优势,因此,织袜业缺乏根本性的技术改进,在至为关键的机械动力的使用上,一直未有突破。20世纪上半期织袜业总产量的增加,主要是生产规模扩大和织袜户增加的结果,即主要依赖劳动投入的增加,而不是在生产规模和劳动投入数量一定条件下,生产效率提高的结果。织袜业所实行的散工制的生产经营方式,使该行业能够灵活地适应市场需求的变化,决定其用工数量。在农业部门长期存在过剩劳动力的情况下,织袜业有充足的劳动力供给。因此,即使在市场需求扩大,亟需产量增加的时期,也未出现明显的生产技术进步。

在江南各县中,织袜业较为发展的南汇、平湖、松江等地,织袜业在技术设备上一直沿用手摇织袜机,均以人力手摇和脚踏,极少使用电力作为原动力者。个别的使用机器动力的织袜厂,也往往同时使用手工织袜机,且手摇织袜机的数量和资本总量,远远超过电力织袜机。即使在无锡这样工厂相对集中的城市,其织袜行业也主要是使用手工织机。集中和普遍使用电力织机的,是位于上海的规模较大的织袜厂。人力织袜机与电力织袜机相比,其生产力约为1:6。如电机每部每日可生产纱袜15打;手摇机最多只可生产2打。两种袜机的效率如此悬殊,何以南汇、平湖、松江等除上海以外地区的手工织袜业未转而采用电力织机?在资本组织上,织袜业公司居少数，合伙者也不多，多的是独资营业，投资较少。电织机价格过高，家庭和手工工场无力投资。一台手摇织线袜机价格为25元，一台B字电力袜机价格则为900元，是前者的36倍；较为便宜的仿造B字电力袜机也值400元，是手摇袜机的16倍。如此价格，的确不是以织袜作为兼业的小农家庭所能负担得起。再者，织袜业处于家庭副业地位，劳动力价格相当充裕而廉价，没有必要在设备上投入巨资。各袜厂多为包织性质，由位于上海、无锡等地的袜厂颁发原料，然后交各乡散处工人分织，论件给资，故无须大量资本，也无必要采用投资过高之电力织袜机。织袜业生产的季节性也是因素之一。虽然袜厂的厂主以织袜为专业。不过对于织袜的女工来说，织袜不过是她们农闲时的职业。织袜生产往往是在农闲时节才趋紧张，待农事忙迫，从事织袜业的工人须到田间劳动，工场便骤形冷落。[①] 所以，织袜业的生产要随着农事的季节而定。购置电力织机会使大量资金在生产淡季处于闲置状态，并不划算。此外，电力织袜机需要电厂提供动力，这使散居于乡村的农家或地处市镇的手工工场，在使用电力袜机时受到局限。因此，尽管织袜业生产技术的改进出现了，在个别地区开始使用电力袜机，但范围十分有限，电力袜机的使用仅限于极个别的手工工场中。

尽管江南农村的花边生产曾盛极一时，但花边业的技术水平，未能摆脱手工业技术在生产效率上的局限。如南汇花边业无工厂之设置，织户大部分散在乡村家庭，为纯粹家庭手工业。[②] 而且是在每日从事家常琐务以外的副业，处于农业的附庸地位。像织袜业一样，其生产随农时而波动，有很强的季节性。11、12、1、3、4这5个月是农闲时间，也是挑花最忙时期。在农忙时期，不能胜任田间工作的幼女，仍在家挑花，同时从事家务劳动。[③]

从国外引进的毛巾业，也处于手工业的技术水平。在近代毛巾业输入之前，中国无所谓毛巾，所用者均为土布。清末始有日货毛巾输入。其后，手工业生产中始有仿制毛巾者。1917年创立的三友实业社，是江苏毛巾业有正式工厂之始，之后，继起者很多。至20世纪30年代初，南汇、川沙等江南的一些县份，已经成为江苏各县

---

① 实业部国际贸易局：《中国实业志（江苏省）》，实业部国际贸易局1933年版，第256—257页。
② 实业部国际贸易局：《中国实业志（江苏省）》，实业部国际贸易局1933年版，第293—294页。
③ 彭泽益：《中国近代手工业史料》第三卷，中华书局1962年版，第769—770页。

中毛巾业较为发达的地区。即使是毛巾产量较多的这些县份,所产毛巾概以木机制造,并不脱手工业范围。各厂多为上海大厂家或大批发商代织,同时,又常常将原料分发于机户分织,论件给资,其经营方式,类似于织袜业。① 因而,其生产技术并无明显改善,生产效益也未见显著提升。据 20 世纪初川沙、嘉定、华亭、无锡、南汇等地毛巾厂生产水平的统计,这些织毛巾工场人均年产量为 334 打,人均年产值为 248 元。②

　　技术改进较为突出的是手工丝织业。但较为普遍的丝织技术革新发生于 20 世纪 10 年代以后,且主要限于上海、杭州等城市。民国初年以前,杭州绸缎均以旧式木机手工制造。民国初年,始有手拉铁木合机出现。之后,又出现了电力织机。在 1919 年至 1926 年之间,新式的手织铁机和电力织机,在一些绸厂中替代了旧式木机。③ 在上海,20 世纪 10 年代之前,不要说一般的机户,即使是丝织工厂,也多用手织木机、铁机制造绸货。1915 年开始出现电力织机,其后铁制电力机逐渐推广。④ 在沪、杭之外的其他丝织品产地,如盛泽镇,20 世纪 10 年代中期以前,当地生产丝绸的技术大都沿用以往方法。直到 1916 年,才出现提花铁机,工艺也有所更新。⑤ 从手拉铁木合机到电力织机,标志着丝织业生产技术的巨大提高。电机织造丝绸的年产量是铁木机的 6 倍。⑥ 而且还由此产生了许多新的产品。如盛泽镇经成丝织公司采用提花铁机,就增加了丝织品种类,生产工艺也有更新。⑦ 杭州"洋机、电机盛行而后,绸之种类亦多变更","新出品之名,日增月盛。"⑧

---

① 实业部国际贸易局:《中国实业志(江苏省)》,实业部国际贸易局 1933 年版,第 300 页。
② 彭泽益:《中国近代手工业史资料》第二卷,三联书店 1957 年版,第 379 页。
③ 丝织业的影响不限于纺织业,还波及其他行业的技术改进。实业部国际贸易局:《中国实业志(浙江省)》,实业部国际贸易局 1933 年版,第 47 页。
④ 彭泽益:《中国近代手工业史资料》第二卷,三联书店 1957 年版,第 689 页。
⑤ 江苏省长公署第四科:《吴江县实业视察报告》,《江苏省实业视察报告书(苏常道区)》,上海商务印书馆 1919 年版。
⑥ 盛泽于 1916 年开设有经成丝织工厂,备有提花铁机 24 部,男工 30 人,女工 100 人,艺徒 12 人,每年可产绸 1650 匹,每匹价值 37 元至 40 元。由此计算,该厂全年总产值为 61050 元至 66000 元,人均产值为 429.93 元至 464.78 元。这个产值数据没有减去生产每匹丝绸所需之成本。另外,这只是对一家丝绸工厂的劳动生产率的计算。在江南,更多存在的是手工业的家庭经营,是否能如上述这般计算人均产值,尚属难题。
⑦ 江苏省长公署第四科:《吴江县实业视察报行》,《江苏省实业视察报告书(苏常道区)》,上海商务印书馆 1919 年版。
⑧ 彭泽益:《中国近代手工业史资料》第三卷,三联书店 1957 年版,第 83 页。

第三章 手工业生产与生产效率

以生产工具为标志的丝织技术的改进的确提高了生产效率,[1]但对丝织手工业技术改进的普遍性仍要审慎对待。在杭州,虽然开设了很多织造绸缎的新式绸厂,但用老式手织机织造绸缎的这一类自产自销户仍然还在从事此业。根据1928年的一篇报告,杭州从事此业的织户共有2690户。20世纪20年代上半期,杭州电力织机逐步增加。电力织机数量的增加并不意味着手织机数量的减少,两者变化的趋势是都有所增加。由于电力织机基数小,所以其增幅远远高于手织机。但从总量上来看,手织机的数量仍旧多于电力织机。如果联系前述杭州织户的数量,在杭州丝织业中,手工业生产仍居主导地位,相应的,直到20世纪20年代后期,木机、铁木机等手工丝织技术仍然代表该行业的主要技术水平。之后,手织机数量起伏变动较大,而工厂电力机数量迅速增加。到1936年,杭州工厂电力机已经增加到6200台,但手织机合计仍有8000台。[2]

1932年与1923年相比,杭州熟货机户的丝织品总产量有较大差距(前文已述及),但相隔十年的两个时间点,每架织机的年产量只是在60—61匹之间波动,每位织工的年产量也保持在41匹,每万元资本的年产量为6000余匹,几个统计年份均未超过6100匹。[3] 就是说,十年间该项丝织品的生产效率并未提高。同样的情况还出现在另一个丝织业重镇湖州。如吴兴最负盛名的湖绉,20世纪20年代以前,每年产额达40余万匹,但大多为乡村机户所织。农忙时期,绸机相率停织,以事耕耘。到秋季农闲,则为生产最旺时期。这些丝织生产者和杭州的机户一样,所用工具也多为手工木机或手工铁木机。1921年之后,吴兴开始出现绸厂一类的组织,其产品名为华丝葛。华丝葛虽为丝织新品,但生产华丝葛的技术却没有根本改变。据1925—

---

[1] "江浙丝织业以上海、苏州、杭州、湖州等处最多,每年产额数千万元。以苏州而言,可分三个时期:最初为木机时代,完全家庭手工业,虽亦有大规模之设厂织造,但多数是一户一机,自织自营,出品与产额,居全国之冠。既而工业进化,由木机而改进铁机,由家庭工业而改为工厂业,机数有数千架,赖以生活者万户。近年自有电力机后,铁机之人工力已不合算,故均又改置电力机,工人失业者达数千。一九三五年,电力机最多者为上海,数三倍于苏州,次为杭州,湖州与苏州相等。苏州现有电力机约二千架,每月每架平均产绸十匹,除间有停歇者外,每年产额近二十万匹,价值五六百万元。至木机则尚有四五百架,均系遗存之家庭工业。铁机则仅存百架,产量均属有限。"参见彭泽益:《中国近代手工业史资料》第三卷,三联书店1957年版,第429页。
[2] 许涤新、吴承明:《中国资本主义发展史》第三卷,人民出版社2003年版,第196页。
[3] 彭泽益:《中国近代手工业史资料》第三卷,三联书店1957年版,第390页。

1926年的统计,当时电机不过数十架,而且多设于吴兴城内,每机每年可生产华丝葛300匹。与之可成对比的是,在这个华丝葛最为盛行的时期,吴兴的铁木机有6000余架,每架铁木机每年产绸50匹。虽然从产量上看,铁木机的生产效率只相当于电机的16.7%。但从总产量上看,全县华丝葛产量最高时,吴兴铁木机所产华丝葛达30万匹。而电机数量有限,即使以100架计,其总产量不过3万匹。① 两相比较,以手工铁木机所产华丝葛是电机所产数量的10倍。

(二)劳动收入水平

近代工业在江南兴起之后,相对较高的劳动生产效率使工业部门具有比手工业部门更高的平均工资。在工业部门较高工资的吸引下,农村手工业的劳动力会流向工业部门,但这不是农村手工业劳动生产率下降的原因,因为手工业生产在工资收益上具有比农业更大的优势,有充分的劳动力供给。而且,在以家庭为单位为主要经营形式的手工业生产中,农工结合的收入优势使手工业劳动与工业劳动的实际差距缩小。

表3-8是20世纪上半期若干年份手工业人均工资的数量统计。

表3-8　20世纪上半期江南手工业人均工资数量　　　　　（单位:元）

行业	县份	月工资收入	统计年份	备注
裁缝	杭县	11.4	1926	供饭,每工工资0.38元
成衣	上海	7.8	1912	日工资为0.26元
成衣	上海	9.0	1922	日工资为0.3元
成衣	上海	5.0	1925	饭食由店主供给,八月节后,工作繁忙,工资加倍。
花边	常熟	9.0	1920	日工资0.3元
花边	常熟	6.0	1935	日工资0.2元
黄草编织	嘉定	25.5	1922	家庭编织每天收入为0.7—1元
酱油酿造	上海	4.0	1925	另有分红。
接丝绪	无锡	6.0	1927	
木工	上海	3.5	1912	日工资约0.12元
木工	上海	4.3	1918	日工资约0.14元

---

① 实业部国际贸易局:《中国实业志(浙江省)》,实业部国际贸易局1933年版,第48页。

续表

行业	县份	月工资收入	统计年份	备注
木工	上海	4.5	1921	日工资约0.15元
木工	上海	7.5	1924	
绒花	武进	4.5	1928	兼供膳宿
藤工	吴兴	15.0	1936	依日工资0.5元估算
藤工(宽藤)	上海	9.0	1928	
藤工(细藤)	上海	13.0	1928	
土布	上海	6.0	1913	代织,工钱每日0.2元
土布	上海	15.0	1922	一匹布工资0.2—0.3元,一天可织2匹
土布	常熟	12.0	1920	家庭织布,每日获利0.4元
土布	常熟	3.0	1935	家庭织布,每日获利0.1元
夏布	吴县	5.5	1934	家庭织布,每户年获纯利60—70元
织绸	嘉兴	4.3	1926	织绸每匹获利
织绸	嘉兴	6.5	1936	织绸每匹获利
织花边	川沙	10.5	1917	家庭编织盛时每天收入0.3—0.4元
织花边	川沙	10.5	1917	盛时,女工每天收入0.2—0.5元
织花边	川沙	3.0	1927	家庭编织衰时每天收入0.1元
织袜	南汇	4.5	1932	每织一打袜子,工资0.15—0.16元
织袜	无锡	9.3	1932	每织一打袜子,工资0.28—0.33元
织袜	苏州	6.0	1932	每织一打袜子,工资0.2元
织袜	松江	6.0	1932	每织一打袜子,工资0.2元
织毛巾	嘉定	19.5	1930	洋纱贱、毛巾贵时,每天收入0.6—0.7元
织袜业	平湖	5.0	1926	
制箔	杭县	6.5	1927	

说明:一些手工行业原只有日工资数量,均按每月30天估算出月工资收入,并在备注一栏注明日工资数量。

资料来源:张潜九:《吴县东山聚村素描》,《东方杂志》第三十二卷第十号,1935年5月;实业部国际贸易局:《中国实业志(江苏省)》,实业部国际贸易局1933年版,第256—257页;彭泽益:《中国近代手工业史资料》第三卷,三联书店1957年版,第248、283、312、727页;章有义:《中国近代农业史资料》第三辑,三联书店1957年版,第647—648、657—658页;徐新吾:《江南土布史》,上海社会科学院出版社1992年版,第244页;戴鞍钢、黄苇:《中国地方志经济资料汇编》,汉语大词典出版社1999年版,第356页。

表中可见,同一行业、不同地区工资收入差距颇大。南汇手工织袜业工人每织一打袜子所得工资为 0.15—0.16 元,无锡织袜工每织一打袜子工资为 0.28—0.33 元,苏州、松江,每织一打袜子的工资 0.2 元左右。同是织袜一打,工资较高的无锡,织袜工的工资收入是织袜工资最低的南汇的 2.2 倍。[①] 同一地区、同一行业,因生产技术改进,工资收入也会产生差距。1921—923 年,江阴以投梭机织放机布小布的织工一天织小布一匹,所得工资为米 1.25—1.5 升,织大布的织工每天的工资约为 2 升(春天较低,为 1 升多一点;秋季土布销售旺季较高,为 3—4 升)。以手拉机织改良土布和以铁木机织仿机制布的日工资稍高,1921 年为米 3 升左右,1924—1928 年为米 4 升(即 0.3—0.35 元),1935—1936 年为 4—5 升。[②] 同一行业、同一地区,即使生产技术没有改进,工资收入也不相同。上海,1912 年木工日平均工资为 0.12 元,1913—1920 年日平均工资为 0.14 元,1921—1922 年为 0.15 元。成衣工日平均工资则由 20 世纪 10 年代前期的 0.27 元,增至 20 年代初的 0.3 元。[③] 常熟县花边业日工资收入由 1920 年的 0.3 元下降为 1935 年的 0.2 元。同时,土布业日平均收入也由 0.4 元下降为 0.1 元。在花边业兴盛的 20 世纪 10 年代后期,川沙从事花边织造的女工每天工资收入 0.2—0.5 元,而在花边业衰落的 20 世纪 20 年代后期,每天工资收入只相当于盛时的 20%—50%。

我们将表 3-7 中 15 个县不同年份的数据归类。20 世纪 20 年代上半期,川沙、常熟、嘉定、上海 4 县花边、土布、木匠、成衣、酿造 5 个行业平均月工资为 8.4 元,每月按 30 天计算,平均日工资为 0.28 元。20 年代后半期,川沙、嘉兴、平湖、无锡、上海等 7 县织绸、花边、织袜、成衣、绒花等 8 个行业平均月工资为 7 元,平均日工资为 0.23 元。30 年代上半期,常熟、吴县、无锡、南汇、吴兴等 7 县织袜、土布、花边、织绸等 5 个行业平均月工资为 8.1 元,平均日工资为 0.27 元。如图 3-3 所示。

自 20 世纪 20 年代上半期至 30 年代上半期,江南手工业主要行业的工资收入有一个起伏波动。就日工资水平来看,20 世纪 20 年代后期较 20 年代前期有所下降,降幅为 18%。20 世纪 30 年代上半期即有所回升,上升了 17%。所以,30 年代中与

[①] 实业部国际贸易局:《中国实业志(江苏省)》,实业部国际贸易局 1933 年版,第 256—257 页。
[②] 徐新吾:《江南土布史》,上海社会科学院出版社 1992 年版,第 506 页。
[③] 彭泽益:《中国近代手工业史资料》第二卷,三联书店 1957 年版,第 727 页。

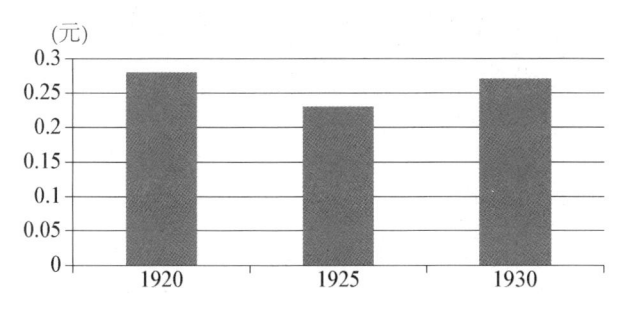

图 3-3　江南手工业日工资变化图

资料来源:同表 3-8。

20年代初相较,工资水平波动不大。整体上看,从事夏布、土布、织袜、花边、毛巾生产者,每月的平均收入大约在5—10元之间,平均每天收入约为0.17元—0.33元。①

1912—1922年上海工业生产中的工人最高日工资为0.9元,最低日工资为0.65元,平均日工资为0.76元。如下表。

表 3-9　1912—1922年上海工厂与手工业工人日工资数量　　　(单位:元)

年代	机器工	木工	成衣工
1912	19.5	3.5	7.8
1913	19.5	4.3	8.1
1914	19.5	4.3	8.1
1915	21.0	4.3	8.1
1916	22.5	4.3	9.0
1917	24.0	4.3	9.0
1918	24.0	4.3	9.0
1919	24.0	4.3	9.0
1920	24.0	4.3	9.0
1921	25.5	4.5	9.0
1922	27.0	4.5	9.0

资料来源:彭泽益:《中国近代手工业史资料》第二卷,三联书店1957年版,第727页。

不论是最高工资、最低工资,从事工业生产的工人的工资水平均高于从事手工

---

① 实业部国际贸易局:《中国实业志(江苏省)》,实业部国际贸易局1933年版,第256—257页。

业生产者的工资。比较表中所列两个手工行业与工业，可见工业最低日工资是手工业最低日收入的3.82倍、最高日工资是手工业最高日收入的2.73倍。工业工人的日平均工资是成衣工的2.62倍，是木工的5.43倍。[1]

上海是特例，再看工资水平低于上海的无锡。1930年，无锡6家布厂的工人工资收入有如下表。

表3-10　1930年无锡布厂职工工资数量　　　　　　　　（单位：银元）

厂名	职工人数	工资(月薪)最高	工资(月薪)最低	男工人数	工资(日计)最高	工资(日计)最低	女工人数	工资(日计)最高	工资(日计)最低	童工人数	工资(日计)最高	工资(日计)最低
劝工	30	30	3	20	0.80	0.40	150	0.60	0.30	30	0.25	0.15
丽华	26	30	3	20	0.80	0.40	190	0.60	0.30	30	0.25	0.15
丽新	63	130	5	250	2.50	0.30	400	1.10	0.30	20	0.30	
新华	14	20	3	40	0.80	0.40	45	0.40	0.20			
竞华	13	20	3	12	0.70	0.30	200	0.50	0.30	30	0.25	0.15
大华	14	20	10	30	0.90	0.60	20	0.30	0.20	5	0.20	0.15
平均	27	42	4	62	1.08	0.40	168	0.58	0.25	23	0.25	0.15

资料来源：徐新吾：《江南土布史》，上海社会科学院出版社1992年版，第579页。

无锡的布厂中，捻纬、织布的工人都是来自附近的农村妇女，采取计件工资，若遇农忙就停工；工厂则利用农村低廉劳动力，将工资压得极低。女工的每日工资在0.25—0.58元之间，平均为0.42元。尽管如此，无锡织布业工人的工资仍高于手工业者的收入。1931年，无锡农民织十匹正号布大概可得工资150—200枚铜元；织十匹副号布仅可得工资100—150枚铜元。这时每个银元可兑换铜元250—300枚，[2]每织十匹正号布得工资0.5—0.8元，每织十匹副号布得工资0.3—0.6元，即每织一匹布最低可得工资0.08元，最高可得工资0.14元。以每日织布1.5—2匹计算，则每日最低可得工资0.12元，最高可得工资0.28元，平均计之，无锡农民织布一日平均工资为0.2元。分散在农民家庭中从事手工织布的妇女，每日所得工资仅相当于无锡织布工厂中女工日工资的50%。

---

[1] 彭泽益：《中国近代手工业史资料》第二卷，三联书店1957年版，第727页。
[2] 徐新吾：《江南土布史》，上海社会科学院出版社1992年版，第572页。

单从工资收入比较,手工业从业者的工资收入远低于从事机器大工业生产的工人工资。[1] 但还需考虑到两种劳动的差异。不论是从事土布、织袜、毛巾,还是从事丝织生产的手工织户,多为兼业经营。其中,有相当数量的从业者不过是将部分劳动用于手工业生产。相应地,由手工业所得的收入与农业(主要是种植业)收入相比,在全部家庭收入中只占较少部分。[2] 所以,他们的工资收入低于工业工人的收入水平,并不足以作为衡量二者收入状况的依据,应将他们从事的所有生产的收入与工业工人对比。在农村从事家庭手工业生产而造成的个人生活成本的降低,还可能使他们所得净收入相对增多。实际上,因为其以家庭为单位兼业经营的性质,手工业生产在增加农家收入上有着自身的优势。以平湖县织袜业为例。"从前平邑城镇妇女多无确实职业,自有织袜工作,得有工资之补助,故凡管理家务不能外出工作之妇女,亦多在家织袜,人人有生产之能力。凡织袜一打,由厂内给工资自二角二分至二角六分之谱(专指纱袜言),每日织袜一打,平均可得工资大洋二角三、四分,每月即有六、七元之收入,除去机租两元,月可得尽余工资五元,此就其少者言之,若多年熟手,终日做工之人,每月可织一打半至两打之数,其收入更可观矣。"[3]同样,在江南乡村从事丝织、棉织、针织等其他产品生产的劳动者,有相当部分是无法离开家园的老弱妇幼,甚至不能称之为农村劳动人口,但他们却在从事能够为家庭赚取收入的手工业生产。对于他们来说,只要有做工的机会,能够获得一定微薄的收入即是目的,至于工资收益状况倒在其次。在20世纪20年代中期的无锡,农民一方面致力于土地经营,几乎无户不蚕;另一方面也几乎无户不从事手工业生产:"农民……把丝绪系在手摇木车上,开始工作,把粗糙的丝,一一选出,断续连接起来。这种工作,大半是妇女做的,工资很低,整天工作,只可得到2角左右。附近塘头镇二、三里内的几

---

[1] 据吴承明的研究,1913年至1920年,工业品价格的上升快于农产品价格的上升,13年间,工农业产品的差价扩大了1/3。同样的差价,在1926年至1931年的6年间,又扩大了1/3。即使在20世纪30年代初的经济危机期间,农产品的价格也快于工业品价格,两者的差距进一步扩大。工业劳动价格上升快于农业及手工业,与工农业产品价格的变动一致。吴承明:《近代中国工业化的道路》,《文史哲》1991年第6期。

[2] 1935年的调查显示,在嘉兴县,不论是自耕农、半自耕农还是佃农,农户的农作收入均占全部收入的近90%或90%以上,这表明农家经济仍以种植业为主,副业经营只起到补充作用。彭泽益主编《中国社会经济变迁》,中国财政经济出版社1990年版,第179页。

[3] 彭泽益:《中国近代手工业史资料》第三卷,三联书店1957年版,第232页。

个村庄,居民除种田外,差不多家家户户操此副业。虽然邻近有许多工厂立着,但是进工厂做工的,为数很少,原因为怕工作不自由,管车等层层压迫。并且调丝可以带理家务。工资虽微,但是老少妇女莫不乐为,劳而无怨。"①

此外,并不是所有进入城市工业部门就业的农村劳动力,都能获得比在农村从事手工业更高的工资。因为上海、无锡等城市中的缫丝、棉纺等企业,对女工的年龄、能力有一定的规定,不符合要求的乡村妇女,在城市获取相应收入的机会,未必多于农村。如下表所示。

表3-11　20世纪20年代初无锡工业工人工资　　　　　　（单位:元）

类别	时间单位	最高	最低
丝厂	每日	0.35	0.08
纺纱厂	每日	0.35	0.10
织布厂	每日	0.26	0.08
面粉厂	每月	10.00	4.00
机器榨油厂	每月	18.00	10.00

资料来源:章有义:《中国近代农业史资料》第二辑,三联书店1957年版,第465页。

20世纪20年代初,无锡以女工为主体的丝厂、纺纱厂、织布厂等工业中,工人最低日工资平均仅0.09元,而早在1909年,从事手工织布生产每日所得工资已达0.08—0.12元(以每日织布1—1.5匹计),其后的1931年,手工织布每日最低可得工资0.12元,最高可得工资0.28元。何况1918—1925年间,无锡青年妇女从事花边织造,其收入又超过织布一倍以上。②

所以,不论城市近代工业部门的吸纳能力,仅就收入水平而言,农村劳动力大量进入城市近代工业部门当属有限。20世纪20—30年代,江南一些县份(江阴、吴江等)统计的离村劳动力均未超过当地农村劳动力的5%。③ 这也是农业—手工业兼业

---

① 彭泽益:《中国近代手工业史资料》第三卷,三联书店1957年版,第177页。
② 徐新吾:《江南土布史》,上海社会科学院出版社1992年版,第572、574页。
③ 李学昌、董建波:《论20世纪初江浙农民生存境遇变动的制约因素》,《历史教学问题》2006年第2期。另据1921年的调查,全国农民平均离村率为4.82%。《1921年中国农民离村调查表》,《农村经济》第2卷第12期。

经营的农村劳动力,没有脱离农村大量进入城市和工业部门的一个佐证。

这样看来,农村手工业劳动人口向城市和其他行业的转移,即近代农民离村现象,主要是因为工业企业的较高工资水平吸引,还是主要因为农村手工业遭遇困境后别无出路的一种选择,尚值得进一步探讨。如果除了工资水平以外,还有其他变量不能确定,所谓收入水平的落差导致手工业劳动力外流的结论,就要重新予以估计。农家在经营农业和手工业过程中陷入困境,农村劳动力不得已而背井离乡,已被20世纪20—30年代的诸多农村调查所证实。在棉织手工业曾经较为发展的地区,劳动力转向近代工业生产部门的原因之一,在于土布滞销后农村向以织布为副业的农村劳动人口,一时无法找到其他获得现金收入的就业渠道,不得已而转向近代工业企业就业。如在宝山县江湾里,"境内工业,向恃织布,运往各口销售,近则男女多入工厂。"[①]同类记载并不限于宝山等距上海等工业中心城市较近的县份,无锡、杭州等工业生产较为集中的城市周边地区,乃至一些设有近代工业企业的市镇附近,也有类似的现象发生。因为不能断定农村手工业劳动力转向城市近代工业就业,源于近代工业企业的工资诱惑,尚不能确定就是工业企业对劳动力的吸纳导致了手工业生产的衰退。再者,如前所述,因为与农业和家务劳动难以割舍的联系,多数手工业生产者也很难离开具有经营优势的家庭手工业生产而转向城镇近代企业中。

有些学者将收益少、工资低,从而引起劳动力流失视为农村手工业衰退的原因之一,并且认为收入过低是农村手工业生产力水平低,竞争不过机器工业所造成,并由此得出农村手工业必然衰退的结论。实际上,在对农村手工业和城镇工业的比较优势做出评估时,很难用工业企业的工资水平加以衡量,因为以家庭为单位的生产,其劳动力的配置、生产过程、收入核算等经营环节,都与近代企业存在明显不同。近代工业企业的用工数量、管理状况、农工结合的农村经济结构、农家经营所具有的优势等因素,也影响着农村人口离开手工业而转向工业生产领域。

当然,不能否认近代农村劳动力,包括相当比重的兼业从事手工业生产的农村劳动力进入城镇工业部门就业的事实。即使如此,也不能断定是因为劳动力流失造成手工业衰退。有学者对手工业和农业经济效益进行比较所得出的结果,对这种观

---

① 戴鞍钢、黄苇:《中国地方志经济资料汇编》,汉语大词典出版社1999年版,第326页。

点是一个质疑。他们发现,从事织布业的农民,无论是完全占有生产资料的独立织户,还是只占有工具,不占有原料,受商业资本支配的家庭劳动者,抑或是完全不占有生产资料,出卖劳动力的工人,其收入都要高于农业劳动。尤其是江南棉纺织区历史悠久,手工棉织业收入仍相当可观。据史建云统计,20世纪20年代前后,上海郊区一个农家妇女一年要织200多匹布,净收入40—60余元。一些缺乏织本的农家妇女到别人家中做工织布,一天可得工资0.2元,每月也有5—6元收入。纺织业中影响较大的还有针织业和麻纺织业。20世纪20年代浙江平湖、嘉兴、石门等地从事针织业的多为农村妇女,向商人雇主租赁针织机,领取原料,织成成品后得到计件工资,一个工人月工资在5元以上。在这种比较效益的驱使下,从事农业生产的劳动者一有可能,即会转变为手工业劳动者,这一方面造成在农村中普遍存在的农业—手工业兼业经营现象,另一方面也使手工业生产具有无穷无尽的劳动力资源。

  农村劳动力流动的去向除了城市、工厂之外,还包括了其他农村手工业行业。如上海四郊乡镇和郊县,刺绣、织花边、针织、绒线编结等多种手工业收入都比织布略高,使大量原来从事织布的劳动力转入这些副业。劳动力在不同部门之间的这种流动,正如不同产品之间的替代一样,标志着农村手工业的发展,体现了农民副业生产的机会增多。但这种变化与其说是农村经济的"现代转型",不如说是"传统复制"。由于工业生产多集中于中心城市,农村劳动力进入城市工业部门,即意味着暂时甚至永久脱离农业生产,无法产生兼业优势。相反,江南自明清时代延续下来的农业—手工业兼业的经营机制,不仅在经济效益上具有比较优势,而且对农村社会经济结构也具有适应性,因而得以充分展示其灵活的机能,成为20世纪上半期江南农村经济的主要形式。得益于这种仍具活力的经营形式,在江南,花边、织袜、草编业等新兴手工业能长久不衰,在一定的条件下,棉织、丝织等传统手工业也一度扩大生产。已为当时调查所证实的南汇、平湖等地织袜业、常熟的织布业、盛泽等地的丝绸业,自20世纪20年代兴起,至30年代亦然发展,其他各地具有特色的手工行业亦展示出发展的轨迹。在这种变化的轨迹,与城市工业的发展轨迹大致吻合,说明作为一个农村经济部门的手工业和主要位于城市的工业生产部门之间的关系,在20世纪上半期,其主要的方面是相互依存,相互促进。两者在同类产品的市场上是竞争关系,但也同样面临着一个广阔的市场,何况在市场竞争过程中,一些手工业和工业生产者还逐步形成了各自(至少是不完全重叠)的产品市场。如果像土布业、织袜业等手工行业那样,对棉纺工业的制成品棉纱有旺盛的需求、对织袜机具也有旺盛的需求,工业部门与手工业部门之间实际上存在的已经是供求关系了。

(三) 手工业的家庭经营

人们常常认为农村手工业生产力水平低下是由小农经济的性质所决定,个体小农家庭经营方式制约生产力的原因在于其生产规模狭小,保守落后,无法接受也无法容纳先进的生产力。黄宗智认为,江南家庭手工业的发展及较高程度的商品化,使生产的家庭化达到了更高的程度,依靠家庭中闲暇且没有市场出路的劳动力如妇女、儿童、老人参加的劳动高度密集化的手工业生产,以及由此造成的更高程度的与农业紧密结合的家庭化生产,支撑着手工业的过密型商品化。结果是手工业劳动生产率无法改进,单位工作日收入无法提高,手工业离开农业无法单独生存,更不可能成为"工业化的跳板"。[①]

在江南,手工业生产中的机器和工具改进,最初多始于城市作坊手工业或工业对新机械的引进,但很快这些新的机具就在农村家庭手工业中得到推广。20世纪初引进到上海等城市的针织机,很快即被周边农村的手工业生产者引进或仿制,在上海等地还产生了生产针织机的厂家。到20世纪20年代,已经在无锡、嘉定、川沙、南汇、平湖、嘉善、嘉兴、崇德等县——即研究者注意到的沪宁、沪杭铁路沿线——形成了针织手工业区。小农家庭在接受新技术、采用新工具方面,并不像通常所想象的那样保守落后,个体经济容纳先进生产力的能力也不那么狭隘。[②] 因此,应在具体的历史情境中,判断家庭生产是否限制手工业新技术和新工具的采用,若以近代工业部门技术进步的尺度去衡量家庭经营的生产技术水平,就可能忽视家庭经营方式在技术革新方面的潜力。

还有学者以家庭手工业较之于工场手工业在经营管理上的落后性为理由,认为家庭经营的广泛存在限制了手工业的发展。如果我们假设,采用工场管理方式能够

[①] [美]黄宗智:《长江三角洲小农家庭与乡村发展》,中华书局2000年版,第12—14页。
[②] 史建云:《论近代中国农村手工业的兴衰问题》,《近代史研究》1996年第3期。

增加手工业生产的收入,那么,手工工场在手工业生产中就应逐渐排挤家庭生产。但在江南发生的实际过程,却是起初以手工工场形式经营的手工业向家庭生产的转变。在织袜业中,起初设置的手工工场,因为场地、资金、技术、管理等局限,尤其是因为劳动力配置的方便,织袜业手工工场虽有工厂之名,但实际上行的是家庭分散生产之实。创始于1910—1911年的平湖县织袜业,最初的生产组织形式即是袜厂(立华袜厂)。该厂初创之时,由高姓商人购置袜机数10架,招收女工40余人进厂织袜。所产袜子价格低于进口袜子,行销于上海、杭州一带。由于需求旺盛,亟需扩展生产规模。但是,因为进厂工作的女工人数较少,每架织机每天不过生产1打,不能满足扩大生产的需要,各地对袜子的需求大于供给。为了适应市场需求,立华袜厂改变经营方式,改由女工到厂租借织机,领取棉纱,回家工作,缴袜时领取工资。这就使原来的工厂制生产转回到家庭生产。这样,那些不能到厂工作的农家妇女纷纷到工厂租机领纱,于从事家务的闲暇时间在家织造袜子。经过这一蜕变,平湖"针织工业,遂日臻兴盛,织袜遂为一种家庭之副业。无家务之累者,则日夜工作,不稍休息。近来附郭四、五里内之乡农妇女,亦均改织布之约而为织袜"[1]。

由工场制向家庭制的转变过程,并不是孤立的农户各自为"政"的分散经营,在这种经营形式中,原来的手工工场由生产者和经营者转变为单纯的经营管理者,原来到场生产的织工转变为在家庭内部从事生产的"工人"。这种双重转变避免了工场手工业生产中织工不足的劣势,保留了其规模经营的优势;同时,避免了家庭经营中分散狭小的劣势,保留了其家庭生产组织形式灵活方便的优势。当时的调查者即发现,这种公司经营制度与家庭生产劳动的结合,正是织袜业发展的原因。在这两种生产制度结合的情况下,投资于织袜业的商人仅需集聚数百元资本,即可开始其经营活动。经营者可以购置袜机,也可以由"工人"自备袜机。因而,这些工厂中"设备布置等等,绝不似他项工厂繁复,盖所谓厂者,大都仅司收发而已,甚有附设于家庭者"[2]。这些散处于乡村农家之中的"散处工人",自厂中领取纱线,待织出成品之后,将产品交到"工厂"中,计件收取工资。如果向厂方租借了织机,则每月尚需支付

---

[1] 章有义:《中国近代农业史资料》第二辑,三联书店1957年版,第515页。
[2] 彭泽益:《中国近代手工业史资料》第三卷,三联书店1957年版,第99页。

租金。在这样的经营形式下,投资者第一年即可收回购买机器所支出的成本,至于"散处工人所获之利,虽不若其应得之多,亦未尝不受商人雇主制之赐。盖散处工人多为妇女。于一九一二年采用商人雇主制之前,贫家妇女除家事外,别无副业,而青年女子之无家事者,尤多虚糜岁月。自采用商人雇主制后,妇女不需筹备资本,能以余暇从事职业矣"[1]。当时的学者将这种新兴手工业中通用的生产组织形式称为商人雇主制。不仅织袜业普遍采用此种经营制度,毛巾业、草编业、花边业等新兴手工业生产均以这种经营方式为主。在土布业、丝织业生产中也采用了这种经营方式。如濮院镇的绸庄虽然不经营丝业(丝行则往往兼营绸业),但"必须购进新丝以贷于机户,发丝收绸。机户大多是搞这样的来料加工,无资自己经营,原料需仰赖于绸庄,领丝包做。加工费用则根据不同的规格分别计算……乡村中的机户绝大多数为领丝交绸,镇上有少数机户,织成绸以后,自己兜售"[2]。

即使不考虑规模经营与分散生产相互结合在管理上的优势,仅就生产能力而论,工厂生产与家庭生产两种生产制度相较,在未采用足以提高劳动效率的新机具之前,工厂中工人的生产能力未必较之家庭手工业有明显提高。1919年常熟全县31家布厂,人均年产量为83匹;同年,太仓县直塘乡新太织布厂人均产量较高,也只有90匹。直到1933年,长兴县泗安振业布厂,人均年产量也不过111匹。1928年,无锡久益袜厂人均年产量为204打,[3]抗日战争期间,新登县一家袜厂人均年产量只有150打。[4] 从产量上看,较诸家庭生产并无明显优势。

农民家庭手工业的组织形式与近代工厂不同,有自己的成本核算特点,农民家庭从事手工业生产,只需要考虑工具和原料的成本,劳动力的价格是不必考虑在内的。实际上,在实行散工制的手工业生产中,原料的成本也不必顾虑,只需考虑租用机具的成本。而工厂却必须计算劳动力成本。所以,按照近代企业的核算方式,手织业的成本高于机织业,但对于从事手工业的农民家庭来说,成本并没有那么高。因此,史建云认为,这是在相当长的一个时期内,手织业可与机织业并存的一个主要

---

[1] 彭泽益:《中国近代手工业史资料》第三卷,三联书店1957年版,第154页。
[2] 陈兴冀:《民国时期的濮院丝绸业》,桐乡县政协文史资料委员会编:《桐乡文史资料》第9辑,1990年。
[3]《无锡县志》,第343页。
[4]《富阳县志》,第349页。

原因,直到20世纪30年代初期手工业仍有竞争力。① 因此,以往学术界认为农村手工业是一种落后的生产组织形式,带有浓重的自然经济色彩,它的性质决定它在30年代的衰亡是历史发展的必然,这些普遍的看法就值得审慎思考。② 即使手工业的家庭经营缺乏与工场抗衡的生产效率,但家庭手工业生产在人均收入上未必会输给工场。家庭手工业在延长每天的劳动时间上,比之工场有更大的弹性。在缺乏效率优势的情况下,也只能通过提高劳动投入,家庭手工业才具备生产优势。手工业家庭经营模式的生命力,与农业中的家庭经营具有同样的底蕴,其中一个重要的因素就是农村劳动力的富裕,使手工业可以和农业一样,形成劳动密集型的生产模式。

江南农村手工业生产的实践证明,织袜业等针织业家庭经营在生产方面的竞争优势,使织袜业具有充裕的农村劳动力,易将劳动成本降低,从而有利于增加劳动人数和总产量。织袜业由工场手工业转为家庭手工业的经营形式,确能适合农村妇女劳动生活的实际条件,这是符合当时农村劳动人口普遍兼业这一现实条件的选择,不能视之为制约织袜业技术改进的因素。因为若不如此,织袜业是否能够继续维持已成问题,遑论技术改进。其他土布业、花边业、毛巾业、草编业等新兴手工业技术与家庭经营形式的结合,其内因皆与织袜业类似,说明家庭经营是符合农村经济和社会特征的经营制度,是中国农村经济历史延续性的产物。③ 因此,当时即有学者

---

① 史建云:《论近代中国农村手工业的兴衰问题》,《近代史研究》1996年第3期。她也承认,这种情况不会持久下去,手工业与机器工业在劳动生产率上的差距会继续拉大,以至于手工业最终无法与机器工业竞争,但她认为,这种条件在20世纪30年代初期并未出现。也有学者提出相反意见,夏明方对史建云的观点提出质疑,他认为如果"只看到华北手工业一时繁盛,而忽视了这种经济活动内在运行机制的探讨,忽视了在其运行过程中所存在的边际报酬下降的必然现象,由此得出的结论显然是很不完整的"。夏明方:《发展的幻象——近代华北农村农户收入状况与农民生活水平辨析》,《近代史研究》2002年第2期。

② 史建云:《论近代中国农村手工业的兴衰问题》,《近代史研究》1996年第3期。

③ 刘佛丁认为,作为家庭兼业的手工业的技术水平和劳动生产率难以提高,却又排斥工场手工业,因为明清时期的人口增长使劳动的边际生产力下降,以至不能提供最低生活费用,经营手工场不合算。家庭手工业没有最低工资的限制,劳动成本低廉,产品价格具有竞争优势。(参见刘佛丁、王玉茹:《中国近代的市场发育与经济增长》,高等教育出版社1996年版,第13页。)另外,若与学者们有关华北手工业发达地区的研究成果加以比较,可以发现这种生产制度并非江南所独有。慈鸿飞通过对华北农村商品生产的研究,认为农民的分散经营与现代化的供销体系的结合,弥补了非规模经营的不足,堪称农村生产创造高效率的有效途径。他进而认为这是理性小农有效利用资源配置,从事高效的均衡生产的明证。(参见慈鸿飞:《二十世纪前期华北地区的农村商品市场与资本市场》,《中国社会科学》1998年第1期。)

"主张以发展农村手工业来拯救破产的农村,其根据是——江苏无锡虽因连年叠遭蚕荒水灾和谷蚕贱值的损伤,全赖手工业:如双河上村三百多家农户,连年因田地太低,被春水淹没,桑叶又销不到钱,因此衣食等需分文无着,全村老幼均赖削竹编篮做箕等以维持生活,才不至于流离。调查无锡四乡农村的手工业共有弓弦、打席、线麻、黄草布、蓑衣、竹器、灯草、泥玩具、花边以及扫帚等种类,每户藉此年获利从30元到300多元不等,据此有的岁用勉可支持、有的不致负债、有的甚至有余"[①]。在给20世纪上半期的农村经济是发展还是停滞定性时,有的研究认为"经济理性"假设不适于分析江南农民的经济活动,因为他们宁愿接受是哪怕最低的工资从事劳动,他们为了获得尽量多的总收入,而付出劳动边际报酬递减的代价。如果农民放弃利用闲暇时间赚取更多收入的机会,以便追求更高的边际工资收益,反倒可以用"经济理性"去理解吗?

此外,一些讨论还将家庭经营与劳动分工相对立,认为家庭经营的持续和强化,是对劳动分工的抑制。江南的事实告诉我们,家庭经营和劳动分工是并行不悖的。其实,家庭经营还促进了种植业中经济作物、粮食作物种植的区域分工和劳动分工,同时,家庭经营也推进了手工业生产的劳动分工。只是这些劳动分工不是发生在个人之间,而是发生在不同的农户之间。如果承认以户为单位的劳动分工和以个人为单位的劳动分工,对经济发展有同样的促进作用,就应该承认家庭经营对手工业生产效率的提高是有利的。因为劳动分工以及与之相应的专业化,是经济发展的动力,它有助于提高生产率。而且,劳动分工只是受到市场大小的限制。[②] 因为20世纪上半期手工业产品市场扩大,因此也增加了经济成长的机会。所以可以说,家庭经营不是手工业生产的抑制因素,相反它倒是手工业生产发展的促进因素。手工业在某一时期的衰退,不是由家庭经营造成的,而是由市场需求决定的。

有学者认为,农村家庭工业阻碍了工业化,另有学者的研究却发现,农村家庭手工业生产是与小规模耕作紧密联系在一起的。这种家庭手工业生产本身不能引起

[①] 陈一:《发展农村经济提倡农村工艺概要》,《中国经济》第2卷第7期。
[②] [美]王国斌著,李伯重、连玲玲译:《转变的中国——历史变迁与欧洲经验的局限》,江苏人民出版社1998年版,第10页。

任何类型的工业化。① 就是说,农村家庭工业并不必然会产生特别的经济变化(包括从农村原始工业向城市工业的变化),事实上是这种农村家庭工业可以适应不同类型的经济变化。农村家庭工业还可以延续到高度工业化的时代。这样,包括中国在内的亚洲大多数国家与欧洲的经验不同。在欧洲,曾经出现了从农村工业到城市工业的变化顺序,但在中国的情况则是,原始工业的变化与城市工业的发展,二者的动力可能在性质上互不相同。当二者具有联系时,需要用特定的社会条件和政治环境解释,而不是用经济变迁的普遍原则来加以说明。② 在中国,家庭经营为农村工业的发展创造了条件,并成为一种普遍的延续数个世纪的现象。③

三、小结

20世纪上半期,江南农村手工业虽经历了起伏,在生产的专业化、商品化等方面,仍较19世纪后期取得了一些成就。新兴手工业行业的出现及其对没落传统手工业的替代,手工业发生结构性变化。由地域上的扩展、产量增加来看,农村手工业实际上是有所发展的。尽管生产工具的革新有限,并且在达到一定程度后就停滞了,但因生产效益仍有提高,再加劳动成本低廉、家庭经营灵活等优势,手工业依旧保持了活力,而且,这种发展的影响并不限于手工业,它还促进了农村生产要素的流动,也导致了生产组织形式的新变化。

江南手工业的发展是由劳动分工和专业化生产的扩大形成的。我们所研究的江南各县,经过明清时代农村经济的发展,已经形成相对稳定的农业区域分工,以及相应的手工业生产的分工。宜兴的陶瓷业、富阳的造纸业、长江和钱塘江沿岸诸县的棉织业、太湖沿岸各县的蚕丝业等,大致显示出长期历史形成的手工业生产区域

---

① [美]王国斌著,李伯重、连玲玲译:《转变的中国——历史变迁与欧洲经验的局限》,江苏人民出版社1998年版,第47页。

② [美]王国斌著,李伯重、连玲玲译:《转变的中国——历史变迁与欧洲经验的局限》,江苏人民出版社1998年版,第48页。

③ 在欧洲却不同,农村工业的发展仅止限于相对较少的地区,并且只是在几十年内成为一种普遍的现象。[美]王国斌著,李伯重、连玲玲译:《转变的中国——历史变迁与欧洲经验的局限》,江苏人民出版社1998年版,第49页。

的基本分工。蚕丝业的重心在明代以后由浙东地区转移到浙西地区、棉织业由松江一带向太湖东岸、北岸诸县的辐射，说明江南的手工业直到19世纪后期仍然是充满活力的，至少在空间的层面上，依旧在不断寻求新的拓展。20世纪初，虽然一些传统的手工行业拓展的势头在与世界市场的紧密接触中削弱，但也正因为与世界市场联系的扩大，新兴手工业的专业化生产却发展了，并且在江南内部各个地区之间形成区域专业分工的新格局，为农村手工业生产数量增长和商品量增加提供了潜力。

这种分工扩大生产的潜力在市场需求刺激下，使20世纪上半期江南手工业产品的商品化也增强了。当江南的手工业由棉纺、棉织、缫丝、丝织等"传统"行业转向针织、编织时，手工业生产的商品化程度也随之加深。19世纪末及20世纪初，原有手工业的衰退只是发生在棉纺、缫丝、丝织这些环节上，棉织业产量最高的时期恰恰是19世纪末20世纪初，在这一时期棉织业市场仍在拓展之中，而不是像19世纪初期那样处于萎缩之中。① 尤其是20世纪最初30年，江南农村手工业生产取得发展，并且开拓了区域外的国内市场乃至国际市场。农村手工业产品以其贸易和市场扩大的优势，推动了手工业经济的发展。在这个时期，手工业内部分工与专业化依然是农村经济运作的主要动力。

生产技术改进是手工业发展的另外一个因素。除了个别向机器工业过渡的行业之外，家庭手工业包括其中的部分新兴手工业行业，在面对产品市场扩展、原料价格提高的窘境时，都曾尝试技术改进以期提高效率。江南丝织业、棉织业、针织业等生产，都经历了技术改进和生产效率提高。有学者认为正是由于江南棉布业技术的停滞，导致棉布生产衰落，而不在于外国机制棉布的排挤。② 实际上，江南手工业内部的技术改进是广泛而有成效的。不要说针织行业对新式机具的引进，即使棉织业、丝织业的家庭生产中，都未停止技术更新。吴承明曾就丝织业、棉织业、缫丝业

---

① 18世纪末和19世纪上半期江南区域之外的手工业产品市场缩小，减少了对江南纺织品的需求，对江南经济造成沉重打击，从而造成了经济的衰退。彭慕兰：《世界经济史中的近世江南：比较与综合观察——回应黄宗智先生》，《历史研究》2004年第1期。
② 龙登高：《江南市场史——十一至十九世纪的变迁》，清华大学出版社2003年版，第9页。

等传统行业的技术改进做出论述,认为近代手工业存在频繁的技术革新。① 史建云对华北的研究也显示,农村手工业所使用的工具得到改进,一些部门还从国外引进了效率较高的新工具,从而促进了手工业生产力的进步。手工业与机器大工业两者在劳动生产率方面的差距,并不像一般想象的那样大。② 尽管由于生产力的落后和停滞,手工业无法与机器大工业竞争,但从手工业生产技术的历史比较来看,手工业的生产技术确有重大改进,这些改进造成的劳动生产率提高还将一些手工业生产推向新高。

江南农村手工业在市场扩大背景下的专业化与商品化发展,凸显出斯密型动力的特征,③这是与明清时代手工业的动力特征一脉相承的。尽管技术改进提高了生产效率,但其有限性未能转换手工业成长的动力。如果联想到农业依赖商品生产和专业分工增进发展的事实,可知直到20世纪上半期,江南农村经济仍是由斯密型动力推进的经济。但也有迹象显示,斯密型动力不是江南农村经济的惟一动力。还存在着促使粮油加工、丝织、棉纺织等行业向工业化过渡的投资增加、技术革命等发展动力。只是这类动力受到诸种因素制约,未能成为主导性的动力。

江南手工业虽有发展,仍受制约,生产技术改进滞缓,生产效率增长缓慢,产品市场由扩张速度趋缓。在一些推动手工业发展的因素中,包含着导致手工业生产停滞与波动的诱因,其中最重要的是江南农村人口。

为了提高手工业劳动生产效率,农户会积极增加投资、改进机具,但这些努力都是以劳动密集为基础的。一些学者在资本不足、农村手工业在市场中的不利地位、

---

① 吴承明:《近代中国工业化的道路》,《文史哲》1991年第6期。"传统手工业中,不少是从改革工具人手,增进生产力的。如丝织业,原用投梭机,20世纪初引进日本手拉机,接着并用足踏铁轮机,再进一步改用电力铁轮机。到1936年,全国丝织机中,已有20.3%是电力织机,按生产力计,占到38.3%;即1/3以上已过渡为现代化绸厂了。棉织业的工具改革与丝织业同,但因早有机制纱厂在,织布厂用电力织机者不多,手拉机和足踏铁轮机则长期使用。余如缫丝业,由手摇丝车而足踏丝车,而汽喉(煮茧用)足踏丝车,再到蒸汽动力丝车。轧花业由手摇轧车而足踏皮棍轧车,再到动力齿轮轧车。榨油业由木槽楔人油榨而人力螺丝油榨,再到蒸汽吸入式油榨。这种工具改革大多出现在工场手工业,而个体户仍少改进。以工场手工业而论,在一定改革后即容易过渡为机制工业。"
② 史建云:《商品生产、社会分工与生产力进步——近代华北农村手工业的变革》,《中国社会经济史研究》1998年第4期。
③ 斯密型动力及下文提到的马尔萨斯制约,参考[美]王国斌著,李伯重、连玲玲译:《转变的中国——历史变迁与欧洲经验的局限》,江苏人民出版社1998年版。

农村劳动力的教育水平等因素中,寻找农村手工业技术停滞的原因,但却未注意到,不论农家经济的决策者如何改变对手工业生产的选择,都是围绕着劳动密集型产业展开的,甚至是以被视为半劳动力的妇女等人群为中轴展开的。在农村存在的这些廉价劳动力(在家庭生产中,这些劳动力的成本往往被忽略),可以随时转换手工业生产行业,赚取收入,这较之投资于技术改进更加理智。尤其是在手工业产品市场变幻不定,难以把握的情形下,农家经济的决策者更无必要冒险进行改进技术的投资。他们将自己家庭中的廉价劳动力或半劳动力,与一些商业资本结合,以赚取劳动工资。在面对农村手工业生产不能与机器工业产品竞争,而其自身却又缺乏技术改进这一矛盾现象时,我们需要意识到,只要有市场接纳农村手工业产品,只要生产可以继续,农家手工业生产者就可以承受哪怕是最低的劳动收入。这一现象曾经出现在16—18世纪欧洲原始工业化的过程中,"由于劳动便宜而且供给充分,人们不愿进行资本投资以提高劳动生产率。因为工资低,原始的生产技术仍是最有利可图的;低水平的技术,导致劳动集约化,所以廉价劳动极为重要。"[①]

充分供给的廉价劳动力使手工业技术改进的范围和程度都受到局限。除了个别向机器工业过渡的行业之外,绝大部分家庭手工业包括其中的部分新兴手工业行业,即使面对产品市场萎缩、原料价格提高的窘境时,仍未致力于技术改进以期降低成本,提高效率。相反,我们看到的景象是,一旦某种手工业产品市场萎缩,农家就会放弃这种滞销产品的生产,转而选择其他具有较大市场需求的新产品从事生产,将家庭劳动力和有限的资本投入这一新的生产领域。

孟德尔斯认为原始工业化有助于增加工业化所需的劳动供给,原始工业化的利润还为工业化积累了所需的机器投资的资本,工业化所需的技术、工人技能等,也是由原始工业化提供的。因此,工业化与原始工业化的联系,就是原始工业化将导向工业化。勒旺的看法却是,工业化与原始工业化并无多少相同之处,工业化恰恰是摆脱原始工业化即摆脱农村家庭工业的过程。[②] 江南农村工业与手工业并行发展的

[①] "摆脱这种困境的办法是使用高效能的动力机械以取代人工技艺。但这又是另一回事了。"[美]王国斌著,李伯重、连玲玲译:《转变的中国——历史变迁与欧洲经验的局限》,江苏人民出版社1998年版,第41页。
[②] [美]王国斌著,李伯重、连玲玲译:《转变的中国——历史变迁与欧洲经验的局限》,江苏人民出版社1998年版,第42—43页。

历史经验，显示上述两种情况在江南都可以找到。丝织业、棉纺业、缫丝业等传统行业的技术改进，由国外引进效率较高的新的手工业工具，促进了手工业生产力的进步。① 在江南，丝织业是相对较为成功地由手工业转向工业的。在19世纪中后期，江南丝织业虽然发达，但机具为手工操作，多数为家庭经营。20世纪初，由日本引入新式提花机以及手拉铁木合机，但仍限于家庭手工生产，缺乏大规模的绸厂。20世纪10年代以后，丝织业中才出现了公司组织，苏州、杭州、上海、盛泽等地，都先后诞生了丝织工厂。起初，用木制茄克特提花机及手拉铁木合制机，后则使用日本重田式之铁木合制电力机。1918年，上海美亚织绸厂开始使用美国新式铁制电力机。此后，其他各厂也陆续添置欧美机械，经过这一番机具革新，江南旧式的丝织机具逐渐废弃。② 无锡织丝厂1928年7月开设，资本额1万元，每年用原料36担，出品为铁机洋绉及棉地绉。厂内的机械设备包括1部卷丝电机、10部人力铁机、1座两匹马力的马达，雇用工人55人，每年生产铁机约600匹、棉地绉120匹，价值约26000元。③ 盛泽经成丝织厂为有限公司，1916年成立，资本金2万元，机具为日本提花机，有20张。每月生产绸约130匹，全部行销上海。厂中织工20人，女工90人。④ 此外，江南棉纺业、缫丝业之脱离家庭经营，实现生产技术的近代化，说明勒旺所提出的家庭工业与近代工业之间的关系，在江南也同样存在。

江南20世纪上半期农村手工业发展，以及与之同时展开的城市工业化，说明两者之间可能具有的关系远较学者们依据欧洲和亚洲其他国家历史经验所做出的总结要复杂得多。欧洲近代早期以降的工业化进程被划分为三个时期，即15—16世纪前期的城市手工业时期、16—18世纪中期的农村家庭工业时期、18世纪后期至19世纪后期的城市工厂机械化时期。原始工业化这个术语用来指欧洲许多地区农村家庭手工业生产的发展。其时，从事手工业生产的农村家庭，大多并未脱离农业生产。

---

① 华北农村手工业也具类似特征。史建云：《商品生产、社会分工与生产力进步——近代华北农村手工业的变革》，《中国社会经济史研究》1998年第4期。
② 缪荃孙等纂修：《江苏省通志稿》第三册，江苏古籍出版社2002年版，第1002页。
③ 缪荃孙等纂修：《江苏省通志稿》第三册，江苏古籍出版社2002年版，第1002页。
④ 缪荃孙等纂修：《江苏省通志稿》第三册，江苏古籍出版社2002年版，第1002页。

它们所从事的手工行业主要是纺织业。[①] 16—18世纪的江南,经历了类似的原始工业化过程。与欧洲相仿,纺织业是江南主要的农村手工业,从16世纪开始,已经大批转向纺织业。促成这些发展的条件,类似与欧洲农村工业发展的条件,诸如良好的市场条件、土地分割继承制度、季节性的非农业劳动市场、家庭生产的手工业产品的远距离贸易。[②] 到了20世纪上半期,江南农村工业仍然富有活力,并支持着较前更加深化的商品化和生产分工。而在欧洲,早在一个多世纪以前,已经走上另一条道路,并在19世纪后期完成了工业革命。而江南依然延续了16—18世纪的路径,未能由农村家庭工业进化到城市工厂工业。新的研究表明,欧洲由农村家庭工业转变为城市工厂工业,只是由新能源的开发、海外扩张等偶然因素决定的突变的结果。农村家庭工业与城市工厂工业并无因果关系。[③] 如果说欧洲工厂工业与农村家庭工业并未因果联系的话,近代江南的城市工厂工业与农村家庭工业更无因果联系。这样,关于江南农村家庭工业的走向,我们应该提出的问题就不是它为何未转变为近代工厂工业,倒是应该问这种农村家庭工业如何能够适应近代经济的新变化。

[①] [美]王国斌著,李伯重、连玲玲译:《转变的中国——历史变迁与欧洲经验的局限》,江苏人民出版社1998年版,第34页。
[②] [美]王国斌著,李伯重、连玲玲译:《转变的中国——历史变迁与欧洲经验的局限》,江苏人民出版社1998年版,第38页。
[③] [美]王国斌著,李伯重、连玲玲译:《转变的中国——历史变迁与欧洲经验的局限》,江苏人民出版社1998年版,第52—53页。

第四章 市场结构与市场整合

  清代江南区域内部的中心与边缘地带就形成了相互依赖的经济系统。地处外围高地的棉作区,向中心区域供给棉花和棉布,地势低洼的中心地区则以稻—桑结合的种植结构,以售丝所得支付输入的棉业产品,在中心与边缘之间的过渡地带则以水稻种植为主,向其他两个区域供给粮食,以换取棉花和棉布。① 同时,内部不同地带之间的分工与贸易,并未妨碍江南与其他区域经济系统之间的整合。基于区域内部不同地带种植业等生产分工的江南,并不是孤立的经济系统,它通过与中国乃至世界其他地区的农产品和手工业品交换,向市场供给手工业产品,也从市场上购得它所需要的粮食和手工业生产原料。18世纪中后期,作为缺粮地区的江南就从四川、湖南、安徽、江西输入所短缺的粮食。太仓、松江等棉田多于稻田的棉作区,所缺粮食仰赖安徽、江西供给,而杭、嘉、湖等蚕桑业发达的地区,每年所产粮食,仅能满足数月口粮需要,也靠安徽、江西等省输出的粮食接济。 即使在江南稻米高产地区的苏州府,也有赖于外省粮食的输入。由于手工业、商业和经济作物种植业的发展,江南内部不同的经济带都因缺粮而与外部市场形成紧密的联系,它们一方面输入粮食,另一方面输出手工制品,无锡、常熟、太仓、嘉定、松江、嘉兴等地,是当时中国最大的棉布产区,年产布约4500万匹,其中4000万匹输往江西、两湖、两广、华北、西北、东北地区。② 我们的疑问是,19世纪中期以后江南经济的变化是否影响清代已经形成的内部区域分工? 在明确了江南内部中心—边缘的经济分工是继续发展还是弱化之后,接着要问江南不同作物种植区之间的贸易关系,在20世纪上半期是否发生转变? 因为19世纪后半期以降,棉花、棉布、粮食等进口商品输入数量的增加,已

---

① [美]黄宗智:《长江三角洲小农家庭与乡村发展》,中华书局2000年版,第29页。
② 吴承明:《中国资本主义发展史》第一卷,人民出版社1985年版,第284—286页。

242

经改变了江南棉纺业、棉织业、缫丝业和丝织业的生产，它所引起的市场变动，还影响到江南种植业结构的变动，结果是促进了江南区域经济对国际市场、城市工业和中国国内其他区域的依赖，这些转变对江南内部不同地区之间原有的经济联系起到了何种作用？进而我们还要问，作为一个整体的江南，如果被视为中国和世界经济构成部分的话，又是如何在全国经济系统甚至世界经济体系中被整合的？

要评估区域内部及区域之间经济系统之间整合的程度，商品和资金流量是重要的依据。因此，本章分析的重点是 20 世纪上半期江南农产品、手工业品输出与输入的变化，以及在这一过程中资金的输出与输入。通过对相关过程的梳理，判断这一时期江南不同地区农村市场的变化是否意味着这一区域内部不同经济地带之间、城乡之间市场整合程度的强化，以及这种整合的市场作为一个整体与国内区域之间和国际贸易的关系，进而对市场整合如何与区域农村经济互动做出评估。

一、农村市场商品量

农村市场包括市场交易量和交易的载体两个侧面，而从交易量观察市场，又可按其商品性质区分为商品市场和生产要素市场，[①]在区域市场研究中，关于商品市场的论述较多，关于生产要素市场的研究相对薄弱。本节讨论商品市场，生产要素市场状况留待下节加以探讨。

（一）农产品商品量

商品化程度是衡量农村商品经济状况的重要指标，考察农产品商品化的指标有多项，包括农产品商品率、农户收入与支出的现金比重、经济作物种植面积、农业专业区域分工的发展等。[②] 就各种作物种植面积来看，江南各县种植业结构呈现有所

[①] 前者包括生活用品市场、生产资料市场，后者包括劳动力市场、资金市场、土地市场、技术和信息市场等。
[②] 有学者注意到，还有人以农户收入与支出中现金所占比重这一指标来考察农产品商品化程度，以前美国学者卜凯曾以这一指标对华北、华东地区农产商品率进行考察。近几年来中国学者也进行了这方面的工作，比如崔晓黎对 20 世纪 30 年代河北清苑和江苏无锡的考察中就得出清苑农户平均货币收入占总收入比重的 45.5%，无锡农户接近 70%。另有学者指出，农产商品化除了从粮食商品化、经济作物种植面积扩大等考察，还表现在农业专业区域的发展、资本主义农垦公司的产生、农产品加工业的发展等方面。

侧重的农业生产格局,就全区域而言,最为普遍且重要的农业生产仍为水稻种植,其次则为棉花、蚕茧生产。[①] 鉴于这种粮食作物以水稻为主,经济作物棉花、蚕桑并重的农业结构特征,这里主要从稻米、棉花和蚕茧的商品量及商品率,评估江南农产品商品化发展的情况。

在研究某一区域粮食作物的商品率时,常用的数据是当地所产粮食的商品量。20世纪上半期江南一些县份的粮食需求超过其生产能力,需要从区域之外输入粮食;而一些县份在输入粮食的同时,又有粮食输出。因此,粮食商品化的程度需从输出和输入两个侧面予以考察。

1908年,江南的上元、江宁、溧水、江浦、昆山、新阳、常熟、昭文、吴江、震泽、金山、青浦、武进、阳湖、江阴、宜兴、荆溪、丹阳、溧阳、华亭等20个县平均,所产稻米有34%运销外县。如下表所示。

表4-1　1908年江南部分县份稻米外销比重和地点

县　　份	外销比重(%)	县外主要市场
上元(江宁)	20	
溧水	40	上元、江宁
江浦	20	上元、江宁
昆山(新阳)	20	上海
常熟(昭文)	30	上海、丹徒、江宁、上元
吴江(震泽)	50	上海、硖石
金山	50	上海
青浦	40	上海
武进(阳湖)	40	无锡、金匮
江阴	25	无锡、金匮、武进、阳湖
宜兴(荆溪)	20	无锡、金匮、上海
丹阳	10	武进、阳湖、绍兴
溧阳	50	无锡、金匮
华亭	60	上海

资料来源:缪荃孙等纂修:《江苏省通志稿》第三册,江苏古籍出版社2002年版,第943—944页。

---

① 殷惟龢:《江苏六十一县志》,商务印书馆1936年版。

表中可见,华亭县外销稻米占产量的60%,其次为溧阳、吴江、震泽、金山,外销比重达到50%。上海、丹徒、无锡、金匮、武进、阳湖、上元、江宁则是主要的稻米销售市场。上海、无锡、南京、武进、镇江等地城市工业发展,人口数量增加迅速,需要从外地增加粮食供给。此外,其中一些城市又是粮食加工和集散中心,其对稻米的需求不限于满足当地人口,还供给转口贸易。因此,这些地方一方面需要从外县输入稻米,另一方面有相当比重的稻米外销。上元、江宁两县是溧水、江浦稻米的主要外销地,也吸纳常熟的部分外销稻米,但当地所产稻米仍有20%外销。武进、阳湖从丹阳、江阴输入稻米,又向无锡输出所产稻米的40%。①

常熟"米谷全年产额约计三百万石,大多运销于上海;次则运销于无锡以及其他邻县者,亦值七百余万元"。② 金坛县"稻行共有七、八十家,资本大小不一,信用亦彼此不同,以代客买卖者居多。当新谷登场之时,各项商业即皆活跃。每届稻市,出产约值四百万元左右。其销路以申、锡、绍兴为最大,常熟、武进亦有去路,堪称本邑出产物之最丰富者,亦本邑商业之最重要者也"。③

因为稻米是江南农家消费的主要粮食品种,其他非主要消费品的粮食作物的商品率更高。如下表所示。

表4-2　1908年江南若干县份小麦产量及外销数量

县　份	产量(石)	外销量(石)	比重(%)	外销地
南汇	198375	59513	30	上海
奉贤	126000	63000	50	上海
川沙	100000	80000	80	上海
吴江	140000	14000	10	苏州
长洲(吴县、元和)	65028	39017	60	上海、无锡
昆山	359411	143764	40	上海
嘉定	210266	147186	70	上海、无锡

---

① 缪荃孙等纂修:《江苏省通志稿》第三册,江苏古籍出版社2002年版,第943—944页。
② 《各地重要产品:沪行所属:常熟:米谷棉花及菜子》,《交通银行月刊》1924年第2卷第2期。
③ 贺亮钰:《丹阳金坛商业概况》,《交行通信》1935年第7卷第3号。

续 表

县 份	产量(石)	外销量(石)	比重(%)	外销地
宝山	51200	25600	50	上海
崇明	28000	19600	70	无锡、上海
太仓(镇洋)	200000	180000	90	无锡、上海
常熟(昭文)	20000	12000	60	上海、无锡、苏州
无锡	400000	40000	10	上海
江阴	350000	105000	30	无锡
武进(阳湖)	700000	210000	30	
宜兴(荆溪)	1339800	133980	10	邻县
溧阳	233181	93272	40	无锡
高淳	30000	15000	50	上海、无锡
溧水	320000	64000	20	江都
上元(江宁)	20000	18000	90	南京
句容	167189	125392	75	丹徒
江浦	70000	42000	60	南京
六合	248000	198400	80	无锡、南京
丹徒	448000	44800	10	上海
金坛	200000	80000	40	无锡
丹阳	123660	49464	40	上海、无锡
平均	245924	80120	48	

说明：华亭、上海、金山、青浦、太平无小麦输出。

资料来源：缪荃孙等纂修：《江苏省通志稿》第三册，江苏古籍出版社2002年版，第951—954页。

表中可见，1908年，位于太湖东岸和北岸的32县小麦总产量约为615万石，外销量达到200万石。平均每县产量为245924石，外销量80120石。小麦商品率平均达到48%。这些外销小麦的主要销售地是上海、无锡、南京、苏州，其中尤以上海、无锡最为集中，合计销往这两个城市的小麦为1125116石，占全部外销总量的56%。

同一年份，奉贤、吴县、溧水等12县大麦产量、外销量及比重如下表。

表4-3　1908年江南若干县份大麦产量及外销数量

县　份	产量(石)	外销量(石)	比重(%)	外销地
奉贤	140000	70000	50	上海
川沙	80000	48000	60	上海
长洲(吴县、元和)	30641	15321	50	上海、无锡
溧水	300000	45000	15	江都
上元(江宁)	50000	30000	60	南京
句容	211114	21111	10	丹徒
六合	228000	171000	75	常州、无锡
金坛	55000	5500	10	无锡
丹阳	288520	144260	50	常州、无锡
平均	153697	61232	42	

说明：南汇、华亭、上海、金山、青浦、金山、昆山、嘉定、宝山、太仓、常熟、江阴、武进(阳湖)、宜兴、溧阳、高淳、江浦、丹徒、太平种植大麦，但无输出。

资料来源：缪荃孙等纂修：《江苏省通志稿》第三册，江苏古籍出版社2002年版，第951—954页。

1908年，12县大麦产量为138万余石，外销量为55万余石。因为同处于这一地区的另外20县虽种植大麦，但无输出。这一外销数量可以看作太湖东岸、北岸大麦商品总量。当年12县平均每县大麦产量15万石，外销6万石，外销比重即商品率为42%。销售地与小麦类似，主要为上海、无锡、常州、南京、镇江等城市。

20世纪20—30年代，江南区域内部专业分工扩大，商业化的趋势继续发展。各县粮食输入、输出以及集散数量如下表所示。

表4-4　20世纪上半期江南若干县份年平均粮食输出、输入数量

县份	输出数量	输入数量	集散量	统计年份	备注
六合	67700老石			1949	销往无锡、常州
高淳	110万担(产量)			1928	销往南京、芜湖、苏常
常熟	数百万石			1931	包括转运输出
常熟	100万担			1941	大米
江阴	14.2万石			1929—1935	仅为销往无锡粳米数量
江阴			50—80万石	1929—1935	进出口总量为

续 表

县份	输出数量	输入数量	集散量	统计年份	备注
无锡			600万石	1920—1936	约折合为4.5亿公斤
无锡			1200万石	1920—1936	为稻、麦等最高集散量
无锡			100万石		
无锡			1600万石	1946—1949	为丰稔之年的230余家粮行的集散数量
无锡			300—400万石	1946—1949	为歉收年份的集散数量
吴江			100万石	1919	
太仓		2万吨大米		1949	为34个市镇341家粮商收购数量
川沙		14.87万石		1942	大米缺额
青浦	20万石米			1946	全年产量为100万石米
上海		12万石米		1942	全年消费总数为20.75万石,当地产量为8.6万石米
上海		4.5万石米		1944	以境内居民9.1万人年耗米20.96万石计①
松江	7500万公斤			1890—1950	正常年景
奉贤		3—4万吨		1917—1931	每年缺粮3—4万吨
海宁			80—100万石	1936年以前	
海宁			805195石大米	1933	仅硖石一地
海宁			767654石大米	1934	仅硖石一地
嘉善	30—40万石糙米			1936	丰年秋粮登场时节
嘉善			844200元	1935	71家粮行、米店营业额
嘉兴	70万担大米			20世纪30年代	仅输往硖石、湖墅米市者
德清		41万石米		1942	当地产量仅26万石米
平湖	13万石米	7.5万石米			由各乡输入县城,由县城输出沪、杭等地

① 人均年消耗米2.3石,即172.5公斤。

续 表

县份	输出数量	输入数量	集散量	统计年份	备注
平湖	7.5万石米	4.5万石米			由各乡输入县城,由县城输出沪、杭等地
平湖	12万石米	7.5万石米			由各乡输入县城,由县城输出沪、杭等地

说明:糙米每石折合75公斤;白米每石折合75公斤。又嘉定1石米又约合78公斤。见《嘉定县志》第316页。

资料来源:蒋汝正:《金陵道区六合县实业视察报告书》,《江苏实业月志》1919年第1期;蒋汝正:《金陵道区高淳县实业视察报告书》,《江苏实业月志》1919年第1期。《六合县志》第121页;《常熟市志》第452、453页;《江阴县志》第630页;《无锡县志》第510—512页;《川沙县志》第390页;《青浦县志》第391页;《松江县志》第544页;《海宁市志》第526页;《德清县志》第305页;《平湖县志》第446页;《上海县志》第501页;《嘉兴市志》第1420页;《奉贤县志》第633—634页;《嘉善县志》第516—517页。

上表显示,常熟、江阴、青浦、松江、嘉善、嘉兴等地,每年输出粮食数十万石不等;太仓、川沙、上海、奉贤、德清等地,每年输入粮食则在数万至数十万石之间。而江阴、无锡、平湖、海宁等地,每年输入和输出的粮食总量甚至高达数百万乃至上千万石。高淳县1919年"籼稻岁产85万余石,价值银144万余元。糯稻岁产29000余石,价值银44400余元。除本境外,兼销安徽、浙江等省。大麦岁产86900余石,价值银30万余元,其销路与稻同"。① 又据1920年的调查,高淳县年产稻110万余担,麦1.8万担,黄豆0.5万担。② 江阴县,1929—1935年即运销无锡粳米平均每年14.2万石,同期进出口粮食总量在50—80万石之间。③ 句容县是江苏省产米最富的19个县之一,当地所产籼稻、豆、麦销往南京、镇江,糯稻销往浙江绍兴。④ 1933年,句容县粮食产量1.3亿多公斤,输出大米30万石(约2500万公斤),外销比重在20%以上。⑤ 安吉县,1931年生产粳稻403500石,其中约20余万石运销湖州及杭州,稻的商品率约为50%。小麦年产约2000石,其中1200石,即总产量的60%运销苏州、无锡等地。⑥

---

① 蒋汝正:《金陵道区高淳县实业视察报告书》,《江苏实业月志》1919年第1期。
② 叶可长:《高淳县农产统计调查表》,《江苏省农会杂志》1920年第7期。
③ 《江阴县志》,第630页。
④ 《句容县志》,第188页。
⑤ 《句容县志》,第150页。
⑥ 《湖属土产调查·安吉物产调查》,《湖州月刊》1931年第4卷第3号。

杭县"食米,岁不敷约十万石"。① 六合县的输出产品以粮食为大宗,1932年粮食总产量为125万石,远销外县76万石,占总产量的61%。② 该县输出的"籼稻、麦、豆除本境外,兼销无锡、上海等处。花生除以广庄为巨额外,兼销苏、常、扬州等处"。③ 另据调查,该县"各项主要农产每年输出数量,就瓜埠、八百、马家集、竹镇四地合计,稻米约为67700老石,小麦约为36900老石。此外,较大乡镇尚有葛塘、东沟、程桥等地,均居滁河平原之上,农产甚丰,其每年输出稻米、黄豆、小麦等物,当不下于瓜埠。估计三地每年输出稻米约48000老石,黄豆约21000老石,小麦约21000老石。故与瓜埠、竹镇等四地合计,六合每年输出稻米至少达115700老石,黄豆至少达77500老石,小麦至少达57900老石。设加上其他较小乡镇,则每年输出粮食当不止此数。据南门外各大粮行估计,六合每年输出稻米约55万石,小麦约162万石,黄豆约49万石,惟其中包括由天长、全椒、滁县、来安等地下运之粮食,可见六合乃南京附邻大产粮区之一,同时又为重要之粮食转运市场"。④

自20世纪20年代至抗日战争前夕,无锡米市处于鼎盛时期,粮食常年集散量在600万石(4.5亿公斤)左右,最高达1200万石(9亿公斤)。⑤ 抗日战争胜利后,虽然

---

① 民国37年《杭县志稿》卷五人口。
② 《六合县志》,第121、330页。
③ 蒋汝正:《金陵道区六合县实业视察报告书》,《江苏实业月志》1919年第1期。该县"籼稻岁产六十余万石,价值银一百六十余万元。大麦岁产十六万石,价值银三十二万余元。小麦岁产六万石,价值银二十六万四千余元。青黄豆各岁产六万余石,价值银五十七万余元,绿豆岁产二万五千余石,价值银十二万二千余元,花生岁产十余万石,价值银四十余万元"。
④ 楼同茂:《六合县的地方经济》,《地理》1949年第6期。

瓜埠、八百、马集、竹镇每年农产输出数量 （单位:老石）

地点	稻米	黄豆	小麦	大麦
瓜埠	16000	7000	7000	—
八百	30000	20000	20000	30000
马集	5700	1500	2900	—
竹镇	16000	28000	7000	—
合计	67700	56500	36900	30000

说明:稻米及大麦每老石等于175市斤;黄豆及小麦每老石等于222市斤。

⑤ 《无锡县志》,第511页。

无锡粮食集散量较诸20世纪30年代中期有所减少,但在丰稔之年,无锡米市进出米、稻、豆、麦约达1600万石(12.05亿公斤),歉收年份也有300—400万石(2.25—3亿公斤)。在无锡乡区,粮行除自营外,还为城区和上海等地米行、面粉厂代购稻米、小麦,沟通城乡米市交易,这一时期,无锡乡村年购销粮食数量达上百万担(7500万公斤)。① 无锡是当时闻名全国的米市,②其粮食输入与输出状况,在作为全国重要粮食产区的太湖流域具有典型性,而常熟、江阴、海宁、平湖等地,也都有发达的粮食贸易。这些事实足以反映江南粮食商品化的程度。

作为整体上缺粮的地区,江南各县所产粮食(主要是稻米),自给之外很少还有剩余可输往他处,我们所看到的情况却是,这一地区不仅有大量的粮食输入,同时,还有大量的粮食输出。所以,就发生了一些自给不足的县份,因为是各地所产粮食的集散之地,因而反有出口;那些粮食产量本可自给有余的县份,却因为向外输出粮食,反倒需要从外地输入粮食。无锡、苏州是粮食集散中心,常常聚集外地米粮在此转运,结果是当地所产稻米除部分供给当地消费,还有大批稻米运往上海,以至于当地粮食反而不敷所需。武进、丹阳所产稻米,当地消费者不超过70%,另有约30%供给其他地方。但这种剩余并非绝对的剩余,而是因为当地经济衰退,一般农民无力食粳米者比比皆是。因此,一方面将当地所产价格较高的粳米输出,而由邻县购入维持生活所需的籼米等低廉粮食,这样,在数量上进口可以超出出口数倍。③ 由此可见,江南粮食虽然在20世纪上半期被推向了新高,但这种粮食商品化程度的加深并不一定意味着粮食种植业的发展。

江南商品性农业发展,相当数量的耕地用于种植经济作物,粮食生产不能满足当地的需求,另外,苏州、松江等地田赋和地租负担沉重,农户口粮存在缺额,需要依赖兼营他业,挣得收入,购米而食,因此,16世纪以后,江南就成为需要从其他地区输入粮食的"缺粮地区"。④ 在棉花种植区域⑤的上海县,明清以降,农田作物种植长期

---

① 《无锡县志》,第511页。
② 太湖流域和江北的里下河地区,产米量占全国1/7。江苏境内有四大米市,其中除江都的仙女庙外,其他三个均位于太湖流域:吴江的同里镇,上海的南市,无锡的北塘。殷惟龢:《江苏六十一县志》,商务印书馆1936年版,第11页。
③ 缪荃孙等纂修:《江苏省通志稿》第三册,江苏古籍出版社2002年版,第942页。
④ 郑昌淦:《明清农村商品经济》,中国人民大学出版社1989年版,第556页。
⑤ 在江北东南、江南的东部一带,棉花产量占全国产量的60%。殷惟龢:《江苏六十一县志》,商务印书馆1936年版,第11—12页。

"粮三棉七",食粮常年不敷所需,仰赖邻县松江、青浦、金山等地输入补缺。1928年,上海县、市分治后,上海县常年所产粮食也仅供该县半年之需,也即50%的需要量依靠外地输入。1930年《上海县政调查报告》载:"上邑田亩,多种棉花,稻田不过居十分之三,所产粮食仅给全县人口半年之需,不足之数,均仰给他处。"[1]1942年,全县粮食收成8.6万石,全县食米约需20.5万石,加上制酒及其他行业用粮,消费总数20.75万石,缺12万余石,即自给率约为41%,而需要输入的粮食占总需求的59%。1944年,产米12.08万石,产麦4.38万石,境内居民9.1万余人,年耗20.96万石,仍有占需求总量达21%的粮食需求外地输入。[2]

在棉花种植亦占有一定比重的川沙县,粮食同样不能自给。民国初年,连年灾荒,花谷无收,饥民闹荒事件屡有发生。川沙沦陷时期,粮荒更为严重。据1942年9月至1943年8月份止的粮食供需数量调查,川沙全年消费量大米232787石,预计全年收获量8万石,除由米商陆续从上海、松江、金山等处购入9.6万石外,尚有52708石缺口。即粮食自给率为34%,需要输入的粮食占总需求量的66%。[3]

种植业结构被称为"棉七稻三"的南汇县,[4]1932年产稻36025吨,只能满足本县需要量的40%,也就是说,南汇县每年需要输入粮食54038吨,才能满足本县的需求。[5] 上海、川沙、南汇等县的个案情况似为江南棉花种植区域各县的常态。19世纪中期,太仓、镇洋、嘉定、宝山等州县,地处海滨,"向来多种木棉,纺织为业,小民终岁勤动,生计全在于棉。"[6]嘉定县"东南高地,棉七稻三"。[7] "居民以花布为生,男耕女织,冬夏无间,昼夜兼营。"[8]每年需要输入的粮食数量在2—4万吨之间。20世纪20

---

[1] 据《上海县第二区农民生活概述》(1929年):"农户多以红花草、干杂粮炊粥为餐,以节其食米之半。"《上海县志》,第697页。
[2] 《上海县志》,第732页。
[3] 《川沙县志》,第390页。
[4] 清光绪五年《南汇县志》风俗志称:"傍浦种粳稻者十之三,种木棉者十之七。"徐新吾:《江南土布史》,上海社会科学院出版社1992年版,第21页。
[5] 《南汇县志》,第274页。
[6] 清光绪八年《宝山县志》赋役志·蠲赈。
[7] 清光绪八年《嘉定县志》赋役志下·蠲赈。
[8] 清光绪八年《嘉定县志》风土志·风俗。

年代,太仓县"近以棉价昂贵,种棉者日多,而稻之出数日少;本地食米,全恃他县接济"①。同一时期的常熟县,"昔多稻作,近年以肥料昂贵,植稻施肥多而收量不丰,当此棉价沸腾之时,大都改植棉作,一望青葱,稻、豆几绝无仅有矣。"②

在蚕桑区各个县份,粮食的商品化程度也受种植业结构特征的影响。海宁县桑地多于农田,"生产品以蚕丝蔬植为大宗,以故粮食不足,家无积蓄。往年赖售茧卖丝及副生产品以易米粮。"③据《中国实业志》(1933年)载,海宁自产米数只占需求总量的46%。《浙江农产志》称,1934年,海宁进口白米30万石,占实际需求数量的40%。《浙西初期抗战史话》谓,1944年海宁自产米数520166石,不足数为349840石,需要进口的数量仍占实际需求数量的40%。当地进口大米主要来自安徽、江苏和江西,除在本地销售外,部分转销甬绍地区。④

蚕桑业较为发展的德清县,亦为缺粮地区。据民国《德清县新志》载:"夫食之原料,清邑所需全赖于米……全县产米不足半年之需,余须仰给于外米。""邑为泽国,丰年不敷自食,全恃外县如长兴、广德、无锡等处采购,以为接济,故米价每石自六元以至十余元,若遇歉岁尤昂。"⑤1942年,德清县产米26万石,民食所需约67万石,粮食自给率只有39%,占总需求量61%的粮食需由外县输入。所缺食粮由宜兴、嘉兴、湖州、海宁、芜湖、泗安等地输入。⑥

此外,自然灾害和社会动荡造成的农业减产,也是粮食输入数量增加的因素。以德清、武康两县为例。晚清以后,战事频仍,农耕日益凋敝。1915—1922年,两县有弃耕荒田9.81万亩,占耕地总面积的20.22%。1928年《德清县政府特刊》载:"今秋风雨为灾,总核收成仅四成余,其受灾最重之十七万余亩,几至颗粒无收。"此后,粮食生产虽有回升,但仍不能自给。1935年,武康、德清两县植粮38.99万亩,年产稻谷70.36万担,民食所需105.12万担,尚缺34.76万担,即大约占需求量32.98%

---

① 章有义:《中国近代农业史资料》第二辑,三联书店1957年版,第211页。
② 章有义:《中国近代农业史资料》第二辑,三联书店1957年版,第211页。
③ 章有义:《中国近代农业史资料》第三辑,三联书店1957年版,第1030—1031页。
④ 《海宁市志》,第260—261页。小麦不是当地主粮,1933年,总产量为124634石,本地消费占35%,剩余的65%销往上海。
⑤ 戴鞍钢、黄苇:《中国地方志经济资料汇编》,汉语大词典出版社1999年版,第712页。
⑥ 《德清县志》,第305页。

的粮食需要从外县输入。抗日战争期间，农业萧条，粮食产量锐减，缺粮比重达66%以上。①

依据上述各缺粮县的已有数据，可以得到表4-5。

表4-5　20世纪上半期江南若干县份粮食自给率

县份	粮食产量占需求总量(%)	输入数量占需求总量(%)	统计年份
上海	50	50	1928
上海	41	59	1942
川沙	34	66	1942
海宁	46	54	1933
海宁	60	40	1934
海宁	60	40	1944
南汇	40	60	1932
德清、武康	67	33	1935
德清、武康	39	61	1942

说明：各县需要输入粮食数量的比率是估算值，实际输入数量可能小于上述估算，因为有些县份未全部输入所缺数额的粮食。

资料来源：《上海县志》第501页；《川沙县志》第390页；《海宁市志》第526页；《德清县志》第305页。

依据该表中数据平均估算，各县粮食产量约能满足需求量的52%，大约有48%的粮食需要从外县输入。即不包括各县内部不同地区之间粮食的余缺调剂，约有一半的粮食，需要依赖县域外部市场的供给。虽然这些估计的商品率，是商品量占总产量的比重，而不是粮食商品量占需求量的比重。但占需求量高达48%的粮食需要从市场购入，仍然说明这些县份粮食商品化程度之高。

由于缺粮县有较高比重的粮食输入需求，余粮地区会将剩余的粮食输出。据《吴江乡土志》记载，1919年，吴江县产米200万石②，除供应全县48万人口食用外，每年运销上海、无锡和浙江硖石等地的白米在100万石以上。即占全部产量50%的稻米作为商品输出。20世纪上半期，青浦县也是个余粮县。1946年，全年可产糙米

① 《德清县志》，第171页。
② 每石合75公斤。

100万石左右,除本县消费80万石外,还外销20余万石。外销流向主要是上海市区。① 整个20世纪上半期,松江县正常年景约有7500万公斤(约100万石)粮食进入市场流通。② 抗战前,嘉善县丰年秋粮登场时,每日上市糙米8000余石,每年外销30—40万石。即使到战后的1946年,嘉善全县每年运销上海、硖石的粮食仍达25万石。③ 1929年,昆山县粮行年收购粮食占总产量50—60%,碾成白米,小部分批给米铺出售,大部分运销上海;小麦由面粉厂收购,碾制成粉,大部分也运销外地。④ 平湖也是粮食输出县。民国时期,年输出量在30—40万石。⑤ 据《浙江食粮运销调查》,平湖城区从四乡购入糙米,1932年为13万石,1933年9.5万石,1934年12万石。这些由四乡购入的粮食数量,即为当地商品粮数量。⑥ 又据同一份《浙江食粮运销调查》记述,1931年,嘉兴县县城米市收购四乡白米35万石,上海转口洋米20万石,运销境外40万石。1932年收购四乡糙、白米54万石,运销境外50万石。1933年收购四乡糙、白米60万石,运销境外46万石。1934年收购四乡糙、白米70万石,运销境外55万石。⑦ 1935年,嘉兴县共出境销售稻谷51.3万石,占产量175.3万石的29.2%。⑧

参考第二章估算的各个县份粮食产量数据,我们对粮食商品量占总产量的比重即粮食商品率做出估计。表4-6显示各个粮食自给有余的县份,进入市场流通的粮食数量占全部粮食产量的比重。

表4-6 20世纪上半期江南若干县份粮食商品率

县份	水稻总产量	商品量	商品率(%)	统计年份
松江	11314.5万公斤	7500万公斤	66	1934
江阴	166.8万石	14万石	9	1929—1935

---

① 《青浦县志》,第391页。每石合75公斤。
② 《松江县志》,第544页。
③ 《嘉善县志》,第517页。
④ 《昆山县志》,第364页。
⑤ 《平湖县志》,第446页。
⑥ 《嘉兴市志》,第1420页。
⑦ 《嘉兴市志》,第1420页。
⑧ 《嘉兴市志》,第1155页。

续表

县份	水稻总产量	商品量	商品率(%)	统计年份
嘉善		30—40万石		抗日战争以前
嘉善		25万石		1946
吴江	200万石	100万石	50	1919
吴江			50	1932年外销总量占50%
青浦	100万石	20万石	20	1946
昆山	138.5万石	76万石	55	1929
嘉兴	175.3万石	51万石	29	1935
平湖	13460万公斤	650万公斤	5	1932
宜兴	1.99亿公斤	6000万公斤	30	1926,仅为运往无锡者
安吉	40.5万石	20万石	50	1931

说明:松江县的粮食总产量取1934年数据,参见《松江县志》第328页;江阴县的粮食总产量取值为1930年的稻米产量数据,另外,还有1934年的稻谷产量288.64万担,参见《江阴县志》第243页;昆山县粮食总产量取值为1930年该县的稻米产量,参见《昆山县志》第194页;宜兴县粮食总产量取值为1929年该县的稻米产量,参见《宜兴县志》第140页;安吉县的水稻总产量包括粳稻与糯稻,其中,糯稻产额为1500石,无销售。参见《湖属土产调查·安吉县物产调查》,《湖州月刊》1931年第4卷第3号。

表中除嘉善县抗日战争以前和以后的粮食商品率待补充相关数据外,其他几个余粮县的粮食商品率平均数值约为35%。我们可以这一数据与全国的平均水平加以比较。据吴承明估计,近代全国粮食商品率呈现递增之势,1840年为10%,1894年为15.8%,1920年为21.6%,[①]1931年粮食的商品率为31.4%。慈鸿飞估计,20世纪30年代,华北晋冀鲁三省小麦的长距离贸易量已达总产量的15%—25%。[②]而从江南来看,余粮县的粮食输出数量占总产量的35%,缺粮县的粮食输入数量占总需求量的48%。无论从当地所产粮食的商品率,还是从所需粮

[①] 吴承明等估计商品量的方法是,粮食是按一定的人均占有量估出产量,再按下列三项估出商品量:一是非农业人口,包括城市居民、驻军、矿工、游民所需粮食,扣除漕粮等征调部分;二是估计茶农、蚕农、棉农、蔗农、盐民、渔民户数,设每户需补充口粮半数;三是酿酒、制酱、制醋及纺织品上浆、手工业裱糊等所需粮食(不是全部需购买)。参见吴承明:《中国的现代化:市场与社会》,三联书店2001年版,第291页。

[②] 慈鸿飞:《二十世纪前期华北地区的农村商品市场与资本市场》,《中国社会科学》1998年第1期。

食的商品率,两个角度衡量的粮食商品率均高于1931年的全国平均水平。这一现象与该区域经济作物种植比重较高的农业结构和手工业发达的农村经济特征相一致。

如前面所提到的,江南一些县份粮食缺额甚巨的原因之一,是这些县份发展了专门的经济作物种植,沿江和沿海地带的棉田、临近太湖沿岸各县的桑地,多占有耕地面积的半数以上。个别县份的棉田面积甚至高达全部耕地面积的70%以上。江南核心地区的棉花生产以上海附近为最多,上海附近如昆山、太仓北部、川沙、南汇东部,地近长江,土质适宜植棉,农产以棉花为大宗,全部耕地约6/10—7/10种植棉花,3/10左右种稻。养蚕业以太湖流域为最,稻田河塘之侧、运河两岸、陆路之旁,大都种植桑树。1934年前后,江苏全省505万户农民中,以蚕桑作正副业者约占70%,其中又以江南各县为多。① 因而,经济作物在江南农村经济中扮演至关重要的角色。

但现在我们不能断定经济作物种植面积的扩大是江南粮食种植不能自给的根源。在明清以降人均耕地面积逐渐下降的情况下,即使全部耕地都用于粮食种植,所产粮食也未必能够满足人口的需求。所以,在未经详细的论证之前,尚不能肯定是经济作物的种植导致了粮食不敷当地民食的结果。相反,倒有可能是粮食种植不能满足当地人口生存需求所造成的压力,使江南一些农村由粮食种植转向单位面积收入更高的经济作物的种植。经济作物种植面积的扩展和比重增加,确实减少了江南地区所生产的粮食总量,但却使它有能力从市场上购买和消费更多的粮食。这也可以解释,为何在粮食不能满足当地需求的情况下,江南棉花种植面积和桑地面积依然增加。当然,这种种植结构变化的前提是,农民能够在市场上购买所需的粮食,而首先是能够在市场上出售自己所生产的经济作物。

19世纪末至20世纪初,洋纱逐步取代土纱,使农村手工纺纱业衰落,但却并未阻滞棉花种植业。相反,因为效率远远高于手工纺纱业的棉纺工业的发展,市场对棉花的需求不仅没有下降,反而有所增强。江南一些县份原来"棉七稻三"的种植业

---

① 章绥孙:《江苏全省物品展览会纪详》,《农村经济》第2卷第2期,1934年12月。

结构,甚至转向"棉八稻二",棉花的种植比重趋向新高。[①] 与之相应,棉花的产量和商品量也随之增加。常熟县,1919年,"棉花岁产二十四万二千石,价值银二百九十万四千元。"[②]1924年,常熟"棉花全年产额约计一百六十万担,除供本地纱布各厂之需要外,余均销售于上海、南通诸埠,每年值三百万元左右"。[③] 青浦县,1924年前后,年产籽棉约12万担,自供约1/4,余者全销上海。[④] 1929年,太仓县全年收购皮棉5650吨。[⑤] 1947年,上海县年产籽棉14万担,其中8万担进入市场。[⑥] 由上述数据,再结合第二章所统计的各县棉花产量数据,可以估计几个县份在一些年份的棉花商品率,1924年,青浦县所产棉花商品率为75%。太仓县棉花总产量,我们以1931年的产量1755万公斤籽棉为参考,则当年商品量为1527万公斤(由皮棉5650吨折算),棉产商品率为87%。上海县,1947年棉产商品率为57%。

若以57%—87%的商品率,[⑦]并结合第二章所做的棉花产量统计,可以大致估计江南其他一些县份棉花的商品量。以武进、常熟、江阴、昆山、太仓、嘉定、上海、青浦、平湖各县年均棉花产量为669.6万公斤计,如果是57%的商品率,则棉花商品量约为382万公斤;如果是87%的商品率,则棉花商品量约为583万公斤。这一估算

---

① 江南地方文献中,虽习用"稻三棉七"、"棉七稻三"之类的词语,但具体角度却有不同。一种是就所占耕地面积的比重而言。如万历三十三年《嘉定县志》田赋下:"本县荒坪弥望,开浚莫施,植稻之田,百无一二。"光绪五年《南汇县志》风俗志:"傍浦种粳稻者十之三,种木棉者十之七。"再如光绪十四年《月浦志》艺文志:"矚土斥卤不宜稻,种棉花者十亩而九。"另如贺长龄《皇朝经世文编》户政·农政中:"惟松江府、太仓州、海门厅、通州并所属之各县,逼近海滨,率以沙涨之地,宜种棉花,是以种花者多,而种稻者少……以现在各州厅县农田计之,每村庄知务本种稻者,不过十分之二三,图利种棉者,则有十之七八。"另一种似是就农产物而言。还有一种解释,将之视为稻、棉轮作制下,耕种面积的约略估计。如光绪《江东志》风俗:宝山高桥"八都东西北三面距海浦,浮沙瘠薄……地宜木棉不宜禾。然久种棉又苦蔓草难图,故三年种棉必须一年种稻,正所谓七分棉花三分稻也"。参见徐新吾:《江南土布史》,上海社会科学院出版社1992年版,第18—21页。
② 姚日新:《苏常道区常熟县实业视察报告书》,《江苏实业月志》1919年第6期。
③ 《各地重要产品:沪行所属:常熟·米谷棉花及菜子》《交通银行月刊》,1924年第2卷第2期。
④ 章有义:《中国近代农业史资料》第二辑(1912—1927),三联书店1957年版,第231页。
⑤ 《太仓县志》,第367页。日军侵占时期,日伪当局施行"棉花统买统配实施纲要",并成立"全国商业总会棉花编制委员会",在产棉区设"棉花收买同业协会"。所收棉花,未经棉会指令,不得移动。抗日战争胜利后,国民政府于1948年1月对花纱布也实施管制。
⑥ 《上海县志》,第691页。
⑦ 唐文起估计,1933年江苏省出售棉花占全省棉化总产量的55%。唐文起:《三十年代江苏农业经济发展浅析》,《中国农史》1983年第1期。

虽然包括了主要的产棉县份,但只是就整个20世纪上半期的大致估算。原有金坛、海宁、富阳、新登等县棉花产量,因这些县份棉花上市数量偏少,此处未作估计。

从整体上看,江南主要产棉县虽在种植结构的变化上显示出棉花产量上升的趋势,但因为农家自纺自织对棉花的需求,制约了棉花商品率的相应提高。从横向比较看,江南各产棉县所产棉花未必较其他产棉地区具更高的商品率。

除棉花外,江南另一项重要的农村经济行业是植桑养蚕。我们将蚕茧销售量的统计数据汇为表4-7。

表4-7　20世纪上半期江南各县蚕茧市场销售数量　　（单位:万公斤）

年份	县份	数量	备注
1909	海宁	105.0	产量
1912	嘉兴	15.9	茧行收购
1917	武进	63.0	收购数量
1919	无锡	17.4	茧行收购数量
1919	丹徒	9.8	产量,值80500元,部分销上海
1920	海宁	275.0	
1920	嘉兴	49.1	
1926	武进	1850.0	收购数量
1927	无锡	1112.5	1担折合50公斤,茧行收购数量
1928	武进	550.0	收购数量
1929	海宁	550.0	
1930	嘉兴	75.0	
1930	临安、于潜、昌化	44.9	
1932	嘉兴	10.0	
1932	平湖	20.0	转销上海数量
1933	无锡	59.7	茧行收购数量
1933	宜兴	200.0	
1933	海宁	550.0	
1933	临安、于潜、昌化	149.0	
1934	无锡	85.1	茧行收购数量

续 表

年份	县份	数量	备 注
1934	海盐	27.9	
1934	嘉兴	200.0	
1935	无锡	102.0	茧行收购数量
1935	海盐	127.0	
1935	临安、于潜、昌化	47.2	
1937	海盐	50.0	
1938	海盐	7.5	
1939	海宁	60.0	产量
1943	海宁	98.0	产量
1946	海宁	38.7	产量
1946	崇德	25.0	其中已减去缫制土丝用0.5万担
1947	武进	30.5	收购数量
1947	崇德	26.3	其中已减去缫制土丝用0.525万担
1947	临安、于潜、昌化	7.9	
1948	无锡	10.0	茧行收购数量
1949	海盐	24.6	
1948	崇德	25.0	其中已减去缫制土丝用0.7万担
1949	海宁	116.8	
1949	平湖	3.5	

说明：计量单位原不统一，表中将原单位吨、担、斤均折合为万公斤。表中宜兴、海宁等县份的数据为各年的茧产量，考虑到当地土丝业的衰落，以产量作为市场销售量。

资料来源：蒋汝正：《金陵道区丹徒县实业视察报告书》，《江苏实业月志》1919年第5期；《无锡县志》第487页；《武进县志》第468页；《宜兴县志》第357页；《海宁市志》第536页；《海盐县志》第417页；《嘉兴市志》第1156页；《嘉兴市志》第1164页；《嘉兴市志》第1167页；《临安县志》第339页。

以20世纪30年代初、抗日战争前后作为时间节点，看各个时期蚕茧销售量的变化。20世纪20年代，武进、无锡、海宁、嘉兴4县年平均蚕茧销售量为458.8万公斤。包括这4县在内，以及平湖、宜兴、海盐、临安、于潜、昌化等县，年平均茧产量为

116.5万公斤。战争期间不作统计,抗日战争后即20世纪40年代后期,无锡、海宁、海盐、崇德、平湖、临安、于潜、昌化各县年平均蚕茧产量为30.8万公斤。因为统计口径不同,上述数据虽不能说准确反映蚕茧商品量的相对变化,但至少显示出一种趋势,即20世纪上半期江南蚕茧商品量呈递减之势。

随着20世纪10年代缫丝工业兴起,蚕茧商品量逐步增加。在太湖北岸蚕桑区,当地所产蚕茧多由茧行销售。20世纪初,无锡县蚕农以出售鲜茧为主,1919年,无锡年收购蚕茧量为17.4万公斤。1927年,无锡县收购鲜茧达1112.5万公斤。1933年,全县收购烘制干茧59.7万公斤。1934年,收购改良种鲜茧85.5万公斤。1935年,春季收购改良种鲜茧11004.87担,秋季收购改良种鲜茧9391.53担,合计收购改良鲜茧101.98万公斤。① 1933—1936年,宜兴全县有茧行60家,年收购蚕茧2000吨左右。②

20世纪初江南市场销售数量即蚕茧商品量的增加,是以蚕茧产量的增长为基础的。1930年以前,由于国外市场对生丝需求的增加,生丝出口上升,蚕桑生产兴旺。③ 20世纪20年代的一项调查称,"江苏无锡二十年前,农民都种植稻、麦、豆等类,近因丝厂发达,农民见蚕桑之利胜于稻、麦,于种植农作物之外,更从事蚕桑矣。"④20世纪20年代,原嘉兴府辖县年产茧15.59万公担,比清光绪时期增加8.4万公担,40年间增加1.23倍。同期嘉兴地区桑园面积112.6万亩,除海宁35万亩外,为77.5万亩,比光绪时增加40%。《中国实业志》载,20世纪20—30年代养蚕户的比重,桐乡、崇德、海宁为85%—90%,海盐为81%,嘉兴为71%,平湖为64%,嘉善为16%。⑤ 其中,嘉兴县茧行收烘之干茧,1912年为31.8万斤,1920年增至98.1万斤,1930年夏增至247.9万斤,为1912年的7.8倍。⑥

然而,伴随着产量的下跌,在一些桑蚕区,实际上到20世纪20年代末至30年代初,蚕茧的销售量已经急遽减少。20世纪20年代末发生世界经济危机,生丝出口锐减,价格猛跌,江南蚕桑生产衰落。在太湖南岸的嘉兴一带,20世纪30年代初每担

---

① 《无锡县志》,第487页。1927年,每担鲜茧价100元,折大米830公斤。
② 《宜兴县志》,第357页。
③ 《嘉兴市志》,第1167页。
④ 容盦:《各地农民状况调查(征文节录)——无锡》,《东方杂志》1927年第24卷第16号。
⑤ 《嘉兴市志》,第1156页。
⑥ 《嘉兴市志》,第1164页。

茧价从60—70元,跌至20元左右,低于生产成本。据孙怀仁的调查,1932年每担茧售价25元,成本则需50元左右,每担茧亏损25元。又据吴晓晨1935年的调查,每担茧售价33元,成本51.6元,每担茧亏损18.6元。孙怀仁撰文说:由于养蚕亏损,蚕农"甚至于完全抛弃蚕事……桑田被毁改种其他作物的农户接踵而起,占江浙主要生活的蚕桑事业,已经到了存亡绝续之交"。1934年《浙江平湖之蚕桑业》载:"农民对蚕桑业失望,谁也不愿去加肥培植(桑园),甚至多数户将桑伐去,改成竹园,以致全县桑叶较从前减少了40%左右"。嘉兴县1934年产茧量降至4万公担,比5年前的8.75万公担减少54.8%,蚕茧总收入减少80%。据农村复兴委员会《浙江农村调查》,崇德县280户蚕农1929年蚕业收入17057元,每户平均61.13元,1933年降至7448元,每户平均26.6元,减少收入57%。嘉兴县在1930年以前有上百家茧行收茧,每年茧行收烘干茧1.5万公担,至1932年只有15家茧行收茧,收烘干之茧为0.2万公担。是年原嘉兴府属各县大多数茧行关门停业,蚕农无处售茧,丰收反致破产。① 1933年,学者们在安吉县东乡的调查显示,从1930年到1933年,米的价格由每百斤1.5元上升到了6.57元,但每百斤茧的价格却由30—45元下降为15—20元,每百两丝的价格由50—37元下降为30—40元。因此,尽管"在三年前植桑甚多,无家不育蚕,近年来……蚕户以售价费与生产费相抵,缺本很大,故以前成林之桑树,现已渐成为田地圩墟矣。兹政府教民育蚕,并分发许多秋蚕种在各县区市,由各县区市劝民育蚕,不效其法,讵蚕未及老,尽成死僵,结果损失甚大,民众均喊叫上了政府的当,甚至有三社乡全体乡民正式向该县政府提出赔偿云"。② 1934年,国际生丝市场不景气,临安、于潜、昌化三县蚕茧销量骤减。1935年,三县收购蚕茧数量由1933年的29800担下降到9433担,商品量减少了68%。③

在太湖北岸、东岸蚕桑区,据当时调查,农民植桑者,"因连年蚕汛歉劣,平时施肥翻土,耗费资本,吃尽辛苦,非特不能售得善价,反致大受亏耗,以是均大感灰心。"1931年,"已多将桑田翻为稻田"。以无锡县而论,自1931年秋至1932年春,桑田之翻耕成稻田者已达1/3。"其尚保存者,田主以桑叶产量大减,均盼本届春蚕时节,可售善价,

---

① 《嘉兴市志》,第1167页。
② 朱珖:《安吉县东乡的农村》,《警光月刊》1933年第1卷第9期。
③ 《临安县志》,第339页。

弥补损失。不意本届蚕汛,蚕户所饲之蚕,既较往年大减,而蚕汛之烈,又突过往年。综计此二月中,桑价最贵时,仅售每担一元(往岁桑价昂贵时,常售十元两担或十元三担),继即跌至一元两担,最近则一元三担,尚无人过问,已无市价可言。于是植桑者亦灰心短气,达于极点;且以经济压迫,不容不速为变计,另图补救。于是相率将田中桑树锄去,作为柴薪,尽数出售;桑田翻锄,以备改植稻禾或菜蔬。闻青城、万安两市,幸存之桑田已不足三分之一。其他各乡及邻近各县,如宜、溧、常、澄,亦大率皆是。"①

1927年调查显示,无锡全县桑田约占农田1/3,达到378000亩,至1930年已只余251037亩,1931年再降至150000亩,1932年已经减少至84000亩。比1930年减少了66.53%。可见其历年递减之速。江阴县桑田数量同样大幅下降。1932年,江阴县的桑田亩数约为1930年的43.5%。② 武进县,蚕茧收购量1917年为12600担,以后收购量逐渐增加,至1926年达到高峰,约为37万担,但至1928年蚕茧出口下降,出口量降至11万担,仅相当于两年以前商品量的29.73%,以后更是每况愈下。③

---

① 章有义:《中国近代农业史资料》第三辑,三联书店1957年版,第626页。
② 章有义:《中国近代农业史资料》第三辑,三联书店1957年版,第626页。
③ 《武进县志》,第468页。章有义《中国近代农业史资料》第三辑,三联书店1957年版,第626—627页。"一九一九年以来,干茧价格以一九二三年为最高,每担平均约值二百一十两二钱,约合三百零五元四角,是年适值日本地震,日本丝业大受影响,中国丝遂能独步市场,而茧价乃大贵。干茧之购买力为一一五,较之一九一〇至一九一四年五年之平均,高出百分之十五,此为武进饲蚕农家近十余年来之黄金时代。其他年份若仅就物价指数而论,则除一九三二年以外,皆较基期高出多多;但农人所购买之其他物品之零售价格,则较之干茧价格增涨更速。因此干茧购买力,除一九二三年以外,皆较基期跌落甚巨,尤以一九三二年为最甚,较之基期竟跌落百分之六九。其原因乃由于丝价骤由每担八百两跌至六百两。每担丝普通需鲜茧十六至十八担,而每担鲜茧连运费、捐税、烘费等平均约需五十元,每担厂丝另需人工设备等费用约二百五十两,如售价六百两,则每担亏折将在四百两以上,茧价因此不得不继续大跌。其结果约有四分之一之桑园桑树全被砍伐,而改种水稻。此种现象,无锡尤甚,被砍伐之桑园,竟约占原有面积三分之一。江、浙为全国富庶之区,而太湖沿岸尤为江、浙精华所在,乃因丝价之暴跌,啼饥号寒,惨状毕见,并在无锡曾发生抢米风潮多次。"又据时人的观察:"世界不景气的巨浪,冲断了他们〔武进农民〕幼弱的生命线〔指蚕桑事业〕,提到蚕桑,只有叹息,除了叹息,别无诉其苦闷的途径。可怜得很,他们在蚕桑失败之后,复回到稻麦上来了。从前拼命开辟的桑园,现在又拼命地把它挖掘,回复旧时的本来面目——稻田。家家这样改变计划去做,好像有谁下了总动员令似的。任凭政府机关怎么样的劝导提倡,竭力改善,他们是置之不理,像是前途决无希望,命里注定他们落难,不能再在这上面找生路的了。从此一年四季,一切一切的费用,单单依靠田地里一年两次的大宗收获。可是仅见的谷价偏偏又较前两年低落了好多;从前每担六、七元的,现在只有三、四元了。即使年年丰登,还比不上往时的歉收。因为这死板板的有限的收入,还了租籽,不够偿债;偿了债款,不敷还粗;自己吃的穿的,完全落空。"参见章有义:《中国近代农业史资料》第三辑,三联书店1957年版,第752页。

抗日战争期间，江南诸县沦于敌手。各县蚕桑业衰败，茧行关闭，成为各蚕桑区的普遍特征。抗日战争期间，财政部复兴商业公司虽在于潜、昌化等县设收货处，统筹收茧及运销事宜。时因收价低于成本，农家毁桑改植，茧行大多倒闭。[①] 安吉县，1931年茧的年产量尚有13000石，[②] 1940年下降至9200担。[③] 这一时期，海宁县铁路沿线宽达15公里范围内的桑园被日军砍伐殆尽，全境桑地面积损失一半之多。1939年产茧仅600吨，约相当于战前的1935年产量的10.9%；1946年春茧产量387吨，约相当于1935年产量的7.04%。[④] 日军入侵后，平湖县桑树被砍，蚕茧业一落千丈。至1949年，全县茧行仅劫余昌伦1家，全年收购蚕茧35吨，仅相当于1932年平湖县转销上海干茧数量（200吨）的18.5%。[⑤] 随着产量大幅度下跌，蚕茧的商品数量也当会随之急剧减少。在整个嘉兴地区的7个县，桑园面积1943年仅存58.26万亩，比战前减少一半，到抗战结束时，嘉兴地区产茧量降至22825公担，只及战前的1/5。[⑥]

抗战胜利后，蚕桑业虽有所转机，因桑树在战时几乎被破坏殆尽，恢复不易。[⑦] 战后，武进县蚕茧收购量有所回升，但至1947年，收购干茧仅6108担，相当于1928年蚕茧出口量的5.55%，相当于高峰期1926年收购量的1.65%。[⑧] 可见当地经过日军侵华战争之后蚕茧销售量下降之严重。1948年，无锡县收购蚕茧2000担，约合10万公斤，仅相当于最高收购数量年份1927年的0.9%，与蚕茧收购量已经下降的抗日战争以前的1935年相比，也只相当于9.8%。[⑨] 抗战胜利后，海宁县蚕桑生产有所回升，1949年蚕茧产量1168吨，仅为战前的21.24%。[⑩] 战

[①] 《临安县志》，第339页。
[②] 《湖属土产调查·安吉县物产调查》，《湖州月刊》1931年第4卷第3号。
[③] 庄茂长：《安吉农业概况》，《乡建通讯》1941年第3卷第7、8期。
[④] 《海宁市志》，第536页。
[⑤] 《平湖县志》，第416页。
[⑥] 《嘉兴市志》，第1167页。
[⑦] 《宜兴县志》，第357页。
[⑧] 《武进县志》，第468页。
[⑨] 《无锡县志》，第487页。1927年，每担鲜茧价100元，折大米830公斤。
[⑩] 《海宁市志》，第536页。1909年，茧价每50公斤为42元（银圆）；1927—1928年近百元，值米10石；1930年41.882元（银圆），折米6石；1931年43.738元（银圆），折米9石。九一八事变后，外销受掣日本，茧丝价格惨落，1932年茧价每50公斤仅22.345元（银圆），折米4石。

后恢复时期蚕桑业之不景气,还因通货膨胀,以致产量减少。同时,商品率也在下降。1948年,海盐县春期蚕茧定价每担法币1700万元,但当开秤收茧时,物价飞涨,货币贬值,蚕农不得已而多自缫丝,致使各茧行收茧甚少。1949年,仅收蚕茧4914担,相当于1935年蚕茧收购量的19.3%。[①] 由于蚕茧产量减少,蚕茧贸易量因之减少。1947年,临安、于潜、昌化三县仅剩3家茧行,收茧量分别为517担、314担、755担,共计1586担,约相当于1935年3县蚕茧收购数量9433担的16.8%。[②]

据学者们研究,19世纪后半叶起至抗日战争前,中国的农产品进一步商品化,中国经济与世界市场的联系日益紧密,国内市场也不断扩大。这一时期农产品商品化程度有明显的提高,其主要特征是随着中国农产品和农产制成品的输出增长,国内经济作物的种植迅速发展,粮食作物也进一步商品化。20世纪上半期江南农业产品市场化发展的趋势至为明显,这说明在区域农村经济融入国际市场的过程中,农业经济日益受到国际市场的推动和制约,其兴衰都与外部市场的需求息息相关。换言之,不仅是粮食作物和经济作物商品量的增加才能显示出江南农业融入市场的程度,经济作物种植面积及其产量的消长、粮食市场交易量的消长,都可显示出江南农业与外部市场的密切关联。因为它们的生产是随着市场需求的变化而波动的,同样,江南农业生产中种植业结构的变化,也与市场容量的变动有关。20世纪最初30多年间,经济作物种植面积扩张以及产量增加、粮食贸易数量增长,抗日战争期间以及战后农产品生产萎缩的过程,足以显示江南农产品市场化程度之深。

(二) 手工业产品商品量

19世纪后期,随着洋布输入侵占原属土布的市场,江南发达的手工织布业受到

[①] 《海盐县志》,第417页。
[②] 《临安县志》,第339页。

冲击,川沙①、金山②、嘉定③、青浦④、宝山⑤、南汇⑥、奉贤⑦、太仓⑧、上海、吴县⑨、常熟、武进等地,手工土布业市场均趋萎缩,至20世纪初,其商品量与产量同样趋于下降。但在此后的时期,土布仍保持一定的产量和商品量。由于利用洋纱织布,土布质量得到改良,土布生产和销售在20世纪20年代还有所发展。尽管在抗日战争时期,一些县份的土布商品量有所下降,但因洋布同样受到市场影响,洋布进口减少,土布经营复兴。在小范围的市场中,土布的销售量反有可能增加。再加上农家自给数量的回复,这就造成局部地区土布生产数量在战时仍保有一定水平。

如表4-8所列,有些县份的统计不是土布的商品量,而是土布产量。而商品量占产量的比重,各个县份当不一致,因此很难估计。再者,各个时期土布的商品率也有较大差异。据吴承明等估算,1860年时全国土布流通量占产量52.41%,至1894年已降至49.23%,1913年进一步降至37.70%。在第一次世界大战期间稍回升,1920年,占产量40%多,不久又下降,至1936年,只占产量25.96%。⑩ 按照徐新吾

---

① "工厂布厂,邑境〔川沙〕向无,惟乡村妇女纺织,机声轧轧,比户皆是。所织各布……名色甚多,俗称七十二种,皆出女工。普通行销市面者有三:曰白生布,曰套布,均行销东三省,曰平销布,专销浙江,每年出产约六、七十万匹。近自厂布盛行,土布销售不免有影响。"章有义:《中国近代农业史资料》第二辑,三联书店1957年版,第420页。
② 张堰乡"自通商以来,洋布杂出,而土布之利大减矣"。民国9年《重辑张堰志》区域志·物产,《上海乡镇旧志丛书》第5辑,上海社会科学院出版社2005年版。
③ 嘉定县钱门塘乡"居民向以花布为生。同、光间,男耕女织,寒暑无间。迩来沪上设有纺织等厂,女工被夺,几无抱布入市者"。民国《钱门塘乡志》乡域志·风俗,《上海乡镇旧志丛书》第2辑,上海社会科学院出版社2005年版。
④ 民国23年《青浦县续志》疆域下·土产·服用之属·木棉布。
⑤ 民国10年《宝山县续志》卷六实业志。宝山县"邑境产棉,故普通女工多习纺织,从前恃以营生者有纱经、土布二种。自洋纱盛行,纱经之销路遂绝……自沙船衰落,土布之利益为日人所攘,产额亦因而缩减。至吴淞、杨行一带,多系浆纱布,俗称稀布,仅供鞋业及衣里之用"。
⑥ 南汇县"套布,向销东三省。数百年来,贫家妇女,恃此生涯。自海禁大开,东三省有仿式设织布厂,套布销滞,我之利权,日渐涸辙"。参见戴鞍钢、黄苇:《中国地方志经济资料汇编》,汉语大词典出版社1999年版,第235页。
⑦ 章有义:《中国近代农业史资料》第二辑,三联书店1957年版,第420页。
⑧ 周廷栋:《各地农民状况调查(征文节录)——太仓》,《东方杂志》第24卷第16号(1927年8月)。
⑨ 民国22年《吴县志》舆地考·风俗一。
⑩ "在帝国主义侵入中国以前,甚至于在民国初年,这种自然经济的家庭工业在中国农村中间还占有相当的重要地位。农家妇女利用自己的或者买来的棉花,用自己的劳动力把它纺成土纱,织成土布,以供自己消费。这还是很普遍的现象。然而最近二三十年中,纺纱工作已经全被大规模的机器生产所侵夺,留下来的织布工作也是大部分已经转向商品生产。过去农产物的改制,完全是农家自己的工作;现在就连磨粉、轧米、榨油、制糖等等,也被机器生产所逐渐侵夺了。"然而,农家自纺自织土布,以销售于当地或邻近市场,"这种生产方式,在交通不便的僻远乡村中间,到今仍还相当流行"。薛暮桥:《农村副业和农民离村》,《中国农村》1936年第2卷第9期。

的估计,1860年代之前,松江府平均每年土布商品量占产量的百分比约为87%。由此,黄宗智估计土布生产是高度商品化的。①

表4-8 20世纪上半期若干县份土布商品量

县份	商品量(万匹)	统计年份	备 注
常熟	700	1919	产量
江阴	1138	1920	销售量
江阴	461	1944	5家布业收购数
无锡	300	清末	产量
无锡	700—1000	清末	收购量
武进	700—800	1927	产量
上海	30	1875	(东稀)销售量
上海	20	20世纪初	(东稀)销售量
上海	10	19世纪末	(西稀)售往东北者
上海	3—4	20世纪初	(西稀)售往东北者
上海	130—140	19世纪末	套布
上海	60—70	20世纪初	套布
平湖	120	1931	产量

资料来源:民国7年《上海县续志》卷八物产·布之属;《江阴县志》第607页;《无锡县志》第478页;《武进县志》第345页;《平湖县志》第283页。

如前所述,20世纪初各县土布产量已经较前减少。《南洋商务报》记载:"自东三省商市消落以来,苏属土布首先被屈,其数至巨。业布者忧之,几经设法,将他种布货推广销路于内地,得稍活动。然不及销于东省者十分之一。"②从表4-8中所示上海县各种土布产销量的变化可以看出,商品量的变化趋势当与产量的变化相一致。"上海市土布业,向由乡民至各布厂、行庄取纱织布,隔日交货,每匹能赚一角二角不等,解后再取,川流不息。近岁以来,风气开通,所织土布,亦知改良。九一八事变以前,销至东北之土布,每年达千万元以上。事变后,东北各地,皆为日货所倾销,又可

---

① [美]黄宗智:《长江三角洲小农家庭与乡村发展》,中华书局2000年版,第46页。
② 《上海运销土布近情》,《南洋商务报》1908年第37期。

免税通行,我土布则须纳重税,故此不能与之竞争,天然被其淘汰。去年虽有销去,只数十万元,与往年相较,不可同日而语,故一部分经济短绌之机户,大多歇业。"①在产量和销售量萎缩的过程中,土布业虽保有一定的市场,但其市场逐渐萎缩。浙江省土布的生产亦遇到同样的市场萎缩的问题。"浙江省所产土布,以前大都皆销于安徽及浙西之常山、玉山等处,自国内受世界经济不景气影响,内地农村又遭荒歉,致购买力薄弱,去年(1934年)土布销量,只及往年十分之二三。"②苏南地区的土布业遇到同样的困境。据一些商业团体给江苏省建设厅的呈文,"自外货倾销后,土布渐形销灭,铁机织造之工厂乘时而兴,致厂布不啻土布之替代品,而予外货以一大机会"。③ 在厂布等替代产品的冲击下,④至20世纪上半期之末,在江南的一些县份,土布产量中的商品布已经极少,农户基本上是自织自给。⑤

土布以外,江南另一大宗传统手工业产品为丝绸。一些著名的丝绸产地如嘉兴、湖州、杭州等地,丝绸生产经过太平天国时期的衰落后重又兴盛。自清同治、光绪年间始,旧有蚕桑区得到恢复和发展,并又开辟很多新蚕桑区。其间,尽管土丝业因机器缫丝业的兴起而衰落,丝织品的生产和销售却持续发展至20世纪20年代中期,20年代末以后,因为受到机织品的竞争,手工丝织业商品量转趋下降。考虑到农村手工生产的丝织品主要是供给市场需求,丝织品的商品量即其产量,有关产量变化的情况在第三章已经叙述,此处不再展开。

此外,江南还有一些手工产品在全国占有一定比重,其商品量变化也体现出与纺织业同样的趋势。如土纸业,在富阳、新登两县最为发展,尤其是富阳县。清光绪

---

① 《苏浙土布衰败前途甚悲观》,《纺织时报》1935年2月21日。
② 《苏浙土布衰败前途甚悲观》,《纺织时报》1935年2月21日。
③ 《苏商业团体请救济土布业》,《纺织时报》1935年9月16日。
④ 时人曾将厂布(力织布)与土布作过比较:"手织棉布每方寸经纬组织各一百根,布质之坚硬,非力织之可比。乡人露天耕种,虽经狂风烈日,乃着于衣外,不着于衣内。故持之若护身之符。力织布每方寸经纬组织为六十根,故布质稀松,所以力织布价廉物美,而不能消灭其一息尚存之土布者亦以此故。然手织之速度远非力织若矣。力织布每小时可织一丈五尺,手织布为二尺。相差为十五与二之比。布之外观,亦以力织布为美。其故以力织上浆时掺用油脂,故布面较为漂亮。合计价值亦以力织较手织为廉。例如,力织布每尺九分左右,每一丈二尺可裁长衣一件,或短衫、裤各一件。手织布每尺合洋五分,须二十六尺可裁长衣一件,或短衫各一件。彼此相较,利弊可见。"参见沈书勋:《淞沪土布业之调查》,《华商纱厂联合会季刊》1922年第3卷第4期。
⑤ 《平湖县志》,第283页。

三十二年《富阳县志》载："邑人率造纸为业,老幼勤作,昼夜不休。"①1906年,富阳竹纸每年约可收入六七十万金,草纸可收入四十万金,两项合计商品值达100万元。民国初期至1936年,富阳土纸业进入鼎盛时期。1912年,富阳纸产量占全国土纸总产量25%,其产值占浙江全省手工造纸总产值14%;从事纸业生产者,占全县总人口20%,占男性劳动力的1/3。1930年,富阳县土纸产量118万担,产值867万元,占浙江省土纸业产值的41%,名列省内各县之首;同年,新登县土纸产量44891担,产值27.5万元,名列全省第十六。1937年,抗日战争爆发,交通受阻,土纸运销困难。1939年10月,日军流窜境内,烧毁土纸价值达600万元,约占当时富阳县全年产值的70%。日军侵占富阳县城期间,烧毁纸槽84家。战火使富阳纸业一度陷入衰败境地。抗日战争胜利后,土纸生产稍有恢复,但接踵而来的通货膨胀,又使槽户深受其害,纸业生产仍处于萎缩状态。据统计,富阳县土纸年产量由1936年13512吨,下降到1949年9480吨,降幅达29.8%;槽户数由1936年10069户,下降到1949年3456户,减少65.7%。②

中国日用陶重要产区宜兴的陶瓷生产也趋萎缩。1919年前后,宜兴陶瓷业常年产额价值在60万元以上,运销内地赣、浙、皖、鲁及外洋、南洋群岛、日本等处。③ 在1923年至1925年,为宜兴陶瓷业的全盛时代,每年窑货产量虽无准确数字,而其营业估值约为4百余万元。"自来水出现于都市后,陶器之蓄水瓶缸失其效用,珐琅质与铝质货物输入中国后,陶器之瓮及其他亦无法倾销。社会经济衰落,奢侈品之花瓶、玩具,亦不能畅销于市场,更加陶器业出品不能改良以适应环境,益使陶器业于今日无法振兴焉。"④自1930年后,陶器工业渐形衰落。1931年长江水灾及1932年一二八事变,更使陶器业一落千丈,无法挽救。1936年,"只可做五个月营业,约计一百数十万元,与前年相较,其衰退之速,实堪惊人。""因销路呆滞,各窑商群起竞争,滥将货价降低。"⑤1937年,日军入侵,许多窑座和厂房相继遭破坏,窑场大部分停业。

---

① 清光绪三十二年《富阳县志》卷十五风土·风俗。
② 《富阳县志》,第370页。
③ 江苏省长公署第四科:《宜兴县实业视察报告》,《江苏省实业视察报告书(苏常道区)》,上海商务印书馆1919年版。
④ 彭泽益:《中国近代手工业史资料》第三卷,三联书店1957年版,第404页。
⑤ 彭泽益:《中国近代手工业史资料》第三卷,三联书店1957年版,第510页。

抗日战争胜利后，由于原材料价格的波动，窑户经济拮据；加上销路呆滞等原因，陶瓷工业日益凋敝。至1949年，全产区仅有49座窑，开工者寥寥无几。①

嘉善的砖瓦业也受到市场的影响经历了由盛转衰的变化。"嘉善素称出产砖瓦之区，尤其有悠久之历史。溯至明万历年间，先由干窑，渐次推广至上甸庙、下甸庙、洪家滩、天凝庄、清凉庵、范泾、界泾等处，为农民之唯一副业，亦即为农民之主要生产。"②20世纪30年代初，"嘉善全县共有窑736座，分布在下甸庙、干窑、上甸庙、范泾、清凉等七区。"③该县"所产砖瓦，由民船运销沪、杭、苏、宁等地"④，是当地向外输出的大宗手工业产品。其中，"砖每年产量近12亿块，总值5894400元"⑤，"瓦每年约出20亿张"。⑥"民国十八、九年，砖的售价飞昂，每万块要售八九十元，约计共值900余万元，迨二十年（1931年）起，每况愈下，然犹可维持，至二十二年（1933年），因受百业疲惫之影响，而窑业亦一落千丈，大有日趋停顿之虞。产额减少，仍供过于求，不得不贬价倾销，藉维工资，每万块仅售三十余元，窑业经此打击，只得日渐减少其出货，以冀免亏血本，而烧窑所需之原料泥坯，价格亦随之大跌，烧工、装运、坯工等劳动工人，大半赋闲，生计日蹙，社会堪虞，形成嘉善之重大问题。"⑦抗日战争时期，"因交通阻滞，曾一度停烧。复员后，各方建设所需深切，故三十四年八月起至本年二月止，实可称为窑业黄金时代。至今春米价暴涨，致出品成本高昂，销路顿呆，而近来南京等地洋瓦厂亦先后成立，所以嘉善的窑业，在今日已步上了不幸的境界……以干窑说，计现有窑墩九十多座，内窑厂四十多家，窑户五十多家，而实际开工的仅七十多座，且亦时断时续，所以每个月产量的总数，无从统计，其中窑户的业务，大部分是专事制造洋瓦泥坯的，规模大的，自设烧窑的也有，自制自运的也有，不过，窑户大半是为窑厂代烧，只收取手续费而已。每一个窑墩，一次可容纳土瓦坯2

---

① 《宜兴县志》，第286页。
② 剑濡：《嘉善生产概况》，《申报月刊》1935年第4卷第8期。
③ 剑濡：《嘉善生产概况》，《申报月刊》1935年第4卷第8期。
④ 剑濡：《嘉善生产概况》，《申报月刊》1935年第4卷第8期。
⑤ 陈渭川：《嘉善县经济状况及利率》，《国光周报》1933年第1卷第22号。
⑥ 陈佐明、范汉俦、刘升如、徐修纲：《嘉善之米及砖瓦：沪杭甬线负责运输宣传报告之五》，《京沪沪杭甬铁路日刊》1933年第716期。
⑦ 剑濡：《嘉善生产概况》，《申报月刊》1935年第4卷第8期。

万张,或洋瓦1.7万张左右。如烧砖则每次只有砖坯1.2万多块。除一切开支外,资方可净获500万至800万元,不过在销路呆滞,拆息高,运工昂贵,开支浩大的情形下,资方也在大喊'不能维持'"。①

袜子、毛巾、花边等新兴手工业产品的产量在第三章中有所讨论,我们估计这三项的产量即其商品量,则其商品量变化趋势与产量变化趋势一致。即其商品量自1910年初期至20世纪20年代后期或30年代初,虽有间歇起伏,但大体上持续增长。20世纪30年代中期以后,整体上商品量趋于减少。抗日战争期间,局部地区的商品数量保持在一定水平上,但主要是限于县域范围内的交换。抗日战争后虽有所恢复,但均未恢复至盛时的水平。

马若孟(Ramon H. Myers)对华北农村经济状况的考察显示,农民能够抓住对外贸易扩展给农村手工业所带来的发展机会。慈鸿飞通过对20世纪前半期华北农村市场的研究,也认为农村市场有很大发展,甚至远远超出前人已做出的论断。② 通过上述粮食作物、经济作物的商品率以及手工业产品商品化的数量考察,可以发现江南农产品商品化与手工业商品量变化的基本趋势,与华北乃至全国的整体趋势颇多一致之处。

二、区域市场的整合

一些学者通过对明清时期社会经济的研究,发现这一时期全国经济已经形成了地区性的分工,出现了商品粮基地和某些重要商品的集中产区,各区域内部和区域之间的经济联系加强,粮食、布匹等民生日用品已经成为长途运销的主要商品。全国性的市场网络进一步形成,市场在优化资源配置方面已经发挥了重要作用。③ 尤其是江南这样的经济获得明显发展的区域,与其他区域之间的经济联系

---

① 剑濡:《嘉善生产概况》,《申报月刊》1935年第4卷第8期。
② 慈鸿飞认为,"这种发展方向毫无疑问是朝向自由资本主义市场经济"。慈鸿飞:《二十世纪前期华北地区的农村商品市场与资本市场》,《中国社会科学》1998年第1期。
③ 李根蟠:《"传统经济的再评价"笔谈:关于明清经济发展中的一个"悖论"》,《中国经济史研究》2003年第1期。

更加紧密。而这种基于生产分工的经济关联,也推动了江南内部市场的整合。另一些学者在对晚清以降中国经济的研究中,却对江南等经济发达区域与其他区域之间的联系提出质疑,认为不仅区域之间的互动尚未明确,即使是城市工业化与农村经济之间的关系也不能乐观估计。[①] 因为存在这些争论,在20世纪上半期江南与其他区域之间的市场整合是趋于强化,还是出现停滞;在江南这样的区域内部,各县农产品、手工业产品与全国各地市场之间的联系情况,仍是有待深入讨论的问题。

(一) 产品市场的整合

最迟在18世纪后期和19世纪初期,中国大多数省区已陆续形成一个涵盖广阔、运作自如的农村集市网;这一基层集市网与处于商品流通干线上的商业城镇相联系,沟通城乡市场,形成全国性的商品流通网络。通过这一商品流通网络,几乎每一州县,甚至每一村落,都可与其他省区实现经济联系。

从"苏湖熟,天下足"到"湖广熟,天下足"等记载,可知中国全国性的粮食转输由来已久。清代前期,江南地区因其商品生产发展,需要从四川、湖广等地区输入粮食。[②] 吴慧的计算显示,宋、明及清代前期,全国粮食商品率有所增减,但变动幅度不大,大约在16%—17%之间上下摆动。清代后期,粮食商品率上升,达到23.11%。此一时期人口膨胀,单位粮食产量下降,商品率反有所提高,吴慧认为这是由于非农业人口中食用商品粮人口的比重上升、经济作物区购买粮食人数增加、粮食出口等因素形成的。据陈忠平的研究,明清时期,江南地区各州县稻、麦、豆等粮食作物种植面积约为50%—70%,除以稻、麦种植为主的部分产粮区县份外,多数州县所产粮食不能自给,[③]因此,在江南区域内部的经济作物区和粮食作物区之间产生粮食余缺调剂贸易。19世纪中叶以后,经济作物的扩展和城市发展,使粮食贸易的网络联系

---

① [美]王国斌著,李伯重、连玲玲译:《转变的中国——历史变迁与经济经验的局限》,江苏人民出版社1998年版,第65—66页。
② 方行:《清代前期农村市场的发展》,《历史研究》1987年第6期。
③ 17世纪60年代,上海县部分耕地由种稻改为植棉,以至于不得不由附近的华亭县输入粮食。华亭县东南各乡、金山县东部地区,情况类似上海县。[美]黄宗智:《长江三角洲小农家庭与乡村发展》,中华书局2000年版,第83页。

更加紧密。在江南形成了高度统一的以上海等城市为中心的稻米市场,并由此与海外粮食市场相衔接。① 20 世纪上半期,江南的粮食市场继承了这样一个供需态势。20 世纪初,粮食商品率维持在 20% 稍多一点,20 世纪 30 年代上升至 30% 左右。② 经过 20 世纪上半期商品化进一步扩展的过程,在江南区域内部,粮食市场、手工业产品市场的网络差不多也已经遍及市镇村落,并在区域外部与其他省份的广阔市场相互沟通。衡之以江南的区域具体情况,这一时期粮食市场的发展主要是延续了明清时代粮食流通的传统,并且是在原有基础上区域分工扩大和生产继续发展的结果。

江南区域内部不论是粮食产区还是经济作物产区都对市场有相当程度的依赖。整体上缺粮的县份需要从县外输入粮食,以满足当地对粮食的需求。而整体上有余粮的县份,往往会输出粮食。除此之外,整体上有余粮的县份,因其县内不同区域对粮食需求的不平衡,也有少量的粮食输入;而整体上缺粮的县份,也时常会有季节性的粮食输出。因而,这一区域粮食商品率高于全国的一般水平。如原嘉兴府属地区因为蚕桑业发达,农家所需粮食有"什之三"依赖于其他区域的输入。③ 湖州地区亦然。据民国二十一年《德清县新志》卷二物产:"吾邑为泽国,丰年不敷自食,全恃外县如长兴、广德、无锡等处采购,以为接济。"④德清县所产稻谷即使丰年亦不能满足当地需求的原因,概在于"地多桑而麦、粟少种"。⑤ 另据《杭县志稿》估算,"杭县农田亩数,都计七十五万一千三百九十二亩,每亩收获量,平均岁收米一石,计当得米七十五万一千三百九十二石,依全县人口数三十五万八百三十六人计数,每人每日平均食米七合,日需米二千四百五十五石八头五升二合,每年以三百六十五日计,食米量数,当需米八十九万六千三百八十六石,出入相抵,尚不足十四万四千九百九十四石"。⑥

---

① [美]黄宗智:《长江三角洲小农家庭与乡村发展》,中华书局 2000 年版,第 126 页。
② 吴慧:《历史上粮食商品率商品量测估——以宋明清为例》,《中国经济史研究》1998 年第 4 期。
③ 陈忠平:《明清时期江南地区市场考察》,《中国经济史研究》1990 年第 2 期。
④ 民国 21 年《德清县新志》卷二物产。
⑤ 民国 21 年《德清县新志》卷二物产。
⑥ 民国 37 年《杭县志稿》卷十四实业。杭县"全县土地面积,总数为一百四十五万零八百八十六亩……农田亩数,仅占百分之五十强,而山有三十万零二千二百七十六亩,荡有九万二千一百六十四亩,两者合计,得全县面积数百分之三十五,皆在农作物产地以外,此固限于地势,为民食不给之主要原因,不得不筹人力补救者也"。

奉贤县"产稻总额约 15 万石,不敷民食,年须仰给于松、沪、常熟等处"。① 川沙县"稻地约五六万亩,每年产稻约十七、八万石,碾出之米,不敷应用,全仰给于外县。米行二十余家,因邑境产米无多,均赴常熟、昆山、青浦等处采购,运销本境"。② "江宁县多丘陵少平地,故农产不丰,农产物以稻、小麦、大豆为大宗。亦种杂粮,甘薯、玉蜀黍等,米不足自供,仰给于芜湖,豆类每年有输出者。"③上述可见,这些整体上缺粮的县份不仅从外县输入粮食,还从省外的粮食贸易中心购入粮食。德清所需粮食会远至广德和无锡采办,而江宁所需粮食,一部分依赖芜湖粮食市场。

江南的另一些县份每年则有大量的粮食输出。宜兴县"农产物以禾谷类为大宗,稻有粳稻、糯稻之别。粳稻岁产约二百五十万石,值银五百万元,除充本境食米外,兼运销无锡、上海、杭州等处"。④ 丹阳县"农产物之输出境外者,以糯稻为大宗,多输往无锡、绍兴、宁波等地,岁值不下二百万元,麦、豆也略有输出"。⑤ 六合县"商业背域(腹地)含有滁河全域,出口货以小麦、杂粮……为大宗,小麦专销申、锡,杂粮运往浦、宁、镇等地"。⑥ 六合(及经由六合转运的滁县、来安、全椒、天长等县)的粮食输出市场"主要为无锡、常州,稻米、小麦和黄豆均大都运销此两地,运销南京的食粮仅一小部分而已。盖无锡为京沪区之大米市,又与常州同为面粉业发达之地也"。⑦ 嘉善县也是粮食净输出地区。调查称,"米为嘉善大宗农产品……每年产额约百万石,白米销上海约占产额十分之二,黄米销硖石"。⑧ 又据调查,嘉善县"每年产米量约 100 万石,十九年(1930 年)为 140 万余石。全县食粮,每人每年平均以 2 石 5 斗计,年需约 55 万石,其余米十分之七运销上海,十分之三运销硖石"。⑨ 即每年嘉善县所产稻米运往上海者达约 60 万石,超过该县自给之数。运往硖石者亦近 25 万石。

---

① 纪蕴玉:《沪海道区奉贤县实业视察报告书》,《江苏实业月志》1919 年第 3 期。
② 纪蕴玉:《沪海道区川沙县实业视察报告书》,《江苏实业月志》1919 年第 4 期。
③ 《分省地志:江苏》,中华书局 1936 年版,第 256 页。
④ 姚日新:《苏常道区宜兴县实业视察报告书》,《江苏省公报》1919 年第 2026 期。
⑤ 《分省地志:江苏》,中华书局 1936 年版,第 273 页。
⑥ 《分省地志:江苏》,中华书局 1936 年版,第 268 页。
⑦ 楼同茂:《六合县的地方经济》,《地理》1949 年第 6 期。
⑧ 陈佐明、范汉俦、刘升如、徐修纲:《嘉善之米及砖瓦:沪杭甬线负责运输宣传报告之五》,《京沪沪杭甬铁路日刊》1933 年第 716 期。
⑨ 陈渭川:《嘉善县经济状况及利率》,《国光周报》1933 年第 1 卷第 22 号。

故此,嘉善县之"商业以米业为首"。① 这些县份每年输出的稻米、小麦等粮食,除少量运往较近的缺粮县外,大量输往江南的粮食集散中心市场,包括上海、无锡、常州、硖石等地。北至南京,南至宁波,形成沟通长江流域与钱塘江流域、跨越整个江南区域的粮食市场。

当然,江南的粮食市场并不是"封闭性"的内部市场,而是与其他区域市场紧密相联的"开放性"的市场,或者说,它就是一个更为广大的市场的不可分割的构成部分。从江阴、常熟等粮食转运县份来看,清末民初当地的粮食贸易繁盛时期是以市场区域的扩大为基础的。如常熟城区作为粮食集散地,大米由江苏省西部地区流入,杂粮、大豆、饼类等由山东、苏北等地输入。从粮食的输出来看,大米主要销往沪市,苏北次之。② 再如江阴县内的粮行从安徽、江西、无锡、常州等地输入籼米、面粉、黄豆、杂粮,也曾由上海采办越南、泰国大米供应市场。而当地所产粳稻、小麦则运销无锡、上海、南通等地。③ 在20世纪最初10年间,江阴城乡的粮食贸易也极兴盛,城乡粮价,多依无锡、上海粮食行情而定。④ 从上海等城市粮食供给的角度,也可以看到这种当地市场与更广大的区域市场相依的关系。"上海从开埠以来,居民骤增,最近估计在三百万以上,食米的供应,仰给外县,其来源以常熟、无锡为最多,缘该两县既属产米之区,又系聚米之地。常熟的来源,系常州、江阴等货色,无锡为水陆交通的中心,且有逊清漕粮的历史,宜、溧、金、丹、澄、武等货,大半堆存于此,米市营业,不亚于上海。此外,还有商船公会的水贩帮,即船主自行出资向产稻区域装运,因此苏、皖各县的米,都在沪行销。"⑤ 常熟县当地生产的"米、麦、豆等除备储食用外,余由城区及东塘镇米市运往无锡、上海"。⑥ 江苏省各县所生产的麦类作物中,以小

---

① 新光:《浙江嘉善各业概况》,《钱业月报》1923年第3卷第10号。
② 《常熟市志》,第452页。
③ 《江阴县志》,第630页。
④ 《江阴县志》,第622页。
⑤ 上海市社会局:《上海市工人生活费指数:民国十五年至二十年》,1932年版,第20页。
⑥ 姚日新:《苏常道区常熟县实业视察报告书》,《江苏实业月志》1919年第6期。常熟所产"棉花销本境及无锡、江阴、苏州、上海各邻境,菜子销售本境油坊榨油。多则运往上海,萝卜少数,备作食菜。或醃作酱菜,多数运售邻境。蚕茧系由境内开设之纶大等二十家茧行收买,运往上海。浒浦口之黄花鱼、鲞鱼,价值二十余万元,运销上海及浙江、湖北等处"。

麦为最多，而这些小麦大部分运往上海。①

无锡是江南区域内部粮食的集散中心，也是江南与其他经济区域之间粮食贸易的商业枢纽。"光绪十四年前后，(1888年)南漕北移，从此，浙江衢、温、台、严等州，都来锡采办漕粮上解京师，同时，湖广、江西等地客商则运粮来锡兑换生丝、布匹，以致无锡全年粮食吞吐量大增。最高曾达600万石左右。当时，锡地承办漕粮的粮商所设粮行、米栈有源义、元丰、隆大、吴长茂、张宝泰等。无锡城区则形成西塘、南塘、黄泥垮、伯渎港等米业八段，无锡遂成全国一大米市，大批漕粮、银款流入本邑，商市、钱庄、储栈等各业由此而兴。"②以1932年无锡米市为例。这一年，"春夏之间，(无锡)米价昂贵，粳米每石售洋十三四元，迨自入秋以来，皖省新籼稻，即陆续由火车运锡，每日到货约百余吨，或二百吨，继而皖客，亦有以舟运抵锡，投行出售，或则暂储待脱，据米业赴皖省调查米稻状况归锡者谈，今岁皖南芜湖、大通、安庆、太平府等处，圩田稻谷收获均甚丰，其余合肥，以及苏省镇江、六合等处山田，夏间天时亢旱，农民又戽水不易，是以田禾受损，收成约只有四五成之谱。秋初运(南)京之早色籼稻，镇江、六合等处，纳胃甚贪，以济青黄不接，及至最近，该地籼稻，亦次第收获，因此胃纳告满，即皖南之晚色籼稻，亦可直运锡销矣。邑中销路清淡，每日只有百余石，或二百石不等，外埠销路只有沙帮(即崇明、川沙)续见采办，江北帮则办胃甚细，其余昆、虞两帮亦无需采办，因该地之巴场、周墅(昆邑)、迎羊、石牌(常熟)等处，银条籼稻已上市，足敷本地销路"。③据调查，无锡米市米谷来源，"首推安徽，计为南陵、宁国、宣城、大通、太平、无为、襄安、丰乐、桐城、合肥、巢县、运漕等县，次为无锡附近邻县，如常州、宜兴、江阴、丹阳、金坛、句容、溧水等县，又次为本省北部，即淮安、宝应、泰兴、邵伯、高邮各县"。④可见，无锡米市的粮食供给与需求状况不仅受到宁、镇等苏南等缺粮地区的影响，还受到皖南等产粮地区的影响。

单从粮食贸易来看，无锡可算是江南区域中心市场。无锡的粮食贸易中心地位

---

① 缪荃孙等纂修：《江苏省通志稿》第三册，江苏古籍出版社2002年版，第955页。
② 无锡地方志办公室：《无锡县志大事记》(征求意见稿)，内部印行，1984年，第6页。
③ 国内外贸易消息：米产丰收泛讯及贸易》，《国际贸易导报》1932年第4卷第6号。
④ 华洪涛：《无锡米市调查》，《社会经济月报》1936年第3卷第7期。

并非始于近代。明末无锡已成为江南稻米集散之地。至清代,稻米集散范围更加扩大。① 1908 年沪宁铁路通车后,漕运改由铁路运往上海,原设于上海的粮道衙门迁至无锡。经铁路由无锡运往上海的货物,就包括米、小麦、黄豆。② 民国初年,漕粮虽然停办,江苏省亦有禁米出境的限制,由于上海开埠后城市人口连年剧增,以及南通等产棉区及纺织工业城市对粮食的需求增加,无锡米市依然兴旺。作为粮食集散地,无锡市场上稻米的来源,不仅有江阴、宜兴、武进、无锡、溧阳等地产的粳米、糯米,又有江北兴化、淮安、宝应、高邮等地的籼米,更有外省的皖米、湘米。无锡米市粮食的输出地区,除本地外,最大的销售地是上海,其次是杭州、绍兴、硖石、苏州、南京等地。随着无锡粮食贸易规模的扩展,1916 年,常州豆市也转移无锡。随着津浦、陇海等铁路相继通车,无锡粮食经营范围由以往的以稻为主,扩大到小麦、大豆、杂粮等。自 20 世纪 20 年代至抗战前夕,无锡米市处鼎盛时期,粮食的集散总量、加工能力、仓储容量、运行功能在全国四大米市中均居首位。米市的繁荣还带动了无锡城区周边农村地区粮食贸易的发展。据 1937 年统计,全部 392 家粮行中,位于乡区集镇者达 263 家,占总数的 67%。③

除无锡、上海等区域性的粮食集散中心,江南各县还形成了多层次的粮食市场,结合江南缺粮县与余粮县的供需依存、江南区域与其他区域之间的粮食供需关系,以及在此基础上形成的转口贸易,在这个区域城乡各地形成了一个遍布城乡市镇的

---

① 康熙五十九年(1720),无锡已有单源泰等牙行(即粮行)代办漕米。雍正年间,湖广、江西的米源源不断运来无锡。乾隆年间,无锡米市已很兴盛,江南各尖漕粮运京,都取道运河北上。光绪十四年(1888),无锡借运河之便,成为江浙两省的办漕中心,年承办漕米 130 万石(9750 万公斤)以上,成为东南各地粮食集散地。据光绪十八年无锡米豆业公产积余堂《建堂记》中记载:"惟吾米豆一业甲于省会,国朝雍乾间为尤盛。其所由盛者,北来则禁海为关,南去有浒墅之限。皖豫米商纷然麇集,浙东籴贩,靡不联樯,此米豆一业,吾邑所以为大宗也。"当时,无锡稻米的集散经营和设施已具有相当规模和水平。咸丰以前,无锡已有米行 40 多家,至光绪初已发展到 100 多家(其中城区 80 家),承办漕粮的大粮行有源义、元丰、高广泰、丰太裕、高恒泰、长兴泰、安泰、义泰永、张宝泰、泰裕、德大源等 10 余家。每年从各地流入无锡的粮食达 700—800 万石(5.25—6 亿公斤)。光绪年间,无锡已成为全国四大米市之一。城区已形成北塘、三里桥、北栅口、黄泥桥(北四段)、南上塘、黄泥桥、伯渎港(南三段)和西塘等著名的米行八段。至宣统末年,无锡已有粮行 202 家(其中城区 143 家)。参见《无锡县志》,第 510 页。
② 陆允昌编:《苏州洋关史料》,南京大学出版社 1991 年版,第 103 页。
③ 《无锡县志》,第 512 页。

粮食周转市场网络。长安、硖石、常熟、周浦等为次一级的市场节点,而遍布粮行的各个市镇为再次一级的粮食营销者,由这些在当地收购粮食并由其他地方输入粮食的粮行,农村缺粮与余粮农户的粮食需求与远至海外的粮食市场形成市场联系。

在太湖南岸地区,清初,长安镇已经进行大规模谷米经销,米粮转输地区包括杭州、绍兴等地。晚清时,长安已形成颇具规模的米市。1860年,清兵与太平军交战,长安镇被毁,米市遂转至硖石镇。20世纪20年代,"海宁市镇,共有四大八小。硖石、袁化、长安、路仲为大四大镇,斜桥、郭店、周王庙、许村、马桥、卿云桥等处为八小镇,其中尤以硖石之米市闻名各处"。① 据称,"硖石……水陆交通、经营条件,更为优越。1912年至1937年,为米市鼎盛时期,全镇有米业栈行150多家,年成交米70—80万石。极盛时经销粮食200余万石"。② 硖石米市的粮食主要来自安徽、江苏和浙江省的嘉兴、嘉善、平湖、吴兴等地,还有经上海转口输入的泰国稻米。外来米约占米市成交量的60%—70%。③ 硖石米市在全盛时期,外来粮源甚丰,米市极盛。硖石米市交易甚为繁忙,来自安徽的宁国、桐城、芜湖、巢湖、无为,江苏的苏州、常熟、无锡、黎里、邵伯,浙江的湖州、嘉兴、嘉善、平湖等地的粮船停泊在硖石市河,少则30—40艘,多时百余艘,每船载米百石以上,日到货量可达万石左右,主要是白米、糙米及少量稻谷或黄豆等杂粮。硖石米市成交价格,曾长期成为上海粮食市场重要参考价。每天有客商用电话向外地通报行情,或油印硖石粮食信息寄往各地。④ 硖石米市对商业的影响还及于金融业,如崇德等地的"市面钱币行情,向以嘉兴、硖石为标准"。⑤

---

① 忍先:《浙西各县工商业之一瞥·海宁》,《商业月报》1929年第9卷第7号。
② 忍先:《浙西各县工商业之一瞥·海宁》,《商业月报》1929年第9卷第7号。
③ 1931年至1934年4年中,平均年成交米677788石,其中皖米262500石,江苏米88088石,上海米转口(包括转口洋米)59000石,嘉兴诸县的米241500石,吴兴米26700石,年均运出大米50万石,其中运销宁波、余姚20%,绍兴20%,温州20%,杭县26%,嘉善县各镇14%。《嘉兴市志》,第1420页。
④ 1937年钱塘江大桥通车,粮商转向萧山临浦新兴米市,是年抗日战争开始,安徽、江苏等地粮源渐断,硖石米市一落千丈,米行纷纷停业,只剩下一些乡货行和米店就地买卖。抗战胜利后,一些粮商试图重振米市,米行一度增加到90家,年销大米40万石,但终因"到货绝迹,食米续涨",加上时局动荡,物价暴涨,终难如愿。1948年底,昔日繁华的米市街已无米行营业,却成为黄金、银圆等黑市交易场所,历时80多年的硖石米市名存实亡。《海宁市志》,第526—527页。
⑤ 忍先:《浙西各县工商业之一瞥·崇德》,《商业月报》1929年第9卷第9号。

当然,经营转口贸易的市场当不限于硖石等粮食营销中心。其他地区的粮行在经营粮食贸易的过程中,也往往不限于收购当地粮食,还会从上海、无锡等粮食市场或其他县份转口经销粮食。如苏州,20世纪初由江苏解京的漕粮100余万石,都在苏州一带办运。当这些粮食运出之后,苏州所缺粮食,都由商人从扬州、芜湖等地另外运进,以弥补缺乏。1901年,因为扬州、芜湖的粮食输往福建、广东等省的数量较多,就导致了苏州粮食价格攀升。[①] 再如平湖县的粮行在1932年、1933年、1934年,从上海转口运入洋米分别为0.5万石、1万石、0.5万石。在其运销境外的粮食数量中,1932年、1933年、1934年三年分别为7.5万石、4.5万石、7.5万石,不完全是当地生产的粮食。除了平湖以外,在嘉兴地区的其他各个县份中,也多少存在这种情况。据《浙江粮食运销》记载,1935年,嘉兴地区各县运销到境外的食米有86万余石,其中销往省内78万余石,省外8.7万石。同时,该地区又从境外输入食米37.6万石,其中由省内输入5.3万石,由省外输入32.3万石。[②] 1920年后,海宁县大小米行约有400余家,坐庄收购农民的糙米、小麦、稻谷、杂粮及饼粕,同时向安徽的宁国、桐城、巢湖,江苏的常熟、无锡,浙江的嘉兴、嘉善、平湖等地购米。[③] 作为多个粮食集散中心粮食输入源地的嘉善县。20世纪20年代,嘉善粳稻(晚白粳)已为上海粮商所瞩目,是上海米市主要粮源之一。1923年5月起,上海《申报》"经济商情"专栏每天报道嘉善粮市价格。嘉善银籼畅销杭州、冬春适销硖石。当时,魏塘、西塘、陶庄3镇以其交通便利,成为境内外粮商采购粮食的转运市场。一些米行设有堆栈、米厂,备有粮船,直接将粮食运销上海、杭州、硖石。[④] 再如海盐县,1933年,共有54家粮行和米店,上市旺季常有外地客户驻店"坐庄"采购。县内的粮食购销行情素受硖石、平湖影响。沈荡及其他集镇粮商在稻米登场旺季,当地供过于求时,运销邻县米市,来年青黄不接时,复向邻县市场采购。[⑤] 杭县(及杭州)"食粮赖苏、湖、常、秀、淮、广等处客米,由运河而来接济者,自南宋至于近代,皆以杭州(湖墅)为集中地。故米行

[①] 陆允昌编:《苏州洋关史料》,南京大学出版社1991年版,第175页。
[②] 《嘉兴市志》,第1418—1420页。
[③] 《海宁市志》,第517页。
[④] 《嘉善县志》,第516页。
[⑤] 《海盐县志》,第488页。

营业以客米为主,而有小袋、大袋之分。小袋行专营绍属,大袋行专营本城业务者也(又有西贡米来自铁路)。当民国二十六年以前,石米市价恒不出十元以外,中稔之岁,普通农户,往往卖新丝、粜陈谷,只须添购三四个月食粮,便可自给自足"。①

粮食市场的整合程度,除了上述粮食输入与输出流向网络关系外,还可由各地粮食价格的相关性体现出来。清末民初,社会经济发展缓慢,购买力薄弱,县内百物之价以米为首。凡遇灾歉收或兵乱,米价即升腾;时局稍稳或年景较好,米价即回落。其余物价也随之时升时降,总的呈缓慢上涨趋势。② 嘉兴靠近上海,信息灵通,贸易活跃。20世纪上半期的物价走势基本与上海相似。而物价又素以粮食价格为中心,其他农副产品及日用品亦随粮价升降。③

粮食价格的波动甚至受到世界粮食市场供需状况的影响。1918年,第一次世界大战结束之后,无锡的大米大批输出。同年,上海铃木洋行、三井洋行先后到无锡购米15.8万石(1185万公斤),运往日本。天津帮、川沙帮米商也到无锡采购大米偷运出洋,以图厚利。1919年7月14日至9月6日,从无锡运往日、英、美、法以及菲律宾等地的大米达37.4万余石(5160万公斤),以致无锡米价飞涨。④ 20世纪30年代,国际市场又向中国倾销剩余农产品,大米输入量从1928年的633万公担,增加到1932年的1068.5万公担;小麦输入量,从1928年的45万公担,1931年骤增至1138.5万公担,进口稻米和小麦影响中国粮食市场,造成粮价的猛跌,每担国产大米从1930年的10.67元跌到1933年的5.53元,嘉兴等地作为粮食产区,农民受害尤重。嘉善县每石米的零售价格,1929年为12.5元,其后连年下跌,1933年仅售5.5元,粮价低于成本。1932年杭嘉湖各县"尚称丰收,每亩收获亦不过一石六七斗,全数粜去,以(每石)6元计算,只得9元稍零,佃农连还租在内,以及工资等项,每亩须本洋12元,则种田一亩,亏本几达2元之多"。1933年《中国农业恐慌的解剖》记述:"根据许多人的调查,在江浙各地,农民每石米的生产费,平均是12元到15元,平均

---

① 民国37年《杭县志稿》卷十四实业。
② 《吴江县志》,第432页。
③ 《嘉兴市志》,第1580页。
④ 《无锡县志》,第521页。

每亩产米一石五斗,农民每收一石米,亏本四五元。"①"常熟为江苏之产米地,所产米品为全省冠,大都运销沪上,统称常帮米就是。靠贩运为生的米船,共有三百余艘之多,以前交易颇获盈余,自农村破产,米业亦告衰落,还能够勉强维持。自日人在内地锡、常一带派人收买后,行情因销路畅旺而上涨不已;米商受此意外打击,势不能因噎废食,只得照常运销,但沪市反因销路呆滞而行情平疲,在此畸形的行情下,米商哭笑不得,虽欲坚持,又恐米粒发热,只得忍痛出卖,但亏损已甚可观,每石竟至一元余者,故装二百石之米船,半年中交易以十二次计(常熟规定半年一结束),则亏损统算已达千余元之巨,米商至此,实已精疲力竭。"②

有学者指出,近代工业品的基本流向是由沿海口岸运往内地和农村,其价值水准决定于口岸市场,经过批发、运转诸环节而逐级加价。农产商品基本上是由农村和内地流向大城市和口岸,但是,尽管是国内消费的,其价值水准也是决定于口岸市场,然后按照各流通环节逐级压价。这就使农产品的价格脱离生产成本,在交换中长期处于不利地位。以往通常将上述农产品商品化、农产品价格与国际市场关系的密切性,作为农村经济半殖民地化的根据。慈鸿飞认为,近代中国农村市场与国际市场息息相通,棉花、蚕丝、茶叶等农产品价格取决于国际市场价格,确是事实,但只从西方国家经济侵略这一角度看待是不够的,其实不如此就不是市场经济。在市场经济条件下,哪一种商品的价格不是由市场决定的? 除非是自然经济甚至是计划经济,价格不由市场决定。③ 但我们知道,作为理想的自然经济是不存在的。在所谓的自然经济中,价格也不能完全不受市场的制约。近代中国农产品价格决定于国际市场、城市市场,正是近代中国农村经济与国际市场、国内市场整合在价格上的反映。

在近代棉纺工业兴起之前,江南各产棉地所产棉花,主要供给家庭手工纺纱业作为原料,其余部分则主要作为棉衣、棉被胎。19世纪末20世纪初,棉纺工业兴起之后,江南所产棉花大部分被纱厂购买作为纺纱原料,"因之纱厂业发达之区域,亦

---

① 《嘉兴市志》,第1167页。
② 国增:《"友邦"收买粮食之影响》,《礼拜六》1936年第666期。
③ 慈鸿飞:《二十世纪前期华北地区的农村商品市场与资本市场》,《中国社会科学》1998年第1期。

即棉花贸易发达之地。原产地仅有一部分之消费，以应原有之需要而已。"[1]因此，江南各个产棉县中，如果棉纺工业较为发达，当地所产棉花就会被纱厂就近吸纳。但各产棉县棉纺工业对原料的需求有限，当地所产棉花大多运输外销。各县剩余棉产外销地点，全由市场需求决定。棉纺工业发达的城市，遂成为棉花交易的市场中心。江南各产棉县所产棉花，以上海为最大棉花市场，供需交易，都在此集中。除上海之外，无锡也是棉纺工业发达的城市，对棉花的需求量很大，常熟、江阴所产棉花，大半运往无锡，供给纱厂使用。此外，江南各地土布纺织也需要一定数量的棉花。尽管土纱业已经衰落，但土布生产中仍有需要使用土纱作为织布原料的。因此，这些土布生产发达的地区，也与棉花生产地具有紧密的供求关系。[2] 可以说，江南的棉花种植地带与棉纺业的生产中心，已经因供需关系而形成紧密的市场整合。

下表即凸显江南各产棉县与上海、无锡工业生产的供需关系。

表4-9　20世纪上半期江南棉花运销数量和地点

县名	运输数（包）	运销地
江阴	60000	上海、无锡
常熟	150000	上海、江阴、无锡、苏州
太仓	95000	上海、无锡
嘉定	70000	上海、无锡、本地
上海	—	本地
宝山	40000	上海、太仓
南汇	190000	上海、太仓
奉贤	95000	上海
川沙	30000	上海
青浦	2000	上海

说明：表中单位为"包"，但各县"包"之重量相差甚大。江阴、青浦、嘉定、太仓、常熟以蒲草打包，每包籽花重100斤，每包花衣重75斤，所用为塘秤（每斤为21两6钱）；上海、奉贤、宝山以蒲草或麻布打包，每包籽花重60斤或70斤，每包花衣重125斤，所用为司码秤及14两4钱秤；南汇以蒲草或麻布打包，每包籽花重70斤，每包花衣重40斤，所用为14两4钱秤。

资料来源：缪荃孙等纂：《江苏省通志稿》第三册，江苏古籍出版社2002年版，第973页。

---

[1] 缪荃孙等纂：《江苏省通志稿》第三册，江苏古籍出版社2002年版，第972页。
[2] 缪荃孙等纂：《江苏省通志稿》第三册，江苏古籍出版社2002年版，第972页。

川沙县"农产以棉稻为大宗,俗称棉七稻三。近以棉价昂贵,种棉尤多。棉地约十五万余亩,每亩以八十斤计算,约产十二万余担……棉花以籽花销售于沪上,金融价格以沪市为标准"。① 奉贤、川沙所产棉花输往上海,②南汇所产棉花除一部分供给上海市场外,还有一部分运销苏州、无锡、常州。③ 高淳县"棉花岁产 3260 余石,价值银 42300 余元。除本境外,兼销苏、常等处"。④ 1908 年,苏州苏纶纱厂所用棉花多由南翔、通州、上海一带购入。⑤ 太仓与上海贸易往来频繁,地方经济状况与棉花贸易关系紧密。除了供给上海棉花之外,太仓所产棉花是苏州棉纺业的主要原料来源。1901 年夏天,因为多雨,太仓一带棉花减产,因而减少了向苏州纱厂的原料棉花供给,向来使用太仓棉花的苏州纱厂,不得不改用印度棉花。⑥

江南与全国其他产棉地区也有密切的供需关系。江南的几个棉纺工业中心在全国来说,也是重要的纺织工业发达城市。上海纱厂林立,棉纺工业生产能力为全国之冠。销售棉花,几占全国总销数三分之一。再加上全国土布生产中心的地位(土布产量在全国位列前三的县份,都在江南),因此,江南成为全国棉花市场的中心。⑦ 长江上游地区所生产的棉花,利用便利的交通运输条件,多运往江南(及江苏其他地区)销售。华北棉花运往江南者也不在少数。陕西、湖北、湖南、河北、山西、山东、浙江各地所产棉花,均以上海为中心集中销售。⑧ 这样,江南城乡棉纺织工业和手工业生产的需求,又将这一地区与全国其他地区的棉花产地的市场整合为一体。

除粮食、棉花之外,其他农产品(及手工业品)市场也是紧密整合的。如前述之江阴,不仅是区域与区际之间的粮食集散中心,其他农产品的购销范围也是全国性的。清末民初,江阴港成为长江下游重要商贸货物集散中心,其主要辐射范围:东达

---

① 纪蕴玉:《沪海道区川沙县实业视察报告书》,《江苏实业月志》1919 年第 4 期。
② 《川沙县棉产调查表》,《奉贤县棉产调查表》,《全国棉花搀水搀杂取缔所通讯》1935 年第 5 期。
③ 《南汇县棉产调查表》,《全国棉花搀水搀杂取缔所通讯》1935 年第 5 期。
④ 蒋汝正:《金陵道区高淳县实业视察报告书》,《江苏实业月志》1919 年第 1 期。
⑤ 陆允昌编:《苏州洋关史料》,南京大学出版社 1991 年版,第 205 页。
⑥ 陆允昌编:《苏州洋关史料》,南京大学出版社 1991 年版,第 169 页。
⑦ 缪荃孙等纂:《江苏省通志稿》第三册,江苏古籍出版社 2002 年版,第 972 页。
⑧ 缪荃孙等纂:《江苏省通志稿》第三册,江苏古籍出版社 2002 年版,第 972 页。

上海；西接南京、芜湖，直通湘、鄂，达于川、黔；南附苏州、无锡、常州，至于浙西；北连南通、如皋、兴化、泰州，直抵里下河广大腹地。至于抗战前的集散物资中，进口商品有苏北的棉花、白菜、生猪、禽蛋、水产、芦柴，浙江的竹料、竹器，皖、赣、湘、鄂的竹木、油漆、瓷器及土特产品，闽、浙沿海的水产，开滦、中兴、柳江的煤炭，上海的华洋杂货；出口以粮食、棉布和日用百货为主。①

　　林果业也存在一个由生产地到消费地的销售与经营网络。杭县塘栖林果业的市场主要在江南地区和长江流域，尤其是上海、杭州这样的工商业中心城市。这些城市迅速成长，从而增加了对水果的需求数量。② 20世纪30年代，塘栖的林果业达到其历史上最为发达的顶点，与此一时期水果市场的开拓密不可分。为了便于行销产品，塘栖林果业形成了相应的销售网络。塘栖一带的水果以塘栖镇区为集散市场，1931年，经营水果的地货行有25家，代理商有188人。③ 此外，在水果旺季经营此业的外地客商数量还难以统计。20世纪20—30年代论及杭县乃至浙江省林果生产的文章中，每每提及塘栖水果，包括枇杷、青梅、甘蔗、柑橘、杨梅等。塘栖青梅盛产于超山、塘南、小林等地，以塘栖镇区为中心的第一区之"泰山、东家桥、吴家桥、南山、超山一带，栽植梅树，遐迩闻名，每年产额约在二十万担。当青梅成熟期内，上海及苏州诸客帮，纷纷到此地采办"。④ 至20世纪20年代，塘栖栽橘之区多在沿运河一带，其中以三家村、黄家庄、上河堤、洪家庄等处分布最广。每年产橘约值十余万元。塘栖蜜橘以外地为主要销售市场。包装以竹篓居多，每件约50斤，运输皆用民船，每船可装几十件，销路以杭州为主，邻近各县次之。⑤ 塘栖为全国四大枇杷产区之一，明代即已驰名天下，李时珍在《本草纲目》中有"塘栖枇杷胜于他乡"的记述。20世纪初，塘栖仍为浙江省最重要的枇杷产区。有记载称："浙省枇杷，以杭县之塘栖为最有名，产量亦最丰，数达44400担，价值266400元，每年行销杭市、上海、苏州、嘉兴、湖州等处，计29600担。塘栖枇杷，不但形体巨大，汁水亦多，为他县所不及，故

---

① 《江阴县志》，第527页。
② 民国37年《杭县志稿》卷十四实业。
③ 《塘栖镇志》，上海：上海书店1991年版，第63页。
④ 叶凤虎：《杭县之物产及农村状况》，《浙江省建设月刊》1934年第7卷第12期。
⑤ 民国37年《杭县志稿》卷十四实业。

其价亦高。全省计产76752担,价值514457元。是则杭县(实际上为塘栖)所产,占全省二分之一以上。"①以塘栖镇区为中心,东至泉漳,南至界河、姚家湾、东家桥,西至毛墩坝、武林头,北至北杨墩,周围30余里皆为枇杷产地。②其中尤以塘栖、丁山河、东家河、西家河、北杨墩一带为最盛,每年产额约在10万余担,价值约40万元。交易市场多在塘栖镇,运销地点除邻县各市镇外,以上海、苏州及江北一带销路最广。③迄至1936年前后,年产量不下20万担,仍以江苏和上海为主要销售地区。苏州、上海两地占全部销售额的60%;杭州、德清及其他各处市场占40%。塘栖枇杷外销全从水道,江南地区的主要城市诸如上海、苏州、杭州、嘉兴、湖州等地都有塘栖枇杷市场。④

"安吉果产,因风土之适宜,素为发达。梨以黄樟梨为上品,果实有一寸大时,即外套棕叶壳,可免阳光直射及病虫之侵,九、十月间成熟,市称包梨,往年每斤价五六角,去年(廿九年)每斤达法币九角六分。他如独山头、晓墅、梅溪以产洋桃著称,在战前,上海、湖州、苏州、南浔、乌镇一带客商纷来收买。"⑤"安吉农民在近市镇者,多兼营蔬菜园艺生产,除供自用或出卖外,兼以制造与醃渍,故在春季菜类有瓜、茄、苋菜、豇豆、菠菜、小白菜及各种豆类等。瓜类之中以西瓜一项最多,亦最佳良,因营利丰厚,故多栽培之。秋冬蔬菜计有黄芽菜、雪里红、油菜、白菜、芥菜、萝卜等等,其中以油菜、白菜、萝卜为最多。至于花卉,往年兰花出售于上海、湖州一带颇多,其他新兴茶花、白兰花等亦复不少。"⑥此外,"安吉在(抗日)战(争)前,所产丝茧运销于嘉兴,系由纬成丝厂来安吉、梅溪、荻铺、小溪口、曹埠等处设茧行收买烘干起运。茶叶运销于无锡、苏州、上海一带,均须经过吴兴,故吴兴当时成为安吉货物之集散场所"。⑦其运销路线如下表所示:

---

① 实业部国际贸易局:《中国实业志(浙江省)》,实业部国际贸易局1933年版,第286页。
② 民国37年《杭县志稿》卷十四实业。
③ 叶风虎:《杭县之物产及农村状况》,《浙江省建设月刊》1934年第7卷第12期。
④ 民国37年《杭县志稿》卷十四实业。
⑤ 庄茂长:《安吉农业概况》,《乡建通讯》1941年第3卷第7、8期。
⑥ 庄茂长:《安吉农业概况》,《乡建通讯》1941年第3卷第7、8期。
⑦ 庄茂长:《安吉农业概况》,《乡建通讯》1941年第3卷第7、8期。

表 4-10　1941 年安吉农产品运销路线

梅溪——苕溪——吴兴
梅溪(陆运)——吴兴
梅溪——小溪口——港口——胥仓桥——吴兴
梅溪——长兴——鸿桥——吴兴
梅溪——献桥——鸿桥——吴兴
晓墅——小溪口——吴兴
晓墅——长兴之和平——吴兴
良朋亭——长兴之泗安——红星桥——鸿桥——吴兴
荻铺——独松关——余杭塘栖
荻铺——铁岭关——余杭三墩

资料来源:庄茂长:《安吉农业概况》,《乡建通讯》1941 年第 3 卷第 7、8 期。

当然,作为市场流通的大宗商品,粮食等农产品市场的发展与整合还只是一个重要侧面。当地的粮食输入伴随着其他农产品和手工业产品的输出。正是在这种市场的结合以及由此促动的生产的分工中,江南才能以其手工业生产的优势,从其他地区输入粮食。① 这仍然是明清以来的长期趋势,在做出市场整合程度的纵向比较之前,我们只能说粮食等农产品市场的整合蕴含着自明清以来这一地区经济发展的固有模式。农产品如粮食、棉花等一部分用于自给,一部分用作农家手工业的原料。就其进入市场的部分来看,已如上述,构成区域之间密切的市场网络关系。与农产品的市场整合相比,主要是用于市场销售的手工业品,其市场整合的程度更加发展。

在棉织区,江阴县土布行销浙江、安徽、福建、广西、东北、陕西、湖北、天津、苏北、台湾等地。② 无锡土布除当地销售外,主要销往苏北、皖北、闽、浙等地。③ 从苏州的土布庄批发土布的贩运商,来自苏北、安徽、东北以及浙江等地,其中主要是来自扬州、高邮、宝应、淮安、泰州、东台、盐城、兴化、仪征等苏北地区,占土布批发销售总额的大部分,其次为安徽,再次为南京。④ 太仓县夏布内销上海、浙江、山东、苏北等地,外销朝鲜。⑤

---

① 张家炎:《如何理解 18 世纪江南农村:理论与实践——黄宗智内卷论与彭慕兰分岔论之争述评》,《中国经济史研究》2003 年第 2 期。
② 《江阴县志》,第 607 页。
③ 《无锡县志》,第 478 页。
④ 徐新吾:《江南土布史》,上海社会科学院出版社 1992 年版,第 599 页。
⑤ 《太仓县志》,第 367 页。

常熟土布,"北运淮徐,南销闽浙。"①即使在当地机织布出现之后,常熟土布也由于引入机纱以后形成的洋经土纬特色,保有厚实坚牢的质地,仍受到市场欢迎。浙江山区做茶叶袋,向用常熟土布;浙江金华、兰溪和福建部分地区,习用常熟的筒布作彩礼。安徽、苏州、苏北等地历史上亦是常熟土布的销售地。在20世纪20年代,随着改良土布生产的发展,土布的销售市场甚至更加扩展,从福建、浙江扩大到两广、南洋、东北和甘肃兰州。②上海县所产龙稀、柳条布、格子布、斗纹布等,大都为手工织就之品。其销路虽已较前改变,但每年所产东稀、西稀、套布、芦纹布等仍多达150万匹以上,销售范围北及天津,南至苏杭。③川沙产销土布大多由布庄运销京、津、东北地区和浙江的杭、绍等地,甚至远及南洋。④川沙"土布有平梢布、东套布、白生布、紫花布之别"。产销情况如下表所示。

表4-11 川沙土布产量销售情况表

种别	号别	每匹长	尺度阔	年产量(匹)	行销地点
平梢布	布业公所	16尺	9寸9分	400000	浙江杭、绍及遂安、衢州等地
东套布	同益庄	19尺	1尺	200000	牛庄、天津及东九省
白生布	徐协昌号	13尺	9寸8分	300000	同上
紫花布	陆合顺	13尺	9寸6分	1500000	同上

资料来源:谢承烜:《江苏省农民银行二十周年纪念征文:川沙县金融经济概况》,《苏农通讯》1948年第7期。

新兴的针织业产品,销售范围亦在扩展。1913年,川沙县网扣花边产品率先进入国际市场。外销渐广,花边业随之发达。1920年2月27日《申报》载:"花边公司以川沙为最盛,大小公司计有30余家,出口额每年在百万余金以上。"除花边外,另一重要的针织品——毛巾亦畅销于东南亚的菲律宾等地。⑤1917年前,平湖所织之袜,不过销行于江、浙两省。1917年后,推广至长江沿岸各省。1926年,更扩张至黄河流域。至20世纪30年代初,江南各县所产袜子,除供本地市场所需,还向长江及南

---

① 清光绪三十年《常昭和志稿》物产志。
② 徐新吾:《江南土布史》,上海社会科学院出版社1992年版,第530—533页。
③ 民国25年《上海县志》卷四农工·工作品·布帛之属。
④ 《川沙县志》,第416页。
⑤ 《川沙县志》,第432页。

北各埠输出,更有远销南洋者。①

  蚕桑区的土丝及丝织品多运销区域之外。如海盐县,蚕茧除一部分由农户自行缫丝,再由丝行收购后运销上海、盛泽以外,其余均售与茧行,运销上海丝厂。②即使那些用于家庭手工业生产的部分,最终还是通过制成品运销外地市场。江宁(上元)所生产的元缎,主要销售地是华北地区。吴县、元和、长洲所生产的丝绸,运销全国各地,还出口缅甸、朝鲜和欧洲各国。③

  当然,丝织品的区域贸易并不始于近代。16—17世纪的诗人作品中,有较多涉及仁和县塘栖镇与其他地方进行蚕丝贸易的内容。如:"郎去金陵奴在家,金陵风气最豪华。卖却丝归多倍利,为侬带个大红纱。"诗中明言塘栖与当时南京之间的蚕丝贸易获利甚厚。另一首诗亦云:"郎去金陵三月天,劝郎莫恋长江边。江长不比塘河水,多泊金陵买妾船。"该诗附加注释称:"里人往来金陵,多置妾者。"此诗虽以闺阁生活为主要内容,但我们仍旧可以从中读出当时塘栖与其他城市之间远程贸易及塘栖市场发展的情形。直至19世纪末,塘栖仍然有较为繁荣的丝绸贸易,其时"唐栖镇……为商民凑集之处。唐西镇水南属仁和,水北属德清,长桥跨居南北,实官道舟车之冲。居人水北约二百家,水南则数倍。市帘沽旗,辉映溪泽。丝缕粟米,于兹为盛"④。塘栖在其时的江南并非特例。经过数百年的发展,江南丝织业已经逐渐由家庭手工副业发展成为主业,这一"产业化"的过程将桑树的种植、蚕的养殖、缫丝和丝织、桑叶与蚕茧等的贸易结合起来,强化了从植桑到丝织业各个生产环节的分工,增加了生产与销售过程中商品供应总量,"提高经济效益,使地区之间和城乡之间都得到协调发展。"⑤正是乡村手工业的发展带动了农村市场的繁荣,与手工业生产相关的专业市场出现,集镇的市场辐射范围因之扩大,⑥从而强化了区域市场的整合。

  近代以降,蚕丝业很大程度上受到出口贸易兴衰的影响。据一些学者估计,中

---

① 实业部国际贸易局:《中国实业志(江苏省)》,实业部国际贸易局1933年版,第268页。
② 《海盐县志》,第417页。
③ 缪荃孙等纂修:《江苏省通志稿》第三册,江苏古籍出版社2002年版,第1077页。
④ 民国11年《杭州府志》·市镇。
⑤ 方行:《清代江南经济:自然环境作用的一个典型》,《中国经济史研究》2006年第1期。
⑥ 彭南生:《近代中国"半工业化"农村中的经济社会变迁》,《兰州大学学报》(社会科学版),2005年第1期。

国出口逐步扩大的蚕丝,甲午战争以前在世界市场中所占的比重已经下降,战后继续下滑。尽管如此,由于世界生丝消费数量急剧增长,甲午战争以后厂丝出口仍有所发展,从而促进了蚕茧的迅速商品化。19世纪,外国市场的需求和生丝价格主要取决于欧洲机器生产以及地中海沿岸原料生产的情况。因此,每个季节的需求量和价格都有很大不同。19世纪末到20世纪初,蚕丝的需求和价格一般来说是上升的。① 这一市场需求上升的过程为江南蚕桑业提供了良好的机遇。19世纪末叶外人所编《中国百科全书》也称"七十年代秩序恢复以后,植桑育蚕事业复兴,因此有一个丝业的繁荣时期"。"光绪二十九年至民国元年,十年之内,丝货出口,年年递增。"丝业出口增加意味着对缫丝原料蚕茧需求的增加,丝业的繁荣即是蚕业与桑业的繁荣。"中国与列强陆续缔结商约,中外贸易日渐推广,辑里丝既为西人所欢迎,外销较洪杨乱前愈盛。"②塘栖距湖州不远(塘栖镇水北属湖州,水南属杭州,一镇实属两府),也为辑里丝产地之一,塘栖所受世界市场影响,当与湖州其他地区类似。塘栖丝业在19—20世纪的全盛时代,正是国际市场蚕丝价格持续上升的时期。塘栖蚕茧及土丝主要销往上海,并经过上海转口销往欧洲等地,则将塘栖蚕桑业生产与世界市场紧密相联。世界市场对塘栖这样的区域农村的影响主要是由需求和价格变化决定的。在20世纪上半期的自由市场背景下,主要农产品的价格水平由通商口岸的批发市场决定,而通商口岸的商品价格,通常由国外批发市场决定。③ 因此,世界市场上生丝价格的波动必然给塘栖等地的桑蚕业带来影响。正如一些学者所言:"在市场需求扩大的时期,蚕桑业生产和缫丝业的一体化或许使得各方分享利润,并强化中国工业在世界市场上的竞争地位。"然而,对于高度依赖市场状况的蚕桑业来说,旺盛的市场需求有助于推动其发展,市场需求的减少则会制约其发展。"在20世纪30年代市场萎缩时间,商人试图将危机转嫁给蚕农。不管商人的贪婪,缫丝工业和蚕桑业的劫数已经由外部经济变化决定了。更糟糕的,军事侵略造成了更大的破坏。1937年以后,日本侵略军对缫丝工业造成了无法弥补的损坏。他们砍伐了无数

---

① [美]苏耀昌:《华南丝区:地方历史的变迁与世界体系理论》,中州古籍出版社1987年版,第136页。
② 中国经济统计研究所:《吴兴农村经济》,文瑞印书馆1939年版,第121页。
③ 吴承明:《中国的现代化:市场与社会》,三联书店2001年版,第68页。

的桑数,毁坏了缫丝厂和蚕种场。"①遭受战争破坏,塘栖桑树数量大幅减少,塘栖附近各乡镇桑地面积下降三至五成,塘栖镇桑地面积甚至萎缩至战前的1/10。

江南与国内其他地区以及国际商品市场有紧密联系,也同样出现在其他经济区域。史建云对华北的研究显示,近代华北手工业产品市场扩大,其中一些产品甚至进入国际市场。② 同时,这些区域也从国际和国内市场大量输入所需的生产与生活资料。这种现象正如吴承明所论,说明城市工业和乡村农业之间存在着密切关联。从乡村农业对城市工业作用的角度来看,农业为工业提供棉花、蚕茧、粮食等工业生产原料,提供农村劳动力;反过来,从城市工业对农业经济作用的角度来看,工业为农村劳动力提供了就业机会,为农村经济作物的种植提供了市场,为农村剩余的粮食提供了消费市场和交换市场。城市与农村、工业与农业之间实际上存在着相互依存、休戚与共的关系。对于城市工业化与农村经济之间的关系,海外学术界提出了一些互相对立的见解。黄宗智等学者认为,城市工业化对相邻的农村,并没有很大影响。罗斯基关于抗战前中国经济成长的新作,则假设城乡之间有一组平稳的联系,所以中国城市的进步也引起了农村的进步。③ 从江南农产品、手工业品市场的兴衰来看,认为城市工业发展对相邻农村没有很大影响的看法,并不符合江南的实际情况。而城市工业兴衰乃至手工业兴衰对农村经济的巨大影响,也说明20世纪上半期农村经济与城市经济之间的密切关联。实际上,20世纪上半期江南农村经济所经历的发展与曲折,无不与城市经济的命运绑在一起。在20世纪上半期城市经济伴随着近代工业发展的过程中,农村经济从中受益匪浅。正因如此,当工业与农业的关系逐步发生变化,以至于城乡之间关系不利于农村经济时,农村经济才会遭到沉重的打击。

虽然学者们在近代乡村市场的发展上意见一致,在对近代中国经济市场化的特性的认识上仍存分歧。丁长清认为近代农村市场仍保留自然经济的成分。农村经

---

① Robert Y. Eng, *Economic Imperialism in China: Silk Production and Exports*, 1861-1932. Berkeley: University of California at Berkeley, California. 1986. p.162.
② 史建云:《商品生产、社会分工与生产力进步——近代华北农村手工业的变革》,《中国社会经济史研究》1998年第4期。
③ [美]王国斌著,李伯重、连玲玲译:《转变的中国——历史变迁与欧洲经验的局限》,江苏人民出版社1998年版,第59页。

济生活在许多方面仍保持半自然经济状态。曹幸穗虽承认农产商品率高,但认为仍存在着浓厚的小农自给经济的成分,农家生活资料的绝大部分仍然是自家生产的。丁长清认为,近代中国农村的商品生产是一种"饥饿的商品生产",李金铮持类似的看法。黄宗智认为,不同地区有不同的情形,华北平原由于租佃比例较低,农业商品化主要是由生存和谋利推动的,而在江南,"剥削推动的商品化"则是农业商品化的主要形式,此属"过密型商品化"。与他们的看法相反,慈鸿飞认为近代华北农村市场的发展方向毫无疑问是朝向自由资本主义市场经济,而不是黄宗智所说的"非资本主义趋向"。他强调,从农村商品交易的自由程度等特征可以判断,这一历史时期华北的农村经济已经具备了一般形态的资本主义市场经济的特征。而且由于参与市场的农民都是享有完全独立自主产权和经营权的生产者,完全依据市场需求和自身的消费需要,自主决策。① 江南产品与要素市场的状况,支持慈鸿飞对市场性质所作的判断。

(二) 生产要素市场的整合

在近代史研究中关于商品市场的论述较多,而关于生产要素市场的研究相形薄弱。在已有的论著中,关于近代中国生产要素市场的意见分歧,一些学者认为,到20世纪上半期,各个不同的经济区域之间,已经形成了稳定的生产要素市场。另一些学者不以为然,认为由于经济制度与机构的缺失,直到20世纪30年代,各种生产要素市场尚待建立。② 当然,就像前文已经述及的商品市场状况,生产要素市场的发展同样存在区域差异。在江南这样商品市场趋向紧密整合的区域,很难设想要素市场是缺位的。正如一些学者已经发现的,早在清代前期,江南已经具备包括雇工、资金等在内的生产要素市场体系。③ 江南的要素市场正是以往要素市场的历史延续。20

---

① 慈鸿飞:《二十世纪前期华北地区的农村商品市场与资本市场》,《中国社会科学》1998年第1期。
② [美]王国斌著,李伯重、连玲玲译:《转变的中国——历史变迁与欧洲经验的局限》,江苏人民出版社1998年版,第64、67页。王国斌指出:"许多地方早已有为农村商品开设的产品市场,但资本市场、劳动市场以及近代工业产品市场刚刚开始形成,而充分利用近代技术与结构的企业更尚待创立。"王玉茹认为,直到20世纪40年代,中国的生产要素市场在经济发达地区初步形成,但仍然发育得很不完善。
③ 方行:《清代前期农村市场的发展》,《历史研究》1987年第6期。

世纪上半期,江南要素市场的整合程度与产品市场的整合程度一致,也形成了城乡之间、区域之间高度整合的市场体系。换言之,江南的区域市场并非单一的产品市场,而是集产品市场、要素市场于一体的市场。

有学者研究发现,15—18世纪的中国,典当、钱铺、银号、账局等早期银行机构已经形成,并且对工商业的运行产生巨大影响。之后,资本市场虽然发展迟缓,仍然能够适应中国经济发展的需要。[①] 在近代商品市场发展的同时,资本市场的制度和机构趋于拓展,其结果就是资本市场的进一步整合。资本市场与商品市场是互动的,商品(包括劳务)与货币是对流的。从长距离贸易和地方市场贸易可以看到,"商品输出了,货币就回来了"。农民的收入被用于维持农村劳动力生存、再生新的劳动力和扩大农村再生产,于是,货币收入又变成新的资本。[②] 因此,商品产生和商品市场的扩展,是与资本市场紧密相联的。

兹将《江苏省各县概况一览》中记载的各县金融状况列为下表:

表4-12　江南若干县份金融概况表

县名	金　融　状　况
镇江	全县金融周转之大权,实操于各大钱庄之手,银行不过为汇兑存款机关,间亦有做押款者。商铺交易,均用二七宝银,每两合大洋一元四五角之间,价格涨落,由各大钱庄照沪市酌定。
江宁	县境所辖既属乡区,居民亦以农为主业,农业社会之金融周转,较为迟滞,大都恃农产物之售卖,换取银元,购买必需品。至于城市银行所营汇兑、存款、抵押等金融流通之法,农民多未能利用。

[①] 刘秋根:《对15—18世纪资金市场发育水平的估计问题》,《中国经济史研究》2003年第3期。
[②] 慈鸿飞认为,因为几乎没有人去认真研究这一问题,如果有的话,也只是批判农村高利贷、农村资金枯竭。他进而质疑道,如果没有一个相应的相当程度的资本市场的话,农村商品生产、商品市场何以会如此迅速地扩大呢?参见慈鸿飞:《二十世纪前期华北地区的农村商品市场与资本市场》,《中国社会科学》1998年第1期。黄宗智认为农村信贷市场为互惠原则和维持生计所支配,他总结了农村市场体系的特征,认为这种市场体系表明农村商品经济不是质变性的发展,而是趋于过密化,主要出于剥削和谋生,而不是经济发展。按照黄宗智的观点,商品买卖、资本流动、劳动力雇佣都是剥削与被剥削。但有学者批评,黄宗智虽然关注了生产条件、生产过程等农村经济中生产的环节,但却忽略了农村经济中的市场环节。而按照黄宗智的解释,是因为他否认舒尔茨的理性小农假设,所以故意忽略农家经济与市场的关系。但黄宗智也认为,中国小农兼具舒尔茨、马克思模型描述的特征,即中国农民同样有其理性的一面。那么,忽略市场分析就会导致某些误解。

续　表

县名	金　融　状　况
句容	本县因商业寥落,金融极欠活动。十八年,曾呈奉省厅核准,带征农民银行基金,共计实收银二万八千五百七十元,均经报解在案,后仍随忙带征,预计于最短期内当可实现也。
溧水	本县地僻而瘠,既鲜富商巨贾,又无银行,全县只有银庄二家,各有资本一万元,当典一家,资本十万元,以致市面金融异常枯竭,周转每感不灵。
高淳	本县因为商业银行及钱庄,故金融周转,极形困难,日常市面,除中央、中国、交通各行纸币,可资通用外,余者皆不能周转。且汇兑现金,多以邮局为中枢,亦甚形不便。
江浦	本县无银行营业,金融流通,惟钱庄是赖。浦口与桥林两处,有钱庄数家,商人汇兑时,即恃此种钱庄,与首都各大钱庄互通往来耳。
六合	县中金融,全视年岁丰歉,与商业盛衰为转移。如遇丰收之年,则商业较盛,市面上流通周转,尚能敷衍,如逢荒岁,则商业不振,金融亦周转不灵。
丹阳	本县并无银行、银号,仅有钱庄七家,经营兑换存放事宜,营业数年约十余万元至三十万元不等。外有典商七家,贫民视为周转金融之良好机关。
金坛	本县金融机关,最感缺乏,银行、钱庄均付阙如。小钱号仅营银、铜之兑换,与外埠缺乏联络,不营汇兑事务。故境内金融周转,极为呆滞。
溧阳	民国初年本县曾设有中国银行支行一所,但为时未久,即已停歇。现有金融机关,止于钱号四家而已。至于民间借贷,平均利率约为百分之二十左右。
扬中	本县既无银行、钱庄,亦少巨商大店。市面金融,极不活动,倘遇急需,汇集全市现款,不及四五百元,苏省各县金融之呆滞枯窘者,始无过于是。
上海	金融状况均以上海市为转移,除闵行有浦海银行一家外,其余并无规模宏大之金融机关,虽各乡镇,不少私人合资开设之钱庄,然皆资本短少,规模狭小,无足重轻也。
松江	全县只有银行两家,钱庄三家,上海互通汇兑,故市面商情,统以上海为标准。
南汇	本县无大规模之金融机关,仅有钱庄数家,大抵资本短少,营业范围,至为狭小,大宗款项,多由上海出入,幸交通便利,尚无若何困难也。
青浦	全县金融机关,仅有钱庄三处,设珠街阁,农民银行分行,设在县城,于十九年十一月七日成立,金融周转,尚称灵便。
奉贤	本县金融枯竭,向无银行钱庄,只县市有典当店数家,分设分店于较繁盛之市镇,以通人民之缓急也。
金山	县境无银行,全邑仅有小钱庄三家,金融之流通,洋厘之涨落,胥以上海、松江为鹄矢。省立农民银行将于今年(民国十九年)在县境设立办事处。
川沙	本县无大规模之金融机关,仅有钱庄数家,是以大宗款项,须由上海出入,幸交通便利,尚无若何影响。

续表

县名	金融状况
太仓	邑内有太仓银行一家,基金预备五十万元,现在实数约为十二万五千元。钱庄有复大、协裕、同康、裕华四家,范围甚大,资本约二三万元或四五万元不等,均与苏、沪金融界有往来。
嘉定	本县金融机关,只有商人自营之嘉定银行一家(有分行在上海南市业盛里),洋厘银拆,均以沪市为准。
宝山	县属自吴淞、江湾、闸北等各大市镇划归上海市区后,境内已无银钱行号,所有金融,往来仍恃吴淞、闸北等处钱庄,以利周转而资接济焉。
吴县	各大银行均于邑中设立分行,民营钱庄,尤极众多。故金融极为活动,势力亦甚伟大。
常熟	邑中钱各业,因受时局影响,周转不灵,且以银价涨落之故,备受外埠之操纵,故工产品输出量大减,金融日形呆滞。
昆山	本县有银行一家,钱庄二家,为全县金融机关,银折洋厘悉随申市、苏市为转移。
吴江	城区有农民银行、盛泽有中国银行、震泽有江丰银行,商营钱庄,全县有十九家。厘拆悉随苏、沪、嘉兴以为转移。
武进	境内除有上海商业储蓄分行系属银行制度外,其余银号、钱庄共二十二家,全恃苏庄货款为之周转。商市往来以银元计算,不过十分之一二。其余均照苏市,以银两曹平为交易之准则。
无锡	锡邑金融机关素称完备,银行有中国、江苏、中央、交通、上海、农民等六分行,钱庄共计二十三家,平时以营业稳健,均有赢余。
宜兴	全县工商业既不发达,稍有资产者,又多迁居苏、沪,故邑内金融甚形呆滞。
江阴	全县金融状况,大致以苏、沪市况为转移。一般商人,长期往来庄款,按月计息,约一分一厘,至一分四厘,定期借贷庄款,有四对月、六对月两种,每月利率,约一分至一分二厘。

资料来源:江苏省民政厅:《江苏省各县概况一览》,江苏省民政厅1931年版,第1—256页。

近代银行分支机构伸入江南各县,在县城及贸易繁盛的市场设立支行或办事处,将乡村、市镇与城市的金融体系联结为一个统一的网络。如在无锡,1929年冬,江苏省农民银行无锡分行先后在县境范围内的东亭、钱桥、安镇、玉祁、张泾、堰桥、华庄、胡埭等地设24个办事处,办理农产品储押放款业务。翌年末,储押金额总值达61178万元。此外,其他金融机构在20世纪30年代也有发展。至抗战前夕,全县共有公私银行12家,典当34家,钱庄25家,保险机构23家。[①] 同一时期,吴江县的银

[①]《无锡县志》,第557页。

行主要有江苏省农民银行吴江分行、吴江县银行等,私营银钱业则有典当、钱庄、银楼等,主要分布在盛泽、震泽、同里、黎里、芦墟等大镇,此外还有农村信用合作社。[1] 在青浦,1930年11月,江苏省农民银行在县城设立分行,资金9万元,办理储蓄存款,农产抵押贷款、贴现、汇兑及各种放款等业务。还代理公库和保险。[2] 太仓、昆山、宜兴、武进、川沙、嘉定、宝山、南汇等县都设有江苏省农民银行等银行的支行、办事处,主要办理商业存款、贷款、汇兑等业务。

可见,除银行外,还有典当、钱庄、信用合作社等金融机构参与金融业务。这些金融业务的地域范围往往并不限于当地,其资金流转的范围不仅跨越市镇与乡村,甚至在城市与乡村之间流通。如嘉定县商业银行,1922年,由朱吟江、顾吉生等集资10万元,其首创之时,就是先在上海豆市街开设办事处,而后才在嘉定县城区察院桥开设总行。该行在信贷业方面,存款多于贷款,多余资金,调往上海使用。[3] 在江阴县,银行、钱庄的贷款以实物抵押为主,次为往来透支或票据贴现形式,信用贷款较少。资金来源除股本外,依赖存款和苏州、常熟、上海等地行庄的临时拆借。[4] 在昆山,"大宗交易之支付,均通用庄票。"[5]其信贷网络中的资金源流同样跨越江南这样广阔的地域范围。

不仅银行等近代金融体系的构建有此功能,钱庄等机构也与金融体系相联结,在市场整合中扮演重要角色。实际上,江南近代银行业务开展时间稍晚,其业务范围涵盖的区域和触及农村基层经济活动的能力,尚不及钱庄、当铺等金融机构。1901年,苏州的钱庄发行当地流通的银票和纸币,也向靖江、常州、无锡、常熟、杭州和上海这样的附近地区发小额汇票。[6] 1912年至1937年,宜兴县城先后设有信源、恒泰、鼎康、裕宜4家钱庄。其业务经营有存款、放款、贴现、汇兑、兑换货币及代发银行纸币。[7] 在吴江盛泽,钱庄经营存放款、汇兑、票据贴现、代理收付、保管贵重物品

---

[1]《吴江县志》,第476页。
[2]《青浦县志》,第427页。
[3]《嘉定县志》,第400页。
[4]《江阴县志》,第691页。
[5] 缪荃孙等纂修:《江苏省通志稿》第三册,江苏古籍出版社2002年版,第1066页。
[6] 陆允昌编:《苏州洋关史料》,南京大学出版社1991年版,第86页。
[7]《宜兴县志》,第446页。

等业务。其中的和康协记钱庄,主营汇兑及工商业放款等业务,放款对象以丝绸业为主,进出入款项以上海为多。① 江阴县,较早出现的东大街尧康钱号,经营银两钱币兑换,兼营鸦片烟土买卖。1908年鸦片被禁,尧康号收歇。后由邑人韩燮安集资约10万银元在原址开设丰泰源钱庄,经营银两兑换、银洋汇划及商铺往来业务。翌年城内有宝昌、澄丰两家钱庄开业。1914—1937年,城区先后开设钱庄8家,资本20余万元(法币)。② 钱庄业可谓20世纪上半期江南农村经济转变的一部分,它对整合城乡市场、区域内的次级市场与中心市场,都有积极作用。

　　商品市场与资本市场相互促进,在兴衰起伏的时段上也颇为一致。产品市场兴盛与金融市场的发展在时间上是吻合的。如在无锡,1869年,随着该地区米、布、丝三业兴起,邑人单毓德创设恒德钱庄。1888年,南漕北移后,无锡米市鼎盛,堆栈业和近代工业相继兴起,资金融通业务增多,钱庄业趋盛。1911年,无锡共有钱庄14家。至1924年,除资本较大的瑞昶润钱庄升格为银号外,其他资本较大的钱庄有25家,规模较小的钱庄遍布城乡,钱庄业因无锡商品经济的发展而步入鼎盛时期。③ 在丹阳,1920—1930年,丝绸业产销两旺,金融业也随之活跃,商业存放款数量增加,地方绅商纷纷投资开设钱庄。1931年,江苏和其他一些省份遭受水灾,丝绸的国内销路和外贸出口量锐减,价格猛跌,绸庄关闭因而累及钱庄,原钱庄中有8家在1934—1936年陆续停业清理。④ 富阳县具有一定规模的钱庄,经营存、放款货币兑换和从事异地款项划拨业务。其业务鼎盛时期,也在商品生产较快发展的20世纪20年代后期。抗日战争期间,商品生产萎缩,钱庄亦随之多有闭歇。抗日战争结束后,富阳县只剩乾源复记1家。⑤ 在余杭县,随着商品流通日趋繁荣,从贩卖钱钞的钱铺发展起来的钱庄开始大量出现。抗战前夕,境内有钱庄12家。与此同时,银行业迅速兴起。⑥

　　银行以及其他金融机构不仅提供了江南城乡金融整合的基础,而且通过其金融

---

① 《吴江县志》,第477页。
② 《江阴县志》,第680页。清光绪初,江阴县城内即有钱庄业。
③ 《无锡县志》,第557页。
④ 《丹阳县志》,第497页。
⑤ 《富阳县志》,第501页。
⑥ 《余杭市志》,第121页。

第四章　市场结构与市场整合

活动,在生产和交换领域起到积极作用。在宜兴县,银行最大的业务包括:商业信贷和储蓄;大宗农产品抵押贷款;农产品收购;直接向农村的放款。[①] 其他各县银行的业务与此类似。嘉定商业银行吸收存款中大部分是地方公款和士绅、富户的存款,小部分为工商业户临时周转资金及居民存款;放款对象有典当、木行、酱园、米行、花行等。[②] 常熟县,"汇款以苏、申、常、锡、镇、扬为大宗,数额以豆饼、木、米、麦、纱、花、绸缎、洋货为最巨,各商号与钱庄银行,往来已熟,多托各行庄代划。(常熟)分行自十九年一月开办以来,所有汇款,尽属商业款项,以汇至武进者最多,以豆饼款项属多数"。[③]

钱庄业的作用也是如此。嘉兴县,米行资金虽有数百石、数千石、上万石不等。但在贸易旺季,仍需向钱庄借贷或吸收股户存款,扩大资金实力,[④]增加交易数量。嘉善县的钱庄有本帮、绍帮和西塘庄3类。本帮钱庄的客户主要是米业、绸布、百货业和南北杂货、油麻麸饼业;绍帮则以农村大佃农为主要放款对象,兼放乡账;西塘庄因位于嘉善窑业发达的地区,窑户是主要业务对象。[⑤] 嘉善钱庄业的现金投放对象主要是米行业和窑业,组织现金回笼的对象主要是绸缎百货、南北杂货和油麻麸饼行业。汇兑业务有电汇、信汇、票汇等,以票汇为大宗,均与上海等地行庄开设往来账户,建立划汇关系。存放款分定期和活期2种,除定期存款利率各庄自定外,余均由同行根据上海、杭州、嘉兴等地的行情和物价涨幅于每月结息前议定。[⑥] 1901

[①] 1934年,上海银行和宜兴县农民银行在宜兴境内最大的市镇和桥镇添设分行。银行最大的业务包括:"其一,和商家的银钱出纳,它们或者吸收商家的剩余资本来发展其自身的业务,或者放出自己的资本,去分占商人的一部分商业利润;其二,收受地主或富农们的大量农产物的抵押。当地主或富农们不愿意把农产物贱价出卖,可是急待着现金流通的时候,他们为了特种利益的关系,愿意分一部利息给银行家;其三,贱价收买贫苦农民的农产物。农民在新谷登场时,急待现金作一切支付,不得不急求脱售其农产物,这些银行便趁此抑价收买,再等高价出卖给外路商人或竟回卖给农民,一转手间,他们能获得很大的利益;其四,直接向农村放款。这是农民银行所独有的业务。但它所直接放款的对象,不是多数的下层贫农,而是经理先生所信任的所谓农村信用合作社。在和桥附近的农村里约有信用合作社四五十处,是农村中的富农或村乡长之流所组织的,他们因有财产的信用和特殊的关系,故能直接向银行借到低利的款项。至于那些赤手空拳的贫农,就很难直接受到它的恩泽了"。李珩:《宜兴和桥及其附近的农村》,《中国农村》第一卷第二期,1934年11月。

[②]《嘉定县志》,第400页。

[③] 江苏省农民银行总行编:《第二年之江苏省农民银行》(1930年),张研、孙燕京主编:《民国史料丛刊》第475册,大象出版社2009年版,第78页。

[④]《嘉兴市志》,第1418页。

[⑤]《嘉善县志》,第573页。

[⑥]《嘉善县志》,第574页。

年,苏州有9家票号,用直接的汇票或者用这些票号在上海的支号开出的汇票,可以向全国任何大城市与开放口岸城市汇款。①

金融业务在经济作物和手工业产品的生产与销售过程中,具有同样作用。在蚕桑区,嘉兴濮院镇丝销除当地绸机外,有苏、沪、杭、绍、南京、镇江、盛泽各帮。"一家丝行之固定资本,非巨万不可,故独资少而合资多。"尽管拥有巨额资本,但"丝行无不与钱庄通往来,每有以钱庄之款务垫积者,丝价日上,获利故丰"②。在产棉区的太仓,当棉花收获时,在廉价情形之下,农民将自己生产的棉花,都押在当铺中。价格高涨时,棉业者即赎出自己的棉花,在当地市场发售。若价格仍维持在原来的低廉状况,或愈趋愈下,他就不付利息,而棉花仍押于当铺中。③ 此外,还有"以商业兼高利贷资本的形式,向农民包种或收买商品作物"。④ 在常熟县,"当秋收时,农产品价格低落,农民需款,恒以米谷、棉花抵押于当铺或抵押所。此种抵押所,系私人组织,或为慈善机关,或近于商业性质,利率按月在二分以上"。⑤ 在吴江县,江苏省农民银行的"放款用途以生产为主,以还债及经营副业为辅。放款时期,则根据农村金融季节为依据。该县农民生产方面,以稻、蚕为主,故本行之放款,亦以农、蚕本为重要。蚕本需用最旺时为四月,农本需用最旺时为八月,故放款以四、八两月为大宗……六月为丝茧入市之期,同时开弦弓生丝精制运销合作社亦于此时收茧,故放款以抵丝及茧本为主"。⑥ 在这种情况下,金融整合对生产和贸易过程的影响就更加显著了。

按照习惯的看法,城乡之间的金融整合对农村经济是不利的,城市通过这样整合的金融体系,从农村吸收了大量的农业剩余,不仅直接通过地租、利息吸纳农村经济的剩余,还通过工业产品与农业产品的价格差异从农村吸走资金。更有论者认为,银行、钱庄、当铺等金融网络,伴同高利贷资本愈益加重对农民的盘剥,从而损害

---

① 陆允昌编:《苏州洋关史料》,南京大学出版社1991年版,第86页。
② 戴鞍钢、黄苇:《中国地方志经济资料汇编》,汉语大词典出版社1999年版,第712页。
③ 章有义:《中国近代农业史资料》第二辑,三联书店1957年版,第541页。
④ 章有义:《中国近代农业史资料》第三辑,三联书店1957年版,第366—367页。
⑤ 江苏省农民银行总行编:《第二年之江苏省农民银行》(1930年),张研、孙燕京主编:《民国史料丛刊》第475册,大象出版社2009年版,第71页。
⑥ 江苏省农民银行总行编:《第二年之江苏省农民银行》(1930年),张研、孙燕京主编:《民国史料丛刊》第475册,大象出版社2009年版,第92页。

了农村劳动者的利益。金融整合的结局就是造成了农村金融枯竭,最终导致农村经济破产。但是,这些观点只看到了一个侧面,金融整合还有积极的一面。资本在城乡与区域之间的流动,开拓流通领域,组织产品供销,进而影响生产环节,对江南农村商品经济的发展起到促进作用,也是不争的事实。特别是在传统经济的自给性逐步削弱,而商品性渐次增强的过程中,与产品市场整合紧密相联的金融市场的扩展,更是不可或缺的。金融市场整合的强化正是20世纪上半期江南产品市场整合的另一个侧面,两者是不可分离的。

农家生活中现金收支数量的增加,就是其整合强化的体现。如在嘉兴、平湖、海宁等7个县份,20世纪上半期农民日常生活消费品中工业产品不断增加,诸如洋布、洋袜、洋油、洋火(柴)、洋钉、洋烟等,多为工业产品甚或进口货物。主要农产品,包括部分粮食,也大多是为出卖而生产,农村经济的自给性进一步削弱,农民家庭收入和支出中现金所占的比重提高。嘉兴县,在20世纪20年代末桑茧丝全盛时期,农家经济中现金收入占总收入的2/3,现金支出占生活费支出的57%。在商品性农业发达的海宁、桐乡、崇德等县,现金占农民收支的绝大部分,所占比重要高于嘉兴县。收入中,除部分自给性粮食外,都是商品性生产的现金收入;在生活费支出中,部分口粮也需现金购买,即连自给性的家庭织布也普遍衰落。1936年,嘉兴地区农家衣着的商品性支出占89%,自给的只占11%。[1]

由于农村经济与金融市场整合的关系,农村经济的衰败恰恰是金融市场起伏的本因。常熟县农民在遭遇经济拮据时,"借债不足,继以举会,典会无钱,重复举债……常熟农民分行,开办已近两年,乡村信用合作社渐次成立,农民得稍受经济上之扶助,然环顾四乡,哀鸿嗷雁,触目皆是"。[2] 1934年的崇德县,"农民之所苦,实以

---

[1] 《嘉兴市志》,第1167页。
[2] 朱章淦:《常熟农村经济状况》,《苏农》1930年第1卷第3期。常熟乡村借贷"其名目有所谓'一粒六'者,每当青黄不接之交,农民无米可炊,向私人或商店借米、麦以度日,至本年大熟或来年小熟时偿还。借六斗还一石,借时斗小,还时斗大。其在种田之时,有'赊豆饼'者,农民购买肥料,苦于无资,每向饼行赊账。一担照市价增加大洋一角,当日起息,按月二分,至秋熟偿还,若遇凶年,百计催索,无通融余地。又有'押田面'者,将租田降低价格,抵押于人,订定年数,过期不赎,权属他人。亦有'押田底'者,将自田降低价格,抵押于人,订定年数,按年还租,过期不赎,便被过粮,且大多数无不向当铺'质当'者,乡镇当铺甚多,农民借贷无着,惟有质当一法。其计利甚严,月过初五,利以一月计算"。

金融窘迫为甚",蚕桑区借款"利息最高之时,厥在蚕汛初起。当其时,养蚕之家皆需购买蚕种,需要资金者多,年利常达三分左右。今虽给以四分、五分之利,亦无贪图高利从事放借之人"。① 1932年的安吉,"社会经济与别处一样,是靠着地方生产品输出所换来的金钱而维持的。其每年大宗的输出是:一,米谷——约八十万石,二,柴、炭、竹——约共值百余万元,及三,丝茧——约三万石。这几种生产品,大都是销售于嘉兴、杭州和苏、沪一带,本年因受战事影响,销路极端疲滞,以致现有二十万元的竹票(竹票是此地竹主售竹于竹行,竹行一部分付以现金,一部分则给以期票,通常以二月、六月、十月、十二月为期,此种期票,平日可在市上通用。)不能兑现,也不能使用,于是市面上顿少二十万元的流通"。② 至20世纪30年代前期,"安吉东区三社乡……老幼男妇,四季操作极勤。全乡仅十五家瓦屋,其余二百十三户,均系草房"。③ 这位调查者在安吉东区观察到的情形并非独例,他认为,其时中国整体上"所处之危难,最使朝野人士抱为隐忧者,莫甚于农村破产。其他省份,姑暂勿论,即素以富庶著称之浙江,亦呈露骨。如浙人心里所最惧之欠赋,所谓(一、钱粮,二、工雇)经数载而无力完纳。自(民国)十六年迄今,积欠数达二千五百余万元之巨。本年,浙财厅为欲清理积欠,兼及体恤贫农,特订豁免历年罚金,限期缴纳,一面遴派专员,分赴各县严催,虽一般县警及各乡镇催征员,疲于奔命,但结果收效甚微。可见农村经济枯竭,已至极度矣"。④ 1936年,浙江省的一项调查材料显示,当时金融枯竭,以至米行已无余资从事放款,"加之农村衰败之结果,农民日就贫困,信用日趋低落,米行即有资本,亦不敢轻予贷放,因此借款之事大大减少。综合各地观察,减少比例,如就放款额言,约为十之八。如新塍一镇,在五年前放款额有二十万元,今则减为三万余元"。⑤ 1937年的《平湖之土地经济》载:"近年来洋货充斥市场,一般农民一年辛苦所得,辗转而流入外国资本家之手,于是内地金融日形枯萎,农村经济日趋破产。"这种一荣俱荣,一损俱损的现象,正好反映出江南内部产品与

---

① 章有义:《中国近代农业史资料》第三辑,三联书店1957年版,第679页。
② 《在安吉——湖行杂拾之一》,《晨光(杭州)》,1932年第1卷第1期。
③ 林逸人:《安吉东区三社乡农村概况》,《农林新报》1936年第13卷第32期。
④ 林逸人:《安吉东区三社乡农村概况》,《农林新报》1936年第13卷第32期。
⑤ 章有义:《中国近代农业史资料》第三辑,三联书店1957年版,第679页。

要素高度整合的关系，同时也说明江南区域内部城乡之间金融市场整合程度之深。

江南市镇金融业的纽带作用，面临币制不统一的问题。几种通用货币及其兑换率各地颇不一致，而且随时变化。20世纪20年代末和30年代初，江南各县的市镇中，往往是纸币与硬币混合使用，硬币又有银元、小洋、铜元。纸币与硬币之间有兑换率，而硬币中的银元与铜元也有兑换率。据1929年各县的调查，各地的兑换率往往涨落不定，直到30年代初仍是如此。如高淳县1931年，"各乡度量衡不统一，农人所获产品，往集镇售卖，由行家评论价格。两面虽无异言，惟行家垄断则不免也。通用中国、交通、中央、中南、四明、实业等银行所发行钞票，大洋换钱约三千文，小洋稀少，且不大通用"。① 再如杭县，"市场交易，皆用现金，但有一种划洋，在平时与现金相同，如遇银根紧急，每元相差至五分以上"。② 其他一些县份货币使用情况如下表。

表4-13　若干县份1929年通用货币情况

县份	通用货币	基本情况
富阳	现洋、纸币、小洋、铜元	随时略有涨落
余杭	银元、小洋、铜元	进出例有市价
杭县	银元、铜元、纸币	硬币，有总理像、袁像、英洋、龙洋、双毫、单毫、当十铜元等
临安	小洋、铜元	皆照余杭行情，不时涨落
新登	小洋、铜元	市面硬币行情不一
昌化		通用硬币随时涨落
桐乡	银洋	价格涨落并无一定
德清	钞票、硬币	硬币行情时有涨落，钞票行用，以中国银行为多
孝丰	现币、小洋、铜元	商人交易，多须现币，小洋铜元，例须贴水
高淳	大洋、小洋、钞票	通用中国、交通、中央、中南、四明、实业等银行所发行钞票，大洋换钱约三千文，小洋稀少，且不大通用
常熟	银元	

---

① 夏琼声：《高淳县农村经济调查》，《苏农》1931年第2卷第5期。
② 忍先：《浙西各县工商业之一瞥·杭县》，《商业月报》1929年第9卷第7号。

续 表

县份	通用货币	基本情况
无锡	银元	
江阴	银元	

资料来源：忍先：《浙西各县工商业之一瞥》，《商业月报》1929年第9卷第7、9号；夏琼声：《高淳县农村经济调查》，《苏农》1931年第2卷第5期；青花：《常熟银钱业之沿革》，《钱业月报》1928第8卷第10期。

从单个市镇货币兑换率涨落不定的角度看，纸币、银元、铜元之间的兑换行情似乎有些变幻莫测。从整个区域观察，可见市镇纸币与硬币、银元与铜元兑换率的变化，实际上是受到几个中心城市金融波动的影响。这种市镇与中心城市之间的金融关系呈现出明显的地域性。地近上海的县份，其银钱兑换率、借款利率等，多以上海金融市场的行情为准，随时变化。1919年，宝山"县典当业十二家，资本尚称殷实，而闸北一带，由押铺改典者10家，利率按月二分，赎回期限二十四月。近年营业尚属平稳。钱店有隆茂、延生两家，设于吴淞，资本甚微。仅供市面暂时周转，若大宗商款，仍由上海钱庄操持，银折银厘，亦以上海市盘为准"。[①]

无锡、苏州等城市也是银钱业的中心，其周边的市镇银钱兑换比率也往往受到两地的影响。常熟县"币制，素昔均以银元为本位，与邻县如江阴、无锡等处无异，光宣之交，鉴于运来现洋，俱核银两，当地进出，均为银元，每年须耗银二三千两不等，乃改补水纹银为本位，进出标准，以此为则，随与苏州同例，市情大小，亦视苏州隔日收盘之价而定，货币不敷时，则向苏州接济，若遇过剩，则运往苏州，交通使然，形便势利也"。[②] 因为"常熟南接吴县，西邻锡澄，东界太仓，北枕大江，不论由苏或由锡搭轮，均可朝发夕至"[③]，其金融市场的利率受到苏州市场的影响：常熟"市场利率，依苏折而定，高至月息一分六，低至四厘，数月以来，苏市暴涨，洋厘竟达七钱二分，此为特殊情形，影响且及于本邑市面也"。[④] 常熟金融业的行情还受到无锡的影响。1919年，常熟县"钱业中有交通分银行一家，钱庄三家，钱店四家……市面上通行为银币，

---

① 沈启照：《沪海道区宝山县实业视察报告书》，《江苏实业月志》1919年第5期。
② 青花：《常熟银钱业之沿革》，《钱业月报》1928年第8卷第10期。
③ 谭进修：《农村经济：常熟农村经济之概况》，《交行通信》1932年第1卷第1期。
④ 江苏省农民银行总行编：《第二年之江苏省农民银行》(1930年)，张研、孙燕京主编：《民国史料丛刊》第475册，大象出版社2009年版，第80页。

而要必以银厘申合之。银厘银折,向听无锡行情"。①

距嘉兴较近的各县,如海宁、平湖、嘉善等,其银钱业的行情则随嘉兴金融业的变化而时有涨落。海宁"商界交易,以银元为本位,通用硬币,其行情皆随嘉兴涨落"。② 嘉善"金融跟从嘉兴,不时涨落"。③ 地处嘉兴与上海之间的平湖,"市面钱币行情,以上海及嘉兴两处为标准"。④ 即同时受到上海与嘉兴两地的影响。值得注意的是,嘉兴"金融与上海有连带关系"。⑤ 嘉兴金融业又以上海为中心,可以说,这些县份市镇金融业的起伏很大程度上受到上海金融业的影响。

湖州地区各县市镇金融业则以吴兴为中心。长兴"市价涨落,根据吴兴"。⑥ 安吉"钱币市价,以吴兴为标准"。⑦ 而吴兴"硬币兑价,春季由布业拟议,冬季由南货业拟议,城乡一律,并无异言"。⑧

上述区域中心城市与县城及其他市镇之间金融业的主次关系,可展示为下图。

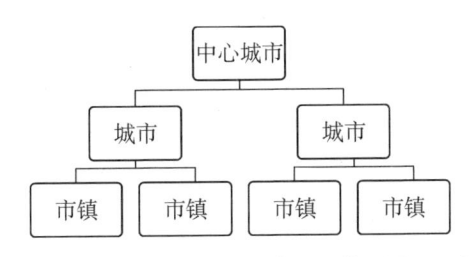

图 4-1 城市与市镇金融关系图

江南市镇金融业中货币价格涨落的关联性与市镇的商品集散中心地位和商业活动有关。市镇货币涨落与中心城市的连带关系,从商业方面来看,则反映出江南市镇与城市之间的贸易关系,即吴兴、嘉兴、苏州这样的城市是其周边各个县份(腹地)的金融与商业中心,而嘉兴、苏州等城市又以上海为其金融与商业贸易中心。这

---

① 姚日新:《苏常道区常熟县实业视察报告书》,《江苏实业月志》1919 年第 6 期。
② 忍先:《浙西各县工商业之一瞥·海宁》,《商业月报》1929 年第 9 卷第 7 号。
③ 忍先:《浙西各县工商业之一瞥·嘉善》,《商业月报》1929 年第 9 卷第 7 号。
④ 忍先:《浙西各县工商业之一瞥·平湖》,《商业月报》1929 年第 9 卷第 9 号。
⑤ 忍先:《浙西各县工商业之一瞥·嘉兴》,《商业月报》1929 年第 9 卷第 7 号。
⑥ 忍先:《浙西各县工商业之一瞥·长兴》,《商业月报》1929 年第 9 卷第 9 号。
⑦ 忍先:《浙西各县工商业之一瞥·安吉》,《商业月报》1929 年第 9 卷第 9 号。
⑧ 忍先:《浙西各县工商业之一瞥·吴兴》,《商业月报》1929 年第 9 卷第 9 号。

样,由市镇到城市,再到中心城市,就形成一个多层级的市场结构。市镇在这个多层级的商品市场结构中的商况变化,与其金融状况密切结合,从而影响着市镇经济的兴衰变化。可以说,近代市镇经济的兴衰往往是多个因素造成的,这些因素包括农业、商业、金融以及工业等,而且所有这些经济因素是相互关联的,并且,在很大程度上取决于市镇所在区域之外的市场状况与经济状况,而嘉兴、吴兴这样的中层市场中心,以及上海这样的区域中心城市市场的变化,较为集中地体现出最终影响个别市镇经济状况的全国乃至全球性的经济变化。

农村市场的发展并不是孤立地发生的,在与其他因素相互影响的变迁过程中,其引起的后果并不局限于经济变迁内部,而是涉及到更为广泛的社会经济领域。金融业在组织经济活动中的作用日益加强以及社会经济活动逐步市场化,使整个社会运转不可避免地受到市场的影响。社会经济日益以市场变革为导向,也日益按照市场运作的模式来加以组织。20世纪不乏曲折的市场化进程的社会后果,正显示出市场重塑社会经济生活的巨大力量。

20世纪上半期,江南农村的劳动力市场也是更趋整合的。严中平等认为中国劳动力市场在鸦片战争前已出现,第二次鸦片战争后进一步扩大,南北各省都存在。方行对清代前期江南农村雇工市场的研究显示,由于这一区域农业生产的发展,雇工已经成为再生产过程中不可或缺的因素,因而江南地区具有最发达的雇工市场。[①]罗兹曼(Gilbert Rozman)等人也认为19世纪中国土地和劳动力市场是相当灵活和开放的。史建云的研究显示,在近代的华北平原,由农业劳动力需求、供给以及供求关系决定,存在着流动频繁的劳动力市场,"在近代华北平原,短工市场发展得相当充分,短工的雇佣关系已经很少受到限制"。[②] 自清末至20世纪30年代之前,"华北劳动力市场普遍存在供不应求的局面"。[③] 而有学者认为,明清江南的劳动力市场发育得很不成熟,劳动雇佣关系没有冲破前资本主义生产方式的束缚,不具备近代意义的劳动力市场的性质。[④] 王玉茹认为,季节性的农业短工或丝织业临时织工雇佣,

---

[①] 方行:《清代前期农村市场的发展》,《历史研究》1987年第6期。
[②] 史建云:《浅述近代华北平原的农业劳动力市场》,《中国经济史研究》1998年第4期。
[③] 史建云:《浅述近代华北平原的农业劳动力市场》,《中国经济史研究》1998年第4期。
[④] 龙登高:《江南市场史——十一至十九世纪的变迁》,清华大学出版社2003年版,第8页。

不是现代意义的劳动力市场,关于明清时期已经形成劳动力市场的看法缺乏根据,只有到了19世纪70年代以后,农村自然经济真正开始分解,才为近代劳动力市场的产生创造了条件。至于劳动力市场在中国主要工商业城市及某些经济比较发达地区的出现,已是20世纪30年代的事情了。黄宗智认定直到20世纪上半期,江南仍是一个劳动力市场不发展的小农社会,不仅妇女、儿童、老人的劳动力市场,即使成年男子的闲暇劳动力市场也不发达,所以,这些劳动力几乎没有机会成本。[1] 从这些分歧来看,近代农村劳动力市场状况仍是值得讨论的问题。而在手工业、农业专业化生产和商品经济较他处更为发达的江南,不仅存在大量的农业、农村手工工场和城市工业雇工,还有正在发展的第三产业的劳动力市场。在这个劳动力市场中,劳动力在产业之间、城乡之间频繁流动,形成了一个城乡整合的劳动力市场。这个发展的劳动力市场调节着农业和手工业之间的劳动力供需矛盾,也促进了城市经济部门与农村经济部门之间的劳动力流动。

在20世纪上半期的江南,存在着劳动力城乡之间的流动,这种流动完全由城乡之间劳动力供需关系所决定。如在20世纪初的无锡,就有大量的来自周边农村的劳动力进入无锡谋生。因为无锡水陆交通发达,为米、麦、杂粮汇集之所,堆栈林立。在农闲之时,农民充当堆栈搬运夫者甚多。随着20世纪20年代各种工厂数量增加和用工增多,乡间部分雇农改而进入工厂做工。[2] 在宜兴,"附城乡村,颇有入城进工厂做工者,甚有往苏、沪、锡等埠在纱厂纺织者,此亦以生活所迫使其不得不如此也。统计全县由农妇变成工人者,可达六千之数。"[3] 再如宝山县,20世纪10年代。"境内工厂,邑人所创办者大都为棉织类。"其中缘故,"一因妇女素谙纺织,改习极易。一因土布价落,设厂雇工,兼足维持地方生活也。"[4]因此,十余年间,客商陆续在当地投资建厂,最初集中于地近上海、水陆交通便捷的吴淞口以南的江湾等地,"大势所趋,复日移而北,自棉织以外,凡金、木、玻璃、卷烟以及化学制造之属",[5]也都在此区域

---

[1] [美]黄宗智:《长江三角洲小农家庭和乡村发展》,中华书局2000年版,第80页。
[2] 容盦:《各地农民状况调查(征文节录)——无锡》,《东方杂志》1927年第24卷16号。
[3] 徐方干、汪茂遂:《宜兴之农民状况》,《东方杂志》1927年第24卷第16号。
[4] 民国10年《宝山县续志》卷六实业志。
[5] 民国10年《宝山县续志》卷六实业志。

投资设厂。据1920年的统计,棉织企业12家、金木工业7家、玻璃工业3家、卷烟工业2家、化学工业12家,①吸纳当地农村劳动力进入工厂做工。

但当地农村劳动力转往城市,只是意味着农业劳动力市场中当地劳动力的减少,并不意味着农业生产中雇佣劳动的降低。相反,由于农村劳动力向城市的流动,当地农业中的雇佣劳动数量反而增加。而且,这些增加的劳动力多由其他地区引入,从而加强了江南区域内部(主要是邻近)各县之间劳动力的流动及劳动力市场的整合。如句容县,"同治初,虽承平未久,民气未复,而居乡者多土著,即所招佃户,大半江以北人"。② 在无锡,因为当地农村劳动力转往城市寻求生计,甚至导致农村劳动力中雇农的缺乏。本地农业劳动力的短缺,则由外地流入的劳动力加以补充。"乡间即使有一、二雇农,均来自常熟、江阴、江北。工价年计三十元至六十元不等。而本地人之为雇农者,则不可多得矣。"③早在19世纪末叶,嘉兴已经出现多处农忙劳动力市场。如清光绪十年(1884)闰三月十八日《申报》载:"禾地乡民稀少,刻下东路乡民陆续到齐,每日清晨在北丽桥以上俟雇主"。在20世纪上半期,嘉兴地区农业雇佣劳动更形扩大。据典型调查,20世纪20—30年代,嘉兴雇工进行规模经营的耕地占到20%—30%,雇佣劳动量占全部劳动量的50%。④ 各种经营类型和各类农户悬殊很大。雇佣劳动占农业生产劳动量的比重,因经营规模而有所不同。经营规模20亩以下的农场,雇佣劳动比重占总劳动量的比重为9.24%,随着经营规模的增加,雇佣劳动的比重也相应增加到23.49%(经营面积20—50亩)、51.85%(经营面积50—100亩),当经营规模达到100亩以上时,雇佣劳动占总劳动量的比重就达到了61.87%。⑤另一份统计显示,在嘉兴,有48.72%的户雇佣劳动量占劳动总量的

---

① 民国10年《宝山县续志》卷六实业志。
② 光绪三十年《续纂句容县志》卷六风俗。
③ 容盦:《各地农民状况调查(征文节录)——无锡》,《东方杂志》1927年第24卷16号。
④ 至20世纪30年代,嘉兴农村雇工分全年长工、半年工、月工、日工。全年长工多为当地人,农历正月二十左右上工,腊月二十四下工,无假期,生病不能劳动,短期可扣工资。此种长工由雇主供给膳食,1935年前后,年工资40元左右。半年工多为客帮人,温台绍三地来嘉者最多。分上下忙,正月至七月者为上忙,六月至年度者为下忙。年工资亦40元左右。月工俗称忙工,有蚕忙工(多为女工)和田忙工之分,以1个月为期,工资6—7元。日工多为闲散劳动工和耕作农户的子弟,临时应雇,做一日算一日,工资忙时4角,闲时2角。参见《嘉兴市志》,第1164页。
⑤ 《嘉兴市志》,第1164页。

58.69%,有43.59%的户雇佣劳动量占62.03%,有7.69%的户雇佣劳动量占80.65%。这种经营性质连《嘉兴农村调查》的作者也惊叹说:"可谓全赖雇佣劳动,富有企业性质矣!"①中山文化教育馆1934年的一份调查报告表明,在长江流域112县所调查的91214人中,包括长工、短工在内的雇农人数为8455人,占9.24%。若与珠江流域(8.13%)和黄河流域(11.41%)的数据平均,则全国雇农人口为10.29%。若以长江流域农业雇工占劳动力比重的平均值作为江南的农业雇工比重,再以5%的离村率估计进入城市谋生的农村劳动力,则进入城乡劳动力市场的劳动力占全部农村劳动力的比重至少应在14%以上。

在讨论农业劳动力的需求时,对种植业经营中单位面积所需劳动力的估计,只能称之为"理想数据",它是以达到最佳耕作状态所需劳动力数作为标准衡量的。在实际耕作中,多数农户未必会对耕作的要求如此严格统一,农家未必会个个完全做到使农田中杂草不生,也未必会严格依循农时,都在最佳时机播种、中耕、收获。在对雇工以不误农时,还是只利用自家劳动力,不惜稍误农时做出选择时,农家未必会像"理想数据"中所设想的那样,选择前者。此外,在计算农业生产中所需雇工时,还须考虑到亲戚、邻里之间的换工。当然,这里并不是要否认农业中劳动力流动的事实,只是想指出其时农村劳动力配置的复杂性,这也并不影响有关农业劳动力市场的基本判断。

江南农业劳动力雇佣以及非农业就业情况,说明劳动力商品化的发展,但是否可以称为完全的自由劳动力市场尚可再作讨论。当时即有研究者指出,虽然在理论上,劳动力的商品化即工资劳动者的广泛利用,是资本主义生产的一个最重要标志。但是在中国,农业生产由于技术上的特性以及生产者由于所受土地制度的束缚,农业劳动中完全意义上的工资劳动者的比重是不可高估的,即使在近代工业企业和手工业工场中,也尚有相当数量未能完全脱离农业的工人。因为在中国农村,小农经营的广泛存在使家庭劳动占有显著的地位;农业中间存在许多季节工人,他们一面出卖劳动力,一面自己经营农业。②黄宗智则认为,在中国近代农村的劳动力雇佣

---

① 《嘉兴市志》,第1164页。1950年土改前的调查显示,嘉兴塘汇乡南阳等4个村,农业资本家、佃富农、经营地主、富农27户中雇佣劳动占到2/3。
② 薛暮桥:《中国现阶段的农业经营》,《中国农村》1936年第2卷第6期。

中,私人关系和中间人等因素限制了劳动力市场的空间范围。① 这些因素,都影响着对农村劳动力状况的判断。20世纪上半期江南农村劳动力的过剩,既是人均耕地面积不足情况下引发的绝对过剩,也是农业劳动力的季节性、非农产业波动所造成的相对过剩。正是因为劳动力市场对农村劳动力的余缺调剂作用,劳动力过剩问题才能得到某种程度的缓解。②

  从整个江南地区来看,劳动力市场的存在是没有疑问的。不仅是农业生产领域,而且包括手工业工场、农村工业企业中,都存在这样性质的市场。尤其值得注意的是,以往缺乏进入劳动市场机会的妇女,随着新兴手工业工场如毛巾、袜厂、纱厂的出现和发展,越来越多地进入了劳动力市场。在城乡之间、工业与农业之间的劳动力流动中,近代才开始具有劳动力市场的观点,应为近代史学者的偏见。至于说20世纪30年代才有农村劳动力市场,估计过于保守。套用"自然经济"概念,以解释中国农村经济未必符合实情。至于说在农村地区,由于剥削过于沉重,以至于劳动力愿以低于劳动力成本的工资接受工作,其目标只是为了维持生存(甚至不足以维持生存),而不像资本主义劳动力市场中的劳动力那样,其劳动的基础是劳动力成本与收益,③换言之,江南劳动力市场是过密型商品化,还是资本主义商品化,尚值得再

---

① 史建云:《浅述近代华北平原的农业劳动力市场》,《中国经济史研究》1998年第4期。
② "在中国,农村手工业的破产,它的速度远在都市新兴工业的发展之上。因此农村中的过剩人口,不能够在新兴都市中间找到充分的出路;他们只能长期沉淀在塞塞着的农村中间,努力去从狭隘的农场上面寻求生活。民国二十一年国民政府主计处的统计,全国农民还占总人口的百分之七十四.五。这种现象,使半封建的零细佃农愈加普遍,租佃愈加苛重起来;同时又使农业劳动者的工资愈加降落,因此阻碍着农业机械甚至耕畜的广泛利用。在许多内地农村中间,不值钱的人力竟同畜力互相竞争。在这种情形之下,劳动力的浪费,自然走到了很可惊的程度。""然而劳动力的浪费,仍然不会消灭农村中的人口过剩问题。例如嘉兴农村调查告诉我们,农业劳动者的人数,平均只占农家总人数的百分之四十四.四八(嘉兴地方妇女与男子同样参加田间工作)。"薛暮桥:《农村副业和农民离村》,《中国农村》1936年第2卷第9期。
③ 薛暮桥:《中国农业中的雇佣劳动》,《中国农村》1936年第2卷第5期。依据经典理论,学者们对劳动力市场也提出了看法。薛暮桥认为,"劳动力商品化即在资本主义社会,劳动者脱离生产资料,没有方法可以利用自己的劳动力来进行生产,只能够把自己的劳动力像商品一样出卖。"而中国的雇役制度与此不同。他认为雇役制度是"从封建的到资本主义的生产关系的过渡形式,它的形态异常复杂。简单来说,地主雇佣邻近的小农来替自己工作,但是这种雇农因受租佃或借贷关系的束缚,多少带着强制性质。他们或向地主租地,或向地主借债,因此不得不替地主做工。他们所得的工资,有时是一块土地,有时是若干谷物,有时也用货币支付工资,自然这种货币工资,一般比自由劳动者要低得多"。20世纪上半期江南农村劳动力市场所受到的非市场因素的束缚减弱,更多市场因素的影响。

作讨论。史建云指出,虽然"不能够说近代中国或近代华北农业中已经出现了资本主义生产关系,但我们可以说,在劳动力市场方面,阻碍资本主义关系生产的因素已经不存在"[1]。不管如何,广泛存在的劳动力流动,已使一些地区出现农业劳动力供不应求的现象。[2] 江南同样存在季节性的农业劳动力供给不足,但这一地区通过吸纳外部劳动力,有效地解决了这一问题。

有学者认为,上海20世纪30年代成为全国工业中心,由于地价、工资等客观原因,上海的工业开始向苏南作梯度转移,由此形成了上海和苏南地区两个并存的工业区。当然,上海的工业生产技术向周边扩展并不限于苏南,它还同时向杭嘉湖地区传播。就整个江南地区来看,这种生产技术由城市向市镇乃至乡村转移的源头除了上海这样的工业中心城市,还包括无锡、杭州等次一级的中心城市。此外,在这个区域中,生产技术的转移不仅限于工业部门,还包括手工业生产领域。[3]

以织袜业为例。最初的机织袜来自德国,受到国人的欢迎。总计德国产品行销有10年之久,其后美国、英国、日本所产袜子(洋袜)渐次行销于中国。当时洋货竞进,布袜为洋袜所驱逐。及光绪末年,始有人设厂仿制洋袜。最先,由洋行发售西洋机械,但均为手摇织袜机。之后,中国开始仿造手摇织袜机,织袜业才开始有一定规模。织袜机的更新是织袜业发展的关键环节,因为针织袜机的引入和生产,"袜业制造,亦一变而为针织矣"。[4] 南汇织袜业始于上海织袜业技术的传播。"南汇地处浦东,与上海隔江相望,县境毗连,轮渡往返,日必数次。益以铁道筑成,自周家渡至周浦瞬间可达。境内航轮,联贯各区重要市镇。海上风气所向,南汇必紧承其后。故针织袜业,得日兴月盛。"[5]20世纪30年代初,全县有大小袜厂48家,每年产量为893500打,营业总值达726120元。[6] 此外,江南农村的花边业、毛巾业等新兴手工业的发展,也有赖于生产的技术传播。1900年,沈毓庆"首创经记毛巾厂于川城,广招妇女,飞织巾。时纺织

---

[1] 史建云:《浅述近代华北平原的农业劳动力市场》,《中国经济史研究》1998年第4期。
[2] 史建云:《浅述近代华北平原的农业劳动力市场》,《中国经济史研究》1998年第4期。河北、山东、河南三省约有44%的县劳动力供不应求,主要因素是这些地方农业劳动力离乡。
[3] 如前述之土布业由原松江府所属各县向江南地区北部各县转移。
[4] 《南汇织袜业现状》,《工商半月刊》1933年第5卷第11号。
[5] 《南汇织袜业现状》,《工商半月刊》1933年第5卷第11号。
[6] 《南汇织袜业现状》,《工商半月刊》1933年第5卷第11号。

业衰敝,家庭无副业。自毓庆倡织巾,虽工厂折阅甚巨,而风气大开。数年以后,散为家庭工业,遍于城乡内外,机声溢巷,于社会经济之凋敝,挽回不少"①。

江南农村零星的现代工业,也是在引进西方先进生产技术,并对传统手工业进行技术革命的背景上展开的。"光绪三十年,上海县人朱开甲创设求新机器制造厂,制造新式机器云云。求新厂实为我国仿造外洋机器之鼻祖。十余年来,物质文明日甚一日,机器需要百倍畴囊。以是,机器厂之继求新而起者,各地皆是,沪上尤形发达。惟资本有多寡之属,出品有专门、普通之别。"②

南汇的轧花工具,始用木质轧车,皆为农户自备,妇女手摇足踏,日可出花衣十数斤。"及至清咸丰、同治年间,铁制轧车从日本输入后,遂称木质者为小轧车,铁质者为洋轧车。使用洋轧车,日可得花衣数十斤。因其去籽快,出货速,效率高于小轧车数倍,使用者日渐增加,致使木质轧车,淘汰几尽。"③轧花工具至此的改进,还不完全具有现代变革的意义,其驱动还是依赖人力。清光绪三年,日商日华纺绩株式会社,设纱厂于上海浦东陆家嘴后,中外纱厂,相继设立。花衣需求日益增多,洋轧车用人力转动者,具有缓不济急之势。④ 在此种情况下,1901年,胡明甫等人合股引入以柴油机(总动力80匹马力)为动力的轧花机40台,首创机动轧厂南昌公司于周浦镇南八灶。⑤ 南昌公司是南汇最早采用机械、以现代工厂的经营管理方式组织生产的现代工业。南昌公司的创立,成为南汇县农村现代工业之先驱。南汇现代轧花工业的引入,在时间上几乎紧随上海。上海机器轧花厂首创于1895年,"因有礼和花厂之设立,此为我国火机轧花之嚆矢"。⑥ 轧花业出现后,在地域范围上逐渐扩大,在技术上也继续提高。随着轧花厂的设立,轧花机器有所改进。1929年建立的沈庄恒大花厂,使棉花加工实现机械化。至1932年,南汇县已有6家轧花厂。轧花厂之机械为轧花机,其机大小不等,以32寸及36寸门面者为最多。其原动力均为柴油引擎,其马力自12匹至24匹不等。规模最大的是设于周浦镇的合兴昌轧花厂,成立于民

---

① 民国25年《川沙县志》卷十六人物志。
② 民国24年《上海县志》卷四农工。
③ 实业部国际贸易局:《中国实业志(江苏省)》,实业部国际贸易局1933年版,第1161页。
④ 实业部国际贸易局:《中国实业志(江苏省)》,实业部国际贸易局1933年版,第1161页。
⑤ 《周浦镇志》,第140页。
⑥ 实业部国际贸易局:《中国实业志(江苏省)》,实业部国际贸易局1933年版,第1161页。

国七年,有资本26000元,轧花机24部,引擎1部,职工52人。虽然这6家企业无一家是依公司章程组织者,但多为合伙经营。① 其技术也与手工业有本质不同。采用轧花机械,以火机为动力,即是其摆脱手工业的技术水平而进入现代工业范畴的标志。至40年代,轧花工业仍不断引进先进技术,其科技水平,仍在提高。1947年建立的黄路申久花厂,率先使用现代汽流式锯具轧花机。这已经是现代工业内部技术发展意义上的技术改进了。

  粮食加工业实现变革,也是在技术传播的背景下发生的。1900年,在上海出现美商经营的机器碾米厂后不久,中国人也开办了源昌米厂,几乎与此同时,上海的碾米机械就传至周边各县。在南汇县,周浦镇建立起了机器碾米企业,是为该县最早的现代工业。粮食贸易是周浦镇的主要行业之一,至清末,周浦已发展成为浦东地区最大的稻米集散地,拥有400户商家,时称"小上海"。清末民初,该镇形成许多著名的粮行。每当收获季节,各店购销两旺。不少商号还附设碾米工场。工场机械的动力先是人工手摇、脚踏,进而用牛拉。② 但落后的生产不能适应市场的需求。1900年,美商所营之美昌机器碾米厂设立后,"因当时民智未开,佥以机米为不合卫生,以致营业不振。翌年,上海复有国人经营之源昌米厂出现,力辟有疑卫生之谣,盛称机器碾米之便利,顾客试食后,并无不良影响,于是机米之销额突增,专营米业者,接踵而起。"③ 胡明甫等人遂于1901年创立南昌公司,引进碾米机器,其时间,当在"僻谣"之前或"僻谣"之过程中。继南昌公司之后,碾米厂相继开设,且机械动力也有所改进。1913年,周浦陆林生开设的米厂等,首用火油车为动力。1920年,一般米厂为一砻一机,以柴油机为动力。30年代初,南汇县碾米业逐步改用电力,厂数亦逐渐增多,1932年,计有碾米厂11家。共有发动机11台、碾米机14台,工人总数为70人,每年碾米量为44000担。④ 1937年,已达23家,1945年达40家,1949年71家,1951年已增至101家。全县碾米加工设备据统计已有碾米机159台,砻谷机85台,清谷机15台。⑤

---

① 实业部国际贸易局:《中国实业志(江苏省)》,实业部国际贸易局1933年版,第1164—1165页。
② 《周浦镇志》,第176页。
③ 实业部国际贸易局:《中国实业志(江苏省)》,实业部国际贸易局1933年版,第365页。
④ 实业部国际贸易局:《中国实业志(江苏省)》,实业部国际贸易局1933年版,第365页。
⑤ 《南汇粮食志》,第172页。

江南乡村的机械工业也从无到有,并有所发展。其生产技术的直接来源,也往往有赖于城市工业的"供给"。如前文例举的南汇县,机械工业始于20世纪20年代,是为适应碾米机的修理而出现的机器修理业。1925年创办的周浦浦东铁工厂,是南汇第一家专业机械修造厂。该企业在自上海引进技术的同时,还进行技术创新,曾自制一台镗床。其后,机器修理业又有所发展,但规模都不大。① 电力工业的产生及其发展也是技术传播的过程。早在1917年,黄友林、陈碧桃等人就在大团镇合资开创和记电气公司,以柴油机发直流电,开南汇使用电灯之端。1919年,大明电灯公司由赵楚惟、徐祝三创办,用柴油机发电,总容量为76千瓦,周浦镇始用电力作为工业动力和照明。同一年,现代工业传到南汇中部地区的惠南镇。其标志就是南沙电气公司的创立。该年,王芹伯、李颂夫等4人各投资1万元,开设南沙电气公司,置45匹马力大头柴油机和100匹马力、75匹马力的引擎共3部,所发直流电白天供碾米,夜晚供照明。② 这是惠南镇最早用电、用机器的工业。③ 1920年,电力工业又传入惠南附近的新场镇。是年,胡篁铭在新场创办昌华电气公司,电力应用促进了新场现代工业的发展。④

20世纪10—40年代,现代工业的触角,由棉花加工工业、粮食加工工业延伸到动力工业、机械工业,现化工业的经营方式也随之扩展。不过,值得注意的是,一些原在城市的工业企业,将其资金、技术转向周边农村。这是一个可以讨论的现象。但不确定的是,这种现象到底有多大的普遍性?与许多原在乡村的地租向城市集中相比,这种由城到乡的技术、资金转移,到底占有什么份额?此外,城市工业技术向乡村的转移,是否还有其他形式,都是有待深入探讨的问题。

在二元经济理论看来,组织上的不对称性造成了生产要素流动的障碍,结果是包括不同部门、不同地区之间以及城乡之间在经济表现方面的制度性脱节。⑤ 江南的区域经济整合,说明二元经济理论不适于分析江南20世纪上半期正在变化中的经

---

① 《南汇县志》,292页。
② 《南汇县志资料·乡镇概况专辑》(5),内部发行,1985年,第96页。
③ 《周浦镇志》,第105页。
④ 《新场镇志》,第73页。
⑤ [美]王国斌著,李伯重、连玲玲译:《转变的中国——历史变迁与欧洲经验的局限》,江苏人民出版社1998年版,第68页。

济过程。相反,江南的实际情况更接近于罗斯基的看法,即统一的资本、劳动与产品市场跨越城乡,并且把各个不同的地区乃至整个经济同国际市场连接起来。但与罗斯基所暗示的不同的是,这种经济整合并不是必然地导致工业生产取代农业生产。①

三、区域交通与市场整合

区域市场的整合有赖于交通运输业的发展。铁路、公路的修筑以及轮运航线的开辟,强化了江南区域内部的经济整合。而且,铁路、公路以及轮船航线还促进了江南与其他经济区域的经济往来,不仅推动了江南与其他区域之间的经济联系,也同样有助于江南区域内部不同区域之间的经济整合。

(一)交通与区域市场

江南区域市场的整合程度,可透过各个地区之间、城乡之间的交通网络加以观察。表4-14显示江南地区一些县份的交通状况。

表4-14　20世纪20年代末30年代初江南若干县份交通概况

县别	交通		
	铁路	公路	水路
武进	京沪铁路	汽车路为镇澄线中心	水道小轮畅通
镇江	京沪铁路	省句、镇扬等	长江、运河
无锡	京沪铁路	长短途陆路已发展	水路交通尤发达,有定期轮船按日开驶于外县、省间
吴县	京沪铁路	汽车路线4条	水路尤便
江阴		陆路东南西均接邻县	水路较发达,县治及各乡镇皆有小轮往来于无锡间

---

① [美]王国斌著,李伯重、连玲玲译:《转变的中国——历史变迁与欧洲经验的局限》,江苏人民出版社1998年版,第68页。王国斌指出,认为资本、劳动与产品市场充分结合的看法有些牵强,但黄宗智不理会那些沟通城乡经济变化的重要联系的态度也不可取。真实的情况,看来是在二者之间。本文支持罗斯基关于市场结合的看法,但不同意由此即可导致农村经济根本改造的看法。

续　表

县别	交通		
	铁路	公路	水路
常熟		有汽车路,在锡沪线中心;至锡沪苏皆有汽车按时开驶	水轮畅通,伴近京沪铁路;境内皆有小轮按时开送
吴江		苏嘉汽车线皆纵贯	运河纵贯,为小轮往返苏浙的必由之路;盛泽、同里诸镇皆有专轮往返于吴县
昆山	京沪铁路	汽车路线二条与吴县太仓相通	水道至吴县太仓、常熟皆有小轮
上海	京沪、沪杭甬	各种车辆往来极速,水路交通皆极便利	水路分外洋、近海、内河三种,交通之繁,居全国之首
嘉定	京沪铁路		
松江	沪杭甬铁路	与上海之间有陆路交通	与上海之间有水路交通
青浦		亦有陆路交通	水道交通最便小轮到处可通
宝山		沪太路斜贯西南境,公路与上海、罗店相连	
金坛		交通较便	
太仓		公路有锡沪路,沪太路可达无锡、上海等地	水道交通便利
南汇		有公路可通上海、川沙	有水路可通上海川沙
金山	沪杭铁路		
南汇	上南		
川沙	上川		
杭县	沪杭甬、浙赣	京杭、沪杭、杭徽、杭富、杭临	钱塘江、运河
海宁	沪杭	海宁县城至杭县、长安、袁化	市镇间皆有小汽轮
嘉兴	沪杭甬		运河、长水、谷水
崇德		杭善公路	汽轮通长安、石湾、桐乡、乌镇
桐乡			白马塘、金牛塘、运河
平湖		至杭州、乍浦	海盐塘、汉塘、乍浦塘
富阳		至杭州	钱塘江
余杭		至杭州、临安、武康	多恃民船

续　表

县别	交通		
	铁路	公路	水路
临安		至余杭	簰筏、民船
于潜			民船
新登			渌川簰运
昌化		至杭州	晚溪、双溪至钱塘江
吴兴		至泗安、安徽边界	港汊分歧,交通便利
长兴		至武康、江苏边界	三十六港,交通便利
德清		至三桥	水路交通便利
安吉		至孝丰、梅溪,可乘舆	至吴兴
孝丰		步行	竹筏

资料来源:忍先:《浙西各县工商业之一瞥》,《商业月报》1929年第9卷第7号;《杭县经济概况调查》,《浙江经济情报》1936年第1卷第1至5各期合刊;吴元良、张锡炎:《崇德经济调查》,《浙江经济情报》,1937年(3月1日)第2卷第7期。殷惟龢:《江苏六十一县志》,商务印书馆1936年10月版。

铁路是近代江南地区新产生的陆路交通方式,与其他的陆路交通工具相比,铁路运输能力较强,商品输送高效快捷。与水路交通相比,铁路运输速度快,且极少受到气候季节变化的制约。因此,铁路贯通江南区域之后,极大增进了沿线城市的交通运输能力。上海、杭州、无锡等城市工商业经济的发展,都与铁路在交通运输中的功能有关。江南的一些区域,也因处于铁路沿线而在江南的经济结构中提升了其区位重要性。

整合江南区域市场,并强化它与其他区域市场关联的铁路主要有津浦、京沪、沪杭甬、苏嘉、浙赣等干线。在本文讨论的区域内,位于津浦铁路沿线的县份不多,江浦县为其一。江浦县"地当南北交通之冲途,浦镇在江北,为军、商、工繁集之地"[1],"陆路交通以津浦铁路为主,自浦口经浦镇、花旗营、东葛至滁县之乌衣"。[2] 其中,由浦口镇至温泉镇又筑一铁路支线,用于运输煤、油。[3] "江浦县城在沿江平原,沿会鬃

---

[1] 侯鸿鉴:《视察江浦记》,《教育杂志》1915年第7卷第4期。
[2] 《分省地志:江苏》,中华书局1936年版,第265页。
[3] 侯鸿鉴:《视察江浦记》,《教育杂志》1915年第7卷第4期。

河,城垣甚小,分南、北、西小、东大、东五门,商业为浦镇所夺,人口二万八千,市廛不盛。浦镇为县属第一巨镇,宋称安阳渡,明江浦县治设此,至今旧城址尚存。津浦车站在城东,接金汤门,商肆林立,贸易繁盛"[1],"为军、商、工繁集之地"。[2] 浦镇之发展受到几个因素的影响。浦镇距津浦线的终点站浦口镇约 3 里之遥,"凡往来津浦线的慢车,例必于此停靠"。[3] 在浦镇南门,铁路局"设有一工厂,工人颇多,此于浦镇市场之热闹,不无小补"。[4] 另外,从区位上看,浦镇"出东门不远,即入安徽地界,该处农民的交易,亦多以浦镇为尾闾。对于皖北门户的蚌埠,货物一项,浦镇更与有很大的输纳关系。商业以粮食业为大宗,一届麦、稻登场,市面顿形繁荣,粮食行倍极忙碌;附近的谷物,常多倾销于此,成交之后,装袋用船运往各地分销,每年此项生意,为数甚为不小"。[5] 相比之下,离浦镇约 10 公里的江浦镇,"城中瘠苦异常,购买日用物品,亦感缺乏"[6],其商业功能则往往转移至浦镇。由浦镇与江浦县城的对比可见,津浦铁路因其交通运输功能而对当地商品聚散和市镇经济产生的影响。

在江南区域内,京沪铁路为另一支干线铁路。镇江、丹阳、句容、无锡、武进、苏州、昆山等均可利用京沪铁路运输客货。铁路的修筑及通车改善了这些县份的陆路交通运输条件。如在京沪铁路通车以前,句容县陆路交通只能依赖驴、轿、独轮车等,极不便利。京沪铁路通车后,经过县域北境,设有龙潭、下蜀、桥头等车站,使该县陆路交通"大改昔观"。[7] 尽管由于铁路经过地域偏在县境北部,距离该县县城尚有 60 余里[8],但通过水路及其他陆路交通与通车区域沟通,铁路对整个县域的陆路交通起到有促进作用。京沪铁路经过的县域,均以京沪铁路为其主要的陆路交通干线。镇江"陆路交通以京沪铁路为主"[9],时人谓"镇江地当运河与长江的交会处……

---

[1] 《分省地志:江苏》,中华书局 1936 年版,第 266 页。
[2] 侯鸿鉴:《视察江浦记》,《教育杂志》1915 年第 7 卷第 4 期。
[3] 程大:《浦镇心影》,《社会周报(上海)》1934 年第 1 卷第 16 期。
[4] 程大:《浦镇心影》,《社会周报(上海)》1934 年第 1 卷第 16 期。
[5] 程大:《浦镇心影》,《社会周报(上海)》1934 年第 1 卷第 16 期。
[6] 程大:《浦镇心影》,《社会周报(上海)》1934 年第 1 卷第 16 期。
[7] 《分省地志:江苏》,中华书局 1936 年版,第 260 页。
[8] 郭济周:《调查:各省之筑路潮:江苏:句容平治道路谈》,《道路月刊》1922 年第 2 卷第 2 期。
[9] 《分省地志:江苏》,中华书局 1936 年版,第 254 页。

西距南京一百二十里,京沪铁路联络其间,瞬息可达"。① 京沪铁路横贯丹阳县境东北部,经过县城、陵口及吕城等市镇。② 无锡"陆路交通以京沪铁路为主……设有洛社、石塘湾、无锡、周泾港诸站"。③ 武进县"陆路交通以京沪铁路为主,横贯县境……设有奔牛、新闸、常州、戚墅堰、横林等站"。④ 在无锡、武进等县,京沪铁路与京杭大运河平行,成为该区域内交通运输的两大水、陆干线,故当时的调查称此地"既当运河之冲,复当沪宁铁路之中心点"。⑤ 吴县的陆路交通亦"以京沪铁路为主,有望亭、浒墅关、苏州、官渎里、外跨塘、唯亭诸车站"。⑥ 此外,这里还是京沪铁路与苏嘉铁路的交汇点,"苏嘉铁路,南通浙江嘉兴,便利交通不少"。⑦ 时人曾谈及苏嘉铁路对吴江县交通的影响。在铁路通车以前,吴江对外交通主要依赖轮船。苏嘉铁路建成后,沿线所设的8个车站中,有4个(即吴江、八坼、平望、盛泽)在吴江县境内。因而,吴江县形成轮船、铁路(以及公路)交织的交通网络。⑧ 昆山"陆路交通以京沪铁路为主,有昆山、正仪、青阳港、陆家浜诸车站"。⑨ 故《昆山杂记》称"昆邑扼京沪线要冲,交通便捷"。⑩ 嘉定县"陆路交通有京沪铁路横过南境,设有南翔、黄渡、安亭等站"。⑪ 在安亭等镇,铁路交通与往来河道中的轮船交通相衔接,将远离铁路线的其他市镇乡村(包括青浦等地)也纳入铁路交通线直接覆盖的范围,增进了铁路交通作为主干交通线的地位。⑫

京沪铁路在上海与沪杭(甬)铁路相接,地处上海以南的松江等县,以及浙西的

---

① 寅:《镇江面面观(上)》,《京沪沪杭甬铁路日刊》1935年第1430期。
② 张汉林:《丹阳农村经济调查纪略》,《苏农》1930年第1卷第3期;刘星全:《丹阳农业现狀调查》,《农行月刊》1935年第2卷第6期。
③ 《分省地志:江苏》,中华书局1936年版,第283页。
④ 《分省地志:江苏》,中华书局1936年版,第279—280页。
⑤ 龚骏:《武进经济之实况》,《上海总商会月刊》1927年第7卷第3期。
⑥ 《分省地志:江苏》,中华书局1936年版,第296页。
⑦ 《分省地志:江苏》,中华书局1936年版,第296页。
⑧ 才玉:《吴江县的缩影》,《礼拜六》1936年第655期。
⑨ 《分省地志:江苏》,中华书局1936年版,第296页。
⑩ 不一:《昆山杂记》,《中华邮工》1943年第2卷第1期。
⑪ 《分省地志:江苏》,中华书局1936年版,第305页。
⑫ "在京沪路安亭站与本路列车衔接之珠安轮船局,近因本路行车时刻更改,故亦将早晚各班轮船与火车衔接办法改订。"参见《沿线琐闻》,《京沪京杭甬铁路日刊》1935年第1469期。

嘉兴、海宁、杭县等县,是沪杭铁路纵贯的区域。松江县"陆路交通以沪杭铁路为主"。① 地处浙西的海宁县,"沿沪杭铁路有硖石、长安、斜桥、周王庙、许村等处"。② 嘉兴也在沪杭铁路沿线,"可由沪杭甬铁路直达沪、杭等处"。③ 20世纪30年代中期的调查称,"嘉兴是沪杭甬铁路沪杭段的中点站"④;40年代后期,论者称"嘉兴地处沪、杭中枢,水陆交通均称便利"。⑤ 除了地处上海、杭州之间的区位优势之外,随着30年代苏嘉铁路的通车,"嘉兴便形成上海、杭州、吴县三处交通网的中心,在经济上……的地位愈益重要"⑥,"且地扼黄浦江、运河与沪杭甬铁路之交点,交通极便"。⑦ 嘉善东近上海,西通杭州,亦是沪杭铁路贯穿的县份,时人的调查不无夸张地称嘉善"火车往来,昼夜如织,旅客络绎不绝于道"。⑧ "杭县陆地交通,铁道有沪杭甬、浙赣二路,分达上海、宁波、南昌等地,并藉联运之故,可达各大都市。"⑨

除上述铁路干线外,还有连接中心城市与周边市镇、乡村的轻便铁路。川沙县"有上川轻便铁路,自川沙至上海、浦东之庆宁寺"。⑩ 南汇县"周浦至上海、浦东之周家渡有轻便铁路"。⑪ 在杭县,也有"自江干至拱宸桥之铁路线"。⑫ 这些轻便铁路行程较短,主要满足中心城市与其远郊往来交通之需。

尽管铁路在江南区域市场整合中具有显而易见的重要性,但由于这一时期铁路建设里程较少,铁路经过的城市与市镇毕竟只是少数。从上表中可以看出,京沪铁路和沪杭甬铁路是经过这一区域的主要干线铁路,位于铁路交通线上的市镇仅为江南区域内市镇的极少部分。在苏南地区,位于京沪铁路上的城镇稍多一些,而在浙西地区,大部分城镇都远离铁路交通线,不便于直接利用铁路运输。

---

① 《分省地志:江苏》,中华书局1936年版,第307页。
② 忍先:《浙西各县工商业之一瞥·海宁》,《商业月报》1929年第9卷第7号。
③ 忍先:《浙西各县工商业之一瞥·嘉兴》,《商业月报》1929年第9卷第7号。
④ 雪岑:《嘉兴经济概况》,《京沪沪杭甬铁路日刊》1936年1753期。
⑤ 桂滋:《简讯:嘉兴》,《电信界》1948年第6卷第10期。
⑥ 雪岑:《嘉兴经济概况》,《京沪沪杭甬铁路日刊》1936年1753期。
⑦ 忍先:《浙西各县工商业之一瞥·嘉兴》,《商业月报》1929年第9卷第7号。
⑧ 新光:《浙江嘉善各业概况》,《钱业月报》1923年第3卷第10期。
⑨ 《杭县经济概况调查》,《浙江经济情报》1936年第1卷第1至5各期合刊。
⑩ 《分省地志:江苏》,中华书局1936年版,第312页。
⑪ 《分省地志:江苏》,中华书局1936年版,第313页。
⑫ 忍先:《浙西各县工商业之一瞥·杭县》,《商业月报》1929年第9卷第7号。

铁路作为陆路交通干线的缺失部分由公路加以弥补。20世纪上半期,江南地区修筑的公路使一个辐射整个区域的公路网络构架初步形成,有利于区域经济的整合,同时,由于城市特别是区域性的中心城市往往是公路网络的"节点",区域中心城市的交通运输枢纽地位亦因而得到强化。

江南各县公路交通如下表所示。

表4-15　江南公路交通表

县份	公 路 简 况
镇江	镇江—句容、镇江—扬州、镇江—丹阳、金坛—溧阳、镇江—江阴
丹阳	镇江—丹阳、丹阳—金坛
江宁	南京—杭州、南京—芜湖、南京—建平
句容	南京—杭州、镇江—句容
溧水	南京—建平、溧水—天王寺
金坛	金坛—丹阳、金坛—溧阳
溧阳	南京—杭州、溧阳—金坛
高淳	南京—建平
六合	六合—扬州
武进	镇江—江阴
无锡	无锡—江阴、无锡—宜兴、无锡—上海
江阴	无锡—江阴、镇江—江阴
宜兴	南京—杭州、无锡—宜兴
苏州	苏州—嘉兴
太仓	上海—太仓
嘉定	嘉定—罗店、上海—太仓、南翔—上海
南汇	上海—南汇
奉贤	上海—杭州
海宁	杭州—海宁、海宁—长安、海宁—袁化
平湖	杭州—平湖
崇德	杭州—嘉善
富阳	杭州—富阳、富阳—兰溪

续表

县份	公路简况
余杭	杭州—余杭、余杭—临安、余杭—武康、双溪—瓶窑
杭县	南京—杭州、上海—杭州、杭州—歙县、杭州—富阳、杭州—临安
临安	临安—余杭
昌化	杭州—昌化、杭州—歙县

资料来源：忍先：《浙西各县工商业之一瞥》，《商业月报》1929年第9卷第7号；《分省地志·江苏》，中华书局1936年版，第256—314页。

从上表中所列公路可知，江南地区的公路网络有几个枢纽性的交通中心，它们包括南京、镇江、无锡、上海、杭州等城市。

南京是本文所研究的江南地区北缘的公路交通枢纽。南京有通往安徽芜湖和浙江杭州的京芜公路和京杭公路。其中，京杭公路纵贯整个江南区域，[1]以南京为起点，经过江宁、句容、溧阳等县通往杭州，在沿途若干县城、市镇又与其他干线公路或支线公路交织，共同以南京为交通的枢纽。另外，如京芜、京建等最终通往省外城镇的公路，也以南京为起点。"京芜公路起自南京，沿大江右岸经采石、当涂而抵芜湖，共长九十二公里。"[2]京建公路"自南京城经秣陵关至溧水"[3]，由溧水通往高淳县，再经高淳县至安徽省郎溪县建平镇。[4] 1934年2月通车。[5] 据《京建线行车时刻表》，京建公路由南京至建平沿线共设站点19个，包括下关、中华门、安德门、大定坊、牛首山、东善桥、秣陵关、令桥、柘塘、乌山、溧水、溧水南门、洪蓝埠、孔镇、漆桥、高淳、东坝、钟桥和建平。[6] 如果说京芜公路是由南京通往其西南方向（皖南地区）的公路，京建公路则是由南京通向其南方（同属皖南地区）安徽郎溪一带的干线公路。它首先是强化了位于本文所讨论的江南地区的西北翼的高淳、溧水与南京的联系，同时因

---

[1] 《分省地志：江苏》，中华书局1936年版，第257—277页。
[2] 《路事纪要：京芜宣长公路全部完成》，《铁道》1933年第4卷第1期。
[3] 《分省地志：江苏》，中华书局1936年版，第257页。
[4] 《分省地志：江苏》，中华书局1936年版，第263—264页。
[5] 《苏省公路营业状况》，《道路月刊》1935年第46卷第3号。"该线于去年(1934年)二月通车至秣陵关，六月展至溧水。每日营业收入平均仅三十余元。自上年八月将路线延长后，营业亦随之增加。现在通车里程约计一百公里……每日营业所入均计百七八十元。"
[6] 《江苏省建设厅公路管理处京建线行车时刻表》，《江苏建设月刊》1936年第3卷第12期。

公路延伸至安徽境内的建平,从而也强化了皖南东部地区与南京等长江沿岸贸易中心的往来。可见,南京既是江苏省内其周边各县公路交通枢纽,也是苏皖、苏浙等跨省区公路的起点,是苏、浙、皖地区公路交通的中心。

镇江是江苏省省会,由镇江向江北的扬州,江南的句容、丹阳、溧阳、江阴等地,都有长途汽车通行:镇江"长途汽车有省句、镇扬(有渡江轮船联络)、镇丹、金溧、镇澄等公路"。① 其中,省句公路由镇江至句容,②循此路,"自(句容)县城经东昌街可至镇江"③,这条公路向西"接连京杭国道,历溧水、溧阳、宜兴,绕太湖而至浙江的杭州"。④ "镇扬长途汽车来往于镇江、扬州之间,由镇乘小轮过江,至六圩汽车码头,改乘汽车,直驶扬州富连门车站。"⑤经过丹阳的两条公路均以镇江为中心,"一为镇澄公路,经过其东北隅;一为镇溧公路,由西北入至南部出"。⑥ 经由通往这些县份的公路,镇江的公路交通还辐射到金坛等县。⑦

上海是江南地区的又一个公路交通枢纽。沪太公路是上海向北延伸的一条主要交通干线:太仓县"陆路交通有沪太长途汽车,自浏河通上海"。⑧ 锡沪公路由无锡通上海,并将沿线市镇与锡、沪两地沟通。沿途设置的头等汽车站有上海、太仓、常熟、无锡,二等站有练塘、支塘、直塘、嘉定、南翔、真如等,三等站有单亭、查家桥、安镇、羊尖、罗家塘、东港、白茆、窑镇、双凤、新丰、葛隆镇、外岗、马陆等,另外,还在重要乡村设立招呼站。⑨ 上海周边各县,也均有直通上海的公路。锡沪、苏沪两条公路均经过昆山县,便利昆山与上海(以及无锡、苏州)的往来。⑩ 嘉定县"汽车路自县城通宝山之罗店与沪太汽车相连接,南翔亦有汽车通上海"。⑪ 南汇县"陆路交通有上

---

① 《分省地志:江苏》,中华书局 1936 年版,第 254 页。
② 《苏省公路营业状况》,《道路月刊》1935 年第 46 卷第 3 号。
③ 《分省地志:江苏》,中华书局 1936 年版,第 260 页。
④ 寅:《镇江面面观(上)》,《京沪沪杭甬铁路日刊》1935 年第 1430 期。
⑤ 寅:《镇江面面观(上)》,《京沪沪杭甬铁路日刊》1935 年第 1430 期。
⑥ 刘星全:《丹阳农业现状调查》,《农行月刊》1935 年第 2 卷第 6 期。
⑦ 《分省地志:江苏》,中华书局 1936 年版,第 273 页。
⑧ 《分省地志:江苏》,中华书局 1936 年版,第 301 页。
⑨ 《锡沪公路将竣工,预定本月内正式通车》,《道路月刊》1935 年第 46 卷第 3 号。
⑩ 陈培元:《江苏省昆山县农村经济之趋势》,《民间》1936 年第 2 卷第 19 期。
⑪ 《分省地志:江苏》,中华书局 1936 年版,第 305 页。

南汽车路,自上海经周浦、新场至南汇"。①

杭县(杭州)则为江南地区另一个公路交通的枢纽,"有京杭、沪杭、杭徽……等干线,为本省公路线之中心点,四通八达"。②杭州为京杭公路的南部端点,这条公路自杭州至南京,经过长兴、夹浦、汤渡、宜兴、徐舍、溧阳、南渡、天王寺、句容、汤山、孝陵卫等地。③其间主要的路段绕过太湖西岸,是沟通江南西部地区南北交通的要道。沪杭公路是连接杭州与上海的另一条区域性的干线公路,于1932年10月10日通车,"全路计长二百十六公里,直贯苏浙殷庶之区,自上海至杭州车行五小时可达"④,沿途经过的大站有闵行、柘林、金丝娘桥、海盐、海宁等。⑤杭徽公路于1933年11月28日通车,"此路起自杭州武林门,经余杭、临安、于潜、昌化、昱岭关、霞坑、大阜诸地而达徽州(即歙县),全路计程二百十五公里"。⑥

杭州既是江南地区的公路交通中心,更是浙西地区惟一的公路交通枢纽。浙西地区以公路为干线的陆路交通网络往往以杭州为汇聚的中心。以杭州为起点的公路向富阳、余杭、诸暨、三廊庙、瓶窑、双溪、临安、武康等周边的城镇辐射。⑦富阳县"陆路现筑有汽车(本系商办,现改归省有)路,直达杭州"。⑧临安"陆路有汽车路,长七十九里,直达余杭"⑨,再经余杭—杭州公路,可抵杭州。临安县的干线公路为杭徽公路,这条公路"横贯(临安县)东西,往来省会(杭州),尚称便利"。⑩昌化县"陆路有至杭州之公路,计长一百四十里,至安徽歙县边界,计长三十五里"。⑪平湖县"城南有浙江公路局长途汽车,西通嘉善,南至杭州,北达上海"。⑫杭长公路,"自杭(州)至

---

① 《分省地志·江苏》,中华书局1936年版,第313页。
② 《杭县经济概况调查》,《浙江经济情报》1936年第1卷第1至5各期合刊。
③ 《江南汽车股份有限公司京杭线京长段里程票价表》,《江苏建设》1935年第2卷第12期。
④ 《交通水利·公路·沪杭公路完成通车》,《申报年鉴》1933年,第36页。
⑤ 嘉麟:《路事纪要·沪杭公路完成通车概况》,《铁道》1932年第2卷第12期。
⑥ 《沪杭公路》,《京沪沪杭甬铁路日刊》1933年第844号。
⑦ 忍先:《浙西各县工商业之一瞥·杭县》,《商业月报》1929年第9卷第7号;忍先:《浙西各县工商业之一瞥·余杭》,《商业月报》1929年第9卷第7号。
⑧ 忍先:《浙西各县工商业之一瞥·富阳》,《商业月报》1929年第9卷第7号。
⑨ 忍先:《浙西各县工商业之一瞥·临安》,《商业月报》1929年第9卷第7号。
⑩ 月华生:《临安的概略》,《礼拜六》1936年第640期。
⑪ 忍先:《浙西各县工商业之一瞥·昌化》,《商业月报》1929年第9卷第7号。
⑫ 张毓鸾:《平湖调查记》,《新语》1935年第3卷第12期。

湖(州),共九十公里,二小时半可达,每日往返约十余次,经过上柏、武康、三桥埠、埭溪、菁山等埠"。①

除了通往几个区域中心城市的公路之外,一些县域之间也有公路交通,并由此与干线公路交错衔接,构成了县域之间公路的网络框架。由嘉兴至乍浦之公路,设站于平湖县城南门外,"往来迅捷,行旅称便"。②"崇德陆路交通,在杭善公路未通车前,陆路狭窄,无车辆行驶。仅赖水路轮船。但自杭善公路通车后,变为杭嘉间交通中心之地。"③串联这些县份的公路多为干线公路或其支线,而县域内部市镇之间、市镇与乡村之间的公路,多未修筑。

受到行政区划范围的约束,在江南地区的北部即苏南地区,形成以南京和江苏省会镇江、工商业中心城市无锡等地为中心的公路网络,而在江南地区的南部即浙西地区,形成以浙江省会杭州为枢纽的另一个公路交通中心。值得注意的是,这两个各有其中心的公路网又是相互交织的。地处苏南的宜兴县位于京杭国道上,可通往浙西地区。"陆路交通以京杭国道为主,自溧阳东经徐舍至县城,折而南,经汤渡、董塘……入浙江境。"④同样地处苏南的金山县。"陆路交通有沪杭公路,沿海塘自柘林经金山卫,通浙江。"⑤苏州至嘉兴的苏嘉公路为"江浙交通捷径"⑥,"自苏州经吴江、平望、王江泾至嘉兴"⑦,"沿途经过,均系富饶之区,营业较诸已通车各线为优"。⑧京杭、苏嘉、沪杭等公路,沟通苏南与浙西两个分属于不同行政区的地区,有利于江南区域内部的经济整合。

值得注意的是,江南区域内的铁路与公路在一些市镇交叠,进而形成铁路与公

---

① 张泽香:《吴兴现状之调查》,《湖州月刊》1934年第5卷第9—10期。
② 徐起孙:《平湖商业概况》,《兴业邮乘》1937年第57期。
③ 吴元良、张锡炎:《崇德经济调查》,《浙江经济情报》1937年第2卷第7期。
④ 《分省地志:江苏》,中华书局1936年版,第289页。
⑤ 《分省地志:江苏》,中华书局1936年版,第310页。
⑥ 《苏省公路营业状况》,《道路月刊》1935年第46卷第3号。
⑦ 《分省地志:江苏》,中华书局1936年版,第301页。
⑧ 《苏省公路营业状况》,《道路月刊》1935年第46卷第3号。不过,"以运河商轮往来如梭,影响(苏嘉公路)营业甚巨。公路于去岁八月间,核减运价,及发售来回票以来,营业收入骤然增加,平均每日在五百元以上。行车班次,由十六次递增至三十六次。惜以车辆缺乏,不敷供应,往来旅客,仍多搭乘商轮"。

路的沟通联运。如下表所示：

表4-16 江南铁路与公路联运状况表

公路＼铁路	京沪	沪杭甬
京沪干线（南京至上海）	南京站至镇江站一段南翔站至上海北站	
镇江溧阳线（镇江至溧阳）	镇江站、丹阳站	
京沪支线（申港至贾桥）	常州站	
宜常省道（宜兴至常熟）	无锡站	
江阴苏州线（江阴至苏州）	望亭站、无锡站、苏州站	
苏嘉路（苏州至嘉兴）	苏州站	
沪桂路沪金段（上海至金山）		龙华站
松江嘉兴支线（松江至枫泾）		松江站
杭善路（杭州至枫泾）		嘉兴站、临平站、杭州站
平嘉路（乍浦至王江泾）		嘉兴站
盐善路（海盐至嘉善）		嘉善站
宁崇路（海宁至崇德）		长安站
临莫路（临平至莫干山）		临平站
笕桥路（九堡至半山）		笕桥站
京杭路（杭州至南京）		杭州站
杭徽路（杭州至昱岭关）		杭州站

资料来源：《沪杭甬线与浙省公路衔接表》、《两路与苏省公路（衔）接表》，《京沪沪杭甬铁路日刊》1933年第685期。

总体上看，因铁路、公路数量和里程有限，"在该区交通上不占十分重要之地位"。[①] 20世纪上半期江南"交通仍以河道为主，四时通舟，大城市之间，无有不通小轮者，村镇间无有不通民船者"。[②] 形成这种交通格局的因素，除规划、投资之外，还在于江南的自然地理特征。江南除西部山区之外，地形以河网平原为主，为发展轮

---

① 《分省地志：江苏》，中华书局1936年版，第271页。
② 《分省地志：江苏》，中华书局1936年版，第271页。

船等水路交通运输提供了便利条件。湖州地区的吴兴县"全邑港汊分歧,夙有泽国之称"①,"北滨太湖,苕、霅两溪及运河,贯流其间,支流纵横全县,故交通以水道为便,至沪、杭、苏、锡等埠及四乡各镇,均通小轮"。② 如下表所示。

表4-17 1934年湖州主要轮船航线表

航线	经过地点	里程(里)	班次/日
湖州至上海	南浔、震泽、平望、黎里	360	2
湖州至苏州	南浔、震泽、平望、吴江	200	2
湖州至杭州	菱湖、新市、德清、塘栖	100	3
湖州至嘉兴	南浔、平望、王江泾	100	2
湖州至嘉兴	双林、桐乡	100	2
湖州至无锡	出太湖口,经太湖直达	180	1

资料来源:张泽香:《吴兴现状之调查》,《湖州月刊》1934年第5卷第9—10期。

除吴兴外,湖州其他市镇也都有发展水路交通的天然条件。如"长兴全邑,有三十六条港"。③ 因而,包括长兴在内,还有南浔、双林、新市、泗安、梅溪、德清等市镇,"每日小轮,往来频繁,行旅称便。较小各镇,亦有航船可通"。④ 这类地理特征成为促使水路交通发展,进而推动区域内部贸易往来的自然环境因素。

20世纪上半期是江南轮船交通航线和轮船运输发展的时代。在旧嘉属地区,嘉兴"水路除运河外,又有长水、谷水与海宁、平湖等处相通,各处皆有轮舟驶行,运输货物,无感困难"。⑤ 平湖县"水路甚多,如汉塘、海盐塘、乍浦塘、独山塘等,均可通行舟楫,交通称便"。⑥ "城东有平沪轮船局,南至海盐、海宁而达杭州,东至新大、新仓、朱泾、闵行而达上海,西北至嘉兴、嘉善而达苏州。"⑦ 轮船通航便利了平湖与该区域的商业往来。时人曾将轮船通航前后的交通状况加以比较,认为"往昔平湖

---

① 忍先:《浙西各县工商业之一瞥·吴兴》,《商业月报》1929年第9卷第9号。
② 张泽香:《吴兴现状之调查》,《湖州月刊》1934年第5卷第9—10期。
③ 忍先:《浙西各县工商业之一瞥·长兴》,《商业月报》1929年第9卷第9号。
④ 张泽香:《吴兴现状之调查》,《湖州月刊》1934年第5卷第9—10期。
⑤ 忍先:《浙西各县工商业之一瞥·嘉兴》,《商业月报》1929年第9卷第7号。
⑥ 忍先:《浙西各县工商业之一瞥·平湖》,《商业月报》1929年第9卷第9号。
⑦ 张毓鸾:《平湖调查记》,《新语》1935年第3卷第12期。

交通,仅赖舟楫,商旅往来,濡滞费时,嗣有小轮通航申、禾及各乡镇,商货运输,因较便利"。① 桐乡"运输货物以水路为便,计有白马塘、金牛塘,水系自运河入境,妙智港水亦然,又有长水塘,水来自海宁,沙渚塘水来自羊羔"。② 在旧苏属地区,吴江县之同里、盛泽、震泽、黎里、严墓、芦墟、平望等区,"都有河道湖泊,非用船只不可"。③ 震泽"水道有内河小轮经过本县市镇而达苏州、上海、嘉定、湖州、杭州等处,交通堪称便利"。④

在一些未通铁路与公路的市镇,水路是其与外界沟通的惟一方式。如在青浦县的朱家角,"可以说是只有水路交通,没有陆路交通,因为它四面都被水所包围,与其他各地隔绝,所以非但汽车没有,就是黄包车、脚踏车也都绝迹。所幸水路交通,倒还发达。普通小船,在稍为富有的人家,都有一二只,门口河边,除水码头外,还有个船坞,以为停泊之用,其余做生意的小船、货船,更是多极,船大都是平底,行时只要摇橹,并不藉重其他的帮助……帆船之外,就要算到定期的轮船,轮船也很有几个公司设立,通行范围,大都开到昆山、安亭、上海、青浦等县为多以及西岑、金泽、西塘、莘庄、白鹤江等几个村镇"。⑤

由于轮运的发展,长江、钱塘江、运河等可通航轮船的河道,成为江南水路交通的干流,也将江南区域商路伸展到该区域之外,强化江南区域与其他区域之间的经济整合。以江南轮运之中心镇江为例。"长江轮船,上水通南京、芜湖、安庆、九江、汉口,下水通上海,为长江水运唯一要道……镇江亦为长江下游小轮船航路一中心,其主要航线包括:一、运河班,由镇江至扬州、邵伯、宝应、清江浦各有专班,为江北出入唯一要路,近年运河失修,冬季每不能航行,惟镇扬班四时通行。二、仙女庙班。三、泰州班。四、六合班。五、小河口班。六、姚家桥班。七、中兴镇班。八、樊川班。自镇江至丹阳之运河,夏季水涨,间有小轮航行,又南京至口岸

---

① 徐起孙:《平湖商业概况》,《兴业邮乘》1937年第57期。
② 忍先:《浙西各县工商业之一瞥·桐乡》,《商业月报》1929年第9卷第9号。
③ 才玉:《吴江县的缩影》,《礼拜六》1936年第655期。
④ 张亚声:《吴江县农村副业概况》,《农行月刊》1936年第3卷第1期。该镇陆路交通则有长途汽车直达苏州、嘉兴。
⑤ 丁嘉藩:《朱家角社会状况纪实》,《警光月刊》1933年第1卷第9期。

班小轮,亦经过镇江。"①可见,轮运是联系镇江(江南)与江北的扬州、泰州、宝应、六合等地的主要交通方式。

借由长江及其支流的轮船交通,江南地区与皖北全椒、来安、滁县等地的联系亦得到强化。位于江北的六合县是其中转地之一。"六合境内唯一大河为滁河,发源于张八岭,迂回曲折,经六合城南折,分道至大河口、划子口入江,其中以大河口为主要出水道,故通六合之小汽轮及较大木船均由大河口进出。自六合县城而上,则通小型木船,在大水时期,并可上溯至竹镇、来安、滁县及全椒等地。六合外输之粮食,多赖滁河之水运,皖北全椒、滁县和来安一带输出的物产,亦颇多由滁河下运。"②汇入长江后,再经长江及其支流、运河航线,将这些江北区域的货物转输江南各地,返程时则将江南地区的产品运至江北:"六合粮船至无锡、常州卸货以后,辄购运面粉、纱、布等物而返,故六合一带所需之棉纱、布匹及洋面粉,绝大部分来自锡、常,惟有五洋、五金、京广杂货,以及白糖等物,则大多来自南京。此等货品之输入,约有两途。数量较巨者,多由各商号运向南京各行庄采购,而藉长江轮渡与汽车为之运输;数量微小者,则多由行商小贩肩挑而来,转售于城乡各商店,或径售于农村消费者,货物脱售之后,即收购鸡蛋、鸭蛋、鸡等回至南京下关销售。"③江河航道成为水路、公路、步道共同构筑的复合型交通运输网络不可缺少的组成部分。

在浙西地区,杭县、富阳等钱塘江沿岸的地区,则利用了钱塘江水道作为轮船交通运输的干道。杭县轮船运输航线除"内河四线"(分别至上海、苏州、德清及湖州)之外,还有"轮船三线","系走钱江,一至桐庐,二至临浦,三至诸暨"。④钱塘江为杭县水路交通干线之一,"通行汽轮,经过沿江各县镇"。⑤钱塘江(富春江)是富阳县与外部世界水路交通的主要通道,它"西通金、衢、严、处及徽州,东出海宁达海口,从桐洲以下和长岭头以上,为富春江底的范围,计长七十五里,航轮多通,尚算

---

① 《分省地志·江苏》,中华书局1936年版,第254页。"近年因港湾淤塞,轮船往来多停泊江心,故乘客及货物之起卸,皆甚不便。"
② 楼同茂:《六合县的地方经济》,《地理》1949年第6期。
③ 楼同茂:《六合县的地方经济》,《地理》1949年第6期。
④ 忍先:《浙西各县工商业之一瞥·杭县》,《商业月报》1929年第9卷第7号。
⑤ 《杭县经济概况调查》,《浙江经济情报》1936年第1卷第1至5各期合刊。

便利"。① 20世纪20年代末,调查称"富阳大江中贯,水路交通,极尽便利"。② 钱塘江流域各县,则藉钱塘江沿线的各个支流,与钱塘江沟通,形成羽状的轮运航线。如,昌化县"水路由汤家湾,或晚溪、双溪、河桥大漏滩经于潜、分水、桐庐各县河道,以达钱江"。③

正如前文中已经提及的,除长江、钱塘江之外,运河是江南跨区域轮船运输的另一个重要水道。事实上,运河沿线的市镇均依赖轮船航路作为其与外部沟通的主要交通运输线,运河经过的杭县、崇德、无锡、丹阳、镇江等县,都以运河为主要水路交通孔道。江南农村出产的大宗农产品,如粮食、蔬菜等,主要借由纵横交织的轮船航线得以流通。例如,吴江县"小轮航路以运河为主,有苏嘉、苏湖等线,皆经过吴江"。④ 该县所产之萝卜,"为食料中之必需品,各大市场,亦不可缺,故每届冬至前后,大量出产时,商人有太湖公司之组织,备有轮船,专供农民赴沪销售之用"。⑤

江南平原为河网平原,自然河流纵横交错,运河纵贯南北,有利于水路交通的发展。密布的天然河道与人工河道,使水道交通线成为区域商业网络的"毛细血管",几乎延伸到每一个市镇与村庄。由区域内密布的河道构成的交通网络,往往以作为行政中心(大部分兼为经济与贸易中心)的县城作为交通枢纽。溧阳"全县河道均有舟运之利,小轮船路有三线,一自县城经徐舍至宜兴、无锡、常州,一自县城经壁桥至金坛、丹阳,一自县城至南渡河口;此外,自县城至梅渚、社渚、上沛埠、上兴埠、竹簧桥、载埠,均有航船往来"。⑥ 无锡县"因南滨太湖,北控长江,运漕梁溪诸河分流境内,四乡港汊分歧,密布如网,故交通不以陆而以水道为较便利"。⑦ 该县"水路交通小轮及航路四达,其主要小轮航路以无锡县城为中心,与上海、苏州、常州、江阴、溧阳、湖州等地,均有航路往来"。⑧ 1933年,在无锡经营航运的轮船公司达19家以上,

---

① 莘儒:《社会调查:我所知的富阳社会状况底一斑》,《民国日报·觉悟》1921年第12卷第16期(1921年12月16日)。
② 忍先:《浙西各县工商业之一瞥·富阳》,《商业月报》1929年第9卷第7号。
③ 忍先:《浙西各县工商业之一瞥·昌化》,《商业月报》1929年第9卷第7号。
④ 《分省地志:江苏》,中华书局1936年版,第300页。
⑤ 张亚声:《吴江县农村副业概况》,《农行月刊》1936年第3卷第1期。
⑥ 《分省地志:江苏》,中华书局1936年版,第277页。
⑦ 秦瑞保:《江苏的无锡》,《警光月刊》1933年第1卷第9期。
⑧ 《分省地志:江苏》,中华书局1936年版,第283页。

主要航线如下表所示：

表4-18 1933年无锡主要轮船航班表

航班	船名	公司名称	开行时刻	全程里数
无锡至湖州	太湖	太湖	中午12时	180
	飞云	太湖	中午12时	70
无锡至江阴	裕江	招商	上午10时半	
	飞鲸	利澄	下午2时半	
	飞鲤	利澄		
	飞凤	严东	下午3时半	
	益利	严东		
无锡至溧阳	新安	招商	上午8时	240
	新安	招商	上午10时半	240
无锡至常熟	新润	新济	上午8时半	100
无锡至周庄	利澄	利澄	上午10时半	80
	利澄	利澄	下午1时	80
无锡至华口	新飞龙	利澄	上午11时	70
无锡至荡口		华新	下午1时	40
无锡至苏州	福新	普益		50
无锡至南方泉	华胜	南达	下午2时半	82
无锡至吴塘	惠风	锡南公共	下午1时半	40
无锡至玉祁	永裕	济商	下午2时	50

资料来源：秦瑞保：《江苏的无锡》，《警光》1933年第1卷第9期。

与无锡相邻的武进县，"内地河流纷歧，有轮船小舟，往返城乡"[1]，其水路交通"小轮船以县城为中心，东北至江阴，东南至无锡，南至宜兴，西南至金坛，均有定期航路，又自奔牛经小河至扬中，亦有航路通行，其他内河诸镇，均有航船往来"。[2] 武进县通行轮船之河道，以"人工凿造之运河为主干，有巨支北通江阴，南经宜兴以达溧阳、金坛，故此

[1] 江苏省农民银行总行编：《第二年之江苏省农民银行》(1930年)，张研、孙燕京主编：《民国史料丛刊》第475册，大象出版社2009年版，第136页。
[2] 《分省地志：江苏》，中华书局1936年版，第279—280页。

数县之商旅,皆萃集于武进"。① 宜兴县"小轮航路,自县城西经徐舍至溧阳,北经和桥至常州或无锡,又本县之芳桥、湖㳇、张渚亦有小轮航路通县城"。② 这些县域内的航路均以县城作为其中心。可见,在一个县域内,轮船航线的枢纽通常是县城。

当然,也有例外。个别县城的交通中心是县城以外的其他市镇。如高淳县"东西水道,南北陆道,以距县治五十里之东坝镇为中心点,水道则通皖、芜,水满时,小轮驰行,以东坝为起点,下通溧阳、无锡"。③ 据《高淳县乡土志》,东坝之水陆交通均称便捷。除旱路可通县城及各主要市镇外,"水道则由城东南渡固城湖五十里达东坝,由东坝而下坝,而邓埠,亦皆有水道可通,由下坝北行十里,至汤桥,为通省城大路,由下坝东北行十五里,为桠溪港,亦与溧阳邻,由下坝西南行十里,为唐原施,过此,即建平县地"。④ 另外,在中心城市周边,轮船运输网络辐辏的中心并不是县城,而是中心城市。金山县"小轮航行有自金山经张堰至松江,自张堰经松江至上海,自朱泾至嘉善,自朱泾至平湖、上海诸线"。⑤ 川沙县"自川沙至上海、南汇有小轮船路。自白龙港至横沙有航船往来"。⑥ 南汇县"小轮航路有自大团经航头、鲁家汇至上海,自南汇经周浦至上海、南汇至川沙等线"。⑦ 金山、川沙、南汇等县轮运交通均以上海为中心。而其县城则"降格"为副中心,或只是其县域内部分农村区域的中心。

轮船交通线路并不完全局限于县域之内,它们还借由县际乃至连通整个区域的轮船航线,而融入更大范围的交通网络。吴县水道交通"小轮以苏州城为中心,分达各乡及江、浙各地,计有二十五线,其主要者,有上海、杭州、湖州、嘉兴、南浔、无锡、常熟、昆山、木渎、洞庭、东山等线"。⑧ 这些轮船航线可达的地方,包括苏州城市周边的市镇如木渎等,也包括苏州附近的县城如常熟,更包括上海、杭州等区域中心城市。由苏州通达各地的航线可知,苏州在一个多层级的市场结构中,既是其周边乡

---

① 龚骏:《武进经济之实况》,《上海总商会月报》1927年第7卷第3期。
② 《分省地志:江苏》,中华书局1936年版,第289页。
③ 夏琼声:《高淳县农村经济调查》,《苏农》1931年第2卷第5期。
④ 吴寿宽:《高淳县乡土志》,1913年版,第28页。1914年3月,改建平县为郎溪县。
⑤ 《分省地志:江苏》,中华书局1936年版,第310页。
⑥ 《分省地志:江苏》,中华书局1936年版,第312页。
⑦ 《分省地志:江苏》,中华书局1936年版,第313页。
⑧ 《分省地志:江苏》,中华书局1936年版,第293页。

村的市场中心地,也是涵盖数个县域的中层市场中心,还是整个江南区域的市场中心之一。除了苏州这样的市场中心之外,通常以各县县城为节点的市场结构,也由轮船航线交织的结构呈现出来。常熟县的小轮船航线以县城为中心,由县城向四周辐射的轮船航线形成一个网状结构,再经由县城通往江阴、无锡、苏州、太仓的轮船航线,将这个县域交通网络与太湖东岸地区的区域交通网络相连接。[1] 这种县域内部及县域之间的交通网络在其他县份也同样存在。如太仓县"小轮船路有昆山至沙溪、太仓至昆山、浏河至昆山、沙溪至常熟诸线"。[2] 松江县"自松江至闵行、上海、平湖、朱泾、嘉兴、杭州均有小轮船航路往来"。[3] 昆山"介苏、沪两大商埠之间"[4],"小轮交通为本县最要之交通路,其航线自昆山城,通常熟、苏州、太仓等地"。[5] 再如嘉定县,"小轮航路,有南翔至县城、安亭至太仓、安亭至青浦等线。又自上海至苏州通小轮,亦经过黄渡、安亭等地"。[6] 很明显,县域内的轮船航线往往以县城为中心,向其四周的市镇乡村呈放射状辐射,而包括若干个县域在内的区域,又以区域中心城市中心,成为各县轮船航线的汇聚辐辏之地,从而将整个区域整合为一个城乡紧密联系的整体。同时,中心城市之间的轮船航线,依赖水路将其所经过的市镇乡村纳入更大范围的交通网络中。

表4-19　20世纪20—30年代江南各县轮船、航船航线表

县份	轮船航线	航船航线
六合	六合—滁州、六合—镇江、六合—南京	
镇江	镇江—南京—芜湖—安庆—九江—汉口、镇江—上海、镇江—扬州、镇江—邵伯、镇江—宝应、镇江—清江浦、镇江—仙女庙、镇江—六合、镇江—泰州、镇江—小河口、镇江—姚家桥、镇江—中兴、镇江—樊川、镇江—丹阳、南京—口岸(经过)	

---

[1]《分省地志:江苏》,中华书局1936年版,第298页。
[2]《分省地志:江苏》,中华书局1936年版,第301页。
[3]《分省地志:江苏》,中华书局1936年版,第307页。
[4]《调查:各地金融之概况:昆山》,《农行月刊》1934年第1卷第1期。
[5]《分省地志:江苏》,中华书局1936年版,第296页。
[6]《分省地志:江苏》,中华书局1936年版,第305页。

续 表

县份	轮船航线	航船航线
丹阳	丹阳—镇江、丹阳—金坛	
江宁	南京—桥头—秣陵关—禄口—塔山渡—王家渡—溧水、南京—桥头—西北村—龙都—湖熟	
溧水	溧水—南京	
高淳	高淳—芜湖、高淳—太平、高淳—溧阳、县城—芜湖、县城—东坝	
金坛	金坛—丹阳、金坛—溧阳	金坛县城—直溪桥—西旸、金坛县城—社头、薛埠
溧阳	县城—徐舍—宜兴—无锡—常州、县城—甓桥—金坛—丹阳、县城—南渡河口、	县城—梅渚、县城—社渚、县城—上沛埠、县城—上兴埠、县城—竹簀桥、县城—载埠
无锡	无锡—上海、无锡—苏州、无锡—常州、无锡—江阴、无锡—溧阳、无锡—湖州	
武进	武进—江阴、武进—无锡、武进—宜兴、武进—金坛、	奔牛经小河至扬中，内河诸镇均有航船往来
江阴	江阴—无锡、江阴—常州、江阴—常熟	
宜兴	宜兴—徐舍—溧阳、宜兴—和桥—常州（无锡）、县城—芳桥、县城—湖㴔、县城—张渚	
苏州	苏州—上海、苏州—杭州、苏州—湖州、苏州—嘉兴、苏州—南浔、苏州—无锡、苏州—常熟、苏州—昆山、苏州—木渎、苏州—洞庭、苏州—东山	
昆山	昆山—常熟、昆山—苏州、昆山—太仓	
常熟	常熟—江阴、常熟—无锡、常熟—苏州、常熟—太仓	县城至各镇
嘉定	嘉定—南翔、安亭—太仓、安亭—青浦、上海—黄渡—安亭—苏州	
松江	松江—闵行、松江—上海、松江—平湖、松江—朱泾、松江—嘉兴、松江—杭州	
奉贤		南桥—金汇桥、南桥—秦日桥、南桥—青村港、南桥—奉城

续　表

县份	轮船航线	航船航线
金山	金山—张堰—松江、张堰—松江—上海、朱泾—嘉善、朱泾—平湖、朱泾—上海	
川沙	川沙—上海、川沙—南汇、白龙港—横沙	
南汇	大团—航头—鲁家汇—上海、南汇—周浦—上海、南汇—川沙	
青浦	朱家角—青浦—安亭—上海、朱家角—青浦、青浦—安亭、青浦—黄渡	
嘉兴	嘉兴—平湖、嘉兴—海宁	
崇德		崇德—洲钱、崇德—灵安、崇德—沙渚、崇德—高桥
杭县	杭县—桐庐、杭县—临浦、杭县—诸暨、杭县—上海、杭县—苏州、杭县—德清、杭县—湖州、杭县—兰溪	
昌化	昌化—于潜—分水—桐庐—杭州	

资料来源:资料来源:忍先:《浙西各县工商业之一瞥》,《商业月报》1929年第9卷第7号;《分省地志·江苏》,中华书局1936年版,第256—314页。

如上表所示,在江南水路交通中,除轮船航线外,还有航船航线。如海宁县,"地方小汽轮,各市镇间皆有往来,民船更难备述"。[1] 余杭县"水路交通,多恃民船"。[2] 于潜"陆路尚无汽车路之修筑,水路亦仅恃民船,交通不甚便利"。[3] 崇德县城"至其四乡如洲钱、灵安、沙渚、高桥等处之交通,则仍恃民船之通行"。[4] 如下表所示。

表4-20　崇德县航船开驶一览表

开达地点	起点	开驶时间
嘉兴	北门外	上午六时
洲钱	万岁桥	上午六时

---

[1] 忍先:《浙西各县工商业之一瞥·海宁》,《商业月报》1929年第9卷第7号。
[2] 忍先:《浙西各县工商业之一瞥·余杭》,《商业月报》1929年第9卷第7号。
[3] 忍先:《浙西各县工商业之一瞥·于潜》,《商业月报》1929年第9卷第7号。
[4] 吴元良、张锡炎:《崇德经济调查》,《浙江经济情报》1937年第2卷第7期。

续表

开达地点	起点	开驶时间
长安	北门外	上午六时、下午一时
五河泾	西门	下午一时
石门湾	北门外	上午六时
亭子镇	东门	下午一时
灵安	北门外	下午一时

说明：本邑划船（脚划船甚多，其他之乡镇如高家湾、李家坝、沙渚、高桥、路家园、芝村等地，并无固定之航船，多雇划船代步。长安、石门、桐乡等处，亦可随时启用行驶。）

资料来源：吴元良、张锡炎：《崇德经济调查》，《浙江经济情报》1937年第2卷第7期。

  嘉调的《崇德县经济近况》调查称，"崇德交通，颇称不便，唯一赖以载送行旅者，仅一距崇德城区十二华里之沪杭甬铁路而已。崇德人旅行较远者，每须乘船至长安趁车。水运每日上午有乌镇及濮院轮船二艘，经崇德至长安，下午则由长安开回，此外尚有至嘉兴、斜桥、海宁、新市、塘栖、南浔、双林等处之民船，兼营装货及载客，生涯亦颇不恶"。因铁路线连接的主要是中心城市，公路网络联通的市镇与乡村数量有限，到达公路站点和铁路站点的交通方式，仍然有赖于水路交通，而轮船受河道、运输成本等所限，航线所经之地主要限于规模较大、客流与货物运输较繁之市镇。航船可在较小的河道中穿梭，运输成本较廉，运行的航线可延伸至更多的市镇乡村，对当地交通运输和轮船形成互补关系。

  除轮船、航船以外，簰筏亦是江南（尤其是浙西山区）运输货物的工具。尤其是在那些不适宜通行轮船、航船的水道中，簰筏对于货物运输和市镇贸易的作用是其他运输方法不可替代的。临安、新登、孝丰等县地处浙西山区，在不通汽车的乡村地区，运输主要依赖肩挑骡负，效率低下。这一地区虽有诸多流经山间的溪水，但多数因河道狭窄或河水过浅，不便或无法行船。在这些河道中，簰筏就成为一种常用的运输工具。[①]

[①] 忍先：《浙西各县工商业之一瞥·临安》，《商业月报》1929年第9卷第7号；忍先：《浙西各县工商业之一瞥·新登》，《商业月报》1929年第9卷第7号；忍先：《浙西各县工商业之一瞥·孝丰》，《商业月报》1929年第9卷第9号。

(二) 商品运输与市场结构

现代交通运输业的兴起是现代化发展的标志之一,也是近代城市与其周边农村经济关系转变的重要因素。19 世纪末至 20 世纪初,随着近代交通网络的扩张,将轮船航线、公路、铁路交通展至整个江南区域,给区域经济整合注入了新的动力。

近代交通的发展以及近代交通运输网络的构建,引发了区域内部市场空间结构的重新整合。尤其是影响到货物流向和集散中心的调整,从而对一些城镇的贸易状况产生转折性的影响。

铁路的修筑与通车对市场的空间结构的变化产生了直接的作用。以镇江的变化为例。在铁路未修筑之前,"镇江因地当长江与运河之交,为南北水陆交通之枢纽,故背域广大,北含山东、河南、江苏北部,南包安徽、江苏南部以及长江一带"①,是一个北联鲁、豫,南通江、浙,其腹地涵盖华北与江南的贸易中心。铁路通车后,以镇江为中心的市场空间结构发生变化。"自胶济铁路、津浦铁路开通后,不仅山东及淮北之贸易均归青岛,更因津浦与沪宁二路完成,中国南北交通之运输路,由镇江移往南京,而镇江背域遂次第缩小,今(引者按:20 世纪 30 年代初)不过限于江北之一部分而已。"②

受津浦铁路通车影响的,并不限于以镇江为中心的区域性市场空间结构的转变,区域内部的市场重心也随之发生迁移。如在津浦铁路通车以前,"六合县居水陆孔道,当南北要冲,舟车往来,多取道焉。盖一交通最便之区也。滁为县境干河,其上游通滁、来(安)、全(椒)等县,昔之船舶西来者,必经县城。由东南瓜步入江。自明以来,濒江数十里沙洲长涨,于是,入江之道有三:曰通江集,曰划子口,曰大河口,其后通江集之东又开一沙河。下游入江之道凡四,自光绪间,新河告成,由上游张家堡经浦口即已通江矣。又县境西北陆路,直接皖省"③。清光绪年间,"商船往来西北一带,购办货物,仍以六合为聚会之所"④,"南北之货各有一部分,以该境为转输之枢

---

① 《分省地志·江苏》,中华书局 1936 年版,第 251 页。
② 《分省地志·江苏》,中华书局 1936 年版,第 251 页。
③ 民国 9 年《六合县续志》卷三地理志下·交通。
④ 民国 9 年《六合县续志》卷三地理志下·交通。

纽。商业因以繁盛,俗有小苏州之称"。① 此时的六合,是江北地区,尤其是六合以西各县通往长江的孔道,从而也是货物与人流所聚的经济中心。自津浦铁路建成通车后,"昔之牵车服贾,奔赴六合者……多已改趋浦口,是六合地方已成僻壤"。② 六合因"交通形势变迁,影响所受,几于一落千丈"③,商业"日形冷落,进口之货,成本较大,获利甚微,致日用开支有不敷之势。市面铺张华丽,实则外强中干。有恒产者,年获金谷仅足养身,农民小贩一日所得不能自赡者,什之八九。万金之家,寥若晨星,人口二十余万,实业不兴"。④ 六合在南北商道中枢纽地位的变化与津浦铁路的通车具有明确的因果关系。津浦铁路通车之后,浦口成为铁路的南端,亦成为货物集散转输的中心,浦口亦取代六合原有的江北商业中心地位。整个地区的市场空间结构即发生了重心位移。

沪杭甬铁路的修筑与通车也给浙西地区的市场空间结构带来影响。铁路通车之后,运河的部分货物转由铁路输送,运河在区域内部商路结构中的地位相对下降,这相应地会降低运河沿岸市场中心的地位。《崇德县经济近况》称,"崇德……古时商业甚盛,盖其为南北水路交通之要道,自沪杭甬铁路通车后,渐觉逊色矣。"⑤如果再考虑到运河因失修或淤积,一些河段的交通运输能力降低,运河沿岸市镇经济所受的影响当会更大。纵贯江南区域的津浦铁路、京沪铁路、沪杭甬铁路的修筑与通车,对同样纵贯江南区域的大运河的交通运输地位具有极大的影响。轮运的发展固然促进了运河水路运输的功能,但它对区域市场的相对重要性显然是下降了,而铁路(以及纵贯南北的公路)在区域市场的空间结构中逐步取得了相对更加重要的地位,其标志就是市场空间结构中的重要节点,由运河沿岸向铁路沿线转移。而那些兼有水陆交通运输功能的城镇,在新的市场空间结构中居于最为重要的位置。

江南区域内部因近代交通运输发展而产生的重心位移,并未削弱区域内部经济整合的趋势。由于近代交通在水路(轮船)和陆路(铁路和公路)的发展,江南区域内

---

① 蒋汝正:《金陵道区六合县实业视察报告书》,《江苏实业月志》1919 年第 1 期。
② 民国 9 年《六合县续志》卷三地理志下·交通。
③ 蒋汝正:《金陵道区六合县实业视察报告书》,《江苏实业月志》1919 年第 1 期。
④ 民国 9 年《六合县续志》卷三地理志下·交通。
⑤ 崇德"地处浙西,为旧嘉属之一县。原名石门,于民国三年始改称崇德。有运河横贯其间,东北与桐乡交界,南连海宁,西接德清。面积计 1117 方里,全县人口共计十九万余"。

部的市场整合更趋紧密。

至20世纪30年代初,苏南各个城市之间、各个中心城镇与一般城镇之间、城镇与乡村之间、不同县域之间,已经形成了一个水陆交织的交通运输网络。在水路交通运输方面,有往来于各个城镇乡村之间的水路运输线和轮船航班;在陆运方面,京沪铁路、沪杭铁路纵横贯穿这一区域,此外还有镇澄、锡沪、苏嘉、沪太等公路为之辅翼。① 交通发展促进了江南区域内部城乡之间的市场整合。溧阳县"商业亦比较金坛、高淳诸县为发达。因农产较富,而交通便利故也"。②"常熟交通,素感缺乏,距铁道最近之处,须四十公里,平日仅赖小轮通达,至少须五六时,遇河干水浅,或天寒地冻,交通即有封锁之虞。现在陆路交通,渐次发达"③,经行常熟县的公路包括锡沪、常太、苏常、锡常等道路,密切了常熟与无锡、上海、苏州、常州、太仓等地的联系。

浙西地区交通运输也较为发达,已经形成运河、溪流、公路与铁路相互沟通的交通运输网络。依赖相互连接的交通运输网络,浙西地区各个市镇乡村的农产品与手工业品得以连续转输,强化了区域内部的经济联系。例如,"嘉善地处申杭之间,水陆交通,向称便利。故近来商业日益繁盛"。④《今日的乍浦》描述了沪杭公路通车给乍浦带来的影响:"自从去年(引者按:1933年)沪杭公路建筑完成,乍浦就成为沪杭交通的要冲,素来冷落的海滨区域,居然不断地放出汽笛声。今年春天,那更不对了,每逢星期日,黄山岭一带,差不多好像上海的外滩,大多是私人包车……商业是与交通有密切关系的,交通既然如此灵便,商业自然不待言,渐形发达了,在黄山岭一带为着投机事业而争闹的,日有数起。商店之中,以旅馆和菜馆为最佳。"⑤

轮船航线、铁路及公路交通网络均以城市为节点,从而密切了城乡之间的联系。近代交通运输的发展使中心城市对其腹地的辐射能力增加,同时,也提升了周边农村地区对城市的向心力。

---

① 殷惟龢:《江苏六十一县志》,商务印书馆1936年版。
② 《分省地志:江苏》,中华书局1936年版,第277页。
③ 《沿线琐闻:常熟交通》,《京沪沪杭甬铁路日刊》1935年第1172期。
④ 《嘉善商业发展之一斑》,《钱业月报》1922年第2卷第3期。
⑤ 俞葆初:《今日的乍浦》,《秀州钟》1934年第13期。

以上海与南汇的关系为例。上海开埠以后，轮船航运业迅速崛起，到19世纪60年代，外资轮船可从上海到达国内外的任何一个通航地点，但上海城市周边近代航运网络的扩张，还只限于上海县辖的个别市镇。20世纪初，以上海新昌公司所属新丰轮首辟至南汇航线为起点，开始了上海现代航运业向南汇的扩张。此后，又有协昌公司之吉安轮通往南汇，两家公司的轮船分单、双日开航，形成由上海至南汇的定期航班。后来，新昌又增加一艘轮船，与协昌公司"同日竞驶"，[①]上海各轮船公司也纷纷在南汇开辟航线，轮船班次逐渐增加。当时，在南汇开辟航线者均为上海的轮运公司，在两地航线上航行的轮船均由上海企业直接投资。1914年，南汇商人陆清泽、艾文煜创立大川小轮股份有限公司，开辟南汇至上海的航线，南汇的商业资本开始介入上海城郊航运网络。20世纪20年代，在南汇又新创了平安、协昌、申大、裕大德、惠南、裕昌、大德等轮船局和轮船公司。仅20年间，南汇轮船数量已多达40艘。[②]通往县域以外的远距离航线共有5条，其中通往上海的就有4条。如下表所示。

表4-21 南汇轮船航线概况

航线	起止	经过市镇	时速（公里）	备注
江沪	江家路—上海	六团湾、陈家桥、楼下、横沔、北蔡	15	南汇北部通上海的主要航线
团沪	大团—上海	新场、航头、鲁汇、闸港	14	南汇南部到上海的主要航线
川南	川沙—南汇	六团湾、祝家桥、仓镇	12	南汇通川沙的重要航线
浦南	周浦—城厢	沈庄、坦直、三灶	10	城厢达上海的重要航线
南浦	城厢—周浦	仓镇、祝桥、六灶、瓦屑	10	城厢往上海的重要航线

资料来源：实业部国际贸易局：《中国实业志（江苏省）》，实业部国际贸易局1933年版，第87—88页。

从表中所列航线起止点和所经市镇可以看出：上海对南汇交通网络的渗透是全方位的，现代航运网络遍及南汇的东、北、西部各个地区，直接与上海沟通的市镇多达17个，大团、周浦、城厢、新场等各个地区的中心市镇都是这个网络的节点。南汇不同区域的各个市镇均以上海城市为其向心点，改变了20世纪以前南汇原有航线向

---

① 民国17年《南汇县续志》卷二十二杂志。
② 《南汇县志》，第368页。

第四章 市场结构与市场整合

苏州汇聚的走向。① 由于轮船航速快捷、营运周期较短,尤其是不受海潮和季风方向限制,在运力和效率上具有民船所不具备的优势,上海轮船航线的延伸不仅将散布于南汇各地的市镇编织为一个更加紧密的网络,也使这个网络与上海的时空距离大为缩短。

在这个轮运网络上,周浦镇是南汇县航运河网通往上海的门户。表4-21所列5条主要的轮船航线有2条经过周浦,2条以周浦为转赴上海的节点,周浦因而成为南汇乃至整个浦东地区的贸易中心。其米市粮源有相当数量来自北港、南港。北港联络无锡、常熟等地,南港联络松江、金山、青浦、奉贤等地,②"七八月间,华、娄、奉、青各属之谷船云集镇之南市,彻夜喧阗。米市籴谷亦必卜夜至晓,载归砻之、舂之,即成白粲,黄昏装船运沪销售,沪市谓之东新,获利颇厚"。③ 其时周浦的粮价能直接影响上海市区的粮食价格,甚至可间接影响常州、无锡等地的市场行情。

航运网络的扩张还在南汇乡村催生了一批新兴市镇。地处南汇西南部的闸港口,向来商店不过寥寥数家,但因地处要冲,自从轮船通行后,商市大增,百货都有,成为一个因轮船航运而新兴的市镇和南汇西部的门户。光绪初年尚为一个小村落的苏家桥,自从成为通往松江的轮船必经之地后,也日渐繁荣,成长为一个市镇。四团仓镇因水路有马家宅及邱家码头过塘东达,"故近来市面颇盛"。位于南汇西南四灶港北岸的李家桥,也因轮运之便,"近有商店十余家,居然成市矣"。④

除轮船航线外,南汇公路网络的拓展也同样肇始于上海城郊公路的延伸。由于水运便捷低廉、汽车输入较晚等原因,上海近郊公路起步较之轮运要晚一些,1919年才诞生第一条近郊公路。但两年后,上海城郊公路网络即开始辐射至南汇。1921年,设于周家渡的上南长途汽车公司着手收购土地,在南汇开筑公路,翌年通车。该路自上海县杨思乡周家渡至南汇县周浦镇,全长13公里,⑤是20世纪20年代上海

---

① 参见王家范《明清苏州城市经济功能研讨》,《华东师范大学学报(哲学社会科学版)》,1986年第5期;王家范《上海地区市镇的历史动态考察(1522—1937)》,《"上海开埠160周年"国际学术讨论会论文集》,2003年12月。
② 《周浦镇志》,第176—177页。
③ 民国17年《南汇县续志》卷十九风俗志。
④ 民国17年《南汇县续志》卷一疆域志。
⑤ 张仲礼:《近代上海城市研究》,上海人民出版社1990年版,第250页。

339

城郊建成的4条公路之一。起初安排10辆客车,每小时对开。后来,上海汽车运输公司、上川汽车运输公司、浦东地方建设公司相继在南汇经营汽车运输事业,公路运力相应增加。值得一提的是,1925年上南公路铺设钢轨,改驶50匹马力铁道汽油车,一辆车头可拖5节车厢,载客量高达250人。1927年,上南公司购置75匹马力蒸汽机车2辆和大车厢10节投入运营,再一次发展了轻便铁路小火车,载客量随之大为增加。[①] 当时的记载称铁道筑成后,"自周家渡至周浦瞬间可达",[②]交通运输效率因之大为提高。30年代是上海近郊公路和远郊公路大发展的时期,浦东长途汽车公司承筑由东昌路至周浦镇的公路,上南路也由周浦延展至南汇城厢,另外还加筑了南闵、川南两条公路,如表4-22所示。

表4-22 南汇公路概况

路名	起止	途经	长度(公里)	宽度(米)	备注
上南	周家渡—南汇县城	周浦、沈庄、下沙、航头、新场	40	9	运输棉、纱、豆等
川南	川沙东门—南汇县城	郑家镇、祝桥、仓镇	27	9	运输棉、纱、豆等
南闵	奉贤南桥—上海闵行	浦浜	13	9	运输棉、豆、盐等

资料来源:《中国实业志(江苏省)》,实业部国际贸易局1933年版,第46页。

与航线网络覆盖南汇全县不同,公路只将南汇中部、西部和北部的主要市镇串联起来。上南路由上海周家渡至南汇县城止,将新场、百曲、天花庵、周浦、沈庄、下沙、航头、张家桥等西部较大的市镇相互沟通;川南路则将南汇城厢与祝桥、仓镇等北部市镇联系起来;南闵路的起止点均不在南汇,但却由南汇西部穿过,也有助于南汇市镇与上海等地的往来。虽然公路网络覆盖的市镇限于中西部,但公路与汽车运输作为现代交通运输手段,将各市镇之间的时空距离无形中缩短。这些公路运输与遍布城乡的轮船、民船运输相互结合,足以将市镇的商业贸易、工业生产与农村紧密联结为一体,并进而与上海这样的市场中心发生快捷的联系,推动南汇经济的成长。

[①]《周浦镇志》,第252—253页。
[②]《南汇织袜业现状》,《工商半月刊》1933年第5卷第11号。

四、小结

明清时期促进商业交易的市场制度,①在 20 世纪上半期更加完善。新的交通网络建立起来,使区域之间的市场关系更趋紧密。以城市为中心的近代金融支配着乡村产品市场的起伏。工业中心与原料产地、中心市场与基层市场,城市与乡村经济在深化的专业分工中,更趋加强。反过来,区域农业生产专业化的强化、农产品与手工业品的商品化提高,都是在更趋整合的区域市场中实现的。市场整合是 20 世纪上半期江南农村经济的一个主要特征。正是有赖于这种市场整合,技术改进、投资增加、组织更新才能够生产效果。②

黄宗智主要从社会内容、资本积累和经济发展潜力的角度考察贸易,认为不能假定所有形式的商品化和所有类型的市场都必然引起经济发展,指出 20 世纪上半期(以及此前的 6 个世纪)江南农村的商品化并未推动经济的合理化、资本化和劳动生产率的提高。③吴承明则认为市场成长和经济发展之间有必然联系。20 世纪上半期江南市场整合扩大了专业化分工和商业化,促进了经济发展,而且因为交通运输、通讯等技术的改进,市场整合的程度较前更趋深化,对推动经济发展具有关键作用。黄宗智因为低估了江南土地、劳动力、信贷市场整合的程度,因而也低估了市场整合对经济发展的积极作用。

20 世纪上半期,江南所产水稻、小麦、大麦等主要粮食作物,都有四成以上进入县域以外的远距离市场,棉花则有七成以上供给棉纺工业原料,蚕茧则有更高的商品率。而且,这些农产品的供给完全受到市场需求的左右。农村的手工棉织业、丝织业、针织业等主要行业,也都是为市场需求而生产的。实际上,所有这些行业也都在扩大的市场中获得发展(也因为市场萎缩而衰退)。因此,不能因为小农买卖的大

---

① 张仲礼主编:《中国近代经济史论著选译》,上海社会科学院出版社 1987 年版,第 423 页。王业键认为,到 19 世纪初叶,江南在经济上有了相当蓬勃的增长,并且有了一个将其同中国其他地区联结起来的运行得很好的商业网。
② [美]王国斌著,李伯重、连玲玲译:《转变的中国——历史变迁与欧洲经验的局限》,江苏人民出版社 1998 年版,第 70 页。
③ [美]黄宗智:《长江三角洲小农家庭与乡村发展》,中华书局 2000 年版,第 115 页。

部分产品是生活必需品而否定其生产的商业化性质。而且,农业和手工业的商品化生产都得到一个将城市与乡村整合的信贷市场的支撑。桑蚕、植棉等农业生产和针织、棉织、丝织等手工业生产过程,都有赖于金融市场而运转。在区域经济的发展中,劳动力在城乡之间、产业之间的频繁流动,说明在农业、手工业、工业之间已经具备一个劳动力供需市场。不能因为农业劳动力的剩余就否认整合的劳动力市场的存在,以及其对江南农村经济发展的作用。

不仅如此,产品和要素市场的紧密关系,还促使了江南区域与外部市场的整合,促进了江南区域与国内市场的整合。这种关系使得江南农村经济的起伏与国内其他区域的市场需求建立起因果关系。其他区域包括东北、长江流域甚至西北地区市场需求的变化,成为江南农村经济兴衰的直接影响因素。作为中国的一个区域,江南农村经济与世界市场的关联如此密切。江南农村经济的起伏与国际贸易的关系,说明江南20世纪农村经济的兴衰与国际市场的依存关系。此时的江南已经完全是一个世界性的区域,它不再仅仅是属于国内市场的一部分,已经是整合的国际市场的一部分。

以供求关系决定的贸易流动、因供求状况变化引起的价格变动、劳动的地区专业化等经济学原则,都非常适合20世纪上半期江南的经济状况。不能因为近代农村经济的困境,就否认农民缺乏"经济理性",否认市场对江南经济发展的积极作用。[①]江南经济发展与欧洲的歧异,不能仅仅以两者具有共同的经济因素来分析。完全同样的经济因素,并不一定导致完全一样的经济结果和经济道路,因为经济力量是在社会、政治、法律规定的框架中发生作用的,经济因素能否转化为市场力量,取决于社会、政治、法律等力量的制约。[②]

如果说市场整合在江南经济发展中未能获得应有的效果,其根源需要在经济因素之外的背景中寻找。尽管20世纪上半期(以及明清时期),市场整合已经起到协调区域生产与交换,促进经济发展的作用。但却未具备相应的制度条件,因为经济成长是由不同的社会状况,经由各种机制的相应组合而实现的。相关制度因素的缺乏,限制了市场整合的作用。

---

① [美]王国斌著,李伯重、连玲玲译:《转变的中国——历史变迁与欧洲经验的局限》,江苏人民出版社1998年版,第5、18页。
② Divid C. Colander. *Microeconomics*. Irwin: Mc Graw-Hill, p. 11.

第五章 市镇与农村经济

作为周边农村农产品、手工业品等交换的市场,市镇与其腹地乡村的经济紧密相关。同时,单个市镇又与其他市镇或更高层次的城市区域市场相接,与更广阔的市场范围发生密切的经济联系,因而也就与其他地区农村市场的供需状况相关联。[①]考虑到市镇状况与区域经济变化息息相关,在考察农村经济状况时,市镇兴衰既是一个重要因素,也是我们评估农村经济状况的一个视角。明清时代江南曾经兴盛的市镇在近代农村经济转变过程中发生了哪些变化?近代市镇状况变化是否意味着市镇经济成长机制的转变?如果近代市镇成长机制发生变化,这种变化与区域经济结构变动的新趋势有何关联?本章将从市镇的商况、贸易范围以及工业生产考察近代江南市镇变化的相关因素,从区域城乡经济的背景上考察市镇状况及其变迁机制。

一、市镇经济与区域市场

农产品与手工业品的集散是近代市镇的主要功能,而这一功能的正常运行有赖于金融业的支撑。四乡农村的产品由分散的农户手中向市镇集聚,而购买这些商品的资金则经由市镇的金融或商业机构流入农户的手中。商品与资金在市镇的聚散,使市镇成为区域市场中商业与金融业的节点。

(一)农产品及手工业品的集散

明清以降,种植业中经济作物与粮食作物并重、农村经济中农业与手工业并重已经成为江南农村经济的常态。在这个区域的稻作区、棉作区、蚕桑区和林区(山区)

[①] 任放:《二十世纪明清市镇经济研究》,《历史研究》2001年第5期。

等不同的经济区,逐步发展了适应当地生态特征与区位优势的农业和手工业行业,尽管有诸多农村经济结构的差异,但整个区域对市场的依赖却是共同的。这也是明清两代出现多个市镇快速发展与繁荣时期的原因之一。至20世纪上半期,江南农村经济的这一特征仍然存在,从而决定着市镇经济的主要方面,并影响着市镇的兴衰变化。

江南若干市镇主要贸易商品的类别,说明当地农产品的集散为影响市镇状况的主要因素。如奉贤县金汇桥镇,20世纪初,"土产花包,销场颇广。棉花熟时,每日侵晨,卖买成市,稍迟已不及矣"。[①] 南桥镇则为奉贤全县农产品聚散中心地,在该镇商业贸易中占据最大份额的两种商品(棉花与稻谷),对应该县农业结构中最主要的两个行业,即植棉与种稻。南桥镇的这一农产品集散功能,也使它成为全县的经济中心。[②] 临安县各个市镇集散的农产品包括笋干、茶叶、芝麻等,均为当地主要农产品。1929年,市镇市场上"木香粉、笋干年各销二十余万元。茶叶年销二十余万元。青豆、黄豆年共销六万余元。黄、白芝麻年共销一万三千余元。此外,如竹木、柴炭销数亦多,年合约五十余万元左右"。[③] 笋干、木香粉、茶叶、豆类等农产品年销售值约占市镇产品总量的一半,可见农产品集散对于当地市镇商业的重要性。与地处杭嘉湖西部山区的临安县略有不同,位于东部平原区的海宁县的商业以"米为大宗",该县的"硖石镇为江南米市"之一,[④]在该镇米市上交易的稻米并不限于当地所产,"其米多来自安徽、江苏,行销杭、绍"。[⑤] 此外,海宁县当地农产品豆、桑等的交易亦较盛。如下表所示。

表5-1 海宁州米麦杂粮数目价值统计表

类别	种植面积(亩)	产量	亩均产量	每石(担)均价
米	334000	467000 石	1石4斗	银5元
麦	142000	114000 石	8斗	银4元

---

① 裴晃编:《奉贤乡土地理》,参见黄苇、夏林根编《近代上海地区方志经济史料选辑》,上海人民出版社1984年版,第237页。
② 陈维藩:《江苏农村经济调查纪录:奉贤县金融经济概况》,《苏农通讯》1947年第5期。
③ 忍先:《浙西各县工商业之一瞥·临安》,《商业月报》1929年第9卷第7号。
④ 《海宁县经济概况调查》,《浙江经济情报》1936年第1卷第1至5各期合刊。
⑤ 忍先:《浙西各县工商业之一瞥·海宁》,《商业月报》1929年第9卷第7号。

续 表

类别	种植面积(亩)	产量	亩均产量	每石(担)均价
蚕豆	182000	95000 石	5斗2升	银 3.6 元
黄豆	315000	221000 石	7斗	银 4.2 元
棉	10100	4010 担	38 觔	银 7.5 元
桑	233100	700000 担	300 觔	钱 800 文
麻	650	1150 担	100 觔	银 4 元

资料来源:清光绪二十二年《海宁州志稿》卷十一食货志·物产。

上表显示,尽管海宁水稻种植面积达 334000 亩,为全部农作物中最高的,但桑、棉、麻等经济作物种植面积亦达 24 万余亩。海宁所产稻米不能满足当地需求,需要输入稻米,因而各个市镇均有米粮贸易。在经济作物中,桑的种植面积达 233100 亩,与此相应,"海宁有养蚕户数 61900 户,每年收茧 42000 担,售茧 12000 担,出丝 1900 担,茧每担平均售价银 42 元,丝每百两售价银 32 元"。[①] 出售蚕茧的价值达 50 余万元,出售蚕丝的价值近 60 余万元,两项合计达 110 万元。作为农产品的茧和作为农业副产品的蚕丝都要经过市镇市场交易。畜牧业(家庭养殖业)产品也是海宁县各个市镇集散的主要商品。据方志记载,"(海宁)州境农家不恃牧畜为生,惟猪、羊、鸡三牲养者尚多,销售亦多"。如下表所示。

表 5-2　海宁州牧畜种类数目价值统计表

类别	牧养数(只)	销售数(银元)	平均价值
猪	56350	772700	每只银 12 元
羊	30450	191320	每只银 6 元
鸡	71050	192100	每只银 0.3 元
牛	15	450	每只银 30 元

资料来源:清光绪二十二年《海宁州志稿》卷十一食货志·物产。

表中列出的海宁县农家养殖业中,以产值衡量,比重从高到低依次为猪、鸡、羊和牛。如下图所示。

---

① 清光绪二十二年《海宁州志稿》卷十一食货志。

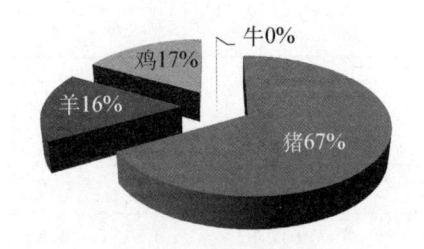

图 5-1　海宁县农家养殖业产值比重

资料来源:同表 5-2。

除销售较多的猪、羊、鸡之外,海宁县还有一定数量的羊毛在市镇市场上交易。另外,还有毛竹、淡竹、甘蔗、西瓜等林业、果业产品在市场上销售。

表 5-3　海宁州竹木果品各种数目价值统计表

类别	产地亩积	出产总数	销售总数	平均价值
毛竹	20	1 万株	银 2 千元	每株银 2 角
淡竹	40	2 万 5 千株	银 2 千 5 百元	每株银 1 角
甘蔗	120	2 万捆	银 4 万元	每捆银 2 角
西瓜	350	7 千担	银 7 千元	每担银 1 元

资料来源:清光绪二十二年《海宁州志稿》卷十一食货志·物产。

林果种植面积虽然占耕地总面积比重不大,总计不过 530 亩,仅相当于水稻种植面积的 1.6%,但林果产品具有较高的商品率,每年销售总额合计在 5 万元以上。

与上述临安、奉贤、海宁等县类似,这一时期江南各个县份的三次产业结构仍以农业为重心,也可以说,农业在县域经济中占有绝对的比重。从土地利用、农业劳动人口比重到农业产值,农业均远远超过第二、三产业。这一结构特征也决定了影响市镇经济状况的主要因素是农产品的销售。如余杭农产品销售"以茶、毛竹为出产大宗"。[①]"崇德县农产以稻、桑为主。"[②]另《崇德县经济近况》称,崇德县"农产品以米谷为主,年产晚稻 20 万石,广籼 11 万石,糯米 8 万石,农业副产年计蚕豆 3 万石,黄豆 12000 石,小麦五六千石,烟叶六千担,柏子 56000 担,菜子 15000 担,菊花 400 余担(花行每年收买约有 2000 担,都是邻县产物),菜类出产亦复不少,黄芽菜出产,年

---

① 忍先:《浙西各县工商业之一瞥·余杭》,《商业月报》1929 年第 9 卷第 7 号。
② 吴元良、张锡炎:《崇德经济调查》,《浙江经济情报》1937 年第 2 卷第 7 期。

有 10 万担之多,芥菜亦有五六万担,乡人每贩至沪、杭等处出售,亦为冬季一笔大宗收入。其他出产尚有羊毛、羊皮,为数亦多,水产以鲈鱼及虾为主要,产量亦复不少"。各种农作物的耕种面积、产量及产值如下表所示。

表 5-4 崇德县农作物种植面积及产值表

品名	耕种面积(市亩)	产量(市担)	价值(元)	价值比重(%)
稻	280000	560000	2240000	21.97
麦	120050	204085	1020425	10.01
芸苔	140000	294000	2940000	28.84
马铃薯	3000	15000	15000	0.15
桑叶	160000	960000	1152000	11.30
豆	66200	119160	595800	5.84
菘菜	12000	144000	1443000	14.15
烟草	16000	24000	480000	4.71
黄芽菜	21000	210000	250000	2.45
萝卜	29500	59000	59000	0.58
合计	847750	—	10195225	100.00

资料来源:吴元良、张锡炎:《崇德经济调查》,《浙江经济情报》1937 年第 2 卷第 7 期。

这些农产品中,有相当部分进入市镇市场交易。包括烟草、黄芽菜、萝卜、菘菜以及部分粮食作物在内,崇德县农产品进入市场交易的比重约达 50%,相当于每年 500 万元。因此,在这些县份以至整个江南的各个市镇中,农产品的集散成为决定市镇商业状况的重要因素。

这种区域经济结构的特征,影响了这一时期江南各县市镇的商业结构,进而影响着市镇的经济状况。在经济作物具有较大比重的植棉地带,市镇与农产品集散之间的关联度表现得更为明显。在江南产棉区各县,约有 2/3 以上的耕地面积用于种植棉花,[①]当地市镇的兴衰起伏与棉花贸易的盛衰同一步调。20 世纪初,常熟棉花种植面积在耕地总面积中比例上升。光绪三十年《常昭合志稿》显示,20 世纪初常熟

[①] 在个别县份的某些时期,棉田占耕地的面积比重更高,方志中有"棉七稻三",甚至"棉八稻二"之说。

"不耕之地,其种之最重者曰棉花。东北乡一带地性夹沙,不宜种稻者皆植此"。① 其时,棉地占常熟耕地总面积的 26%,尤其是在东部沿江地区,棉地的比例更高达 60%。② 之后,棉花种植比例略有起伏,1926 年,占耕地总面积的 21%;1929 年,又上升到 27%。在比例上大体与 20 世纪初持平,但总的种植面积却由 20 世纪初的 42 万亩,增长到 48 万亩,棉花总产量也相应提高。③ 这些变化与棉花市场的发展密不可分,而作为棉花集散和交易地点的市镇,其商业也因此兴盛。常熟的棉花集散市场以支塘镇最为有名。该镇较大的花行有万永顺、同慎昌等,裕泰纱厂、申新纱厂等也在该镇设立收花处。支塘附近的周泾、老徐市、归家市、何市、项桥等市镇也设有花行或收花处,形成了多层次的棉花集散网络。1936 年,仅徐市一地的运棉船就有 70 余艘之多,锦丰的运棉船甚至达到 80 余艘。④ 20 世纪 40 年代各镇花行和收花处数量大幅减少,但至 1949 年,尚有收花处(花行)共计 30 家,大部分为申新、庆丰、久丰、广勤、大东、久泰等纺纱厂所设收花处,专门从事棉花贸易。⑤ 棉花种植的专业化发展、商家数量的增加、运棉船只的增多、棉花贸易规模的扩大,成为这些市镇经济繁荣的基础。如下表所示。

表 5-5 20 世纪上半期江南棉区市镇主要商业行业

县份	市镇	主要贸易商品	年份	备注
宝山	广福⑥	茧市		清末
宝山	高桥⑦	棉花、布、米		光绪年间
宝山	真如⑧	棉花、布	1918	

① 清光绪三十年《常昭合志稿》卷四十六物产志。
② 戴良耜:《常熟田赋变革概况》,常熟政协文史资料研究委员会:《文史资料辑存》(第二辑),内部发行,1962 年版。
③ 《常熟市志》,第 208—215 页。
④ 《常熟市交通志》,上海人民出版社 1990 年版,第 34 页。
⑤ 《支塘镇志》,古吴轩出版社 1994 年版,第 334—335 页。
⑥ 广福"与嘉定接壤,以杨泾分界,故亦称杨溪。东西一大街,长约一里余,商铺五六十家,其杨泾西之南北一街系属嘉泾。前数年茧市颇旺,近以徽"。民国 10 年《宝山县续志》卷一舆地志。
⑦ 高桥镇在"城南二里,因桥得名。桥不高,而名颇著。镇临界滨,南为何家弄,即上海二十二保,青浦港绕其北,有东行、西行、中市、北行之别,故居人总谓之行。早市热闹,唯以棉花、布、米为重,向时特盛,今因旧城坍没,东海日逼,镇亦渐觉衰颓矣"。戴鞍钢、黄苇:《中国地方志经济资料汇编》,第 590 页。
⑧ 民国《真如里志》实业志·真如商业概况。《上海乡镇旧志丛书》第 4 辑,上海社会科学院出版社 2004 年版。

续　表

县份	市镇	主要贸易商品	年份	备注
宝山	罗店	棉花、布匹为大宗,另有典当、花行、米行、衣庄、酱园、锡箔庄等	1920	为宝山最大镇
宝山	杨行	棉花、布匹、菜蔬	1920	
宝山	刘行	棉纱、土布	1920	
宝山	大场	棉花、土布	1920	
宝山	江湾	秋季棉布最旺	1920	
宝山	高桥①	土布、洋布	1920	
奉贤	庄行	棉花贸易较盛,小布稍衰		清末
奉贤	金汇桥镇②	棉花、土布	1909	
奉贤	青村港③	渔市等	1909	
奉贤	南桥镇④	市肆繁盛,酱油制售	1909	
嘉定	钱门塘镇	质库、衣庄、油坊		道光、咸丰
嘉定	娄塘镇	棉花、纱布、杂粮		清末
嘉定	安亭镇	棉花、土布、米、麦		明代
嘉定	广福镇	棉花、土布、六陈、鲜茧		清末
嘉定	南翔	土布		清末
嘉定	戬滨桥镇	棉花、土布、六陈	1920	
嘉定	陈店镇	棉花	1920	
嘉定	陆家行	棉花、稻米	1920	

① "从前布市颇盛,由沙船运往牛庄、营口者,皆高桥产也,今利为洋布所攘矣。"民国10年《宝山县续志》,卷一舆地志。

② 金汇桥"镇西傍金汇塘,南通七贤桥,北至浦口六里。土产花包,销场颇广,棉花熟时,每日清晨,卖买成市,稍迟已不及矣。布业亦盛。"戴鞍钢、黄苇:《中国地方志经济资料汇编》,汉语大词典出版社1999年版,第578页。

③ 青村港"由高桥西行,过陈家桥、砖桥,至青村港,镇颇繁盛,商务冠东乡,市西停泊渔舟甚多,皆天主教中人,近更新建一堂。"戴鞍钢、黄苇:《中国地方志经济资料汇编》,汉语大词典出版社1999年版,第578页。

④ "南桥,亦名南梁,距治三十里,为本邑首镇。舟泊利市庙前,上岸游行,见市肆繁盛,商务突过青村,制造之佳,首推酱油。"戴鞍钢、黄苇:《中国地方志经济资料汇编》,汉语大词典出版社1999年版,第578页。

续表

县份	市镇	主要贸易商品	年份	备注
嘉定	望仙桥市	大米、棉花、小麦、豆类	1920	
嘉定	新泾镇	棉花、布、杂粮、草鞋	1930	
嘉定	南翔	棉花、蚕豆、米、麦、土布、竹、木、油饼、洋纱、鱼腥、虾蟹、蔬笋	1930	
嘉定	马陆	棉花、土布、六陈为大宗	1930	市况较前略旺
嘉定	陆渡桥	棉花	1930	分属嘉定、太仓
嘉定	安亭	棉花、米、麦、土布	1930	市况较前兴盛
嘉定	朱家桥①	棉花为大宗	1930	市街日扩
嘉定	葛隆镇	棉花、米	1930	市况较前兴盛
嘉定	黄渡镇②	花、米、土布、豆、麦	1930	
嘉定	石冈门镇	花、布、六陈	1930	市况逊于昔
嘉定	娄塘镇	棉花、纱布、杂粮	1930	布市由盛转衰
嘉定	钱门塘镇	花、米	1930	市况转衰
嘉定	方泰	纱、棉花、布、六陈	1930	市况逊于前
嘉定	纪王庙	棉花、蚕豆、米、麦、土布、蔬菜	1930	
嘉定	诸翟镇	棉花、布、米、麦、蚕豆、黄豆	1930	
嘉定	娄塘镇	棉花、纱布、杂粮	1933	
嘉定	外冈镇	棉花、豆、麦、米、布	1933	
嘉兴	油车港	米	1936	
嘉兴	南汇	米	1936	
嘉兴	王江泾	米	1936	
嘉兴	王店	蚕桑	1936	
嘉兴	新塍	丝绸	1936	

① "朱家桥市,咸丰末避难者居此成市,南青冈、横沥、北孙滨,东西娄塘河,市跨三河交流处,街道南北半里,东西一里弱,桥南北两段较热闹,商店三十余家,每日早市一次,贸易以棉花为大宗。今年市街日扩,市况日盛。"民国19年《嘉定县续志》卷一疆域志。

② 黄渡"跨吴淞江为市,与青浦接壤,南岸市街属青浦,北岸属邑境之北。街长约一里,洪杨役后已废。东西街长约二里,大小商店二百余家,以中市大街自城隍庙西西江桥东为最盛。每日晨昼二市,贸易物囊以靛青为大宗,自洋靛盛行,此业遂一落千丈,余如花、米、土布、豆、麦商况今昔无衰旺"。民国19年《嘉定县续志》卷一疆域志。

续 表

县份	市镇	主要贸易商品	年份	备注
江阴	县城	厂布、米麦、棉纱、鱼货、食盐、煤炭、瓷器、土布、染料、棉布等	1936	
南汇	周浦	米、棉	1928	棉市趋衰
南汇	大团	棉花	1928	

资料来源：民国《钱门塘乡志》乡域志·风俗，《上海乡镇旧志丛书》第2辑，上海社会科学院出版社2004年版；民国19年《嘉定县续志》卷一疆域志；《嘉定县志》，第83页；戴鞍钢、黄苇：《中国地方志经济资料汇编》，汉语大词典出版社1999年版，第234、583、638页；民国10年《宝山县续志》卷一舆地志；《江阴县志》，第586页；民国17年《南汇县续志》卷十八风俗志。

上表显示，除棉花外，土布是这些市镇最为普遍的贸易品。如表中列出的宝山县大场镇，"以曾置盐场得名，地傍走马塘，古称钱家浜，故别称钱溪或曰潜溪。东西一大街，长约三里，中市有北弄一街，长不及一里。大小商铺三百余家，商业首推布匹，棉花次之。以前山陕布客、徽商等来此坐贾，市面极为繁盛，收买花、布，非至深夜不散。粤难以后，各商至者渐少，市况减色，然近来花、布产额以全邑论，仍当推为巨擘"。[1] 再如南汇县之周浦镇与大团镇。据民国十七年《南汇县续志》，该县"棉市之盛亦推周浦，买者卖者群集行家而听其支配。后海滩垦熟，地质腴松，棉花朵大衣厚，远在内地产棉之上，于是沪上纱厂多设分庄于大团，与农民直接买卖，而周浦之棉市遂一落千丈矣"。[2]

在市镇出售的土布由小农家庭生产，经由位于市镇上的布庄收购，输往外地市场。在常熟，1884年左右，土布生产开始采用12—14支洋纱，农民用以为经，减省了纺经纱的时间。之后，纬纱也有了只纺不织的"纺卖纱"者的市场供应。这一变化使土布的生产区域迅速扩展，前后有30至40年时间，手工织布成为常熟农村的主要副业生产。在农闲时期，农家多兼业从事织布，无朝无夜，纺车声相闻，机杼声相接。[3] 商业资本从农家兼业生产形式中发现利润，并与农家手工织布业结合，这种经营形式的典型例子就是放机布庄的产生。这是一种商人将洋纱发放给农民加工织布的

---

[1] 民国10年《宝山县续志》卷一舆地志。
[2] 民国17年《南汇县续志》卷十八风俗志。
[3] 顾砥中：《常熟土布的生产和流通概况》，常熟政协文史资料研究委员会：《文史资料辑存》（第二辑），内部发行，1962年版。

经营方式,常熟第一家经营放机布的布庄是福山镇吴大隆,它在1910年左右设立。吴大隆之后,妙桥镇同昌布庄接受上海厚诚布店来纱代为放机,后来又有邓瑞昌、丰源永等布庄放纱代织,恬庄镇的鼎昌、谢桥镇的徐信和、塘口镇的章乾元等接踵而起,纷纷经营放机布,王市、福山、金村也均有放机庄设立,总数共有20余家。各庄放出的机户,最多者有2000—3000户,一般的大约500到1000户,最少的也有200—300户。由于织户不必采买原料,而是直接向放机庄领纱加工织布,比自纺自织在资金、原料和市场方面都有更多便利条件,因此,放机布使更多的农户进入市镇交易的领域。福山镇的吴大隆放机户数曾经达到2500余户,是福山镇居民总户数的数倍。放机布庄最盛时,常熟县放机户总计在2万户左右,占全县总户数的12%。[1] 农家兼业经营放机布,推动土布产量增加。19世纪初"常、昭两邑岁产布匹计值五百万贯"[2]。若按每匹布价值1000文计算,[3]还原为布匹数量约为500万匹。商品量按50%计,[4]则土布市场销售量约为250万匹。从19世纪60年代开始,常熟土布业逐渐达到全盛时期,大约持续到1931年左右。[5] 其间,尤其是第一次世界大战爆发后,由于国内棉纺工业的发展,常熟土布以洋纱作为原料,土布生产更见旺盛。常熟县土布"每匹阔九寸,长一丈六尺,名曰小布,加阔者曰放尖,此布系出诸东境梅李、支塘、东张、董沈等市乡,每年产额约一千万匹,小布约居十之七,放尖约居十之三。行销淮、扬、徐、海各属,并浙江、兰溪等处。夏布出诸任阳、支塘、东塘、白茆等市乡,织工多系农家妇女,产额无统计"。[6] 1919年,常熟年产布约1000万匹,其中土布占700万匹。[7] 1920年至1930年间,估计全县年平均土布产量增至1500万匹以上,其

---

[1] 顾良佐:《常熟土布发展概况》,常熟政协文史资料研究委员会:《文史资料辑存》(第五辑),内部发行,1964年版。

[2] 洪焕椿:《明清苏州农村经济资料》,江苏古籍出版社1988年版,第280页。

[3] [美]彭慕兰著,史建云译:《大分流:欧洲、中国及现代世界经济的发展》,江苏人民出版社2003年版,第297页。

[4] 吴承明《中国的现代化:市场与社会》,三联书店2001年版,第149页。吴承明估计,鸦片战争前全国棉布商品量占产量的52.8%。

[5] 顾砥中:《常熟土布的生产和流通概况》,常熟政协文史资料研究委员会:《文史资料辑存》(第二辑),内部发行,1962年版。

[6] 姚日新:《苏常道区常熟县实业视察报告书》,《江苏实业月志》1919年第6期。

[7] 《常熟市志》,上海人民出版社1990年版,第460页。

中农民自纺自织的洋经土纬及全土纱织成者约有七八百万匹,放机布约有六七百万匹。其间,年产量最高时达到二千万匹以上,约值 2 亿斤大米,①相当于常熟 1949 年全县稻米产量的 1.3—1.4 倍。②

土布生产发展和土布贸易规模扩大,在常熟个别市镇经济发展中有明显体现。梅李镇因应周边市镇土布贸易的发展,成为常熟县内土布的中心集散地,并带动了周边市镇土布市场的发展。由布行、布庄、布贩、织户等参与的贸易活动,使梅李镇附近、常熟东北地区的王市、邓市、塘坊桥、先生桥、白宕桥、珍门、周泾口、徐市、老吴市、小吴市等市镇或村集都成为土布交易的市场。它们围绕土布购销,形成以梅李为中心的市场。这种围绕土布贸易而形成的区域性市场,同时又是范围更加广远的长距离土布市场的构成部分,因为这些局促于常熟"东乡"一隅的乡村市镇和村集,是由远距离、大规模的土布贸易牵动的。中国东北、福建以及海外南洋等地对土布的需求,为常熟农村土布生产和交换活动提供了动力。难以计数的布贩奔波于市镇和乡村之间,清早在村集或市集设摊收购,收市后将所收土布售给设在梅李及其附近各个市镇的布庄或布行。布行和布庄则将从乡村农家汇集到梅李等市镇的土布输往销售地。③

在植棉区,由于经济作物种植的扩大,粮食的需求需要市场供给。因而,在市镇交易的商品,除了棉花、土布等与棉业相关的农产品和手工业品,还有本地和外地生产的粮食。如川沙商业"以纱、花、米及杂粮为最著,各花、米行颇殷实,资本雄厚,为各业冠"。④ 在川沙县商业中,米粮贸易与纱花贸易同样重要。米业也是乌、青镇(分属于吴兴县和桐乡县)的主要商业行业。镇上的米行最多时达 50—60 家,分布在东、西、南、北四栅,"米行货源主要来自四乡和邻县吴江的产粮区,除销售给本镇及邻镇外,也有部分转运到余杭、海宁长安一带缺粮区"。⑤

---

① 顾砥中:《常熟土布的生产和流通概况》,常熟政协文史资料研究委员会:《文史资料辑存》(第二辑),内部发行,1962 年版。
② 李学昌:《20 世纪常熟农村社会变迁》,华东师范大学出版社 1998 年版,第 538 页。
③ 顾良佐:《常熟土布发展概况》,常熟政协文史资料研究委员会:《文史资料辑存》(第五辑),内部发行,1964 年版。
④ 谢承烜:《江苏省农民银行二十周年纪念征文:川沙县金融经济概况》,《苏农通讯》1948 年第 7 期。
⑤ 朱半候、沈宜:《漫谈民国时期乌镇的商业》,桐乡县政协文史资料委员会编:《桐乡文史资料》第 9 辑,1990 年。

其他农产品加工工业品亦是市镇交易的主要商品。前文中讨论到的常熟县，"大宗商品，除棉纱、厂布、土布、夏布等项外，余如县境内各油坊所制之菜油，岁可二千二百三十担，价值银二万八千九百九十元。各酱坊所制之酱油岁可二千担，价值银八千元，各酒坊所制之土黄酒，岁可六千三百担，价值银二万二千五十元，又水酒岁可一万五百担，价值银三万一千五百元。以上各种商品原料，固出诸本境，即制出后虽间亦运销出境，然以供给本境之用为多"。① 故论者认为，"常熟全县计分为四市三十一乡。民俗趋重于农，高地多植棉，下地多植稻，更旁及于杂粮……于农业而外更注重于工商，迹其进取之心，欲与江阴、无锡、南通等县争衡，有蒸蒸日上之势者也"。②

表5-6 江南若干县份市镇状况

县份	市 镇 状 况
高淳	县属镇市，以东坝为最巨，称七省通衢，有小轮船至县治，贸易以粮食为巨，沧溪(沿官溪河有小轮船通县城及芜湖)、狮子林(沿丰城河)、定埠(沿下河与郎溪共之)、桠溪、漆桥、韩村(皆陆路镇市)等，其繁盛市镇，有电灯之设备。
丹阳	重要镇集有陵口、吕城、珥陵、延陵等，皆通水路。
金坛	镇集亦无甚巨大者，以直溪桥、西旸、社头、薛埠、尧塘、湖头(埠头)稍大，均通水路。
无锡	人口较多之镇如下：安镇、洛社、堰桥，人口在四千以上。南方泉、胡埭、石塘湾，人口在三千以上。周新桥，人口在二千五百以上。荣巷、甘露，人口在二千以上。南桥、东亭、查家桥，人口在一千五百以上。以上诸镇均有小轮船或航船通县城，商业亦相当繁盛。
宜兴	镇集，以和桥、徐舍、湖㳇、张渚、大浦、芳桥、扬巷等为大，而以和桥市廛最盛，市街沿荆宜漕河，长三里，贸易与无锡、常州及县城往来，张渚、湖㳇为山地出产物之集中地。
江阴	镇集有青旸、扬舍、南闸、后塍、长泾、华墅等，而以青旸、扬舍为大。
嘉定	县属城镇有南翔、黄渡、安亭、方泰、外冈，而以南翔为最繁盛。
松江	县属市镇以枫泾、亭林、莘庄、泗泾、叶榭为大，其中以枫泾当江浙交界处……泗泾为最大米市。
川沙	县属市镇均不甚繁盛。
南汇	县属市镇以周浦为第一，为本县交通商业之中心。大团、新场、六灶、横沔等次之。泥城、老港为新涨地之镇市，人烟渐稠密矣。
上海	闵行沿黄浦江及沪杭公路，有小轮航路通上海、松江，为县属第一大镇。

资料来源：《分省地志·江苏》，中华书局1936年版，第256—314页。

---

① 姚日新：《苏常道区常熟县实业视察报告书》，《江苏实业月志》1919年第6期。
② 姚日新：《苏常道区常熟县实业视察报告书》，《江苏实业月志》1919年第6期。

在浙西的蚕桑区,市镇的商业活动重心是蚕种、桑叶、蚕茧、土丝及丝绸的贸易。位于蚕桑区的崇德、桐乡、德清、吴兴、安吉、长兴等县,其市镇的两大主要行业,分别为茧行与丝行。因此,植桑、养蚕、缫丝等农业与手工业生产,对于市镇经济状况具有直接的影响。据《崇德县经济近况》,该县"出产以丝、茧为大宗,每年约产土种干茧 11000 担,改良种干茧 4300 担,粗丝 70 万两(销绍兴、温州等处),细丝 75 万两(销盛泽、杭州等处),绵绸、绵线等类,亦属不少"。另据《崇德经济调查》,崇德县"种桑养蚕,素称兴盛。每年桑叶除供自用外,尚约有八千担左右,出售邻近各县,多运至长安销售。茧多运销上海。细丝则售于杭州、南京、震泽等处。肥丝售于桐乡、濮院、绍兴、王江泾等处。丝绸家家纺织,为农村重要副业"。① 因此,"崇德出境货首推丝、茧两项……其他交易则均甚微也"。② 调查报告又称,"崇德县商业不甚发达,市镇有城区、石门湾、洲泉、高桥、灵安等五处,除丝行、茧行及绸缎庄十五家外,余皆规模狭小"。③ 可见,茧、丝的交易是决定崇德市镇兴衰的最为重要的行业。与蚕桑业相关的桑叶、蚕茧、土丝、丝绸等农产品和手工产品的贸易,是蚕桑区市镇商业经济的决定性因素。与崇德相邻的德清县,"市场交易,以蚕丝为大宗,绸料亦多,每年约销一万余元"。④ 崇德的另一个邻县桐乡县"仅濮院绸一种,年销外埠有二万六千余匹",为当地市镇市场交易的主要商品。⑤ 濮院丝织业在 17—18 世纪已臻鼎盛时代,至 20 世纪 20 年代,其势仍未衰。织绸机户"自镇及乡,北至陡门,东至泰石桥,南至清泰桥,西至永兴港皆务于织。镇上居民,亦大半业机织,中资之家,莫不设有绸机,家中男女老幼分别担任机织工作。1935 年嘉兴出版的《国民日报》称全盛时期的濮院丝绸每年产值达 200 万元"。⑥ 织绸业的发展使濮院"镇貌改观,东西、南北各 3 里,方圆 12 里,人口逾万户"。⑦ 在临安县,20 世纪 30 年代初前后,销售的主要产品

---

① 吴元良、张锡炎:《崇德经济调查》,《浙江经济情报》1937 年第 2 卷第 7 期。
② 忍先:《浙西各县工商业之一瞥·崇德》,《商业月报》1929 年第 9 卷第 9 号。
③ 吴元良、张锡炎:《崇德经济调查》,《浙江经济情报》1937 年第 2 卷第 7 期。
④ 忍先:《浙西各县工商业之一瞥·德清》,《商业月报》1929 年第 9 卷第 9 号。
⑤ 忍先:《浙西各县工商业之一瞥·桐乡》,《商业月报》1929 年第 9 卷第 9 号。
⑥ 陈兴冀:《民国时期的濮院丝绸业》,桐乡县政协文史资料委员会编:《桐乡文史资料》第 9 辑,1990 年。
⑦ 陈兴冀:《民国时期的濮院丝绸业》,桐乡县政协文史资料委员会编:《桐乡文史资料》第 9 辑,1990 年。

为蚕丝、茶、笋、香粉等，①其中，丝茧在市镇商业中的重要性位居第二，每年销售额达30余万元。② 长兴县经由各个市镇输出境外的货物中，丝是重要的商品之一。③ 安吉县出境货物中，丝、茧居于前两位。④ "吴兴商业……极繁盛，例如土丝一项，极盛时，年销有三万余包，湖绉三千万匹，其余如绫罗、纱缎、绵绸等，共达二百数十万元之多。"⑤在桐乡、吴兴、嘉兴等县，植桑是主要的农业生产，与之相关的则是养蚕业、缫丝业以及丝织业，相应地，市镇贸易也以这些行业为主。因而，当地市镇的变迁与地方经济的这一特征紧密相关。可以说，在蚕桑区，市镇经济状况与桑—茧—丝—绸业兴衰变化之间存在着紧密关系。

当然，除了丝、茧这类市镇的主要行业受农业结构的影响之外，经济作物、经济林木以及其他农业产品的的生产也对市镇经济有影响作用。如崇德县，除桑、茧、丝之外，还有仅次于丝茧的烟叶、羊皮、羊毛、菊花等农产品经由市镇输出。⑥ 另外，崇德县输出的产品中还有相当数量的手工业品。例如油与油饼。据嘉调《崇德县经济近况》，该县"年计出产菜油2万担，柏油2万担，豆油6千担，其他如樟油、青油、花油、绿油，产额自数百担至千余担不等……每年约产豆饼48万张，菜饼4万张，青饼2万张"。桐乡县每年销往外埠的货物除居于主要地位的濮院绸之外，还有"烟叶、柏子，销数亦多"。⑦ 长兴县"出境货物除丝、茶外，以山货毛竹、柴炭、石灰、鲜笋等为多"。⑧ 安吉县"社会经济也和别处一样，是靠着地方生产品的输出所换来的金钱而维持的。其每年大宗的输出是：一，米谷——约八十万石；二，柴、炭、竹——约共值百余万元；三，丝、茧——约三万石。这几种生产品，大都是销售于嘉兴、杭州和苏、

---

① 月华生：《临安的概略》，《礼拜六》1936年第640期。临安县输出的产品中还有粮食。该文称：临安县"境内耕地极少，高坡多种杂粮，两山之间可耕者名陇田；平坡傍溪，可蓄溪水以资灌溉者名坂田，田多植稻，每年一熟。以全县人口之稀(全县人口八万余)，虽耕地仅及全面积十分之一，而食粮供求情形，无虞不足，且有运销邻县者"。
② 忍先：《浙西各县工商业之一瞥·临安》，《商业月报》1929年第9卷第7号。
③ 忍先：《浙西各县工商业之一瞥·长兴》，《商业月报》1929年第9卷第9号。
④ 忍先：《浙西各县工商业之一瞥·安吉》，《商业月报》1929年第9卷第9号。
⑤ 忍先：《浙西各县工商业之一瞥·吴兴》，《商业月报》1929年第9卷第9号。
⑥ 忍先：《浙西各县工商业之一瞥·崇德》，《商业月报》1929年第9卷第9号。
⑦ 忍先：《浙西各县工商业之一瞥·桐乡》，《商业月报》1929年第9卷第9号。
⑧ 忍先：《浙西各县工商业之一瞥·长兴》，《商业月报》1929年第9卷第9号。

沪一带"。① 该县出境货物除谷、丝、茧、竹之外，"小竹笋、栗为多数，又有黄沙火盆一种，每年运销吴兴等处，约有一万只左右"。② 吴兴商业中，除了较为繁盛的丝、绸两大类之外，另有"夏布、毛笔、羽扇、茶叶及玫瑰花等"③，在当地蚕丝业和织绸业产品滞销的情况下，这类商品对于市镇经济的重要性略有增加。

下表列出了浙西20个县的市镇简况，其中，一些市镇的丝、纸张、酒、窑货、布、竹器等集散，构成了它们市场活动的主要方面。

表 5-7　1929 年浙西 20 县市镇简况

县份	市　　　镇	备　　　注
杭县	湖墅、拱宸桥、塘栖、瓶窑、五都、西镇、临平、三墩	
海宁	硖石、袁化、长安、路仲、斜桥、郭店、周王庙、许村、马桥、卿云桥	硖石、袁化、长安、路仲为四大镇。
富阳	场口、大源、青云桥、里山、高桥、新桥	场口、大源较繁盛。
余杭	闲林、仓前、横湖、双溪、	四镇商业，以闲林为最，如茶叶、南场纸等，皆由此行销各处。
临安	青山、青云桥、亭子头、横畈	皆为乡间商业集中之处。
于潜	印渚、麻车埠、藻溪、太阳、后渚	商店多者不过二三十家，少则仅十余家。
新登	渌川、三溪口、洞桥、松溪、永昌	以南乡渌川埠为最繁盛，因渌川为新登全县山货总汇之处，镇中设有牙行二家，其次推县西之三溪口、洞桥镇，与东北之松溪镇、永昌镇。
昌化	河桥、颊口、岛石	除城区外，以南乡河桥为首镇，有铺户二十余家，其次如西乡颊口镇，北乡岛石镇，各只有铺户十余家。
嘉兴	王江泾、王店、新塍、油车港、新篁、新丰、钟埭、凤桥、余贤埭、徐婆寺、石佛寺	王江泾为丝市中心，商业之盛，不下城区。
嘉善	西塘、枫泾、干窑、陶庄、洪家滩、天壬庄、杨高、前汇、丁栅、清凉庵、张汇、大云寺	首推西塘，以出产土烧黄酒著名；次为枫泾，有丁蹄、蒋干行销沪、杭；又次为干窑、陶庄、洪家滩、天壬庄、杨高为窑货出产地；其余如北之前汇、丁栅，东北之清凉庵、东南之张汇、大云寺，亦为乡间市集所在。

---

① 《在安吉：湖行杂拾之一》，《晨光（杭州）》1932年第1卷第1期。
② 忍先：《浙西各县工商业之一瞥·安吉》，《商业月报》1929年第9卷第9号。
③ 忍先：《浙西各县工商业之一瞥·吴兴》，《商业月报》1929年第9卷第9号。

续 表

县份	市　镇	备　注
海盐	沈荡、澉浦、通元、西塘	各处市镇,以沈荡为最繁盛,澉浦相若,即夏布一项,年销沪杭,在五六千匹以上,其次为通元、西塘等处。
崇德	石湾、洲泉、高桥、灵安	
平湖	新仓、广陈、徐家埭、韩家庙、周家圩、泗里桥、赵家桥、全公亭、金四娘桥、乍浦、虎啸桥、庙桥等	全县市镇共计23个。
桐乡	青炉、濮院、玉溪、屠甸、炉镇、亭子桥、陈庄、日晖桥等	
吴兴	南浔、乌镇、练市、菱湖、双林等	各镇均为总枢。
长兴	泗安、夹浦、虹星桥、林城桥、和平、合溪、吕山、水口、胥仓、鼎甲桥、白阜埠、小溪口、天平桥、李家港、八字桥、横山桥、新塘、小塘、沉渎、潼桥等	山乡以泗安为最大,水乡以夹浦为最大,虹星桥为水陆要冲,商务甚盛。其他市镇均有市面,但不及这三个远甚。
德清	新市、洛舍	为二处为大镇。
武康	上柏、三桥埠、塘泾等多处	店铺合计不及四百余家。
安吉	北区有梅溪,南区有递铺、小溪口,西区有禹家桥,东区有晓墅	皆系乡间市镇,各有店铺十余家。
孝丰	章村、报福、坛坑等	商铺多者,不过二十余家。

资料来源:忍先:《浙西各县工商业之一瞥》,《商业月报》1929年第9卷第7、9号。

上表中显示,余杭县的闲林镇是纸品的主要集散地。另据当时的调查,纸品是余杭当地手工业的主要行业,"以黄白纸、南场纸、大簾纸为出产大宗"[1],这类手工业产品都经由市镇集散,并向杭州、上海等地市场直接批发。[2] "临安商业以纸张为第一,年销四十余万元,"[3]是丝茧销售值的1.3倍多,相当于茶叶销售值的2倍。纸业也是富阳县的主要手工行业。市镇商业的发达亦有赖于"大小草纸、黄白各纸等手工业产品的集散"。[4] 昌化县经由市镇输出的货品中,除了萸肉之外,较多的为木炭、

---

[1] 忍先:《浙西各县工商业之一瞥·临安》,《商业月报》1929年第9卷第7号。
[2] 忍先:《浙西各县工商业之一瞥·余杭》,《商业月报》1929年第9卷第7号。
[3] 忍先:《浙西各县工商业之一瞥·临安》,《商业月报》1929年第9卷第7号。
[4] 忍先:《浙西各县工商业之一瞥·富阳》,《商业月报》1929年第9卷第7号。

纸张、铜煖锅，均为手工业产品。① 新登县与昌化县类似，亦地处浙西山区，具有山区经济结构以林业及其原材料加工为主的特征。当地最为发达的生产行业，包括丝、炭、板木、青竹、草纸、桑皮纸、石灰，共计8个行业，其中，竹、木两业可算是农业（林业），其余纸、丝、炭皆涉及农业（林业）产品的加工，属于手工业。② "武康商业，以竹器及缸为大宗。竹器分有织布竹蔻，年产五千余张，每张价约二元，运销苏省。竹筷二三十万把，每把值洋三分，运销沪、杭等处。缸每只平均二元，每年运销他埠，亦有一万余元。其余如丝、茶、竹、木，销路亦大。"③孝丰县"有竹、木、茶、茧、柴炭、粗纸与烟叶粉、笋干等出境销售，但不甚多"。④ 分属于桐乡县和吴兴县的青镇、乌镇"手工业经济占有很大的比重，镇上的手工业大多是作坊与商店相连。冶坊业在乌青镇颇有名望，沈亦昌冶坊于清同治年间由炉头分设于此，以生产铁锅为主，远销江、浙各地。竹器生产在该镇附近农村有悠久历史，如南郊的东古山、陈庄、元宝里、蒋堡里、北蒋、邱港、计家汇等数十个村庄，以制作竹制用具为主要副业。这些竹器在乌青镇集散，因而使得该镇的笔竹行、竹器店相应发展"。⑤

海宁当地手工业产品输出部分包括布、油、酱等。海宁所产土布品种不同，总计年产量达76万余匹；丝绸与绢的年产量合计1.3万余匹。如下表所示。

表5-8 海宁纺织纱布绸绢产量及价值

类别	户数	数量（匹）	平均价值
海宁布	1万余户	650500	银八角
搭膊布	1千余户	6200	银三角七分
乔司布	1千余户	6000	银八角八分
五色布	1千余户	100600	钱32文
绵绸	七八百户	8800	每尺银1角
土绢	五六百户	4300	每尺银2角

资料来源：清光绪二十二年《海宁州志稿》卷十一食货志·物产。

---

① 忍先：《浙西各县工商业之一瞥·昌化》，《商业月报》1929年第9卷第7号。
② 忍先：《浙西各县工商业之一瞥·新登》，《商业月报》1929年第9卷第7号。
③ 忍先：《浙西各县工商业之一瞥·武康》，《商业月报》1929年第9卷第9号。
④ 忍先：《浙西各县工商业之一瞥·孝丰》，《商业月报》1929年第9卷第9号。
⑤ 朱半候、沈宜：《漫谈民国时期乌镇的商业》，桐乡县政协文史资料委员会编：《桐乡文史资料》第9辑，1990年。

土布和绸绢是当地经由市镇集散并输出的主要手工业产品。此外,还有油、酱油、酱等手工业产品经由市镇集散。如下表所示。

表5-9 海宁油、酱、酒产量及价值

类别	制造户数	生产数量	销售总值	平均单价
豆油	11	10万觔	银1万元	每担银10元
菜油	10	12万5千觔	银1万2千元	每担银9元
土酒	41	3万1千3百坛	银3万6千4百元	每坛银1元1角
酱油	15	2250余担	银2万1千2百元	每担银9元4角
酱	15	1千余坛	银2万7千4百元	每坛银2元7角4分

资料来源:清光绪二十二年《海宁州志稿》卷十一食货志·物产。

上表显示,海宁的豆油、菜油、土酒、酱等年销售总值达银10万元以上。这些手工业产品通常都由位于市镇上的油坊、酒坊、酱园生产与经销。与遍布江南其他市镇的酱园、油坊、酒坊一样,这些行业同样是海宁市镇经济的构成部分。

在市镇市场中,除了输出的农产品和手工业品之外,还有输入的各类商品包括农产品、手工制品和工业品。崇德县"入境货以布匹、洋纱、竹木、瓷器、南北货、柴炭等为大宗"。[1] 长兴县"入境者以稻米、盐、油为多"。[2] 这些由外地输入江南农村的商品,也往往是在市镇市场上集散的。

由此可以推断,尽管市镇仍是腹地乡村物品交易的主要场所,但20世纪上半期江南种植业区域的分化明显,这种经济作物种植区、粮食作物种植区之间的粮食、经济作物贸易,使市镇发展保持固有的动力,在兼业这种经营方式基础上形成的区域专业分工,以及由此造成的区域之间的商品流通扩大,为江南一些市镇持续发展不断注入动力。从市镇市场交易的主要商品可见,棉花与稻米往往是棉产区各市镇交易最为普遍的农产品,而在蚕桑区,桑叶、蚕丝与稻米则是市镇交易最为普遍的商品。无论是棉作区还是蚕桑区,粮食的供给与需求都是市镇的主要功能。从这一方面来说,20世纪30年代中期与20世纪初相比,促进江南市镇发展的动因并没有根

---

[1] 吴元良、张锡炎:《崇德经济调查》,《浙江经济情报》1937年第2卷第7期。
[2] 忍先:《浙西各县工商业之一瞥·长兴》,《商业月报》1929年第9卷第9号。

本转变,即使与19世纪后期乃至更早的时期相比,也没有什么本质区别。建基于专业化机制之上的市镇发展,是与区域经济密切相关的。其动因可以概括为区域生产分工的相对专业化和生产经营兼业化的并存与结合。若往前追溯,这一因素在明清时代即为江南市镇发展的主要动力,只不过随着区域分工的强化和经济总量的扩大,市镇的贸易规模随之扩展而已。

市镇商业与区域经济的关系,有赖于市镇金融行业的发展。由于银行、钱庄等金融网络在市镇的扩展,市镇金融业的状况受到区域金融业中心城市的影响。反过来,这种与城市日益紧密的金融联系,强化了市镇在区域经济整合中的功能。

金融业既是市镇经济的构成部分,又与市镇的农产品和工业品贸易息息相关。这种相关性,首先表现在区域经济长时期的起伏变化过程中,市镇商业的兴衰与金融业兴衰之间的对应关系。在市镇经济发展的过程中,商业繁荣,金融业因应商品增加和贸易扩大之需,也会相应扩张。相反,在经济衰退时期,金融业也会因市镇农产品和手工业品交易的减少而萎缩。在区域经济发展的19世纪90年代至20世纪10年代,市镇的银钱业曾经有一个普遍的发展过程。常熟县是江南稻米产区之一,市镇的商业活动与米业关系密切,每年运销各地的稻米数量达100万担以上。[①]常熟各个市镇的金融业与米业息息相关。此外,棉花、土布也是这一时期市镇交易的大宗商品,与金融业也有相互依赖的关系。常熟各个市镇的金融业规模虽不能与一些区域中心城市相提并论[②],但因应商品集散之需,这些市镇的金融业仍获得较快发展。"常熟的银钱业在鼎革前二十余年,其势甚盛,大小同行有三十余家。"[③]该县"既出产花、米、布三大宗,故放款之侧重,亦以此三业为最巨。据最近调查,大小同行放款,平均约扯补纹一千万两弱,内如米市之随时枭籴,须短时垫款者,不与焉"。[④]常熟县的浒浦镇位于长江南岸,是一个商港型的市镇。因其地"密迩长江"[⑤],20世纪20年代前半期,"北来如杂粮、豆饼之输入内地者,装出如土布等,胥于此起卸,航樯

---

① 谭进修:《农村经济:常熟农村经济之概况》,《交行通信》1932年第1卷第1期。
② 青花:《常熟银钱业之沿革》,《钱业月报》1928年第8卷第10期。
③ 青花:《常熟银钱业之沿革》,《钱业月报》1928年第8卷第10期。
④ 青花:《常熟银钱业之沿革》,《钱业月报》1928年第8卷第10期。
⑤ 青花:《常熟银钱业之沿革》,《钱业月报》1928第8卷第10期。

林立，货行数十家，中同行亦有七家之多"，"亦为银钱业大宗放款之地"。① 20世纪20年代后期，常熟"因货值提高，各业吃本加重，挟资者静极思动，审时度势，于是续有组织，中、交两行，亦次第来设分行，现（引者按：1928年）大同行连中、交已有十家。中同行十余家，中间虽小有起落，要亦有增无减"。②《崇德县经济近况》称，该县"城区在民国二十年二十一年为商业最繁荣时期。钱庄共有五家，专营信用放款，放款总数达八十余万"。

江南市镇金融从其性质上看，主要是商业金融，即市镇的银钱业主要是为商品集散提供资金支持的。市镇金融业对农业的影响，主要是商家用于购买农产品，从而对农业产生间接的影响，市镇银钱业向农业的贷款，极少直接用于改进农业生产。即使被农家借贷而投资于农业的那些款项，也主要是商家用于预买农产品的部分。从市镇的农产品集散功能来看，市镇金融业的发展强化了市镇在商业中的这一作用。

市镇金融与商业之间的密切关系，还反映在市镇商业转趋萧条时，金融业随之衰败。常熟县的钱庄在"清末次第衰落，民国成立，大都收歇，大同行之硕果仅存者，只有三家。此时国制变更，倒搁相继，操此业者，人人自危。银钱业之失败，可谓已至极点"。③ 据江苏省农民银行的调查，常熟"原有钱庄十六家，银行五家，（民国）十八年（1929年），复有通益、利华二银行成立，尚有大有、中和二银行正在组织中。表面上金融事业日趋发达，然一究内容，去年秋收荒歉，市面凋零，加之供过于求，各庄放款，日形寥落"。④ 至20世纪30年代，常熟县因其产品市场的"一般购买力锐减，向以江北各县，及杭州、余姚各地，及东北三省为畅销之所，除东三省已沦陷异国无法通商外，内地各处，亦因农村经济破产，到处不景气，销路大减，厂布业已成强弩之末，又值今岁以来，本县金融鉴于过去放款之滥，为维持其本身之信用与生存计，乃极度紧缩，放款每以五千元为限，同业决议，一致实行，又予布厂以极大打击"。⑤ 金融业受商业萧条影响的不止常熟县，同一时期，杭县"金融机关仅有庆元钱庄及开泰

----

① 青花：《常熟银钱业之沿革》，《钱业月报》1928第8卷第10期。
② 青花：《常熟银钱业之沿革》，《钱业月报》1928第8卷第10期。
③ 青花：《常熟银钱业之沿革》，《钱业月报》1928第8卷第10期。
④ 江苏省农民银行总行编：《第二年之江苏省农民银行》（1930年），张研、孙燕京主编：《民国史料丛刊》第475册，大象出版社2009年版，第79页。
⑤《常熟织布业衰落》，《纺织时报》1934年第1096期。

钱庄两家,俱设临平镇,专营存款,押款及信用放款,近受农村破产、商市萧条之影响,营业十分清淡"。① 丹阳县"钱庄在民国二十年间,颇具势力。其时共有十家,每家放款,均达五十万元之谱。每年盈余,亦为可观。惟近三年来(引者按:1932 年至 1935 年),银根奇紧,商场各业,疲敝不堪。各庄对于放款,咸具戒心,力谋收缩。是以京沪一带之钱业,虽多有受其影响,而丹邑各庄,则一无所闻。民国廿一年,实行废两为元以后,各庄因厘市停开,收入顿减,加以市况萧条,开支浩大,多有入不敷出。故今年春间停业者达五家之多。今只存三家。以小范围之营业,处此市场零落,农村衰败之秋,诚不易维持也"。② 金坛县,受 20 世纪 30 年代初经济萧条之影响,"营业歉收,各商号营业,亦皆不振。该庄所受账事影响甚巨,故至去秋即形不支,而以停业闻矣"。③

时人论及当年的农村经济衰败,往往认为农村金融枯竭是其原因之一。实际上,农业生产和市镇农产品贸易的萎缩,也反过来造成了市镇金融业的困顿。市镇商业与市镇金融是相互影响乃至相互依存的两个行业,这也说明市镇金融业在区域经济中的纽带作用。

农村定期集市对商业发展有深远影响,方行在对清代前期农村市场的研究中发现,市镇与其周围地区经济联系密切,工商业相对集中,因而成为一定区域的经济中心,具有推动周围地区经济发展的作用。④ 近代江南市镇状况仍与当地商品集散功能息息相关,并受到区域经济特征的制约。

(二) 市镇与其腹地乡村

有关近代江南市镇变迁的研究成果,已经关注到江南市镇经济在进出口贸易扩大影响下发展的情形,且认为那些主要依赖个体小生产者日用必需品交换的市镇,商业活动是趋向衰退的。⑤ 这种看法揭示了这一地区市镇变迁的一个方面。另一方

---

① 吴保衡:《杭县之工业与金融机关》,《京沪沪杭甬铁路日刊》1935 年第 1226 期。
② 贺亮钰:《丹阳金坛商业概况》,《交行通信》1935 年第 7 卷第 3 号。
③ 贺亮钰:《丹阳金坛商业概况》,《交行通信》1935 年第 7 卷第 3 号。
④ 方行:《清代前期农村市场的发展》,《历史研究》1987 年 6 期。
⑤ 戴鞍钢:《港口·城市·腹地——上海与长江流域经济关系的历史考察(1843—1913)》,复旦大学出版社 1998 年版,第 145 页。

面,江南市镇在因应区域经济变化而发生深刻转变的过程中,集市贸易仍是市镇的基本功能。

一些新兴的市镇(或市集)往往起源于日用必需品的集散。20世纪10至20年代,宝山县"沿淞沪铁路线及接近上海各市乡人民日臻繁盛,村集略增"。① 真如镇附近新出现了车站镇,该镇位于真如镇"东北三里,沪宁铁路车站旁,(民国)九年起有中西商店四十余家"。② 在彭浦镇附近,形成了新的村集新桥镇。这个新的市集位于彭浦"镇西南二里许,沪太汽车路旁,(民国)十四年起,有米粮、油、酒、杂货店等十余家"。③ 在彭浦镇附近,还出现了另一个新兴的市集——家井亭。该市集位于彭浦"镇西三里,交通路旁,(民国)十六年起,有米粮、油、酒、杂货店等十余家"。④ 在江湾镇附近,也新增了两家小的村集。其一为"宋家巷,在镇东南殷十图复旦大学后,茶、酒、杂货店等二十余家"。⑤ 另一个是"西唐家桥,在镇北七里,雨二十九图,与殷行毗连,(民国)十五年起,有米、布、油、酒等店十余家"。⑥

一些明清时代即已形成的市镇,其规模虽远较初兴时扩大,但其作为日常生活用品交换地点的功能并未因此萎缩。20世纪20年代,宝山县杨行镇每天早晚有市集两次,殷行镇每天有市集一次。像罗店镇这样规模较大的市镇,尽管附近还有新兴镇、集福庵、张家桥、束里桥、潘家桥、沈家桥等村集,但罗店镇仍有自己的市集,乡民每日三次上市。⑦ 此外,江湾、彭浦、大场、真如这些规模较大的市镇附近,虽然也都有村集,其中一些还是新兴村集,但这些村集要么仅设有货栈,要么只是工厂所在地,功能尚较单一,要么只有数家商店(如表5-10所示),均无法满足乡民对市集的需求。因此,不管是罗店、杨行这类在19世纪中期之前已经形成的市镇,还是之后新兴的市镇,以农产品、手工业品、日常生活用品为主要交易物品的市集,都是这些市镇的重要经济活动。

---

① 民国20年《宝山县再续志》卷一舆地志。
② 民国20年《宝山县再续志》卷一舆地志。
③ 民国20年《宝山县再续志》卷一舆地志。
④ 民国20年《宝山县再续志》卷一舆地志。
⑤ 民国20年《宝山县再续志》卷一舆地志。
⑥ 民国20年《宝山县再续志》卷一舆地志。
⑦ 民国10年《宝山县续志》卷一舆地志。

表 5-10 20 世纪 20 年代宝山县市镇、村集

市镇	附近村集	与市镇距离	商店数量	备注
罗店	新兴镇	东南 12 里	10	与月浦接壤
	集福庵	东北 15 里	4—5	
	张家桥	镇北 5 里	5—6	村店
	束里桥	东北 6 里	2—3	均为杂货店
	潘家桥	镇北 6 里	8—9	村店
	沈家桥	镇北 9 里	6—7	村店
杨行	桂家桥①			
	眉浦桥	西北 3 里	3—4	均为杂货店
月浦	新兴镇②		10 余家	新兴村集,与前列罗店新兴镇为同一镇,日昃后赶集颇盛
	潘家桥③	东南	4—5	
	狮子林④		附近居民因设肉庄、茶、酒、杂货等店	小村集,俗称小街
盛桥	北川沙⑤	镇北 6 里	20	
刘行	顾村⑥	镇东南 4 里	30 余	

① "桂家桥……即瑞芝桥,桥跨蕰藻河。比年秋收后,客商恒于此设肆收棉,故渐成市集。花行而外,并有茶、酒、药材、杂货等店。"民国 10 年《宝山县续志》卷一舆地志。

② 月浦里"境内村廛之兼有市集者为:新兴镇,在月浦镇西南六里许,与罗店接壤。光绪初年,只茅屋三四家,该处跨马路河有木桥一座,一日雷击桥梁,迷信者谓可以医疾,爱有僧人借以募资建庙造桥,居户渐多。今有木行一家,南货、布庄、药铺、茶、酒等店十余家,日昃后赶集颇盛"。民国 23 年《月浦里志》舆地志·村廛,《上海乡镇旧志丛书》第 10 辑,上海社会科学院出版社 2006 年版。

③ "潘家桥,在月浦镇东南,与城区交界,有花行及杂货店、茶肆等四五家。"《宝山县续志》卷一舆地志。

④ "狮子林,是地为要塞重镇,驻兵较多,附近居民因设茶、酒、杂货等店,遂成一小村集。"参见民国 10 年《宝山县续志》卷一舆地志。"营桥,在月浦镇东北四里许,该处近狮子林,原为要塞重镇,驻兵较多,附近居民因设肉庄、茶、酒、杂货等店,遂成一小村集,俗称小街。自经 1932 年一·二八国难后,已不复如从前之热闹矣。"参见民国 33 年《月浦里志》舆地志·村廛,《上海乡镇旧志丛书》第 10 辑,上海社会科学院出版社 2006 年版。

⑤ "北川沙,在(盛桥)镇北六里,茶、酒、南货等店亦有二十多家,麇聚塘岸之上。近自大川沙开浚后,交通便利,窑货、草货等西来船舶,皆可直达,贸迁愈形起色。"民国 10 年《宝山县续志》舆地志。

⑥ "顾村,即顾家宅,在刘行镇东南四里,地濒崇明塘,今亦称狄泾。村中东西一大街,商铺三十余家。嘉、道间较为繁庶,有布庄十三家,花行三四家,檐前均悬号灯为记。及赭冠发军相继蹂躏,市面一蹶不振。近以狄泾重浚,提倡业者复注意经营,布庄、花行等已逐渐增设。"民国 10 年《宝山县续志》卷一舆地志。

续表

市镇	附近村集	与市镇距离	商店数量	备注
广福	陈行①	镇南7里	20余	
	包家楼②	镇北6里	2—3	
大场	胡家庄③	镇东9里	13	
	塘桥宅	镇北9里		新兴小村集
真如	厂头	镇西北9里		民国初年渐衰
	杨家桥④	镇北9里	6—7	民国初年渐兴
	管弄	镇东4里	6—7	布商在此收布
	蔡家桥	镇西3里	5—6	
	车站镇⑤	镇东北3里	40	1920年以后新兴市集
彭浦	潭子湾⑥	镇西南4里	场栈林立	新兴村集
	新桥镇⑦	镇西南2里	10	沪太公路旁,1925年以后新兴
	王家井亭⑧	镇西3里	10	交通路旁,1927年后出现
江湾	天通庵⑨	镇南10里	20余	新兴村集,有丝厂、染织厂

① "陈行,亦称陈家行,在广福镇南七里,商铺二十余家,最大者为花行。居民多植桑养蚕,茧市较盛于广福,只以交通不便,销售必运至南翔,本乡分设之茧行日少。"民国10年《宝山县续志》卷一舆地志。

② "包家楼,在广福镇北六里,当时有包姓者构高楼六楹,因此得名。从前市集较盛,今仅村店二、三家。"民国10年《宝山县续志》卷一舆地志。

③ "胡家庄,在大场镇东北九里,地跨蕴藻河,有油车一、布庄二,其他商铺十余家,大都设在浜北。"民国10年《宝山县续志》卷一舆地志。

④ "杨家桥,在真如镇直北九里,有茶、酒、杂货店等六、七家,前本荒村,今已邻近铁路车站,又有商埠、警察派出所,渐形热闹。"民国10年《宝山县续志》卷一舆地志。

⑤ "车站镇,在(真如)镇东北三里沪宁铁路车站旁,九年起,有中西商店四十余家。"民国20年《宝山县再续志》卷一舆地志。

⑥ "潭子湾,在彭浦镇西南乡四里许,地濒吴淞江,又为彭越浦出口处,从前只有村店数家,今则场栈林立,商铺日增,居屋多系新建,帆樯往来,运输便利,商业之进步,远逾本镇而上之矣。"民国10年《宝山县续志》卷一舆地志。

⑦ "新桥镇,在(彭浦)镇西南二里许沪太汽车路旁,十四年起,有米粮、油、酒、杂货店等十余家。"民国20年《宝山县再续志》卷一舆地志。

⑧ "王家井亭,在(彭浦)镇西三里交通路旁,十六年起,有米粮、油、酒、杂货店等十余家。"民国20年《宝山县再续志》卷一舆地志。

⑨ "天通庵,在江湾镇南十里,地跨芦泾浦,商铺二十余家,本一小村集,近以毗邻商埠,有丝厂、染织厂等,市面日繁,几于上海商场无异,迥非囊时村集气象矣。"民国10年《宝山县续志》卷一舆地志。

续　表

市镇	附近村集	与市镇距离	商店数量	备注
江湾	瞿家桥①	镇南5里	7—8	为江湾至沪必经之路
	谈家桥②	镇西南9里	30—40	新兴村集,1916年建同茂丝厂,渐见繁盛
	侯家木桥③	镇北	2—3	
	宋家巷	镇东南	20余	1920年以后兴起
	西唐家桥	镇北7里	10余	1926年以后
殷行	沈家行④	镇南6里		分属上海、宝山两县
	张花浜⑤	镇北5里		因设立车站而新成村集
	东唐家桥	镇西北6里	10余	1926年以后始兴
吴淞⑥	炮台湾	镇东里许	数家	专供营兵旅客之便利
	陈家巷	镇西北3里	2—3	杂货店
高桥	三官桥	镇北14里	10	10家均为小商铺
	楼下宅	镇东9里	7—8	7—8家均为小商铺,布、米、药材店

资料来源:民国10年《宝山县续志》卷一舆地志;民国20年《宝山县再续志》卷一舆地志。

据上表中数据可知,村集与市镇的平均距离为6.83里,大部分村集的商店数量不超过10家,且多为小商铺,主要为周边居民提供日常生活必需品。这些商铺供给

---

① "瞿家桥,在江湾镇南五里,沙泾之旁,为江湾至沪必经之路,有茶、酒、杂货等店七、八家。"民国10年《宝山县续志》卷一舆地志。
② "谈家桥,在江湾镇西南九里,斗入彭浦界内,自民国五年开设同茂丝厂,并建市房三四十幢,铺户居民渐见繁盛,翌年筑通新闸马路,厂栈益增。"民国10年《宝山县续志》卷一舆地志。
③ "侯家木桥,在江湾镇直北,有村店两三家,居民颇多殷实者。"民国10年《宝山县续志》卷一舆地志。
④ "沈家行,在殷行镇南六里上、宝交界处,上境市廛稍盛,宝境仅寥寥数家。"民国10年《宝山县续志》卷一舆地志。
⑤ "张花浜,在殷行镇北五里,自该处设立车站,始有洋酒、杂货等店,渐成村集。"民国10年《宝山县续志》卷一舆地志。
⑥ 吴淞"镇当江海入口处,即古之吴淞江,其南为蕰藻河出口处,故航路交通,商船云集,海市为全县最。通商以后,轮船往来必经口外,关卡局所,分别稽查,借以权税。光绪二十四年,自辟商埠,填筑马路,烦费颇巨,未告成功;二十七年,又与各国订浚浦之约,免阻航沪各轮,而淞埠开辟计划益归泡影,市街东西长而南北短,铺户如栉,以街面淋隘,恒至火灾,陆则淞沪铁路终点于此,口外则常有军舰停泊,地势之险要可知,不徒商业上占重要地位而已。"民国10年《宝山县续志》卷一舆地志。

商品的对象包括村集附近的农民,还包括在当地丝厂、染织厂中工作的工人。可见,当地工业的发展以及人口的增加,是除农民市场活动之外,推动村集出现和市镇发展的另一个因素。

不独宝山县为然。下表列举的嘉定县16个市镇,大多每日有一次集市(早市),还有一些一日两市。早市和晚市可以说是市镇主要的和经常性的经济活动,它使市镇成为周边乡村经济活动的中心,农村居民在集市上互通有无,交易农产品、手工业品等。

表 5-11　20世纪上半期嘉定县市镇每日集市次数

市镇	每日集市次数	统计年份
望仙桥市	早市一次	清末
娄塘镇	集市一次	清末
安亭镇	一市	清末
戬浜桥镇	一市	民国初年
陆家行	集市二次	民国初年
徐行镇	早市一次	1930
新泾镇	早市一次	1930
陆渡桥镇	早市一次	1930
安亭	集市一次	1930
黄渡	晨昼二市	1930
石冈门	一市	1930
娄塘镇	集市一次	1930
钱门塘	一市	1930
方泰镇	一市	1930
纪王庙镇	晨昼两市	1930
唐家行	两市	1930

资料来源:民国19年《嘉定县续志》卷一疆域志;《嘉定县志》第83页。

1938—1939年,常熟严家上、太仓遥泾、嘉定丁家村、无锡小丁巷、松江薛家埭等村的调查资料,显示其时农民购买的商品中,食粮、肉、鱼、禽、蔬菜约占48%,这些日常生活所需的商品,应该是在就近的市场上购买的;此外,占所有购买商品约22%的盐、酒、酱油、食油、草帽,也需要在市镇购得。两类生活必需品(和日用品)合计,已占农民所购商品总值的70%。在松江薛家埭等村的调查,显示农民出售的商品中,农作物占74%,考虑到运输条件的限制,农民出售商品的主要地点也是地方市场。① 六合县,1932年农民集市贸易成交额占商业零售额的40%左右。② 扬中县,22个大小市镇均有集市贸易,各市镇都有固定的集期,一般每旬3至4集,邻近市镇集期互相错开时间,个别则天天逢集。逢集时,商贩摆摊设点营业,农民则到集市出售农副产品,日出为市,日中散集。上市农产品有粮食、油、竹枝、柴草、水果、蔬菜、鱼、肉、禽、蛋、豆制品等,手工业产品有小农具、家织土布、竹器、柳器等,摊贩经营的则有棉布、百货、杂货、小吃等。③ 1934年,江宁县103个村庄的调查显示,100%的村庄从市镇购买油和盐,60%左右的村庄从市镇购买杂货和布匹,近30%的村庄从市镇购买蔬菜,从市镇购买肉、酱、醋的村庄各占调查村庄数的25%、13%、11%。农家向镇上购买的主要是农家日常生活不可或缺的物品,其次就是杂货和布匹。"城市货物之倾销,以及生活上必需用品之置备,亦多由市镇转运而来,故市镇已成为城乡之媒介物,占有农村经济上之至要地位。"④村庄商业贸易活动,非仰赖附近之市镇不可。这103村向市镇出售的物品中,主要是稻、麦等农产品,杂粮居其次,其他物品都属有限。调查村庄中,有59%在市镇出售麦子,49%出售稻谷,49%出售杂粮,42%出售米。此次调查还发现,所有被调查的村庄都未发现店铺,当地农户以市镇为交易中心,除了间或有小贩在各村庄间交易之外,重要物品都由农民与商人直接办理,而这类交易活动,也在市镇上进行。此外,乡村茶馆完全集中在市镇上,这也说明,市镇作为附近村庄交往中心的地位。也就是说,江南农民的交换活动,主要是发生在市镇市集上。因此,市镇变迁与腹地乡村经济的兴衰息息相关。由吴兴与桐乡两县分县而治的乌青镇由于受太平天国时期的战乱破坏,商业经济一度衰落。20世纪10年代之后迅速恢复,主要原因之一就在于该镇"附近农村土特产如蚕丝、菊花、羊皮

---

① [美]黄宗智:《长江三角洲小农家庭与乡村发展》,中华书局2000年版,第95—99页。
② 《六合县志》,第352页。
③ 《扬中县志》,第277页。
④ 蒋杰:《京郊农村社会调查》,中华农学会许叔玑先生纪念奖学金第一届征文号(第一五九期)抽印本,1937年版,第22页。

等商品出品量扩大,农民收入有所增加"[1],在市镇上的经济活动随之更加频繁。

表5-12 安吉东区三社乡全年消费统计表

项目	支出数量	比重(%)
膳食	25950	55.46
油火	450	0.96
衣服	3045	6.51
修葺房屋	634	1.36
器具及农具	1040	2.22
租税捐款	1268	2.71
婚嫁	700	1.50
丧事	262	0.56
医药费	1220	2.61
纸烟及旱烟	2020	4.32
酒	1565	3.34
迷信	3437	7.35
交际	2496	5.33
生产费	300	0.64
教育费	2000	4.27
其他	400	0.85
总计	46787	100.00

资料来源:林逸人:《安吉东区三社乡农村概况》,《农林新报》1936年第13卷第32期。

上表内容显示出安吉东区农民在多大程度上依赖市场。即使以膳食全部为自给,则农民日常生活所需约40%要依赖市场供给。这些市场活动的地点大部分位于市镇,农家所需的工业消费品是经由市镇市场(商铺、市集)出售的,农家用于购置消费品的现金,部分来自于农产品的销售,而农产品的销售地点也主要是在市镇上。

由于区域经济差异及生产分工的发展,市镇还是更大范围商品交易的端点。在

---

[1] 朱半候、沈宜:《漫谈民国时期乌镇的商业》,桐乡县政协文史资料委员会编:《桐乡文史资料》第9辑,1990年。

江南各地形成的具有相对专业特征的生产区域,要么因为耕地主要用于植棉,要么逐渐将稻作农田改造为桑地,要么因为人均耕地不敷耕作,致使当地所产粮食不能满足农家所需,需要从其他地区输入粮食。在这些地区,在市镇交易的商品中,除了当地经济作物的产品外,还有供给当地需求的稻米等产品。相应地,在那些以稻米等粮食作物种植业为主的地区,如昆山、常熟、嘉兴以及长兴的个别区域,稻米等主要的粮食产品也是市镇交易的主要商品。下表列出了长兴县各个市镇上主要的商业行业。

表 5-13 1936 年长兴县市镇主要商业行业

市镇	主要商业行业
泗安	米
虹星桥	米
和平	毛竹、山货、茶、米、杂粮
鸣桥	米、毛竹、山货、茶叶、柴炭
夹浦	鱼虾、毛竹、山货、茶叶、柴炭、米、麦
水口	鱼虾、毛竹、山货、茶叶、柴炭、米、麦
白阜	鱼虾、毛竹、山货、茶叶、柴炭、米、麦
坞薪	鱼虾、毛竹、山货、茶叶、柴炭、米、麦
甲桥	鱼虾、毛竹、山货、茶叶、柴炭、米、麦
李家巷	青石、白石、石炭
新塘	鱼虾、芦席
小沉渎	鱼虾、芦席
杨家浦	鱼虾、芦席

资料来源:忍先:《浙西各县工商业之一瞥·长兴》,《商业月报》1929年第9卷第9号。

在这些市镇中,主要商业行业都与米、麦、茶、鱼虾等农产品有关,手工业品则多以农产品为原料。可见,农村经济的正常运行有赖于市镇商业的运转,反过来,市镇经济状况往往取决于农村经济状况。

同样,杭县"农村经济之富裕与否,原依生产之盛衰为转移。本县为蚕桑区域,往昔丝蚕繁盛时期,全县农村景况,无不欣欣向荣,迨丝蚕价跌,蚕丝事业衰落以后,农民收入既已减少,而社会风气反趋奢靡,在消费方面有增无减,故农村状况日趋穷困"。① 再如安吉县梅溪镇。至30年代中期,"农村破产,商业因亦随之崩溃……酱油业,天源祥号,开消得过,德源平平。惟黟县帮之鸿源运号,现尚未开市,谣传有收歇之可能。查鸿源运号,平日生意颇好,闻内部股东发生意见。该号本系四股开设,黟县九都屏山村舒养吾一股。十都宏村汪慎修一股,余二股属湖帮。今年汪慎修股坚要拔出,以致尚未定事。经理伙计仅留四人。余均星散。闻该号去岁废历除夕送利市,不知如何。祭神之猪头一个,亦竟被小窃去。临时无法,只得胡乱向人借用。当下即有人谓,该号利市丢去,完主晦气,谁知开正,果遭股东互闹执扭……余如绩溪帮之磨坊业、烧饼作,均差强人意。惟馆店即一律赊本不振"。② 农业及农村经济的萎缩对市镇的商业自然带来消极影响。

市镇作为农家"以有易无"的商业活动中心地的作用,并不因其更加深刻地融入外部市场而受到削弱。反过来也可以说,不论其规模大小,市镇作为周边村落较为低级的经济中心地的功能,并不是市镇衰败的原因。相反,恰恰因为市镇是周边相对较小范围乡村农家出售农产品和手工业品,并购回生活必需品的场所,才使这些市镇虽衰退而未消亡,③仍旧维持其作为低级市场中心地的"原始"功能,从而保持了其在由中心城市市场到散居乡村的农户组成的市场结构中的不可或缺的地位。

农产品及手工业品市场范围和规模的扩大,都是市镇经济成长的主要动力,而标志着近代经济成长的工业部门、资本增加、新技术应用在市镇及农村经济中均居于微不足道的地位。与明清时代相比,市镇固然开始从中心城市经济的近代转型中受益,如以原棉供给、放机布生产、资本积累等与近代工业中心城市及产品市场发生联系,但市镇经济成长本身仍以劳动分工为基础,农村经济发展的原动力仍为市场

---

① 叶风虎:《杭县之物产及农村状况》,《浙江省建设月刊》1934年第7卷第12期。"据平时考察所得,十户农家殆有九户负债。至于农民耕作资金之借贷,与平时款项之周转,一藉典当,二赖富户放款,三由组织合作社向银行借贷。全县现有典当七家,年来亦以满货堆积,无法脱售,资本周转不灵,以致有亏无盈,前途均岌岌堪危。而农民方面,因各种农产价格均低落,而衣食既不可缺,以致收支失其平衡,信用无法维持,而整个农村社会之经济现状,顿成拮据、混乱之现象。"
② 《徽帮商店调查:安吉县梅溪镇》,《皖事汇报》1936年第7—8期。
③ 黄宗智考察了上海、青浦、川沙、南汇、宝山、奉贤、嘉定等县1862至1937年的市镇,发现有9个镇因战乱而严重衰落,但没有一个就此消失。[美]黄宗智:《长江三角洲小农家庭与乡村发展》,中华书局2000年版,第341页。

专业化和区域分工,尚缺乏技术进步以及组织改良等近代转型的基本因素。单从这个角度来看,可以说近代江南区域农村经济发展与明清时期的经济演变,就其性质而言,乃是一个具有连续性的同质过程。从市镇农产品与手工业品的交易来看,农副兼业化的发展和农业专业化生产的发展,仍是 20 世纪初江南市镇发展的动因之一。从这个角度看,20 世纪市镇发展的机制与 19 世纪以及之前几个世纪的市镇发展机制具有延续性。

(三) 市镇与远距离贸易

明清时期,江南商业市镇数量增加,其中一些市镇在长距离贸易中具有重要作用。清代前期,经由江南市镇行销外地的手工业品,不仅销往国内市场,甚至还远销国际市场。[①] 市镇不仅是乡民互通有无的腹地产品集散中心,而且是城市之间、县域之间、省际长距离贸易网络的节点。近代江南的市镇发展还受到大宗农产品和手工业产品远距离贸易的促进。

1913 年的调查显示,宝山县输出的产品中,"农产物以棉花为大宗,几占十分之六,通年行销上海、日本等处,不下四万余担。农家工业,以织布为最多,行销各处"。[②] 输入的农产品主要是粮食,当地"米、麦、豆等,虽有产额,仅足供本地之用"[③],因此需要从外县购入稻米。发达的商品性农业(如种植棉花)、家庭手工业(如织布)以及与之息息相关的频繁的商业活动,为市镇发展准备了人流与物流。作为商品流通集散地的市镇,在这种扩大的商业活动中,具有日益重要的作用。无论是市镇规模的扩大,还是新兴村集的出现,都受到这一时期当地农产品及手工业品输出和外地商品(稻米)输入的促动。

经由城市市场,甚至不必经过城市市场,市镇能够联络广阔的区域。不要说在 20 世纪上半期那些著名的米粮市场中心如硖石、周浦等市镇,即使那些规模相对狭小的市镇,其贸易网络也往往辐射至数县或数省范围。

---

① 方行:《清代前期农村市场的发展》,《历史研究》1987 年第 6 期。
② 《宝山县地理调查表》,《宝山共和杂志》1913 年第 8 期。
③ 《宝山县地理调查表》,《宝山共和杂志》1913 年第 8 期。

表 5-14 20 世纪上半期江南市镇贸易范围

县份	市镇	市镇贸易范围	统计年份
吴兴	双林	丝销往上海、江宁、镇江、江苏	1917
德清①	县城	在长兴、广德、无锡采购米	1923
嘉兴	濮院	丝销苏、沪、杭、绍、南京、镇江、盛泽等地	1935
平湖	乍浦	木行之木材由福建、温州运来	1936
桐乡	乌青	米业远涉无锡、奔牛、嘉兴	1936
桐乡	炉头	铁器销往松江、嘉善、平湖、嘉兴、硖石、湖州等地	明代
杭县	塘栖	水果运销上海、苏州、杭州、嘉兴、湖州等地；土丝运销上海、南京、杭州、绍兴、苏州等；粮食购自苏州、无锡、常州、江西等地	20世纪上半期
常熟	梅李	粮食、饼业、花边、土布等销售往上海、苏北、山东、福建、浙江等地	20世纪上半期
南汇	周浦	粮食货源地有无锡、常熟、松江、金山、青浦、奉贤等，南北货源地为浙江、安徽、福建、江苏、山东、两广等	20世纪上半期

资料来源：《周浦镇志》，上海科学技术文献出版社1995年版，第175—176页；《桐乡县志》第68页；《梅李镇志》，古吴轩出版社1995年版，第271—278页；《塘栖镇志》，上海书店1991年版，第63—64页；戴鞍钢、黄苇：《中国地方志经济资料汇编》，汉语大词典出版社1999年版，第639、711页；余之伴：《没落的市镇》，《生活》1933年第8卷第49期。

上表显示，无论是商品的输入还是输出，各个市镇的贸易范围均不限于本县之内。宜兴县张渚镇的物产，"竹、米、茶、木材等，都是出品的大宗，像上海所看见的竹子，可说十之九都是张渚运去的，米、茶也有大批运往外埠，木材能供给建筑用的比较少，泰半是供燃料之用，像上海烧的松片、杂木等燃料，一年到头都整船地运去"。② 崇德镇农家自缫的土丝"除出口外销外，主要销往外地丝织厂。其中，粗丝与细丝的产地和销售地也不同。粗丝主要产于崇德北门外农村，主要销往杭州，是生产杭纺、杭罗的原料……细丝来自留良、上市、芝村西部及

---

① 民国21年《德清县新志》："邑为泽国，丰年不敷自食，全恃外县如长兴、广德、无锡等处采购，以为接济，故米价每石自六元以至十余元，若遇歉岁尤昂。"戴鞍钢、黄苇：《中国地方志经济资料汇编》，汉语大词典出版社1999年版，第712页。

② 余之伴：《没落的市镇》，《生活》1933年第8卷第49期。

其他农村,主要销往盛泽"。① "杭县城西北六七里,有湖墅镇,地夹运河两岸,市肆繁殷,为浙西米、纸两业中心。又北三四里为拱宸桥……其他如塘栖、瓶窑、五都、西镇、临平、三墩等处,亦均为繁盛之处"。② 其中,塘栖镇的土丝运销上海、南京、绍兴、苏州等地,而粮食则购自无锡、常州、苏州、江西等地;桐乡炉头镇的铁器销往松江、嘉善、平湖、嘉兴等县;周浦镇的粮食采自松江、金山、青浦、奉贤等县,均已超出县域范围。市镇贸易的商品源流之地,甚至不限于江南地区。常熟梅李镇所产花边、土布等,远销至山东、福建,平湖乍浦镇的木材则由福建、温州等地运来,南汇周浦镇的南北货货源地则南至两广,北至山东。③ 这是就直接贸易所作观察。如果将间接贸易也考虑在内,则几乎所有的市镇都是这种跨区域市场网络的组成部分。

20世纪初,苏州附近乡镇的小船装载谷物等货品,往来苏州与市镇乡村之间,而那些大型船只航行于江南各地内河,将苏州及其腹地的市镇与杭州、上海、湖州等地联络沟通,而且远及浙江和江苏的江北各地。④ 宜兴县张渚镇"是地跨三省的重镇,离浙江的长兴、安徽的徽州都不过三十多里的路程,只要越过一两重山岭就可以到达这两县——长兴和徽州。张渚镇四周被小山环绕着,中间有肥沃的良田和浅浅的山溪,星罗似的乡村像棋子样的分布着,各种商业、手工业、经济机关都集中在镇上,就是长兴的纸、徽州的茶叶也到这镇上来销售"。⑤ "富阳上通金衢严三属,下达浙西等处",因而商业尚称发达,"其柴、米、炭、木、火腿、靛青等商品,虽多非富阳当地出产,但多经由富阳县各市镇转运。富阳县一些市镇的发展,实因其远距离贸易的中转功能"。⑥ 杭县主要农产物中的棉花、麻、茶叶、蔬菜、水果等都是超出浙西乃至江南地区的远距离贸易的商品。如下表:

---

① 颜祉伦:《崇德的土丝与绵绸业》,桐乡县政协文史资料委员会:《桐乡文史资料》第8辑,内部印行,1989年。
② 忍先:《浙西各县工商业之一瞥·杭县》,《商业月报》1929年第9卷第7号。
③ 《周浦镇志》,上海科学技术文献出版社1995年版,第175—176页;《桐乡县志》,第68页;《梅李镇志》,古吴轩出版社1995年版,第271—278页;《塘栖镇志》,上海书店1991年版,第63—64页。
④ 陆允昌编:《苏州洋关史料》,南京大学出版社1991年版,第92—94页。
⑤ 余之伴:《没落的市镇》,《生活》1933年第8卷第49期。
⑥ 忍先:《浙西各县工商业之一瞥·富阳》,《商业月报》1929年第9卷第7号。

表 5-15 杭县主要农产物统计表

农产物	每年产额（担）	收获时期	输出时期	输出数量（担）	销行地点	每担市价	包装方法
米	336000	秋			本地		麻包
豆	227000	夏秋			本地		麻包
棉花	11363	秋末	冬初	6820	本地及上海	13元左右	蒲包
麻	3000	夏末	常年	1500	上海		捆件
茶叶	5200	春至秋	常年	2050	东北各省、河南、河北、山东、广东		箱装
茧	156750	春夏秋	春末夏秋				
鲜蔬菜	250000	四季	四季	20000	上海		箩装
水果	664200	不同	不同	365700	上海、嘉、湖、绍、甬、苏、津各地		

资料来源：吴保衡：《杭县主要农产物统计表》，《京沪沪杭甬铁路日刊》1935年第1214期。

表中显示，除米、豆两项主要在县域范围内出售，杭县的棉花、麻、蔬菜、水果、茶叶等农产品，大量销往上海、广东、山东等地。其中，棉花、麻、茶叶的商品率达50%左右，水果的商品率近60%。每年数千担乃至数十万担的各类农产品远距离贸易的起点，往往是设在当地市镇上的花行、茧行、水果行。这些季节性以至常年营业的农产品贸易商往往决定着市镇商业的兴衰。当年的调查称，"杭县产茶区域，以第六区为最盛，第五区次之。种植面积约在三万亩左右。品质分红茶与绿茶两种，惟红茶产量较少。绿茶中可分明前、雨前、旗枪等名目。山户所产茶叶，出售于当地茶行之客商，由茶行客商运至杭州及上海、哈尔滨、香港等埠，或转运海外，茶市交易地点分布浮山、良户、留下等处，每年约值一百余万元左右"。[1] 该份调查还称，杭县"茶叶……每年产额在六百担以上，行销直、鲁、豫、奉、吉、黑诸省"[2]。"杭县枇杷栽培区域，以塘栖、丁山河、东家河、西家河、北杨墩一带最盛，每年产额约在十万担，价值约四十万元。交易市场，以塘栖为大宗，运销地点除邻县各市镇外，当以上海、苏州及

---

[1] 叶风虎：《杭县之物产及农村状况》，《浙江省建设月刊》1934年第7卷第12期。
[2] 叶风虎：《杭县之物产及农村状况》，《浙江省建设月刊》1934年第7卷第12期。

江北一带销路较多。"①"杭县第一区之泰山、屯里、东家桥、吴家桥、南山、超山一带，栽植梅树，遐迩闻名，每年产额约在二十万担。当青梅成熟期内，上海及苏州诸客帮，纷纷到地采办，先在当地醃坯，再行运销上海、苏州一带，作为糖果。上海冠生园所出之陈皮梅，其原料大都采自本县。"②这些进入远距离贸易的商品，首先由位于市镇上的商行收购，或由外地客商收购，经由市镇转运，无论如何，市镇都是远距离贸易的起点。

杭县临平镇销往上海等地的农产品情况如下表所示。

表5-16 临平主要农产物统计表

农产物	每年产额	收获时期	输出时期	输出数量（件）	销行地点	每担市价	包装方法
麻	50000件	秋初	秋冬	30000件	上海	每件6元多	捆件，车运多数
麻布	50000件	常年	常年	30000件	上海及沪杭沿线各县镇	每匹3至5角	同上
麻袋	3000件	常年	常年	2000件	同上	每只2角弱	同上
药材	5000担	秋多	常年	5000担	上海	3至5元	麻包，车运多数

资料来源：吴保衡：《杭县主要农产物统计表》，《京沪沪杭甬铁路日刊》1935年第1214期。

临平当地生产的麻有60%以上销往上海，药材则全部销往上海。两项农产品每年的市价达20万元左右，均在当地整理包装和起运，是临平市镇商业的重要行业。③

安吉县梅溪镇"扼浙之安吉、孝丰二县出口要隘，故商业特别发达"。④ 多有外地商人到梅溪经营商业，"徽帮以绩、黟、休三县最多"。⑤ 据20世纪30年代上半期实地调查人口的观察："从湖州来的时候，曾在梅溪经过，一条长长的一里多路的市街，仿佛与曹娥江畔的百官、沪杭线上的硖石相似，这就是安吉经济生命的一半寄托所在的地方，安吉的生产品大部分是由此输出的。那儿有电灯、有长途电话，有比较像

---

① 叶凤虎：《杭县之物产及农村状况》，《浙江省建设月刊》1934年第7卷第12期。
② 叶凤虎：《杭县之物产及农村状况》，《浙江省建设月刊》1934年第7卷第12期。
③ 吴保衡：《杭县主要农产物统计表》，《京沪沪杭甬铁路日刊》1935年第1214期。
④ 《徽帮商店调查：安吉县梅溪镇》，《皖事汇报》1936年第7—8期。
⑤ 《徽帮商店调查：安吉县梅溪镇》，《皖事汇报》1936年第7—8期。

样一点的商店和旅馆、有小汽轮驶行到湖州,比较城里繁盛得多了。"[1]相反的变化也可证明农业经济对市镇商况的关键影响。仍以安吉县梅溪镇为例。至30年代中期,"农村破产,商业因亦随之崩溃,故旧岁徽帮,年底结束,亏折店家居多。京广布店,以慎安号略获盈钱,但亦仅官利而外,稍长数百番而已。余如信成等,大部亏耗不一"。[2]远距离贸易的萎缩对梅溪这样的市镇的消极影响是全局性的。

在常熟,市镇市场吐纳的粮食并非仅仅来自常熟县辖的农村地区,甚至也不限于其周边诸县,而是跨越省区,在一个十分广阔的区域中展开。常熟粮食市场的形成可以上溯到明清时期。清乾隆年间(1736—1795年),"常、昭产米甚少,每患不敷民食"。其时常熟为粮食净输入地区,市镇市场经营的粮食贸易以输入为主。光绪初年以后,常熟转而成为粮食输出地区。光绪七年三月四日刊《益闻录》第九四号谓:"常熟向称鱼米之乡,家仓箱而户稻粱,产米之盛,可于苏松各属中,首屈一指。"[3]与此相应,粮食输出也成为市镇市场的主要商业活动。粮食输入与输出贸易的发展,使常熟各个市镇米粮市场逐渐超出常熟农村消费的狭小地域,将购销的触角伸向更为广阔的地区。至20世纪初,大米成为常熟市镇市场的主要出口商品,在长江航行的苏帮、扬邦、沙邦等船帮,往返常熟城乡贩运稻米,销往上海及浙江杭州、绍兴等地。20世纪20年代中期,"常熟物产丰阜,运输便利,实太湖流域之沃壤,长江下游之名区,天产品以米谷、棉花及菜子为大宗",常熟"菜子全年产额约计三十余万石,多由沪洋商直接到常熟采办,输出国外,年值九十八万元"。加上米谷、棉花等,"据当地详确之调查,全县物产价值年在二千五百万元以上"。[4]在市场范围扩大的基础上,在常熟形成了以城厢为中心的米粮专业市场。这时的常熟城厢有粮行103家,经营的大米大多由江苏省西部地区输入,外销地点则以上海和苏北地区为主。至抗日战争前,县城专业运输米谷的米包子船约有100艘,总吨位达到1700余吨。其中约30%为代客运米,约20%为自营,其余约50%自营兼代运。其中,代运船只主要是为黄正大、徐福盛等大粮行运输大米到上海;自营船只大多去金坛、溧阳等地

---

[1]《在安吉——湖行杂拾之一》,《晨光(杭州)》1932年第1卷第1期。
[2]《徽帮商店调查:安吉县梅溪镇》,《皖事汇报》1936年第7—8期。
[3] 李文治:《中国近代农业史资料》第一辑,三联书店1957年版,第469页。
[4]《各地重要产品:沪行所属:常熟:米谷棉花及菜子》,《交通银行月刊》1924年第2卷第2期。

收买稻谷、糙米运回常熟,在碾米厂加工成上等白米后,再运往上海。据经营米业的老人回忆:"单在(常熟)城区范围,米行、米店、米厂就有300余家,从事米业的人员不下数千人。米市场不仅是从事米业人员的聚集、交易场所,还包括各县、市和乡镇来常的米商,以及专为米行装运米粮的驳船船户。每天出入市场人员,总有千人以上。"①常熟县城米市因此成为著名的米粮贸易市场,在江苏省内仅次于无锡米市。②在常熟市镇粮食市场的全盛时期,在常熟县城之外,还有次一级的粮食转运中心,如位于县城东北产棉区的梅李镇、位于县城西南稻作区的唐市镇,以及西北长江沿岸的港口福山镇,都拓展了各自的粮食运销市场范围。可见,常熟市镇粮食贸易已经不限于满足当地粮食的消费需求,而是具有稻米远途转口贸易的性质,因此米粮贸易对维持近代常熟城乡的商业活力具有关键作用。浙西长兴县泗安镇也有发达的米业市场。据20世纪30年代上半期的调查,"长兴泗安镇,居浙西要地,为皖浙之门户,产米甚多。故该处米行颇多。今市上有一米,称泗安籼者,即其地所产,销路很广"。③类似常熟、长兴一些市镇这样的远距离贸易活动,在江南并非特例。商业化的农村经济使江南的诸多市镇被纳入更大范围的市场结构中。

棉花也是江南特别是棉作区市镇集散的大宗商品。市镇棉花市场范围的扩展,主要是指向工业中心城市。近代以前,常熟棉花主要是供给当地农村手工棉纺织业作为原料,其市场范围囿于短距离的农村市场。20世纪上半期,随着近代纺纱工业的发展,棉花的销售范围向远距离拓展。据常昭商务分会于1909年的调查,常熟城厢、董浜、何家市、归家市、陈泾桥等市镇花行经营的棉花已经开始"行销四路机厂"。④至20世纪30年代初,棉花产区附近的市镇中均设有花行,收购和加工的籽花及花衣都运销于大商埠的轧花厂和纺织厂。此时常熟的棉花外销地点已经完全转向上海、无锡、苏州等工业中心城市,其中又因无锡纺纱业发达,棉花需求量大,常熟市镇市场上集散的棉花最终大多输往无锡的纱厂。当时的一项调查对棉花市场

---

① 张紫石、孙光华:《常熟的米市场》,常熟政协文史资料研究委员会:《文史资料辑存》(第十五辑),内部发行,1988年版。
② 《常熟市志》,第450页。
③ 《徽帮商店调查:长兴县泗安镇》,《皖事汇报》1936年第7—8期。
④ 包伟民:《江南市镇及其近代命运1840—1949》,知识出版社1998年版,第170—171页。

379

的这种前后变化有一番对比:"棉花之用途,在昔本以供家庭纺织原料及棉衣、棉被胎为主,自纱厂业发达以后,大部产量均为纱厂所吸收,因之纱厂业发达之区域,亦即棉花贸易发达之地,原产地仅有一部分之消费,以应原有之需要而已。"①

常熟各个市镇市场上的鱼盐及杂货营销也涉及十分广阔的范围。在江南水乡平原地区,渔业产品的市场规模的扩展也影响到个别市镇经济的兴衰。常熟地处太湖流域,滨江近海,水系发达,河网纵横,水产丰富。但至17世纪末叶,专业化的渔业生产还只限于"滨湖之人",②市场范围也只限于产地消费市场,规模不大。19世纪,渔业产品逐渐成为浒浦、福山等沿江市镇市场的重要组成部分。20世纪初,这些市镇的鱼市规模继续扩展,如浒浦镇已经发展成为海洋和长江鱼类集散地,"每年鱼类吐纳之巨,甲于江南。港中帆樯林立,鱼行鳞次栉比……从业员工有数百之众。"③每逢渔汛时期,商贩多来此交易,到港百吨以上的海洋渔船有70—80艘,加上未经统计的长江渔船,估计每年集散海鱼、江鱼约10在万市担以上,总交易额达百万元。④ 20世纪30年代的一项调查称,浒浦鱼行"最多时期有十余家之多,一家每年营业多至十余万圆,少亦可营一二万圆"。⑤ 在渔业产品营销方面,仅浒浦一镇鱼行所收之货就远销嘉兴、嘉善、无锡、江阴、苏州等地。⑥ 福山镇是长江沿岸咸鱼、鲜鱼的集散地,在春夏季渔汛期,商贩尤多,港中桅杆林立,市上生意兴隆。1904年前后,每年进入福山港的南北洋黄鱼、鲞鱼船有几十条,产销刀鱼、鲥鱼、鲚鱼等的小网船也有几十条。渔业产品市场规模的扩大影响到整个市镇市场状况的变化。由于渔汛过后,渔船兼营货物贩运,市面上依旧是人烟繁盛,所以这些市镇不仅是渔产品的集散中心,还往往是南北杂货的集散中心。如福山镇装载杂货、经营运输的本港船只就多达十几条,启(启东)、海(海门)、通(通州)、泰(泰州)地区也有很多船到福山来,或通过福山

---

① 实业部国际贸易局:《中国实业志(江苏省)》,实业部国际贸易局1933年版,第146、156页。
② 清康熙二十六年《常熟县志》风俗志。
③ 《浒浦镇商况调查表》,常熟市档案馆藏:《常熟县商会档案》,档案编号:9-4-114。
④ 《常熟市志》,第451页。
⑤ 曹用柳:《常熟的棉纺工业》,常熟政协文史资料研究委员会:《文史资料辑存》(第一辑),内部发行,1961年版。
⑥ 《常熟一带渔业概况》,《中央银行月报》1934年第3卷第7期。

到常熟、苏州等地贩运南北特产,因此镇上的茶馆、酒肆、客栈、纸模店等也特别多。[1]对这些市镇而言,其经济的发达是与水产品市场的兴盛分不开的。另一个例子是金坛县的鱼虾业。"据熟悉此中情形者言,每日金坛县产虾约一百担,产鱼二百余担,平均估价,每斤以二角计,当在六百元以上,每年共值廿余万元。鱼虾在内地,为小事业,无人注意,不意亦有如此产量。"[2]这些为数不少的水产品,均在各个市镇上完成交易,对市镇经济也有积极的作用。在江南,渔业产品销售囿于江南地区,与这类产品的特点有关。不受时间和存贮技术限制的杂货,其营销范围却要相对广大得多。在常熟,市镇商家除经营上海百货、苏北仓盐等产品的批发业务外,个别市镇的竹木、窑货、布匹、土杂等货物的中转贸易范围甚至远及青岛、牛庄、旅顺、大连等地。[3]

由于农村家庭手工业发达,农家手工业产品超出县域范围的远程贸易,其市场的起点也是市镇。仍以常熟为例。15世纪末叶,常熟滨江地区棉织业已经出现。[4]半个多世纪以后,常熟土布开始行销于齐鲁大地,如明嘉靖十八年(1539年)《常熟县志》记载:"至于货布,用之邑者有限,而捆载舟输,行贾于齐鲁之境常十六。"[5]至19世纪初,常熟土布市场范围又有新的扩展,土布已成为流通数省的商品。近代,常熟市镇的土布市场范围有所扩大。郑光祖《一斑录·杂述》卷七(清道光二十三年刊本)称"通商贩鬻,北至淮扬,及于山东;南至浙江,及于福建"。[6]光绪十年(1884年)左右,常熟土布的销售范围更加广大,远销到浙江的金华、兰溪、丽水、龙泉、庆元,福建的福州、福安、兴化、浦城、崇安、建阳、邵武,安徽的休宁、歙县、绩溪,以及省内的盐城、兴化、苏州、唯亭等地。上述从常熟县域整体来看的土布市场范围扩大,在各个市镇布商营销区域的变化上也能得到印证。如常熟县城布行的销售市场主要向安徽等地延伸;浒浦和吴市的布行则以苏北各县为主要贩运地区;梅李的布行凭借资本雄厚、历史悠久的优势,侧重在闽浙地区拓展销售市场,并占有福建土布市场总

---

[1]《常熟一带渔业概况》,《中央银行月报》1934年第3卷第7期。
[2] 贺亮钰:《丹阳金坛商业概况》,《交行通信》1935年第7卷第3号。
[3]《常熟市志》,第169页。
[4] 如明弘治十二年(1479年)《常熟县志》称:"地宜稼,民皆事耕植,临江湖人,多事渔罟,其妇女绩麻枲以为布。"
[5] 明嘉靖十八年《常熟县志》卷四食货志。
[6] 洪焕椿:《明清苏州农村经济资料》,江苏古籍出版社1988年版,第280页。

销量的70%。除资力雄厚的布行外,经营规模较布行小的布庄也有自己的市场范围。特别是大中型布庄所收之布,除一部分转售予布行外,其余部分则由布庄运销上海、苏州、苏北等地销售。虽说布庄的经营大多是近购近销,以苏州附近各县零售商为贩卖对象,①但包括布行、布庄在内的所有这些经营,其市场范围已经超出常熟一地,成为跨越数县乃至数省的远距离贸易则无疑问。

在位于棉作区的嘉定、宝山等县,各个市镇在19—20世纪之交的交易商品中,最为普遍的除了棉花、米粮外,就是土布。而在嘉兴、长兴等县,各个市镇交易商品中,最为普遍的手工业产品则是丝绸。在不同农业区域的市镇中,除了农产品市场外,还有手工业品及其原料市场。从德清县农村手工业品销售情况可知,当地除部分自用的手工业产品,大部分手工业产品通过市镇销往市场,其中,一些商品的销售还不限于当地的市镇。如下表。

表5-17 德清县手工业品销售情况

品名	销售地
绢	自用
棉布	新市、塘栖
麻布	临平、亭趾、博陆
棉纱	售地不详
苎麻	外销,售地不详

资料来源:民国21年《德清县新志》卷二物产。

德清县农村生产的绢"纯为丝织品,乡间婚嫁用之,不敷售"。② 棉布"俗称土布,销于新市、唐栖为多"。③ "大麻杜布,阔者二尺,紧而洁;狭者尺八,粗而松,销于临平、亭趾、博六等处,该乡妇女咸以纺织,余赘助家用。"④棉纱"乡妇自纺之,除织布外,合线售于市"。⑤ 苎麻制品是德清县市镇销售的另一手工业品:"德清苎溪以多苎

---

① 顾砥中:《常熟土布的生产和流通概况》,常熟政协文史资料研究委员会:《文史资料辑存》(第二辑),内部发行,1962年版。
② 民国21年《德清县新志》卷二物产。
③ 民国21年《德清县新志》卷二物产。
④ 民国21年《德清县新志》卷二物产。
⑤ 民国21年《德清县新志》卷二物产。

得名,为湖属之土产。又洛舍等处,多苎,故镇志曰苎西乡,今苎以洛舍等处所出为多,市肆收积以时,逐利而卖之。若采录其皮,分缕以绩布,即苎缕也。夏布、汗巾,旧惟有皋村盛出,嗣新市镇妇女皆务织此,以青白苎缕间合而成,稍存须络,甚坚整可喜,远人多购之。"①

近代江南农村经济区域的专业分工虽非此一时期所形成,但区域专业分工依旧保持,且在19世纪中期以后继续在空间上的拓展。由宁波、绍兴播迁进入太湖南岸杭嘉湖地区的蚕桑业,在19世纪中期向太湖北岸的无锡、武进等县传播,进而形成环太湖地区的蚕桑区。而在江南沿长江、钱塘江沿岸的地区则形成棉花种植地带。在蚕桑区与棉作区之间,则是以粮食生产为主的粮食作物种植区。江南地区普遍存在的是粮食作物、经济作物交错种植的过渡地带。在各个农业区内部,都有相当发达的农村手工业,形成农业和手工业等的兼业化生产。从事农业者兼营手工业、小商小贩;而从事手工业者鲜有不以农业为主业或兼业者。明清时期,农村已经形成这样的综合型产业结构,江南市镇兴起和商业旺盛的根本原因正在于江南农村经济走的是兼业化道路。② 兼业化的发展并未使江南农村陷于"自给自足的自然经济"状态不能超拔,相反,兼业所带来的农家收入的增加,刺激小农家庭参与市场交易;而兼业之所以能够逐步加强,也需要农家更多地参与产品和要素市场的交换活动。这些都有利于市场总量的扩大,作为农村各种交易活动中心地的市镇,没有因兼业化而萎缩。

近代江南市镇市场不仅是农产品和手工业品近距离余缺调剂的中心,还因其腹地农村生产的特点而形成若干专业市场,进而负有远距离中转贸易的职能。虽然市镇是其腹地农村地区的农产品与手工产品集散中心,但一些市镇不仅是农村所需生活资料和生产资料的转运节点,而且还是跨越若干个腹地农村地区甚至几个县域乃至省域的中转贸易中心。或者通过区域内的商业中心城市,而成为远距离贸易的产地和销售地。江南农村经济在商品的种类、贸易的规模、贸易的范围等方面,都超过

---

① 民国21年《德清县新志》卷二物产。该志称:"苎麻现销洋庄,彼以我之原料而成熟品,还售于我,光彩耀目,近年细缕夏布价胜纱罗,吾邑妇女坐食者多,何不仿之"。另,当地有"络麻,色绿有子,性宜水,亦称绿麻,种田畔"。
② 任放:《二十世纪明清市镇经济研究》,《历史研究》2001年第5期。

以往的时期,继续有所发展。此时的江南既是中国城乡经济的有机构成部分,也是具有国际性的区域经济的组成部分。江南的农家经济已经与遥远的市场需要密切关联。江南市镇与农村经济的变化,已与整个世界的经济律动相合拍。

二、市镇的工业生产

近代工业在渗入乡村的过程中,给 20 世纪上半期一些市镇的发展以难得的条件,设于村集或村落中的工业企业,甚至催生了新兴市镇。那些经济发展受到近代工业促动的市镇,在空间分布上主要集中在工业城市的近郊,在距近代工业中心城市较远的市镇中,仅有极个别者零星产生了一些近代工业企业,且多属农产品加工工业。

(一) 工业兴起与市镇发展

近代上海在成长为中心城市的过程中,工业生产的成本随之增加。为了降低生产成本,新设工厂逐渐向城市郊区(或邻县)扩展。这种中心城市工业发展的"溢出效应"正是上海、南汇、宝山、奉贤[①]等城市周边地区市镇工业发展的动因。

近代江南各县先后出现了因为近代工业引入而兴盛(或新生)的市镇。1861—1911 年,上海地区新产生的 40 个市镇中有 8 个因新建工厂而兴起,这些新建工厂包括棉织厂、毛巾厂及江南制造局等;28 个老市镇中,有 3 个因为工业发展的带动而复兴。[②] 据民国 11 年《法华乡志》记载,上海县周家桥,"在法华西北四里许,本一小村落。民国五年,有无锡富商荣氏傍吴淞江购地数十亩,开筑申新纺织厂。(民国)八年,欧战发生,纱价大涨,富商购地设厂者接踵而至。地价骤贵,亩值万金,百工麇

[①] 如奉贤县西渡口,民国初年,"为沪杭公路渡浦处,置有轮渡码头。渡东数十步,又为横沥出口处,车辆船舶,往来如织,商店、工厂,时有增设,渐成市集"。戴鞍钢、黄苇:《中国地方志经济资料汇编》,汉语大词典出版社 1999 年版,第 596 页。

[②] [美]黄宗智:《长江三角洲小农家庭与乡村发展》,中华书局 2000 年版,第 121—122 页。当然,同时因为机器工业对手工织布业的排挤,有 14 个市镇衰败。但黄宗智认为,城镇在总体上是发展的和现代化的。

集,遂成市面"。① 在上海周边的市镇中,"工业之荦荦大者,麋集闸北、吴淞,计缫丝厂八家,织布厂三家,资本均数万元,所役男女工徒多者八九百名,少者亦百余名;制肥皂者两家;制玻璃者两家;制饼干者一家;制火柴者一家;制大自鸣钟者一家;其间尤以商务印书馆印刷厂资本最厚,集股二百万两,男女工徒 1500 余名,工业之盛如此"。② 这些市镇亦因工业的增长而得以发展。宝山县"天通庵,在江湾镇南十里,地跨芦泾浦,商铺二十余家,本一小村集,近以毗邻商埠,有丝厂、染织厂等,市面日繁,几于上海商场无异,迥非囊时村集气象矣。瞿家桥,在江湾镇南五里,沙泾之旁,为江湾至沪必经之路,有茶、酒、杂货等店七、八家。谈家桥,在江湾镇西南九里,斗入彭浦界内,自民国五年开设同茂丝厂,并建市房三四十幢,铺户居民渐见繁盛,翌年筑通新闸马路,厂栈益增"③。可见,由于地近上海,天通庵、瞿家桥、谈家桥等地工业发展,商业相应繁盛,成为新兴的市镇。相比之下,距离上海较远的宝山县城却因工业发展迟缓,经济相对停滞。仅"设有裕生织布厂,资本万元,女工二百名,每年制出条格布 2 万余匹,运销上海,转输他埠。织毛巾厂两家,一曰隆茂,一曰惠民,资本不满万元。仅具工厂模型而已。土布一种,多系零星机织,殊难统计"。④ 时人论之曰:"宝山昔为防营址,至清雍正初年,始设县治,逼处海壖,夙非富庶。因与上海接壤,而境内资本企业之家,深知出产物品,大都以沪为尾闾,既多运输之功,且增关津之税。转不若就地经营,较为得计。致该县工商事业,无由发展。幸近十年来,上海商场日辟,渐推及于闸北、吴淞,顿形繁盛,现计设立工厂二十六家,资本几及一千万元。事业发育,方兴未艾。吴淞一镇,洵为全县精华。县城虽距离数里,而市廛萧条,尚不及一繁荣乡镇,实由地势使然。"⑤ 与宝山县城经济的不发展相比,吴淞、闸北等市镇的经济发展,主要在于近代工业(以及商业)等的繁荣。导致这一经济发展差异的主要因素之一,即在于吴淞、闸北等所具有的地近上海城市中心的区位优势。

19 至 20 世纪上海现代工业的引入为邻近上海城区的市镇成长准备了产业基

---

① 戴鞍钢、黄苇:《中国地方志经济资料汇编》,汉语大词典出版社 1999 年版,第 596 页。
② 沈启照:《沪海道区宝山县实业视察报告书》,《江苏实业月志》1919 年第 5 期。
③ 民国 10 年《宝山县续志》卷一舆地志。
④ 沈启照:《沪海道区宝山县实业视察报告书》,《江苏实业月志》1919 年第 5 期。
⑤ 沈启照:《沪海道区宝山县实业视察报告书》,《江苏实业月志》1919 年第 5 期。

础。上海开埠起初,城市工业的扩散仅限于上海近郊的吴淞、闸北、龙华、莘庄等个别市镇,至20世纪初,上海城市工业技术扩散到南汇县周浦镇。1900年,在上海出现美商经营的机器碾米厂后不久,中国人也开办了源昌米厂,几乎与此同时,上海的碾米机械就传至南汇,在周浦建立起了机器碾米企业,是为南汇最早的现代工业。同年,南汇胡明甫等人又合股从上海引入以柴油机为动力的轧花机40台,在周浦镇创办机动轧花厂南昌公司。城市工业渗透近郊的经济效应,使南汇各市镇开始仿效周浦,纷纷从上海引入工业机械。短短几年,在南汇市镇便出现一批使用机械动力的碾米、轧花、织袜、电力、机械、火柴等工厂。

现代机器和电力的应用也使南汇县出现了一批新兴的市镇。航头镇在明清时期以颇具规模的砖瓦烧制业生产与经营而兴起,在20世纪初叶,则因机器和电力的应用而迅速发展。织袜业等新兴手工业发展很快,并出现合股经营的工厂。1913年,航头居民王顺基、王祥九等于镇东合股创办利元袜厂;1919年,富德生、季元林等合股在中市创办广泰碾米厂,航头镇开始有了机械动力的加工工业。1921年,宁波籍任大林兄弟二人在中市开办染坊,后改为袜厂,有织袜机80多台;1935年,徐锦兴等合股在城隍庙桥南块创办九大轧花厂,建厂房20余间,有轧花车80多台,并安装2台12匹马力电动机。[①]再如祝桥镇。1922年创办的永聚轧花厂是祝桥现代工业之始,也是南汇较早用内燃机为动力的工厂之一。此后,祝桥镇上采用内燃机作动力的工厂日增,水上交通也开始从人力、风力木船向机动船发展。1936年,祝桥镇不仅已有航船,班轮可达苏、浙、沪和南汇各地,上川线火车也已延伸至镇东。各行各业的商铺、贩摊遍布于镇上,颇为繁荣。其中最著者为陈隆盛花米杂粮行,它在上海设有货栈,在浙江石浦设有坐庄,兼营长途载运,并附设有面粉厂、轧花厂,所产龙版面粉远销各地,盈利颇丰,是南汇大粮行之一。[②]

这些市镇近代工业(以及新式手工业)的产生有赖于上海城市工业的扩散,其发展更有赖于上海工业技术和资本的辐射。南汇的花边业、毛巾业、织袜业大部分是为上海的公司加工产品,其原料、技术、资金多来自于上海;"遍地皆是"的轧花业更

[①]《南汇县志资料》(7),内部发行,1987年,第35页。
[②]《南汇县志资料》(5),内部发行,1985年,第84页。

是严重依赖上海的工商业资本。① 1932年的一项统计显示，江苏各地织袜业中，南汇各市镇的厂家总数、资本额、工人总数及使用机械的数量均居于第二位，远远多于苏州、镇江、松江等地，甚至比近代工业中心无锡多15家。从南汇的48家袜厂的经营来看，南汇织袜厂与上海的联系大致分为二类：其一是与上海厂家订定产品规格和数量，并由上海厂家发给棉纱，为上海厂家包做，完全倚赖上海厂家生存，这一类共有26家，占总数的50％以上。② 其二是为上海大批发商代织，这类织袜厂由上海商家直接提供资金和设备，也与上海工商业资本存在着依附关系。实际上，那些既不依赖上海工业资本，也不依赖上海商业资本的织袜厂，其原料采购、产品销售同样依赖上海市场。不仅棉纱、人造丝、颜料、烧碱、漂粉、袜针等原料购自上海，所产袜子绝大部分也运往上海，并由上海出口至南洋各地。这类企业的生产技术和设备同样来自上海。以织袜机的引入为例。南汇织袜业诞生之时，采用的是日本生产的织袜机。随着织袜业需求增加，上海厂家开始仿制欧美及日本所产织袜机，短短10余年间，上海织袜机生产企业由3家增至39家，成为南汇织袜业的设备供应市场。其他工业企业的发展，也大都与上海城市工商业资本、技术和市场紧密结合。这种联系扩大了市镇工业吸纳资金和原料的能力，有助于劳动力、人口在市镇的集聚，带动了市镇其他行业的发展。据人们回忆，迄止30年代中期，南汇全县有织袜机5万余台，从业人数多达6万人。当南汇织袜业鼎盛之时，各个市镇上的百货商店、烟糖、南北货等行业都根据袜厂发放工资的日期，预先备足货源，争取多多增加营业额。在一些市镇，袜子的生产和销售甚至决定着商店营业的状况。③

工业企业的建立使一些因各种原因而呈现出衰退迹象的市镇，重又获得了发展的活力。在这类市镇中，南汇县新场镇可算作一个典型。该镇兴于宋代，"宋元后即市集繁盛，人文蔚起"④，明清之际"歌楼酒肆，商贾辐辏"⑤，其繁华程度一度超过上海县城，为浦东平原上第一大镇，有"赛苏州"的美誉。后因盐场东移，新场镇的成长受

---

① 民国17年《南汇县续志》卷十九风俗志。
② 实业部国际贸易局：《中国实业志（江苏省）》，实业部国际贸易局1933年版，第300页。
③ 南汇县政协文史资料委员会：《南汇县文史资料选辑》第一辑，内部发行1987年版，第51页。
④ 民国17年《南汇县续志》卷一疆域志。
⑤ 民国17年《南汇县续志》卷一疆域志。

挫,又加战乱等的破坏,市镇经济甚至还有一定程度的倒退。清咸丰年间,新场镇"廛舍焚毁,名迹就湮"①,至清光绪年间,"虽复成市,寥落犹多"。② 19世纪末20世纪初,上海城市现代工业和新兴手工业的扩张,为新场镇由衰而兴的转变带来了机缘。由城市引入新场的新兴行业首推织袜业。1913年,安定袜厂由坦直迁至新场,增购织机,招收女工;1918年,该厂又在新场镇新港岸边自建厂房,上下两层,楼上织袜,楼下染纱,并更名为安定染织厂,其兴旺时节,袜机多达500台,盈利颇丰。其他商家纷纷仿效,也在新场投资设厂。至1919年,新场镇织袜厂已经增至14家,居南汇诸镇之冠。织袜业的兴盛不仅意味着资金和产品在市镇的聚集,还带动了其他行业物流与人流的运转,这种加速进行的经济成长过程,使新场的镇容有所恢复。当时人所作《南汇县实业视察报告》称新场镇"街道宽绰,巨肆有信隆、亦隆典、正顺酱园、张信昌绸缎、王正泰米店、新和酱园、谢渭盛纸号、义兴南货等"。③ 20年代至30年代初,一些商人又在新场镇创设了和合、锦华、惠工、庆华、安康等袜厂,④此外还有碾米、电力等工业企业建立。尤其是1920年昌华电气公司建立后,一些商店和家庭采用电力照明,市镇生活因之再次发生明显变化。到了30年代,新场镇形成了纵横交织的十字形街市格局:"南北街一,长三里有奇,中间自洪福桥至受恩桥一段,尤为菁华所聚;横街一,东自千秋桥起,西至白虎桥止,长一里有半,大小商店通镇约三百家。"⑤随着市镇格局的扩展,新场镇的市场辐射范围重又扩大,其酒酱业辐射到南汇的三灶、坦直和奉贤县的奉城,南货业的批发业务远至奉贤、上海等地。实际上,市场的拓展也反过来推动着市镇经济总量的增加。在市镇发展与市场扩大的互动中,新场再度成为南汇西南地区具有中心地位的巨镇。⑥

除上海及其周边市镇之外,无锡、武进及其周边的市镇是苏南地区另一个近代工业较为发展的地带。无锡、武进等地市镇工业的兴起与上海近代工业有一定的渊

---

① 民国17年《南汇县续志》卷一疆域志。
② 民国17年《南汇县续志》卷一疆域志。
③ 江苏省长公署第四科:《南汇县实业视察报告》,《江苏省实业视察报告书(沪海道属)》,上海商务印书馆1919年版。
④ 《南汇织袜业现状》,《工商半月刊》1933年第5卷第11号。
⑤ 民国17年《南汇县续志》卷一疆域志。
⑥ 《新场镇志》,内部发行1988年版,第109页;《南汇县志》上海人民出版社1992年版,第92页。

源关系,但其直接投资多来自当地实业家,利用了无锡、武进的粮食、蚕茧等农产品集散中心地位,使当地的近代工业发展具有接近原料产地的优势。"1910 年,三月,武进人许稻荪投资十万两,在无锡开设振艺丝厂,有丝车 410 架。粮食、布行业商唐保谦、蔡文鑫合资十万元,开办九丰面粉厂,有麦磨 24 部。八月,孙鸣圻、薛南溟等合资十万元,在外马路太平巷设耀明电灯公司,置直流发电机,供照明用电。至此,无锡已有丝厂六家(丝车总数 2118 架),纱厂 2 家(纱锭总数 26000 枚),面粉厂 2 家(钢磨总数 60 部),加上其他碾为、织布等工厂,其近代工业的总投资额忆在 136 万元以上,工商收益在全邑经济中日见重要,城镇居民中的工人比重也逐渐增高,无锡成为一个新兴工业城镇的雏形。"①

在浙西地区,市镇工业虽不若上海周边地区那样集中,其规模也不能与无锡这样的工业中心相比。但与农村经济结构紧密相关,在某种程度上又与当地农村手工业的历史传统相应的工业,包括针织、丝织、缫丝、碾米、电力等近代工业,也在这一时期有所发展。20 世纪 20 年代初,"嘉善……昌耀电灯公司亦已开火。支光充足,装户颇殷。针织袜厂、染织布厂、碾米机厂等之新设者,皆不一而足。小民生计,亦甚活泼"。②海盐"民众业工者,不及全邑户口十分之一,数虽不多,但出品多能为人称道。新工业出品有双穗缎、电光纱、景星纱、蝉翼纱等"。③"海宁地当钱塘江北岸,交通虽便,当地工业,多尚在幼稚时代……旧工业有县城北门外周顺兴铁店所制药刀,行销沪、汉等处,新工业有线袜与布匹两处,(产品)亦能行销他处。"④

抗日战争期间,东南沿海城市尤其是上海工业遭到极大破坏,加之一些工厂内迁,工业产品供给不足。投资者因应市场需求,在一些市镇创办工业企业,并推动了这些市镇的兴起。如地跨南汇与奉贤两县的鲁家汇镇,在 1938 年至 1948 年间,因为碾米、榨油、轧花厂的设立,"各式商店,时有增设,市况渐盛"。⑤嘉定县"袁家桥,跨华亭泾,居新庙、吴巷二乡间,南距新庙里许。东西两岸,均有商店,如肉铺、茶市、杂

---

① 无锡地方志办公室:《无锡县志大事记》(征求意见稿),内部印行,1984 年,第 14 页。
② 《嘉善商业发展之一斑》,《钱业月报》1922 年第 2 卷第 3 期。
③ 忍先:《浙西各县工商业之一瞥·海盐》,《商业月报》1929 年第 9 卷第 7 号。
④ 忍先:《浙西各县工商业之一瞥·海宁》,《商业月报》1929 年第 9 卷第 7 号。
⑤ 戴鞍钢、黄苇:《中国地方志经济资料汇编》,汉语大词典出版社 1999 年版,第 588 页。

货店等四五家。八一三邑境沦陷期内,樊家祥开设新式轧米榨油厂于此。四乡居民,咸来集市,繁盛与曹王相等"。① 嘉定县新泾镇,1937年八一三之役后,"全市成瓦砾场,今犹未复原状,商店数未至十,仅晨间略有贸易。战后新泾西岸有毛巾厂,以达丰棉织厂为最大,妇女得有工作,农村赖以挹注。"②

如果我们注意到电力、粮食加工等行业,就会看到新技术的采用,尤其是机械动力的采用,这是以往江南农村手工业中所不曾有的新现象。如表5-18所示。

表5-18 1931年江南若干县份工业概况

县别	现 代 工 业
武进	纺织公司3家,布厂20余家;其余丝织榨油轧花等厂约30多家;另有一大规模的震华电气厂,用电力戽水,极有成效。
无锡	沪、苏、锡共有丝厂140多家,年产丝5万担,而大部分在无锡;各种工业均极发达;有250家组织完备,规模相当的机器工厂,男女工人数达12万。
吴县	省立线织厂、农具制造厂等工厂3家;另有纱缎厂、丝厂、布厂、汽水厂等六七十家。
松江	七八十家丝织、碾米等工厂。
江阴	工业兴起,竹汗衫之利为线汗衫所夺,纺织业最发达,规模大者有利用纺织公司;其余布厂,城乡合计约有六七十家;此外,碾米厂、袜、皂、布等厂家亦有十数家。
常熟	有纺纱厂一家,在支塘镇;布厂30余家,散布于各乡;另有碾米厂、毛巾厂等10余家。
吴江	同里芦圩等镇皆有碾米厂;盛泽有制丝厂织绸厂;窑户多集于芦圩,多至二三百家。
昆山	小规模碾米厂、布、烛、油饼、纸等厂20余家。
青浦	有织袜、碾米、油饼、木器、石子等厂20余家。
宝山	小规模织布、毛巾厂三四家,所用女工多约六七百人。
金坛	有织绸厂1家。
溧阳	工业不甚发达,袜、布、绸厂数家。
太仓	纺织、夏布、木器碾米等厂七八家。
南汇	织袜、毛巾、花边、碾米等工业约六七十家。

资料来源:殷惟龢:《江苏六十一县志》,商务印书馆1936年版。

从表中所列各县工业概况可知,粮食加工、纺织等企业虽然以无锡、苏州等城市

---

① 民国37年《嘉定疁东志》区域,《上海乡镇旧志丛书》第一辑,上海社会科学院出版社2004年版。
② 民国37年《嘉定疁东志》区域,《上海乡镇旧志丛书》第一辑,上海社会科学院出版社2004年版。

最为集中,但其他各县乡村市镇也都有分布。一些碾米、丝织、棉织、电力企业,均有使用机械动力生产。企业规模虽然有限,但在生产工具的革新方面已经发生根本变化。

当然,关注工业在市镇发展中的积极作用,并不能因此将工业发展对市镇规模的作用估计过高。表5-18所示是分布于江南若干县份县城的工业企业。这些工业企业行业门类主要是农产品加工工业、纺织业,其中尤以丝织、针织、粮食加工为主。即使在这些行业中,仍有相当部分以手工生产为主,在部分采用机械动力生产的织袜业、毛巾业、棉织业等行业中,更多的是采用人工机具从事生产的家庭手工业。一些企业虽以"厂"命名,但在经营方式上并不集中生产,而是将原料交由分散在各家各户中的手工业者或兼业农户从事生产;即使那些采取工厂管理方式、实行集中生产的企业,相当一部分仍以手工机械或半手工机械从事生产。

如表5-19所示,除了受到行业的局限外,一些市镇的近代企业,不过是季节性开工的工厂,虽对农村集市的兴起和发展有所助益,但毕竟有限。市镇规模的维持,仍旧有赖于其商品集散功能。南汇县泥城北窑,"自横港北尽头起,沿北泥城岸往东,稍有市集,竹木行商都有,每届秋收间有轧(花)厂"。[①] 可见,其市镇轧花工厂只有秋季棉花收获季节开工生产。在金山县,1936年的48个大小市镇中,属于商品集散型者34个,占总数的70.83%;交通要道型者8个,占16.67%;建置型、工业产品集散和因寺庙香火旺盛而兴者2个,占4.17%。[②] 此外,市镇工业企业的规模均有限,其分布状况也颇不均衡。因此,工业对市镇发展的作用应分别不同情形,做出具体的评判。

表5-19　20世纪上半期江南市镇主要工业行业

县份	市镇	主要手工业/工业	统计年份
昆山	巴溪	碾米、油坊、木行	1935
嘉定	南翔	碾米	沦陷期间
嘉定	钱门塘	油坊	道光、咸丰

[①] 民国17年《南汇县续志》卷一疆域志。
[②] 《奉贤县志》,第124页。

续　表

县份	市镇	主要手工业/工业	统计年份
嘉定	马陆	碾米、榨油	1930
嘉定	县城①	毛巾织业、轧花、纱厂	1930
嘉定	永明桥	轧米、榨油厂各1家	1937年以后
嘉定	陆家行	碾米厂1家	1930
嘉定	诸翟	碾米、轧花	1930
嘉定	袁家桥	碾米	沦陷期间
嘉定	曹王庙	榨油、磨面	1930
嘉定	野沟桥	轧花	1930
嘉定	南新木桥	轧米	1914
宝山	月浦镇②	毛巾、油坊、碾米	1934
宝山	罗店镇③	榨油、轧米、面粉	1936
宝山	天通庵④	丝厂、染织厂等	1921
上海	周家桥	申新纺织厂	1922

① 嘉定"南门，光绪二十年前，布经市极盛。城内吴三房最著，城外业此者十余家。远自刘河浮桥，近则一二十里内外，布经买卖麇集于此，辰集酉散，熙攘竟日。纱场巷即以排纱成经得名。自洋纱盛行，不数年间，无复有布经营业，而市况顿衰。由吊桥南至纱厂巷，商店四五十家。沿河花米行、猪行各业，亦迭盛迭衰，唯后起之毛巾织厂营业较旺"。民国19年《嘉定县续志》卷一疆域志。

② "本乡商业，相传在明时最为发达，及遭倭变，衰败甚矣。至有清乾[隆]、嘉[庆]间，市面稍稍兴旺，有当铺以便民缓急，并有陕西巨商来镇设庄，收买布匹，百货充斥，贸易发达。此为商业最旺时期。追经洪、杨之役，元气大伤，当铺迄未恢复，又乏大资本之经营，商铺以酒、米、南货为最，并有兼营小熟、豆饼、洋纱业者，花行、布庄不过一、二，率皆客商开设，土人鲜有投资者。近年以来，如机器、油坊、碾米厂之类，集本经营，日增月盛，此固营业之趋势，要皆与地方有密切之关系也。"民国23年《月浦里志》，实业志·工业、商业，《上海乡镇旧志丛书》第10辑，上海社会科学院出版社2006年版。

③ "八一三抗战时期，有舒、王二姓合设一新式之惠民厂，经营榨油、轧米事业，并一度兼营麦片，行销上海。北半里之蔡家桥(界泾上)西块，开设地货行二三家，北首开设面粉间轧米厂，继续有肉庄之设置。"民国《嘉定疁东志》区域·市集，《上海乡镇旧志丛书》第1辑，上海社会科学院出版社2004年版。

④ "天通庵，在江湾镇南十里，地跨芦泾浦，商铺二十余家，本一小村集，近以毗连商埠，设有丝厂、染织厂等，市面日繁，几于上海商场无异，迥非曩时村集气象矣。"民国10年《宝山县续志》卷一舆地志。

续　表

县份	市镇	主要手工业/工业	统计年份
奉贤	青村镇①	轧米	1938
奉贤	泰日桥②	碾米、榨油	1948
奉贤	金汇桥	轧花、碾米、电灯	1935
南汇	鲁家汇③	碾米、榨油、轧花	1938—1948
南汇	泥城北窑④	轧花	1929
南汇	七团行⑤	榨油、毛巾	1929
崇德	崇福镇	丝厂、电厂、碾米厂，其他手工业作坊	20世纪上半期
崇德	石门	榨油、缫丝、线织、棉织	明代
桐乡	屠甸	竹器、木器、铁器、油坊	20世纪上半期
嘉兴	马库汇	碾米、茧厂、造船	1929
富阳	中阜	火柴梗、火柴匣⑥	1936

资料来源：《桐乡县志》，第63、65、67页；民国19年《嘉定县续志》卷一疆域志；民国37年《嘉定疁东志》区域，《上海乡镇旧志丛书》第1辑，上海社会科学院出版社2004年版；民国17年《南汇县续志》卷一疆域志；戴鞍钢、黄苇：《中国地方志经济资料汇编》，汉语大词典出版社1999年版，第596、629页。

---

① 民国37年《奉贤县志稿》地方区域志：1938年前后"青村镇，在泰日乡南，居奉贤县中心，市况极盛。东到四团镇三四里，西到庄行镇三十里，水运畅通。程伟渔、程伟杰昆仲在此创办实业，颇为蒸蒸日上，尤以程恒昌轧米厂闻名遐迩。每界籴谷时期，晒谷厂延长里余，真属罕见。战事时期，滨海不靖，夏家聚、七漴墩一带居民迁避镇上者甚多，复经程伟杰等倡办团练，已较前平靖多矣。此处本为有名盐市，现滨海地区产盐渐少，盐市已西移柘林"。戴鞍钢、黄苇：《中国地方志经济资料汇编》，汉语大词典出版社1999年版，第588页。

② 民国37年《奉贤县志稿》地方区域志：1948年前后的泰日桥"新兴工业，以木行桥人丁文若于小闸河西创设之大新碾米厂，历史最为悠久。近年以来，河东始设有泰丰碾米厂，与之竞争业务。北市由鲁汇施氏设德泰油坊，唯限于经济，均不能趋向发展。商业自战乱以后，规模均已缩小，店铺以洋广货业，考其原因，实同永街、梁典等处，与沪上交通非便之故耳"。戴鞍钢、黄苇：《中国地方志经济资料汇编》，汉语大词典出版社1999年版，第593页。

③ 民国37年《奉贤县志稿》奉贤县资料拾掇·疆域：1938—1948年，"鲁家汇，镇跨闸港两岸，港北属南汇县，市廛甚盛，港南属奉贤。近十年来，碾米、榨油、轧花厂，以及各式商店，时有增设，市况渐盛。"戴鞍钢、黄苇：《中国地方志经济资料汇编》，汉语大词典出版社1999年版，第588页。

④ "自横港北尽头起，沿北泥城岸往东，稍有市集，竹木行商都有，每届秋收间有轧厂"。民国17年《南汇县续志》卷一疆域志。

⑤ 七团行"傍海塘为街，居民数十家，店肆五六家，有油车、毛巾厂，颇具兴旺气象"。民国17年《南汇县续志》卷一疆域志。

⑥ 民国25年《浙江新志》富阳县·实业："场口、中阜、灵桥、渔山等处、里山等处，因交通上之便利，钱江、振兴、大华三公司轮舟每日往来不断，商业上较为繁盛，且中阜方面复有协隆火柴梗匣厂之设，为富阳县唯一之机制工业。"戴鞍钢、黄苇：《中国地方志经济资料汇编》，汉语大词典出版社1999年版，第638页。

此外，市场的萎缩对战区"后方"的另一些市镇则造成消极影响。以昌化县的主要行业纸的生产为例。昌化的"工业只有纸厂，现在各机关团体所用的纸，都是本县汤家湾新民纸厂的出品，全县纸槽计有 924 个，资本 15396 元，每年产值 52248 元，因受战争影响，原料来源断绝，现停止营业者，竟占四分之三"。① 海宁县"长安为本县丝厂中心地，自丝价跌落后，各厂相继倒闭，所存无几，昔该镇尚有制糖厂一所，今亦倒闭"。②

近代工业从中心城市向周边地区辐射，市镇因其基础设施、交通运输、劳动力与资本等因素，往往成为工业在农村地区扩张的空间依据。江南农村近代工业多设于市镇上，此为市镇对农村经济影响的另一个方面。市镇工业主要以粮食、棉花、蚕茧等农产品为原料，因此，对当地(不仅仅限于当地)的农业生产具有积极的促进作用，市镇工业最早开创的针织、机布等新的生产行业，之后虽由同类的家庭手工业生产"取代"，实对新兴的乡村手工业具有开创之功。工业还吸引了部分农业剩余劳动力进入市镇，从而也使个别工业较为发展的市镇人口规模和社会结构发生变化。从整体来看，江南各县市镇工业生产规模有限，近代工业从无到有，续有发展的市镇也主要集中在几个工业中心城市周边地区，呈点状分布，尚未从整体上成为促动市镇经济发展的首要因素，当然也未能成为推动近代江南区域经济"转轨"的主导动因。但我们在肯定近代江南市镇"历史连续性"的同时，也不能忽略近代工业在市镇及农村经济中的积极作用。市镇工业的兴起与发展，既是江南农村经济启动近代转型的表征，也是农村经济发展的新动力。

(二) 市镇工业与乡村经济

从明清以来江南市镇经济变化的历史过程来看，工业的兴起确为近代市镇经济独有的新变化。它对农业(尤其是种植业)结构、农村职业结构、农业剩余劳动力转移以及生产要素配置等都产生影响。市镇近代工业的发展，使市镇成为一个农村区域的农产品加工工业中心地。反过来，市镇农产品加工工业的发展，也会刺激和促进相应的农作物的种植和经营。

---

① 何鹤南:《浙江昌化县政瞰视》,《地方行政》1942 年第 3 期。
② 《海宁县经济概况调查》,《浙江经济情报》1936 年第 1 卷第 1 至 5 各期合刊。

第五章　市镇与农村经济

　　此一时期市镇工业的特征是以农产品加工工业为主。如在棉作区，市镇工业主要是纱厂、布厂。嘉定、昆山、宝山、南汇、青浦、江阴、川沙等县，市镇的工业（及手工业）主要为粮食、棉花等农产品加工工业。此外，棉织业（棉布）和针织业（毛巾）为嘉定的主要手工业行业。其中，毛巾业到20世纪30年代初期已经"到了极发达的时期……大规模的毛巾厂亦相继在城厢内外成立起来，达十五家之多，织造工人，也有二万有余。此外，再有家庭毛巾厂二十余家，据调查所得，嘉定城内共有织机一千一百余架，城外农家织毛巾的木机，差不多每家有一二架、三四架不等，因此，每年的总产额达八十万元以上"。① 昆山县的棉纺织业则以夏布、线䌷等产品的生产为特色。② 武进县县城有纱厂2家，棉布为当地工业（手工业）主要产品之一。③ 江阴县"新工业有纱厂一所，旧工业品……有棉布"。④ 川沙县小型纱厂"现有川工、惠民两家。川工有纺纱机三千锭，惠民有二千锭。每日川工厂出十六支纱十余件，惠民厂出十六支纱六七件，百分之九十供本地织毛巾用，极少数运销沪上"。⑤ 此外，川沙县"毛织厂有两家，一建华厂，有织机三十台，专织海虎绒……二，兴昌厂，有织机六台，系试办性质，现方有两机开织，出口尚佳"。⑥ 松江县"工业品以棉布为主"。⑦ 平湖"新工业有袜厂多家，旧工业无足称道。出品线丝各袜及杜纱、小布等，仅线丝袜一种，年销各埠，有七万余打之多"。⑧

　　在棉布生产较为发展的农村地区，农村经济状况与棉布业息息相关。而在棉布业中，市镇是棉纱的产地和集散地，又是部分机制棉布的生产中心。常熟县"其次于纱厂者为布厂，按常熟之有织布厂，实始于前清光绪二十九年，厥后逐渐增多，至三十一家，间有设立分厂者，厂之大者，有织机二百数十部，少亦八九十部，合计三十一家之铁机、提花机、平布机总数当在三千部左右。每机百部约需男女工一百六十人，

---

① 程学鹏：《嘉定的手工业近况》，《共信》1937年第1卷第2期。
② 《分省地志：江苏》，中华书局1936年版，第296页。
③ 《分省地志：江苏》，中华书局1936年版，第279页。
④ 《分省地志：江苏》，中华书局1936年版，第287页。
⑤ 谢承烜：《江苏省农民银行二十周年纪念征文：川沙县金融经济概况》，《苏农通讯》1948年第7期。
⑥ 谢承烜：《江苏省农民银行二十周年纪念征文：川沙县金融经济概况》，《苏农通讯》1948年第7期。
⑦ 《分省地志：江苏》，中华书局1936年版，第307页。
⑧ 忍先：《浙西各县工商业之一瞥·平湖》，《商业月报》1929年第9卷第9号。

395

共当需工四千八百人。以男一女九计之,则男工当有四百八十人,女工当有四千三百二十人,年产之数约有四十万匹,价值银一百八十万元,销路除本省外,更远至浙江、四川、湖北、哈尔滨等处,而皆以上海为转运之区。故各该厂于上海一埠,并设有发行分销所。各该厂营业发达,互相竞争,而以勤德一家最占优胜"。① 20世纪30年代初,常熟县"支塘镇有复顺纱厂一所,利用机力,规模较为宏大,此外惟布厂业首屈一指,城乡现时尚有布厂数十家,多用铁机织布,以人工为重要动力,服务于此中之男女工人,为数极多"。② 此时,常熟县"工商业尚盛,工业品有土布、夏布等,近年纺织厂、碾米厂等,亦逐渐开办"。③ 川沙县毛巾业,"产量多而品质良,向握沪市毛巾业之牛耳。创始于清光绪二十六年,邑人张艺新、沈毓庆等,鉴于土布之滞销,先后提倡仿制毛巾,毓庆就城中本宅,创设经记毛巾工厂,招收女工,一时风气大开"。④ 因此,川沙毛巾多由女工制造,"每家或一二机、四五机、七八机不等,每年约出二十五六万打。轧花厂全境十六家。每家轧车十只,司机三人,女工十人……均轧成花衣,运销沪上。年来花价昂贵,颇有利益"。⑤

棉作区各县多因其农产品的原料特色而发展了具有"地区优势"的工业或手工业生产。如嘉定县工业除棉织业与针织业之外,还以黄草工业及竹刻工业著名。⑥

---

① 姚日新:《苏常道区常熟县实业视察报告书》,《江苏实业月志》1919年第6期。
② 《常熟织布业衰落》,《纺织时报》1934年第1096期。
③ 《分省地志:江苏》,中华书局1936年版,第298页。
④ 谢承烜:《江苏省农民银行二十周年纪念征文:川沙县金融经济概况》,《苏农通讯》1948年第7期。"据民国二十年一月统计,大厂计有三友实业社、德昌、天华、申昌、经纶等二十五家,每家有机,最多者计七百五十台,如三友实业社,一个单位即有女工970人,年产浴巾及面巾14万打。他如天华、申昌亦各有120台,以次则各有二三十台不等。全县共有织机1957台,招佣女工及职工共2386人。年产浴巾面巾计458200打,行销华中、华南、华北及南洋各埠,卓著声誉。胜利以还,已逐渐恢复。现有大小厂计84家,织机约1560台,男妇织工2480人,年产面巾、浴巾、汗巾共1195000打。每打重量,则各不同。如面巾,自十七两至三十二两。汗巾,自六两至八两。浴巾,自六十两至一百四十两。其材料,用十六支及二十支纱,除由本地两家小型纱厂供给应用外,不足之数,则由上海购通补充之。全年以农历二、三、四月所产为最旺,六、七、八月最少,余月不相上下。现以运销外埠,不甚畅旺,实销殊觉清淡。工资在抗战前,每月可得六七元至十一二元之谱,现在每月可得一百五十万元至三百万元之谱。计算方法,按行依生活指数发给,其基数,面巾一角五分,汗巾一角,浴巾四角。各厂自织自销,自有商标者甚少,约四五家,其余均系由沪市商号委托代织,其原料、其牌号,亦由委托之商号供给,工厂仅取代织费,不负货品价格涨落之责任,除去发给工人工资及供给工人伙食外,所余即属工厂主人之收益。"
⑤ 纪蕴玉:《沪海道区川沙县实业视察报告书》,《江苏实业月志》1919年第4期。
⑥ 高步阶:《嘉定的草织工艺》,政协上海市嘉定区委员会文史资料委员会编:《嘉定文史资料》第9辑。

其中,黄草编织始于农家副业,后成为商品性生产,所用原料黄草也由野生植物转向人工培育。① 20世纪30年代上半期,嘉定的"黄草工业盛行于东乡澄桥、徐行镇一带,工人有二万余,出品有提包、拖鞋等,销售江、浙各地"。② 在黄草编织的手工产品中,"蒲鞋……较草鞋来得柔软,而且经久耐用,因此销路遍及附近各省……每年的销数达六十万双以上,大部运往上海,而后再转运到各地去"。③ 太仓"每年由薄荷汁提炼之薄荷油及薄荷脑等,价值达二十万元,悉数运沪销售"。④ 昆山县手工业品除夏布、线绸,还有黄酒等。⑤ 武进县除纱厂外,还有面粉厂,手工业品著名者还有皮蛋、酒酿、皮箱、梳篦等,其中尤以梳篦最为精致。⑥

不论是棉布、丝绸,还是酒、酱、竹器,加工工业(以及手工业)的原料多系农产物,大部分原材料为本地生产,少部分加工工业(如酒酱业)的原料需部分依赖外地市场供给。如平湖老鼎丰酱园所需原料大豆,一部分来自安徽南部。⑦

在蚕桑区,市镇工业以缫丝工业和丝织工业为特色。丹阳县"工产物以丝织品为著,所谓丹阳绉,价较湖绉为廉"。⑧ 据1935年发表的一项调查,该县所产"丝绸,在三年之前,殊称茂盛。彼时丝价,每百两恒在八九十元之上,阳绸每匹约五十元左右。销路亦广,为平津、齐鲁、两湖、浙闽之间销场至大。江苏本省各埠,销用尤广。总计每年绸销总额,都在千万元以上,可为丝绸业之全盛时代"。⑨ 吴江县"工业品以盛泽之丝织品最著名……与杭、湖相鼎足"。⑩ 吴兴"新旧工业,均尚发达,丝织一门,尤为猛进,据最近调查,全邑共有丝织厂七家,布厂二家,合共绸机一百七十架,布机六十二架,又城乡土机约有二千余架,所雇织工,半属丹阳人云。出品以龙头机所织

---

① 高步阶:《嘉定的草织工艺》,政协上海市嘉定区委员会文史资料委员会编:《嘉定文史资料》第9辑。
② 《分省地志:江苏》,中华书局1936年版,第305页。
③ 程学鹏:《嘉定的手工业近况》,《共信》1937年第1卷第2期。
④ 味蓣:《太仓薄荷》,《京沪、沪杭甬铁路日刊》第1065号,1934年8月31日。
⑤ 《分省地志:江苏》,中华书局1936年版,第296页。
⑥ 《分省地志:江苏》,中华书局1936年版,第279页。
⑦ 平湖市档案馆:《老鼎丰酱园档案》,档案编号:L297-001-0033。
⑧ 《分省地志:江苏》,中华书局1936年版,第273页。
⑨ 贺亮钰:《丹阳金坛商业概况》,《交行通信》1935年第7卷第3号。"近三年来(引者按:1932—1934年),丝市疲敝,绸价低落,内外销路,均见锐减。"
⑩ 《分省地志:江苏》,中华书局1936年版,第300页。

华丝葛为最著名,次为土机湖绫,有多种。"①崇德县"工业亦不发达,只有贫民习艺所制造家庭用具,及小规模之袜厂,依工厂法组织之工厂仅有电厂三家"。② 其中,崇德县被称为新工业的"惠工袜厂,厂中有手摇机器四十余部。出品以罗、缎、布匹、线袜为大宗"。③ 桐乡工业"出品主要包括濮院所出濮绸、青炉镇(青镇)沈亦昌冶坊所出食锅,均行销各处,其余如竹器、毡毯,制造亦佳"。④ 德清"新式工业,有改良土丝厂四家,布厂一家,规模最大者,可容女工八百余人。出品以绵绸、丝绸较多"。⑤

在这些市镇出产的手工业品中,除了丝织品外,针织品、棉织品之外,还有一定数量的丝织品和其他手工业品。桐乡工业除濮院等镇所产之濮绸之外,"青炉镇(青镇)沈亦昌冶坊所出食锅,均行销各处,其余如竹器、毡毯,制造亦佳"。⑥ 德清新式工业出品,最多者为丝织品,"次为烛芯、赛珍珠、油烛及厂布等"。⑦ 其中,该县"新市镇出产之蜡烛芯,每年约值银百余万元。凡江、浙、皖三省之制烛业,所用烛蕊,咸取给于是。四乡女工,从事制造烛蕊者,不下万余人。营业以每年五六月及十一二月为最旺,各地之烛商、南货商等,皆至新(市)坐地采办,以上海、杭州、苏、常、嘉、湖、宁、绍诸地生意为最大"。⑧ 嘉兴县工业除厚生、秀纶、纬成等丝厂生产生丝,以及织户生产各色丝绸之外,还有嘉禾布厂、竞成纸厂等颇为著名。"线丝各袜,产额在五万打以上,普通者有爱国布、甬布、杜纱、小布和纸张等,销路亦广。"⑨嘉善县工业虽以窑业、榨油业为尤盛,但手工业出品除以上两项外,还有"砖瓦、土烧、黄酒、酱菜、豆油、菜油、豆饼、丝、布、土器、铜锡铁器及髹漆等器"。⑩

不论是棉作区还是蚕桑区,粮食加工工业在市镇近代工业中具有重要地位。例如,"奉贤工业素不发达,现仅有顾同发花纱厂一家,地址在南四团,店主为顾海滨,

---

① 忍先:《浙西各县工商业之一瞥·吴兴》,《商业月报》1929年第9卷第9号。
② 吴元良、张锡炎:《崇德经济调查》,《浙江经济情报》1937年第2卷第7期。
③ 忍先:《浙西各县工商业之一瞥·崇德》,《商业月报》1929年第9卷第9号。
④ 忍先:《浙西各县工商业之一瞥·桐乡》,《商业月报》1929年第9卷第9号。
⑤ 忍先:《浙西各县工商业之一瞥·德清》,《商业月报》1929年第9卷第9号。
⑥ 忍先:《浙西各县工商业之一瞥·桐乡》,《商业月报》1929年第9卷第9号。
⑦ 忍先:《浙西各县工商业之一瞥·德清》,《商业月报》1929年第9卷第9号。
⑧ 《湖属经济调查之六:德清县的物产状况》,《湖州月刊》1933年第5卷第1号。
⑨ 忍先:《浙西各县工商业之一瞥·嘉兴》,《商业月报》1929年第9卷第7号。
⑩ 忍先:《浙西各县工商业之一瞥·嘉善》,《商业月报》1929年第9卷第7号。

该厂颇能适应该县需要,故营业尚佳。此外尚有七家碾米厂,每天每家平均碾米40石,每月可碾米8400石,均以小型柴油机发动"。① 再如,金山县"北部各镇,秋收登场,各碾米厂机声轧轧,生意至为兴隆,每镇少则三四家,多则七八家"。②

江南市镇工业(及手工业)原料往往是就地取材,充分利用各地农业生产的优势,从事工业(及手工业)生产,并形成以市镇为中心的产品集散地和原料供给地。因此,市镇经济状况也与当地的农业生产状况和农业生产条件关系密切。昌化县炭窑业较为发达,1931年共计炭窑340座,此后几年炭窑数量虽续有增减③,该业仍为当地重要的手工业行业,其原料供给的基础在于该县地处浙西山区,林业发达,可为炭窑业提供充足的生产原料。余杭工业"多系手工工业,出品较佳者有习艺所所出籐芯编制各种用具,又有荷包及其他竹器"④,这些竹器的原料均为当地所产,手工业则就地取材,发展生产。《余杭乡土职业调查记》称:余杭"南区有料竹,取以造纸,名小簾纸,销售嘉、湖、苏、松、常、镇各处,专供迷信鬼神之用"。⑤ 与余杭相似,在浙西富阳、临安、新登等县的山区,农村利用山地、林地提供的竹子等农业原料,发展造纸业。"富阳工业有专门者,以造纸占十之七八,有兼营者,此赤松山所出谷箩与伞骨,抱家沙、何家埭所出簸箕,永嘉桥所出水车,都当艺农余暇时制造。"⑥富阳的手工业出品"有一种细竹簾造纸器,民国十五年在北京国货展览会曾得特等奖。又有京高纸、昌山纸、连皮纸,曾得二三等奖牌,其余如草纸、竹纸、桑皮纸制造亦佳,行销各处"。⑦ 至20世纪30年代上半期,"富阳出产,(仍)以纸类为大宗。据调查所得……(各种纸品每年)总值共计8492167元,数字之巨,为(浙江)全省各县冠。其中,草纸类,以资本微小,制造容易,多系副业;黄白纸类,成本较大,制造烦难,均为专业"。⑧ 同样,地处浙西山区的"临安工业完全属于手工。规模惟纸厂、砖瓦厂较大。篾作、

---

① 陈维藩:《江苏农村经济调查纪录:奉贤县金融经济概况》,《苏农通讯》1947年第5期。
② 朱履仁等:《金山县鉴》,金山县鉴社1936年版,第108页。
③ 《国内劳工消息:昌化炭窑工人》,《国际劳工通讯》1936年第3卷第7期。
④ 忍先:《浙西各县工商业之一瞥·余杭》,《商业月报》1929年第9卷第7号。
⑤ 姚寅恭:《余杭乡土职业调查记》,《教育潮》1920年第1卷第9期。
⑥ 忍先:《浙西各县工商业之一瞥·富阳》,《商业月报》1929年第9卷第7号。
⑦ 忍先:《浙西各县工商业之一瞥·富阳》,《商业月报》1929年第9卷第7号。
⑧ 何政:《富阳农村特写》,《青年(杭州)》,1936年第3卷第1期。

木作、泥作、成衣作、箍桶作工人,以东阳人居多,宁绍人较少。出品普通以纸为大宗,有许多品种,此外有造纸之竹簾和篮筐等,制造尚佳。特别者,为木香粉,系一种制香(香烛之香)原料"。① 时人的调查称,"临安……僻处山乡,地瘠民贫,唯造纸之业尚盛,所有临安、富阳、余杭三县交界之处,种竹颇富,原料之取给既便,造纸之工业遂盛,约计三县纸槽,不下六七百家……凡临安、富阳、余杭一带之土纸,皆集中于余杭(然大部分之富阳纸皆沿钱江直运杭州),河下一隅,纸行林立"。② 于潜工业"尚无新式制造工厂,各业皆不发达。出品以纸为大宗。有桃花与桑皮等名称"。③ 新登"地在丛山石齿间,既僻且小,风气闭塞,故工业极不发达。出品普通者有粗布、砖瓦与粗碗等,较佳者有纸张,分有三号屏纸、京边纸、桑皮纸、蚕生纸、雨伞纸、坑边纸等多种"。④ 在这些地区,市镇往往成为造纸原料、成品纸张以及其他手工业品的集散地,当地市镇经济的兴衰往往与纸业等手工业的变化联系紧密。

　　市镇工业与农村经济的这种密切联系,在市镇商况不佳时,也会直接影响的农村经济状况。20世纪30年代初,在常熟县,因"外货倾销日烈,布厂所出货物,多用人工,成本较贵,无法竞争,总此数因,布厂业之前途,日益悲观,端午节结账后,城乡各处布厂纷纷倒闭,即幸而仅存,亦苟延残喘,勉力挣扎而已。近时倒闭之布厂,其重要者,有本城大东门内塔浜之沪兴厂,开设四年,内部全用电力机械,附有整理部、拉绒部,可出各种胶布、绒布,所出布匹,花样极多,足与沪三友实业社出品比美,惟需用电力极大,成本方面,较人工更重,销路难以扩充,循致亏本倒闭。又北门外德丰裕布厂,资本五千元,有人工机一百十部,铁机四十部,又有分厂一所,有机一百部,开设二年,出品斜纹布、绒布各色冲呢、条布等,因存货堆积,亏耗数千元,无法维持。又喾里村瞿姓布厂,有机四十架,亦因存货难于脱卸,于节前停业,又县后街开设二十余年之业勤厂及县东街尚技布厂,今亦因亏累过巨而倒闭,前者资本二万余元,有木机三百架、铁机一百架,放账存货,最多有十五万元,至去岁外受倒账影响,内感营业衰败,两重夹击,无力整顿,于年底停工,端节过后,正式停业;后者有机七十

---

① 忍先:《浙西各县工商业之一瞥·临安》,《商业月报》1929年第9卷第7号。
② 《实业须知:临安一带的土纸业》,《兴华》1930年第27卷第41期。
③ 忍先:《浙西各县工商业之一瞥·于潜》,《商业月报》1929年第9卷第7号。
④ 忍先:《浙西各县工商业之一瞥·新登》,《商业月报》1929年第9卷第7号。

架,连同分厂木机亦有二百架,平日赖庄款挹注,自庄行紧缩后,已感活动困难,初幸有门市部,每日可售货四五十元,聊以周转。近因门市衰落,遂告停业。总计以上各厂,职员工人男女共计一千六百二十余人,均同时失业"。[1] 市镇工厂倒闭,工人失业,由于工人多来自农村,因而意味着农家收入的减少,对于农村经济自然具有消极影响。

不同行业的工业化程度存在差异,一些行业较早地采用工业生产技术和组织方式,另一些行业则在这两个方面进步都相对迟缓,还有一些行业,则混合了手工业生产与工业生产两种不同的方式。在20世纪上半期,大部分江南市镇的工业生产都可归入这些不同的类型。以杭县为例。一份调查称,"杭县工业素称发达,近二十年,欧化东渐,一般民众,已多知利用机器,尤其是丝织一门。因有工业学校之善于作育人材,绸缎出品,日新月异"。[2]

表5-20 1929年杭县工厂数量

项目	厂数	项目	厂数
丝织厂	54	经纬厂	2
棉织厂	18	针织厂	12
煤球厂	1	草织厂	1
纹厂	1	毛巾厂	3
碾米厂	37	机面厂	15
牛乳厂	6	冰厂	4
营造厂	12	染厂	8
印刷厂	29	电业厂	4
石灰厂	4	火柴厂	1
皂厂	5	玻璃厂	1
胶厂	2	印花厂	2
伞厂	1	打油厂	1
豆乳厂	1	烛厂	2
蚕蛾厂	1		

资料来源:忍先:《浙西各县工商业之一瞥·杭县》,《商业月报》1929年第9卷第7号。

---

[1] 《常熟织布业衰落》,《纺织时报》1934年第1096期。
[2] 忍先:《浙西各县工商业之一瞥·杭县》,《商业月报》1929年第9卷第7号。

可见，杭县各个行业"工业化"的程度参差不齐，丝织业、缫丝业、棉织业等，工业生产程度略高。但即使在这些工业化程度较高的行业中，仍存在分散于乡村农户中的手工业生产。在江南地区，杭县的这种工业生产"格局"并非特例。一些市镇甚至形成工业与手工业共存、多种工业行业都有一定发展的工业——手工业结构。川沙县，"惟乡村妇女纺织，机声轧轧，比户皆是。所织各布，曰小布（一名扣布，又名中机布），曰大布（一名标布），曰平稍布，曰套断，曰希布（有单扣、双扣两式）。以紫花织成者为紫花布，以蓝白纱织成者为雪里青布、柳条布、芦席纹布、斗纹布、斜纹布，以五色经纬织成者，为豆子、花布，名色甚多，俗称七十二种，皆出女红，普通行销市面者有三，曰白生布、曰套布，均行销东三省，曰平稍布，专销浙江，每年出产约六七十万区。花边工作，亦系女工。制造之家，城乡皆有。"①开创川沙毛巾业的经记毛巾厂其后倒闭，但"一般女工，皆能自力经营，成为家庭主要工业。如八团、青墩及城厢等地，大小厂不下数十家，机户林立，唧唧之声，随处可闻。全年产量殊巨，而以民国十九年至抗战前为最旺盛时代"。②1948年的调查称，川沙县"居民，因耕地甚少，不足自给，不得不仰赖手工，以为副业，以图生存，若织布，三十年前大盛，现已稀有。若制花边，若织毛巾，十五年前最盛。现花边业已不多见，毛巾业亦呈衰落之象。新兴者如小型纱厂、手帕厂、毛织厂等，容纳男女工人不少，裨益民生非浅"。③市镇工业

---

① 纪蕴玉：《沪海道区川沙县实业视察报告书》，《江苏实业月志》1919年第4期。20世纪10年代末，"近自厂布盛行，土布销售，不免受影响"。

② 谢承烜：《江苏省农民银行二十周年纪念征文：川沙县金融经济概况》，《苏农通讯》1948年第7期。"据民国二十年一月统计，大厂计有三友实业社、德昌、天华、申昌、经纬等二十五家，每家有机，最多者计七百五十台，如三友实业社，一个单位即有女工970人，年产浴巾及面巾14万打。他如天华、申昌亦和有120台，以次则各有二三十台不等。全县共有织机1957台，招佣女工及职工共2386人。年产浴巾面巾计458200打，行销华中、华南、华北及南洋各埠，卓著声誉。胜利以还，已逐渐恢复。现有大小厂计84家，织机约1560台，男妇织工2480人，年产面巾、浴巾、汗巾共1195000打。每打重量，则各不同。如面巾，自十七两至三十二两。汗巾，自六两至八两。浴巾，自六十两至一百四十两。其材料，用十六支及二十支纱，除由本地两家小型纱厂供给应用外，不足之数，则由上海购通补充之。全年以农历二三四月所产为最旺，六七八月最少，余月不相上下。现以运销外埠，不甚畅旺，实销殊觉清淡。工资在抗战前，每月可得六七元于十一二元之谱，现在每月可得一百五十万元至三百万元之谱。计算方法，按打依生活指数发给，其基数，面巾一角五分，汗巾一角，浴巾四角。各厂自织自销，自有商标者甚少，约四五家，其余均系由沪市商号委托代织，其原料，其牌号，亦由委托之商号供给，工厂仅收代织费，不负货品价格涨落之责任，除去发给工人工资及供给工人伙食外，所余即属工厂主人之收益"。

③ 谢承烜：《江苏省农民银行二十周年纪念征文：川沙县金融经济概况》，《苏农通讯》1948年第7期。

多为半机械化生产,甚至是极少运用机械设备和机械动力的手工业生产,往往属于劳动密集型的行业。在一定程度上有利于农业剩余劳动力向农业之外的转移。

江南市镇的工业与手工业具有复杂的关系。相对于近代工业来说,分散的家庭手工生产具有更大的韧性,其所具有的降低生产成本(甚至不计劳动力成本)的优势,使手工业产品在市场中保持一定的竞争力。在江南地区,工业部分与手工业部门生产同一类型产品的行业,如棉织业、缫丝业、丝织业、针织业等行业,均存在着手工业与工业"并行"的生产格局。在同一行业中,近代工业生产与前近代延续下来的手工生并存,而在一些相关的行业中,这两种不同的生产方法也可以相互支撑。主要集中在市镇的工业和主要分散在乡村的手工业形成互相竞争而又相互补充的关系,整个江南地区手工业—工业"复合型"的工业结构,对于市镇和乡村经济都具有积极作用。故此,本文在对市镇工业生产的讨论中,将手工业生产一并考虑在内,主要也是缘于两者之间的复杂关联。这种手工业—工业"均衡"发展的结构影响着市镇及乡村经济。

三、小结

明清时期市镇成长与江南农村商品和生产要素等市场的发展互为表里。[①] 近代江南农村经济的商品化程度进一步加深,19 世纪最后 30 年和 20 世纪最初 30 年,江南市镇经历了又一个明显发展的时期。[②] 商品性农业和对外贸易的发展、手工业和市镇工业生产的增长,这些农村经济变化的过程,与明清时期市镇发展的背景相似。而市镇在农村生产与贸易中的地位,并未因为江南一些经济中心城市的迅速发展而削弱。保持市镇发展的农村经济商品化的基本趋势,在 20 世纪上半期更趋发展,这给市镇发展提供了持续的动力。而 20 世纪上半期城市工业发展,以及工业品在农村拓展市场,更使城乡贸易、区域贸易续有增长,无疑为市镇发展注入新的活力。市镇增长的机制也有新的变化,近代市镇有赖于生产的专业分工和区域之间商品交换的

---

① 方行:《清代前期农村市场的发展》,《历史研究》1987 年第 6 期。
② 刘石吉、吴仁安均持此看法。任放:《二十世纪明清市镇经济研究》,《历史研究》2001 年第 5 期。

发展,又得益于近代工业产品以及工业企业逐渐进入乡村市镇,并使个别市镇成为生产兼商品集散中心。从市镇工业产业集聚的程度来看,20世纪上半期市镇承续了明清时期市镇作为手工业生产中心的功能,而在产业的更新上又有新的拓展。市镇经济的这些变化,与江南区域经济的发展取向是一致的。直到20世纪30年代中期,农村经济的商品化和分工都是发展的,作为商业与贸易中心地的市镇不可能经历相反的变动。

可以肯定,在近代江南区域经济结构变化的过程中,市镇作为市场网络节点的作用并未衰落。就是说,推动市镇成长的机制仍然存在,并且因为市场规模的扩展而得到强化。一些研究成果注意到了近代个别市镇的衰落,但不能因此忽视江南市镇在19与20世纪之交前后数十年间的快速发展过程。同样,也不能将近代市镇的发展作简单化的论断。在认可这一时期市镇发展这一基本趋势的前提下,还应看到就个别区域、个别市镇来看,发展与衰退是同时发生的。这种兴衰相间的现象,并非近代江南市镇演变的特有现象。即使在明清时代市镇较为快速发展的时期,也都存在此兴彼衰、此衰彼兴的交替过程。要就这种兴衰交织的过程引发的总体后果,判断其显示出的整体态势。我们由此得出近代江南市镇发展的判断。

近代市镇的发展不宜过高估计。明清时期,个别市镇的主要功能是手工业生产,这些市镇是以生产型的市镇被定性的,有学者将之与商品集散、生活消费、政治中心、军事重镇等类型加以区分,但明清江南市镇从未成为面向农村消费者的生产中心,仅有的一点生产也是以城镇居民为消费对象的。① 在20世纪上半期,虽然现代工业引入城市和部分市镇,成为江南农村经济起伏的变量之一,而且随着农村工业的发展,越来越成为农村经济变迁的重要因素,然而,可以归类为生产型的市镇少之又少,商品集散功能的市镇却较为普遍。一些以商品集散为主,兼具生产功能的市镇,其所谓的近代工业也不过是粮食加工工业、油料加工工业纺织业等在江南各地具有普遍性的行业,设于市镇的更多是手工作坊。维持以及推动市镇发展的基本动力的性质与数个世纪之前是相似的,这与农村经济未能脱离斯密型动力相符,说明市镇与农村经济关系的历史延续性。

---

① [美]黄宗智:《长江三角洲小农家庭与乡村发展》,中华书局2000年版,第92页。

近代江南市镇发展受到农村经济状况的局限。近代农村经济延续了明清时期经济成长的斯密型动力，也受到这一动力的制约。缺乏技术和能源革命的农村经济，受制于历史形成的区域经济的特征，难以摆脱农业区域生产的支配，又加受制于农村劳动力过剩、资本短缺等因素，在增长速度和效率提高上都举步维艰。市镇的发展也无法摆脱区域农业生产和手工业生产发展程度有限的制约，商况虽有发展却难以获得更快的成长。这种依赖市镇腹地农村经济，以及市镇在区域经济结构中的区位来获得经济成长动力的市镇成长机制，是江南市镇与清代中叶相比维持不坠的原因，又是它与近代江南迅速发展的城市拉开差距的症结所在。

市镇与城市虽为不同层级的市镇中心，但其有赖于贸易发展的成长机理却是相同的。近代城市之所以取得快速发展的一个重要原因，是近代城市有一个市镇所不具备的成长动力，即由大量资本投入和近代技术应用所造成的工业生产。工业的发展使这些城市获得任何一个市镇都难望其项背的巨大成长。江南虽有个别市镇通过近代工业企业的建立而得到较为快速的发展，但从整体上看，江南的市镇并未发生从农副产品集散型到工业生产型的转变。市镇虽从农村经济的发展中获益，从远距离的商品贸易中汲取成长动力，但市镇发展规模无法摆脱以家庭为单位的农副结合的生产形式的局限。

结　论

明清时代,农业生产区域空前扩大,高产作物相继引进,农业商品化程度加深,经济作物在种植业中的比重增加,工商业发展,城市规模扩大,与这些变化相关的区域经济分工更推动了资源配置的优化,经济总量大幅增加。这些特征显示明清时代中国经济取得重大发展。但从根源上看,这样的发展不过是在人口数量激增、人均耕地数量下降的情况下,劳动密集型生产的结果。[①] 明清时代的粮食单位面积产量虽超过前代,但人均产量反而下降。劳动生产工具虽有所改进,农业技术却未曾发生突破性创新。[②] 这些被学者们概括为经济总量增加—生产效率下降、商品经济繁荣—生产技术停滞的经济特征,同样适合于对明清时代江南农村经济的描述。问题是,这些特征是否在近代江南的农村经济中延续。如果类似的机制持续到20世纪上半期,它们又在多大程度上影响江南农村经济状况。

在19—20世纪交替之际,江南以往发达的乡村手工纺纱业之利已经完全失败,导致棉花种植业与手工纺纱业的分离,但棉花种植在江南濒海沿江植棉地带的发展却并未削弱。在纺纱之利渐被侵蚀而纺纱工业发展对棉花需求扩大的情形下,棉花种植业继续发展,逐渐由东部沿海的沙质土壤地区,向江南西部边缘地带的沿江河谷地带扩展。棉花种植业在空间上的扩展,造成区域内棉花总产量的增长。这只是棉花种植业发展的一个方面。另一方面,在历史悠久的植棉地区,棉花占有耕地面积的比重也在扩大。19世纪东部沿海地区一些地方志中所称的"棉七稻三"的种植业结构,在20世纪初已经转变为"棉八稻二"。从19世纪"棉七稻三"的种植业结构

[①] 姜锡东:《"传统经济的再评价"笔谈:中国传统经济的再评价问题》,《中国经济史研究》2003年第1期。
[②] 李根蟠:《"传统经济的再评价"笔谈:关于明清经济发展中的一个"悖论"》,《中国经济史研究》2003年第1期。

到20世纪"棉八稻二"的种植业结构的变化,说明这一植棉区域种植业延续了清代的变化趋势,继续朝着商品化的方向发展。在蚕桑区,19世纪后期机械缫丝业的发展对土丝业生产造成的冲击,与机械纺纱业对土纱业生产造成的影响如出一辙。近代缫丝工业在蚕桑区的发展,直接打击了江南地区延续数个世纪的家庭手工缫丝业。然而,家庭手工缫丝业的衰落并未导致养蚕业与植桑业的衰退。相反,由于缫丝工业相较于手工缫丝业效率大幅提高,对蚕茧的需求也成倍增长,刺激了蚕桑区养蚕业的发展。因此,伴随着手工缫丝业的衰落,更多的耕地被用于植桑,在19世纪中期即已兴起的桑叶商品化生产,在养蚕业专业化发展的情况下,更被推向极致。在杭嘉湖地区这样的"传统"蚕桑区,桑树种植占耕地的比重在一些农村地区甚至高达八成以上。同时,桑树种植由明清时代已经形成的蚕桑区向新的地区扩张,由太湖南岸向东岸、北岸扩散。除了这些大宗农产品种植业,其他可供手工业或工业作为生产原料、供给市场需求的经济作物,或在市场需求扩展过程中日益扩大,或从无到有,成为新的经济作物。20世纪上半期经济作物种植业的发展,是江南在近代国内和国际市场需求扩大情况下所做出的反应,但又是在明清时期经济作物的历史基础上发展的,是延续了明清时期经济作物种植的传统。所不同的是,20世纪上半期江南经济作物所面对的市场更加广阔,而这些以经济作物种植为主的农业产区,所面临的市场风险也更加巨大。

与经济作物种植专业化发展相伴的,是粮食作物商品率的增加。与经济作物种植区恰成对照的是,粮食作物种植区有相当比重的粮食输出。无论是江南余粮县份粮食输出,还是缺粮县份粮食输入,都显示出经济作物、粮食作物专业化发展。19世纪即已成形的环绕太湖的蚕桑区、稻作区、棉作区的江南内部的农业区域分工,在20世纪上半期继续发展。宏观层次上的区域经济分工在县域内部相对微观的层面也同样存在,而且是不同的经济区域相互交错,在宏观与微观层次上相互交叠。这种地区分工虽是因不同的自然资源而形成的,但也是长期市场运行所导致的生产分工的结果,这种区域分工的强化促使了资源的优化配置。特别值得注意的是,这种区域分工不仅是空间意义上的,而且随着农产品市场的季节性波动更形复杂。在整体上缺粮的蚕桑区和棉作区,尽管整体上属于粮食净输入区,每年仍有一定数量的粮食(包括稻米)输出,而棉作区也有一定数量的棉花输入。这进一步显示,江南区域市场化程度及与其他区域经济联系的紧密程度。事实上，这一趋势在明清时期即已出现，并且逐步强化，也是20世纪上半期农业缺乏广泛技术进步的情况下，生产总量增加的实现途径。正是因为专业化的分工，以及与之密不可分的市场的发展，推动了江南区域经济发展的车轮。

辐射江南区域并与全国市场融通的城乡市场，在近代之前已经运行了数个世纪。其他省区和江南之间长距离输出与输入粮食，江南棉花、林果等经济作物向城市以及海外市场的输出，农家手工业制品如棉织品、针织品、丝织品、土纸、陶瓷、竹器、编织品等的输出，都超出江南的区域范围，并且形成城乡之间、区域之间商品与资金的对流。商品经济继续发展的同时，还伴随资本、技术、劳动力等要素市场的发展。这些也都是在清代江南区域市场发展的基础上进一步成长的，说明江南农村市场取得了较之于清代更大的成就。典当、钱庄、银行业渗入乡村市镇，同时，茧行、花行、布庄等也从事放贷业务，并在乡村手工业生产、经济作物种植中起到直接的组织生产、销售的作用。金融纽带与远距离、大规模、联通城乡的贸易相结合，足以将江南农村经济加以区域整合，并将这种整合的区域市场与全国乃至世界市场相衔接。

20世纪上半期，江南近代银行业务和以城市为基地的信贷网络已经建立，乡村的信贷网络以市镇为中心，市镇的借贷利率和货币比值又以中心城市金融市场的波动为依据。金融波动、生产起伏、商业兴衰相互影响，进而又制约着农村劳动力在农村经济的不同部门的配置，影响着劳动力在城乡之间的流动。而整个江南的这一经济"网络"，又是世界市场的构成部分。江南的信贷、劳动与产品市场的有机结合，清楚地显示了江南要素市场、城乡市场及其与外部市场整合的过程，江南农村经济在国际贸易、城乡贸易中逐步融合的过程，并不因为它在生产效益中的滞后地位和它在价格方面的不利地位而遭到削弱。明清经济传统的延续并未制约江南的经济整合，反而促动了这一区域农村经济的发展。

从经济作物种植业的发展、农产商品化以及市场扩展与整合诸方面来看，20世纪上半期江南农村经济不仅承续了明清以降农村经济发展的机制，而且将原来促使农村经济发展的动力推向新的高度。20世纪上半期虽然因延续明清经济成长的机制而取得成就，但却未能摆脱制约明清农村经济发展的局限。曾经制约农村经济发展的生产技术停滞、投资不足和劳动生产率低下等因素仍未克服。

结 论

清代中期人口激增、耕地紧缺的问题,在20世纪上半期的江南依然存在。人均耕地面积下降,通常被认为是劳动密集型农业得以维持的因素之一。而在劳动密集的情况下,农业生产技术难以出现根本进展。在20世纪上半期的江南,个别乡村地区采用了机械灌溉技术,棉花、蚕桑等新品种有所引进,化肥也开始投入生产。但机械灌溉的耕地面积占总耕地面积微乎其微,只限于局部地区的乡村。化肥等的使用并未推广展开,即使最易为农业生产者接受的蚕种改良、棉种改良,也缺乏普遍性和持久性的成效。明清时代农业生产技术退化的现象,在20世纪上半期并未改观,甚至有更趋严重的倾向。耕畜数量锐减,畜耕面积萎缩,农业耕作中大量使用人力。在一些手工业发展的农村地区,农业单位面积资本投入未有增加,缺乏农业技术的改进。结果就是20世纪上半期农业劳动生产率的下降,甚至明清时代持续增加的单位面积产量即土地生产率也下降了。因此,从农业劳动生产率、土地生产率的角度来看,20世纪上半期农业生产不仅没有发展,反而出现了衰退。

与农业生产中劳动效率下降不同,江南手工业劳动生产率因为新型生产工具的引入而出现提高的迹象。织袜业中电力机的运用、织布业中铁轮机的运用、丝织业中电力织机的增加、轧棉业中柴油机的运用等,都在各个生产领域导致了劳动生产率的上升。当然,手工业生产中的技术革新需要相应的资本投入。资本投入比重在手工业中的增加,固然像一些研究所认为的那样,是抽取了本来可以用于农业的投资,导致农业技术改造的缓慢与迟滞,但在商品市场发展的情况下,资金向利润的倾斜正是资本市场发展与成熟的体现。可见,尽管农业生产中,单位面积产量和劳动生产率都未见增长,但农业生产仍有剩余。只不过这些有限的剩余未被用于改进农业生产技术的投资,而是投向农村手工业与农村工业。

20世纪上半期江南农村经济变化的重要方面,就是资本、劳动力转向收益更高的非农产业,这样虽然不利于农业劳动生产率的提高,但却有益于农民家庭收入的增加,也即有利于农村人均收入的增加。这种发展模式与在英格兰曾经发生的经济转型的模式不同。18世纪的英格兰较之于江南,单位土地面积上的劳动投入要低得多,单位劳动时间的生产率要高得多,农业劳动生产率的提高,带动了以城镇为基础的手工业发展。从而也引发了中小城市的发展,即所谓的原始工业革命和城镇发展。但在江南,近代农村手工业和工业发展是以农业生产中单位面积劳动的增加投入和资金的减少投入为代价的,因此造成的结果就是农业生产技术的迟滞。然而,江南农业依赖密集的劳动投入,弥补技术和资金等生产要素的投入不足。此外,江南农村经济以家庭经营为主导的模式,有助于劳动力在农村经济不同部门之间的优化配置,结果农工结合的家庭经营中手工业劳动生产率的提升,以及专业化生产发展情况下粮食贸易的扩展,在农业劳动生产率降低的情况下,通过农副结合家庭经营的机制推动了市镇发展。与英格兰不同,农业和手工业相结合的家庭生产推动了江南商业经济的继续繁荣。

19世纪中期开埠以前江南农村经济因其生产能力和技术水平在东亚贸易体系中的优势地位(江南是那时中国的"工场",也是东亚的"工场")因为融入世界贸易体系而发生动摇,但江南农村经济并未在这种不利境况中沉沦。在失去了棉纺业、缫丝业的优势之后,江南农村又因新兴的针织手工业产品、土布业产品,仍能继续其在世界市场中占有一席之地,并继续在中国国内市场上占有优势。种植业中经济作物的生产的情形与此相同。蚕桑业、植棉业等行业的发展,仍使其在全国具有优势地位。蚕桑业(植桑与养蚕)、植棉业(棉花种植)的专业化与商业化,使江南农业成为近代缫丝工业、棉纺工业生产原料的重要供给者。这些优势使它不仅能从区域之间的分工中受益,扩大用于经济作物生产的耕地比重,而且使它能够在20世纪上半期城市工业发展中受益。学者们所强调的近代农业为工业提供的原始积累,以及工业对农业、城市对乡村的剥夺只是历史过程的一个方面,还应注意到像江南这样的农村地区从工业发展中受益的情况。农村劳动力向城市工业的转移、工业生产原料需求增加为农业中经济作物提供的市场机会、机制纱为农村手工土布业发展提供的生产原料、手工针织业和丝织业对工业制品的依赖等,都是这种关系的表现。[①]

如果说18世纪以前,江南与英格兰之间的经济成长方式大体类似,同属于斯密型成长模式,即通过市场实现劳动分工与专业化的利益,经济成长的空间随着市场的扩大而扩展。后因英格兰取得海外市场和开发新能源而避免了生态制约和马尔

[①] 此外,马俊亚的研究显示,工业资本家帮助农村改良了农作物品种,改进了新的经营方式,提高了农村的商品化程度,由此证明城市工业资本的发展不是以牺牲农村为代价的,而是在发展自己的同时,也促进农村同步发展。马俊亚:《混合与发展:江南地区传统社会经济的现代演变(1900—1950)》,社会科学文献出版社2003年版,第94页。

萨斯式制约,而包括江南在内的其他传统经济发达的地区却未能如此,那么,在19世纪中期江南开埠之后农产品市场、手工业品市场扩大,并开始利用新能源的情况下,却无能力继续维持斯密式的成长方式,却更深地陷入了马尔萨斯式的制约,其农村经济反而因为人口压力无法释放而趋于崩溃吗?实际上,20世纪上半期的江南,农业经济的区域化继续增强,农家生产的专业化也继续发展,农村经济对市场分工的依赖亦未削弱,反而因为更加深入地融入世界市场,专业化、市场化的发展更加深刻。此时的江南农村经济,面临的主要问题不是马尔萨斯式的人口压力或者生态恶化,而是因其生产力水平和生产效益的劣势,在国际贸易中所处的不利地位。

在中国农村经济遭遇马尔萨斯制约,而英格兰超越了这道障碍的比较中,两个区域经济成长的现象是一致的,两地都有城镇发展、都有市场扩展、都有手工业发展,而一个陷入马尔萨斯制约,另一个却摆脱了斯密型成长的限制。欧洲突破斯密型成长的内在限制,不仅是靠通过海外扩张而攫取新的资源,甚至也不仅是靠通过制度变革而发展生产,而是靠着世界上史无前例的矿物能源的大开发。以煤为新的热能来源而以蒸汽为新形式的机械动力,在此基础上提高生产率。这是欧洲一些地区的工业化在19世纪变得与欧亚大陆其他地区的工业化大异其趣的主要特征。[①]相反,江南在既有的人口—耕地状况下,走了一条劳动密集型农业、劳动密集型手工业和工业的路径。江南农村经济仍是依赖斯密型动力维持经济总量成长的模式。分工高度依赖市场,因此突出地表现为这一时期市场容量的扩大,同时要素市场也在扩展,而江南内部的市场整合、与其他地区乃至海外市场的联系更加紧密,但这些主要是斯密型动力仍居主导作用的表现。这一时期,江南农业尽可能充分地利用与劳动力相适应的技术改进,但十分有限,根本上无助于劳动生产效率提高。矿物能源的利用对农业和对手工业都无足轻重。农村经济在生产技术、人均资本及能源使用等关键方面,尚未像欧洲曾经经历的那样发生重大变化。西方经济现代化过程中,与原始工业化、城镇发展等相伴产生的近代农业革命,直到20世纪上半期,即使在江南这样被认为是中国最有希望发生的地区迄未发生。因此,尽管在分工和商业

[①] [美]王国斌著,李伯重、连玲玲译:《转变的中国——历史变迁与欧洲经验的局限》,江苏人民出版社1998年版,第52页。

化发展方面,江南已经融入由工业革命启动的国际贸易体系,在手工业、粮食加工工业等个别的生产部门采用了近代技术,但其农村经济本质上仍未能完全脱离斯密型成长的路径。

不过,近代江南农村经济毕竟出现了一些此前未曾有过的新变化。虽然与明清时代相似,江南农村经济高度依赖区域之间的专业化分工与市场扩大,但这种分工扩大是在近代工业发展的前提下实现的。上海、无锡、杭州等工业重镇以及分散在其他城镇的近代工业,多以棉花、蚕茧、小麦、水稻等农产品为原料。因此,工业经济的变化对农村经济的影响至为巨大。实际上,工业(主要集中于城镇)对农村经济的影响并不限于为工业提供原料的农业生产,还影响着农业劳动力在工业部门的就业、以工业产品(如纱、丝)为原料的农家手工业生产、农村对工业生产的消费品的需求等方面。尤其是在商品性农业发展的地区,农村经济与城市工业的关联性非常之高。

随着近代工业的发展,江南区域经济的主导部门正由农业部门转向工业部门,区域经济的重心也由工业相对薄弱的农村转向工业相对集中的城市。以城市—工业为主轴的经济不仅影响着江南区域农业经济,制约着种植业结构、区域分工,还推动着农业生产的商业化发展,从整体上影响着江南农村经济。以工业发展的需求为重心和以城市经济的需求为核心的区域经济整合,又得到铁路、公路及水路轮运等交通网络的强化,使城乡贸易往来的效率大为提高,经济整合的程度超越之前的明清时代,而且,透过近代区域经济与全国经济及世界经济的融合,江南区域经济更深刻地融入世界经济体系之中,这也是20世纪上半期江南区域农村经济发生的新变化。

由这些变化带来的区域经济发展已经超出了斯密型增长的范围,而具有了近代经济成长的意义。因此,江南区域经济延续明清时代农村经济成长的某些特质,呈现出连续数个世纪的斯密型增长的固有模式,但在这个区域中近代经济因素的生产,已经开始转变这样的"传统"模式。

参 考 文 献

一、地方志

[1] 清康熙二十六年《常熟县志》。

[2] 清光绪四年《江阴县志》。

[3] 清光绪五年《丹徒县志》。

[4] 清光绪五年《南汇县志》。

[5] 清光绪五年《石门县志》。

[6] 清光绪五年《孝丰县志》。

[7] 清光绪五年《吴江县续志》。

[8] 清光绪八年《宜兴荆溪县新志》。

[9] 清光绪八年《宝山县志》。

[10] 清光绪八年《嘉定县志》。

[11] 清光绪十三年《桐乡县志》。

[12] 清光绪二十二年《海宁州志稿》。

[13] 清光绪三十年《常昭合志稿》。

[14] 清光绪三十年《续纂句容县志》。

[15] 清光绪三十二年《富阳县志》。

[16] 清宣统元年《奉贤县乡土地理》。

[17] 民国7年《上海县续志》。

[18] 民国8年《镇洋县志》。

[19] 民国8年《太仓州志》。

[20] 民国9年《六合县续志》。

[21] 民国 10 年《江阴县续志》。

[22] 民国 10 年《宝山县续志》。

[23] 民国 16 年《丹阳县续志》。

[24] 民国 17 年《续丹徒县志》。

[25] 民国 17 年《南汇县续志》。

[26] 民国 19 年《嘉定县续志》。

[27] 民国 20 年《宝山县再续志》。

[28] 民国 20 年《宝山县新志备稿》。

[29] 民国 21 年《德清县新志》。

[30] 民国 22 年《吴县志》。

[31] 民国 23 年《青浦县续志》。

[32] 民国 25 年《上海县志》。

[33] 民国 25 年《川沙县志》。

[34] 民国 37 年《奉贤县志稿》。

[35] 民国 37 年《杭县志稿》。

[36] 民国 6 年《双林镇志》。

[37] 民国 7 年《真如里志》。

[38] 民国 7 年《章练小志》。

[39] 民国 9 年《重辑张堰志》。

[40] 民国 10 年《宝山县续志》。

[41] 民国 11 年《法华乡志》。

[42] 民国 13 年《江湾里志》。

[43] 民国 16 年《濮院志》。

[44] 民国 18 年《嘉兴新志》。

[45] 民国 19 年《相城小志》。

[46] 民国 24 年《巴溪志》。

[47] 民国 25 年《二区九五团乡志》。

[48] 民国 33 年《月浦里志》。

[49]民国37年《嘉定疁东志》。

[50]《奉贤县志》,上海人民出版社1987年版。

[51]《武进县志》,上海人民出版社1988年版。

[52]《高淳县志》,江苏古籍出版社1988年版。

[53]《江宁县志》,档案出版社1989年版。

[54]《溧水县志》,江苏人民出版社1990年版。

[55]《川沙县志》,上海人民出版社1990年版。

[56]《青浦县志》,上海人民出版社1990年版。

[57]《常熟市志》,上海人民出版社1990年版。

[58]《宜兴县志》,上海人民出版社1990年版。

[59]《昆山县志》,上海人民出版社1990年版。

[60]《宝山县志》,上海人民出版社1990年版。

[61]《金山县志》,上海人民出版社1990年版。

[62]《扬中县志》,文物出版社1991年版。

[63]《六合县志》,中华书局1991年版。

[64]《太仓县志》,江苏人民出版社1991年版。

[65]《松江县志》,上海人民出版社1991年版。

[66]《南汇县志》,上海人民出版社1992年版。

[67]《溧阳县志》,江苏人民出版社1992年版。

[68]《嘉定县志》,上海人民出版社1992年版。

[69]《德清县志》,浙江人民出版社1992年版。

[70]《临安县志》,汉语大词典出版社1992年版。

[71]《长兴县志》,上海人民出版社1992年版。

[72]《溧阳县志》,江苏人民出版社1992年版。

[73]《丹阳县志》,江苏人民出版社1992年版。

[74]《海盐县志》,浙江人民出版社1992年版。

[75]《富阳县志》,浙江人民出版社1993年版。

[76]《金坛县志》,江苏人民出版社1993年版。

[77]《上海县志》,上海人民出版社1993年版。

[78]《丹徒县志》,江苏科学技术出版社1993年版。

[79]《昆山县志》,江苏科学技术出版社1994年版。

[80]《无锡县志》,上海社会科学院出版社1994年版。

[81]《宜兴县志》,上海社会科学院出版社1994年版。

[82]《句容县志》,江苏人民出版社1994年版。

[83]《吴县志》,上海古籍出版社1994年版。

[84]《安吉县志》,浙江人民出版社1994年版。

[85]《江阴县志》,上海社会科学院出版社1994年版。

[86]《吴江县志》,江苏科学技术出版社1994年版。

[87]《嘉善县志》,上海三联书店1995年版。

[88]《海宁市志》,汉语大词典出版社1995年版。

[89]《平湖县志》,上海人民出版社1995年版。

[90]《江浦县志》,河海大学出版社1995年版。

[91]《桐乡县志》,上海书店出版社1996年版。

[92]《嘉兴市志》,中国书籍出版社1997年版。

[93]《湖州市志》,昆仑出版社1999年版。

[94]《余杭县志》,中华书局2000年版。

[95]《余杭县国营工业简志》,内部资料1988年版。

[96]《常熟市交通志》,上海人民出版社1990年版。

[97]《新场镇志》,内部发行1988年版。

[98]《横沔志》,内部发行1988年版。

[99]《塘栖镇志》,上海书店1991年版。

[100]《娄塘镇志》,三联书店上海分店1992年版。

[101]《马陆志》,上海社会科学院出版社1994年版。

[102]《支塘镇志》,古吴轩出版社1994年版。

[103]《碧溪镇志》,百家出版社1995年版。

[104]《周浦镇志》,上海科学技术文献出版社1995年版。

[105]《梅李镇志》,古吴轩出版社1995年版。

[106]《濮院镇志》,上海书店出版社1996年版。

[107]《浦联村志》,中国书籍出版社1996年版。

[108]《唐行志》,上海社会科学院出版社1996年版。

[109]《唐市镇志》,内部资料1997年版。

[110]《震泽镇志》,中国矿业大学出版社1999年版。

[111]《乌镇志》,上海书店出版社2001年版。

二、资料集

[1] 李文治:《中国近代农业史资料》第一辑(1840—1911),三联书店1957年版。

[2] 章有义:《中国近代农业史资料》第二辑(1912—1927),三联书店1957年版。

[3] 章有义:《中国近代农业史资料》第三辑(1927—1939),三联书店1957年版。

[4] 汪敬虞主编:《中国近代工业史资料》,科学出版社1957年版。

[5] 彭泽益:《中国近代手工业史资料》第二卷,三联书店1957年版。

[6] 彭泽益:《中国近代手工业史资料》第三卷,三联书店1957年版。

[7] 常熟政协文史资料研究委员会:《文史资料辑存》(第一辑),内部发行,1961年版。

[8] 常熟政协文史资料研究委员会:《文史资料辑存》(第二辑),内部发行,1962年版。

[9] 常熟政协文史资料研究委员会:《文史资料辑存》(第五辑),内部发行,1964年版。

[10] 许道夫:《中国近代农业生产及贸易统计资料》,上海人民出版社1983年版。

[11] 黄苇、夏林根编《近代上海地区方志经济史料选辑》,上海人民出版社1984年版。

[12] 无锡地方志办公室:《无锡县志大事记》(征求意见稿),内部印行,1984年版。

[13] 南汇县志编纂委员会:《南汇县志资料》第5辑,内部发行,1985年版。

[14] 南汇县志编纂委员会:《南汇县志资料》第7辑,内部发行,1987年版。

[15] 南汇县政协文史资料委员会:《南汇县文史资料选辑》第1辑,内部发行,1987

年版。

[16] 常熟政协文史资料研究委员会:《文史资料辑存》(第十五辑),内部发行,1988年版。

[17] 洪焕椿:《明清苏州农村经济资料》,江苏古籍出版社1988年版。

[18] 桐乡县政协文史资料委员会:《桐乡文史资料》第8辑,内部印行,1989年版。

[19] 桐乡县政协文史资料委员会:《桐乡文史资料》第9辑,内部印行,1990年版。

[20] 陆允昌:《苏州洋关史料》,南京大学出版社1991年版。

[21] 中国第二历史档案馆编《中华民国史档案资料汇编》,第五辑第一编财政经济(七),江苏古籍出版社1994年版。

[22] 中国第二历史档案馆编《中华民国史档案资料汇编》,第五辑第一编财政经济(八),江苏古籍出版社1994年版。

[23] 戴鞍钢、黄苇:《中国地方志经济资料汇编》,汉语大词典出版社1999年版。

[24] 张研、孙燕京主编:《民国史料丛刊》,大象出版社2009年版。

三、专著

[1] 江苏省民政厅:《江苏省各县概况一览》,江苏省民政厅1931年版。

[2] 实业部国际贸易局:《中国实业志》,浙江省,1933年版。

[3] 实业部国际贸易局:《中国实业志》,江苏省,1933年版。

[4] 行政院农村复兴委员会编:《江苏省农村调查》(1933年),《近代中国史料丛刊三编》第八十八辑,文海出版社印行。

[5] 行政院农村复兴委员会编:《浙江省农村调查》(1933年),《近代中国史料丛刊三编》第八十八辑,文海出版社印行。

[6] 李长傅:《分省地志:江苏》,中华书局1936年版。

[7] 殷惟和纂:《江苏六十一县志》,商务印书馆1936年版。

[8] 蒋杰:《京郊农村社会调查》,中华农学会许叔玑先生纪念奖学金第一届征文号(第一五九期)抽印本,1937年版。

[9] 华东军政委员会:《江苏省农村调查》,1952年版。

[10] 吴慧:《中国历代粮食亩产研究》,中国农业出版社1985年版。

[11] 许涤新、吴承明:《中国资本主义发展史》第一卷《中国资本主义萌芽》,人民出版社 1985 年版。

[12] 朱新予:《浙江丝绸史》,浙江人民出版社 1985 年版。

[13] 段本洛、张圻福:《苏州手工业史》,江苏古籍出版社 1986 年版。

[14] 徐新吾:《中国近代缫丝工业史》,上海人民出版社 1990 年版。

[15] 徐新吾:《江南土布史》,上海社会科学院出版社 1992 年版。

[16] 黄逸平:《近代中国经济变迁》,上海人民出版社 1992 年版。

[17] 许涤新、吴承明:《中国资本主义发展史》第三卷《新民主主义革命时期的中国资本主义》,人民出版社 1993 年版。

[18] 赵冈、吴慧:《清代粮食亩产量研究》,中国农业出版社 1995 年版。

[19] 从翰香:《近代冀鲁豫乡村》,中国社会科学出版社 1995 年版。

[20] 曹幸穗:《旧中国苏南农村经济研究》,中央编译出版社 1996 年版。

[21] 刘佛丁、王玉茹:《中国近代的市场发育与经济增长》,高等教育出版社 1996 年版。

[22] 曹幸穗:《旧中国苏南农家经济研究》,中央编译出版社 1996 年版。

[23] 马克垚:《中西封建社会比较研究》,学林出版社 1997 年版。

[24] 李学昌:《20 世纪常熟农村社会变迁》,华东师范大学出版社 1998 年版。

[25] 包伟民:《江南市镇及其近代命运 1840—1949》,知识出版社 1998 年版。

[26] 汪敬虞:《中国近代经济史 1895—1927》,人民出版社 2000 年版。

[27] 何炳棣:《明初以降人口及其相关问题》,葛剑雄译,三联书店 2000 年版。

[28] 侯杨方:《中国人口史》第六卷,复旦大学出版社 2001 年版。

[29] 苑书义、董丛林:《近代中国小农经济变迁》,人民出版社 2001 年版。

[30] 吴承明:《中国的现代化:市场与社会》,北京:三联书店 2001 年版。

[31] 李学昌:《20 世纪南汇农村社会变迁》,华东师范大学出版社 2001 年版。

[32] 王翔:《中国近代手工业的经济学考察》,中国经济出版社 2002 年版。

[33] 彭南生:《中间经济:传统与现代之间的中国近代手工业(1840—1936 年)》,高等教育出版社 2002 年版。

[34] 马俊亚:《混合与发展:江南地区传统社会经济的现代演变(1900—1950)》,社

会科学文献出版社 2003 年版。

[35] 龙登高:《江南市场史——十一至十九世纪的变迁》,清华大学出版社 2003 年版。

[36] [美]卜凯著,张履鸾译:《中国农家经济——中国七省十七县二八六六田场之研究》,商务印书馆 1936 年版。

[37] [美]王国斌著,李伯重、连玲玲译:《转变的中国——历史变迁与欧洲经验的局限》,江苏人民出版社 1998 年版。

[38] [美]西奥多·W·舒尔茨:《改造传统农业》,梁小民译,商务印书馆 2003 年版。

[38] [美]彭慕兰著,史建云译:《大分流:欧洲、中国及现代世界经济的发展》,江苏人民出版社 2003 年版。

[40] [美]赵冈:《历史上的土地制度与地权分配》,中国农业出版社 2003 年版。

四、论文

[1]《上海运销土布近情》,《南洋商务报》1908 年第 37 期。

[2]《宝山县地理调查表》,《宝山共和杂志》1913 年第 8 期。

[3] 侯鸿鉴:《视察江浦记》,《教育杂志》1915 年第 7 卷第 4 期。

[4] 法度:《丹徒县地方生活状况说明书》(民国四年六月),《江苏省立第四师范学校校友会杂志》1916 年第 1 期。

[5] 蒋汝正:《金陵道区六合县实业视察报告书》,《江苏实业月志》1919 年第 1 期。

[6] 纪蕴玉:《沪海道区川沙县实业视察报告书》,《江苏实业月志》1919 年第 4 期。

[7] 沈启照:《沪海道区宝山县实业视察报告书》,《江苏实业月志》1919 年第 5 期。

[8] 蒋汝正:《金陵道区丹徒县实业视察报告书》,《江苏实业月志》1919 年第 5 期。

[9] 姚日新:《苏常道区常熟县实业视察报告书》,《江苏实业月志》1919 年第 6 期。

[10] 姚日新:《苏常道区宜兴县实业视察报告书》,《江苏省公报》1919 年第 2026 期。

[11] 纪蕴玉:《金山县实业视察报告书》,《农商公报》1919 年第 60 期。

[12] 吴清望:《沪海道区实业视察报告》,《农商公报》1920 年第 66 期。

[13] 叶可长:《高淳县农产统计调查表》,《江苏省农会杂志》1920 年第 7 期。

[14] 莘儒:《社会调查:我所知的富阳社会状况底一斑》,《民国日报·觉悟》1921 年

第 12 卷第 16 期。

[15] 郭济周:《调查:各省之筑路潮:江苏:句容平治道路谈》,《道路月刊》1922 年第 2 卷第 2 期。

[16] 姚寅恭:《余杭乡土职业调查记》,《钱业月报》1922 年第 2 卷第 7 号。

[17] 沈书勋:《淞沪土布业之调查》,《华商纱厂联合会季刊》1922 年第 3 卷第 4 期。

[18] 新光:《浙江嘉善各业概况》,《钱业月报》1923 年第 3 卷第 10 期。

[19] 《江宁县实业视察报告书》,《江苏省公报》1923 年第 3232 期。

[20] 《句容县实业视察报告书》,《江苏省公报》1923 年第 3233 期。

[21] 《溧水县实业视察报告书》,《江苏省公所》1923 年第 3235 期。

[22] 《金坛县实业视察报告》,《江苏省公报》1923 年第 3265 期。。

[23] 《各地重要产品:沪行所属:常熟:米谷棉花及菜子》,《交通银行月刊》1924 年第 2 卷第 2 期。

[24] 龚骏:《武进经济之实况》,《上海总商会月刊》1927 年第 7 卷第 3 期。

[25] 徐方干、汪茂遂:《宜兴之农民状况》,《东方杂志》1927 年第 24 卷 16 号。

[26] 容盦:《各地农民状况调查——无锡》,《东方杂志》1927 年第 24 卷 16 号。

[27] 周廷栋:《各地农民状况调查——太仓》,《东方杂志》1927 年第 24 卷第 16 号。

[28] 青花:《常熟银钱业之沿革》,《钱业月报》1928 第 8 卷第 10 期。

[29] 忍先:《浙西各县工商业之一瞥·一杭县;二海宁;三富阳;四余杭;五临安;六于潜;七新登;八昌化;九嘉兴;十嘉善》,《商业月报》1929 年第 9 卷第 7 号。

[30] 忍先:《浙西各县工商业之一瞥·十一海盐;十二崇德;十三平湖;十四桐乡;十五吴兴;十六长兴;十七德清;十八武康;十九安吉;二十孝丰》,《商业月报》1929 年第 9 卷第 9 号。

[31] 张汉林:《丹阳农村经济调查纪略》,《苏农》1930 年第 1 卷第 3 期。

[32] 朱章淦:《常熟农村经济状况》,《苏农》1930 年第 1 卷第 3 期。

[33] 夏黻麟:《高淳农村经济调查》,《苏农》1930 年第 1 卷第 4 期。

[34] 夏琼声:《高淳县农村经济调查》,《苏农》1931 年第 2 卷第 5 期。

[35] 《湖属土产调查·安吉县物产调查》,《湖州月刊》1931 年第 4 卷第 3 号。

[36] 谭进修:《农村经济:常熟农村经济之概况》,《交行通信》1932 年第 1 卷第 1 期。

[37]《在安吉——湖行杂拾之一》,《晨光(杭州)》1932年第1卷第1期。

[38] 余霖:《江南农村衰落的一个索引》,《新创造》1932年第2卷第1、2期。

[39] 嘉麟:《路事纪要:沪杭公路完成通车概况》,《铁道》1932年第2卷第12期。

[40]《国内外贸易消息:米产丰收泛讯及贸易》,《国际贸易导报》1932年第4卷第6号。

[41] 冯子栽:《浙江吴兴丝绸业概况》,《实业统计》1933年第1卷第3、4号合刊。

[42] 秦瑞保:《江苏的无锡》,《警光月刊》1933年第1卷第9期。

[43] 丁嘉藩:《朱家角社会状况纪实》,《警光月刊》1933年第1卷第9期。

[44] 朱珖:《安吉县东乡的农村》,《警光月刊》1933年第1卷第9期。

[45] 陈渭川:《嘉善县经济状况及利率》,《国光周报》1933年第1卷第22号。

[46]《路事纪要:京芜宣长公路全部完成》,《铁道》1933年第4卷第1期。

[47] 陈佐明、范汉俦、刘升如、徐修纲:《嘉善之米及砖瓦:沪杭甬线负责运输宣传报告之五》,《京沪沪杭甬铁路日刊》1933年第716期。

[48]《交通水利:公路:沪杭公路完成通车》,《申报年鉴》1933年。

[49]《沪杭公路》,《京沪沪杭甬铁路日刊》1933年第844期。

[50]《调查:各地金融之概况:昆山》,《农行月刊》1934年第1卷第1期。

[51] 李珩:《宜兴和桥及其附近的农村》,《中国农村》1934年第1卷2期。

[52] 李炘延:《常熟常阴沙农村经济概观》,《农行月刊》1934年第1卷第5期。

[53]《调查:江苏省各县农产品生产费之调查:(六)武进》,《农行月刊》1934年第1卷第6期。

[54]《调查:江苏省各县农产品生产费之调查:(五)丹阳》,《农行月刊》1934年第1卷第6期。

[55]《调查:江苏省各县农产品生产费之调查:(七)吴江》,《农行月刊》1934年第1卷第7期。

[56]《调查:江苏省各县农产品生产费之调查:(九)高淳》,《农行月刊》1934年第1卷第8期。

[57] 俞葆初:《今日的乍浦》,《秀州钟》1934年第13期。

[58] 程大:《浦镇心影》,《社会周报(上海)》1934年第1卷第16期。

[59]《浙江濮院镇之丝织业》,《工商半月刊》1934年第6卷第14号。

[60] 浙江省建设厅:《浙江省工厂概况表》,《浙江省建设月刊》1934年第7卷第8期。

[61] 宝山县县政府查编:《宝山县土地概况调查报告》,《江苏地政》1935年第1卷第3期。

[62] 韦健雄:《无锡三个农村底农业经营调查》,《中国农村》1935年第1卷9期。

[63]《镇江面面观(上)》,《京沪沪杭甬铁路日刊》1935年第1430期。

[64] 田中忠夫:《中国农村实况》,《农村经济》1935年第2卷第10期。

[65] 殷云台:《常熟农村土地生产关系及农民生活》,《乡村建设》1935年第5卷3期。

[66] 倪养如:《无锡梅村镇及其附近的农民》,《东方杂志》1935年第32卷第2号。

[67] 苏锡生:《无锡农民副业之今昔观》,《东方杂志》1935年第32卷第10号。

[68] 陈凡:《宝山农村的副业》,《东方杂志》1935年第32卷18号。

[69] 章绥孙:《江苏全省物品展览会记详》,《农村经济》1935年第2卷第2期。

[70] 剑濡:《嘉善生产概况》,《申报月刊》1935年第4卷第8期。

[71] 陈佐明、范汉俦、刘升如、徐修纲:《嘉善之米及砖瓦:沪杭甬线负责运输宣传报告之五》,《京沪沪杭甬铁路日刊》1933年第716期。

[72]《川沙县棉产调查表》,《全国棉花搀水搀杂取缔所通讯》1935年第5期。

[73]《奉贤县棉产调查表》,《全国棉花搀水搀杂取缔所通讯》1935年第5期。

[74]《苏浙土布衰败前途甚悲观》,《纺织时报》1935年2月21日。

[75]《苏商业团体请救济土布业》,《纺织时报》1935年9月16日。

[76] 贺亮钰:《丹阳金坛商业概况》,《交行通信》1935年第7卷第3号。

[77] 刘星全:《丹阳农业现状调查》,《农行月刊》1935年第2卷第6期。

[78]《江南汽车股份有限公司京杭线京长段里程票价表》,《江苏建设》1935年第2卷第12期。

[79] 孔繁霖:《中国农村问题之检讨》,《农村经济》1935年第2卷第12期。

[80] 张毓鸾:《平湖调查记》,《新语》1935年第3卷第12期。

[81]《沿线琐闻》,《京沪沪杭甬铁路日刊》1935年第1469期。

[82] 张培刚:《民国二十三年的中国农业经济》,《东方杂志》1935 年第 32 卷第 13 号。

[83] 《苏省公路营业状况》,《道路月刊》1935 年第 46 卷第 3 号。

[84] 《锡沪公路将竣工,预定本月内正式通车》,《道路月刊》1935 年第 46 卷第 3 号。

[85] 《海宁县经济概况调查》,《浙江经济情报》1936 年第 1 卷第 1 至 5 各期合刊。

[86] 《杭县经济概况调查》,《浙江经济情报》1936 年第 1 卷第 1 至 5 各期合刊。

[87] 陈培元:《江苏省昆山县农村经济之趋势》,《民间》1936 年第 2 卷第 19 期。

[88] 倪冠亚:《常熟的小统计》,《励学》1936 年第 2 卷第 1、2 期。

[89] 张亚声:《吴江县农村副业概况》,《农行月刊》1936 年第 3 卷第 1 期。

[90] 《江苏省建设厅公路管理处京建线行车时刻表》,《江苏建设月刊》1936 年第 3 卷第 12 期。

[91] 《徽帮商店调查:安吉县梅溪镇》,《皖事汇报》1936 年第 7、8 期。

[92] 才玉:《吴江县的缩影》,《礼拜六》1936 年第 655 期。

[93] 国增:《"友邦"收买粮食之影响》,《礼拜六》1936 年第 666 期。

[94] 周同文:《杭县六七八堡棉农概况》,《浙江省建设月刊》1936 年第 9 卷第 8 期。

[95] 林逸人:《安吉乐区三社乡农村概况》,《农林新报》1936 年第 13 卷第 32 期。

[96] 念飞:《剧变中的故乡—武进农村》,《东方杂志》1936 年第 33 卷第 6 号。

[97] 月华生:《临安的概略》,《礼拜六》1936 年第 640 期。

[98] 雪岑:《嘉兴经济概况》,《京沪沪杭甬铁路日刊》1936 年第 1753 期。

[99] 《海盐清丈田亩近况》,《地方自治专刊》1937 年第 1 卷第 1 期。

[100] 吴元良、张锡炎:《崇德经济调查》,《浙江经济情报》1937 年第 2 卷第 7 期。

[101] 徐起孙:《平湖商业概况》,《兴业邮乘》1937 年第 57 期。

[102] 庄茂长:《安吉农业概况》,《乡建通讯》1941 年第 3 卷第 7、8 期。

[103] 何鹤南:《浙江昌化县政瞰视》,《地方行政》1942 年第 3 期。

[104] 不一:《昆山杂记》,《中华邮工》1943 年第 2 卷第 1 期。

[105] 盛钧:《丹阳灌溉事业》,《新闻月报》1945 年第 1 卷第 2 期。

[106] 陈维藩:《江苏农村经济调查纪录:奉贤县金融经济概况》,《苏农通讯》1947 年第 5 期。

[107] 桂滋:《简讯:嘉兴》,《电信界》1948年第6卷第10期。

[108] 楼同茂:《六合县的地方经济》,《地理》1949年第6期。

[109] 谢承煊:《江苏省农民银行二十周年纪念征文:川沙县金融经济概况》,《苏农通讯》1948年第7期。

[110] 唐文起:《三十年代江苏农业经济发展浅析》,《中国农史》1983年第1期。

[111] 文洁、高山:《二十世纪上半叶中国的粮食生产效率与水平》,中国农村发展问题研究组编:《农村·经济·社会》第一卷,知识出版社1985年版。

[112] 方行:《清代前期农村市场的发展》,《历史研究》1987年第6期。

[113] 吴承明:《中国近代农业生产力的考察》,《中国经济史研究》1989年第2期。

[114] 章有义:《在近代中国人口和耕地面积的再估计》,《中国经济史研究》1989年第2期、1991年第1期。

[115] 陈忠平:《明清时期江南地区市场考察》,《中国经济史研究》1990年第2期。

[116] 吴承明:《近代中国工业化的道路》,《文史哲》1991年第6期。

[117] 方行:《正确评价清代的农业经济》,《中国经济史研究》1993年第3期。

[118] 郭松义:《清代地区经济发展的综合分类考察》,《中国社会科学院研究生院学报》1994年第2期。

[119] 徐秀丽:《中国近代粮食亩产的估计——以华北平原为例》,《近代史研究》1996年第1期。

[120] 史建云:《论近代中国农村手工业的兴衰问题》,《近代史研究》1996年第3期。

[121] 郭松义:《清代劳动力状况和各从业人口数的大体匡测》,《庆祝杨向奎先生教研六十年论文集》,河北教育出版社1998年版。

[122] 王卫平:《论明清时期江南地区的市场体系》,《中国社会经济史研究》1998年第4期。

[123] 夏明方:《近代中国粮食生产与气候波动——兼评学术界关于中国近代农业生产力水平问题的争论》,《社会科学战线》1998年第4期。

[124] 慈鸿飞:《二十世纪前期华北地区的农村商品市场与资本市场》,《中国社会科学》1998年第1期。

[125] 史建云:《浅述近代华北平原的农业劳动力市场》,《中国经济史研究》1998年

第 4 期。

[126] 任放:《20 世纪明清市镇经济研究》,《历史研究》2001 年第 5 期。

[127] 姜锡东:《中国传统经济的再评价》,《中国经济史研究》2003 年第 1 期。

[128] 张家炎:《如何理解 18 世纪江南农村:理论与实践——黄宗智内卷论与彭慕兰分岔论之争述评》,《中国经济史研究》2003 年第 2 期。

[129] [美]彭慕兰:《世界经济史中的近世江南:比较与综合观察——回应黄宗智先生》,《历史研究》2003 年第 1 期。

后　跋

　　这个课题从筹划到完成,我已经记不得经过多少个岁月了。赖两位著者以坚韧的毅力,一步步踏实前行,走完全过程,终于如愿以偿,著述成书,把它贡献于读者面前,真的不容易。全书挑出学界历来最有争议的五个论题,进行辨析实证(采集大量数据,侧重态势的时空数理统计,是一大特色),不难看到这份明知山有虎,偏向虎山行的勇气和魄力。从项目启动直至成书,我与闻过此事,著者希望能写几句话谬作本书序言。读完本书的"导言"和"结语",觉得我再说什么,都有可能成为"多余的话"。经反复思量,以改作后跋为好。古时有前序,有跋后。相对来说,后跋往往是一种随感,可以有更多离题自由挥发的空间。

　　我很欣赏这篇一万余字的"导论"。研究课题的缘起,学术背景,前人取得的成绩,留下的种种歧异,以及著者准备循此路向继续深入探索的若干问题意识,都说得那样清楚明白。最后,又与近七千字的"结论"首尾呼应,件件交代落实,绝不苟且。这是何等的认真,不虚又不假。据我所知,仅仅"导言"的修改就不下五六遍,细磨而成精品,成功绝非偶然。

　　由此联想到眼下的研究生学位论文,包括各类省市乃至部级课题,时兴以学术史综述起手开篇。博士生一般都需要达到像这等规模,三四万字以上,方能通过答辩。这个规则是谁最先订下的,已无从查考,既成了"行规",不能违背则是现实。以我曾经阅读过的经验,学术史综述决不好做。假若弄成一本青菜豆腐账,一件件交代已有的相关论文要点,几十来篇,乃至近百篇,活像"提要汇编",字数是足够凑得成的。然而,若缺了自己的分析判断,更与学位论文题旨的讨论相游离,有啥子意思呢?遥想古代"八股文",原是议论文中的一种范本,结构严密,环环相扣,有其特色和优点。然而,一旦成了无论什么人、什么题目,都必须按此进行的死格式,一步也不能少,更不待说释经必须死扣朱熹的《四书集注》,闹到不少有才情才性的人当不了进士。待到清末,成了必须革废科举的一条罪状,咎由自取。现今,我们是不是也应该考虑这种论文格式化的规则需要放弃?谁说过博士论文越厚越好,少于20万字就不能毕业?

做文章,或是开门见山,或是画龙点睛;同此,撰写论著,或是交代学术史在先,或是将学术史有机融入文内,戏法人人会变,无可也无不可。关键则在于不剿袭,不俗套,不平庸,能提供前人所不曾说过的,或是有超过前人的某些见识。文体格式不是根本,有见识才是学人必须追求的境界。在史学领域,没有离开学术史脉络的学术,也不存在绝无背景依傍的研究课题,有因有缘,承前而启后;除非他本不具有学术内在冲动,像拉夫当差的为生活混过场面。我看到有一些喜挑冷门僻题做的,自以为可以逃过行家挑剔,却因为缺了课题的"背景感",前不临水,后不傍山,孤零零一座荒丘,失了前后左右绿隐红映,何来风景独好?有的是冗长的叙述,个别处也尚能妙笔生花,但当故事讲完,突然变得无话可说。彷徨无主之际,遂找些不着边际的理论话语戴帽放大,最方便的例如城市化、现代化之类的大词儿,敷衍搪塞了局。读后,真正令人费解:两三年的工夫,时间不算太短,就为画一个黑漆墨搭的闷葫芦,值不值?

本书著者所选择的,既非偏题,也非冷门,是一个曾经堪称火热的课题,已有成果累累。在"识时务"者看来,这是找了个吃力不讨好的苦活,不属聪明之举。但我想,取巧者既多,甘心实干苦干,才显得可爱。我欣赏著者的坦诚认真,不去歪学隐瞒"前史",将前人成果不露形迹隐入,掩耳盗铃式编织假体系的机巧;也不忌讳对前人论述作分析评判,摘出其短处与软肋,尽其所能地问难责惑,以求有继续探索之路径可寻。全书承继有迹,前行有径,铺陈得脉络清晰,简洁明快,事事有交代,处处有数据(请读者注意大量表格、注释,颇具学术含量)。这种学术研究老实的态度,在学风日趋浮薄的今天,值得褒扬。

本书讨论的是20世纪前半期江浙沪"长三角"地区农村经济与乡土社会变迁的实况及其评估。历史学引入经济学和社会学,其肇始几乎与本书叙述的这一时段同步。吕思勉先生是立足于历史学而对经济学、社会学饶有心得的一位先驱,费孝通、潘光旦等则是由社会学、人类学立场而牵涉历史学。"经济结构"、"社会变迁"这一类新的概念引进,启迪和鼓励了史学家关注通贯性的大历史,试图描述历史的整体性动态进程,以助后人辨识历史前行的轨迹。"新史学"之所以能超越传统史学,并非是用大破大立,所谓打倒"王朝史",把颠倒的历史颠倒过来,如此拆墙破屋地完成的。相反,不断裂根基,仍立足于考究史实的不败之地,有鉴于社会学和经济学等西方社会科学的启发,使得历史认识的眼界和方法借此闳阔深远,更贴近于历史大变动中的众生群像,"新史学"才有我们今天所看到的那些佼佼实绩,真正的别开生面。无论是仄而深,还是博而通,卓越有成就的史家,细究其研究所得,无不有这种背景的依托在里面。毋庸讳言,生吞活剥新概念,好大言,喜空论,理论与史实扯成不粘合的两张皮,不少人由此而厌弃"宏大议论"。然而历史难道只是像古董摆着供土豪炫富,不需要借助议论来诠释和体味,就能有供人鉴赏的价值吗?今天盲目贬谪"宏大议论",不屑于解析,自诩实而必须又实者,至少也是读书太少的缘故,以为凭此术即可独步天下,不知天下一致而百虑,同归而殊途,其道一也,差别仅在有省者,有不省者。

"社会变迁"一类的大话题,在历史学的展开中,是否遇到过消化不良,类似于肠梗阻那样的困苦呢?我想是有的。历史的本相原是由人创造出来的。人的行为是无意识推动着有意识,非自觉又非非自觉地进行,于是有"欲知前世因,今生受者是;欲知后世果,今生作者是"之说。史学之所以把考究史实看得那么重,因为舍此无法从历史考察中真正收获到所谓的"社会认识",弄明白人类行动、社会构成等等的盲点有哪些?社会学、经济学的引入,最可怕的一点,就是诠释疯狂过度,硬要把专家看到的某种"果",放大为一切"因",以致津津有味地列出各种标识,算出各类指标,什么GDP,什么城乡比例,什么恩格尔系数;先进与落后,前进与倒退,都必须依着这些数字比例来确认判断,后人必须依此来规划未来,照此而行动。殊不知这不是在开启历史,而是在终结历史。城门失火,历史学也可能意外遭殃,面临死绝的威胁。可惜,我们对此似乎觉醒得很不够。

在本书"导言"里,列出过以往学者种种分歧争议,我觉得有些似乎是掉入了此种由数字陷阱构成的理论迷局,把简单的问题复杂化了。例如,当我们孜孜不倦地想"准确"回答上一世纪初中国农村在应对工业化、城市化冲击的社会变动中,哪些生存方式的选择是明智的,哪些是不明智的;哪些经济效率(GDP、人均等等)是高的,哪些选择是落后的、倒退的,专家心里自以为有底,其实都不过是来源于先行的理论成见。这好比电视台新闻记者街头随机提问行人"你的幸福感怎样",遇到老实巴交的回答,即刻不知所措。对专家以上的设问,或许农民的回答也非常朴素简单:"我不懂什么先进不先进,有效率没有效率,我只知道,我必须活下去!"每个人都有一种活法,各人有各人的活法,都出于朴素的经济理性,每一种选择因果相连,都不是无厘头的。例如江南水乡农民种的是一亩三分地,用铁搭垦地锄地极为方便,你去跟拖拉机的耕地/时间效率比,不要让农民笑死?其实,最恐怖的历史,不是各种专家眼里认为是落后的活法,而是根本不让你活,例如战争和革命,例如特大自然灾害,有生计能力的也没法活,只剩逃荒一路,于是又有人口大迁徙,经济的中国式"空间大发展"。我们对这种从时间上消逝既久的历史因果关系,不是知道得太多,而是知道得太少。因此,实证考察历史上众生的行为方式,以及这种行为的因缘果报,透过这些长镜头来观察社会的动荡和变化,社会关系组合的复杂性,这比仿效大法官那样急于从结果上做出裁决,真不知道价值上要高出多少倍。这才是正在寻觅中的,极有认识意义的"历史阅历",借此可以弥补我们以有涯人生济无涯知性的致命短板。

多年来,我总是怀疑历史学并不具备预测学的功能,不可能为规划当下的社会行动作出直接的贡献;至于目下有些历史所成立智库的,我以为也不应期望他们有能力拿出规划当今的行动方案。远的不说,改革开放之初,费孝通根据晚清民国以来的乡村工业,曾倡言发展小城镇是中国城市化必须走的道路(中国模式),现今被切实应验了吗?一时兴旺发达的社队工业、乡村小企业,还剩下多少?过去认为农业人口的转移必须有赖于城市工业化吸纳能力的逐步增长,谁曾料到批转土地,圈占农田,拆迁村镇,同样可以担负起这种城乡比例大逆转的功能;而城市建筑系列、城郊别墅群、动迁建筑群,道路公共建设(公路、高铁、隧道、跨海大桥),水泥搅拌机大大超过当年蒸汽机发明的能量,连同由此带动的第三产业,已经被证明远胜过传统的实业经济,可以汇合为接纳农村劳动力的巨大虹吸管,迅速创造了令西方经济学家为之惊讶莫名的中国奇迹。你可以有许多忧虑,以后将怎样?但是,我们应当相信,像朴实的农民所说的,要活下去,自有办法。这就属于以后的历史,不关今天历史学家的事。所以,我很赞同一位非常年轻的学者的观点:"历史是一种具体而微的学科，做史学，不要抱持太多建构概念的野心，能够在细致又呈现出跨度的情况下，叙述、解释开始与结果之间的起承转合，也就尽到了本份。"（《文汇学人》"沈洁访谈"）

王家范

写于2015年2月

图书在版编目(CIP)数据

近代江南农村经济研究/李学昌,董建波著.—上海:华东师范大学出版社,2014.11
ISBN 978-7-5675-2730-0

Ⅰ.①近… Ⅱ.①李…②董… Ⅲ.①地方农业经济-农业经济史-研究-华东地区-近代 Ⅳ.①F329.5

中国版本图书馆 CIP 数据核字(2014)第 259962 号

近代江南农村经济研究

著　　者	李学昌　董建波
策划编辑	王　焰
项目编辑	陈庆生
审读编辑	沈　秋
封面设计	崔　楚
出版发行	华东师范大学出版社
社　　址	上海市中山北路 3663 号　邮编 200062
网　　址	www.ecnupress.com.cn
电　　话	021-60821666　行政传真 021-62572105
客服电话	021-62865537　门市(邮购)电话 021-62869887
地　　址	上海市中山北路 3663 号华东师范大学校内先锋路口
网　　店	http://hdsdcbs.tmall.com
印　刷　者	常熟市文化印刷有限公司
开　　本	787×1092　16 开
印　　张	28
字　　数	460 千字
版　　次	2015 年 2 月第 1 版
印　　次	2015 年 2 月第 1 次
书　　号	ISBN 978-7-5675-2730-0/K·423
定　　价	68.00 元
出 版 人	王　焰

(如发现本版图书有印订质量问题,请寄回本社客服中心调换或电话 021-62865537 联系)